Anne Eusterschulte
Analogia entis seu mentis

EPISTEMATA

WÜRZBURGER WISSENSCHAFTLICHE SCHRIFTEN

Reihe Philosophie

Band 194 — 1997

Anne Eusterschulte

Analogia entis seu mentis

Analogie als erkenntnistheoretisches Prinzip
in der Philosophie Giordano Brunos

Königshausen & Neumann

Die Deutsche Bibliothek — *CIP-Einheitsaufnahme*

Eusterschulte, Anne:
Analogia entis seu mentis : Analogie als
erkenntnistheoretisches Prinzip in der Philosophie Giordano
Brunos / Anne Eusterschulte. – Würzburg : Königshausen und
Neumann, 1997
    (Epistemata : Reihe Philosophie ; Bd. 194)
    Zugl.: Kassel, Univ., Diss., 1994
    ISBN 3-8260-1313-1
NE: Epistemata / Reihe Philosophie

D 34

© Verlag Königshausen & Neumann GmbH, Würzburg 1997
Gedruckt auf säurefreiem, alterungsbeständigem Papier
Umschlag: Hummel / Homeyer / Lang, Würzburg
Bindung: Rimparer Industriebuchbinderei GmbH
Alle Rechte vorbehalten
Auch die fotomechanische Vervielfältigung des Werkes oder von Teilen daraus
(Fotokopie, Mikrokopie) bedarf der vorherigen Zustimmung des Verlags.
Printed in Germany
ISBN 3-8260-1313-1

Klaus Heipcke gewidmet

* 1. 6. 1939   † 6. 10. 1994

Ich danke
Prof. Dr. Klaus Heipcke für seine unermüdliche fachliche wie persönliche Unterstützung und Betreuung dieser Arbeit, die ohne seine Ermutigung nicht entstanden wäre;
Prof. Dr. Gottfried Heinemann für seine engagierte Betreuung wie für zahlreiche wichtige Hinweise zum Thema;
dem Bruno-Forschungsprojekt (Leitung: Prof. Dr. K. Heipcke, Prof. Dr. W. Neuser, Prof. Dr. E. Wicke) für die gute Zusammenarbeit und den fruchtbaren Austausch;
Prof. Dr. Erhard Wicke für die Unterstützung in Übersetzungsfragen;
Prof. Dr. Klaus Michael Meyer-Abich, Sibylle Schindler sowie der Arbeitsgruppe zur ›Kulturgeschichte der Natur‹ am Kulturwissenschaftlichen Institut des Landes NRW/Essen für die entgegenkommende, freundliche Atmosphäre des Arbeitskreises, die anregenden Diskussionen und das Interesse an meiner Fragestellung;
den Mitgliedern des Fachbereichs Erziehungswissenschaft/Humanwissenschaften an der Universität Gh Kassel, insbesondere Frau Prof. Dr. A. Garlichs, Herrn Prof. Dr. H. Zwergel und Herrn Prof. Dr. W. Schmied-Kowarzik;
den Mitgliedern der IAG Philosophie an der Universität Gh Kassel;
Frank Hermenau und Dirk Stederoth für die aufmerksame Durchsicht und sorgfältige Korrektur dieses Textes;
Jürgen Brinckmann für persönliche Unterstützung und das Layout dieser Arbeit; meinen Freunden und Freundinnen; dem hilfsbereiten Personal der Herzog August Bibliothek Wolfenbüttel und der Bereichsbibliothek Kunst an der Universität Gh Kassel.

Für finanzielle Unterstützung danke ich den Ländern Hessen und Nordrhein-Westfalen.

Inhalt

1. Hauptteil
(Philosophische Propädeutik)

I.	Vorwort	11
II.	Einleitung	23
III.	**Der Begriff der Analogie**	
1.	Vorbemerkung	27
2.	Zur terminologischen Klärung des Analogiebegriff	29
3.	Analogie und Logos	38
IV.	**Analogie und Logos** Eine metaphysische Auslegung bei Heraklit	43
V.	**Analogie und harmonikale Mathematik**	
1.	Die Pythagoreer	65
2.	Pythagoras und die pythagoreische Lehre	71
3.	Die Schule der Pythagoreer	72
VI.	**Harmonie und Zahl**	77
1.	Der pythagoreische Zahlbegriff	98
VII.	**Analogie und Zahlidee**	
1.	Der philosophische Analogiebegriff bei Platon	107
2.	Das Sonnengleichnis	113
3.	Das Liniengleichnis	123
4.	Die mathematischen Wissenschaften	131
5.	Timaios	136
VIII.	**Aristoteles**	
1.	Analogie im Sinne logisch-ontologischer Bestimmung von Einheit	161

2. Hauptteil

IX.	Analogiekonzepte und Einheitslehre Die Modifikation des Analogiebegriffes	171
X.	Der Einfluß neuplatonischer Metaphysik auf die Philosophie Giordano Brunos	
1.	Rezeption neuplatonischer Quellen	177
XI.	Neuplatonischer Stufenkosmos und brunosche Einheitsmetaphysik	
1.	Stufenordnung	185
2.	Unerfahrbare Einheit	209
3.	Einheit – Universum – Individuum	214
4.	Unum – Verum – Bonum	219
5.	Ursache und Prinzip	220
6.	Materie	224
7.	Natur	241
8.	Natur und Kunst	245
9.	Intellectus universalis	249
10.	Mittelstellung der Seele	256
11.	Systematisierung des neuplatonischen Einheitsdenkens bei Proklos	268
12.	Kreis der Natur und der Erkenntnis	275
XII.	Stufenleiter der Natur und Denkordnung Zur Analogie von Sein und Denken im metaphysischen System Giordano Brunos	279
1.	Metaphysice – Physice – Logice	285
2.	Stufenordnung	302
3.	Magia naturalis	316
4.	Kabbala	322
5.	Zur Systematik brunoscher Stufenmodelle	329
6.	Ordnung	333
7.	Einheitserkenntnis	345
8.	Naturbegriff und mittelbare Erkenntnis	360
9.	Fülle	368
10.	Kontinuität und lineare Abfolge	369

XIII.	Speculum naturae Die Spiegelmetapher in ihrer Bedeutung für den Naturbegriff Giordano Brunos	
1.	Vorbemerkung	379
2.	Schatten	385
3.	Spiegel	390
4.	Natur als Spiegel	396
XIV.	Über die Monas, Zahl und Figur, nämlich die Elemente einer äußerst verborgenen Physik, Mathematik und Metaphysik	
1.	Analogie von Metaphysik – Mathematik – Physik	435
2.	Das ›Buch der Natur‹	439
3.	›prisca theologia‹ und ›prisca magia‹	445
4.	Monas und Kreissymbol	462
5.	Deus geometra	468
6.	Quadratur des Kreises und approximative Geometrie	475
7.	Schönheit – Innere und äußere Figuration	477
8.	»Simplicitas. De circuli analogia ad Monadem«	483
9.	Der Begriff der Monade	499
XV.	Monas – Dyas – Trias Ein Abschlußbild und Ausblick	515
	Literatur	
	Siglenliste	525
	Auswahlbibliographie	527

»Mannigfache Wege gehen die Menschen. Wer sie verfolgt und vergleicht, wird wunderliche Figuren entstehen sehn; Figuren, die zu jener großen Chriffrenschrift zu gehören scheinen, die man überall, auf Flügeln, Eierschalen, in Wolken, im Schnee, in Kristallen und in Steinbildungen, auf gefrierenden Wassern, im Innern und Äußern der Gebirge, der Pflanzen, der Tiere, der Menschen, in den Lichtern des Himmels, auf berührten und gestrichenen Scheiben aus Pech und Glas, in den Feilspänen um den Magnet her und sonderbaren Konjunkturen des Zufalls erblickt.«

Novalis, Die Lehrlinge zu Sais

I.
Vorwort

»Das Schlimmste, was sie sagen werden, ist, daß du dich in Bildern verhüllst, Fabeln erzählst, Parabeln ersinnst, Rätsel webst, in bloßen Gleichnissen redest und Mysterien vorbringst und allerhand allegorische Phrasen wiederkaust.«[1]

Mit dieser Aussage, die Giordano Bruno einer seiner Dialogfiguren in seiner Schrift *Cabala del cavallo pegaseo* in den Mund legt, nimmt er ein Urteil vorweg, das seinem Werk in der Tat lange Zeit anhaftete bzw. die Rezeption seiner Schriften, angefangen mit der weitreichenden Mißkreditierung seiner Lehren in der zeitgenössischen Gelehrtenschaft bis hin zu geringschätzigen, einen unvoreingenommenen Zugang verstellenden Beurteilungen und Deutungen, die noch bis in die jüngere Vergangenheit zu verfolgen sind, begleitete.

Die Fülle der von Bruno aufgegriffenen Themen, Problemhorizonte bzw. methodischen Zugangsweisen, die komplexe Vielschichtigkeit mythologischer, allegorischer und kulturhistorischer Anspielungen und Deutungshintergründe, Brunos stilistische Variationsbreite wie seine synkretistische Aufnahme und Verflechtung unterschiedlichster Traditionen bzw. die Anknüpfung an auf den ersten Blick unvereinbar scheinender philosophischer Positionen erlaubten es nur zu leicht, seinem Werk das Siegel eines labyrinthischen Eklektizismus aufzuprägen, bis hin zu dem Vorwurf, es handle sich um einen unsystematischen und dementsprechend unverständlichen Obskurantismus.

In den zurückliegenden Jahrzehnten hat sich die Bewertung der brunoschen Philosophie, nicht zuletzt im Zuge eines zunehmenden Interesses am Denken der Renaissance insgesamt bzw. einer kritischen Revision bis dato gültiger Interpretationstraditionen, grundlegend gewandelt. Dies schlägt sich ebenso in einer Vielzahl von detaillierten Studien vor allem zu einzelnen Werken bzw. Themenkomplexen des Nolaners nieder (etwa zu Brunos kosmologischem Postulat eines unendlichen Weltalls unzähliger Welten, der Fragen nach seiner mathematisch- und wissenschaftshistorischen Bedeutung, dem Versuch einer systematischen Erschließung seiner Einheitsmetaphysik im Hinblick auf einen identitätsphilosphischen Ansatz, seiner spezifischen Konzeptionen im Bereich der Mnemotechnik, der Anthropologie, der Ethik etc.) wie in der Tatsache, daß das brunosche Frühwerk mittlerweile fast vollständig in kritischen Ausgaben und Neuübersetzungen aus dem Italienischen vorliegt. Anders verhält es sich mit

---

1 Kabbala, I. Dialog, S. 22

dem in lateinischer Sprache verfaßten Hauptwerk[2], das hinsichtlich seiner systematischen Gesamtanlage nach wie vor als weitgehend unerschlossen gilt, aber dank einiger richtungweisender grundlegender Einzeluntersuchungen (genannt seien exemplarisch die Studien von Aquilecchia, Beierwaltes, Blum, Sturlese, Heipcke/Neuser/Wicke, Bönker-Vallon u. a.) allmählich als das Herzstück brunoscher Philosophie in den Vordergrund rückt.

Das breite Spektrum von Forschungsarbeiten zum brunoschen Œuvre hat in der Konzentration auf einzelne Schriften bzw. aufgrund unterschiedlicher Schwerpunktsetzungen im Hinblick auf die vorrangige Bedeutungsdimension brunoscher Philosophie – sei es in wissenschaftshistorischer, ideengeschichtlicher oder problemorientierter Perspektive, sei es im Bemühen um eine Einbettung brunoscher Philosophie in den Kontext der Renaissancephilosophie oder in der Rekonstruktion einer Rezeptionslinie brunoscher Philosopheme von der Neuzeit bis zum Idealismus – zu divergenten Einschätzungen geführt. Galt er lange Zeit als Anhänger eines magisch-spekulativen Weltbildes, als Vertreter okkulter Wissenschaften oder einer neuplatonisch-hermetischen Tradition,[3] wird er in anderen Studien, insbesondere aufgrund seiner kosmologisch-naturphilosophischen Schriften, als Repräsentant oder gar Wegbereiter einer Emanzipationsbewegung der mathematischen Naturwissenschaften in der Spätrenaissance[4] (in der Linie Kopernikus, Galilei, Kepler) gesehen oder (neben Cusanus) als einer der führenden Denker einer ›Epochenschwelle‹ im Übergang vom scholastischen Mittelalter zur Neuzeit charakterisiert.[5]

Auf der Basis dieses Forschungshorizontes stellt sich die Frage, inwiefern und in welcher Weise diese unterschiedlich gewichteten thematischen Stränge sich in Anknüpfung an Brunos zentrales Problem, die Fundierung des Einheitsbegriffes in metaphysischer, physischer und rationaler Hinsicht, zusammenführen lassen, d. h. als Teile seines philosophischen Gesamtsystems zu verstehen sind.

Daß die verschiedenen Forschungs- und Denkperspektiven des Nolaners nicht unverbunden nebeneinander stehen, sondern vielmehr über *ein* metaphysisches Konzept ineinander greifen, darüber besteht in der Brunoforschung längst kein Zweifel mehr. Ich verweise exemplarisch auf die Arbeiten von Aquilecchia, Atansijevic, Beierwaltes, Blum, Hentschel, die un-

---

2   Eine kommentierte und mit kritischem Apparat edierte zweisprachige Gesamtausgabe wird zur Zeit unter der Leitung von E. Garin vorbereitet.
3   So die von Fr. Yates beeinflußten Interpretationen. Vgl. Yates, Fr.; *Giordano Bruno and the Hermetic Tradition*, Chicago, London, Toronto 1964; dies.; *The Art of Memory*, London 1966.
4   Vgl. hierzu beispielsweise Koyré, A.; *Du monde clos à l'univers infini*, Paris 1962, dt. Ausgabe Frankfurt a. M. 1969.
5   Vgl. Cassirer, E.; *Individuum und Kosmos in der Philosophie der Renaissance*, Darmstadt 1963; bzw. ders.; *Das Erkenntnisproblem in der Philosophie und Wissenschaft der neueren Zeit*, Bd. I, Berlin 1911; sowie Blumenberg, H.; *Aspekte der Epochenschwelle. Cusaner und Nolaner*, Frankfurt a. M. 1976.

längst erschienene Dissertation von Bönker-Vallon und auf den von Heipcke, Neuser u. Wicke herausgegebenen Aufsatzband zu Brunos Frankfurter Schriften, der gegenwärtig diskutierte Forschungsansätze zum brunoschen Spätwerk vereint.

In der Absicht, einen Beitrag zu leisten, der gerade die Möglichkeit einer Zusammenführung bzw. das Ineinandergreifen der verschiedenen Bereiche innerhalb eines philosophischen Konzeptes zu zeigen unternimmt, habe ich in der vorliegenden Studie mit dem Titel *Analogia entis seu mentis*, ausgehend vom Begriff der Analogie und seiner Rolle und Bedeutung im brunoschen Werk, *eine* mögliche Interpretationslinie verfolgt, um zu zeigen, *ob* und *wie* es dem Nolaner gelingt, über analoge Strukturen unterschiedliche Gedankenbereiche (Naturphilosophie und Kosmologie, Ontologie, Erkenntnislehre und Moraltheorie sowie Anthropologie) aus dem Einheitsbegriff abzuleiten bzw. im Hinblick auf diesen zu begreifen. Diese gewählte Perspektive stützt sich einerseits auf die Auseinandersetzungen um die Frage, inwiefern das Denken der Renaissance als eine »Ähnlichkeitsepisteme«[6] bzw. als ein System, in dem »Das Wissen des Ähnlichen«[7] eine maßgebliche Rolle spielt, zu fassen sei; andererseits ist hiermit der Versuch unternommen, die brunosche Metaphysik der Einheit als Dreh- und Angelpunkt seiner (thematisch wie methodisch) vielschichtig angelegten Schriften zu bestimmen.[8]

Im Zentrum der Untersuchung steht Brunos Einheitsmetaphysik und damit die Frage, wie die Einheit/Monas einerseits als absolut transzendente und andererseits als Einheit des Seienden in vollkommener Immanenz zu denken ist und wie dieses Verhältnis von Bruno in wechselseitiger Bedingtheit begründet wird.[9]

---

6 Vgl. Foucault, M.; *Die Ordnung der Dinge. Eine Archäologie der Humanwissenschaften*, Frankfurt a. M. 1974.

7 Vgl. Otto, St.; *Das Wissen des Ähnlichen. Michel Foucault und die Renaissance*, Frankfurt a. M., Bern, New York, Paris 1992.

8 Hierbei greife ich insbesondere auf den Interpretationsansatz von W. Beierwaltes zurück bzw. knüpfe an seine Analyse der Dialektik des brunoschen Einheitsbegriffs an. Vgl. hierzu besonders Beierwaltes, W.; »Einleitung« zu Giordano Bruno, *Von der Ursache, dem Prinzip und dem Einen*, aus dem Italienischen übers. v. A. Lasson, mit e. Einleitung von W. Beierwaltes hrsg. v. P. R. Blum, Hamburg 1983, S. IX–L; ders.; »Identität ohne Differenz. Zur Kosmologie und Theologie Giordano Brunos«, in: *Identität und Differenz*, Frankfurt a. M. 1980, S. 176–203. Daneben aber basiert diese Untersuchung auf der Arbeit des Kasseler Forschungsprojektes zur Spätphilosophie Giordano Brunos unter der Federführung von Prof. Dr. K. Heipcke, Prof. Dr. W. Neuser und Prof. Dr. E. Wicke.

9 Vgl. Heipcke, K.; Neuser, W.; Wicke, E.; »Über die Dialektik der Natur und der Naturerkenntnis. Anmerkungen zu Giordano Brunos *De Monade, Numero et Figura*«; in: *Die Frankfurter Schriften Giordano Brunos und ihre Voraussetzungen*, hrsg. v. K. Heipcke, W. Neuser u. E. Wicke, Weinheim 1991; siehe darin insbesondere den Abschnitt »Der Gedanke der Einheit als zentrales Motiv«, S. 152–154.

Um diese Beziehung aufzuschließen, wird Brunos Einheitskonzept im folgenden über die Zugrundelegung einer Struktur triadischer Selbstvermitteltheit untersucht – und dies sowohl im Hinblick auf die Transzendenz[10] wie die Immanenz des Einen. Was ist damit gemeint? Im Rekurs auf neuplatonische Philosopheme führt Bruno eine intelligible Struktur von Einheit/Monas – universalem Intellekt – Weltseele ein, die, während sie in der absolut gefaßten Einheit als unterschiedsloses Zugleich in eins fällt, in der Entfaltung auseinandertritt und damit als selbstreflexive, insbesondere am Modell des Kreises entwickelte Beziehungsstruktur gedeutet werden kann.

In intensiver Weise ist diese triadische Relationalität gleichsam auf einen Punkt zusammengezogen, im extensiven[11], sich im vielfältig Seienden verwirklichenden Modus aktualisiert sich das Eine gewissermaßen als ein Ausfließen in die Vielheit von Möglichkeiten und damit das Entstehen des vielheitlich Wirklichen, wobei diese Selbstvermittlung des Einen an die Andersheit immerdar und überall die Rückbindung auf den Ursprung impliziert.

Sofern nun die Einheit nicht nur ganz in sich, sondern gleichzeitig ganz in jedem einzelnen Hervorgebrachten ist, läßt sich jedwedes Seiende über die Teilhabe an oder das Eingebundensein in die Prozessualität des sich verströmend auf sich zurückfließenden Einen in analoger Weise als triadisch verfaßtes deuten und damit trotz der Unähnlichkeit oder Andersheit dennoch in eine Ähnlichkeitsbeziehung zum Ersten setzen.

Grundlegendes Problem des Nolaners ist es, ausgehend von einer einfachsten, unhintergehbaren Einheit, in der absolute Potentialität und Aktualität zusammenfallen, zu begründen, in welcher Weise und mit welcher Notwendigkeit sich diese in der unendlichen Mannigfaltigkeit des Universums entfaltet, wie diese Vielfalt als Ausfaltung des Einen wiederum als Einheit zu verstehen ist und in welchem Verhältnis sie zum vorausgehenden, unterschiedslos Einen steht, und schließlich, in welcher Weise auch jede einzelne Konkretion aus der Einheit innerhalb des Universums, jedes Individuum, wiederum als Einheit zu begreifen ist. Der Einheitsbegriff kann demnach in dreifacher Hinsicht gefaßt werden. Dieser Problemhorizont muß jedoch noch ergänzt werden. Auf der Basis der brunoschen Unendlichkeitslehre ist nicht nur die Einheit in ihrer Transzendenz unerfahrbar, sondern ebenfalls gilt die Unerfaßbarkeit des infiniten Universums und in gewissem Sinne eine *Unvergleichlichkeit*, nämlich Einzigartig-

---

10 Meines Erachtens ist nach wie vor zu fragen, ob in den Schriften Brunos der »theologische Bezug ... zur einfachen Metapher reduziert« (vgl. Heipcke/Neuser/Wicke 1991, a. a. O., Vorwort S. 14) wird.
11 Die Unterscheidung zwischen einer intensiven und einer extensiven Dimension der Einheit wird von Bruno eingeführt und an verschiedenen Stellen expliziert.
Vgl. Zwiegespräche, S. 10 f. u. S. 45 f.; De rerum princ., OL III, S. 510.

keit des Individuums. Auch dieses wird aufgrund seiner unendlichen geistig-schöpferischen Potenz gleichsam entgrenzt.

Die ganze Argumentation stützt sich auf die Grundlegung einer triadischen, vermittelten Konstitution des Einheitsbegriffs als Grundstruktur analoger Seins- und Erkenntnisordnung. Es geht damit – pointiert ausgedrückt – um die Darlegung einer triadisch gefaßten Monas bzw. einer monadisch gefaßten Trias.

Weiterhin stellt sich die Frage nach der Möglichkeit einer Erkenntnis der Einheit, also einer Vermittlung zwischen einem im vielheitlich Endlichen ansetzenden, von der Sinneswahrnehmung angeregten Verstandeswissen, das stets mit Gegensätzlichem, Wandelbarem, Differentem konfrontiert ist und gar nicht anders kann, als in solchen Entgegensetzungen – also diskursiv – zu denken, und dem über jede Unterschiedenheit erhabenen Einen. Dies ist die erkenntnistheoretische Frage.

Und es geht um das Verhältnis der unendlichen Einheit zu den je endlichen, unendlich mannigfaltigen Dingen des infiniten Alls – so die ontologische Fragestellung. Bruno begründet dieses Verhältnis zwischen dem unendlichen Einen und der Einheit des Unendlichen bzw. der Einheit der Individuationen insbesondere über seinen Teilhabebegriff. Sofern nämlich das Eine ganz im Ganzen und ganz in jedem Teil ist, wenngleich in Abstufungen der Verwirklichung ein und derselben Potenz, ist die Struktur der explikatorischen Konkretion des Einen in der Vielheit (der *descensus*/ Abstieg) aus dem Einen zugleich der Weg einer im Denken des erkennenden Individuums stattfindenden Wiedereinfaltung des Einen (*ascensus*/ Aufstieg) im Sinne einer schrittweisen, geistigen Abstraktion als Voraussetzung einer letztendlichen, überintellektualen Einswerdung mit dem Einen.

Um genau dieses Verhältnis also zwischen der Struktur ontologischer Entfaltung und erkennender Rückführung auf das Eine hin geht es.

Welche Rolle spielt hier die Analogie?

Eine Metaphysik, die von einem absoluten Sein als dem Inbegriff alles Seienden ausgeht, hat stets das Problem, wie sich über eine solche unhintergehbare Einheit überhaupt noch Aussagen machen lassen – zwangsläufig müssen alle endlichen Prädikate unzureichend bleiben.

Hier greift die Analogie als mittelbares Erkennen, die ich in zweifacher Hinsicht[12] bestimmen möchte: a) als horizontale Analogie, d. h. die Relationalität und Vergleichbarkeit innerhalb des Seienden, und b) als vertikale Analogie, d. h. Bezogensein auf und Teilhabe an der Einheit.

Beide Perspektiven sind verschränkt zu denken. Verkürzt gesagt: Nur weil alles an der Einheit partizipiert, stehen die Dinge auch untereinander in verhältnismäßiger Ordnung und harmonischer Fügung, sind als relatio-

---

12 In Anlehnung an die Begriffsbestimmung von J. Hirschberger – siehe hierzu die Ausführungen im weiteren.

nale Ganzheit Ausdruck des Einen, und nur über und in dieser Verhältnismäßigkeit läßt sich das Eine mittelbar erkennen und bestimmen.

In zwei Hauptteile gegliedert, hat der erste Themenkomplex dieser Studie den Status einer philosophischen Propädeutik, d. h. er ist als Einführung in den philosophischen Problemkontext zu lesen, die aber bereits aus der Perspektive der brunoschen Metaphysik verfolgt wird.

Die Struktur der Arbeit sei an dieser Stelle kurz skizziert: Ausgangspunkt ist im III. Kapitel zum *Begriff der Analogie* die Bestimmung des Analogiebegriffs über eine Herleitung aus dem griechischen Verständnis des Logos-Begriffs, der im allgemeinsten Sinne als eine ›Verhältnismäßigkeit‹ gefaßt werden kann, die physische, psychische und noetische Strukturen umgreift. Dies versuche ich im IV. Kapitel mit dem Titel *Analogie und Logos. Eine metaphysische Auslegung bei Heraklit* exemplarisch anhand der Fragmente des Vorsokratikers Heraklit, auf den sich Giordano Bruno vielfach bezieht, zu verdeutlichen. Von Bedeutung ist hierbei die Auffassung einer Unverfügbarkeit des einen Logos, der sich jedoch gleichzeitig in der Relationalität von Sein und Denken manifestiert. Analogie sei damit verstanden als Verhältnis zu diesem schlechthinnigen Verhältnis, als das ›dem Logos gemäße‹: ein Überlegen nach Maßstäben, die in der Ordnung der Dinge liegen. Bei Heraklit ist der Logos oder das ›hen to sophon‹ als einheitliches Verhältnis zu verstehen, welches das Differente als Gegensätzliches und widerwendige Fügung des aufeinander Bezogenen erst begründet. Logos steht für das ›Beharren im Wechsel‹ und den ›Wechsel als das Beharrliche‹.

Im darauffolgenden V. Kapitel *Analogie und harmonikale Mathematik* versuche ich anhand der pythagoreischen Lehre die Fundierung der Relationalität und harmonischen Einheit des Seienden durch die Zugrundelegung einer qualitativen Zahlenlehre, d. h. genauer, die Grundlegung von Proportionalitätsformen zu zeigen und damit einen Ansatz, der die Basis dafür bildet, qualitativ verschiedene Ebenen durch die Analogie von Zahlenverhältnissen und Proportionen in Beziehung zueinander zu setzen. Dies bestätigt sich in einer Analyse des griechischen Begriffes von *Harmonie und Zahl* im VI. Kapitel.

Die Funktion des Analogischen bzw. die Rolle mathematischer Harmonievorstellungen bestimmt die Fragestellung des VII. Kapitels zu *Analogie und Zahlidee* bei Platon. Exemplarisch wird dies anhand einer Interpretation des Sonnengleichnisses, des Liniengleichnisses und des platonischen Schöpfungsmythos im *Timaios* untersucht.

Im VIII. Kapitel zu *Aristoteles* bzw. der Rolle der *Analogie im Sinne logisch-ontologischer Bestimmung von Einheit* werden schließlich verschiedene Verwendungs- bzw. Verständnisweisen der Analogie unterschieden.

Der damit abgeschlossene, propädeutische 1. Teil dieser Studie dient nicht nur einer Klärung des Analogiebegriffs bzw. seiner unterschiedlichen Anwendungsweisen, sondern weist bereits Elemente auf, die für die Interpretation der brunoschen Texte m. E. richtungweisend sind: die erkenntnistheoretische Funktion der Analogie; die mathematatische Proportionalität in Anwendung auf verschiedene Gebiete bzw. deren strukturelle Parallelsetzung; der Modellcharakter von Zahl und Figur (Qualität und Quantität); die Begründung einer Mittlerrolle der Seele als Ort mathematischen Denkens.

Im zweiten Hauptteil schien es mir für die Bestimmung des brunoschen Einheitsbegriffes unerläßlich, die Bezugnahme auf die neuplatonische Philosophie (Bruno bezieht sich z. B. häufig auf die Lehre Plotins), auf Korrespondenzen und Abweichungen zu untersuchen, um so die These des dialektischen oder, wie ich es nennen möchte, triadischen Einheitskonzeptes zu stützen.[13]

Daher widmet sich der zweite Teil der Arbeit – eingeleitet durch eine kurze Darstellung der *Modifikation des Analogiebegriffs* im Hinblick auf den brunoschen Kontext (IX.) – dem *Einfluß neuplatonischer Metaphysik auf die Naturphilosophie Giordano Brunos* (X.) bzw. der Rezeption neuplatonischer Quellen in der Renaissance.

Unter der Überschrift *Neuplatonischer Stufenkosmos und brunosche Einheitsmetaphysik* behandelt das Kapitel XI. im 2. Teil der Studie unter verschiedenen Fragehinsichten die Aufnahme neuplatonischer Elemente in der Einheitsmetaphysik Giordano Brunos. Hauptaspekte sind, stichpunktartig aufgeführt: Brunos Rekurs auf die lichtmetaphysische Selbstentfaltungstheorie und den neuplatonischen Seelenbegriff im Sinne der Weltseele als Mittlerinstanz; die Anlehnung an die neuplatonische Trias von Hen – Nous – Psyche und deren Transformation in einen triadisch gefaßten Einheitsbegriff; die materielle Trias (infra ens) als Pendant zur intelligiblen Triade und schließlich die Frage nach dem Naturbegriff als Versuch einer Verbindung von partikularer und universaler Natur und die Auswirkung dieses Naturkonzeptes auf den Gottesbegriff.

Das anschließende XII. Kapitel *Stufenleiter der Natur und Denkordnung. Zur Analogie von Sein und Denken im metaphysischen System Giordano Brunos* zeigt, welche Rolle die Mathematik in der spezifisch brunoschen Deutung als logisch-rationale, zwischen Metaphysik und Physik vermittelnde Ebene einnimmt. Weiterhin wird die Frage nach der Systematik brunoscher ›Stufenmodelle‹ verfolgt, d. h. untersucht, in welchem Sinne Bruno von einer Stufenordnung der Natur in Entsprechung zur Denkordnung spricht. Aus diesem Zusammenhang erklären sich außerdem Aufnahme und Funktion naturmagischer und kabbalistischer Traditionen.

---

13 Vgl. hierzu auch die Arbeiten von Huber, K.; *Einheit und Vielheit in Denken und Sprache Giordano Brunos*, (Diss.) Winterthur 1965, S. 37 und Hentschel, B.; *Die Philosophie Giordano Brunos – Chaos oder Kosmos? Eine Untersuchung zur strukturalen Logizität und Systematizität des nolanischen Werkes*, Frankfurt a. M., Bern, New York, Paris 1988, S. 85 ff., an die ich in dieser Hinsicht anknüpfe.

Das XIII. Kapitel mit dem Titel *Speculum naturae. Die Spiegelmetapher in ihrer Bedeutung für den Naturbegriff Giordano Brunos* verfolgt Brunos Verständnis der Natur als eines lebendigen Spiegels der göttlichen Einheit und damit eine für die Renaissancephilosophie kennzeichnende Aufwertung des Naturganzen. Mit der Vorstellung einer Offenbarung Gottes in der Mannigfaltigkeit der sichtbaren Naturdinge verbindet sich die erkenntnistheoretische Überlegung einer Gotteserkenntnis über die Naturerkenntnis im Sinne einer Erkenntnis der sich in allem manifestierenden Einheit, einer Göttlichkeit der Natur selbst.

Im XIV. Kapitel *Über die Monas, Zahl und Figur, nämlich die Elemente einer äußerst verborgenen Physik, Mathematik und Metaphysik,* das sich vor allem auf eine der lateinischen Spätschriften des Nolaners gründet, werden die die gesamte Untersuchung bestimmenden Interpretationslinien zusammengeführt. Es manifestiert sich, daß es eine ontologisch wie erkenntnistheoretisch bestimmte Analogie ist, über die sich die brunosche Metaphysik, Naturphilosophie und Mathematik in ihrem Verhältnis zueinander als strukturidentische Ebenen des philosophischen Systems bestimmen lassen. Herz dieses Systems aber ist der Einheitsbegriff bzw. die Begründung der Entfaltung des Einen, die Bruno am Modell geometrischer Generierungsstrukturen entwickelt, um hiervon ausgehend in analoger Weise nicht nur die metaphysische Selbstentfaltung des Einen zu erklären, sondern unter modellhafter Heranziehung der Geometrie ebenso auf physischer Ebene eine aus der Einheit begründete Struktur von prozessualer Entfaltung, eine Theorie des Lebendigen zu formulieren.

In der Abschlußbetrachtung *Monas – Dyas – Trias* (XV.) greife ich diese in Modifikation neuplatonischer Philosopheme mathematisch fundierte Einheitsmetaphysik zusammenfassend auf, stelle resümierend nochmals den systematischenStellenwert des Analogischen innerhalb der brunoschen Philosophie heraus.

Zu großem Dank bin ich dem an der Universität Kassel im Jahre 1987 von Prof. Dr. Klaus Heipcke gemeinsam mit Prof. Dr. Wolfgang Neuser gegründeten Forschungsprojekt zur Spätphilosophie Giordano Brunos verpflichtet. Diese Forschungsgruppe (in Zusammenarbeit von Prof. Dr. K. Heipcke, Prof. Dr. W. Neuser und Prof. Dr. E. Wicke) arbeitete insbesondere an den drei lateinischen Hauptschriften des Nolaners, der sogenannten Frankfurter Trilogie, wobei Übersetzung und Kommentierung, Interpretation und systematische Erschließung der brunoschen Monadenschrift (*De monade, numero et figura*, Frankfurt 1591) im Zentrum standen.

Aufgrund der Initiative von Prof. Dr. Klaus Heipcke hatte ich die Möglichkeit, am Forschungsprogramm dieses Projektes in den Jahren von 1987 bis 1994 mitzuarbeiten. Der prinzipielle Deutungsansatz dieses Forschungszusammenhanges ist in einem Tagungsband aus dem Jahre 1991[14] niedergelegt. In ihrem Aufsatz mit dem Titel »Die Dialektik der Natur und der Naturerkenntnis. Anmerkungen zu Giordano Brunos *De Monade, Numero et Figura*« formulieren Heipcke, Neuser, Wicke unter der Zwischenüberschrift ›Der Gedanke der Einheit als zentrales Motiv‹, daß, sofern man Brunos identitätsphilosophischen Ansatz einer Einheit alles Seienden voraussetze, damit eine Reihe von Problemen aufgeworfen werde, die nicht gelöst werden könnten, »ohne Brunos im Identitätsbegriff gründenden Materiebegriff und seine Kosmologie zu berücksichtigen, und daß sich an der Beantwortung (bzw. der Möglichkeit einer befriedigenden Antwort) obiger Fragen entscheidet, ob und mit welchem Ergebnis sich das Bruno hier unterstellte Programm einer Analogiesierung von Metaphysik, Logik, Arithmetik, Geometrie, Physik etc. durchführen läßt. Hier wird nicht der Anspruch erhoben, die Antworten auf obige Fragen bereits zu besitzen.« (ebda., S. 153)

Gleichwohl stellen sie einen Ansatz vor, der »zur Rekonstruktion des brunoschen Vorhabens ... ohne die Unterstellung nichteuklidischer Ansätze auszukommen versucht« (ebda.), d.h. die Kernthese zielt darauf zu begründen, »daß Bruno auf der Grundlage der euklidischen Geometrie in *De monade* u. a. eine ›korpuskulare‹ Theorie der Figuration und des Messens entwirft, und zwar durch eine in der Dialektik des Einheitsgedankens gründende analoge Rekonstruktion des Systems der natürlichen Zahlen und Figuren.« (ebda.) Auf der Basis dieser These stellen die Autoren den Aufsatz abschließend die prinzipielle Forschungsabsicht vor, wonach Giordano Bruno in der Monadenschrift versuche, »durch eine pythagoreisch inspirierte Arithmetisierung der geometrischen Formlehre, die theoretischen Grundlagen für das Verstehen und Gestalten in den verschiedenen Gebieten der Erkenntnis aus dem Begriff der Einheit abzuleiten.« (ebda., S. 162)

Eine solche Schlüsselrolle der Mathematik bzw. der mathematischen Ordnung der Natur im Verhältnis zur Geistmetaphysik vermutet auch Bönker-Vallon, wenn sie in ihrer sorgfältigen Analyse des dreifachen

---

14 Heipcke, K.; Neuser, W.; Wicke, E.; »Über die Dialektik der Natur und der Naturerkenntnis. Anmerkungen zu Giordano Brunos *De Monade, Numero et Figura*«, in: *Die Frankfurter Schriften Giordano Brunos und ihre Voraussetzungen*, hrsg. v. K. Heipcke, W. Neuser u. E. Wicke, Weinheim 1991. Siehe zu weiteren Publikationen die Auswahlbibliographie. Die publizierten Ergebnisse der Heidelberger Tagung sowie vielfältige Anregungen durch den Kasseler Forschungszusammenhang sind Ausgangspunkt und Voraussetzung dieser Untersuchung. Gemeinsame Diskussionen zur brunoschen Philosophie, kontinuierliche Zusammenarbeit, intensive Arbeit an Texten des Nolaners (festgehalten in projektinternen, unveröffentlichten Protokollen) im Rahmen des Forschungsprojektes waren ein wichtiges Fundament für die Entwicklung meiner in dieser Studie verfolgten spezifizierten Fragestellung. Wesentliche Bezugnahmen auf den Kasseler Forschungskontext werden im weiteren ausgewiesen. Eine ausführliche systematische Darstellung der brunoschen Spätphilosophie bleibt der in Vorbereitung befindlichen umfassenden Untersuchung von Prof. Dr. W. Neuser und Prof. Dr. E. Wicke vorbehalten.

Minimum-Begriffs zeigt, wie dieser dazu dient »die Struktur von innerer Rationalität auch oder gerade für alles Extensive fruchtbar zu machen« (vgl. ebda., S. 82), d. h. Strukturidentitäten über die Zugrundelegung mathematischer Ordnungsprinzipien zu fundieren, so daß »Ordnung der Natur ... nicht nur Rationalität und Vergleichbarkeit an sich [meint], sondern auch die gesetzmäßige Entfaltung (vgl. De monade, Opera I 2, 332 f.) des Verschiedenen und die Einigung des Verschiedenen zu einem universellen Strukturzusammenhang, der die universelle Harmonie alles Gegensätzlichen ausmacht.« (Ebda., S. 83)[15]

Auch E. v. Samsonow weist im genannten Aufsatzband in Bezugnahme auf L. de Bernart auf die, in bewußtseinsphilosophischer Deutung bestimmte, Beziehung zwischen der relationalen Verflechtung von Punkten und Linien über eine geometrische Symbolik in Korrespondenz zur relationalen Verfaßtheit des Denkens hin.[16]

St. Otto betont einerseits die modalontologische Funktion der brunoschen geometrischen Figurationslehre[17] als Verschränkung der Kategorien Qualität und Quantität wie andererseits die immense Bedeutung, die das geometrische Konzept der ›figura‹ für die Erkenntnistheorie, genauer, für eine Theorie einer intensionalen Einbildungskraft besitzt.

In diesem Tenor, nämlich daß »bei Bruno die Generierung der Mannigfaltigkeit aus der Einheit ... als Leitmotiv in den verschiedensten Kontexten wiederkehrt«[18], bzw. spezieller in der Betonung der Rolle der Mathematik im Spätwerk Brunos als Modell einer solchen qualitativ wie quantitativ zu denkenden Generierung aus der Einheit (vgl. ebda., S. 9), formulieren die Herausgeber, die Diskussionen von 1991 zusammenfassend, daß die brunosche, platonisch fundierte Mathematikauffassung »ein geistiges Modell des Weltaufbaus [bildet], das in der Einheit verankert ist« (ebda., Vorwort, S. 11) und eben darin erkenntnistheoretisch ein Mittleres zwischen Metaphysik und Physik darstelle.

Auf der Basis dieses Forschungsstandes bzw. dieser Deutungsperspektive entwickelte sich in den Jahren 1990/91 insbesondere in der Diskussion mit Prof. Dr. Klaus Heipcke, aber auch angeregt durch den fachlichen Aus-

---

15 Vgl. hierzu auch die ausführliche Darstellung von Angelika Bönker-Vallon in *Metaphysik und Mathematik bei Giordano Bruno*, (Diss.) Berlin 1995.

16 Vgl. Samsonow, E. v.; »Weltförmigkeit des Bewußtseins. Die Idee der Verschiedenheit und ihre geometrische Konstruktion und Darstellung in der Schrift *De monade*«, S. 99; in: *Die Frankfurter Schriften Giordano Brunos und ihre Voraussetzungen*, hrsg. v. K. Heipcke, W. Neuser u. E. Wicke, Weinheim 1991; sowie Giordano Bruno, *Über die Monas, die Zahl und die Figur als Elemente einer sehr geheimen Physik, Mathematik und Metaphysik*, mit e. Einleitung hrsg. v. E. v. Samsonow, Kommentar v. M. Mulsow, Hamburg 1991.

17 Vgl. Otto, St.; »Figur, Imagination und Intention. Zu Brunos Begründung seiner *konkreten Geometrie*«, S. 41 ff.; in: *Die Frankfurter Schriften*, hrsg. v. K. Heipcke, W. Neuser u. E. Wicke, a. a. O.

18 Vgl. *Die Frankfurter Schriften*, hrsg. v. K. Heipcke, W. Neuser und E. Wicke, a.a.O., S. 7.

tausch mit Prof. Dr. Erhard Wicke und Prof. Dr. Wolfgang Neuser, denen ich an dieser Stelle für die langjährige Zusammenarbeit und die wertvollen Hinweise nochmals Dank sagen möchte, meine spezielle Fragestellung.

Absicht dieser Studie ist es zu zeigen, wie Bruno über Analogien versucht, unterschiedliche Ebenen des vielfältig Seienden sowie – im Verhältnis hierzu – der Erkenntnis des Seienden (also Ontologie wie Erkenntnistheorie) über eine strukturelle Identität auf den metaphysischen Einheitsbegriff zurückzuführen – und welche Rolle die Mathematik hierbei spielt. Hierfür schien es mir sinnvoll, der Frage nach Brunos systematischer Konzeption einer ›Metaphysik des Einen‹ im Unterschied etwa zu neuplatonischen Modellen nachzugehen, die Konsistenz dieses Einheitskonzeptes anhand verschiedener Schriften Brunos zu verfolgen und schließlich die Verbindung dieses Einheitsbegriffes mit logisch-mathematischen Strukturen darzulegen, um zu untersuchen, inwiefern Bruno diese als analoge Modelle der Einheit setzt. Damit steht die Frage nach der Analogie als eines möglichen Schlüsselbegriffs der brunoschen Einheitsmetaphysik im Zentrum dieser Studie. Um der Rolle der Analogie in metaphysischer, physischer und logischer Hinsicht nachgehen zu können und vor allem Anwendungsgebiete zu zeigen, mußten zunächst in philosophiehistorischer wie systematischer Herangehensweise die Voraussetzungen der brunoschen Philosophie untersucht werden. Dazu war es unabdingbar, Rolle und Einfluß etwa der pythagoreischen Tradition, des Platonismus wie des Aristotelismus einzubeziehen. Insbesondere die Rekonstruktion des neuplatonischen Hintergrundes brunoscher Philosophie mußte m. E. weit über das Cusanische explicatio-complicatio-Modell[19] hinaus an den originären spätantiken Neuplatonismus rückgebunden werden. Brunos Abgrenzung *gegen* die scholastische Traditon war aufzugreifen. In vielen Fällen verlangte die anspielungsreiche Sprache des Nolaners die Einbeziehung weitreichender kulturhistorischer Hintergründe, metaphorologische Recherchen und die intensive Beschäftigung mit bildlicher wie sprachlicher Emblematik.

Diese Kontextforschung sollte den Weg bereiten für die Analyse der brunoschen Ontologie wie seiner Erkenntnistheorie bzw. für die Rekonstruktion beider Bereiche im Verhältnis zueinander.

Damit stellt diese Studie also in eher exemplarischer Weise vor, *wie* die brunosche Einheitsmetaphysik verschiedenste ontologische und gnoseologische Bereiche fundiert.[20]

Prof. Dr. Klaus Heipcke hat gerade die Eigenständigkeit meiner Herangehensweise stets unterstützt, hat auf eine ihm eigene behutsame, wohlüberlegte Weise Irr- und Abwege korrigiert. In gewissem Sinne ist die vor-

---

19 Vgl. zu Brunos Aufnahme dieser Denkfigur des Cusaners: Beierwaltes 1977, Einleitung zu *Von der Ursache*, S. XXVI.

20 Bei der vorliegenden Publikation handelt es sich um eine leicht gekürzte und überarbeitete Fassung der Dissertation aus dem Jahre 1994.

liegende Studie damit auch ein Zeugnis dieses großen Lehrers. Ihm gebührt mein uneingeschränkter Dank in fachlicher wie persönlicher Hinsicht: seiner intensiven Betreuertätigkeit, seiner weitsichtigen, klugen Kritik, die nicht nur immer wieder ein Überdenken anregte, sondern ebenso zu neuen Ansätzen ermutigte, seiner feinsinnigen, mir jede Selbständigkeit lassenden und zugleich fordernden Begleitung und nicht zuletzt seiner nunmehr schmerzlich vermißten, unvergeßlichen Freundlichkeit.

»Wer also die tiefsten Geheimnisse der Natur ergründen
will, beobachte und betrachte die Minima und die Maxima des Entgegengesetzten und Widerstreitenden. Es ist
eine tiefe Magie, das Entgegengesetzte hervorrufen zu
können, wenn man einmal den Punkt der Vereinigung
gefunden hat.«
(Über die Ursache V, S. 149)

II.
Einleitung

Ziel dieser Arbeit ist es, die Vermutung, die Analogie sei ein erkenntnistheoretisches Prinzip in der Philosophie Giordano Brunos, zu verfolgen und auf ihren Stellenwert im Gesamtsystem der brunoschen Identitätsphilosophie zu untersuchen und damit (möglicherweise) einen Schnittpunkt zwischen Ontologie, als der Entfaltung der Einheit in Vielheit, und Erkenntnislehre, als dem Überführen einer vielschichtigen Vielfalt von Erkenntnisinhalten auf eine Einheit hin, bestimmen zu können. Damit geht es um die metaphysische Seinsbegründung, die Ergründung einer verborgenen, immerwährenden Einheit des einen Seins, das sich immer nur in Vielfalt, in Spaltung und Gegensätzlichkeit der sinnlich erfahrbaren Mannigfaltigkeit der Wirklichkeit zeigt.

Einerseits wird die vielfältige Erscheinungswelt als Konkretion der Einheit in Vielheit gedacht, wobei der Mannigfaltigkeit dieser, als harmonisch gefügte Allheit verstandenen Natur ein immanentes, also unveränderliches, ungeteiltes, fortwährendes Sein innewohnt; und zugleich stellt die unendliche Vielheit in ihrer Gesamtheit wiederum eine Einheit dar. Es ist dies also ein Einheitsbegriff, der ›in eins‹ die absolute Identität eines in allen Erscheinungsformen der Wirklichkeit einheitlichen Seinsprinzips ausdrückt, d. h. die vollkommene Immanenz eines unendlichen, alles einbegreifenden wie in jedwedem inbegriffenen Seins, und dennoch dieses Eine nicht mit der unendlichen Fülle des Seienden gleichsetzt. Bruno formuliert, so die in dieser Studie verfolgte Annahme, einen dialektischen Einheitsbegriff, d. h. er bestimmt die Einheit aus dem Spannungsverhältnis von Transzendenz und Immanenz, ohne daß damit ein Dualismus angezeigt wäre. Vielmehr ist das Eine bzw. die Einheit sowohl als transzendente Ursache und unhintergehbarer Grund außerhalb jeder Andersheit und Vielheit zu denken wie als dasjenige, was in jedem einzelnen Seienden (Individuum) bzw. in der Gesamtheit aller Dinge (Universum) ganz gegenwärtig und ungeteilt Eines ist. Die transzendente

Identität und die Immanenz des einen Identischen bedingen sich, sind gewissermaßen wechselseitig auseinander abzuleiten.[1]

Dieses Verhältnis einer zugleich überall ganz anwesenden wie unvergleichlichen, weder im Ganzen noch in seinen Teilen aufgehenden Einheit wird ein strukturales Moment sein, das der Nolaner auch im Hinblick auf die Begründung der Einheit der Natur, des Universums, der Materie etc. anzulegen sucht. Eine Einheit, in der das Minimum eines ›Eines in Allem‹ mit dem Maximum eines ›Alles in Einem‹ identisch ist.

Ausgehend von einem solchen dialektisch gefaßten Identitätsbegriff stellen sich grundsätzliche Fragen: Zum einen nach der Notwendigkeit und der Weise des Übergangs der Einheit in die Vielheit der Konkretionen in Form einer unendlichen Vielzahl von Individuationen; sodann nach der Einheit innerhalb der Mannigfaltigkeit der Dinge; schließlich nach der Einheit des je Einzelnen, des endlich Seienden in der Besonderung. Wie ist das Universum zu denken, innerhalb dessen im Vollzuge immerwährenden Wandels alles zugleich möglich und wirklich ist, und zwar in der einen Hinsicht sukzessive, sofern man es aus der Perspektive des je Einzelnen betrachtet, und in anderer Hinsicht simultan, sofern man es als Ganzheit in den Blick rückt? Welches Verhältnis besteht zwischen der Einzigkeit des Unendlich-Einen und dem Einen im Unendlichen bzw. vermittels welcher Relationalität ist die Vielheit in die allumfassende Ganzheit des einen Universums gebunden zu denken? An diese metaphysische Fragestellung in bezug auf den brunoschen Begriff einer Einheit (I) *vor* jeder Andersheit, einer – im umfassenden Sinne – Einheit (II) *in* der Mannigfaltigkeit des Universums und der Einheit (III) *des* je Einzelnen knüpft sich die Frage nach der Möglichkeit der Einheitserkenntnis bzw. dem Modus einer Innewerdung des Einen in der Andersheit.

Wie verhält sich das individuelle Erkenntnisvermögen *angesichts* einer Wirklichkeit, in der zwar die ganze Möglichkeit des Einen aktualisiert ist und die Grundlage jedweder Erkenntnis ist, in *Anbetracht* derer aber das an die Sinneswahrnehmung gebundene Erkenntnisvermögen im Bereich des Sinnlich-Zersplitterten verhaftet bleibt, solange es diese als ›flüchtige, wandelbare Erscheinungswelt‹ wahrgenommene Vielheit nicht als im Wechsel unveränderliche Ganzheit zu fassen vermag? Inwiefern kommt dieser sichtbaren Welt eine Mittlerrolle zu, indem sie als für die menschliche Erkenntnis erfaßbare und bedingt begreifbare gewissermaßen den Weg weist zur Einheit?

Welche Wahrscheinlichkeit ist einer Erkenntnis beizumessen, die, ausgehend von der Sinneswahrnehmung und im Wissen um deren

---

[1] Vgl. hierzu die Arbeiten von W. Beierwaltes, insbesondere Beierwaltes, W.; »Identität ohne Differenz. Zur Kosmologie und Theologie Giordano Brunos«; in: *Identität und Differenz*, Frankfurt a. M. 1980, S. 176–203, und ders.; »Einleitung« zu: Giordano Bruno, *Von der Ursache, dem Prinzip und dem Einen*, aus dem Italienischen übers. v. A. Lasson, mit e. Einleitung v. W. Beierwaltes hrsg. v. P. R. Blum, Hamburg 1983.

ausschnitthafte Wirklichkeitsauffassung wiederum in einem Prozeß von Unterscheidung, Unterteilung, Auswahl und Ausgrenzung eine perspektivische Ausrichtung des Denkens im Hinblick auf Urteile und Entscheidungen verfolgt und hiermit eine Ordnungsstruktur in Erkenntnisinhalte legt sowie deren kausal-logische Verknüpfung postuliert?

Wenn diese Verstandesordnung und Einteilung der Dinge nicht in irgendeiner Weise mit den Ordnungsprinzipien der Natur korrespondiert, bleiben Verstandesbegriffe willkürliche Setzungen. »... wenn alle Wissenschaft nach ihrem Wesen nur das Scheinhaft-Zerspaltende ergreift, nicht anders schließlich als die Sinneswahrnehmung und tägliche Erfahrung, wenn selbst Philosophie, Erkenntnis der Vernunft aus letzten Gründen der Dualität verhaftet bleibt und niemals etwas spüren kann von wahrer Einheit – dann hat wohl alles Forschen keinen Wert; Begriff und Wort, Begründung und Beweis sind nichtig ...«[2].

Im Bereich des Endlichen bleibt das Verstandeswissen in unmittelbarer Abhängigkeit von der Sinneswahrnehmung und damit unauflöslich konfrontiert mit Gegensätzen, Widersprüchen, Differenzen. Gibt es aber eine Verbindung zwischen der endlichen Sinnenwelt und dem unerfaßbaren, einheitlichen Seinsprinzip, eine Vermittlung also zwischen dem Endlichen wie es sich für den menschlichen Verstand begreifen läßt und dem Unendlichen, wie es die Lehre einer Immanenz des Einen formuliert, etwas, was diese Dualität überbrückt, ohne sie aufzuheben, dann ist gewährleistet, daß das Erkenntnisbestreben, auch in seiner Beschränkung auf das Endliche, in der Hinwendung zur Vielheit der Er*schein*ungen nicht bloßes *Schein*wissen erwirbt, sondern durch die Immanenz des einen Seins im Endlichen über die Endlichkeit hinausweist.

Der Erkenntnisprozeß als ein *procedere* im eigentlichen Sinne des Wortes (lat. procedere: vorwärtsschreiten, emporsteigen, bis zu einem Punkt kommen) erhält auf der Basis einer Teilhabe am einheitlichen Seinsgrund eine innere Notwendigkeit. Er schreitet im Bewußtsein einer unzureichenden sinnfälligen Wirklichkeit über diese hinaus, zielgerichtet auf das Eine hin.

In diesem Sinne, d.h. im Wissen um die Veräußerung eines einheitlichen Seins in Verschiedenheit und Gegensätzlichkeit der Naturtatsachen, die eine die Erkenntnis erst ermöglichende Vielfalt sind, stellt sich die Wirklichkeit nicht als trügerische Scheinwelt in den Weg, sondern besitzt Offenbarungswert, wird geradezu Wegbereiter einer Erkenntnis, die die Prozessualität naturgemäßer Konkretion zum Maßstab geistiger Abstraktion nimmt.

Hier greift der Analogiebegriff bzw. die Analogie als Erkenntnismethode, indem sie gleichermaßen Verschiedenheit wie Einheit umfaßt, sich auf

---

2 Heimsoeth, H.; *Die sechs großen Themen der abendländischen Metaphysik und der Ausgang des Mittelalters*, Darmstadt 1974, S. 36.

die Einheit im Verschiedenen oder die Ähnlichkeit in der Unähnlichkeit richtet.

»So geht ein steter Weg und Zusammenhang hinauf von den Sinnen über Verstandeswissenschaft und Vernunfteinsicht bis hin an die Grenzen noch des Unbegreiflich-Einen. Von allen Einzelinhalten der Wirklichkeit, all ihren Spaltungen und Gegensätzen ... zieht menschliche Erkenntnis ihre Linien aus: die laufen alle aufeinander zu und lassen deutlich merken, wie sie jenseits aller Sichtbarkeit in einem Punkt sich einen – in der Koinzidenz der Gegensätze, der konkreten allerfüllten Einheit des Unendlichen, wo keine Negation mehr trennt ...«.[3]

Eine solche Ausrichtung aller Erkenntnisstränge auf einen Punkt hin – gleich einem Strahlenbündel, das in einem Brennpunkt alle Strahlen in eins zusammenführt, gleichsam als eine Koinzidenz im Unendlichen – läßt sich ansatzweise auch bei Giordano Bruno belegen. Aufgabe ist es, diesen Zielpunkt von Erkenntnisbestrebungen anhand von Ordnungsprinzipien und Strukturen der Naturerscheinungen im Verhältnis zu den Aufbauprinzipien der Erkenntnis zu bestimmen, als ein und denselben in allem.

Identität im ausdrücklichen Sinn gilt allein für das Absolute; im Bereich der unendlichen Vielfalt endlicher Dinge tritt die Analogie vermittelnd auf, insofern sie eine ›partielle Identität‹ zu erkennen ermöglicht, die auf die Einheit aller Dinge im Bereich des Seienden wie – im Verhältnis dazu – der Gegenstände des Erkennens hinführt. Zwar wird das letzte, ursächliche und absolute Eine über die analoge Erkenntnis niemals eingeholt, d. h. es wird durch keine Definition bestimmt; gleichwohl zeigen die Verhältnisse innerhalb des Seienden wie die z. B. Möglichkeit, diese zu erkennen und auf einander zu beziehen, das Wirken des Einen, dem man sich also mit zunehmender Vereinfachung der Erkenntnis angleicht, ohne es jemals vollends erfassen zu können.

---

3 H. Heimsoeth 1974, a. a. O., S. 37.

III.
Der Begriff der Analogie

1. Vorbemerkung

An der in der Einleitung skizzierten Fragestellung wird bereits deutlich, daß der Analogiebegriff bezüglich seiner Bedeutung und Verwendung innerhalb der Metaphysik Brunos einer genaueren Bestimmung bedarf. Es seien daher zunächst zwei Hinsichten der Verwendung, die m. E. für die brunosche Philosophie von Bedeutung sind, unterschieden: Einerseits ist mit dem Begriff der Analogie eine Erkenntnismethode gekennzeichnet, mittels derer eine Aussage über einen zu bestimmenden Gegenstand gemacht werden kann, die diesen nicht ›als solchen‹ definiert, sondern sein Verhältnis zu etwas (sei es hinsichtlich der Wirkung, der Funktion oder einer Eigenschaft) aus dem Bezug auf ein bekanntes, strukturell gleichartiges Verhältnis erklärt. Diese Methode eröffnet gerade im Hinblick auf eine als transzendent vorausgesetzte Einheit die Möglichkeit, über diese Aussagen zu machen, ohne sie mit Prädikaten aus dem Bereich des Endlichen zu determinieren oder diese Prädikate äquivok zu verwenden.

Nun handelt es sich bei den von Bruno formulierten ›Analogien‹ nicht um Verhältnisbeziehungen, die aufgrund rein äußerlicher Merkmale aufgestellt werden, sondern – und damit sind wir bei der zweiten Hinsicht, in der der Analogiebegriff zu verstehen ist – um Ähnlichkeitsverhältnisse aufgrund einer inneren Verwandschaft, d. h. um eine ontologische Voraussetzung der Analogien, die die Erkenntnis aufstellt. Durch die Teilhabe an der Einheit oder dem absoluten Sein ist jedes Seiende als spezifische Verwirklichung auf die Einheit bezogen. »Die Analogieeinheit ist Beziehungseinheit. Sie wurzelt aber in der transzendentalen Beziehung, die alle Dinge zum transzendentalen Sein haben, in ihrer entitativen Hinordnung zum Sein. Auch ihre Verschiedenheit ist durch das Sein konstituiert. Aber sie haben als wesentlich verschiedene auch verschiedene Beziehungen zum Sein. Die Einheit besteht darin, daß sie je eine bestimmte Seinsproportion haben. Diese Einheit ist am vollkommensten verwirklicht, wenn bei zwei Verhältnissen ihr Verhältnis zum Sein das gleiche ist, wenn also eine Identität zweier Verhältnisse vorliegt.«[1]

Vorangestellt sei ein Untersuchungskomplex, der im Sinne einer philosophischen Propädeutik der Hinführung auf die Problemstellung und schließlich der Thematisierung der besonderen Ausprägung bei Bruno

---

1 Barion, J.; »Über die Bedeutung der Analogie für die Metaphysik«, S. 42; in: *Philosophisches Jahrbuch der Görres-Gesellschaft*, Jahrg. 49 (1936), Freiburg i. Br., S. 30–48.

dient. Zunächst wird der Versuch unternommen, eine terminologische Begriffsbestimmung zu entwickeln, die nicht nur die philosophiegeschichtliche Relevanz nachzeichnet, sondern gleichzeitig und damit untrennbar verbunden, eine begriffsgeschichtliche Rückschau in die Untersuchung einbezieht.

Dies insbesondere vor dem Hintergrund der Tatsache, daß der Analogie als methodischem Ansatz im aktuellen Sprachgebrauch eine sehr vage gefaßte Bedeutung beigemessen wird. Nur sehr undeutlich verweisen Begriffe wie ›Entsprechung‹ oder ›Ähnlichkeit‹ auf eine bestimmte Form von Relationsgefüge oder auf Strukturprinzipien.

Welche Bedeutung der Begriff der Analogie neben und in Abgrenzung von den Begriffen wie Proportion, Harmonie, Ebenmaß, Zahl und Ordnung hat bzw. welcher methodische wie erkenntnistheoretische Ansatz hierin zum Ausdruck kommt, wird in dieser Untersuchung unter Berücksichtigung der philosophischen Lehren von den Vorsokratikern über den Neuplatonismus bis hin zur Naturphilosophie des 16. Jahrhunderts vorgestellt, um den Wandel des Begriffs (mitsamt seinen metaphysischen Implikationen) vom mathematisch definierten Terminus zum ontologischen Mittel- und Mittlerbegriff zu verdeutlichen und seine bestimmende Rolle in der brunoschen Lehre herauszukristallisieren.

> »Doch wenn sie schon [die törichten Menschen], hingerissen durch deren Schönheit, sie für Götter hielten [die Naturphänomene], so hätten sie billig erkennen können, wieviel herrlicher deren Gebieter ist; denn der Urheber der Schönheit hat sie geschaffen. Und wenn sie schon über deren Kraft und Wirksamkeit staunten, so hätten sie doch daraus schließen sollen, um wieviel mächtiger ihr Schöpfer ist. Denn aus der Größe und Schönheit der Geschöpfe wird *analog* ihr Schöpfer erkannt.«
> (ἐκ γὰρ μεγέθους καὶ καλλονῆς κτισμάτων ἀναλόγως ὁ γενεσιουργὸς αὐτῶν θεωρεῖται)
> (Buch der Weisheit, 13, 3–5)

2. Zur terminologischen Klärung des Analogiebegriffs

Analogie (lat. analogia, ae f.) bezeichnet Gleich-Mäßigkeit, die Gleichförmigkeit einer Verhältnisrelation, aber auch die Entsprechung, Übereinstimmung oder Ähnlichkeit, d. h. der Begriff steht in seiner Bedeutung zwischen Gleichheit und Verschiedenheit, vermittelt zwischen Ähnlichkeit und Unähnlichkeit.

In strengerem Sinne, d. h. vor dem Hintergrund der erkenntnistheoretischen Fragestellung, sei unter Analogie die Vergleichbarkeit von Verschiedenem über die In-Beziehung-Setzung von Verhältnismäßigkeiten verstanden, ein Relationsgefüge, das Übereinstimmung wie Unterschiedenheit zugleich umfaßt. Nach dieser vorläufigen Definition ist die Einheit des Seienden als eine Verhältniseinheit zu verstehen, sofern die Relata zwar verschieden sind, zwischen diesen jedoch gleiche Verhältnisse bestehen, so daß man von einer relationalen Einheit sprechen kann.

Hierbei ist zu fragen, welchen Rang, welche philosophische Bedeutung eine solche Annäherung an die absolute Einheit[2] secundum analogiam besitzt. Ist die Analogie »niedrigste Erkenntnisstufe«[3], ein Vergleichsverfahren, das lediglich auf der Ebene metaphorischer Verkleidung einen Erkenntniseffekt hervorbringt, oder im Sinne Platons »das schönste aller Bänder« (vgl. *Timaios* 31c f.), welches erst ein Denken der natürlichen Dinge als Kosmos, d.h. als Ganzheit in Einheit möglich macht? Oder leistet die Analogie als das Aufstellen von Proportionsgefügen einer Reduzierung auf rein quantitative Verhältnisübereinstimmungen Vorschub?

Die Analyse des Stellenwertes der Analogie im metaphysischen Denken steht in engem Zusammenhang mit der Frage nach dem Ansetzen einer identitätsphilosophischen Naturauffassung, d.h. der Ineinssetzung

---

2 Wenn hier von der ›absoluten Einheit‹ die Rede ist, so im Hinblick auf die Philosophie Giordano Brunos bzw. deren philosophiegeschichtlichen Kontext.
3 Höffding, H.; *Der Begriff der Analogie*, Leipzig 1924, S. 30.

von Gott und Natur als *Eines und Alles*, einer überall mit sich identischen Einheit, auf deren Grundlage die Welt in der Einheit aufgehoben zu denken ist bzw. die Einheit in der Welt aufgeht.

Im Hinblick auf Giordano Brunos Lehre wird zu klären sein, inwieweit ein solches identitätsphilosophisches Konzept angelegt ist und ob sich nicht gleichzeitig das Eine in seinem Bezug zur natürlichen Welt durch eine nur annäherungsweise zu bestimmende Verhältnismäßigkeit einem Erfassen als der Identität von Allem entzieht.

Bei Giordano Bruno wird sich dieses Eine als dasjenige ausweisen, dem alle Eigenschaften und Bestimmungen immer zugleich zukommen, so daß es im strengen Sinne keine Eigenschaft, keine Bestimmung als gesonderte besitzt. Im Unterschied dazu sind die konkreten Dinge als Verwirklichungen aus dieser Einheit einerseits von dieser verschieden, insofern sie als differente Besonderungen aus dem Einen in Erscheinung treten, wie andererseits in gewisser Hinsicht mit dem Einen übereinstimmend, insofern sie an diesem teilhaben und Seinsweisen eines unveränderlich Zugrundeliegenden verkörpern. Die Dinge stehen in ihrer spezifischen Aktualisierung des allen gleichermaßen zukommenden Vermögens in einem partiellen Identitätsverhältnis zur Einheit bzw. sind dieser durch Übereinstimmung von Verhältnisbezügen analog.

Es wird bei genau zu untersuchen und zu zeigen sein, wie sich Brunos identitätsphilosophisches Konzept formiert, in welcher Weise die metaphysische Einheit, das Universum und die Einzeldinge in der Identität des Einen aufgehoben sind und ob diese Einheit letztendlich nicht die Differenz in sich einbegreift, d. h. eine dialektische Struktur in sich birgt, oder anders gesagt, ob ein gleichsam ›triadischer‹ Einheitsbegriff zugrundeliegt, der aus der Perspektive der metaphysischen Einheit ›in eins‹ zusammenfällt, aus der Perspektive des Einzelnen als eine vermittelte Einheit zu begreifen ist, die sich aus dem Einen entfaltet, sich im Universum auseinanderlegt und im Denken des Einzelnen wieder auf das Eine rückgewendet wird.

Der Begriff des unterschiedslosen Einen ist bei Giordano Bruno gewissermaßen in dreifacher Weise konstituiert: als die Fülle des Einen (unitas), als die Einheit der Fülle im Seienden (universum) und als die Erfüllung der Einheit im Einzelnen (individuum).[4] Diese Konfiguration des Einheitsbegriffes bringt einerseits das Problem mit sich, die Mannigfaltigkeit des Seienden als Vielheit von Einzelnen aus dieser mit sich identischen Einheit des Seins mit Notwendigkeit zu begründen und stellt andererseits die Frage, wie diese Vielheit des Seienden mittels der Erkenntnis auf eine Einheit rückgeführt werden kann, in welcher Weise

---

4 Damit ist gemeint, daß jedes Seiende danach strebt, sich selbst zu vervollkommnen. Eben weil es an der Einheit teilhat, sucht es diese in je individueller Weise zu vollenden und strebt damit indirekt auf eine erste Ursache hin.

überhaupt ein Begreifen, ein Denken von Einheit in absolutem Sinne statthaben kann.

Nun ist dies nicht so zu verstehen, als werde diese Einheit der Vielheit erst im Prozeß der Erkenntnis gestiftet, denn sie ist – so Bruno – der Vielfalt des Seienden immer schon im Ganzen wie in allen Teilen immanent. Dennoch ist es Aufgabe des erkennenden Individuums, dieser Einheit, ausgehend von der sinnfälligen Wirklichkeit, ›auf die Spur‹ zu kommen, um sie in schrittweiser Vereinfachung und Abstraktion vom Sinnlichen geistig nachzuvollziehen, und zwar in der Weise, daß sich analog der Entfaltung der Vielheit aus der Einheit (bzw. der Relationalität des Vielen als einheitliche Ganzheit) das Erkenntnisvermögen des Individuums als eine Einheit geistiger Produktivität (Ingenium) und relationaler Ganzheit erweist. Der geistige Aufstieg (ascensus), von dem Bruno vielerorts im Verhältnis zum descensus oder der Explikation der metaphysischen Einheit spricht, ist keineswegs ein bloßes inneres ›Abbilden‹, sondern vielmehr eine Art Transformation, die von der physischen Welt bzw. der sinnlichen Wahrnehmung ausgeht, um über Vorstellungsvermögen (imaginatio) und Phantasie (phantasia) ihre schöpferische Kraft zu entfalten – »intelligere item aut phantasiam esse aut phantasiare quiddam« (Compos. imag., OL II 3, S. 103) – bzw. im Gedächtnis (memoria) über eine rationale Verknüpfung, Einteilung und Ordnung ein generatives System auszubilden, dessen Dynamik es ist, die auf eine »Strukturidentität zwischen naturhaften und geistigen Vorgängen, die sich als zwei komplementäre Formen der Explikation der Idee erweisen«[5], hindeutet. »Erkenntnis bedeutet demnach nichts anderes als die Fähigkeit des Verstandes oder der Vernunft, ›alle Dinge aus allen zu erkennen‹ ... Es macht daher die Geschlossenheit des brunoschen Denkens aus, daß dieser Prozeß seine ontologische Entsprechung in der Natur findet, die ›alle Dinge aus allen machen kann‹ ...«[6].

So wie die Natur oder sichtbare Welt aber in unendlichen Metamorphosen und Modifikationen Ausdruck einer unwandelbar beständigen Einheit ist, verfolgt auch das erkennende Individuum im Prozeß seiner geistigen Schöpfungen die Absicht, dieser Einheit innezuwerden: »... so versteht alles, wer wahrhaft das Eine versteht; und wer sich der Erkenntnis des Einen nähert, kommt auch der Erkenntnis von allem näher.« (Über die Ursache, S. 150)

Es geht also um das Verhältnis zwischen ontologischer und gnoseologischer Struktur einer Entfaltung aus der Einheit bzw. um die Vermittlung und Beziehung zwischen Metaphysik, Physik und Logik (ars), wobei die Hauptthese darin besteht, daß Strukturen des Aufbaus von Erkennt-

---

5 Fellmann, F.; »Bild und Bewußtsein bei Giordano Bruno«, S. 25, in: Heipcke, K., Neuser, W. u. Wicke, E. (Hrsg.); *Die Frankfurter Schriften Giordano Brunos und ihre Voraussetzungen*, Weinheim 1991.
6 Ebda., S. 26 f.

nis und Strukturen der Entfaltung des Seienden über Analogien gefaßt werden.[7] Hierbei wird sich zeigen, daß die Mathematik eine große Rolle spielt, insofern sich in mathematischen Figuren und Verhältnissen Modalitäten gnoseologischer wie ontologischer Entfaltungsstruktur ausdrücken. »Mathematice subinde simulachra, imagines et characteres ad multa producenda atque comparanda conducunt, cum observatum sit triplicem esse mundum, archetypum, physicum et umbratilem, ut a primo detur per medium descensus ad tertium, et a tertio per medium ad primum ...« (Compos. imag., OL II 3, S. 101).[8]

Die Einteilung der Dinge, die Zusammenfassung über die Bestimmung allgemeiner Begriffe, führt zwar zu einer Vereinheitlichung innerhalb spezifischer Wissensgebiete, diese formieren aber zugleich heterogene Stränge, organisiert nach definierten Erkenntniskategorien. Ein höchster allgemeiner Begriff, der das Ganze des Seienden als Eines umfaßt, liegt außerhalb des Denkmöglichen, insofern die zunehmend allgemeine Kategorisierung der Dinge zu einem inhaltsleeren Begriff, einer formalen Leerhülse führt. Das in sich Bestimmungslose, Allgemeinste kann kein Gegenstand des diskursiven Denkens sein, jedweder Begriff bedarf einer Definition, steht als Operationsgröße geistigen Handelns in der Bedingtheit von Differenzierung und Determination. Wie kann aber dann das, was sich gar nicht auf einen Begriff bringen läßt, zugleich absolute Einheit wie alle Vielheit umfassendes ist, wie kann dieser Einheitsbegriff gedacht werden, ohne in bloße Teilaspekte zu zerspringen? Wenn keine alles einbegreifende Erkenntnis des Einen vollzogen werden kann, welchen Wert können dann die einzelnen Wissensgebiete für das Ergründen des wahren Einen noch haben, solange sie nichts weiter sind als perspektivisch ausgerichtete Parallelverläufe von Forschungssträngen, die je unter Auslassung bestimmter Aspekte eine Gleichheit der Dinge qua Reihenbildung, eine Kausalität qua Folgerichtigkeit aufstellen, ohne in ein ganzheitliches Konzept eingebettet zu sein? Das Denken des Einen muß diese Einheit, zumindest annäherungsweise, repräsentieren.

---

7 »Primo enim idea proprie dicitur forma ante res et metaphysicum quiddam, ... Post idea ergo sequitur mundus physicus, quem idearum vestigium appellamus ... Tertio succedit mundus rationalis, nempe rerum universitas in intentione, qui speciebus a physicis rebus abstractis coalescit, et propter minorem entitatis rationem plus ab ideali veritate distat quam vestigium, et ideo iure optimo umbrae notione concipitur; et eius universitatis partes nomine specierum et generum logicaliter significantum circumferuntur. Itaque cum subtilius philosophantibus et proprie loquentibus haec tria nomina, *idea, forma* et *species*, tribus admodum differentibus significatis attribuimus.« (Compos. imag., OL II 3, S. 97 f.)

8 Was die Rolle der Mathematik angeht, untermauert diese Studie die Forschungshypothesen, wie ich sie im Vorwort im Hinblick auf den Band *Die Frankfurter Schriften und ihre Voraussetzungen*, hrsg. von Heipcke, Neuser, Wicke 1991, a. a. O. skizziert habe. Insbesondere den in bezug auf die Monadenschrift dargelegten Deutungsansatz des Kasseler Forschungsprojektes möchte ich mit meiner Untersuchung unterstützen.

Hier greift die Analogie als Möglichkeit einer Einheitserkenntnis über eine Einheit von Verhältnissen, d. h. eine partielle weil lediglich strukturelle Identität. Analogie bzw. analoges Denken bewegt sich somit nicht in willkürlichen Ähnlichkeiten. »Dem hier Gesagten sei noch hinzugefügt, daß die Vernunft bei dem Versuch, das Wesen von etwas zu erkennen, so stark wie möglich vereinfacht, das heißt sie zieht sich aus der Zusammensetzung und Vielheit zurück, indem sie die vergänglichen Akzidentien, die räumliche Ausdehnung, die Zeichen und Figuren auf das ihnen Zugrundeliegende zurückführt ... Die Vernunft bezeugt damit offenkundig, daß die Substanz der Dinge, die sie entweder als unmittelbare Wahrheit oder im Gleichnis zu erkennen sucht, in der Einheit liegt. Glaube mir, derjenige wäre der gründlichste und vollkommenste Geometer, der alle in den *Elementen* des Euklid verstreuten Lehrsätze in einem einzigen zusammenfassen könnte, wie derjenige der vollkommenste Logiker wäre, dem es gelänge alle Gedanken auf einen einzigen zurückzuführen.« (Über die Ursache, S. 141 f.) Das Vermögen, das Eine in einfachster Weise zu denken, ist Gott selbst (la divina mente e la unità assoluta) vorbehalten bzw. wird allein vom ersten Intellekt (la prima intelligenza) in vollkommenster Weise vollzogen. Das Ziel menschlichen Erkenntnisstrebens ist, ausgehend von »zahlreichen Gattungen, Analogien und Formen« (specie, similitudini e forme) zu einer im höchstmöglichen Maße einfachen Einheitserkenntnis zu gelangen. (Vgl. ebda., Causa, Dial. it. I, S. 333)

Hier liegt ein völlig anderer Ansatz von Wissen zugrunde. Nach Siewerth ist die abstrakte Logik der Mathematik, indem sie auf ein Quantum reduziert,[9] keine Seinslehre mehr. Der Versuch, die Einheit zu ergründen und dabei die Analogie als Methode anzuwenden, zeugt einerseits von einem Bewußtsein für die Beschränkung des Erkenntnisvermögens und zeigt zugleich ein Wissen um einen metaphysischen Grund wie um dessen Unverfügbarkeit.

»Wir dürfen von Gott reden, müssen aber stets eingedenk bleiben, daß alle unsere Begriffe und Worte, auf ihn angewandt, einer Verbesserung bedürfen, daß sie gleichsam einen neuen Koeffizienten erhalten, dessen innerste Bedeutung für uns ein unbekanntes x enthält. So halten wir die Mitte zwischen altem und neuem Agnostizismus einerseits, dem Gott nur der große Unbekannte ist, und dem klassischen Pantheismus andererseits, der das menschliche Denken und Sein auf Gott überträgt ...«[10].

Verhältnisgleichheit bezeichnet eine Verhältnisordnung der Dinge untereinander sowie eine Übereinstimmung der Verhältnisse als solcher. Hiermit wird ein Einheitsbegriff formuliert, der über die Identität von Verhältnissen (= Analogie) die Vielheit als Ganzes zu fassen vermag.

---

9 Brunos Konzept mathematischer Erkenntnismodelle zeichnet sich eben dadurch aus, nicht rein quantitative Methode zu sein, wie wir im weiteren sehen werden.
10 Nink, C.; *Philosophische Gotteslehre*, München/Kempten 1948, S. 122.

Analogie wird als eine Verhältniseinheit festgehalten, die alle selektiven Einheitsbegriffe in sich umgreift.

Der Problemhorizont eines denkenden Begreifens von Einheit tritt in der frühen Neuzeit/Renaissance in eine neue Dimensionalität ein. Zum einen wird durch die Vorstellung eines unendlichen Universums die Unerfahrbarkeit des allumfassenden Einen, im Bewußtsein einer begrenzten Anschauungsmöglichkeit des Wirklichen, auch im Hinblick auf die physische Welt manifest. Zum anderen stellt sich die Frage nach dem Verhältnis des absoluten Einheitsprinzipes zur Individuation von Sein im Einzelseienden bzw. zum Individuum. Sind diese Einzelseienden auf einer niedrigeren Seinsstufe anzusetzen, insofern sie in der materiellen Konkretion lediglich unvollständige Abbilder des universalen Einen darstellen (wie es die neuplatonischen Stufenmodelle nahelegen) oder sind die Individuationen des Einen, diesem insofern ebenbürtig, als jedes Einzelwesen die Vollkommenheit unendlicher Potentialität in sich birgt?

Spätestens mit Cusanus läßt sich von einer Neubewertung des Individuums sprechen; das Einzelseiende ist nicht niedrigste Stufe der Schöpfung, hierarchisch untergeordnet je nach Grad an Mischung mit geistloser Materie, sondern gerade in der Einzigartigkeit des Individuellen zeigt sich göttliche Omnipotenz. »Alles außer Gott, der absoluten gegensatzlosen und allumfassenden Einheit, ist differenziert. Es kann kein Ding dem anderen, keine Bewegung einer zweiten völlig gleich sein. Nur in abstracto gibt es volle Gleichheit, nur in Gott gibt es Koinzidenz; die wirklichen Dinge aber sind überall verschieden voneinander« (H. Heimsoeth 1974, a. a. O., S. 184). Das Einzelne erhält damit einen neuen Stellenwert, ist nicht Mangelwesen, sondern in seiner Differenziertheit Konkretion göttlicher Vollkommenheit in einzigartiger Weise. »Ein jedes Ding ist wie ein Mikrokosmos: zum Ganzen gehörend ist doch das Ganze auch in ihm, auf seine ganz besondere Weise« (ebda., 185). Die göttliche Einheit des Universums besteht in der Einheit dieser Vielheit, der Harmonie der verschiedengearteten Ausbildungen des Vollkommenen. Damit stellt sich die Frage nach der Synthese dieser Einheitsbegriffe in eminenter Weise: *Einheit als das absolute Maximum* eines allumfassenden und alles durchwirkenden Prinzips; *Einheit als Minimum*, im Einzelnen angelegte, aber spezifisch ausgebildete Vollkommenheit und Einheit, sofern sie dieses *Minimum und Maximum als Einheit* in sich umgreift.

Doch nochmals zurück zur Analogie und ihrer logischen Relevanz. Wenn der Wert der Analogie als methodischer Ansatz darin liegt, einander nicht zugehörige, aber strukturähnliche Wahrheitsperspektiven in Verbindung zu setzen[11], läßt sich die Frage stellen, wodurch sich diese Gleichheit von Verhältnissen auf verschiedenen Gebieten begründen läßt

---

11 Vgl. Schulze, W.; *Zahl. Proportion. Analogie*, Münster 1978; sowie Kluxen, W.; *Historisches Wörterbuch der Philosophie*, Bd. 1, 1971, Sp. 216.

bzw. wodurch die Verhältniseinheit gewährleistet ist? Das heißt, worin ist die Verhältniseinheit als denkmögliche fundiert, und in welcher Weise kann ›Einheit‹ über die Analogie erkannt werden?

Nach Krings ist der logische Ort der Analogie das Urteil, d. h. der geistige Vorgang des In-Verhältnis-Setzens, welcher eine Grundverfaßtheit des Denkens ausmacht. (Vgl. H. Krings 1964, a. a. O., S. 107) Die Dinge sind in ihrer Realität nicht in Verhältnisrelationen sichtbar, sondern werden erst über das Denken in Bezugsverhältnisse gesetzt. »Verhältnisse ›erscheinen‹ allererst als Verhältnisse, wo das primär vernommene Ganze durch den logischen Akt des Denkens als ein aufgegliedertes Gebilde gesetzt und in einem Satze, genauer in der Rede, dargestellt ist.«[12] (Ebda. S. 103) Kein Einzelnes kann gedacht oder bezeichnet werden ohne Miteinbeziehung eines anderen, jeder Begriff ist in eine solche Relation einbezogen, jedes Wort definiert sich aus der Bezüglichkeit eines jeweiligen Satzzusammenhanges. Analogie stellt den Begriff zwischen Univokation und Äquivokation, insofern die endliche Vernunft keine Eineindeutigkeit erreicht, keine absolute Identität, sondern nur eine Gleichheit in jeweils verschiedenen Bezugsverhältnissen. Der Begriff erfährt seine Bedeutung aus der Gleichheit bei gleichzeitiger Modifikation durch das jeweilige Bezugsverhältnis. »Die transzendentale Univozität des Vollkommenen schlechthin ist der menschlichen Vernunft verwehrt; ihr tranzendentaler Charakter ist die Analogie.« (Ebda. S. 110)

Am Beispiel des Seinsbegriffes – so Krings – heißt das: Der Begriff des Seins ist ein absolut univoker, und zwar in solchem Maße eindeutig, daß er nicht faßbar ist. Diese absolute Fülle ist für die endliche Vernunft bestimmungslose Leere, unfaßbares Alles. Wenn daher der Seinsbegriff in eine Verhältnisrelation eingebunden wird, erhält er keine Bestimmung, aber durch die Einbeziehung wird er in einer je möglichen Relation überhaupt erst Gegenstand der Erkenntnis. Läßt er sich nicht in seiner absoluten Univozität fassen, so verweist die Analogie der Verhältnisbezüge auf eine ›denkbare‹ Näherungsmethode und zugleich auf die Bedingtheit des Denkens überhaupt. Im Sein sind alle möglichen Bezüge bereits enthalten, ist die ganze Mannigfaltigkeit eingefaltet. Im Denken des Seins werden verschiedene Verhältnisbezüge analog gefaßt, über eine Verhältnisgleichheit aufeinander bezogen und damit zu einer, wenngleich nur endlich faßbaren, Ganzheit gefügt.

»Die in der Analogie eröffnete ›eine Natur‹ mit ihren Wirkbezügen steht nun im analogen Begreifen des *Seienden* in einer für uns letzten Einfalt, die nicht mehr überstiegen und aufgelöst werden kann. Deshalb kann füglich im Seinsdenken keine Bestimmung mehr aus dem relationalen Ordnungsgefüge wie aus der analogen Einheit des Wortes gelöst und

---

12 Es wurde bereits darauf hingewiesen, daß Bruno das Setzen von Verhältnissen nicht allein als Verfaßtheit des Denkens verstehen will, sondern annimmt, daß es eine Beziehung zwischen der Entfaltungsstruktur der Einheit im Seiendem und im Erkennen gibt.

ohne Bezug zur Aussage kommen. Sagt man deshalb das Wort ›ens‹ aus, so spricht man stets aus einem Bezugsganzen und hat die abwägende Überlegung schon vorausgesetzt oder fordert zu ihr auf.« (G. Siewerth 1964, a. a. O., S. 120)

Hiermit wird eine Relationalität des Denkens bzw. die Notwendigkeit von Relationsbildung und -verkettung als Bedingung, Erkenntnisprozesse schlechthin zu ermöglichen, vorausgesetzt. Identität als solche ist im absoluten Sinne nicht nachvollziehbar, weil in keiner Weise außerhalb von Bezugsverhältnissen denkmöglich. Identität innerhalb von Verhältnisbezügen ist somit streng genommen immer eine partielle im Sinne von Analogie, Verhältnisidentität und somit eher Gleichheit als Selbigkeit zu nennen.

Anführen möchte ich in diesem Zusammenhang ein von Höffding eingeführtes Bild für die Relationalität von Denkprozessen: »Relation besteht aber in einem Referieren, in einer beziehenden Aktivität, einem bestimmten Einstellen der zwei Zirkelbeine des Gedankenunterschieds.«[13] Das Eine wird erst denkbar in Relation zum anderen oder bildlich: durch Abspreizen des einen Zirkelbeines entsteht ein Abstandsverhältnis, das erst den Gegenstand definiert. Der Zirkel verkörpert in anschaulicher Weise die Dreiheit aus der Einheit: das Eine, seine Vorstellung in der Andersheit und die ›Spanne‹ der Zirkelbeine, das Verhältnismäßige in der Bestimmung des sich selbst Abständigen.

Diese Analogsetzung des Denkprozesses mit einem Zirkel entfaltet über die metaphorische Anschaulichkeit hinaus in der Frühen Neuzeit eine grundlegende Bedeutung,[14] und zwar in dem Maße, als die Mathematik bzw. die mathematische Logik über traditionelle Zahl- und Figuralallegorese hinaus zwischen der metapyhsischen Einheit und der physischen Vielheit in vermittelnder Weise einer abstrakt-systematischen Theoriebildung greift. Der Zirkel spielt in der brunoschen Geometrie eine wichtige Rolle, auf die an dieser Stelle bereits hingewiesen sei. Die Konstruktion geometrischer Figuren mit konstanter Zirkelöffnung bzw. die Anwendung des Proportionalzirkels stellt ein Forschungsgebiet der Renaissancemathematik dar (Tartaglia, Cardano).[15] In Brunos Monadologie wird die Generierung der Vielheit aus der Einheit in Form geometrischer Figurierung von Kreisen bei gleichbleibendem Zirkelabstand vom

---

13 Höffding, H.; *Der Relationsbegriff. Eine erkenntnistheoretische Untersuchung*, Leipzig 1922, S. 13.

14 Vgl. hierzu auch Nikolaus von Kues, *Idiota de mente/ Der Laie über den Geist*, Die Philosophisch-Theologischen Schriften, Bd. III, hrsg. u. eingef. v. L. Gabriel, übers. v. D. u. W. Dupré, Wien 1989, S. 563. Der Geist als lebendiges Maß aller Dinge wird hier als ein »lebender Zirkel« (circulus vivus) bezeichnet.

15 Vgl. hierzu Kutta, W. M.; *Zur Geschichte der Geometrie mit constanter Zirkelöffnung*, Nova Acta, Abhandl. der Kaiserl. Leop.-Carol. Deutschen Akademie der Naturforscher, Bd. LXXI, Nr. 3, Halle 1897.

Kreis der Monade bis hin zu komplexen Figuren vollzogen.[16] Diese Figurationsmethode hat aber nicht bloß geometrische Bedeutung, sondern steht analog zur Entstehung von Vielfalt aus einem einheitlichen Grund. In der Monade bzw. dem einfachen Kreis ist ein Verhältnis angelegt, das aus sich, nach ein und demselben Prinzip (einem Verhältnis) die Figuren erzeugt.[17] Dieses Verhältnismaß ist analog dem metaphysischen Prozeß der Entstehung von Mannigfaltigkeit in Form einer Verhältniseinheit, die sich in allem Seienden fortsetzt. »Die Wirklichkeit von irgend etwas, das in gar keiner Relation stehen sollte, kann nicht begründet oder bewiesen werden. Wirklichkeit und Relation gehören nun einmal zusammen. Jede Konstatierung der Wirklichkeit eines Dinges besteht in dem Nachweis einer festen Relation zwischen diesem Dinge und dem Kreise von Dingen, die bisher durch gegenseitigen festen Zusammenhang als wirklich dastehen, das eine Zirkelbein des Gedankens steht in diesem Kreise, und durch das andere Zirkelbein wird diese Relation zwischen dem Kreise und dem Dinge, dessen Wirklichkeit in Frage ist, ausgemessen. Erhebt sich ein Zweifel wegen der bisher anerkannten Wirklichkeit, muß auch das erste Zirkelbein anderswohin gestellt werden, und so fort. Beide Zirkelbeine müssen bei jeder Erkenntnis eines Wirklichen gebraucht werden.« (H. Höffding 1922, a.a.O., S. 42)

In Zusammenhang mit der Relationalität von Denkvorgängen steht die Bewußtwerdung der Relativität von Erkenntnis, wie sie zuerst auf dem Gebiet der Kosmologie entdeckt wird. Die Relativität des Erkenntnis-Standpunktes hat vor Copernicus schon Cusanus formuliert.[18] Der Mensch nimmt sich selbst bzw. den Standort Erde als stillstehenden Mittelpunkt des bewegten Alls an. Wird dieser Standpunkt (das ruhende Zirkelbein) beispielsweise auf den Mond verlegt, wird ihm dieser als Ruhepunkt erscheinen. Daraus wird nicht nur die notwendige Relation von Ruhe und Bewegung deutlich, sondern zugleich die Relativität der Erkenntnis je nach dem gewählten Standort. (Vgl. Bruno, Acrotismus, OL I 1, S. 144, Art. 38) So maßgeblich für den Erkenntnisvollzug der Standpunkt ist, so bildet die Erkenntnis über Verhältnismäßigkeiten damit doch nur einen analogen Zugang zur Komplexion der allumfassenden Einheit. Diese Perspektivität der Erkenntnis markiert zum einen die Hinfälligkeit einer auf ein Zentrum ausgerichteten Kosmologie bzw. einer Mittelpunktdefinition im Unendlichen und setzt zugleich jeden Einzelnen in eine zentrale Position, die natürlich nicht räumlicher Art ist, sondern im Sinne einer inneren Mitte (medium) vorzustellen ist, über die sich das Eine vermittelt bzw. durch sie mittelbar erkannt wird.

---

16 Verwiesen sei auf Brunos intensive Auseinandersetzung mit den Zirkel-Studien des Geometers Fabrizius Mordente.
17 Vgl. hierzu Heipcke, Neuser, Wicke (Hrsg.) 1991, a.a.O., Vorwort S. 12.
18 Vgl. Blumenberg 1976, a.a.O., S. 71 ff. u. S. 99; sowie Nikolaus von Kues; *De docta ignorantia*, II, 12.

> »Wir fragen durch die Logik hindurch nach dem λόγος
> und fragen genauer, wie es denn möglich geworden sei,
> daß der λόγος als Aussage zur Rolle des Leitfadens für
> die Auffindung der Grundzüge des Seienden innerhalb
> der Metaphysik gelangen konnte.«
> (Heidegger, M.; *Heraklit. Logik. Heraklits Lehre vom Logos*,
> Gesamtausgabe Bd. 55, Frankfurt a. M. 1979, S. 258.)

3. Analogie und Logos

Das griechische Wort ἀναλόγια ist ein Kompositum des griechischen λόγος und der Präposition ἀνά (auf, hinauf, über, hin, durch, in, entlang – vgl. auch ἀνὰ λόγον: im Verhältnis stehend, verhältnismäßig, im Sinne von ›dem Logos entsprechend‹, gemäß). Wenn Analogie das dem Logos Entsprechende sein soll, ist zunächst dieser λόγος als Richtwert oder Maßstab einer ›Entsprechung‹, d. h. einer Relationsstruktur, näher zu bestimmen, sodann die Art und Weise der möglichen Relation, also die Verhältnisordnung als solche zu erfassen.

In zeitgenössischen Nachschlagewerken findet man für λόγος eine Fülle von Übersetzungsvarianten, eine Art Zusammenschau verschiedenster Bedeutungen, die einerseits auf eine etymologische, wortgeschichtliche Entwicklung hin zu unterscheiden sind (d. h. auf die Grundbedeutung bzw. die Wortbildung), andererseits auf die Begriffsgeschichte hin (die Veränderung der Verwendungsweisen eines Wortes im historischen Kontext) zu untersuchen sind. Das griechische Wort λόγος umfaßt ein Bedeutungsfeld von Rede, Darstellung, Erzählung, Vertrag, Beschreibung, Buch, Fabel, Prosa, Gerücht, Vorwand, Redeweise, Redeerlaubnis, Redefähigkeit, Beredsamkeit, Unterredung, Gespräch, Verhandlung, Beratung, Vorschlag, Wort, Ausdruck, Ausspruch, Behauptung, Sprichwort, Lehrsatz, Definition, Orakelspruch bis hin zu Berechnung, Rechnung, Proportion und Denkkraft, Verstandesvermögen etc.; d. h. der Logos-Begriff, also die Verwendungsweise des Wortes λόγος, steht für Ausdrucksweisen der gesprochenen wie geschriebenen Sprache, für Modi sprachlicher Mitteilungsfunktion, mathematischer Relationsbeziehung wie der Verstandes- oder Urteilsfunktion.

Diese weite Begriffsfassung läßt sich über eine Reihe von Forschungsarbeiten belegen.[19] In der Erläuterung der ursprünglichen, frühgriechischen Bedeutung des Logos-Begriffes sei stellvertretend auf die

---

19 Vgl. z. B. Jendorff, B.; *Der Logosbegriff. Seine philosophische Grundlegung bei Heraklit von Ephesos und seine theologische Indienstnahme durch Johannes den Evangelisten*, Frankfurt a. M. 1976; Bartling, M.; *Der Logosbegriff bei Heraklit und seine Beziehung zur Kosmologie*, Göppingen 1985.

philologisch sehr engagierte Arbeit von Thekla Horovitz verwiesen, in der die Begriffsgeschichte sehr ausführlich nachgezeichnet wird.[20] Horovitz belegt an einer Vielzahl von Textbeispielen, daß der Begriff des λόγος in der frühgriechischen Schriftsprache nur sehr selten Anwendung findet (sie verweist auf wenige Belegstellen in der älteren Dichtung, z.B. bei Homer, Pindar), als philosophischer Terminus überhaupt nicht gebräuchlich ist, jedoch in alltagssprachlicher Verwendung, im Handelswesen, in der Zinsrechnung, im Sinne von Berechnung im Geschäftsleben sehr weite Verbreitung findet.[21]

In der frühen griechischen Schriftsprache steht λόγος als allgemeiner Begriff für alles Gesagte: »alles, was hervorgebracht, geäußert, mitgeteilt und gesagt wird, um zu überzeugen, zu erfreuen, zu besänftigen, zu täuschen oder zu rühmen, also auch ›Gedicht‹, ›Rede‹, ›Gerede‹, ›Ruf‹, ›Ruhm‹, ›Götterspruch‹, ›Lebensweisheit‹, das alles sind λόγοι.«[22]

Während das Substantiv λόγος in seinem frühgriechischen, vorphilosophischen Verständnis in Schrift- und Alltagssprache scheinbar zwei unabhängig voneinander bestehende Bedeutungsstränge ausbildet, zeigt sich im Hinblick auf die dem Deverbativum vorausgehende Verbbedeutung von λέγειν ein Zusammenhang beider Bedeutungsdimensionen. Das griechische λέγειν in der Bedeutung von ›auflesen‹, ›sammeln‹, ›eines nach dem anderen nehmen‹, ›wählen‹, ›zählen‹, ›abzählen‹ (vgl. lat. legere: einzeln nacheinander auflesen, sammeln, bzw. dt. lesen, auflesen) weist darauf hin, daß der Verwendung des Wortes in unterschiedlichen Zusammenhängen die Zugrundelegung einer allgemeinen Ordnungsstruktur, eines kontinuierlichen Nacheinanders, eines Vergleichens und

---

20 Horovitz, Th.; *Vom Logos zur Analogie; Zur Geschichte eines mathematischen Terminus*, Zürich 1978. – Der Analogiebegriff wird in dieser Arbeit allerdings eher beiläufig behandelt und lediglich aus der mathematischen Anwendung begründet. Wie Horovitz geht auch Jendorff (vgl. B. Jendorff 1976, a.a.O.) der Verwendung und Bedeutung des Wortes λόγος in der griechischen Dichtung sehr genau nach.

21 Diese frühe Form mathematischer Operation, die mit dem Begriff des λόγος ausgedrückt wird, entfaltet in der pythagoreischen Zahlenlehre eine weitaus umfassendere Bedeutung, indem es den Pythagoreern nicht um eine praktikable Berechnungsmethode geht, bzw. der λόγος als ›Verhältnis‹ zweier Größen keine rein alltagsgebundene Aufstellung einer Relation bezeichnet, sondern eine umfassende, metaphysische gnoseologische Bedeutungseinheit darstellt, innerhalb derer Zahlenverhältnisse mathematische Abstraktion von Weltstruktur bedeuten. Nach Stobaios war es Pythagoras, der die Lehre von den Zahlen, d.h. der Zahlenverhältnisse und ihrer seinserschließenden Bedeutung als wissenschaftliche Disziplin »von ihrer praktischen Anwendung durch die Geschäftsleute befreite« (vgl. Stobaios I 20 f., DK 58 B 2; *Die Vorsokratiker*, Stuttgart 1983, S. 168), indem er die Zahlenverhältnisse – über den alltagspraktischen Nutzen hinaus – als die den Dingen entsprechende Verhältnisordnung ansah. »Denn die Zahl enthalte durchaus alles andere und zwischen allen Zahlen gibt es ein gegenseitiges rationales Verhältnis.« (τά τε γὰρ ἄλλα ἀριθμὸς ἔχει καὶ λόγος ἐστὶ πάντων τῶν ἀριθμῶν πρὸς ἀλλήλους.; vgl. ebda.)

22 Vgl. Horovitz, Th. 1978, a.a.O., S. 77.

Auswählens gemeinsam ist. Sei es im Bereich der Mitteilung als ein Erzählen bzw. der Aufnahme der Schriftsprache im Lesevorgang, dem kontinuierlichen Auffassen einer Wortfolge als geordnete Sinnganzheit; im Bereich der Mathematik (mathematische Reihenbildung, Größenvergleich ...), im Bereich der Denkbewegung (Er-messen, Abwägen, vergleichende Urteilsbeziehung) oder im metaphysisch-ontologischen Sinne eines λόγος als Weltvernunft[23], wie er von Heraklit formuliert wird – gemeinsam scheint ein Prinzip von Abfolge, innerer Ordnung bzw. einer Verhältnismäßigkeit von Relationselementen zueinander, womit zunächst nur das Bestehen von Regel-Mäßigkeit konstatiert ist, aber weder die spezifische Definition noch der Gültigkeitsbereich einer solchen gegeben sind.

Heidegger verfolgt eine Bestimmung des λόγος unter Bezugnahme auf das Verb λέγειν ausgehend vom Begriff des Lesens im Sinne eines Auflesens, eines Aufnehmens, Zusammenbringens oder Sammelns. Sowenig der λόγος, gefaßt als Rede, Wort, Sagen in seinem Wesen erschöpfend bestimmt werden kann, genausowenig ist das Lesen/λέγειν allein im Sinne der Lektüre von Schriftsprache zu verstehen, sondern muß in seiner umfassenden ursprünglichen Bedeutung zugrundegelegt werden: Lesen als Vorgang des Zusammenbringens oder als die Lese (wie für die Tätigkeit des Erntens geläufig) ist – so Heidegger – ein Auflesen, ein Sammeln als aufnehmendes Vereinen und Bewahren,[24] wobei dieses Sammeln nicht beliebiges Anhäufen von etwas meint, sondern ein zielgerichtetes Bewahren im Vollzuge des Sammelns. In der so verstandenen Weise geht der menschlichen Tätigkeit des Sammelns als Auf*bewahren* und Ver*einen* das Währende und Eine voraus.

Dieses Sammeln ist also kein willkürlicher Akt, kein »Zusammenraffen«,[25] sondern erhält seine Bestimmung und Notwendigkeit durch eine ursächliche Gesammeltheit dessen, was im Vollzuge des Sammelns wieder zusammenkommt.

In Anlehnung an Heidegger formuliert in ähnlicher Weise Lotz, der λόγος sei gleichermaßen die Sammlung auf etwas hin wie das Sammelnde als Ausgangspunkt jeder Sammlung, d.h. also ein vorausgesetztes Ineinssein nach einer Ordnung oder Verhältnismäßigkeit.[26]

---

23 Wenn der heraklitische Logosbegriff hier kurzerhand mit ›Weltvernunft‹ gleichgesetzt wird, geschieht dies in dem Bewußtsein, damit zwar eine gängige, aber gleichzeitig nur eine der möglichen Begriffsübertragungen und -bedeutungen anzuführen.
24 Heidegger, M.; *Heraklit. Logik, Heraklits Lehre vom Logos*, Gesamtausgabe Bd. 55, Frankfurt 1979, S. 266.
25 Ebda., S. 268.
26 Lotz, J. B.; »Hörer des Logos«, in: *Scholastik* 28, 1953, S. 543–570, zit. S. 556. – Wenn hier der Heideggersche Logosbegriff angeführt wird, dann nicht in Verfolgung der Heidegger eigentümlichen Interpretation, sondern vorrangig in der Absicht, die Vielfalt der begrifflichen Bedeutungsweite gewissermaßen zu ›sammeln‹, d.h. nicht auf ein Prinzip zu verengen (sei es als ›Weltvernunft‹ oder als ›Rede‹).

Setzt man also den λόγος als eben dasjenige Verbindende, d. h. als die Bedingung der Möglichkeit, zum Sein in einem Verhältnis zu stehen bzw. sich in der denkenden Bewegung zum Sein zu verhalten, muß sein Wesenszug ein bestimmendes, die Verhältnismäßigkeit alles Seienden definierendes Prinzip sein, ein Bildungsgesetz im weitesten Sinne der zweifachen Wortbedeutung.

In den verschiedenen möglichen Bedeutungszusammenhängen, die den λόγος uneindeutig erscheinen lassen, tritt in einem mentale, rationale, verbale, physische wie psychische Prozesse umfassenden Sinne »... der ordnend übergreifende Charakter, der im λόγος-Begriff beschlossen ist, ganz klar heraus. Bei dem Zusammenhang von Mathematik und Philosophie bekommt dann λόγος als die vernünftige Beziehung der Dinge zueinander die allgemeine Bedeutung Sinn, Ordnung, Maß.«[27]

Der Begriff des λόγος verweist somit auf die Grundfunktion rationaler Erkenntnis und wird gleichzeitig (1) metaphysisch als Ausdruck eines universalen Intellektes oder als Logos des Seins in der Bedeutung von Offenbarung eines höchsten Intelligiblen, (2) als ontischer Logos (Onto-Logie) oder Abdruck der Ordnungsstruktur der Dinge und (3) als menschlicher Verstand (Logos), der den Ausdruck höchster Intelligibilität zugleich in sich trägt wie abstrahierend auf die Welt projiziert, gefaßt.

»Wann das Wort λόγος in der menschlichen Rede Gedanke, Urteilsbeziehung und vorgegebene konstante, gesetzmäßige Realbeziehung besagt, erkennen wir ganz sicher an den Ausdrücken κατὰ (τὸν) λόγον, ἀνὰ (τὸν) λόγον, die wir nicht selten bei den Vorsokratikern, zumal bei den Mathematikern und immer wieder bei Platon und Aristoteles finden. Daß etwas nach einem bekannten, vorausgesetzten, vorgegebenen Logos sich verhält, kann nichts anderes heißen, als daß die Beziehungsstruktur dieses Richt-Logos das Erkennungs- oder Seinsmaß (vgl. κατὰ μέσον) bildet.«[28]

Kennzeichnet der Begriff λόγος im weitesten Sinne ein ›Verhältnis‹, bzw. gemäß der oben erwähnten dreifachen Differenzierung eine Ordnung oder ein Sich-Verhalten in metaphysischer, ontologischer und gnoseologischer Hinsicht, so läßt sich die Analogie vielleicht fassen als ein Sich-Verhalten nach/zu diesem Verhältnis oder als ein Verhältnis von Verhältnissen. (Vgl. hierzu Aristoteles, *Metaphysik* 1016 b 30 ff., wo es heißt, Dinge seien der Analogie nach Eines, »die sich ebenso verhalten wie ein Anderes zu einem Anderen«; κατ᾽ ἀναλογίαν δὲ ὅσα ἔχει ὡς ἄλλο πρὸς ἄλλο).

---

27 Kleinknecht, H.; »Der Logos im Griechentum und Hellenismus«, in: Knittel, G. (Hrsg.); *Theologisches Wörterbuch zum Neuen Testament*, Bd. 4, Stuttgart o. J., S. 76–89, zit. S. 77.
28 Platzeck, W. E.; *Von der Analogie zum Syllogismus*, Paderborn 1954, S. 40.

Abb.: Gabriel Rollenhagen, (*Nucleus emblematum selectissimorum ...*) *Sinn-Bilder. Ein Tugendspiegel*, bearbeitet, mit einem Nachwort versehen und hrsg. v. C.-P. Warncke, Harenberg 1983, S. 231.

Das Emblem mit dem Titel »Labor et Constantia« zeigt im Vordergrund eine mit dem Zirkel einen Kreis schlagende Hand. Im Hintergrund sind verschiedene Forschertypen zu sehen, wovon zwei offenbar über ein Buch disputieren. Die beiden anderen aber betreiben praktische Naturforschung in Form von Sternenkunde und dem Vermessen der ›Welt‹ (Globus) mit dem Zirkel, also dem universalen Meßinstrument, das auch im Vordergrund zu sehen ist.

> »Hinc qui noverit apta extraemorum media: & naturaliter
> & rationaliter omnia poterit ex omnibus elicere.« – »Wer -
> daher die Übergänge zwischen den Gegensätzen kennt,
> der kann auf naturgemäße wie verstandesgemäße Weise
> alle Dinge aus allen ermitteln.«
> (De umbris id., OL II 1, S. 26)

IV.
Analogie und Logos
Eine metaphysische Auslegung bei Heraklit

1.

In der Beziehung der Analogie als der Weise des Erkennens zum Sein drückt sich, so die Begrifflichkeit Przywaras, ein akthaftes Ordnen aus, ein Erfassen in Form eines »Überlegens nach Maßstäben«[1], wobei hierin nicht nur das Seiende als einer Seinsordnung gemäßes gesetzt wird, sondern sich zudem die Struktur der Seinsordnung als Denkordnung zum Ausdruck bringt. Wenn das Seinsgesetz dem Denkgesetz *gleicht* (wenn hier von ›Gesetz‹ die Rede ist, so im Sinne einer gesetzmäßigen Strukturiertheit), so bedingt eine derartige *Gleichung* Verschiedenheit.

»Nur das Verschiedene kann gleich sein. Das Verschiedene ist gleich durch seinen je verschiedenen Bezug auf das Selbe.«[2]

Der Begriff des Gesetzes als einer gesetzmäßigen Beziehungsstruktur bzw. einer in allem gesetzten Ordnung (wobei der Ordnungsbegriff noch zu bestimmen ist) legt weiterhin die Frage nach dem Grund dieser (An-)Ordnung bzw. nach der Art und Weise, in der sich diese Regel-Mäßigkeit im Seienden ausdrückt, nahe und berührt damit ein Grundproblem der Metaphysik, die Frage nach dem Verhältnis von Identität und Differenz. Setzt man die Identität als Bedingung der Möglichkeit von Differenz, die Einheit des Seins als Bedingung der Vielheit des Seienden, sofern ohne

---

[1] Vgl. Przywara, E.; Analogia entis. Metaphysik, Ur-struktur und All-rhythmus, Einsiedeln 1962, a.a.O., S. 93. Maßstab mag hier fälschlicherweise den Eindruck einer von außen vorgegebenen Richtschnur erwecken, bezeichnet aber eine immanente qualitative Ordnung; desgleichen klingt mit dem Strukturbegriff ein rational nachvollziehbarer Bauplan an, es handelt sich aber um eine immanent wirkende Fügung. Przywara spricht an anderer Stelle auch von der Analogie als einem »Sich-richten im Gerichtetsein« (vgl. ebda., 104).

[2] Heidegger, M.; *Heraklit. Logik. Heraklits Lehre vom Logos*, Gesamtausgabe, II. Abteilung: Vorlesungen 1923–1944, Bd. 55, Frankfurt a. M. 1979, S. 250.

ein solches Einheitsprinzip die Mannigfaltigkeit des Seienden eine bloße Pluralität darstellt, eine Vielheit von beziehungslosen Einzelnen, so stellt sich damit folglich die Frage: In welcher Weise differenziert sich die Einheit in Vielheit bzw. mit welcher Notwendigkeit setzt sich das eine absolute Sein in die endliche Vielfalt auseinander. Muß nicht bereits in der Einheit die Differenz gesetzt sein, damit aus ihr die Vielfältigkeit hervorgehen kann, und – setzt man dies wiederum als gegeben – inwiefern ist die Einheit dann noch eine absolute Identität und nicht bereits Dualität?[3]

Diese Problematik begreift die Erkenntnisfrage mit ein. Inwiefern ist eine Reflexion über das Sein überhaupt möglich, wenn nicht unter der Bedingung eines Abstandes, einer Differenz von Sein und Denken.

Erkenntnis, die ihren Anfang in der Vielfältigkeit des Seienden nimmt, kann diese nur als Ganzheit begreifen, wenn der Vielheit eine Einheit vorausgesetzt wird, kann bei aller Befangenheit im Endlichen dieses nur als Differentes bestimmen und damit als aufeinander Bezogenes, wenn zugleich ein Einheitsbegriff mitgedacht ist, der die Differenz als eine notwendige begründet, als ein Verhältnis innerhalb des Seienden, in dem sich das Eine ausspricht bzw. das im Vollzuge des Denkens in Dualitäten mitvollzogen wird. »Das Ganze des Seienden ist mithin nicht anders denkbar, denn als eine Einheit von Verhältnissen. Das bedeutet aber, daß das wahre Ganze nur gedacht werden kann, sofern alle Logoi in einem Logos versammelt und begriffen sind.«[4]

Hiermit nähern wir uns dem herakliteischen Problemkreis. Die Erkenntnismöglichkeit in ihrer Bedingtheit im endlich Seienden richtet sich auf dasjenige, was als die Möglichkeit von Differenz im Seienden anwesend ist und gleichzeitig nur in der Differenz überhaupt greifbar ist, wenngleich nicht begreifbar. In gewisser Weise ist sie ein *Dazwischensein*, ein unbestimmtes Bestimmendes, das in seinem *Zwischen* ein Gemeinsames und Eines ist, insofern die Distanz des Differenten nicht eine beliebige ist, sondern eine durch den Logos (ein Verhältnis) gesetzte. Es geht also um den Übergang, den der Logos als dasjenige, was das Differente bzw. das Gegensätzliche erst zu einem Verhältnis macht, ausfüllt, überspannt und einbegreift. Ein Übergang oder Zwischensein, ein unbestimmbarer, verborgener Logos, der bei Heraklit jedoch nicht als Leerstelle oder Lücke bezeichnet werden kann, sondern als dasjenige, was als Inbegriff des absolut Einen ein ›sowohl als auch‹ wie zugleich ein ›weder – noch‹ ist, d. h. weder das Eine noch das Andere, vielmehr das Überbrückende, das ein Aus*ein-ander*treten in, das Differenz erst ermöglichende Prinzip.

---

3 Vgl. hierzu H. Heimsoeth a. a. O. 1974, S. 18–60: »Gott und Welt. Die Einheit der Gegensätze.«

4 Krings, H.; »Wie ist Analogie möglich?«, S. 101, in: *Gott und Welt. Festgabe für Karl Rahner*, 1964, a. a. O., S. 97–110.

Gleichzeitig kann man das Seiende, die Dinge, als Erscheinungen dieses Verborgenen fassen, da in ihnen das Unsichtbare gegenwärtig ist,[5] ein Übergang oder Umschlag von Idealität in Realität, d. h. des Einen in die Vielfalt des Seienden, der in der Erkenntnis in reduktiver Weise vollzogen wird. Setzt man den Logos als das diesen Zwischenraum überspannende, unerkannte Gesetz oder Ordnungsprinzip, das allerdings in seiner Anwesenheit verborgen bleibt, dann wird unter Analogie eine Möglichkeit verstanden, das Verhältnis dieses ›Zwischen‹ als ein überall einheitliches zu begreifen, d. h. dasjenige, in dem Denken des Seienden und Sein des Seienden analog (dem Logos gemäß) sind, um damit das Unbestimmte in der Analogie des Gegensätzlichen als Eines zu bestimmen, ohne es selbst aus seiner Verborgenheit zu führen. Gerade in der Differenz, dem Gegensatzverhältnis als solchem, zeigt sich das unsichtbar Gegenwärtige an, in der Verschiedenheit oder Ungleichheit fungiert das Gleichende als Ausdruck eines unerkannten, unerkennbaren Selbigen.

Definiert sich die Gleichheit – im Unterschied zur Identität (vgl. lat. idem = ein und derselbe, spätlat. identitas = Wesenseinheit) – letztendlich nur durch die Verschiedenheit, verhält es sich umgekehrt ebenso hinsichtlich der Verschiedenheit und ihrer Bestimmung über das Gleiche, ein Sich-Gleichen in bezug auf das Selbe.

Als ein solches Selbiges des Seins verstanden, genauer gefaßt, in der *Selbigkeit des Gegensätzlichen*[6] entfaltet der Logosbegriff des Heraklit seine metaphysische Bedeutung.

Zwar fällt an keiner Stelle in den überlieferten herakliteischen Fragmenten das Wort ›Analogie‹[7], wohl aber läßt die Verwendung von Proportionalitätsgefügen in den herakliteischen Texten die Vermutung zu, von einer Anerkenntnis des Analogiemodells als eines methodischen Ansatzes bei Heraklit zu sprechen.

In der Tradition der Vorsokratiker stehend, markiert die herakliteische Lehre in verschiedenerlei Beziehung einen Wendepunkt. Zum einen löst sich Heraklit von den mythologischen Einflüssen in Gestalt der bis dato bestimmenden anthropomorphen Göttervorstellung. Zum anderen nimmt Heraklit Abstand von den physikalisch fundierten Welterklärungsmodellen der sogenannten Milesier, deren Kosmogonien sich wesentlich auf eine substanzgebundene Genese stützen, die, ausgehend von der Be-

---

5 Vgl. Hölscher, U.; »Der Logos bei Heraklit«, S. 75, in: *Varia Variorum. Festgabe für Karl Reinhardt*, Münster/Köln 1952, S. 69–81.

6 Vgl. Aristoteles, *Metaphysik*, IX 9, 1051 a 5 ff.; vgl. auch Przywara 1962, a. a. O., S. 113.

7 Explizit stoßen wir auf eine metaphysische Auffassung der Analogie bzw. auf den Begriff als solchen erst bei Platon, der damit möglicherweise das von Heraklit eingeführte Denkprinzip fortgeführt hat. So zumindest die Deutung von Fränkel (vgl. Fränkel, H.; *Wege und Formen frühgriechischen Denkens. Literarische und philosophiegeschichtliche Studien*, hrsg. v. Fr. Tietze, München 1955, S. 281). In der Mathematik begegnen wir der Analogie als Terminus für ein Proportionsverhältnis erstmals bei dem Pythagoreer Archytas von Tarent, einem Zeitgenossen Platons.

obachtung der konkreten Naturvorgänge, auf einer Elementelehre basiert. An die Stelle rein physikalischer ›Ontogenesevorstellungen‹ setzt Heraklit ein immanentes, geistiges Seins- und Wirkprinzip: den Logos, der als Ausdruck höchster Intelligibilität mit dem Gottesbegriff zur Deckung kommt. »... die göttliche Vernunft fällt mit der Ordnung der wechselnden Erscheinungen zusammen.«[8] Das Eine (der Logos) kommt im Seienden zum Vorschein als dasjenige, was den Kosmos (Ordnung) in seiner Selbigkeit durchwaltet, was als einheitliches Gefüge alle Ebenen des Seienden verfugt. Ordnung (Kosmos) ist hierbei weder kosmologisch im Sinne eines raum-zeitlichen Aufbaus des Weltalls zu verstehen noch als chronologische Weltentstehungslehre, sondern verweist auf die Anwesenheit des verborgenen Logos im Widerstreit des Seienden schlechthin.

Die Lehre Heraklits wird oftmals als Gegenentwurf des parmenideischen Ansatzes angeführt, denn wo Parmenides die Erscheinungswelt in ihrer Wandelbarkeit zwischen Sein und Nichtsein als Trugbild verwirft, sucht Heraklit gerade in diesem Widerspruch, im Wechsel zum Sein vorzudringen, sich gewissermaßen auf die Fugen des Gefügten, das Eine im einander gegenläufigen Vielen zu richten, womit der wandelbaren Erscheinungswelt eine Sinnhaftigkeit beigelegt wird. An Stelle des Seinsbegriffs des Parmenides setzt Heraklit das sich im Werden offenbarende ἕν τὸ σοφὸν (DK 22 B 32), das einzig und allein ist, das ›Eine zu Wissende‹, das Eine in allem Seienden anwesende, das die Vielheit als Ganzheit zusammenfügende und verfugende Sein der Natur.

Die Natur als Seinseinheit ist weder eine gewordene noch eine sich entwickelnde im Sinne eines linear fortschreitenden Prozesses, sondern eine nach dem ewigen Gesetz des Logos seiende.

Zwei Fragen müssen sich hiernach stellen: Zum einen, wie dieser Logos zu definieren ist, zum anderen, in welcher Weise die Gesetzmäßigkeit des Werdens zu fassen ist.

Die Versuche den herakliteischen Logos auf einen Begriff zu bringen, ob als göttlich lenkender Sinn (Kranz/Snell), als Schrift, als Denkgesetz (Reinhardt) oder in vielfältiger Weise je nach (Be-)Deutungszusammenhang: Rede, Sinn des Alls, menschlicher Geist, göttliches Gesetz, göttlicher Geist selbst (Gigon) bergen die Schwierigkeit – hierauf hat Hölscher zu Recht hingewiesen (vgl. U. Hölscher, 1952, a. a. O., S. 69) –, den Begriff entweder in Beilegung vielfältiger Übersetzungsvarianten zu verlieren oder in der Einengung der Bedeutung auf einen Begriff zu ver-

---

8 Zeller, E./Nestle, W.; *Die Philosophie der Griechen in ihrer geschichtlichen Entwicklung*, Teil I, Darmstadt 1963, S. 924.
Stofflich manifestiert sich dieses Ordnungsprinzip im Element des Feuers, das nicht nur ewig lebendig immerzu aufflammt und erlischt (vgl. DK 22 B 30) und doch nicht vergeht, »sich wandelnd ruht es aus« (DK 22 B 84b, Die Vorsokratiker 1983, a. a. O., S. 265), d. h. in kontinuierlichem Austausch verkörpert es das beständige Maß lebendigen Wandels und ist zugleich nicht nur als elementarer Urstoff zu denken, sondern es heißt, »das Feuer *sei* vernünftig« (DK 22 B 84a, Die Vorsokratiker 1983, a. a. O., S. 265).

fehlen. Nach Hölscher ist die Zweideutigkeit des herakliteischen Logosbegriffes[9] keineswegs eine Unexaktheit, sondern bewußte Verrätselung »nach Art eines Orakelwortes« (vgl. ebda., S. 75), eine paradoxe Wahrheit, die sich zugleich verbirgt und verrät. Das widersinnig erscheinende ist aber nur ein scheinbar Widersinniges, insofern im Widerstreit zweier sich scheinbar ausschließender Meinungen das Eindeutige hervorscheint. Die Ambivalenz des Logos liegt m. E. in eben dieser Gleichzeitigkeit des Zweideutigen. Insofern bedeutet er sowohl Rede, Schrift etc. wie Inhalt derselben, sowohl vorgegebener Sinn wie ausgegebenes Wort (vgl. E. Przywara 1962, a. a. O., S. 99), sowohl Idealität wie Realität und damit weder ausschließlich das eine noch das andere. Wenn daher im Vorangehenden auf den Heideggerschen etymologischen Interpretationsansatz des Logos als ›Sammlung‹ Bezug genommen wurde, so deshalb, weil die begriffliche Diametralität hierin gewahrt scheint, indem man hiernach den Logos verstehen kann als das alles vereinende Eine, das Sein selbst, in dem alles Seiende versammelt ist bzw. als den Seinsbezug des Menschen, das Sich-Sammeln auf das Eine und durch das Eine.

Heraklit begründet die Genese von Welt, die Entfaltung des einen Seins im vielfältig Seienden nicht in der Weise einer Ontogenese/Weltentstehungslehre, die nach einem ersten Glied eines Generierungsvorgangs, einem Auslösenden fragt. Nicht daß die Welt besteht, wird zum Problem, sondern warum sie in dieser Weise als fortwährend bestehende *ist*. Die Vorstellung einer Unerschöpflichkeit des Seins im Sinne von Unerschaffenheit findet man in physikalischer Hinsicht bereits in den Genesevorstellungen eines Anaximander oder Anaximenes. Bei Anaximander ist der Anfangsgrund (ἀρχή), das Unerschöpfliche (ἄπειρον), ein unentstandenes stoffliches Prinzip, in dem sich in einer ›generatio spontana‹ ein Samen entwickelt, der in Folge des Widerstreites des Feuchten und Warmen in einer Art Urexplosion (gleich dem männlichen Samenerguß) als nach regelmäßigen Verhältnissen geordneter Kosmos ausgeschieden wird. Welt ist hiernach eine außerhalb des ἄπειρον endlich seiende. Anaximenes nimmt als Unerschöpfliches die Luft (μίαν δὲ κινουμένην ἄπειρον ἀρχὴν πάντων τῶν ὄντων δοξάζει Ἀναξιμένης τὸν ἀέρα; DK 13 B 3) an, deren Wandlungsfähigkeit er in Entsprechung zum menschlichen Atem in der Wandlung der Aggregatzustände sieht (DK 13 A 7). Hiernach liegt es nahe, die Luft nicht allein als Entstehungsprinzip (ἄπειρον) zu verstehen, aus dem alles hervorgeht, etwa die Erde und die Gestirne, die auf der Luft treiben (vgl. DK 13 A 7), sondern daß diese zugrundeliegende Natur (ὑποκειμένην φύσιν; DK 13 A 5) auch etwas ist, was alles umschließt und im Sinne eines lebendigen Atems durchdringt (DK 13 B 2; Die Vorsokratiker, a. a. O., S. 89).

---

9 Vgl. hierzu DK 22 B 1 sowie Heinemann, G.; *Zum Naturbegriff im archaischen und klassischen griechischen Denken*, Zwischenbericht, 1. Teil (= Kasseler Philosophische Schriften, Preprint 1/91), Kassel 1991, S. 70 f.

Hieran mag deutlich werden: Nicht ›Warum etwas sei und nicht vielmehr Nichts?‹ ist die philosophische Ausgangsfrage, sondern vordringlich, *was* das Sein sei.[10] Bei Heraklit steht vor aller elementar-stofflichen Wandlung die Frage nach der Unerschöpflichkeit der Prozessualität selbst. Sein als Genese des Seienden ohne Anfang und Ende. Er entwirft kein Modell eines räumlichen Weltaufbaus, sondern sucht in grundlegenderer Weise nach einem Prinzip des Seins, gemäß dem die Vielfalt des Seienden eine notwendige und unabänderliche ist. »Heraklit ... hat das Werden seinem wahrhaften Begriffe nach gehabt, als die Einheit des absoluten Gegensatzes von Sein und Nichtsein und deren Übergang ineinander«[11]; wobei dieser Übergang kein chaotischer oder willkürlicher Wechsel ist, sondern ein verhältnis-mäßiger oder Logos-gemäßer, wie Fragment B 30 zeigt:[12]

»Die gegebene schöne Ordnung [Kosmos] aller Dinge, dieselbe in allem, ist weder von einem der Götter noch von einem Menschen geschaffen worden, sondern sie war immer, ist und wird sein: Feuer, ewig lebendig, nach Maßen und nach [denselben] Maßen erlöschend.« (Heraklit, DK 22 B 30)

Gemeint ist eine Ordnung, die nicht von außen gesetzt wird; vielmehr setzt sie sich als innere immer wieder selbst, insofern der Logos keine außerhalb des Seienden wirkende Seinsordung ist, sondern einem jeden Seienden immaniert. Der Kosmos als die Entfaltung der Logosordnung oder die Konkretion des ›Einen zu Wissenden‹ ist nach Rietzler nicht als Außenwelt bzw. ›extensiver Kosmos‹ zu verstehen: »Wenn diese Einheit Kosmos heißen soll, so ist dieser Kosmos nicht mehr extensiver Kosmos, sondern intensiver Kosmos – in sich gegliederte Einheit des Seins jedes Seienden, das da ist ... Fügung des Seins eines jeden Seienden, das da ist, des Großen und Kleinen, des Seins der Seele wie der Wesen der Natur.«[13] Das *Eine zu Wissende* äußert sich darin, das Seiende als ein einheitlich Gefügtes zu sehen, in dem das abwesende Sein anwesend ist, das scheinbar Getrennte als Gefügtes zu begreifen, das zwar unterscheidbar ist, aber nicht aus seiner Verfugtheit zu trennen. Indem eine Trennung von Innen- und Außenwelt hier noch nicht vollzogen ist, problematisiert Heraklit über das Außen – so läßt sich vermuten – zugleich die Seele.

---

10 Vgl. Rietzler, K.; »Das Nichts und das Andere, das Sein und das Seiende«, S. 83, in: *Varia Variorum*, 1952, a. a. O., S. 82–103.

11 Lassalle, F.; *Die Philosophie Heraklits des Dunklen von Ephesos*, Hildesheim/New York 1973, zit. n. Snell, B.; »Die Sprache Heraklits«, S. 355, in: *Hermes*, 1926, Bd. 61, S. 353–381.

12 DK 22 B 30, Übersetzung: Mansfeld, J. (Hrsg.); *Die Vorsokratiker. Milesier, Pythagoreer, Xenophanes, Heraklit, Parmenides*, Auswahl der Fragmente, griech./dt., Übersetzung und Erläuterungen von J. Mansfeld, Stuttgart 1983, S. 263. Die Nummerierung der griechischen Heraklit-Fragmente basiert auf der Gesamtausgabe von H. Diels und W. Kranz, (Sigle DK).

13 Rietzler, K.; »Das Nichts und das Andere, das Sein und das Seiende«, S. 102 f., in: *Varia Variorum*, 1952, a. a. O.

»Ein einziger Sinn [besser: Logos] umschließt den Menschen wie die Außenwelt.« (B. Snell 1926, a. a. O., S. 367). Eine Differenzierung in erkennendes Subjekt und zu erkennende Objektwelt ist hier also noch nicht vollzogen; Welt ist nicht das Andere des Geistes. Differenzierende Begriffe für die Zustände der Seele fehlen bei Heraklit noch, so Snell, sondern das Ich/die Seele erfährt sich in dem Verhältnis der Dinge der Außenwelt als das Verborgene des Logos im Widerstreit; intensiver Kosmos als das Erleben des Selbst/des inneren Logos in den Dingen der Außenwelt und ihrer Ordnung.[14]

»Der Seele Grenzen kannst du nicht entdecken gehn, auch wenn du jeden denkbaren Weg begehst: so unerschöpflich ist, was sie zu erklären hat.« (DK 22 B 45, Die Vorsokratiker 1983, a. a. O., S. 273) oder anders übersetzt ›so tief ist ihr Logos‹.

Hierin ist möglicherweise eine Verbindung zum Denken Brunos zu sehen, wobei das Verhältnis von Seele und Kosmos noch zu untersuchen ist. Fellmann faßt in seinem Vorwort zu den *Heroischen Leidenschaften* den Erkenntnisansatz Brunos als »intensives Denken« und spricht vom Verhältnis Intellekt-Gegenstand als einem dialektischen Prozeß. (Vgl. HL, Einl., S. XXVIII): »Erkenntnis kann weder rein rezeptiv als Abbildung vorgegebenen Seins noch rein produktiv als Erzeugung entworfenen Seins interpretiert werden«, insofern dieserart Erkenntnis keine Deckungsgleichheit von Gegenstand und Vorstellung erzeugt. Das Gesuchte ist auch bei Bruno ein sich permanent Entziehendes, aber aus dem Bewußtsein dieser Differenz erwächst eine Selbstinnewerdung. »Im Unterschied zum konstruktiven Intellekt, für den Erkennen und Herstellen zusammenfallen, bedeutet intensives Denken vielmehr Teilnahme an allen Formen der Erfahrung, Durchleben der Dinge sowohl in ihrer Wirksamkeit als auch in ihrem Widerstand.« (ebda.) In ähnlicher Weise betont Snell in bezug auf Heraklit, daß sich in der Polemik Heraklits gegen erfahrungsorientierte ›Vielwisserei‹ die Absicht ausdrückt, daß das zu Wissende in anderer Weise erkannt werden muß. »Heraklit wendet dies neu, indem er einerseits das Göttliche reiner als Geist faßt, andererseits

---

14 Gerade die Betonung dieser geistigen Tiefe der Seele deutet nach Snell (Snell 1986, a. a. O., S. 26) darauf hin, daß die Seele für Heraklit im Unterschied zu den Fähigkeiten körperlicher Organe eine spezifische Erkenntnisqualität besitzt, eine unauslotbare Tiefe und Intensität des Denkens, die eine »›Grenzenlosigkeit‹ des Geistig-Seelischen« (ebda.) anklingen läßt. Es ist zu vermuten, daß sich hier der Begriff einer Weltseele ankündigt, die aber nicht als unabhängig vom immerdar Werdenden gedacht wird bzw. im Sinne einer Mittlerinstanz zwischen Sein und Werden (Platon), sondern mit dem Logos, der Ordnung und Bewegung in sich birgt, gesetzt ist. Bewegung heißt hier nicht rein physikalisches Werden, sondern deutet, verstanden als ›Lebendigkeit‹ auf eine Vorstellung allgegenwärtiger Beseelung hin. Die Teilhabe, die Logos-Beseeltheit, ist Bedingung von Seinserkenntnis überhaupt. »Es ist allen Menschen gegeben, sich selbst zu erkennen und vernünftig zu sein« (ἀνθρώποισι πᾶσι μέτεστι γινώσκειν ἑωυτοὺς καὶ σωφρονεῖν, DK 22 B 116, Die Vorsokratiker 1983, a. a. O., S. 255), denn die Seele ist feuerhaft, hat Anteil am ewigen Logos.

auch dem menschlichen Wissen ausschließlicher die Richtung auf das Eine weist. Statt extensiven Wissens fordert er das intensive ...« (Snell 1986, a.a.O., S. 132). Diese Weise des Verstehens drückt sich nach Snell im griechischen συνιέναι aus (vgl. S. 362 u. 367 in Snell 1926), einem Verstehen oder Einsehen, in dem zugleich ein Hinhorchen oder Vernehmen angesprochen ist, das also in Übereinstimmung mit dem Logos (DK 22 B 1) bzw. der Natur (DK 22 B 112) erreicht werden kann, sozusagen ein Verstehen in Einvernehmen.

Wenn Stadler bei Bruno eben dieses intensive Denken als eine Bewegung von Innen nach Außen bezeichnet bzw. als Aktualwerden des Denkmöglichen – »Das Absolute ist gleichermaßen außerhalb und innerhalb zu denken, seinem Geschaffenen transzendent und immanent.«[15] – so scheint mir hier eine gedankliche Verwandschaft gegeben. Bei Heraklit wie bei Bruno geht es in der Naturerkenntnis keinesfalls um Empirie und ebensowenig um eine bloß rationale Naturerklärung. Natur und Seele sind miteinander verwoben, erklären sich ineinander. »Ohne dies Ineinanderleben von Seele und Welt, ohne solche Durchdringung vom Geistigen und Physischen ist Heraklits Lehre nimmermehr zu verstehen, ... da sie immer wieder die Welt nach der Seele deutet und immer wieder die Seele nach der Welt verbildlicht.«[16]

Das Gesamt des Seienden fügt sich in dieser Einheit, die nicht als eine statisch Bestehende gedacht wird, vielmehr durchwaltet sie ein dynamisches Prinzip des unablässigen Werdens und Vergehens, eine permanente Prozessualität des Wandels in Form eines Wechsels des Gegensätzlichen und Gegenläufigen, die als Ganzheit betrachtet die harmonische Gefügtheit in Einheit ausmacht. »Der heraklitische Logos umfaßt das Tiefste seiner Philosophie, die hinter dem fließenden Wechsel der Erscheinungen liegende Ewigkeitsnorm, das Maß und Ziel aller Dinge.«[17]

---

15 Stadler, M.; »Unendliche Schöpfung als Genesis von Bewußtsein«, S. 44, in: *Philosophisches Jahrbuch* 1986 (93), S. 39–60.

16 Joel, *Geschichte der antiken Philosophie*, S. 299, zit. n. B. Snell 1926, a.a.O., S. 375. – Ob die Seele bei Heraklit als eine Art ›mikrokosmische‹ Spiegelung des Kosmos gefaßt werden kann, bleibt in Frage gestellt. Diese Vorstellung begegnet uns eigentlich erst bei Platon (Timaios) bzw. bei Aristoteles (Seele = Kosmos der Tugenden, vgl. Nikom. Ethik, 1124 a 1). Keinesfalls ist ein Subjektivismus anzunehmen, wonach die Welt bloße Projektion der Seele sei. Denkmöglich scheint aber, in konsequenter Übertragung, das Prinzip des Logos als Veräußerung eines inneren Ordnungsmaßes auf alle Bereiche des Seienden anzulegen und damit auch auf die seelischen Prozesse. »So meinten einige, die Seele sei Feuer. Denn dieses ist das feinste und unkörperlichste unter den Elementen und außerdem ist es in einer ursprünglichen Weise bewegt und setzt das andere in Bewegung.« (Aristoteles, *Vom Himmel, Von der Seele, Von der Dichtkunst*, eingel. u. übert. v. O. Gigon, Zürich 1950, S. 265 f., De anima, 404 b 30) So auch Heraklit, »sofern er sie gleichsetzt mit der Ausdunstung, aus der er das andere sich bilden läßt. Sie sei auch das unkörperlichste und in stetem Fluß befindliche.« (Ebda., 405 a 21)

17 Diels, H.; »Die Anfänge der Philosophie bei den Griechen«, in: *Neues Jahrbuch 1910*, S. 2.

Diese ›Ewigkeitsnorm‹ ist, wie gesagt, keine bewegungslose Zustandsform des Seins, sondern eine Zuständlichkeit in der Bewegung, die in permanenter Wiederholung gegensätzlicher, einander abwechselnder Seinsmodi die Einheit als Einheit der Gegensätze ausdrückt bzw. die Gegensätzlichkeit als einheitliche, denn jedwede Gegensätzlichkeit rekurriert auf ein gemeinsames Eines, verweist auf ein Sich-Verhalten des Entgegengesetzten im Hinblick auf ein Selbiges und damit auf eine immanente Ordnungsstruktur bzw. eine Verhältnismäßigkeit des Wandels in Harmonie. Harmonie oder Einklang (Zusammenstimmen) ist nicht mit Identität zu verwechseln.»Harmonie ist überall dort notwendig für den Bestand der Welt, wo es Ungleichheit gibt, denn das Gleiche bedarf keiner Harmonie.«[18], denn es ist gerade das Gegensätzliche, das sich auf Distanz Entgegenstehende, in dem das Unsichtbare zutage tritt. »Das Widerstreitende zusammentretend und aus dem Sichabsondern die schönste Harmonie.« (τὸ ἀντίξουν συμφέρον καὶ ἐκ τῶν διαφερόντων καλίστην ἁρμονίαν, DK 22 B 8, Die Vorsokratiker 1983, a. a. O., S. 259) Harmonie ist Einklang, aber ein Ein-klang des Verschiedenen, des Zusammenstimmenden. »Verbindungen: Ganzheiten und keine Ganzheiten, Zusammentretendes – Sichabsonderndes, Zusammenklingendes – Auseinanderklingendes; somit aus allem eines wie aus einem alles.« (συνάψιες· ὅλα καὶ οὐχ ὅλα, συμφερόμενον διαφερόμενον, συνᾷδον διᾷδον· καὶ ἐκ πάντων ἓν καὶ ἐξ ἑνὸς πάντα., DK 22 B 10, Die Vorsokratiker 1986, a. a. O., S. 259)

Heraklit ist »... der erste, welcher die absolute Lebendigkeit der Natur, den unablässigen Wechsel der Stoffe, die Veränderlichkeit und Vergänglichkeit alles einzelnen und ihr gegenüber die unveränderliche Gleichmäßigkeit der allgemeinen Verhältnisse, den Gedanken eines unbedingten, den ganzen Naturlauf beherrschenden, vernünftigen Gesetzes in grundsätzlicher Allgemeinheit geltend macht.«[19]

Die gleichbleibende harmonische Ordnung des ewig Seienden als immerdar Werdendes umgreift im Logos alle Bereiche des Seienden als Einheit. Sei es in physikalischer Hinsicht in Form einer Kosmologie, die das Universum nicht als ein Entstandenes, sondern auf der Basis eines elementaren Kreislaufes in seinem Werden immer Seiendes begreift, sei es im Bereich der Logik und Erkenntnislehre, der Politik und Gesell-

---

18 Walter, J.; *Die Geschichte der Ästhetik im Altertum ihrer begrifflichen Entwicklung nach dargestellt*, Nachdruck Leipzig 1893, Hildesheim 1967, S. 104; vgl. auch Philolaos, DK 44 B 6, den Walter hier paraphrasiert. Die Gegensätze des Heraklit koinzidieren nicht (sind letzlich nicht aus der Welt zu räumen).
19 E. Zeller/W. Nestle 1963, a. a. O., S. 921.

schaftsordnung, der Ethik oder Seelenlehre.[20] Ge*mäß* dem Logos befindet sich alles ›Sein im Werden‹ innerhalb eines Prozesses steten Ausgleichs, ist jedwede Abwechslung, jedes Umschlagen von Gegensätzen ein harmonisches Gleichgewichthalten bzw. ein proportionales Sich-Verändern. »Alles ändert sich kontinuierlich und bleibt dennoch gleich; ...«[21] oder besser, es bleibt gerade aufgrund seiner kontinuierlichen, d.h. gleich*mäßigen* Veränderung innerhalb einer Ordnung, deren Beständigkeit in der Unbeständigkeit liegt.

Der Wechsel der Gegensätzlichkeiten gilt jedoch über die einzelnen Seinsbereiche hinaus als ein und dasselbe Prinzip für alles, d.h. es gilt nicht nur das ›Beharren im Wechsel‹ in bezug auf einzelne Erfahrungsebenen, sondern im universalen Sinne der ›Wechsel als das Beharrliche‹; Beharrlichkeit im Sinne einer Unveränderlichkeit des Seins im permanenten Wechsel des Seienden. Auch die gleichmäßige Bewegung ist keine Auflösung der ständigen Veränderung. Daß dies ein Trugschluß ist, betont Heraklit in den sogenannten ›Fluß‹-Fragmenten: Der Fluß bleibt derselbe und ist doch stets ein anderer, denn immerfort strömt Neues hinzu und fließt etwas ab. Er ist in steter Bewegung und bleibt doch als Fluß oder ›Fließen‹ unveränderlich.

Ebenso ist auch das zu Erkennende nicht im abgesonderten Einzelnen zu finden, sondern nur im Bewußtsein eines im Umschlagen Befindlichen, im Fluß des Flüchtigen Verborgenen. »Natur, so Heraklit, pflegt sich versteckt zu halten.« (φύσις δὲ καθ᾿ Ἡράκλειτον κρύπτεσθαι φιλεῖ.; DK 22 B 123, Die Vorsokratiker, 1983, a.a.O., S. 253) Und, so ließe sich weiterführen: Die sichtbare Erscheinungswelt ist immer schon eine vergangene und stets neu werdende, d.h. zu keinem Zeitpunkt ist etwas in bestimmbarer Weise, sondern ist immer schon im Übergang in ein anderes. Vor diesem Hintergrund eines unablässigen Wechsels von Seiendem in Nichtseiendes (vice versa) läßt sich deuten, »daß das Weise etwas von allem Getrenntes ist.« (σοφὸν ἐστι πάντων κεχωρισμένον; vgl. DK 22 B 108, Die Vorsokratiker, 1983, a.a.O., S. 257). Das zu Wissende ist nicht im Singulären zu ergründen, sondern in den Zwischenräumen, den Übergängen des Wechsels, d.h. nur durch ein Bewußtsein des Seins in seinem Erscheinen als permanenter Übergang des Gegensätzlichen.

Zwar ist die Gegensatzlehre als solche nicht genuin heraklitischen Geistes – auch die Naturphilosophie eines Anaximenes oder Anaximander beruft sich in der Erklärung physikalischer Zustandsformen auf die

---

20 »Die Philosophie zerfiel noch nicht in Logik, Ethik, Psychologie, Naturphilosophie und war noch nicht in der Rätselfrage des Verhältnisses zwischen Subjekt und Objekt stehengeblieben. Der Mensch hatte noch nicht über seine Innerlichkeit reflektiert, die Natur war noch nicht das andere des Geistes... Diesem Denken war alles Innen ein Außen – aber konnte es nur sein, weil ihm auch das Außen noch Innen war.« (Rietzler, K.; »Das Nichts und das Andere, das Sein und das Seiende«, S. 101, in: *Varia Variorum*, 1952, a.a.O.)

21 Die Vorsokratiker I 1983, a.a.O., S. 236.

Wechselwirkung von entgegengesetzten Elementen – und auch die Formulierung eines dem Sein immanenten Prinzips klingt bei Anaximenes bereits an. Heraklit aber ist der erste, der eine in sich geschlossene Systematik entwickelt, innerhalb derer die Immanenz des einen Seins sich in der durch den Logos bestimmten Ordnung in Gegensätzlichkeit ausdrückt bzw. die strukturelle Übereinstimmung des Gegensätzlichen in allen Seinsbereichen auf eine Identitätslehre hinausläuft. Der Ansatz eines Identitätsprinzips, um dies nochmals zu verdeutlichen, ist m. E. nicht in der Koinzidenz des Gegensätzlichen zu suchen. Das verborgene Eine, der Seinslogos ist zwar als ein mit sich überall identischer anzusehen, indem er aber als verborgener in keiner Weise bestimmbar ist, sich jeder Bestimmbarkeit entzieht, ist er als das ›Dazwischensein‹ im Gegensätzlichen zu fassen, ein Gleichmaß im Umschlagen, das über die Analogie der Gegensätze erst benennbar wird. Gegenstrebige Vereinigung sei das Gesetz der Dinge, »die nicht über den Gegensätzen, sie ausgleichend und den Kampf verlöschend, schwebe – sondern die in jener Gegensätze Spannung selbst lebt und sich auswirkt.« (H. Heimsoeth 1974, a. a. O., S. 19 f.)

Die Einheit der Gegensätze ist somit nicht Identität in Form eines unterschiedslosen Aufgehens in Einem, sondern eine Einheit, die Differenz in sich einbegreift, die sich als Einheit erst im Sich-Selbst-Abständigsein begreift. »Der logische Ausdruck für die Art dieser Einheit fehlt noch. Diese Einheit ist, was Hegel später zu seinen Zwecken Einheit im Unterschiede nennen wird« (K. Rietzler 1952, a. a. O., S. 102), also eine dialektische Identität, eine Einheit, die als solche erst *ist*, indem sie sich auseinandersetzt, eine »differenzierende Identität: eine analoge Einheit« (E. Coreth 1964, a. a. O., S. 169). In diese Richtung geht auch die Deutung Snells. Wenn die Gegensätze das Leben des Seienden ausmachen, Sinn und Ausdruck des einen Logos sind, dann muß dieser Logos diesen Gegensatz in sich tragen, Sinn und Gegensinn in sich umschließen. (Vgl. B. Snell 1926, a. a. O., S. 367) Verwiesen sei auch auf die Auffassung F. Lassalles, der Logos sei »Einheit des absoluten Gegensatzes von Sein und Nichtsein und deren Übergang ineinander«. (Vgl. F. Lassalle 1973, a. a. O., S. 71 ff.) Legt man einen solchen, die Differenz in sich einbegreifenden Identitätsbegriff auf die herakliteische Logoslehre an, ist damit eine ›theoretische‹ Begründung für das endlich Seiende gegeben, ohne daß Heraklit zur Erklärung des Seins der Welt ein Modell physikalischer Kosmogonese oder Kosmologie heranziehen müßte.

Dieser Logos, der als ein seiender die Ordnung der Dinge *begründet* und sie gleichzeitig *ist*, vereint in sich das Weltordnende als wirkende Kraft und Weltordnung als immerdar Seiendes, d. h. er ist zugleich bestimmend für das Sich-Verhalten des Verschiedenen im Verhältnis des Gegensatzes und dabei selbst als Maß und Gesetzmäßigkeit im Sinne einer ordnenden Ordnung[22] der einheitliche Grund jedes Gegensatzes. »So notwendig es aber ist, daß alles in Gegensätze auseinandergeht, ebenso notwendig ist es, daß die Gegensätze wieder zur Einheit zusammengehen, denn das Entgegengesetzte stammt doch von einem und demselben, es ist ein Wesen, das die Gegensätze im Lauf seiner Wandlungen erzeugt und wieder aufhebt, das in allem sich selbst hervorbringt ...«[23] Dieses Gleichbleibende im unablässigen Wechsel der Dinge als das Eine zu begreifen, muß auch das Ziel des menschlichen Erkenntnisbestrebens sein. Unfähig, das ›Alles‹ des Seins in eins zu fassen, bleibt der Weg, das Eine in Allem als das ›Beharrliche im Wechsel‹ der Gegensätze zu erkennen. Hierin liegt dasjenige begründet, was als metaphysische Analogie bei Heraklit definiert werden soll: Der Wechsel als das Beharrliche – im erläuterten Sinne permanenter Selbstoffenbarung – birgt die Vorstellung einer Analogie von Gegensatzverhältnissen, innerhalb derer die Struktur für alle Seinsebenen ein und dieselbe ist, deren jeweilige Gegensatzelemente als Aufeinanderbezogene differieren. Das »Bleibende im Fluß der Dinge ist nicht der Stoff, sondern nur das Verhältnis der Stoffe; ...«[24] Wenn man die herakliteischen Fragmente als eine Hinwendung zu den Naturtatsachen verstehen will, etwa im Sinne von Fragment 55: »Dingen, die zu sehen und zu hören Belehrung bringt, gebe ich den Vorzug«[25], so ist hierin kein empirischer Erkenntnisansatz formuliert, wonach sich aus der Beobachtung singulärer Naturtatsachen ein Wissen um das Wesen der Dinge ableiten ließe, denn »Schlechte Zeugen sind den Menschen Augen und Ohren, wenn sie unverständige Seelen haben.«[26], führt doch das Festhalten an »privaten Einsichten«[27] zu Vielwisserei, die sich allein am Flüchtigen der Erscheinungen festhält und damit das ewige Wesen im Fluß der Dinge verkennt. Die verständige Seele, die Logos-Beseelung des Menschen, als Teilhabe am göttlichen Logos bzw. der alles durchwaltenden Vernunft, lenkt den Blick nicht auf Singuläres, sondern auf das Gemeinsame, sofern es sich im Wechselspiel der Dinge hörbar und sichtbar offenbart.

»Wenn man – nicht auf mich, sondern – auf die Auslegung [τὸν λόγον] hört, ist es weise, beizupflichten, daß alles eines ist.«[28]

Diese Veräußerung des λόγος übersetzt Heidegger in einer weitergefaßten Bedeutung des Hörens: »Habt ihr nicht bloß auf mich gehört, sondern habt ihr [dem Λόγος gehörsam] auf den Λόγος gehört, dann ist Wissen, [das darin besteht], mit dem Λόγος das Gleiche sagend zu sa-

---

22 Vgl. Horovitz, Th. 1978, a.a.O., S. 84.
23 E. Zeller/W. Nestle 1963, a.a.O., S. 833.
24 Ebda., 856.
25 DK 22 B 55, Die Vorsokratiker I 1983, a.a.O., S. 255.
26 DK 22 B 107, Die Vorsokratiker I 1983, a.a.O., S. 255.
27 Vgl. DK 22 B 17, Die Vorsokratiker I 1983, a.a.O., S. 247.
28 DK 22 B 50, Die Vorsokratiker I 1983, a.a.O., S. 257.

gen.«[29] Das ›horchsame Hören‹ auf den Λόγος macht ganz deutlich, daß es sich um ein Gehorchen im Sinn einer geistigen Bereitschaft zur Aufnahme des Vernehmlichen in Einvernehmen handelt, die zu einem Wissen führt. Heraklit spricht auch vom Verständigsein als einem »Hinhorchen«, das meint, »das Wahre sagen und zu tun in Übereinstimmung mit der Natur, im Hinhorchen« (καὶ σοφίη ἀληθέα λέγειν καὶ ποιεῖν κατὰ φύσιν ἐπαΐοντας; DK 22 B 112, Die Vorsokratiker 1983, a.a.O., S. 277). In der Weise, in der sich der Logos im Seienden als verborgener anwesend zeigt, sich selbst in der Differenz setzt, in eben dieser Weise offenbart er sich auch im Erkennen, im Bennenen des Erkannten, in Form des in jedem Gegensatz sich entbergenden Verborgenen.

Auch dieses Nachsagen ist keine äußere Nachahmung, sondern meint, »... daß in verschiedener Weise das Selbe gesagt wird, und zwar in einer Weise, durch die das Nachsagen dem Vorhergesagten nachfolgt und ›folgt‹, d. h. gehorcht und folgsam ist: gehorsam.«[30] Der Gehorsam ist aber das ›auf etwas hören‹, nämlich auf das Maß jedweder Verhältnismäßigkeit, den Logos. Heraklit setzt für den Vollzug dieses Logos im Nachsagen den Begriff des ὁμολογεῖν, was wortwörtlich ›das Gleiche sagen‹ bedeutet. Faßt man aber den Logos im zuvor erläuterten Sinne als ein Verhältnis bzw. als dasjenige, was jedem Verhältnis als zugrundeliegende Versammlung inhärent ist und also auch das Verhältnis Mensch : Seiendes in seinem Sein umfaßt, dann beruht die Homologie auf einem Bezugsverhältnis zum Logos, der sich nicht als solcher, als Harmonie in Einheit verkündet, sondern nur als das Verborgene im Widerstreit des Sinnfälligen zu erkennen ist. Es ist das, was sich als Mittleres jedweder Verhältnisordnung äußert, d. h. ein Verhältnis zu einem Verhältnis bildet und in diesem Sinne analog erkannt werden kann.

Um dies nochmals festzuhalten: Das individuelle Erkenntnisvermögen verfügt nicht über die *Einsicht*, die allein dem Göttlichen zukommt (ἦθος γὰρ ἀνθρώπειον μὲν οὐκ ἔχει γνώμας, θεῖον δὲ ἔχει.; vgl. DK 22 B 78), insofern sie etwas Allgemeines ist (ξυνόν ἐστι πᾶσι τὸ φρονέειν.; vgl. DK 22 B 113), wohl aber über das Vermögen, aus dem In-Beziehung-Setzen der *Ansichten* die Einheit des Seins zu erfahren. »Es gibt nur eine Weisheit: ein vertrautes Verhältnis zu der Einsicht, nach der überall alles gelenkt wird.«[31] Der Verhältnisbezug des Gegensätzlichen ist für alles ein und derselbe, gemäß der Immanenz des einen Logos, der in der herakliteischen Lehre als das geistige Einheitsprinzip, als ordnende Ordnung, das Göttliche ist und gleichzeitig das Verborgene, das sich nur im Übergang offenbart.

»Der Gott ist Tag-Nacht, Winter-Sommer, Krieg-Frieden, Sättigung-Hunger – alle Gegensätze, das ist die Bedeutung –; er wandelt sich,

---

29 M. Heidegger 1979, Heraklit, a.a.O., S. 259.
30 M. Heidegger 1979, Heraklit, a.a.O., S. 260.
31 DK 22 B 41; Die Vorsokratiker I 1983, a.a.O., S. 257.

genau wie das Feuer, wenn es sich mit Duftstoffen verbindet, nach dem angenehmen Eindruck eines jeden [der Duftstoffe] benannt wird.«[32] Was sich für den Menschen als Gegensätzliches darstellt, geht in der verborgenen Harmonie der Einheit in eins auf. Gleichzeitig gereicht dem Menschen die Gegensätzlichkeit der Gegen-Stände zur Erkenntnis der Identität aus der Differenz. Das Feuer ist bei Heraklit nicht nur im Sinne einer Elementelehre als Ursubstanz zu verstehen, die sich je nach Zusammensetzung modifiziert, sondern vor allem als Prinzip der Lebendigkeit, des reinen Perennierens. Das Feuer als stofflicher Ausdruck und Symbol des Umschlagens der Gegensätze als solches besondert sich erst in seiner Mischung mit einem sinnlich wahrnehmbaren Duftstoff.[33] Gleichwohl dient die Modifikation des Einen über das Akzidentielle nicht der Erfassung des Singulären, sondern der Vermittlung des immerdar Seienden über die Gegen-Stände als Gegen-Sätze. »Der Gegen-Stand des Heraklit ist ein Gegen-Stand von Gegensätzen. Denn in Gegensätzen hat sich das Eine-Einzig-Weise auseinandergesetzt ... Dieses All der gegenständigen Gegensätze ist jedoch im Gegensatz zu dem Einen-Einzig-Weisen κατὰ τὸν λόγον geworden (B 1). Selbst im Gegensatz, ja gerade im Gegensatz waltet Entsprechung. Im κατὰ τὸν λόγον meldet sich das Phänomen der Analogie.«[34] Der in der Heraklitforschung sehr umstrittenen Frage, in welcher Weise der identitätsphilosophische Ansatz Heraklits bereits den Gedanken der Koinzidenz der Gegensätze beinhalte bzw. wie dieser Zusammenfall der Gegensätze begründet sei,[35] läßt sich begegnen, wenn man die Gegensätzlichkeit, vermittels derer sich der eine Logos im Seienden verkündet, als das überall Identische ansieht. Die Gegensätze in ihrer permanenten Bewegung, ihrem Umschlagen in das jeweils andere, bewahren ein Identisches, ein gleichmäßiges Verhalten der Gegenstände im Gegensatz. »Alle Aspekte der örtlichen, qualitativen und begrifflichen Bewegung in der Welt sind systematisch erklärbar; sie stehen in Relation zu der zentralen Entdeckung Heraklits, daß jede natürliche Veränderung

---

32 DK 22 B 67; Die Vorsokratiker I 1983, a. a. O., S. 257.
33 Da in der handschriftlichen Überlieferung des Fragmentes 67 eine Lücke besteht, setzen einige Interpretatoren an Stelle von *Feuer* zum Zwecke eines anschaulicheren Vergleichs *Öl*, das als geruchlose Grundsubstanz erst durch den Versatz mit Duftstoffen die spezifische Geruchsnote eines Parfüms erlangt. (Vgl. Jüngel, E.; *Zum Ursprung der Analogie bei Parmenides und Heraklit*, Berlin 1964, S. 37 und H. Fränkel 1955, a. a. O., S. 237 ff.) Es ist m. E. aber sinnvoll, die Übersetzung *Feuer* beizubehalten, da das Feuer als Prinzip der Lebendigkeit im eben genannten Sinne bei Heraklit sowohl in kosmologischer Hinsicht – »Feuer, ewig lebendig, nach Maßen entflammend und nach [denselben] Maßen erlöschend« (DK 22 B 30/Die Vorsokratiker I 1983, a. a. O., S. 263) – wie in bezug auf die Seele des Individuums, die in ihrer Logos-Ähnlichkeit ebenso als feuerhaft bezeichnet wird (vgl. DK 22 B 26) und eine universale, allem immanente Bedeutung von Wandelbarkeit in Einheit von Verhältnismäßigkeit verkörpert.
34 E. Jüngel 1964, a. a. O., S. 37.
35 Vgl. Held, K.; *Heraklit, Parmenides und der Anfang von Philosophie und Wissenschaft. Eine phänomenologische Besinnung*, Berlin/New York 1980, S. 152.

gleichmäßig ist.«[36] Gleich-mäßig, d. h. nach dem Maß des einen Logos (als der Möglichkeit von Beziehung schlechthin), heißt hier, für das Verschiedene gilt in bezug auf das Selbige das gleiche Maß: hierin liegt die Analogie der Gegensätze.

Diese Gegensätze des Existierenden sind nach Heraklit keine einander ausschließenden; vielmehr ist die Differenzierung in Entgegengesetztes, ausgehend vom für alles maßgeblichen Logos, eine »Entfaltung des einander Widerwändigen«[37] unter der Voraussetzung der »Miteinanderzusammengehörigkeit«[38]. Das Eine läßt sich nicht unter Ausschluß des anderen bestimmen, sondern unter Einbezug, unter In-Beziehung-Setzung und damit dem Auffassen als Seinseinheit. Der ›Tag‹ als solcher, für sich genommen, ist nur definierbar (begrenzbar/abgrenzbar) in seinem Verhältnis zur Nacht. »Was wahrhaft ist, ist weder der eine noch die andere, sondern die Miteinanderzusammengehörigkeit beider als die verborgene Mitte des einen und der anderen.«[39]

In dieser Weise ist der Gegensatz als ein Verhältnis zu bestimmen: Das ›entweder‹ Tag ›oder‹ Nacht als das Verhältnis Tag : Nacht. Blickt man nochmals zurück auf das Fragment 67: »Der Gott ist Tag-Nacht, Winter-Sommer, Krieg-Frieden ...«[40], dann ist dort das Eine-Einzig-Weise und über alles hinaus Seiende das in jedwedem Verhältnis als Mittleres/Vermittelndes anwesende, das die Gegensätze einende, das sich als Einheit jedoch für das Individuum nur in seiner Individuation im ›Widerwändigen‹ expliziert.

Die ständige Bewegtheit des Vielfältigen im Gegenläufigen basiert auf einem Mittleren, einem Übergangs- und Berührungspunkt[41], der die Geschiedenheit in Einheit formiert. »Der Weg hinauf und hinab [oder: hin und her] ist ein und derselbe.«[42]

Weder darf die Gegensätzlichkeit der Erscheinungswelt über das einheitliche, immanente Seinsmaß hinwegtäuschen noch die scheinbare Beharrlichkeit von Erscheinungen über deren Wandelbarkeit. Wenn ›alles fließt‹, ist allein das Gleichmaß des Fließens das Beständige. Erkenntnistheoretisch formuliert Heraklit hiermit die Hinfälligkeit einer tatsachenorientierten Naturerschließung, sofern sie sich auf Singuläres richtet. Sinnfällige Wirklichkeit wird als eine ewig gleichförmige Flußbewegung, in der nichts bleibt, wie es ist, insofern relativiert, als sich ein jegliches nur in seinem wandelbaren Verhältnis zu einem anderen ›festhalten‹

---

36 E. Jüngel 1964, a.a.O., S. 60.
37 Heidegger, M.; *Seminare. Seminar in Le Thor 1966*, Gesamtausgabe. I. Abteilung: Veröffentlichte Schriften 1910–1976, Bd. 15, Frankfurt a. M. 1986, S. 278.
38 Ebda., S. 276.
39 Ebda., S. 277.
40 DK 22 B 67, Die Vorsokratiker I 1983, a.a.O., S. 257.
41 Vgl. E. Zeller 1963, a.a.O., S. 822,
42 DK 22 B 60, Die Vorsokratiker I 1983, a.a.O., S. 261.

läßt. Einziger Orientierungspunkt des in die Flut der Erscheinungen Eintauchenden bleibt das Maß der Veränderung, das Prinzip des Wechsels. Die Unendlichkeit des unbestimmbaren Einen ist die Unerschöpflichkeit der Bewegung.

Die vermutete Rolle der in der Lehre Heraklits angelegten Analogie ist das Wissen um die dem scheinbar willkürlich wandelbaren Seienden zugrundeliegende Seinseinheit in Form einer Verhältnismäßigkeit des Widerstrebenden: Alles verläuft in Gesetzmäßigkeit oder Ordnung gemäß dem Logos in allem und durch alles. Die verborgene Harmonie liegt in diesem »aus allem eins wie aus einem alles«[43]. Das Verhältnis von ἕν und παντὰ, von Einheit und Vielheit, welches Heraklit hierin zu begründen sucht, ist das der »gegenspännigen Zusammenfügung«[44] eines Selbigen. Das Auseinanderklingen, von dem Heraklit in B 10 spricht, ist gewissermaßen Voraussetzung des Zusammenklingens, die Differenz Voraussetzung der Einung wie die Einheit Voraussetzung der Differenzierung. Dieses Wechselverhältnis zeigt sich in permanenter Prozessualität, die stets in harmonischer Bewegung eine Ausgeglichenheit garantiert: »eine immer wiederkehrende Harmonie« (DK 22 B 51, Die Vorsokratiker I 1983, a. a. O., S. 259).

Dieses Eine-Einzig-Weise ist insofern ein transintelligibles, ein übergegenständliches Prinzip, das alles bestimmt, ohne selbst bestimmbar zu sein, sofern es sich nur aus dem und als das Verhältnis des Gegensätzlichen erkennen läßt – aus dem Verhältnis von Verhältnissen und in dieser Weise analog –, d. h. gemäß dem Logos aber nicht als solcher.

2.

Diese Verhältnismäßigkeit der Wirklichkeit im Logos und durch den Logos bestimmt, so die Interpretation von Kurtz, auch die Sprache als Ausdruck des Denkens, deren Gliederung und Aufeinanderfolge von Worteinheiten gleich einer mathematischem, mit meßbaren Größen operierenden Proportion eine proportionale Struktur aufweist.[45]

Eine solche Deutung liegt nicht nur nahe in konsequenter Übertragung des herakliteischen Logos als Proportion im umfassenden Sinne einer alle Seinsbereiche immanent wie alle Seinsebenen universal einbegreifenden Verhältnisordnung, sondern kann als folgerichtig gelten, wenn man sich die sprachliche Struktur der Heraklit-Fragmente vergegenwärtigt.

Die Rätselhaftigkeit der herakliteischen Sprache, die ihm die Bezeichnung ›der Dunkle‹ eingebracht hat, ist weder mangelndes Vermögen,

---

43 καὶ ἐκ πάντων ἕν καὶ ἐξ ἑνὸς πάντα.; DK 22 B 10; Die Vorsokratiker I 1983, a. a. O., S. 259.
44 Vgl. K. Held 1980, a. a. O., S. 181 ff.
45 Vgl. Kurtz, E.; *Interpretation zu den Logos-Fragmenten Heraklits*, Hildesheim 1971, S. 79 f.

eine klare Begrifflichkeit zu formen, noch metaphorische Spielerei, sondern selbst Ausdruck des Unvermögens, sprachlich zu fassen, was rational nicht einzugrenzen ist. Das Verborgene im Gegensatz, im Widerwendigen, Paradoxen, durchzieht das Seiende wie den sprachlichen Ausdruck desselben. Mehr noch, die verworren scheinenden Gleichnisse und Metaphern sind durchaus als eine Form der Sprachkritik deutbar. (Vgl. B. Snell 1926, a. a. O.) Sprache selektiert, bleibt beim Singulären und ist in ihrer herkömmlichen Anwendung immer bereits vergangene. Der Augenblick der Geburt der Wörter und Sätze ist der Augenblick ihres Todes.[46] Die Sprache ist damit im Augenblick ihres Veräußerns schon eine unangemessene, gewissermaßen unzeitgemäße. Die Metaphern und Rätsel, insbesondere die paradoxen Redeformen versuchen dieser Unzulänglichkeit entgegenzuwirken, indem Äußerungen in der Schwebe bleiben, ihre Widersprüchlichkeit »der begrifflichen Deutlichkeit einer kalten Schärfe, geradezu entgegenarbeitet« (B. Snell 1926, a. a. O., S. 358; vgl. auch U. Hölscher, 1952, a. a. O.). Auch in der Sprache, wie Heraklit sie setzt, ist der Logos das im Widersprüchlichen unausgesprochen Verbalisierte.

Dies zeigt sich beispielsweise in der chiastischen Struktur, auf die man in einer Reihe der überlieferten Fragmente trifft. Das Charakteristische des Chiasmus (griech. X) ist die Überkreuzstellung syntaktisch oder semantisch miteinander korrespondierender Satzglieder – also eine spiegelbildliche/seitenverkehrte Anordnung. Diese rhetorische Stilfigur entfaltet bei Heraklit eine über die rhetorische Funktion hinausweisende Bedeutung, indem sich hierin auf der Ebene der Sprachstruktur das Prinzip des Logos als die Gegensätze in Einheit fassendes Verhältnis ausdrückt.[47] Jüngel spricht dem Chiasmus in der Sprache und im Denken Heraklits eine die Einheit der Gegensätze wahrende Funktion zu[48]; mehr noch – der Chiasmus veräußert auf der Ebene der sprachlichen Struktur die Einheit des Widerwendigen, die einheitsstiftende Ordnung des Logos, ohne daß dieser damit selbst aussprechlich geworden wäre im Sinne einer Definition. »... Träger des Gedankens ist nicht das Wort, sondern die zum Satz geeinten Worte, die Einheit der Vielheit. Das Denken ist an die durch den Logos geordnete Sprache gebunden.«[49] Sprache ist mehr als die Summe von Worten bei Heraklit. Sie ist insofern

---

46 Vgl. Liebrucks, B.; *Irrationaler Logos und rationaler Mythos*, Würzburg 1982, S. 23 ff.; der hiermit auf eine Formulierung Hegels Bezug nimmt.
47 Auf die in der Sprache Heraklits angelegte Struktur und Bedeutung des Chiasmus hat vor allem E. Jüngel hingewiesen, (Vgl. E. Jüngel 1964, a. a. O.) das Zusammenwirken von Satz-Struktur und Satz-Aussage bleibt allerdings weitgehend unberücksichtigt.
48 Vgl. E. Jüngel 1964, a. a. O., S. 32.
49 Jendorff, B.; *Der Logosbegriff. Seine philosophische Grundlegung bei Heraklit von Ephesos und seine theologische Indienstnahme durch Johannes den Evangelisten*, Frankfurt a. M./Bern 1976, S. 41.

eine analoge, als auch hierin Sinn und Gegensinn im Gegensatz umspannt sind.

Der dynamische Spannungszustand des sich im Verhältnis des Gegensatzes Gegen-ständigen sei anhand eines Heraklit-Fragments erläutert: »Kaltes wird warm, Warmes kühlt sich ab, Feuchtes trocknet, Trockenes wird feucht.«[50]

Zunächst zum ersten Teilsatz: Zum einen erscheint der Gegensatz kalt – warm hier nicht als festgefügte Zuständlichkeit, sondern als Prozeß: von einem her auf eines hin. Das Seiende läßt sich erst in seiner Gegensätzlichkeit, seinen spezifischen Modifikationen (vgl. die Duftstoffe in Fragment DK 22 B 67) als Gegen-Stand erkennen. Dieses Sich-Entgegenstehen ist gleichzeitig ein Sich-Aufeinander-Zubewegen. Der ›Kreuzungspunkt‹ selbst, verstanden als Einheitsprinzip (Logos) im Wechsel, läßt sich allein aus den unterschiedlichen Zustandsformen begreifen, die in ihrem ständigen In*ein-ander*übergehen eine in sich geschlossene Prozessualität ausmachen.

Nun läßt sich dieser Chiasmus in abstrahierter Schreibweise auch als Relationsgefüge fassen, aus dem das In-Eins-Fallen des Gegensatzes deutlich wird: kalt : warm = warm : kalt,
wobei hier der Gegensatz als ein Verhalten zueinander im Hinblick auf ein Mittleres/Eines nicht im mathematisch quantitativen Sinne gefaßt werden darf, sondern als qualitatives Sich-Verhalten von zwei Zustandsformen im Verlauf eines Prozesses, der in beiden Fällen bei entgegengesetzter Richtung gleich ist. Der Wandel vom Kalten zum Warmen (Erwärmung) ist gleich dem Wechsel vom Warmen zum Kalten (Erkalten): Gleichheit nicht als Mengenübereinstimmung in Form struktureller Analogie. »Der Weg hinauf und hinab ...« ist, wie bereits gezeigt wurde, ein und derselbe.

Beide chiastischen Verhältnisse zusammengenommen, ergibt sich wiederum eine Analogie von Prozessualität (kalt – warm – kalt = feucht – trocken – feucht).

Das Wechselverhältnis kalt/Wasser – warm/Feuer ist gleich dem Wechselverhältnis feucht/Wasser – trocken/Erde. Das Feuer – nicht nur als Element betrachtet, sondern als Wesen des Wechsels, als Prinzip des Perennierens, ist Element der Lebendigkeit, das alle ›Aggregatzustände‹ bewirkt, das gegen alles austauschbar ist. (Vgl. DK 22 B 90) »Die Mengen von Feuer, Wasser und Erde, die aus den Umwandlungen jeweils hervorgehen, sind nach Heraklit durch einen λόγος bestimmt (31), d.h. durch eine Proportionsnorm; und die generelle Beziehung des Feuers zu allen anderen Substanzen oder Gegenständen ist die Äquivalenz oder Vertauschbarkeit (ἀνταμοιβή, Fragm. 90).«[51] In den Fragmenten 31 und

---

50 DK 22 B 126; Die Vorsokratiker I 1983, a.a.O., S. 263
51 H. Fränkel 1955, a.a.O., S. 274.

36 wird diese Proportionsnorm, die, wie erwähnt, nicht nur mathematisch-quantitativ zu fassen ist, deutlich. In schematisierter Schreibweise

Feuer   – Wasser = Wasser –   Erde
  a   :   b   =   b   :   c

Doch nochmals zurück zum Chiasmus, in dessen Struktur sich die Einheit der Gegensätze expliziert und zu dessen erkenntnistheoretischer Bedeutsamkeit. Hierzu nochmals ein chiastisches Heraklitfragment, das sich in seiner widerwendigen Durchdringung des Gegensätzlichen kaum eindeutig interpretieren läßt und hier nur kurz behandelt werden soll.

»Als Unsterbliche sind sie sterblich, als Sterbliche unsterblich: das Leben der Sterblichen ist der Unsterblichen Tod, der Tod der Unsterblichen der Sterblichen Leben.« [ἀθάνατοι θνητοί, θνητοὶ ἀθάνατοι, ζῶντες τὸν ἐκείνων θάνατον, τὸν δὲ ἐκείνων βίον τεθνεῶτες].[52]

Die Unauflösbarkeit des Gegensatzes sterblich-unsterblich erfährt in der Übersetzung H. Fränkels einen tieferen Ausdruck. »Unsterbliche sterblich, Sterbliche unsterblich, lebend den Tod der andern und das Leben der andern gestorben.«[53] Der Gegensatz Gott–Mensch erscheint unter Verzicht auf eine verbale Zustandsbeschreibung als koinzidierender Gegensatz, als Einheit des diametral Entgegengesetzen, denn »... das Gott-Menschliche lebt in den Göttern der Menschen Tod, so wie es in den Menschen der Götter unzerstörbares Leben stirbt.« (Ebda.)

Die gegenübergestellten Sätze der ersten Hälfte des Fragmentes, inhaltlich je für sich paradox,[54] fügen sich in der Verschränkung zu einer Einheit wie in dem bereits vorgestellten Beispiel. In der zweiten Fragmenthälfte geschieht das gleiche in inhaltlicher Explizierung des Vorangestellten. Es schließt sich jeweils strukturell ein Kreis, doch im Unterschied zu dem Beispiel aus der Elementelehre geht es hier nicht um die kontinuierliche Umschlagsbewegung von Werden und Vergehen, sondern – und darum sei dieses Fragment vorgestellt – vorrangig um einen erkenntnistheoretischen Aspekt der Einheit des Gegensätzlichen, genauer: um den Vollzug des Seins- und Selbstverständnisses, dessen Bedingung die Konfrontation mit dem diesem Seienden Entgegen-Gesetzten ist. Daher ist die Übersetzung von Diels/Kranz dahingehend zu interpretieren, daß es sich bei dem (durch die Hilfsverbkonstruktion nur vage angedeuteten) Zusammenhang um den Prozeß der Gegenüberstellung

---

52 DK 22 B 62, Die Vorsokratiker I 1983, a. a. O., 263.
53 Fränkel, H.; *Dichtung und Philosophie des frühen Griechentums*, München 1962, S. 428.
54 »Paradox muß seine Rede sein, weil seine Wahrheit selbst ein Paradox ist.« (U. Hölscher 1952, a. a. O., S. 73) Auch in der Sprache drückt sich im Widerwendigen, einander scheinbar Ausschließenden ein mitgenanntes Verborgenes aus, das seine Eindeutigkeit aus der gegenspännigen Fügung erfährt.

des den eigenen Seinsbestimmungen Entgegengesetzten zur Bestimmung des Selbstseins handelt.[55]

»Der Vollzug des Sterbens auf seiten der sterblichen Menschen – und das heißt, da ..., das ganze Menschenleben nach Heraklit ein Sterben ist: der Vollzug der Sterblichkeit – ist selbst der Vollzug der unsterblichen Lebendigkeit der Götter.«[56]

Bedingung der Möglichkeit einer Selbst-Bestimmung ist die Konfrontation mit dem Unbestimmbaren; Identiät wird allein in Form der ›gegenspännigen Zusammenfügung‹ von Differentem annäherungsweise erfahrbar.

»Zum Verhältnis der Menschen zu sich und zu allem, was sie umgibt, gehört ein Grundbezug zu dem, was niemals untergeht«[57], so Fink zum oben angeführten Verschränkungsverhältnis von Unsterblichkeit – Sterblichkeit bei Heraklit, das in abstrahierter Bedeutung als eine Grundaussage des heraklitischen Erkenntnisbegriffs zu verstehen ist. Der Mensch bewegt sich in seinem (Sich-Auf-Etwas-) Verstehen immer in Verhältnisbezügen, definiert sein Selbst als Endliches im Verhältnis zu dem außerhalb seiner Existierenden. Dieses »onto-logische« Verhältnis »enthält eine Analogie zum Urverhältnis von ἕν und πάντα«[58], wobei dieses Grundverhältnis wiederum nicht als starre Polarität zu fassen ist, sondern als eine dynamische Wechselwirkung. »Götter und Menschen haben in ihrem Verschränkungsverhältnis eine Spiegelbildfunktion in bezug auf ἕν und πάντα.«[59]

Weder wird die Struktur des Gegensatzes bei Heraklit im Einzelnen genauer bestimmt, noch vermag die Analogie die Verschiedenheit der Gegenstände zu erklären, dennoch bleibt die Verhältnismäßigkeit der Verhältnisse ein Ansatz, den *Abstand* von ›Absolutem‹ und Endlichem zu begreifen. Deutlich wird dies insbesondere in der von Fränkel angelegten Analyse der ›herakliteischen Denkform‹.[60]

»Die Analogie waltet als die Vielfalt der κατὰ τὸν λόγον gewordenen gegenständigen Gegensätze im Gegen-Satz ἀνὰ τὸν λόγον zurückwendende Bewegung des Seins.«[61]

---

55 So auch K. Held 1980, a.a.O., S. 449 ff. und Heidegger, M./Fink, E.; *Heraklit, Seminar im Wintersemester 1966/1967*, Gesamtausgabe Bd. 15, Frankfurt a. M. 1986, S. 139 ff.

56 K. Held 1980, a.a.O., S. 453.

57 E. Fink in: M. Heidegger/E. Fink 1986, a.a.O., S. 164. Vgl. hierzu Herkaklit (DK 22 B 16), worauf sich Fink offensichtlich bezieht.

58 M. Heidegger/E. Fink 1986, a.a.O., S. 177.

59 Ebda., S. 190.

60 Vgl. H. Fränkel 1955, a.a.O.; E. Jüngel (vgl. E. Jüngel 1964, a.a.O., S. 34 ff.) greift diese Untersuchung Fränkels in seiner Studie auf. Vgl. auch B. Jendorff 1976, a.a.O., 31 ff.; K. Held 1980, a.a.O., S. 435 ff.

61 E. Jüngel 1964, a.a.O., S. 53.

Fränkel geht in seiner Untersuchung von den Heraklit-Fragmenten aus, in denen eine Proportionsanalogie vorliegt. Zwei Beispiele seien hier angeführt:

»Mit einem Gott verglichen darf der Erwachsene unmündig heißen, wie das Kind verglichen mit dem Erwachsenen.«[62]
 Gott : Erwachsener = Erwachsener : Kind

»Der weiseste Mensch schneidet, mit Gott verglichen, wie ein Affe ab, in Weisheit, in Schönheit und in allen anderen Dingen.«[63]
 Gott : weiser Mensch = weiser Mensch : Affe

In beiden Fällen ergibt sich das Schema einer viergliedrigen Proportion mit identischem Mittelglied, mathematisch betrachtet, eine geometrische Proportion ($a:b = b:c$). Diese *Gleichungen* bergen über den vordergründig bloß metaphorischen Charakter den Versuch, den Bezug zwischen innerweltlich Seiendem und dem Grund des Seins zu fassen, indem ein vertrauter weltlicher Gegen-Satz einem philosophischen Gegensatz (Gott-Mensch) zugeordnet wird. Das Transintelligible wird hiermit nicht bestimmt, wohl aber in seiner Bestimmung des Seienden negativ definiert.

Zum einen wird in dieser Verhältnisgleichung im Ganzen eine hierarchische Einordnung in bezug auf den Grad an Vollkommenheit vorgenommen.

Zugleich enthält jede der beiden Einzelgleichungen in sich diesen Abfall an Vollkommenheit (Gott – Mensch : Mensch – Affe), wobei der Mensch eine Mittelstellung einnimmt, zum einen in Anbetracht seines Vermögens, sich dem Göttlichen zuzuwenden oder dem Niederen zu verfallen, zum anderen in der Definition seines ›Ranges‹ in der Ordnung des Seienden. Hat er innerweltlich den höchsten Rang inne, so verliert diese Position im Verhältnis zum Absoluten an Bedeutung, ja der Gegensatz von Mensch und Affe wird bedeutungslos. Vor Gott ist der Weise wie ein dummer Affe. Mit der Veränderung des Bezugssystems – sozusagen von höherer Warte – werden die innerweltlichen Gegensätze nichtig.

»Die Denkform der mittleren Proportionale hat sich uns als ein wirksames Instrument erwiesen, um die gewöhnliche Menschheit zu schmähen und zu demütigen, es wird ihr gleichsam der Spiegel des Logos vorgehalten, in dem sie sich anders ausnimmt, als sie sich bisher zu sehen gewohnt war.«[64]

---

62 DK 22 B 79; Die Vorsokratiker I 1983, a. a. O., S. 261.
63 DK 22 B 83; Die Vorsokratiker I 1983, ebda. Neben den genannten Beispielen, ließe sich eine Reihe weiterer Fragmente anführen, in denen dieses Proportionsschema klar zutage tritt. Vgl.: Fragmente 1, 19, 26, 29, 31, 34, 36, 53, 107, 114, 117.
64 H. Fränkel 1955, a. a. O., S. 261.

Statt von Schmähung/Demütigung würde man nüchterner von einer Relativierung menschlicher Selbstüberschätzung, einer Nichtigkeitserklärung innerweltlicher Wahrheits- und Wißbarkeitsansprüche sprechen. Vor dem Absoluten[65] verfallen innerweltliche Gegensätze der Nichtigkeit und reduzieren sich auf den Grundbezug Gott – Mensch/Absolutes – Endliches. Das Göttliche zu erkennen, dafür bietet die Analogie eine Näherungsmethode. »Nur durch diese Methode, durch Extrapolation, dürfen wir hoffen, ihm nahezukommen.«[66]

Ob Heraklit in der Anlage des Denkschemas des geometrischen Mittels mathematische Setzungen im Hintergrund hatte, muß unbestimmt bleiben; jedenfalls erscheint es nicht als zwingend, da er die Pythagoreer scharf kritisiert und deren Lehre in schriftlicher Überlieferung ohnehin erst später vorlag. Indem er hier aber die Struktur des geometrischen Mittels unterlegt (nicht etwa die Struktur des arithmetischen, quantitativen Verhältnisbezuges), hat er eine qualitative Iterierbarkeit, ausgehend von einem gleichbleibenden Grundverhältnis, vorgegeben.[67] Mathematisch ausgedrückt z. B. $1:3 = 3:9 = 9:27$ etc. Die einzelnen Zahlwerte sind zwar quantitativ verschieden, die Zahlverhältnisse aber zueinander gleich, insofern ist die Qualität des Verhältnisses immer ›ein und dieselbe‹, d. h. die Verhältnisse sind analog einem Bildungsgesetz. Dieses immanente Bildungsgesetz – bei Heraklit das Göttliche/der Logos – ist die unbekannte Größe der metaphysischen Proportionsverkettung. Wo in der Mathematik die Iteration eines Anfangsverhältnisses die kontinuierliche Progression fortführt, geht die metaphysische Analogie per identischem Mittelglied in Richtung auf ein erstes x der Verhältnisrelation.

»Aus diesem Schema entwickeln sich die strengen Analogie-Schlüsse, wenn Mathematik das ›ist gleich‹ dieser Verhältnisse genau und präzise nimmt, indem sie nicht Adjektive des Wertes (wie schön, weise), aber auch nicht Adjektive der empfundenen Gegensätze, sondern Adjektive der Größe diesen Proportionen zugrundelegt. ... so entwickelt die Mathematik den in der adjektivischen Komperation wurzelnden Vergleich dadurch zur strengen Methode, daß sie aus dem Bereich des Adjektivischen alles ausscheidet, was nicht Quantität ist.«[68]

---

65 ›Absolut‹ sei in diesem Zusammenhang verstanden als das von der Wandelbarkeit des Seienden ›abgelöste‹ Eine zu Wissende, der unveränderliche Logos.

66 Ebda., S. 262.

67 In entwickelter Form finden wir dieses Progressionsprinzip dann bei Platon. Zwar tritt in einigen Fragmenten auch der quantitative Aspekt des maßvollen Wechsels, des stofflichen Austausches hervor (vgl. z. B. DK 22 B 30 u. B 90), im Vordergrund steht aber nicht eine Mengenbestimmung oder rechnerische Erfassung, sondern generell das Prinzip des Austausches bzw. eines Ausgewogenheitsverhältnisses der Wandlungsprozesse.

68 Snell, B.; *Die Entdeckung des Geistes. Studien zur Entstehung der europäischen Denkens bei den Griechen.* XI. Gleichnis, Vergleich, Metapher, Analogie, Göttingen 1975, S. 200 f.

»Das höchste Gut, das höchst Erstrebenswerte, die höchste Vollkommenheit und höchste Glückseligkeit besteht in Einem, das alles umfaßt. Wir freuen uns an der Farbe, aber nicht an einer entfalteten, welche auch immer es sei, sondern am meisten an einer solchen, die alle umfaßt. Wir freuen uns am Klang, aber nicht an einem vereinzelten, sondern an einem umfassenden, der aus der Harmonie mehrerer Töne entsteht.«
(Über die Ursache, S. 150)

V.
Analogie und harmonikale Mathematik

1. Die Pythagoreer

Im vorangehenden wurde der Versuch unternommen, die bei Heraklit angelegte Verhältnisstruktur zwischen einem einheitlichen Sein, das sich immer nur im Widerstreit des Seienden offenbart, und einem an die Welt des beständigen Wechsels gebundenen Erkennen über die Analogie zu bestimmen. Wenn die Vielheit des Seienden in ihrem unablässigen Wechsel über das Gleichmaß von Verhältnissen als einheitliche gemäß einem Logos zu fassen ist und sich entsprechend das Erkennen dieses einen Logos in allem stets in Relationen, Gegensätzen und Verhältnisbeziehungen analog dem sich permanent entziehenden, aber im Unbeständigen beständigen Maß vollzieht, so eröffnet die Analogie eine metaphysische Dimension, weil sie über die natürlichen Gegebenheiten bzw. die Erkenntnisgegenstände hinaus auf ein aller Verhältnismäßigkeit Zugrundeliegendes verweist.

Dem Grundproblem aller Metaphysik, d. h. der Frage nach der Einheit des Seienden, das sich nur in Vielfalt, Zerspaltung und Gegensätzen offenbart und es dem Erkennen verwehrt, über eine letztendliche Dualität hinauszukommen – und damit die Frage nach der Denkmöglichkeit von Einheit überhaupt –, begegnet Heraklit durch einen Seinsbegriff, der als Logos oder das *Eine zu wissende*, so der Interpretationsansatz, Identität und Differenz als Identität umgreift. Das vielfältig Seiende in seinem ständigen Werden ist Aktualwerden des Seins, Entbergung des im Gegensatz der Auseinandersetzung verborgenen Logos. Und nur in diesen Gegensätzen bewegen sich auch Denken und Sprechen. Denkbewegung und Seinsbewegung (Bewegung immer im Sinne eines maßvollen Wechsels, eines regelmäßigen Sich-Verhaltens) sind analoge Prozesse, analog der Gesetzmäßigkeit (der Bewegung nach Verhältnismaß) des einen

Logos, der den Dingen immaniert und als im Seienden verborgenes Prinzip gleichzeitig transintelligibel ist. Denn das verborgene Prinzip ist nicht überweltlich, sondern innerweltlich anwesend, ohne damit ein erkennbares zu sein. »So wie beim Bogen und der Leier, sei gegenstrebige Vereinigung Gesetz der Dinge, Einheit der Welt. Einheit nicht über oder unter den Gegensätzen, sondern der Gegensätze selbst.« (H. Heimsoeth 1974, a. a. O., S. 20)

Die Einheit des Kosmos besteht in einer Verhältnismäßigkeit, einer Ausgeglichenheit oder Ausgewogenheit der Gesamtheit des Seienden, das zwar in einem ständigen Werdeprozeß befindlich ist, dessen relationale Struktur aber durch das Wirken des Logos (im Sinne von Verhältnis oder verhältniswahrender Ordnung) im Ganzen ein und dieselbe bleibt. Harmonie bezeichnet die Verbindung der Differenzen und Gegensätze zur Einheit in Mannigfaltigkeit: zur Ordnung in Wohlproportioniertheit, die die Gesamtheit zur einheitlichen Ganzheit fügt. Harmonie als die Verbindung des Verschiedenen in Einklang ist Ausdruck innerer Ausgewogenheit und Schönheit der Welt (κόσμος), einer Ordnung in Form einer Übereinstimmung von Relationen, d. h. von Verhältnissen der Dinge untereinander, und steht damit in enger Verbindung zum Logos wie zur Analogie. Gemäß der regulativen Wirkung des Logos gibt es im Seienden weder Beliebigkeit noch Einzelsein; ein jedes ist im Relationsgefüge eingebunden, steht in einer Verhältnisordnung – eine Verhältnismäßigkeit, die auch Denken und Sprechen bestimmt.

Darüber hinaus stellt das Gleich-Maß der Verhältnisse alle Seinsbereiche, gemäß der Teilhabe an einem im Verborgenen Anwesenden, untereinander in eine Beziehung: die Verhältnismäßigkeit der Verhältnisse in bezug auf einen absoluten Grund.[1]

Der Begriff des Kosmos steht im Griechischen für das in Teile gegliederte Ganze, für die Einheit der Vielheit, die keine Auflösung in Verschiedenheit meint, sondern eher eine Aufhebung in Einheitlichkeit, eine Unterordnung zugunsten des Ganzen. In dieser Bedeutung von Ordnung, dem maßvollen Zusammenwirken des Vielen, bezeichnet Kosmos jedes in dieser Weise gegliederte Ganze, steht für die Heeres- und Staatsordnung, für Dichtung und Architektur, für Politik und Ethik (um nur einige Beispiele zu nennen) und schließlich für das Weltganze. In diesem Zusammenhang heißt Kosmos neben Ordnung und Regelmäßigkeit auch Anstand, Schönheit, Ruhm, Lob, Schmuck, Zierde, Bauart etc. Dies sei erwähnt, um das Gewicht des Ästhetischen im Kosmosbegriff zu verdeutli-

---

1 Mit Hirschberger ließe sich hier von horizontaler (Bezug im Endlichen) und vertikaler (Gott-Welt-Bezug) Relation sprechen. Vgl. Hirschberger, J.; »Ähnlichkeit und Seinsanalogie vom platonischen Parmenides bis Proklos«, in: *Philomathes. Studies and essays in the humanities in memory of P. Merlan*, hrsg. v. R. B. Palmer und R. Hamerton-Kelly, The Hague 1971, S. 57–74.

chen. Kosmos bedeutet Wohlordnung in Schönheit durch Harmonie[2] der Teile zu einem Ganzen. Dies gilt nicht zuletzt für den Kosmos im Sinne von Welt*all*. Wenn Harmonie Ausdruck göttlichen Handelns ist – die Gliederung des Ganzen in seinen Teilen als im Einklang befindliche –, muß der Kosmos, das Gesamt des harmonisch Gefügten, ein in Schönheit bestehender sein, denn er ist das Aktualwerden göttlicher Vollkommenheit. Schönheit ist für die Griechen unlösbar verbunden mit Ordnung. Die Weltordnung als gottgegebene kann nur absolute Schönheit sein, vollkommene Harmonie.

Erkenntnistheoretisch ist diese Harmonievorstellung des Kosmos Grundlage der Analogie als Erkenntnismethode, die eine harmonische Ganzheit des Wissbaren herzuleiten sucht. Die Analogie systematisiert sozusagen quer zu den Kategorien, wo jeder allgemeine Gattungsbegriff das Sein in diskontinuierliche Stränge zerteilt, je nach Oberbegriff spaltet und damit den Zusammenhang des Ganzen nicht wahren kann und somit gleichsam den Wahrheitsanspruch einbüßt – »Das All des Seienden wäre nicht mehr συνεχής, zusammenhaltend; es bräche auseinander« (H. Krings 1964, a. a. O., S. 98) –, läßt die Analogie kategoriale Unterschiede außer acht und bezieht sich allein auf die Verhältnisstruktur.

Analogie der Gegensätze bei Heraklit führt zur Harmonie des Kosmos. Bleibt die Harmonie im Sinne von Weltordnung auf der Basis des verborgenen Logos eine unerklärliche, so wird in der pythagoreischen Philosophie mit der Zugrundelegung der Mathematik das Wesen harmonikaler Strukturen durch Zahlproportionen erstmals nachvollziehbar und damit die Analogie in der Abstraktion auf der Basis von mathematischen Proportionsrelationen.

Bereits in der herakliteischen Lehre ließ sich ein Ansatz zeigen, aufgrund der Strukturgleichheit von Verhältnissen, eine *dem Logos gemäße*, also analoge Hinführung zur Einheit zu bestimmen: Analogie in metaphysischer Hinsicht, die eine Art Mittlerfunktion zwischen endlich Wandelbarem und absolutem Sein einnimmt, wenngleich der Analogiebegriff als solcher bei Heraklit nicht ausgesprochen wird.

---

2 Die griechische Göttin Harmonia, bezeichnenderweise Tochter von Ares und Aphrodite, galt als Vertreterin der in der Welt waltenden Ordnung und Schönheit. Nach Euripides ist sie das Prinzip des unvergänglichen Ebenmaßes und der zur Einheit strebenden Wissenschaften; aus ihrem Schoß gehen die Musen hervor. (Vgl. Pauly-Wissowa; *Realenzyclopädie des classischen Alterthums*, Stuttgart 1963) Hierin ist bereits die Verknüpfung von Wissenschaft und Kunst angelegt (Wissenschaft im klassischen Sinne geht nach ästhetischen Maximen vor) sowie die Idee der Universalität der Wissenschaften. Durch Anwendung der Analogie läßt sich diesem Ziel – der Verknüpfung der Wissenschaften – nachkommen, indem strukturähnliche, verhältnisgleiche Wahrheitsperspektiven in Verbindung gebracht werden und sich zu einem Ganzen ergänzen. (Vgl. W. Schulze 1978, a. a. O., S. 14)

Der Begriff wird erst im mathematischen Zusammenhang gebräuchlich, wie die folgende Untersuchung zum pythagoreischen Mathematikverständnis zeigen wird.

Nach Barth[3] ist die Analogie mathematischen Ursprungs und geht als Gleichheit zweier mathematischer Proportionen auf die Pythagoreer zurück, oder noch weiter zurückverfolgt, auf die babylonische Mathematik. Diese Feststellung muß insofern Skepsis hervorrufen, als hiermit der Eindruck entsteht, das System mathematischer, quantitativer Abstraktion und Operation sei Ursache und Vorbild menschlicher Denkstruktur schlechthin und nicht vielmehr in umgekehrter Sichtweise eine allgemeine Struktur des Erkenntnisvermögens oder der geistigen Vorraussetzungen zu konstatieren, gemäß derer sich neben anderen Ansätzen auch der mathematische entwickelt. Bereits an anderer Stelle wurde formuliert, daß der quantitative Vergleich nicht notwendig als die ursprüngliche Form komparativen Denkens zu nennen ist; diesen quasi als Muster der Denkfunktion bzw. der Analogie zu setzen ist m. E. zu Recht als Verkehrung der Abbildverhältnisse kritisiert worden.[4] Vielmehr gilt es, eine Zuständlichkeit oder ein Vermögen des menschlichen, geistigen Entwerfens zu benennen, »eine archetypische Norm des Denkens« (W. Schulze 1978, a. a. O., S. 11), die darin besteht, in Relationen zu denken, Gegenstände in ein Verhältnis zueinander zu setzen, Ordnungszusammenhänge und Folgenotwendigkeiten aufzustellen, kurz die Fülle von Sinneseindrücken, Vorstellungen und Seinstatsachen in einen Zusammenhang zu stellen bzw. nach den Bedingungen einer Erkenntnismöglichkeit des ›etwas als etwas‹ in Abgrenzung vom anderen zu fragen und damit nach der Relationsstruktur von Denkinhalten. »Denken ist, bestimmte Verhältnisse zu finden, einen Gegenstand in Relation zu einem anderen zu setzen. Die allgemeinsten Relationen sind Kontinuität und Diskontinuität, Ähnlichkeit und Verschiedenheit ...«[5], also allgemeinste Kategorien, die allen Wissenschaften gemeinsam sind oder wonach diese – im Sinne einer allgemeinen Wissenschaftsmethodik – auch untereinander in eine Verhältnis zu setzen sind. Derartige elementare Funktionen des Denkens sind Bedingung eines produktiven Geistes und – um damit auf die Analogie als das Verhältnis von Verhältnissen zurückzukommen – die Basis, auf der sich die Struktur mathematischer Logik ausbildet, die sich erwiesenermaßen in der pythagoreischen Zahlenlehre aufzeigen läßt, ohne daß damit eine eindeutige Antwort auf die Frage des mathematischen Ursprungs gegeben wäre. Ebenso läßt sich der Vermutung begegnen, die

---

3 Barth, T.; »Zur Geschichte der Analogie«, S. 82, in: *Franziskanische Studien* 1955, Bd. 37, S. 81–97.
4 Vgl. Schulze 1978, a.a.O., S. 12.
5 Höffding, H.; *Der Relationsbegriff. Eine erkenntnistheoretische Untersuchung*, Leipzig 1922, S. 2.

Symmetrie sei eine anschauliche Erscheinungsform der Analogie, insofern im spielerischen Vergleich von Strecken und Flächen eine archetypische Begegnung, ein ursprüngliches Bewußtwerden der Analogie stattfinde (vgl. W. Schulze 1978, a. a. O., S. 6), denn auch in diesem Erklärungsversuch scheinen geistige Voraussetzung und konkretes Auffinden nicht klar voneinander getrennt. Nicht eine mögliche, anschauliche Begegnung mit dem Phänomen von Gleichheit in Verschiedenheit begründet geistige Produktivität an sich, sondern die Voraussetzungen müssen bereits gegeben sein, Vielheit als geordnete Einheit zu begreifen,[6] so daß die Art und Weise der relationalen Verknüpfung aller Dinge zum Gegenstand einer Suche wird, die ihre Methode am konkreten Auffinden des Gemeinsamen im Differierenden bestätigt findet. Zum einen wird das Ganze durch Analogie vollendet,[7] d. h. im Vordergrund steht das Bemühen, die aus dem Einen entfaltete Vielheit in einem rekursiven Erkenntnisprozeß wieder in die Einheit zu überführen. Dies wurde bereits in den Versuchen über den herakliteischen Logos gezeigt. »Der Λόγος selbst ist das alles vereinende Eins, dieses Vernehmliche aber ist nach dem Spruch des Heraklit dasjenige, was es für den Menschen eigentlich zu wissen gilt. Es ist das vor allem anderen und in allem anderen und über alles andere hinaus Zudenkende.«[8]

Um wieder zu den mathematischen Grundlagen der Analogie zurückzukehren, so schließt der bereits erwähnte T. Barth seine Ausführungen mit dem Ergebnis, die Brauchbarkeit der Analogie auf mathematischem Sektor habe ihre Anwendung im außermathematischen und philosophischen Gebiet zur Folge gehabt, insbesondere, um »... ähnliche Funktionen und Strukturen bei verschiedenen Dingen entdecken zu helfen ...« (T. Barth 1955, a. a. O., S. 97) Hiermit ist eine wesentliche Aussage zur Bedeutung der Analogie gemacht, nämlich das Auffinden von Verhältnisgleichheit auf verschiedensten Wissensgebieten, die allerdings bereits bei den Pythagoreern in Erscheinung tritt und nicht erst in der platonischen Tradition, wie Barth nahelegt, indem er die Pythagoreer in Beschränkung auf ihre mathematische Forschung darstellt. Um dies näher zu bestimmen, wird zwischen pythagoreischer Zahlenlehre und der wissenschaftlichen Mathematik euklidischer Prägung zu unterscheiden sein. Sicherlich wird in einem auf Quantitäten reduzierten Zeichensystem, wie es die mathematischen Gesetze in Arithmetik und Geometrie aufweisen, die Effizienz der Analogie sehr plausibel und vor allem durch systemimmanente Operationen überprüfbar. Von großer Bedeutung ist zudem die Möglichkeit, in Verhältnisgleichungen rationaler Größen irrationale Faktoren auszudrücken, d. h. sofern diese schon nicht als solche zu be-

---

6 Ich verweise nochmals auf die Harmonievorstellung, d. h. die Projektion göttlicher Vollkommenheit auf die Welt/Kosmos in Form von Ordnung und Schönheit.
7 Vgl. Beierwaltes, W.; *Proklos. Grundzüge seiner Metaphysik*, 1979, S. 153–158.
8 M. Heidegger 1973, a. a. O., S. 286.

nennen sind, sie doch durch die Einbindung in eine Verhältnisrelation einzubeziehen. Dies ist vor allem in der außermathematischen Anwendung von Analogien – in der Metaphysik – eine Art negativer Definition.[9]

Die besondere Rolle pythagoreischer Mathematik besteht aber genau darin, keine rein quantitative Methode zu entwickeln, sondern Mathematik zu einem wissenschaftsverbindenden System zu modifizieren, einer Art Integrationsdisziplin, deren vordergründig rein abstrakte Darstellungsform von Gesetzmäßigkeiten auf verschiedensten Gebieten Gültigkeit beanspruchen kann.

Die Zahl ist nicht bloße mathematische Ziffer und Rechengröße, sondern in einen komplexen Erkenntnishorizont eingebunden. Die pythagoreische Mathematik vereint verschiedenste Wissensgebiete über die Analogie von Verhältnissen und Strukturen. Daß diese Methode struktureller Vergleichbarkeit und Ver*ein*barkeit, wie sie die Pythagoreer begründeten, in der Folgezeit wieder aufgegriffen wird, steht damit vor allem in der Tradition identitätsphilosophischen Denkens bzw. dem Bemühen um ein universales Welterklärungssystem. Dieses Ziel, Wissensgebiete nicht voneinander zu isolieren, sondern unter einem ganzheitlichen, auf Eines konzentrierten Interesse zu fassen, kann insbesondere als Leitgedanke der Renaissance und der frühen Neuzeit angeführt werden, die sich einerseits öffnet für verschiedene, aus heutiger, wissenschaftslogischer Sicht auch ›vorwissenschaftliche‹ Konzepte der Wahrheitssuche, d. h. methodenübergreifend verschiedene Erkenntnisansätze verfolgt, und andererseits versucht, Methoden und Denkformen zur Konvergenz zu bringen.[10]

Bei Giordano Bruno ist dieser ›Methodenpluralismus‹ augenfällig und nur zu deutlich ist auch das Aufgreifen der pythagoreischen Philosophie und Wissenschaftslehre anhand seines Mathematikverständnisses. So definiert er in der *Wittenberger Abschiedsrede* die Mathematik (genannt unter den sieben Säulen der Weisheit = septem artes liberales) als diejenige Disziplin, welche »... erforscht und erprobt die Verhältnisse und Anwendung von Zahl, Größe, Gewicht, berechnet und kombiniert die Beziehungen zwischen den Dingen, Arithmetik, Musik, Geometrie, Malerei, Perspektive, Physiognomik, Astrologie, Astronomie und die mannigfaltigen Arten der Divination.«[11]

Die Untersuchung der pythagoreischen Zahlenlehre steht daher in dieser Studie nicht vorrangig unter der Prämisse, Mathematikgeschichte zu verfolgen, sondern es geht hier vielmehr um die Idee der Verknüpfung verschiedenster ›logischer‹ Disziplinen.

---

9 Auch dies wurde in den herakliteischen Proportionalitätsgefügen zum Gott-Mensch-Bezug bereits angedeutet.
10 Vgl. Otto, S.; *Renaissance und frühe Neuzeit. Geschichte der Philosophie in Text und Darstellung*, Stuttgart 1986, S. 45.
11 Oratio valedict., OL I 1/Wittenberger Abschiedsrede, S. 85.

2. Pythagoras und die pythagoreische Lehre

Quellengeschichte
Ein scharf umrissenes Bild der pythagoreischen Schule, d. h. sowohl über die Person des Pythagoras wie seiner Anhängerschaft zu geben, ist nur begrenzt und unter Vorbehalt einiger Unschärfen möglich. Es ist weder ein schriftlicher Nachlaß des Pythagoras erhalten, noch gibt es Zeugnisse seiner unmittelbaren Schüler – der sogenannten älteren Pythagoreer –, sofern überhaupt schriftliche Niederlegungen dieser Geheimlehre existierten. Die nachweisliche Überlieferung pythagoreischer Lehre setzt erst im Jahrhundert nach dem Tode des Weisen von Samos ein und entwickelt sich in der Folgezeit im Zuge eines neuerwachsenden Interesses zu einer Mischung aus einer Vielzahl pseudopythagoreischer Schriften, Überlieferungen und Berichte, die von widersprüchlichsten Legenden durchzogen sind. Als frühestes Zeugnis zuverlässiger Überlieferung gelten daher zum einen die Fragmente des Philolaos, der vermutlich die erste zusammenfassende Gesamtdarstellung der Lehre veröffentlichte, und die des Archytas von Tarent (380 v. Chr.), unter dessen Einflußnahme Platon pythagoreisches Denken aufgriff und weiterentwickelte. Daneben ist schließlich Aristoteles zu nennen, in dessen Schriften Berichte über die pythagoreische Lehre sowie ein Überblick über den Wandel innerhalb der pythagoreischen Tradition gegeben wird. Als weiterer wichtiger Zeuge gilt Nikomachos von Geresa (50–150 n. Chr.), der – wenngleich weitaus später als Euklid (um 300 v. Chr.), dessen Aufnahme pythagoreischer Mathematik nachgewiesen ist – in seinen Schriften zur Harmonik, in der *Arithmetischen Theologie*, in der *Einführung in die Arithmetik* auf weitaus ältere Quellen zurückgreift, als Euklid in den *Elementen*.

Generell läßt sich in der Überlieferungsgeschichte und -rezeption mit zunehmender zeitlicher Distanz von dem Wirken des Pythagoras eine Zunahme an vorgeblich ›pythagoreischen‹ Schriften vermerken, insbesondere im Neuplatonismus. Zwar leisten diese neupythagoreischen Wiedergaben eine Aufnahme und vor allen Dingen Aufbewahrung pythagoreischer Lehre, wie zum Beispiel die Neuplatoniker Jamblichos (330 n. Chr.) in seinem *De vita Pythagorica liber* oder Porphyrios (234 n. Chr.) in seiner *Vita pythagorae*, um die bekanntesten Quellen zu nennen, gleichzeitig gehen hier pythagoreisches Denken und Platonismus eine Verschmelzung ein. Wenngleich anhand dieser Zeugnisse originär Pythagoreisches nur schwerlich von platonisierenden Zugaben zu trennen ist, sind diese weit verbreiteten und vielgelesenen Schriften doch wesentliche Belege für das umgreifende Interesse an der ›Zahlenlehre‹[12] im weitesten Sinn und ihrer Rezeptionsgeschichte bis hin zur Renaissance.

---

12 Man denke beispielsweise an die Verbindung der christlich-jüdischen Weltschöpfungslehre mit pythagoreischen Vorstellungen z.b. des Zahlbegriffs bei Philon v. Alexandrien (25 v.–50 n. Chr.).

3. Die Schule der Pythagoreer

Pythagoras von Samos gründete seine religiöse Gemeinschaft um 530 v. Chr. im süditalienischen Kroton; eine geheime Ordensgemeinschaft, die sich in der Folgezeit auf eine Reihe italienischer Städte ausbreitete und der man großen politischen Einfluß nachsagt bis hin zur Regentschaft über einzelne Städte. Die, wie es heißt, oligarchisch-konservative Haltung der Pythagoreer, sympathisierend mit der aristokratischen Gesinnung und gleich einem Staat im Staate dominierend, habe sie im Volke sehr verhaßt gemacht und schließlich zur Vernichtung der Bruderschaft geführt, indem sie einem Brandanschlag zum Opfer gefallen sein soll. Gegenteilige Berichte sprechen aber von einer großen Beliebtheit der Pythagoreer im Volk. Ebenso vage bleiben die Zeugnisse über das religiöse Zusammenleben der Pythagoreer. So sollen sie in einer Art Gütergemeinschaft in klösterlicher Weise gelebt haben, sich durch eine besondere Ordenstracht und besondere Regeln, durch Glaubensrituale und Gottesdienste von der Bevölkerung abgegrenzt haben.

Kern der religiösen Lehre ist der Glaube an die Unsterblichkeit der Seele bzw. der Seelenwanderung in verschiedensten Inkarnationen im Tier- und Pflanzenreich, worauf besondere Speisegebote zurückgeführt werden. In Zusammenhang mit der Seelenlehre, die teils ägyptischen Einflüssen zugeschrieben wird, von der es gleichzeitig heißt, sie stehe in orphischer Tradition[13], stehen Reinigungsrituale, die der Seele als Vorbereitung und Katharsis vor dem Aufstieg zum Göttlichen dienen, wobei insbesondere die Wirkung der Musik eine große Rolle spielt, indem sich in dieser göttliche Harmonie ausdrückt, die heilsam auf den Zustand der Seele wirkt bzw. diese in harmonische Verbindung zum Göttlichen versetzt. Doch auch hierüber sind die Zeugnisse sehr vage. Im Vordergrund steht stets die wissenschaftliche Tradition der Pythagoreer und hierin insbesondere die Entwicklung der Mathematik. Obwohl Religion und Wissenschaft für die Pythagoreer der älteren Schule in unmittelbarem Zusammenhang stehen, zeigt sich in der Rezeptionsgeschichte eine Trennung in zwei Traditionslinien: eine eher ›zahlenmystisch‹ orientierte und eine auf der Basis pythagoreischer Mathematik fußende, streng logische, die sich der Weiterentwicklung der ›wissenschaftlichen‹ Mathematik zuwendet, als deren Vertreter auch Euklid zu nennen ist, in dessen *Elementen* eine Reihe pythagoreischer Lehren einfließen, ohne hierbei qualitativ-religiöse Implikationen der ursprünglichen Zahlenlehre aufzunehmen. Diese Weggabelung ist bereits in der 3. Generation der Pythagoreer als die Trennung in die *Akusmatikoi* und die *Mathematikoi* zu verzeichnen (also in der Zeit von etwa 480–430 v. Chr.). Diese Mathematikoi als mutmaßliche Vertreter des wissenschaftlichen Pythagoreismus prägen die Tradierung der pythagoreischen Lehre maßgeblich, die bis

---

13 Vgl. E. Zeller/W. Nestle 1963, a.a.O., S. 384 ff. und 438 ff.

heute vorrangig unter mathematikhistorischen Gesichtspunkten aufgegriffen wird, so daß Pythagoras als ›Begründer der Mathematik‹ gilt, religiöse, ›pseudo-wissenschaftliche‹ Anteile der Lehre jedoch in den Hintergrund rücken.

Diese perspektivische Verengung ist nicht zuletzt auf die unsichere Quellenlage, den philosophischen Mathematikbegriff betreffend, zurückzuführen sowie auf die Zeugnisse des Aristoteles, der die Pythagoreer in der *Metaphysik* als Mathematiker und Naturwissenschaftler einführt. »Zu dieser Zeit, aber auch schon vorher, beschäftigten sich die sogenannten Pythagoreer als erste mit der Mathematik, bauten sie weiter aus und waren, da sie sich mit ihr sehr auseinandergesetzt hatten, der Meinung, daß in ihren Prinzipien die Prinzipien der Dinge gelegen seien.«[14]

Aristoteles referiert im weiteren die pythagoreische Lehre, wonach die Zahl als das »Erste in der gesamten Natur« (ἐπεὶ δὲ τούτων οἱ ἀριθμοὶ φύσει πρῶτοι; Metaphysik 985 b 26 f.) gefaßt worden sei, als ein Prinzip sowohl der substantiellen Natur der Dinge als auch ihrer qualitativen Eigenschaften und Zustände in Gestalt von Ähnlichkeiten und Affektionen im Verhältnis der Dinge zu den Zahlen, einer Verhältnismäßigkeit und Vergleichbarkeit, die dazu geführt habe, die Elemente der Zahlen den Elementen der Dinge gleichzusetzen (vgl. ebda.), um darauf im umfassenden Sinne festzustellen, »der gesamte Himmel sei Harmonie und Zahl« (ebda. 986 a 3). Nach Aristoteles liegt der Übertragung der Zahlenlehre auf die Naturdinge von seiten der Pythagoreer eine spekulative Theorie zugrunde:

»Da aber die Pythagoreer sahen, daß viele Affektionen der Zahlen an den sinnlich erfaßbaren Körpern vorhanden sind, nahmen sie die Dinge als Zahlen an, doch nicht als abgetrennte Zahlen, sondern sie nahmen an, daß die Dinge aus Zahlen bestehen. Doch warum? Weil die Affektionen der Zahlen in der Harmonie, am Himmel und an vielen anderen Dingen vorhanden sind.« (Metaphysik XIV 1090 a, 20 f.)

Auf der Basis von Ähnlichkeiten und Affektionen also – so Aristoteles – versuche die pythagoreische Theorie den gesamten Kosmos nach den Maßgaben von Harmonie und Zahlverhältnissen zu begründen. »Und wenn nun etwas offenblieb, so fügten sie noch etwas hinzu, damit ihre ganze Theorie geschlossen sei« (ebda., 986 a 5), so z. B. die Einführung

---

14 Metaphysik, 985 b 20 ff.; Die Übersetzung folgt der Ausgabe: Aristoteles, *Metaphysik. Schriften zur ersten Philosophie*, übers. u. hrsg. v. F. F. Schwarz, Stuttgart 1975, S. 30. Der griechische Text folgt der Ausgabe: Aristoteles' *Metaphysik*, Neubearbeitung d. Übers. v. H. Bonitz, mit Einl. u. Komm. hrsg. v. H. Seidel, Griech. Text ed. v. W. Christ, Hamburg 1989.

der Gegenerde[15] sowie eines Zentralfeuers. Der kritische Unterton wird hier bereits sehr deutlich: die Zurückweisung eines Zahlbegriffs, der zugleich stoffliches und formales Prinzip der Dinge sei, der aber auch ein mathematischer zu sein vorgibt, dem die Erscheinungen gewissermaßen angepaßt werden. Die religiöse Fundierung dieser Zahlenlehre bleibt von Aristoteles dabei völlig unberücksichtigt, was zur Folge hat, pythagoreische Lehre für eine widersprüchliche Konstruktion halbwissenschaftlicher Mathematik zu halten.[16] Mit Recht wird daher die religiöse Einbettung der Zahlenlehre von einigen Autoren hervorgehoben und der Harmoniebegriff ins Zentrum der Betrachtung gerückt.

Harmonie ist in ihrer abstrakten Form ein mathematisch zu bestimmendes Phänomen, ist rückführbar auf Zahlverhältnisse. Hierin liegt ein Ansatz, die pythagoreische Lehre in anderer Weise zu sehen: als einen Versuch, einen einheitlichen Zugang zur Erklärung der Weltvielfalt wie eine Annäherungsmethode der Gotteserkenntnis in der Mathematik zu formulieren, und zwar auf der Ebene einer Analogie von Zahlverhältnismäßigkeiten in den Dingen, die gleichsam Abdruck göttlicher Harmonie sind.

---

15 Die zwar spekulative Setzung einer Gegenerde ist nicht nur Einfügung eines zusätzlichen Planeten, um die Zehnzahl zu erreichen. Hier spielt auch der Gedanke kosmischer Harmonie eine Rolle. Bereits bei den Ägyptern wird ein Gegenhimmel unterhalb der Erde angenommen. In der *Theogonie* (722 f.) des Hesiod ist die Unter-Welt (Tartaros) symmetrisch dem Himmel. – Durch die zusätzliche Setzung eines Zentralfeuers rückt die Erde aus dem Mittelpunkt. In De caelo, 293 a f. referiert Aristoteles, daß die Pythagoreer, im Gegensatz zu zeitgenössischen Auffassungen, ein Feuer (= Sonne) ins Zentrum der Welt verlegen, um das sich die Erde, die Gegenerde und alle übrigen Gestirne drehen – allerdings, so der aristotelische Kommentar, beruhe diese Annahme allein auf theoretischen Erwägungen und nicht etwa auf Anschauung der Phänomene, geschweige denn Beweisbarkeit. »Ferner meinen die Pythagoreer auch, es müsse so sein, weil es sich gehöre, daß der wichtigste Teil des Alls (und dies sei die Mitte) am meisten behütet werde; so nennen sie das Feuer, das diesen Platz innehat, die Wache des Zeus; ...« (Ebda.)

16 In ähnlicher Weise wird man auch Bruno als Mathematiker für einen wirren Geist halten müssen, wenn man die Einbindung der Mathematik in die Metaphysik und Gottesvorstellung ausklammert, um die Anteile brauchbarer, exakter Wissenschaft herauszukristallisieren.

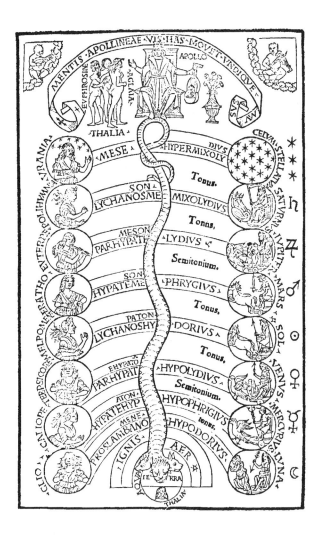

Abb.: Gafurius, *Practica musice 1496* (Abb. aus: Zeugnisse Alter Musik 1975, a. a. O., Tafel 117; vgl. hierzu die Interpretation von Wind, E.; *Heidnische Mysterien in der Renaissance*, Frankfurt a. M. 1987, S. 306 ff.). Allegorische Darstellung der Harmonie der Sphären: Apollon, umgeben von den Chariten, waltet über die neun Planetensphären, die in harmonischen Abstandsverhältnissen zueinander – dargestellt durch Halbton- und Ganztonschritte – stehen. Den Planetensphären sind Tongeschlechter, Planeten sowie die neun Musen zugeordnet. Himmel und Erde stehen über die sphärische Harmonie in Verbindung (Schlange). Die dreiköpfige Schlange (in Korrespondenz zu den Grazien) weist nach Wind auf den ägyptischen Fruchtbarkeitsgott Serapis, dem ein zerberusähnliches Monster zugeordnet wird. Die Köpfe der Schlange zeigen in Wolfs-, Löwen- und Hundsform einen Hinweis auf die drei Zeitstufen, was an Macrobius' *Saturnalia* belegbar ist. Danach versinnbildlicht der Wolf die Vergangenheit, der Löwe die Gegenwart, der Hund die Zukunft (vgl. Wind 1987, ebda., S. 298). So läßt sich die Schlangendarstellung als der harmonisch strukturierte Übergang von der Ewigkeit (symbolisiert durch das in sich zurückgewandte Schwanzende der Schlange) in die Zeitlichkeit deuten (ebda., S. 307).

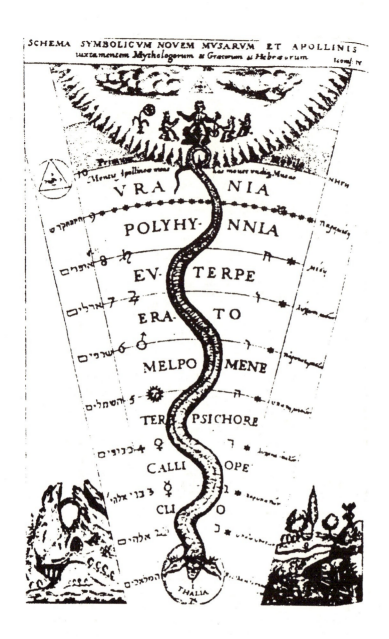

Abb.: Schema symbolicum musarum et apollinis iuxta mythologorum et graecorum et hebraeorum.
Harmonie der Sphären, versinnbildlicht durch die den Planetensphären zugeordneten Musen, oberhalb derer Apoll die Welt als in harmonischem Einklang befindliche durch seinen Geist bewegt. Apoll wird von den Chariten umgeben. Als Sinnbild des göttlichen Lichtes bzw. der Geistigkeit ist hier das »Auge der Welt« zu deuten.
Kupferstich aus: Athanasius Kircher, Obeliscus Pamphilius, Rom 1650, vgl. Enders F. C./ Schimmel, A.; *Das Mysterium der Zahl. Zahlensymbolik im Kulturvergleich*, München 1984, S. 181.

76 Analogie und harmonikale Mathematik

»Es sagen die Weisen [d. h. die Pythagoreer], Himmel und
Erde und Götter und Menschen halte zusammen Gemein-
sinn (κοινωνία) und Freundschaft (φιλία) und züchtige
Einordnung (κοσμιότης) und gesunde maßvolle Selbstbe-
scheidung (σωφροσύνη) und Gerechtigkeit, und deshalb
nennen sie dieses Ganze ›Ordnung‹ (κόσμος) und nicht
›Unordnung‹ (ακοσμία) und ›Zügellosigkeit‹
(ακολασία) ... Dir aber bleibt verborgen, daß die ›geometrische Gleichheit‹ unter den Göttern und Menschen viel
vermag ...« (Platon, Gorgias, 508 A)

VI.
Harmonie und Zahl

Gesamtdarstellungen des Pythagoreismus[1] gehen in der Regel von einer
Unterteilung nach Disziplinen aus, orientieren sich an den Forschungsgebieten – den vier Wissenschaften der Pythagoreer[2]: Arithmetik, Geometrie, Astronomie und Musik/Harmonik[3]. So unverzichtbar eine Aufschlüsselung nach Forschungsgebieten für die Untersuchung ist, so liegt
darin doch die Gefahr, den universal-wissenschaftlichen Ansatz, den ich
zumindest als Ausgangspunkt pythagoreischer Lehre betrachten möchte,
in seiner philosophisch-theologischen Einbettung aus den Augen zu
verlieren.

Die Wissenschaften (μαθήματα) der Pythagoreer sind insofern theologisch orientiert, als sie einen Weg der Gotteserkenntnis darstellen bzw.
einen Versuch, das göttliche Wirken in der Natur zu erklären. »Mathematik war ein Teil ihrer [der Pythagoreer] Religion. Gott hat den Kosmos
nach Zahlen geordnet ... Gott ist die Einheit, die Welt ist Vielheit und
besteht aus Gegensätzen. Was Einheit in die Gegensätze bringt und sie zu
einem Kosmos vereinigt ist Harmonie. Die Harmonie ist göttlich und

---

1 Pythagoras und die sogenannten Pythagoreer – seit dieser Formulierung des Aristoteles
(Metaphysik, 985 b 20 f.) pflegt man verschiedene Schulen zu unterscheiden. Wenn hier
von den Pythagoreern die Rede ist, so fasse ich darunter (sofern nicht anders gekennzeichnet) die von Pythagoras ausgehende Lehrtradition in der vorplatonischen Phase.
2 Vgl. Waerden, B. L. v. d.; *Die vier Wissenschaften der Pythagoreer*, Rheinisch-Westfälische
Akademie der Wissenschaften, Düsseldorf 1977.
3 Mit diesen vier Disziplinen ist ein Forschungsbereich abgedeckt, der als Quadrivium die
mittelalterliche Lehrtradition bestimmen wird.

besteht in Zahlverhältnissen. Wer diese göttliche Zahlenharmonie ergründen lernt, wird selbst göttlich und unsterblich.«[4]

Die Annäherung an das Göttliche beschreitet nicht den Pfad empirischer Naturerklärung. Ausgangspunkt sind spekulative Setzungen vor dem Hintergrund der Vorstellung göttlicher Vollkommenheit und ihres Sichtbarwerdens in der Wirklichkeit. Vollkommenheit, Schönheit und Einfachheit des Göttlichen, die göttliche Harmonie des Kosmos ist die leitende Idee in der Entwicklung des Weltbildes. Ein ›fruchtbares Vor-Urteil‹[5], mittels dessen in einer Verbindung ästhetischer Maximen und rationaler Prämissen ein Kosmos nach Proportion und Symmetrie konstituiert wird.[6] Richtungweisend erscheint der Gedanke, daß die göttliche Ordnung/Kosmos in ihrer vollkommenen Einfachheit, die auf das Walten höchster Vernunft weist, auch über vernunftgemäßes Schließen zu erfassen sei.

Zwei Voraussetzungen sind hier vorab zu bedenken. Zum einen der gewandelte Gottesbegriff, zum anderen der Wandel des Weltbildes.

I.

Die frühgriechische Vorstellung vom ›Anfang‹ der Welt bzw. vom ›Urgrund‹ der entstandenen Dinge basiert nicht auf einer Schöpfungslehre mitsamt eines personalen, jenseitigen oder exterrestischen Weltschöpfers, der aus dem Nichts die Welt entstehen läßt, sondern beruft sich auf ein innerweltlich anwesendes göttliches Prinzip: ›Staunende

---

4 Waerden, B. L. v. d.; *Erwachende Wissenschaft*, Basel/Stuttgart 1956, S. 154.
5 Vgl. F. Lämmli 1962, a. a. O., S. 24. Wenn auch erkenntnistheoretisch sicherlich noch nicht in voller Konsequenz vollzogen, d. h. als logisches Gesetz explizit formuliert, offenbart sich hierin ein Wissen um die Bedingtheit von Erkennen. Daß die Dinge als in einer Verhältnisordnung stehende aufgefaßt werden, zeugt von einem, zumindest ansatzweise entwickelten Bewußtsein für die Notwendigkeit von Vergleich und In-Beziehung-Setzung des Erkenntnisgegenstandes zu einem ›anderen‹. Und insofern die Vielheit, um überhaupt begreifbar zu sein, ein einheitliches Ganzes darstellen muß, läßt sich das Viele nur in Form von Ordnung und Gesetzmäßigkeit, als ein geschlossenes System von Verhältnisbezügen denken. Der Grund für das Denken einer Verhältnismäßigkeit von Welt wird im griechischen Denken m. E. nicht auf das menschliche Vermögen, d. h. auf die Bedingungen logischen Schließens zurückgeführt: eine Logik, die gar nicht anders als in Ordnungsrelationen zu erkennen vermag und in dieser Weise ›Welt‹/›Außenwelt‹ nach den Gesetzen logischen Denkens ›ent-wirft‹. Schon allein die klare Trennung von Individuum und Kosmos ist für die griechische Philosophie unzulässig. Das Prinzip Ordnung und Einheit wird vielmehr auf eine höhere Vernunft projiziert, deren abbildhafte Entfaltung und deren Wirken in der Natur die Gesetzmäßigkeit des Kosmos und, analog diesem, die Struktur des Denkens ursächlich bewirkt.
6 Fruchtbar sind diese vorgefaßten Meinungen insofern zu nennen, so Lämmli, als die Ableitung des Weltbildes aus unbegründeten Idealvorstellungen eine Bewegung in die Naturforschung brachte, eine Entwicklung der naturwissenschaftlichen Erkenntnis zur Folge hatte, die weitere Kreise zog als die Lehre der ionischen ›Physiologoi‹ bzw. der Atomisten.

Bewunderung‹ dieser Welt ist die Quelle der Religion.[7] Vor diesem Hintergrund ist das Göttliche nicht durch seine Jenseitigkeit ein unerreichbares Prinzip. Vollkommenheit und Ewigkeit machen die Unerfaßbarkeit der Göttervorstellung aus. War bereits durch die olympischen Götter eine Ablösung der ursprünglich unwägbaren Schicksalsmächte vorgenommen, so regte sich im 6. Jh. eine Kritik an dieser humanisierten Götterwelt, ihren stark anthropomorphen bzw. soziomorphen Zügen. So setzen etwa die Pythagoreer, in Aufnahme babylonischer Tradition, die Götter den Planeten gleich.[8]

II.

Einhergehend mit dieser Vorstellung der Planetengötter ist ein Wandel des Weltbildes für die pythagoreische Lehre von grundlegender Bedeutung. Bereits Anaximanders Kosmologie hatte die Vorstellung einer scheibenförmigen Erde, über die das Himmelsgewölbe – einer Glocke gleich – gestülpt ist, abgelöst durch einen im Mittelpunkt der Planetenbahnen ruhenden Erdzylinder, um den sich die einzelnen Planeten in konzentrischen Kreisen in regelmäßigen Abständen zueinander bewegen. Hierin zeigt sich bereits die rationale Vorgabe eines harmonischen, d. h. nach Proportionen geordneten, gleichmäßigen Planetenlaufs um das Zentrum Erde. Wenn Anaximander die Erde selbst dennoch nicht als Kugel auffaßt, sondern ihr eine zylindrische Gestalt gibt, die in sich wiederum proportionale Abmessungen aufweist (»Er sagte, die Erde habe die Form eines Zylinders; ihre Höhe verhalte sich zu ihrer Breite wie 1 : 3«; DK 12 A 10, Die Vorsokratiker I 1983, a.a.O., S. 77), wobei die Schnittfläche des Zylinders als das bewohnte Erdrund gedacht wird, läßt sich dies als eine Art Kompromißlösung deuten. Die Umwandlung der alten Vorstellung eines Weltgebäudes in die Vorstellung der Erd*kugel* als Zentrum eines in regelmäßigen Kreisen aufgebauten göttlichen Kosmos ist hier geistig noch nicht in voller Konsequenz vollzogen.

---

7 Vgl. Nestle, W.; *Vom Mythos zum Logos. Die Selbstentfaltung des griechischen Denkens*, Stuttgart 1975, S. 11.
8 Hiermit ist eine Entpersönlichung der Götter eingeleitet, die durch die astronomische Forschung in der Folgezeit vorangetrieben wird, so daß die Planetengötter schließlich nur noch allegorischen Charakter haben. Bereits Anaxagoras (um 500 v.–428 v. Chr.) machte sich der Asebie schuldig, indem er Planeten und Sterne als glühende Steine im Ätherwirbel erklärte, und damit die Vorstellung einer Götterwelt aufzulösen drohte; statt dessen setzte Anaxagoras einen alles lenkenden Weltgeist (Nous), die reine göttliche Potenz. Astronomen und Physiker mußten daher den Hellenen des Atheismus verdächtig sein, sofern sie die Sternengötter durch physikalische Gesetze außer Kraft setzen konnten. Noch Platon bezeugt seine scharfe Kritik an derartigen Theorien: »Denn alles, was sich vor ihren Augen [Demokrit u. Anaxagoras] am Himmel bewegte, erschien ihnen als Masse von Steinen und Erde und vielen unbeseelten Stoffen, die dann zusammen die Ursachen für das ganze Weltall ausmachten.« (Leges, 967 c)

Harmonie und Zahl

Nach Frank[9] ist die Entdeckung der Kugelgestalt erst den späten Pythagoreern (Schule zur Zeit des Archytas) zuzuschreiben, nicht etwa Pythagoras selbst.[10] Daraus resultierend könne auch die Vorstellung konzentrischer Planetensphären erst zu Lebzeiten des Archytas in pythagoreischen Mathematikerkreisen ausgebildet worden sein. »Erst mit der Entdeckung der Kugelgestalt der Erde ist im Weltbild zwischen Erde und Fixsternhimmel Raum für die konzentrischen Kreisbahnen der Planeten geschaffen.« (E. Frank 1923, a. a. O., S. 201) Als Beleg hierfür sieht Frank das Fehlen jeglichen Zeugnisses über die Kugelgestalt der Erde im ersten Jahrhundert nach Pythagoras. Erst in Platons *Phaidon* werde diese Entdeckung als eine völlig neue, alle bisherigen Denkweisen kontrastierende dargestellt (vgl. Phaidon, 108 c); eine Unterscheidung der einzelnen Planeten existiere ohnehin erst seit etwa 400 v. Chr.

Die Entdeckung der Kugelgestalt setzt, so Frank, die Kenntnis mathematischer Perspektive voraus – das Problem der Planetenbewegung lasse sich darüberhinaus ohne mathematische Mechanik nicht lösen, ja es werde als solches erst gar nicht gestellt. Die Erklärung von Planetenbahnen, Erdstellung und -gestalt setze mechanische Kenntnisse voraus, von denen man zur Zeit des Pythagoras bzw. der vorplatonischen Pythagoreer noch nicht ausgehen könne.[11] Die Vollkommenheitshypothese, d. h. die spekulative Annahme gleichmäßiger Kreisbahnen der Planeten sowie deren Kugelgestalt unter der Voraussetzung göttlicher Harmonie und vollkommener Einfachheit, hält Frank für völlig abwegig. »Man glaube doch nicht, daß solche große Wahrheiten durch reine Spekulation entdeckt werden können.« (E. Frank 1923, a. a. O., S. 71) Ebenso unsinnig sei es, Harmonielehre und Sphärenharmonie bereits als Erkenntnis des Pythagoras bzw. der älteren Pythagoreer anzunehmen (vgl. ebda., S. 66 f.).

Sicherlich ist es richtig, nicht schon Pythagoras als Anwender einer exakten Wissenschaftlichkeit in den Bereichen Mathematik und Astronomie anzusehen; andererseits ist es aber auch nicht angemessen, Pythagoras als bloßen Orphiker darzustellen, als einen Sektenbegründer, der mit ernstlich wissenschaftlicher Mathematik und Philosophie gar nichts zu tun habe (vgl. ebda., S. 79), dessen tradierte Vorstellung als Wissen-

---

9 Vgl. Frank, E.; *Plato und die sogenannten Pythagoreer. Ein Kapitel aus der Geschichte des griechischen Geistes*, Halle 1923, S. 26.

10 Auch Eisler vermutet, Pythagoras habe an der Vorstellung einer scheibenförmigen Erde festgehalten. Vgl. Eisler, R.; *Weltenmantel und Himmelszelt. Religionsgeschichtliche Untersuchung zur Urgeschichte des antiken Weltbildes*, München 1910, S. 724.

11 Die These Franks, die Unkenntnis der Kugelgestalt und damit des konzentrischen Weltsystems vor Platon in Ermangelung von vorplatonischen Belegen, spricht nicht notwendig für das tatsächliche Nichtvorhandensein dieses Weltmodells. Ebensogut kann hier eine Theorie verdrängt worden sein, die empirisch keine Beweise fand. Man denke an die Heliozentrik des Aristrachos von Samos, die erst mit Kepler ins Bewußtsein eindrang.

schaftsbegründer nichts als literarische Fiktion sei (vgl. ebda., S. 75). In dieser Sichtweise werden die Wurzeln exakter Wissenschaft verkannt, die sehr wohl spekulative Anfangsgründe haben können. »Mathematik und Zahlenmystik waren in ihrer Lehre auf phantastische Weise vermischt. Aber aus dieser mystischen Lehre entwickelte sich die exakte Wissenschaft der späteren Pythagoreer.« (B. L. v. d. Waerden 1956, a. a. O., S. 154)[12] In ähnlicher Weise urteilt Burkert: »Was später ›Sphärenmusik‹ hieß, ist allerdings älter als das Philolaossystem, und nichts hindert, auch Pythagoras selbst diese Lehre zuzuschreiben«, mit der gleichzeitigen Einschränkung, daß hiermit noch keine im heutigen Verständnis ›wissenschaftliche‹ Theorie der Bereiche Astronomie, Mathematik, Musik gegeben ist; dennoch läßt sich festhalten: »Freilich ist bei den Pythagoreern – und anscheinend nur bei ihnen – der allgemeine Gedanke der kosmischen Harmonie fortentwickelt zur Behauptung, daß die verschiedenen Abstände der Himmelskörper und die daraus resultierenden abgestuften Geschwindigkeiten harmonische Töne hervorbringen. Hier wirkt die pythagoreische Musiktheorie ... jedenfalls war der Grundgedanke – ›der ganze Himmel ist Harmonie und Zahl‹ – früher da als die Ausführungen im einzelnen. In gewisser Weise konnte er der Wissenschaft den Weg weisen, auf das Postulat der gleichförmigen Bewegung führen.«[13]

Der Meinung E. Franks über die Entdeckung der Kugelgestalt ist vielfach widersprochen worden (vgl. F. Lämmli 1962, a. a. O., S. 7 u. Anm. 47). »Sie gelangten daher zuerst zur Annahme der Kugelgestalt der Weltkörper, auch der Erde, sowie der kreisförmigen Bewegung der Gestirne und schufen so die Grundlagen der Astronomie, die ihre jüngeren Generationen (Philolaos, Archytas) weiter ausbildeten.« (W. Nestle 1975, a. a. O., S. 107)[14] Von empirischer Beobachtung, also von einem nachweislichen Wissen um die Bahnen der fünf bekannten Planeten, geht

---

12 Zudem sind Kenntnis der ägyptischen Sternenkunde und Astronomie bzw. babylonischer Arithmetik und Musik sehr wahrscheinlich, auch wenn die diesbezüglichen Zeugnisse des Jamblichos nicht völlige Verläßlichkeit besitzen. V. d. Waerden weist eine Reihe von Berührungspunkten zwischen ägyptischer bzw. babylonischer Wissenschaft und derjenigen der Pythagoreer auf, anhand derer eine Übernahme wahrscheinlich ist. (Vgl. B. L. v. d. Waerden 1979, a. a. O., S. 39 ff.) Ebenso lassen die durch viele Quellen bezeugten Reisen des Pythagoras einen Kontakt zu orientalischen Wissenschaftlern glaubhaft erscheinen.

13 Burkert, W.; *Weisheit und Wissenschaft. Studien zu Pythagoras, Philolaos und Platon*, Nürnberg 1962, S. 335.

14 So auch Kranz, W.; *Kosmos*, in: Archiv für Begriffsgeschichte, Bd. 2, Teil 1, 1955, der die Entdeckung der Kugelgestalt bereits für die ältere Schule annimmt (vgl. ebda., S. 32). Vgl. auch Diogenes Laertius VIII, 25 f., der die pythagoreische Vorstellung einer beseelten Welt – »vernunftbegabt, kugelförmig, mit der Erde als ihrem Mittelpunkt, die auch ihrerseits kugelrund und bewohnt ist« – referiert. (Diogenes Laertius; *Leben und Meinungen berühmter Philosophen*, Buch I–X, a. d. Griech. v. O. Apelt, unter Mitarb. v. G. Zekl, hrsg. v. K. Reich, Hamburg 1967, S. 122) Eine empirische Bestätigung dieser Hypothese ist allerdings erst mit Eudoxos möglich.

die frühe pythagoreische Lehre nicht aus, sondern von dem Ideal einer Harmonie des Kosmos, der größten Schönheit in vollkommener Einfachheit.[15] Die Kugelgestalt kann also bereits eine Vorstellung der älteren Pythagoreer gewesen sein. Aristoteles belegt an anderer Stelle die spekulative Theoriebildung nach dem Harmonieideal: »Sie [die Pythagoreer] versuchen also nicht, Erklärungen und Ursachen im Hinblick auf die Erscheinungen zu finden, sondern zwingen die Erscheinungen in die Richtung bestimmter eigener Theorien und Auffassungen, indem sie versuchen, jene diesen anzupassen.«[16] Auch Burkert nimmt an, die Kugelgestalt sei bereits den vorplatonischen Pythagoreern bekannt gewesen, und führt dies auf die Übernahme babylonischer Erkenntnisse zurück. (Vgl. W. Burkert 1962, a. a. O., S. 284 f. und 299)

Diese Theorien sind eben nicht empirisch begründet, sondern theologisch, richten sich nicht vorrangig auf die Erscheinungswelt als Grundlage der Theorienbildung, sondern suchen ein Seinsprinzip, dessen Vollkommenheit sich im Seienden ausdrückt. »Es liegt nämlich der gesamten Astronomie die Annahme zugrunde, daß die Sonne, der Mond und die fünf Planeten sich erstens mit gleichmäßiger Geschwindigkeit, zweitens in kreisförmigen Bahnen und drittens in einer der Bewegung des Weltalls entgegengesetzten Richtung bewegen. Die Pythagoreer waren die ersten, welche an derartige Untersuchungen herantraten und für die Sonne, den Mond und die fünf Planeten kreisförmige und gleichmäßige Bewegungen annahmen. Konnten sie doch für die göttlichen und ewigen Himmelskörper nicht eine derartige Unregelmäßigkeit annehmen, vermöge welcher sich dieselben bald schnell, bald langsamer bewegen, bald gar stillstehen sollten ...«, so die Zeugnisse des Geminos über die astronomische Herangehensweise der Pythagoreer.[17] In dieser theologisch-philosophischen Konzeption des Weltaufbaus wird die Harmonie nochmals als zentraler Gedanke offenkundig. Die Planeten sind keine im Ätherwirbel in Bewegung gesetzten feurigen Steine, reagieren also nicht auf äußere Einwirkung, sondern bewegen sich aus sich selbst, aus innerer Kraft. Die alte Vorstellung der Planeten/Irrsterne (gr. planos = umherschweifend, irrend) wandelt sich zu einem Begriff in idealen Kreisen verlaufender Bewegung. Diese aus sich selbst bewegten und in ihrer Selbstbewegung beseelten Himmelskörper gelten daher als göttlich, »... denn wie könnten tote Körper, wenn kein Verstand (νοῦς) in ihnen ist, so wunderbare mathematische Genauigkeit dabei zeigen«, so Platon in den Gesetzen (Leges XII, 966 f.). Dieser Verstand/die Weltvernunft ist aber keine außerhalb der Dinge wirksame (Anaxagoras), die Planeten haben

---

15 Bereits Parmenides kennt die Kugelgestalt als den vollkommenen Körper – Frank weist auch dies zurück.

16 Aristoteles, De caelo 293 a 20 f, zit. n. Die Vorsokratiker I, 1983, a. a. O., S. 165.

17 Zit. n. Waerden, B. L. v. d.; *Die Pythagoreer. Religiöse Bruderschaft und Schule der Wissenschaft*, Zürich/München 1979, S. 453.

kraft ihrer Beseeltheit Anteil an dieser Vernunft. »Ja kein Sterblicher kann jemals zu einem wirklich festen Glauben an Götter gelangen, dem heute nicht diese beiden Grundsätze in Fleisch und Blut übergegangen sind: Erstens, daß die Seele das Primärste von allem ist, was überhaupt am Werden teil hat, daß sie nicht stirbt und vor allen Körpern und über allem Körper herrscht, und zweitens ... daß ein Verstand in den Gestirnen ist ...« (Leges XII, 967 d f.).

Dieses Ineinandergreifen von Weltseele und Weltvernunft hat bei den Pythagoreern seine philosophische Entdeckung gefunden, aus der sich die Harmonie der Vielheit begründen läßt.

Die theologisch-spekulative Grundlegung der Philosophie sei hier betont, um die Verknüpfung der vier Wissenschaften zu unterstreichen, diese als ein System ineinander greifender Disziplinen zu verstehen, ohne daß die Konzeption der Wissenschaften im einzelnen auf exakter Naturbeobachtung beruhen muß. Leitgedanke ist vielmehr die Vorstellung einer Weltharmonie, die erst im nachhinein ihre wissenschaftlich-logische Bestätigung erfährt.

Indem die Planeten den Rang und die Bedeutung von Göttern einnehmen, ist die Astrologie zugleich Theologie. Dem Göttlichen kann allein eine vollkommene Bewegung zukommen, eine Bewegung ohne Stillstand, Anfang und Ende, ein Gleichmaß wie es allein die Kreisbewegung aufweist: also muß die Planetenbewegung eine kreisförmige sein.[18] Die variierenden Planetenstellungen, ihr Sich-Verhalten zueinander, bilden den Hintergrund, vor dem sich Astronomie und Astrologie verbinden. Die Gliederung des Himmels in Planetensphären, d. h. der Aufbau des konzentrischen Kosmos wird von harmonischen Abstandsverhältnissen bestimmt, denn Harmonie ist göttliche Ordnung in Schönheit. Die Begründung dieser Verhältnisrelationen bindet Zahlenlehre, Arithmetik und Geometrie ein. Zahlentheorie und damit anfängliche Mathematik verbindet sich somit wiederum mit der Gotteserkenntnis. Eine Befestigung erfährt diese zunächst theologisch-hypothetische Harmonievorstellung durch die Analogie, d. h. die Übertragung harmonischer Ordnungsrelationen, wie sie in verschiedenen Seinsbereichen anhand von

---

18 Dem Widerspruch zum Sichtbaren, d. h. der augenfälligen Unregelmäßigkeit der Planetenbewegungen begegnen zumindest die späteren Pythagoreer mit einer Epizykeltheorie, also wiederum durch Rückführung auf ideale Kreise. (Vgl. B. L. v. d. Waerden 1979, a. a. O., S. 450 f., der Zeugnisse des Simplikos und des Proklos hierfür anführt.) Burkert hält diese Annahme einer Epizykeltheorie für abwegig und bestreitet, daß etwa Platon bzw. Eudoxos von Knidos eine Epizykeltheorie gekannt hätten. Wenn auch die theoretische Konzeption der Epizykel nicht genau datiert werden kann, so zeigt sich die Epizykeltheorie in der Anwendung vermutlich erstmals bei Apollonios von Perge, also in der 2. Hälfte des 3. Jhds. v. Chr. (Vgl. W. Burkert 1962, a. a. O., S. 302 ff.) – Noch Kepler versucht in der Begründung der Planetengesetze zunächst nicht von der Hypothese idealer Kreise abzuweichen.

Zahlverhältnissen angenommen werden, auf das Gesamt des Seienden als eine Weltharmonie.

Wesentlich hierfür ist die Entdeckung der musikalischen Intervallverhältnisse. Es wurde bereits erwähnt, daß die Lehre des Pythagoras bzw. der Pythagoreer unter dem Einfluß orphischen Seelenwanderungsglaubens steht. Aus dieser Traditionslinie läßt sich auch die besondere Rolle und Wirkung der Musik (vgl. Orpheus-Mythos) herleiten, an deren elementarer Gewalt die Pythagoreer festhielten. Musik ist ein Teil pythagoreischer Reinigungsrituale; sie bereitet die Seele für den Aufstieg zum Göttlichen vor bzw. bringt sie mit dem Geheimnis göttlicher Harmonie in Verbindung indem die Musik die Seele gewissermaßen in ein harmonisches Gleichgewicht versetzt und auf das Göttliche *einstimmt*. So berichtet Jamblichos (Vita Pytha., 110–112): »Auch war er [Pythagoras] der Auffassung, die Musik trage Wesentliches zur Gesundheit bei, wenn man sie in der rechten Weise betreibe. Denn nicht nur nebenbei pflegte er diese Form der ›Reinigung‹: so nannte er nämlich die Heilung durch Musik. Im Frühjahr griff er zu einer melodischen Übung folgender Art: in der Mitte setzte er einen, der die Leier schlug, und rings um diesen ließen sich die Sänger nieder und sangen so gemeinsam zu seinem Spiel bestimmte Paione, durch die sie, wie sie glaubten, frohen Sinnes, harmonisch und rhythmisch wohlgeordnet wurden.«[19]

Unter den Griechen gilt Pythagoras als Begründer der Zahlgesetze in der Musik, d.h. als der Entdecker der musikalischen Intervalle.[20] Er entwickelte eine musikalische Harmonielehre, auf der die heutige Musiktheorie basiert. Der Harmoniebegriff, wie schon bei Heraklit, spielt bei den Pythagoreern eine zentrale Rolle und gewinnt an Bedeutung in dem Maße, als auf mathematischem Wege eine Nachweisbarkeit des Wirkens harmonischer Proportionen in der Musik nachvollziehbar wird: eine musikalische Harmonie, die als analoges Abbild der Weltharmonie – der Sphärenmusik – zu verstehen ist.

---

19 Jamblichos, *Vita Pythagorae/Vom pythagoreischen Leben*, in: Albrecht, M. v.; *Pythagoras, Legende, Lehre, Lebensbeschreibung*, Zürich 1963, zit. n. B. L. v. d. Waerden 1979, a.a.O., S. 364. In gewisser Weise wird hiermit die Harmonie der Sphären im menschlichen Kreis nachempfunden. Die heilsame, seelische Harmonisierung mittels der Musik ist noch heute Grundlage der Musiktherapie. Auf die Verbindung von Musik-Seele-Weltharmonie wird im Zusammenhang mit Philolaos noch zurückzukommen sein.

20 Nach Jamblichos bringt er damit babylonische Zahl- und Musiklehre in den griechischen Kulturraum. Vgl. B. L. v. d. Waerden 1956, a.a.O., S. 155.

Abb.: Enders, F. C./Schimmel, A.; *Das Mysterium der Zahl. Zahlensymbolik im Kulturvergleich*, Köln 1984, S. 25. Der abgebildetet Holzschnitt ist aus F. Gaffurio, *Theoria Musica*, Mailand 1492 entnommen und zeigt die verschiedenen, über die erwähnten Legenden tradierten Methoden, mittels derer Pythagoras – so zumindest die Legende – die musikalischen Intervalle, d. h. das Phänomen der Harmonie anhand von Zahlproportionen nachzuvollziehen suchte. Oben links: das sogenannte ›Schmiedeerlebnis‹; anstelle von Pythagoras tritt hier (so die Deutung von Enders/Schimmel) der Hebräer Jubal; oben rechts: Experimente mit Glocken und Gefäßen; unten links: Experiment mit durch Gewichte verschieden gespannten Saiten und schließlich unten rechts: Experiment mit verschieden langen Flöten. Auf den jeweiligen Klangträgern ist die Zahlenreihe 4, 6, 8, 9, 12, 16 verzeichnet, auf die ich im weiteren eingehe.

Harmonie und Zahl

Abb.: Titelbild der Ausgabe *Tria de musicis volumina theoricam ac practicam et harmoniam* von F. Gaffurio, 15. Jh. Die Zahlwerte der Pfeifen (links im Bild) stehen im Verhältnis der harmonischen Proportion zueinander. Rechts die Übertragung der musikalischen Harmonie auf geometrische Streckenverhältnisse. Abb. aus: *Zeugnisse Alter Musik. Musik-Graphik aus fünf Jahrhunderten*, zusammengetragen v. R. u. U. Hennig, Herrsching, Ammersee, Wuppertal 1975, Tafel 116.

Über den Weg, auf dem Pythagoras die musikalischen Tonverhältnisse aufgefunden haben soll, kursieren verschiedene Legenden. Nach dem sogenannten ›Schmiedeerlebnis‹ soll Pythagoras die Tonverhältnisse erfahren haben, nachdem er die harmonischen Klänge, verursacht durch Schmiedehämmer, untersuchte, wobei er auf die Gewichte der Hämmer im Verhältnis 6, 8, 9, 12 gestoßen sei, um darauf Saiten nach eben diesen Gewichtsverhältnissen zu beschweren und auf ihre Klangintervalle zu untersuchen.[21] Andere Berichte erzählen von Experimenten mit gefüllten Vasen oder Bronzescheiben[22], oder es wird berichtet, er habe die Zahlproportionen an Musikinstrumenten (Flöten) entdeckt, denn im Instrumentenbau waren diese Kenntnisse, ohne sich ihrer mathematisch exakt bewußt zu sein, bereits bekannt. Nach einem Zeugnis des Gaudentius[23] entdeckte Pythagoras die Intervalle am Monochord: »Er spannte eine Saite über einen Kanon [Maßstab] und teilte ihn in 12 Teile. Dann ließ er zunächst die ganze Saite ertönen, darauf die Hälfte, d.h. 6 Teile, und er fand, daß die ganze Saite zu ihrer Hälfte konsonant sei, und zwar nach dem Zusammenklang der Oktave. Nachdem der darauf erst die ganze Saite, dann 3/4 von ihr hatte erklingen lassen, erkannte er die Konsonanz der ›Quarte‹ und analog für die ›Quinte‹.«[24]

Von Bedeutung in den unterschiedlichen Legenden und Überlieferungen ist die Zahlenfolge 6, 8, 9, 12. Diese Maßverhältnisse/Saitenlängen liegen z.B. auch dem Helikon zugrunde, einem 4-saitigen Instrument, dessen Saiten auf einen Resonanzkasten nach eben dieser Verhältnisordnung gespannt sind. Im Hinblick auf die Tetraktys ist hier die Vierzahl der Saiten zu beachten. Aristoteles ordnet 4 Saiten der griechischen Lyra die Zahlverhältnisse 6, 8, 9, 12 zu, was nach Nikomachos eine Entdec-

---

21 Physikalisch ist diese überlieferte Methode falsch.
22 Nach Waerden (vgl. B. L. v. d. Waerden 1977, a.a.O., S. 11) nahmen Hippasos und der Musiker Lasos diese Versuche vor. Burkert (vgl. Burkert 1962, a.a.O., S. 355 ff.) hält die Überlieferung der Experimente des Hippasos für zuverlässiges Quellenmaterial.
23 Vgl. Jan, C. v.; *Musici scriptores Graeci*, Leipzig 1895, S. 117, vgl. auch Diogenes Laertius VIII, 12 und Boethius; *De institutione musica*, hrsg. v. Friedlein, Leipzig 1867, S. 10–11, sowie B. L. v. d. Waerden 1979, S. 364 ff.
24 Waerden, B. L. v. d.; »Die Harmonielehre der Pythagoreer«, in: *Hermes* 78, 1943, S. 163–199, siehe S. 170. Dieses Experiment beschreibt noch Kepler zur Auffindung der Intervallverhältnisse. In einem Brief an Herwart von Hohenburg im April 1607 heißt es: »In meinen harmonischen Untersuchungen ist mir die beste Lehrmeisterin die Erfahrung. Über einem Hohlraum, der Resonanz erzeugt, spanne man eine Metallsaite. Mit einem darunter gesetzten Steg oder einem sogenannten beweglichen Sattel fahren wir auf der Saite nach rechts und nach links hin und her, wobei wir immer wieder die beiden Teile der Saite, in die sie durch den Sattel zerlegt wird, anschlagen, den Sattel sodann entfernen und auch die ganze Saite zum Ertönen bringen. Das Übrige überlassen wir dem Urteil des Gehörs. Wenn dieses bezeugt, daß die beiden Saiten einen Wohlklang ergeben, mache man an dem Ort der Teilung einen Strich auf der Ebene und messe die Länge der beiden Teile der Saite. So wird man erfahren, welche Verhältnisse dabei herauskommen.« (Caspar, M./Dyck, W. v.; *J. Kepler in seinen Briefen*, München 1930, Bd. 1, S. 276, zit. n. Haase, R.; *Aufsätze zur harmonikalen Naturphilosophie*, Graz 1974, S. 83 f.).

kung des Pythagoras ist. Danach sind die Saiten der Lyra Nachahmung der kosmischen Musik. V. d. Waerden (vgl. v. d. Waerden 1943, a. a. O., S. 165) bezweifelt, daß Pythagoras Messungen an Instrumenten vorgenommen habe, denn exakte experimentelle Forschung lag den Pythagoreern fern; wahrscheinlicher scheint, daß er die Zahlverhältnisse an alltäglichen Erfahrungen mit Blas- und Saiteninstrumenten gemacht habe, so daß Pythagoras Oktave, Quinte und Quarte entdeckt und Zahlenverhältnisse und Tonleitern (Tonleiter = griech. harmonia) gelehrt habe, die erst in späterer Zeit durch Experimente erwiesen werden konnten. Diese Frage mag dahingestellt bleiben, wesentliche Bedeutung für die Harmonielehre hat die pythagoreische Entdeckung der Zahl-Ton-Verhältnisse, wie sie am Monochord deutlich wird.[25] Dies sei hier kurz erläutert.

Verkürzt man eine Saite auf die Hälfte (1 : 2), erklingt der Ton um eine Oktave höher, verkürzt man auf 2/3, erklingt die Quinte, bzw. auf 3/4 die Quarte. Am Beispiel des Monochords[26] mit 12 Einteilungen heißt das:

$6 : 12 = 1 : 2$ *Oktave*
$6 : 8 = 9 : 12 = 3 : 4$ *Quarte*
$6 : 9 = 8 : 12 = 2 : 3$ *Quinte*

Quinte und Quarte ergeben sich aus der harmonischen Teilung der Oktave:
$1/2 : 3/4 = 2/3$ bzw. $1/2 : 2/3 = 3/4$ oder $2/3 \cdot 3/4 = 1/2$.

Der Ganzton 8:9 ergibt sich aus dem Verhältnis von Quarte und Quinte:
$2/3 : 3/4 = 8/9$

»Moreover 8 : 6 or 12 : 9 is the diatesseron, in sesquitertian ratio; 9 : 6 or 12 : 8 is the diapente in the sesqualter; 12 : 6 is the diapason in the double. Finally, 9 : 8 is the interval of a tone, in the superoctave ratio, which is the common measure of all the ratios in music, since it is also more familiar, because it is likewise the difference between the first and most elementary intervals« (Nicomachus of Geresa 1926, a. a. O., S. 286)

Mit der zahlmäßigen Erklärung der Intervallschritte in der Musik gewinnt die spekulative Annahme des *Alles ist Zahl* an ungeheurer Trageweite. »Damit war das erste physikalische Gesetz gefunden, insofern

---

25 »The first three proportions, ..., which are acknowledged by all the ancients; Pythagoras, Plato, and Aristotle, are the arithmetic, geometric, and harmonic ...« (Nikomachus of Geresa, *Introduction to Arithmetics*, transl. by M. Luther D'Oodge, New York, London 1926, S. 266). »... there were but three means in days of Pythagoras and the mathematicians of his time, the arithmetic, the geometric and the third in order, which was once called subcontrary, but had its name forthwith changed to the name harmonic by the scools of Archytas and Hippasus, because it seemed to embrace the ratios that govern the harmonized tuneful.« (Zit. n. Nicomachus of Geresa 1926, a. a. O., S. 266)

26 Pythagoras soll seinen Jüngern nahegelegt haben, das Monochord zu spielen. Vgl. B. L. v. d. Waerden 1956, a. a. O., S. 157.

hierdurch ein Empfindungsinhalt als ein durch mathematische Größenverhältnisse bestimmter Naturvorgang erwiesen war.«[27] Anhand der Zahlenreihe 6, 8, 9, 12 lassen sich jedoch nicht nur die musikalischen Intervalle nachweisen, sondern zudem die ›divina proportio‹ die goldene (= göttliche) Proportion. Diese soll Pythagoras nach Jamblichos von den Babyloniern gelernt haben.[28] Möglicherweise ist die Einteilung der Monochord-Saite in 12 Teile bereits unter Voraussetzung des Wissens um die Intervalle zu sehen. Pythagoras »... hat aller Wahrscheinlichkeit nach die Zahlverhältnisse der symphonen Zusammenklänge nicht am Monochord *gefunden*, sondern nur am Monchord *demonstriert*« (B. L. v. d. Waerden 1979, a. a. O., S. 370).

Damit ist die Leistung jedoch nicht geschmälert, indem sich hier gleichermaßen die Intervalle wie die vollkommene Proportion zeigen lassen, sich also ein Ineinandergreifen musikalischer Harmonie mit mathematischer Proportionslehre aufzeigen läßt.

Von vollkommener Proportion spricht Nikomachos[29] als derjenigen, die alle anderen Mittel umfaßt, also das arithmetische, geometrische und harmonische Mittel. Dies sei anhand der pythagoreischen Zahlenfolge erläutert.

1) Von arithmetischem Mittel (R) spricht Nikomachos bei gleichbleibendem quantitativen Abstand innerhalb von Zahlverhältnissen; als Formel ausgedrückt: $A - R = R - B$ oder $R = 1/2 \cdot (A + B)$[30], konkret am Beispiel $12 - 9 = 9 - 6$ oder $9 = 1/2 \cdot (12 + 6)$. »It is an arithmetic proportion, then, whenever three ore more terms are set forth in succession, or are so conceived, and the same quantitative difference is found to exist between the successive numbers, but not the same ratio among the terms, one to another.« (Nicomachus of Geresa, Introduction to Arithmetics 1926, a. a. O., S. 270)

2) Das geometrische Mittel bezeichnet die qualitative Übereinstimmung von Verhältnissen. »The next proportion after this one, the geometric, is the only one in the strict sense of the word to be called proportion, because its terms are seen to be the same in ratio. It exists whenever, of three or more terms, as the greatest is to the next greatest, so the latter is

---

27 E. Zeller/W. Nestle 1963, a. a. O., S. 434; vgl. auch E. Frank 1923, a. a. O., S. 12.

28 Auch nach Frank waren diese Zahlgesetze bereits im Orient bekannt (E. Frank 1923, a. a. O., S. 12). Während jedoch Frank bestreitet, daß bereits Pythagoras diese Kenntnis besessen habe, geht v. d. Waerden (vgl. B. L. v. d. Waerden 1956, a. a. O., S. 156) davon aus, Pythagoras habe sie erst zu den Griechen gebracht.

29 Siehe die Ausgabe: Nicomachus of Geresa; *Introduction to Arithmetic*, transl. by M. Luther D'Oodge, New York/London 1926, Book 2, S. 268 ff. Die Arithmetik des Nikomachos ist zwar später als Euklids Elemente zu datieren, man nimmt aber an, daß Nikomachos auf altpythagoreische Quellen zurückgreift. Vgl. B. L. v. d. Waerden 1979, a. a. O., S. 102.

30 Erklärung der Abkürzungen: R = arithmetisches Mittel / Zahl 9; H = harmonisches Mittel / Zahl 8; A = Zahl 12; B = Zahl 6; A : B = Grundintervall, d. h. Oktave im Verhältnis 1 : 2.

to the one following ... but they do not, however, differ from one another by the same quantity, but rather by the same quality of ratio« (ebda., S. 270). »Diese wird allein Analogie im eigentlichen Sinne genannt, weil man ihre Terme im gleichen Verhältnis zueinander findet ... Diese Terme haben jedoch nicht den gleichen Größenabstand zueinander, sondern die gleiche Beschaffenheit des Verhältnisses ...«[31]. In der Formel A:H = R:B, am konkreten Beispiel 12:8 = 9:6.

3) »The proportion that is placed in the third order is one called harmonic, which exists whenever among three terms the mean on examination is observed to be neither in the same ratio to the extremes, antecedent of one and consequent of the other, as in the geometric proportion, nor with equal intervals, but an inequality of ratios, as in the arithmetic, but on the contrary, as the greatest term is to the smallest, so the difference between greatest and mean terms is to the difference between mean and smallest term.« (Nicomachus 1926, a. a. O., S. 274 f.) Das harmonische Mittel liegt also vor, »wenn sich der größte Term so zum kleinsten verhält, wie der Unterschied zwischen dem größten und dem mittleren Term zum Unterschied zwischen dem mittleren und dem kleinsten Term ...« (K. Bärthlein 1957, a. a. O., S. 52). In der Formel ausgedrückt heißt dies A:B = (A−H) : (H−B) bzw. am konkreten Beispiel 12:6 = (12−8) : (8−6).

4) »It remains for me to discuss briefly the most perfect proportion, that which is three-dimensional and embraces them all, and which is most usefull for all progress in music and in the theory of nature of the universe. This alone would properly and truly be called harmony rather than the other, since it is not a plane, nor bound together by only one mean term, but with two, so as thus to be extended in three dimensions, just as a while ago it was explained that the cube is harmony.« (Nicomachus of Geresa 1926, a. a. O., S. 284 f.) »Ferner werde ich kurz die vollkommene Proportion, die drei Abstände hat und alle anderen (Mitten) umfaßt, erklären, da sie zur wissenschaftlichen Ausbildung in der Musik und in der Naturkunde sehr nützlich ist: in eigentlicher Weise nämlich und in Wahrheit dürfte, im Vergleich mit den anderen, nur diese allein Harmonie genannt werden, wenn sie auch nicht eben und nicht nur mit einem Mittel verbunden ist, sondern mit zweien ... Ein Beispiel für diese Analogie sei die folgende: 6, 8, 9, 12 ...« (K. Bärthlein 1957, a. a. O., S. 53). »Nach der geometrischen Analogie verhält sich 12:8 = 9:6; nach der arithmetischen übertrifft 12 die 9 um ebensoviel wie 9 die 6; nach der harmonischen übertrifft acht sechs um den gleichen Teil von sechs, um welchen Teil von zwölf es von 12 übertroffen wird« (ebda., S. 54 f.). In der Formel ausgedrückt heißt dies, A:H = R:B bzw. A:R = H:B, oder am konkreten Beispiel, 12:8 = 9:6 bzw. 12:9 = 8:6.

---

[31] Übersetzung von Bärthlein, K.; *Der Analogiebegriff bei den griechischen Mathematikern und bei Platon*, Diss. Würzburg 1957, S. 50 f.

»Die vollkommene Mitte ist eine diskrete geometrische Analogie, deren Innenglieder das arithmetische und harmonische Mittel der Außenglieder sind« (K. Bärthlein 1957, a. a. O., S. 56). Vollkommenheit zeigt sich in diesen musikalischen Intervallen in Form von Zahlverhältnissen. Göttliche Harmonie ist das Zusammenstimmen von Verhältnisrelationen, Einklang – wenn man es musikalisch ausdrücken will.

Für die Pythagoreer ist die irdische Musik ein Abbild der himmlischen, der Harmonie der Sphären. Die gleichmäßige Bewegung der Planeten erzeugt Töne, diese wiederum bilden eine himmlische Tonleiter, in der die Intervalle die Abstandsverhältnisse der klingenden Planetenbahnen bezeichnen. »Einige [gemeint sind die Pythagoreer] meinen nämlich, es sei notwendig, daß so große Körper, wenn sie sich bewegen, ein Geräusch vollführen, wie es auch die Körper bei uns tun, die doch nicht dieselbe Masse haben und auch nicht mit solcher Schnelligkeit bewegt werden. Wenn aber Sonne und Mond und die Gestirne in solcher Zahl und Größe sich bewegen, sei es ausgeschlossen, daß dadurch nicht ein ungeheures Geräusch entstehe. Wird nun dies vorausgesetzt und ebenso, daß die Geschwindigkeiten infolge der Abstände das Verhältnis der musikalischen Harmonie hätten, so folgt, daß der Ton der Kreisbewegung der Gestirne ein harmonischer sei.«[32] Die Harmonie der Sphären bzw. der harmonische Reigentanz der Götter[33] erzeugt nach dieser Vorstellung eben die symphonen Klangverhältnisse, die sich in der irdischen Musik in Zahlverhältnissen erfassen lassen. Diese einfachsten Intervalle stehen wiederum in engstem Zusammenhang mit der Tetraktys, auf welche die Pythagoreer, so heißt es, den Eid schwören. »Nein, bei ihm, der dem Menschengeschlecht die Tetraktys [die harmonischen Verhältnisse beinhaltende Zehn] übergeben hat, welche die Quelle und Wurzel der ewig fließenden Natur in sich birgt.« (DK 58 B 15, Die Vorsokratiker I 1983, a. a. O., S. 147) In dieser Tetraktys verbinden sich die Grundlagen der Zahlenlehre zu einen Begriff, verbinden sich Arithmetik, Geometrie, Harmonik und Astronomie. Aus den vier ersten Zahlen der einfachsten arithmetischen Reihe (1 + 2 + 3 + 4) geht die Zehnzahl hervor; damit kann das gesamte Zahlsystem erschlossen werden.

Des weiteren die geometrische Figur des vollkommenen Dreiecks, d. h. des gleichseitigen Dreiecks und damit die figurierte Zahl, wenn man die arithmetische Addition als Summation von Einheiten auffaßt.

```
   a
  a a           1 : 2  = Oktave
 a a a          2 : 3  = Quinte
a a a a         3 : 4  = Quarte
```

---

32 Aristoteles, De caelo, 290 b 15, zit. n.: Aristoteles; *Vom Himmel. Von der Seele. Von der Dichtkunst*, eingl. u. neu übertr. v. O. Gigon, Zürich 1950, S. 118.

33 Ein Bild, das in der Philosophiegeschichte zum Topos für Weltharmonie wird. Vgl. Platon, Philo v. Alexandrien, Kepler, Bruno; um nur einige zu nennen.

Deutlich werden an der Tetraktys gleichzeitig die Gesetze der Harmonie, denn diese umfaßt die Verhältnisse 1 : 2, 2 : 3 sowie 3 : 4 und damit Oktave, Quinte und Quarte.

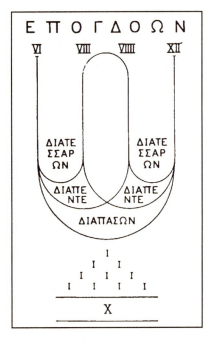

Abb.: Schwingungstafel, aus Falck-Ytter, H.; Raphaels Christologie. ›Disputa‹ und ›Schule von Athen‹, Stuttgart 1983, S. 68. Verweisen möchte ich auf die Verknüpfung von Tetraktys und Tonlehre anhand eines Ausschnittes aus der *Schule von Athen (Raffael)*, auf der die Verbindung von Tetraktys und musikalischer Harmonie am Beispiel der Zahlenfolge 6, 8, 9, 12 deutlich wird. Die Abbildung zeigt im oberen Teil ein Schwingungsbild – entsprechend den 4 Saiten der Lyra – und darunter die Tetraktys.

Abb.: In vereinfachter Form begegnen wir dieser Abbildung bei Bruno (vgl. De monade, OL I 2, S. 388) im Kapitel über die Vierzahl. »Quattuor item terminis, et terminum et processum dimensionum complet. Intra quaternarii limites musicam intelligunt omnem consonatiam DIAPASON, DISDIAPASON, DIAPENTE, DIATESSERON.« Bruno nimmt hier zum einen Bezug auf die platonische Dimensionsfolge (Punkt – Linie – Fläche – Körper), gleichzeitig setzt er diese in Analogie zu musikalischen Intervallverhältnissen bzw. beschreibt die Vierzahl als Quelle des Seienden insgesamt anhand verschiedener Zusammenhänge innerhalb des Seienden. »Die Pythagoreer vertraten die Ansicht, die Tetrade stelle die Fülle der Welt sowohl in körperlicher wie seelischer/geistiger Hinsicht dar: und nahmen eine vierfache (vier-fältige) Quelle der unerschöpflich fließenden Natur an.« (De monade, OL I 2, S. 386).

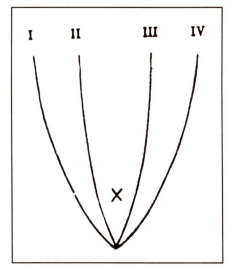

Mit der musikalischen Bestimmung der Tetraktys ist auch wieder Astronomie eingebunden, denn die Tetraktys ist »die Harmonie, in der die Sirenen sind.« (DK 58 C 4, Die Vorsokratiker I 1983, a. a. O., S. 197) Die sieben Sirenen, einerseits mythologisch charakterisiert durch ihren himmlischen Gesang (Odysseus-Mythos) sind sicherlich hier mit den Planeten gleichzusetzen[34], stehen also wiederum für die Sphärenharmonie. Harmonie bezeichnet hier in der Bedeutung von Tonleiter die sphärische Klangharmonie.

Aus der Generierung der Einheit bis hin zur Vierzahl lassen sich alle Zahlverhältnisse herleiten. Die Vierzahl spielt bei den Pythagoreern als vollkommene Zahl eine so große Rolle, da in ihr als Möglichkeit die ganze Wirklichkeit der Zahlen enthalten ist. So auch Hierokles in seinem Kommentar zu den ›goldenen Versen‹, einem neupythagoreischen Lehrgedicht: »Die erzeugende Kraft der Zehnzahl ist die Vierzahl« (zit. n. B. L. v. d. Waerden 1979, a. a. O., S. 107).[35] Das gesamte Dezimalsystem erschließt sich aus den ersten vier Zahlen. Diese Deutung findet sich auch bei Philo von Alexandrien, der die pythagoreische Zahlenlehre in seinen Schöpfungsbericht einfließen läßt. »Das ist der Grund, warum [am vierten Tag] zuerst die Erde sproßte und grünte. Der Himmel aber ward alsdann ausgeschmückt in einer vollkommenen Zahl, der Vier, die man wohl, ohne fehlzugehen, als Ausgangspunkt und Quelle der Vollkommenheit der Zehn bezeichnen könnte. Denn was die 10 in Wirklichkeit ist, das ist die 4, wie es scheint, in der Möglichkeit.«[36]

Schließlich ist in der Tetraktys auch ein metaphysisches System gegeben. Aristoteles ordnet in *De anima* 404 b 6 ff. den ersten vier Zahlen eine erkenntnistheoretische Ableitung aus der Einheit zu. »Vernunft sei die Eins, Wissenschaft die Zwei (denn auf einfache Weise betrifft sie das Eine); die Zahl der Fläche sei die Meinung, die des Körpers die Wahrnehmung ... Die Gegenstände aber werden begriffen teils durch Vernunft,

---

34 Auch Platon beschreibt im Schlußmythos des Staates die kosmische Harmonie als den Schall der auf den Sphären kreisenden Sirenen. Bei Bruno wird dieses Bild aufgenommen. Anstelle der Sirenen setzt er die neun Musen, die auf den Planeten-Sphären harmonische Klänge hervorbringen. (Vgl. De monade, OL I 2, S. 347; HL, S. 20 sowie Dialog V, Teil 2)

35 Bei Bruno heißt es bezüglich der Tetrade: »Pythagoras decadi ut initum fontemque celebrat. Nam quod ea est actu, virtute haec esse videtur ... Per monadem, diadem, triadem, tetradem, decas exit.« (De monade, OL I 2, S. 380) Die Dekade oder Zehnzahl ist Aktualisierung des in der Tetrade angelegten Vermögens – aus den ersten vier Zahlen erklärt sich das gesamte Zahlensystem.

36 Philo von Alexandrien, *Werke* I, übers. v. L. Cohn, Breslau 1909, S. 42; auch hierzu ein Parallel-Beleg aus der brunoschen Monadenlehre: »Quod in mathematica est PUNCTUM, LINEA, PLANUM, PROFUNDUM, apud physicos est SEMEN, TRANSMUTATIO, FORMATIO, COMPOSITIO seu completio.« (De monade, OL I 2, cap. V, S. 392) Die geometrische Dimensionsfolge bis zum Körper steht damit in Analogie zur Generierung und Komplexion der physischen Körper.

teils durch Wissenschaft, teils durch Meinung, teils durch Wahrnehmung. Die Zahlen aber sind die Ideen der Gegenstände.«[37]

```
    o            νοῦς
   o o           ἐπιστήμη
  o o o          δόξα
 o o o o         αἴσθησις
```

Vielleicht darf man hierin, in vereinfachter Form, bereits das Modell der späteren neuplatonischen Stufenlehren formuliert sehen. Sicherlich aber ist es falsch, bereits bei den Pythagoreern eine Stufenlehre im Sinne einer Seinshierarchie zu sehen. Diese kann erst für Platon angenommen werden. (Vgl. W. Burkert 1962, a.a.O., S. 229)

Bei einigen Pythagoreern werden zehn Planeten angenommen, um die Kraft der Zahl aus der Quelle der ersten vier auch im Kosmos zu untermauern. Ebenso sind es 10 Gegensätze, die nach Aristoteles als die Prinzipien der Dinge aufgestellt sind, was in beiden Fällen nicht bedeutet, daß es nicht mehr als 10 gäbe, sondern daß das Sein der Dinge gemäß den ersten Zahlproportionen in sich eine unerschöpfliche Generierbarkeit faßt. Mit der Zehnzahl ist das gesamte Zählsystem im Prinzip erfaßt; sie ist vollkommen, insofern sie alle möglichen Zahlen enthält. »Daher die zehngliedrigen Aufzählungen in Fällen, wo die Gesamtheit des Wirklichen bezeichnet werden soll, bei der Tafel der Gegensätze und dem System der Himmelskörper.« (E. Zeller/W. Nestle 1963, a.a.O., S. 504)

Diese Generierung aus der Einheit bzw. Iterierbarkeit von Zahlenreihen, die aber nicht eine bloß quantitative ist, sondern immer analog einer qualitativen Verhältnismäßigkeit, wird insbesondere deutlich an der Theorie der figurierten Zahlen, in der Arithmetik und Geometrie ineinandergreifen.[38]

Nikomachos nennt in seiner Arithmetik einige Beispiele arithmetischer Reihenbildung, d.h. also Zahlenfolgen, die durch einen gleichbleibenden quantitativen Abstand iteriert werden. Etwa wie bei der Tetraktys 1, 2, 3, 4. Stellt man diese Summationsreihen als Figuren dar – denn, »Jeder Buchstabe, mit dem wir eine Zahl bezeichnen, wie das Jota, mit dem wir die Einheit, das Delta, mit dem wir die Zehn, das Kappa, mit dem wir

---

37 Zitiert nach Aristoteles, Von der Seele, 1950, a.a.O., S. 264; der hierin zwar die platonische Timaios-Skala kommentiert, in dem Herausgreifen der ersten vier ›Stufen‹ aber die pythagoreische Tetraktys im Hintergrund hat.
38 Vgl. hierzu Aristoteles, Physik III, 4; 203 a 10 ff., der auf die pythagoreische Figuration von Zahlen hinweist: »... sie [die Pythagoreer] (lehren), das Unbestimmte sei die *gerade Zahl* – diese, eingefaßt und von der ungeraden Zahl zur Abgrenzung gebracht, gewähre der Vielheit des Seienden seine Grenzenlosigkeit; ein Anzeichen dafür sei das, was bei der Zahl(darstellung) sich ergebe: Wenn man nämlich die ›Maßwinkel‹ [γνωμόνων] um die 1 herumlege, und wenn man es unter Ausschluß ihrer tue, so entstehe im zweiten Fall immer eine andere Figur, im ersten aber immer nur eine einzige.«

die Zwanzig, das Omega, mit dem wir die Achthundert bezeichnen, ist nur durch Satzung und menschliche Vereinbarung, aber nicht von Natur aus Bezeichnung für die Zahl, die natürliche aber nicht erst geplante und deswegen einfachste Bezeichnung der Zahlen dürfte das Nebeneinandersetzen der Einheiten, die die Zahl enthält, sein ...«[39] (K. Bärthlein, 1957, a. a. O., S. 37.) –, so ergeben sich je nach Summationsregel verschiedene Zahlfiguren. Aus der Reihe 1 + 2 + 3 + 4 ... die Dreieckszahlen[40].

```
    o              Es handelt sich hierbei um eine
   o o             Additionsreihe, bei der die jeweils
  o  o o           folgende Zahl in Punkteinheiten der
 o\o  o o          Ausgangszahl hinzugefügt wird. An der figürlichen
                   Darstellung läßt sich ablesen, daß die Dreiecksseiten
                   stets gleich sind.
```

Aus der Reihe 1 + 3 + 5 ... ergeben sich die Quadratzahlen[41], denn addiert man die ungeraden Zahlen 1 + 3 = 4 bzw. 1 + 3 + 5 = 9 erhält man Quadratzahlen. »Take, for example, 1, 4, 9, 16, 25, 36, 49, 64, 81, 100; for the representation of these numbers are equilateral, square figures, as here shown; and it will be similiar as far as you wish to go« (Nikomachos of Geresa 1926, a. a. O., S. 242). Dies wird figürlich deutlich, wenn man um die Ausgangszahl die folgenden im Gnomon legt. »Alles, was zu einer Zahl oder Figur hinzugefügt, das Ganze dem ähnlich macht, zu welchem hinzugefügt worden war, heißt Gnomon.«[42]

```
o o o o
o o o o
o o o o
o o o o
```

---

39 Nach Cantor gibt es bei den Griechen zwei Weisen der Zahlenbezeichnung, die eine nach dem Anfangsbuchstaben des Zahlworte, wie bei Nikomachos; also delta = 10 = deka, die andere benutzt die 24 Buchstaben des Alphabetes um die Zahlen von 1–24 auszudrücken. Vgl. Cantor, M.; *Vorlesungen über Geschichte der Mathematik*, Bd. I, Reprint der Ausgabe von 1907, Stuttgart/New York 1965, S. 120 f.
40 »Dreieckig ist die Zahl, die, aufgelöst in ihre Einheiten, die Anordnung dieser Teile in der Ebene gleichseitig zu einem Dreieck formt. Beispiele dafür sind: 3, 6, 10, 15 ... und die in der Reihe folgenden.« (K. Bärthlein 1957, a. a. O., S. 38)
41 »Quadratisch ist die Zahl, die auf diese folgt und nicht mehr drei Ecken, wie die vorhergehende, sonden vier in der Darstellung bildet, allerdings auch eine gleichseitige Form hat, wie: 1, 4, 9, 16.« (Ebda., S. 38)
42 Heron v. Alexandrien, zit. n. K. Bärthlein 1957, a. a. O., S. 39. Vgl. v. d. Waerden 1956, a. a. O., S. 162, wonach das Gnomon (›Winkelhaken‹) die Summationsregel ist, nach der eine Figurationsreihe, die zugleich arithmetische Zahlreihe ist, sich ausbildet und ad infinitum fortführen läßt.

Am Beispiel der Reihe 1, 4, 7, ... zeigt sich die fünfeckige Zahl[43]. »The pentagonal number is one which likewise upon its assumes the form of an equilateral pentagon. 1, 5, 12, 22, 35, 51, 70, and analogous numbers are examples« (Nicomachus of Geresa 1926, a. a. O., S. 243).
Hier ist das Gnomon nicht ganz deutlich:

```
o
o o
o o o    o
o o o   o o
o o o   o o   o
```

Vielleicht aber in der folgenden (Abb. links), von M. Luther D'Oodge vorgeschlagenen Weise zu veranschaulichen:

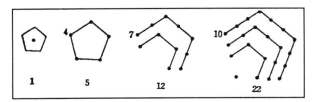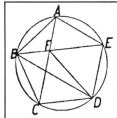

Abb. oben: Fünfeckige Zahl
Abb. rechts: Pentagramm/Goldener Schnitt

Die Frage, ob die Pythagoreer auch das Prinzip des Goldenen Schnittes (vgl. Abb. rechts) entdeckten, wird sehr kontrovers diskutiert. Das Zeichen des Pentagramms war, so heißt es, ihr Geheim- und Erkennungszeichen bzw. stand für Gesundheit. An diesem fünfeckigen Stern, der entsteht, wenn man in ein regelmäßiges Fünfeck die winkelverbindenden Diagonalen einzeichnet, läßt sich das Streckenverhältnis des Goldenen Schnittes aufzeigen. Die Konstruktion des Fünfecks wird im 4. Buch der *Elemente* Euklids beschrieben.[44] Ein Scholion schreibt dieses Buch den Pythagoreern zu. (Vgl. B. L. v. d. Waerden 1979, a. a. O., S. 349 ff.) Nikomachos soll zumindest die Grundlagen der Fibonacci-Reihe entwickelt haben, d. h. ein Annäherungsverfahren an den Goldenen Schnitt.

Am Beispiel der Reihe 2, 4, 6, 8, ... erscheint eine ›rechteckige‹ Zahl oder die Zahl, bei der die Seitenlängen verschieden (ἑτερομήκης) sind:

---

43 »Fünfeckig ist die Zahl, die nach der Auflösung in ihre Einheiten bei der Zeichnung in der Ebene eine fünfeckige, gleichsichtige Form enthält, wie: 1, 5, 12, 22, ... und die analogen.« (K. Bärthlein 1957, a. a. O., S. 39)
44 Es wird vermutet, daß die Pythagoreer dieses Teilungsverhältnis kannten. Vgl. B. L. v. d. Waerden 1956, a. a. O., S. 166, Euklid, *Die Elemente*, Buch I–XIII, nach Heibergs Text aus dem Griechischen übers. u. hrsg. v. C. Thaer, Darmstadt 1991, Anmerkung zu II,11, S. 426.

»a number is called heteronomic if its representation, when graphically described in a plane, is quadrilateral and quadrangular, to be sure, but the sides are not equal one to another, nor is the length equal to the breadth, but they differ by 1.« (Nicomachus de Geresa 1926, a. a. O., S. 254). Diese Zahlfiguration, ausgehend von der 2 nach benannter Regel einer Seitenabweichung um jeweils 1, hat einen Sonderstatus gegenüber anderen ›rechteckigen‹ Zahlen mit größeren Differenzen der Seitenlängen: »For the ancients of the school of Pythagoras and his successors saw ›the other‹ and ›otherness‹ primarly in 2, and ›the same‹ and ›sameness‹ in 1, as the two beginnings of all things, ... Moreover, it was shown that all odd number is given its specific form by unity, and all even by 2.« (Ebda., S. 254 f.)

```
o  o  o  o  o
o  o  o  o  o
o  o  o  o  o
o  o  o  o  o
```

In dieser Darstellbarkeit von Zahlen steckt eine Verbindung von Arithmetik und Geometrie, die mehr ist als bloße Anschaulichkeit. Die regelmäßigen Quantitätsunterschiede der arithmetischen Reihen werden in der Figur zu qualitativen Verhältnisgleichungen. Unabhängig von ihrem quantitativen Wert sind die Zahlfiguren analog im Verhältnis ihrer Seiten.

In den figurierten Zahlen wird die Analogie von Verhältnissen anschaulich dargestellt. Eine gleichbleibende Zahlfigur entsteht nach einem Bildungsgesetz, dem Gnomon als der Bildungs-Idee. »Die mathematische Analogie ist nicht die Beziehung einer Vielheit auf eine gleichbleibende Einheit ..., sondern die durch Setzung einer bestimmten Regel, eines bestimmten Ausgangspunktes die Vielheit erzeugt.« (K. Bärthlein 1957, a. a. O., S. 102)

Diese Verhältnisordnung der Dinge, die im außermathematischen Bereich durch den Begriff von Harmonie bereits hervorgehoben wurde, ist nun kein ausschließlich mathematisches Phänomen, sondern – so die Vermutung – dasjenige, wonach alle Dinge des Seienden in Verhältnissen zueinander stehen, ein Bildungsgesetz, wonach die Vielheit aus der Einheit abzuleiten ist.[45] Aristoteles berichtet in der Metaphysik von Eurytos (5.–4. Jh. v. Chr.), der nachzubilden versuchte, »welches die Zahl von etwas sei, wie etwa dies die Zahl des Menschen und jenes die Zahl des Pferdes, wobei er wie diejenigen, die die Zahlen auf dreieckige und viereckige Figuren zurückführen, ebenso mit Steinchen die Gestalten von Lebendem nachbildete oder ob die Zahlen deshalb Ursachen sind, weil die Harmonie eine Proportion von Zahlen ist und in ähnlicher Weise auch der Mensch und jedes andere?« (Aristoteles, Metaphysik, 1092 b 10)

---

45 Hierin schließe ich mich der Meinung Bärthleins an.

1. Der pythagoreische Zahlbegriff

Wie ist die pythagoreische Zahlenlehre (in ihrer frühen Form) aufzufassen: als Vorbereitung und bewußter Versuch einer wissenschaftlich-mathematischen Weltauffassung oder als reine Zahlenspekulation?[46] Welche Bedeutung nimmt die Zahl in der pythagoreischen Lehre ein, ist alles Zahl im Sinne der Zahl als Wesen der Dinge und wie ist dieses Wesen zu fassen, als ein formales oder stoffliches oder beides in sich umschließendes oder sind die Dinge Abbilder der Zahl, durch Nachahmung der Zahlen existierende? (Vgl. Metaphysik, 987b 10) »Die Zahl – es gleicht ihr alles« lautet nach Jamblichos (Vita Pytha., 102) ein Ausspruch des Pythagoras. Die Berichte des Aristoteles sind diesbezüglich sehr uneindeutig, mitunter gar widersprüchlich. Es heißt, die Zahlen seien die Elemente der Dinge (Metaphysik, 987b 25, 1080b 15 f., 1090a 20 f.), im Gegensatz zur Lehre Platons, dem die Zahlen ein Mittleres zwischen Form und Sinnesdingen seien (Metaphysik, 987b 25). Den Pythagoreern sei die Zahl aber nicht ein in dieser Weise abgetrenntes Prinzip der Dinge.

Für Aristoteles stellt sich das Problem, wie die pythagoreische Zahl (aus der die Dinge sind) zugleich eine mathematische (also abstrakte Darstellungsfunktion) sein und über eine Ausdehnung verfügen kann (Metaphysik, 1080b 15 f.), indem die Zahlen aus Einsen zusammengesetzt und durch eine Größe bestimmt seien, denn »... die Ansicht, daß die Körper aus Zahlen zusammengesetzt seien und daß diese Zahl eine mathematische sei, ist unmöglich« (Metaphysik, 1083b 10); und an anderer Stelle, »... daß sie die natürlichen Körper aus Zahlen hervorgehen lassen ...« (Metaphysik, 1090a 30).

Es stellt sich also die Frage, ob die Zahl etwas Substantielles oder Wesenhaftes ist oder aber ein Muster der Dinge. Nach Zeller schließen sich beide Auffassungen nicht notwendig aus. Indem das Wesen der Dinge das Zahlmäßige sei, müsse sich dieses in der Erscheinung ausdrücken. Die Dinge seien also Abbild ihres Zahl-Wesens, denn die sichtbare Zahlordnung der Dinge, wie sie z. B. in der Musik oder der Planetenordnung zum Ausdruck komme, lege es nahe, ihr Wesen als Zahl zu fassen. (Vgl. E. Zeller/W. Nestle 1963, a. a. O., S. 452 ff.) Dieser Meinung Zellers ist vielfach widersprochen worden.[47] Die Schwierigkeit diese Frage zu klären, liegt nicht zuletzt in der heutigen Denkweise, Zahl als

---

46 Letzteres ist die Auffassung von Fritz, K. v.; »Pythagoras«, in: Pauly-Wissowa; *Realencyclopädie der classischen Alterthumswissenschaft*. Neue Bearbeitung, begonnen von G. Wissowa, fortgef. v. W. Kroll und K. Mittelhaus u. a., hrsg. v. K. Ziegler, 47. Halbbd., Stuttgart 1963, S. 198 ff.

47 Nachzulesen bei E. Zeller/W. Nestle 1963, a. a. O., S. 454 ff. Exemplarisch erwähnt sei Newbold, W. R.; »Philolaos«, in: *Archiv* 19, 1906, S. 176: »Die Dinge sind nicht Zahl, auch das Erkennbare ist nicht Zahl, sondern hat die Zahl an sich.« – Die Frage nach dem Zahlbegriff ist auch im Hinblick auf Bruno in eben dieser Problematik noch zu klären.

einen Wert zu verstehen, eine Anzahl in rein quantitativer Hinsicht. Auch hier ist es m. E. sinnvoll, auf den Harmoniebegriff zurückzukommen, d. h. die Analogie von Verhältnissen, wie sie mathematisch an den figurierten Zahlen angedeutet wurde. Wesentlich für den Zahlbegriff der Pythagoreer erscheint mir die Verhältnismäßigkeit von Proportionen im Hinblick auf ein Bildungsgesetz, eine Figurations-Idee. Aristoteles spricht an verschiedenen Stellen von Affektionen der Zahlen und Dinge (Affektion, griech. pathos, vgl. Metaphysik, 985 b 30, 986 a 15 u. 30 ff, 989 b–990 a und 1090 a 20 f.), was nicht auf eine rein äußerliche Vergleichbarkeit hindeutet, sondern eine innere Zustandsform, die äußerlich sichtbar wird, bezeichnen könnte. Wenn auch die Vergleichbarkeit der Dinge in einer Nachbildung von Zahlen, einem Offenbarwerden von Proportion liegt, muß es hierfür nicht eine innere Notwendigkeit geben? Es geht in der pythagoreischen Zahlenlehre um eine Verhältnisstruktur der Dinge, wie sie sich in den Zahlen ausdrücken läßt, um eine qualitative Struktur.

In und zwischen allen Dingen herrscht eine Verhältnismäßigkeit, insofern sie notwendig in ein Ordnungssystem eingebunden sind, in eine Harmonie der Gesamtheit des Seienden. Wie sich aus den einfachen Zahlen je nach Bildungsgesetz eine arithmetische Reihe bilden läßt, die wiederum eine körperliche Konfigurationsreihe ausmacht, kann man vielleicht auch in weitaus komplexerer Weise den Kosmos, das Seinsall, als das Wirken von Generierungsprinzipien betrachten. Insofern sind die Dinge Zahl und zugleich nicht nur Zahl. Sie sind Zahl, insofern jedwede Verhältnismäßigkeit eine Zahlgesetzlichkeit beinhaltet, sofern Harmonie auf eine Ausgeglichenheit des Verschiedenen verweist. Das Zahl-Sein der Dinge bezeichnet ihre innere Ausgewogenheit, ihre Relationsstruktur. Zahl steht nicht als einzelner Wert, sondern für ein Zahl-Verhältnis.

»Mit Natur und Harmonie verhält es sich so: Das Wesen der Dinge, das ewig ist, und die Natur, gar selbst, erfordert göttliche und nicht menschliche Erkenntnis, wobei es freilich ganz unmöglich wäre, daß irgendwelche von den vorhandenen Dingen von uns auch nur erkannt würden, wenn nicht das Wesen der Dinge zugrunde läge, aus denen die Weltordnung zusammentrat, sowohl der grenzenbildenden wie der grenzenlosen. Da aber diese Prinzipien (1 und 2) als ungleich und unverwandte zugrundelagen, so wäre es offenbar unmöglich gewesen, mit ihnen eine Weltordnung zu begründen, wenn nicht Harmonie dazu gekommen wäre, auf welche Weise diese auch immer zustande kam. Das Gleiche und Verwandte bedurfte ja durchaus nicht der Harmonie, dagegen muß das Ungleiche und Unverwandte und ungleich Geordnete notwendigerweise durch eine solche Harmonie zusammengeschlossen sein, durch die sie imstande sind, in einer Weltordnung niedergehalten zu werden. Der Harmonie (*Oktave 1 : 2*) Größe umfaßt die Quarte (*3 : 4*) und Quinte (*2 : 3*). Die Quinte aber ist um einen Ganzton (*8 : 9*) größer als die Quarte ...« (Philolaos, DK 44 B 6)[48], so Philolaos und: »Die Natur aber ward in der Weltordnung aus grenzenlosen und grenzenbildenden Stücken zusammengefügt, sowohl die Weltordnung als Ganze wie alle in ihr vorhandenen Dinge.« (Ebda. Diels/Kranz 1972, a. a. O. S. 406, bzw. Diog. Laertius VIII, 85) In der Zahl bzw. dem Verhältnis drückt sich die Harmonie von Begrenztem und Unbegrenzten aus, denn ohne eine ›Begrenzung‹ (eine Definition) gibt es keine Erkenntnis. (Vgl. Philolaos, DK 44 B 3; Diels/Kranz 1972, a. a. O., S. 408)

Das harmonische Verhältnis von Grenzlosem und Begrenzendem ist nicht nur Grund der Weltordnung in Harmonie, sondern Prinzip aller Dinge. Harmonie ist Einheit des Mannigfaltigen und Zusammenstimmung des Zwiespältigen (vgl. Philolaos, DK 32 B 10). In der pythagoreischen Zweiteilung der Prinzipien – auch Tafel der Gegensätze genannt – (vgl. Metaphysik, 986 a 20 f.) ist dem Begrenzten das Ungerade (ungerade Zahl), dem Unbegrenzten das Gerade (gerade Zahl) zugeordnet, denn das Gerade ist unbegrenzt teilbar.[49] Nach diesem Grundgegensatz sind »... die Gegenteile die Prinzipien der Dinge.« (Metaphysik, 986 a 30 f.) Das Verhältnis, die Harmonie im Gegenteil konstituiert erst die erkennbaren Dinge. Alles besteht in der Harmonie und Zahl, Harmonie zwischen Geradem (gerade Zahl) und Ungeradem (ungerade Zahl)[50].

Hält man sich nochmals die Oktave (1 : 2) vor Augen, so ist in diesem größtmöglichen Einklang[51] zugleich die Harmonie des ersten Gegensatzes Einheit (begrenzend) und Zweiheit (unbegrenzt) musikalisch ausgedrückt. In der Musik wird der Harmoniebegriff als symphoner Klang des Entgegengesetzten als ein allgemeines Gesetz erkennbar. »Das erste [harmonisch] Zusammengefügte, die Eins, in der Mitte der Kugel, heißt ›Herd‹« (Stobaios, DK 44 B 7, Die Vorsokratiker I 1983, a. a. O., S. 153)

Die absolute Eins enthält beide Prinzipien in sich. Man muß hier bereits eine Differenzierung von Einheit und Eins (im Verhältnis zur Zwei) annehmen. Mancherorts wird den Pythagoreern die platonische Auffassung von Einheit und unbestimmter Zweiheit beigelegt. Es ist aber anzunehmen, daß hier bereits platonische Lehre in die Tradierung der pythagoreischen Denkweise eingeflossen ist. »Daß die Pythagoreer die

---

48 Zitiert nach Diels, H./Kranz, W.; *Die Fragmente der Vorsokratiker*, hrsg. v. W. Kranz, Dublin, Zürich 1972, S. 408 f.

49 Vgl. DK 58 B 28, Die Vorsokratiker I 1983, a. a. O., S. 157.

50 Also im Einklang von Begrenzendem und Unbegrenztem, d. h. in Ordnung und Maßverhältnissen. Guthrie weist darauf hin, daß für die Pythagoreer, im Gegensatz zur ionischen Lehre der Elementenmischung, die Struktur das Wesentliche sei (vgl. W. K. C. Guthrie 1950, a. a. O., S. 33), die Struktur als das *Wie* der Ordnungsrelationen ist das bei allem stofflichen Wandel beständig wirksame.

51 In der Tonlehre »... hatten die Pythagoreer nicht übersehen, daß der Einklang von zwei Tönen umso größer ist, je kleiner die kleinsten ihr Verhältnis ausdrückenden Zahlen sind ...« (E. Zeller/W. Nestle 1963, a. a. O., S. 509 f.).

Gottheit über den Gegensatz der Prinzipien hinausgehoben und diese aus jener abgeleitet haben wird öfters versichert; sofern die Einheit als Gottheit dem Gegensatz vorangeht, soll dieselbe das Eins, sofern sie als Glied des Gegensatzes der Zweiheit gegenübersteht, soll sie Monas genannt worden sein.« (E. Zeller/W. Nestle 1963, a. a. O., S. 469) Bei Nikomachos heißt es, die Monas verkörpere potentiell alle Zahlen. »... it (sc. the Monad) generates itself and is generated from itself, is self-ending, without beginning, without end, and appears to be the cause of enduring, as God in the realm of physical actualities is in such manner conceived of as a preserving and guarding agent of nature.«[52]

Die Zahlenlehre ist also vorrangig eine Lehre der Zahlverhältnisse, deren Grundgegensatzverhältnis Unbegrenztes und Begrenzendes (Zweiheit und Einheit) als Verhältnis von Geradem und Ungeradem in Harmonie auf die allgemeinste Struktur von Welt verweist, die je nach Proportion variiert. Zahlen sind Ausdruck harmonischer Verhältnismäßigkeit, nach der sich Seiendes konfiguriert. Die Zahlen sind dabei weder körperliche Raumpunkte noch quantitative Verhältnisbestimmungen, sondern bezeichnen qualitative Verhältnisse der Dinge.[53] Die Harmonie der Verhältnisse ist bestimmend in allen Seinsbereichen.[54]

Insofern ist die Zahl 1 – das Produkt ihrer selbst – nicht nur analog dem geometrischen Punkt, sondern auch der unveränderlichen Vernunft, dem Kern des Weltganzen etc. Die Zwei ist Zahl der Entzweiung, des

---

52 Nicomachos, *Theologumena Arithmeticae*; zit. n. Nicomachus of Geresa, Introduction to Arithmetics 1926, a. a. O., S. 96.

53 Im völligen Widerspruch hierzu Frank (E. Frank 1923, a. a. O., S. 16 ff.), der den Pythagoreern und Platon einen Standpunkt der »... rein mathematischen und quantitativen Weltauffassung [beilegt, wonach Platon und die Pythagoreer] ... die Qualität auf Quantität zurückführen.« Diese Betonung der mathematischen Methode bei Frank, die quantitative Schwerpunktsetzung, scheint mir erst im Hinblick auf die späteren Pythagoreer gerechtfertigt. Zwar steht die Analyse der Verhältnisse auf der Basis von Zahlproportionen im Vordergrund, doch über die Zahlebene hinaus weist die jeweilige Proportion auch eine Qualität auf. Qualität und Quantität werden hier nicht streng unterschieden, d. h. es geht nicht um ein bloßes Ausmessen der Dinge, sondern um den Zusammenhang, die Beziehung von quantitativen und qualitativen Aspekten. Insofern erklärt sich auch die Zusammenführung von Arithmetik und Geometrie. Diese wird auch bei Bruno bedeutsam: »... indem wir die Forschung nach den elementaren ersten Zahlen mit derjenigen über die elementaren Figuren vereinigen und so gewissermaßen die Geometrie mit der Arithmetik vermischen ... werden wir als Vollbringer eines großen Werkes geschätzt werden von einem tieferen Beobachter, der auch Bescheid weiß über die Ordnung und über die wechselseitige Analogie der Dinge mit den Dingen ...« (De monade, OL I 2, S. 332).

54 Vgl. Nicomachos, Theologumena Arithmeticae; zit n. Nicomachus de Geresa 1926, a. a. O., S. 98: »The original universe, lacking order and shapeless and totally devoid of the things that give distinction according to the categories of quality and quantity and the rest, was organized and arranged most clearly by number of the most authoritative and artistic form, and gained a share in a harmonious exchange and flawless consistency in according with the desire for and its receiving the impression of the peculiar properties of number.«

*Zwie*spaltes oder Gegensatzes, der geraden Linie (Metaphysik, 1036 b 7), als erste gerade Zahl Prinzip des Unbegrenzten, der Materie, des unendlich Teilbaren, der veränderlichen Meinung. Die Drei ist die erste ungerade Zahl und vollkommen, insofern in der Dreizahl zuerst Anfang-Mitte-Ende ist. (De caelo, 268 a 10). Die Vier ist Zahl der Gerechtigkeit (gleich mal gleich) und Zahl des Körpers. Die Fünf ist die erste Zahl aus der Addition von Gerade und Ungerade, Zahl der Ehe sowie der physikalischen Beschaffenheiten. Die Sechs ist erste Zahl durch Multiplikation von Gerade und Ungerade, Summe ihrer Teiler (1 + 2 + 3 = 6) und Zahl der Seele. Die Sieben ist einzige Zahl, die sich nicht in kleinere Faktoren zerlegen läßt, steht auch für Vernunft, Gesundheit und Licht. Die Acht ist erste Kubikzahl, Zahl der Liebe, Freundschaft, Klugheit und Erfindungsgabe. Die Neun ist das Quadrat von Drei, Schlußzahl der Einerreihe, erste ungerade Quadratzahl, die ebenfalls für Gerechtigkeit steht. Schließlich ist die Zehnzahl, die vollkommene Zahl, die das gesamte Zahlensystem potentiell in sich birgt.[55]

»Und in der Tat hat ja alles, was man erkennen kann Zahl. Denn es ist nicht möglich, irgend etwas mit den Gedanken zu erfassen oder zu erkennen ohne diese« (Philolaos, DK 44 B 4, Diels/Kranz 1972, a. a. O., S. 408), denn die Zahl bestimmt erst das harmonische Verhältnis von Begrenzung und Grenzenlosem, konstituiert erst den Gegenstand. So wie in der Musik Harmonie Ausdruck von symphonen Zahlverhältnissen ist, muß man dies in analoger Weise für alle Dinge annehmen.

Harmonie und Proportionalität, d. h. die Analogie von Verhältnisstrukturen scheint mir daher der zentrale Gedanke der pythagoreischen Zahlenlehre zu sein.[56] Verhältnismäßigkeit des Kosmos, die nicht nur – wie bei Heraklit – als Zusammenfügung gesetzt ist, sondern deren Gesetzmäßigkeit anhand von Zahlproportionen nachvollziehbar wird. Diese Proportionalität gilt (vgl. Heraklit) in allen Seinsbereichen und konstituiert dadurch erst das Ganze als ganzheitlichen Kosmos, denn: »Die Zahl [m. E. handelt es sich um das Zahlverhältnis] ist das herrschende und unerschaffene Band des ewigen Beharrens der innerweltlichen Dinge.« (Philolaos, DK 44 b 23, Diels/Kranz 1972, a. a. O., S. 419)

Dieser Zahlbegriff ist im Hinblick auf Bruno von entscheidender Bedeutung, prägt die Durchdringung von Qualität und Quantität, ent-

---

55 Vgl. Zeller/Nestle 1963, II, S. 139 ff. Derartigen Zuordnungen von Zahlreihen und Eigenschaften begegnet man in der philosophischen Tradition in der Folge immer wieder (z. B. bei Platon, Philo v. Alexandrien, Augustinus, Agrippa v. Nettesheim bis hin zu Bruno). Die entscheidende Frage ist also die, welchen philosophisch-systematischen Stellenwert die ›Zahlenlehre‹ jeweils besitzt.

56 Die Bedeutsamkeit der Harmonielehre für die Proportionslehre wie für die gesamte pythagoreische Lehrtradition wird oftmals zu sehr unterschätzt. Das Phänomen musikalischer Harmonie und ihrer Erklärung auf der Ebene von Zahlen führt bis in die Renaissance zu einer zentralen Rolle der Musiktheorie in der Philosophie.

wirft einen Einheitsbegriff, in dem die Vielfalt des Wirklichen auf der Basis von Harmonie als Ganzheit erscheint.

Auf einen Aspekt sei hier (bereits im Ausblick auf die Lehre Brunos) besonders hingewiesen: das Verhältnis von Seele und Kosmos. Aristoteles berichtet in *De anima* im Anschluß an eine Darstellung des platonischen *Timaios* (De anima, 404 b 6 ff.): »Da aber die Seele nicht nur erkennend, sondern auch bewegend zu sein schien, so haben einige beides zu verbinden gesucht, indem sie erklärten, die Seele sei eine sich selbst bewegende Zahl.« (Aristoteles, Über die Seele, a. a. O., 1950, S. 264) Nach Heraklit sei sie »... das unkörperlichste und in stetem Flusse befindliche. Denn das Bewegte würde erkannt durch das Bewegte; daß aber die Dinge in Bewegung seien, meinte er genauso wie die meisten Leute. Ähnlich wie diese scheint auch Alkmaion über die Seele zu denken. Er sagt, sie sei unsterblich, weil sie den Unsterblichen gliche, und zwar dies, weil sie in ewiger Bewegung sei; es bewegten sich auch die göttlichen Wesen insgesamt unaufhörlich, Mond, Sonne, Sterne und der gesamte Himmel.« (Aristoteles, De anima, 405 b, S. 26 ff./Über die Seele, a. a. O., S. 266) Hiermit wird eine Analogie von Planeten/unsterbliche, beseelte Wesen und menschlicher Seele hergestellt über den Begriff der Bewegung aus sich selbst. Damit ist die Beziehung von Weltseele und partizipativer Individualseele angesprochen, womit sich auch die Frage nach der Möglichkeit der Erkenntnis der harmonischen Weltordnung verbindet. Zeller bestreitet, daß die Seele als selbst-bewegte aufgefaßt worden sei, wenngleich den Pythagoreern die Permanenz von Bewegung bewußt gewesen sei. (Vgl. E. Zeller/W. Nestle 1963, a. a. O., S. 554) Zudem habe das Interesse der Pythagoreer vornehmlich der Physik gegolten, also der Naturerkenntnis, nicht der Möglichkeit von Naturerkenntnis (vgl. ebda., 577). Selbst wenn dem so wäre, muß in konsequenter Weiterführung des Harmoniegedankens bzw. der analogen Proportionalität alles Seienden auch die Seele eingebunden sein. Heißt es doch bei Philolaos: »Kenntnisspendend ist die Natur der Zahl und führend und lehrend für jeglichen in jeglichem, das ihm problematisch und unverständlich ist. Denn gar nichts von den Gebilden wäre irgendeinem klar, weder ihr Zusich noch das zu einem anderen, wenn nicht die Zahl und deren Wesen wäre. Nun aber wirkt diese durch die Seele ... gestaltend alles erkennbar aus und gesellig, nach des Gnomons Natur, gibt ihnen Leib und scheidet voneinander all die Glieder der Gebilde als unendlicher wie als begrenzender...[57] Sehen kann man nicht nur in den dämonischen und menschlichen Gebilden die Natur der Zahl und ihre haltende Macht, sondern auch in allen mensch-

---

[57] Vgl. auch Aristoteles, De anima, 407 b 27 f./Über die Seele, 1950, S. 273: »Man sagt nämlich, die Seele sei eine Art von Harmonie. Denn eine Harmonie sei eine Mischung und Zusammensetzung von Gegensätzen und auch der Körper sei aus Gegensätzen zusammengesetzt.«

lichen Worten und Werken allenthalben hin durch alle Schöpfungen des Bildens hin und durch die Musik.«[58]

Ein erkenntnistheoretischer Ansatz läßt sich nicht völlig in Abrede stellen. Bei Aristides Quintilianus heißt es in ähnlicher Bedeutung: »Die eine Lehre also ist die, daß die Seele eine Art Harmonie sei, und zwar auf Grund von Zahlen. Daher erregt sicherlich die musikalische Harmonie, die aus denselben Verhältnissen bestehe, falls demgemäß wesensähnliche Tonverhältnisse zum Ablauf gebracht werden, auch die wesensgleichen Seelenbewegungen.«[59]

Zwar wird eine ›Weltseele‹ erst in Platons *Timaios* eingeführt, aber bei den Pythagoreern ist bereits die Grundlage der Weltseelenvorstellung über den Begriff der Harmonie vorhanden. Die heilsame Wirkung der Musik auf die Seele wurde bereits angesprochen. Ebenso ist mit der orphischen Seelenwanderungslehre die Vorstellung der Seele als unsterblicher, bewegter vorhanden.[60] Nach v. d. Waerden ist der platonische Seelenbegriff ein auf dem Unsterblichkeitsglauben der Pythagoreer fußender. In Platons *Phaidros* heißt es: »Jede Seele ist unsterblich. Denn das, was sich selbst bewegt, ist unsterblich, was aber anderes bewegt und selbst von anderem bewegt wird und also ein Aufhören der Bewegung hat, hat auch ein Aufhören des Lebens ...« (Phaidros, 245 c) Das sich selbst Bewegende und permanent Bewegte ist die Seele, in ihrer Unsterblichkeit den Göttern gleich. Die unaufhörliche Bewegung der unsterblichen Götter in vollkommener Harmonie kann nur die kreisförmige sein: Harmonie der Sphären. In der Selbst-Bewegung der unsterblichen Seele klingt ebenfalls der Harmoniegedanke an und damit eine Verbindung von Seele und Kosmos. In der *Politik* des Aristoteles heißt es: »Es scheint [in uns] eine Verwandschaft zu geben mit den Harmonien und den Rhythmen; deswegen sagen viele der Weisen, die einen, die Seele sei, die anderen, sie habe Harmonie.« (cf. DK 58 B 41, Die Vorsokratiker I 1983, a. a. O., S. 183)

Harmonie ist Rhythmus, Bewegung im Gleichmaß, ist Zusammenklang des Geschiedenen »und des verschieden gesinnten Sinnesverbindung.« (Philolaos, DK 44 B 10, Diels/Kranz 1972, a. a. O., S. 410) Die Harmonie des Kosmos korrespondiert mit der Harmonie der Seele. Insbesondere der musikalische Harmoniebegriff stellt bei den Pythagoreern diese Analogie von Seele und Kosmos her.

---

58 Philolaos, DK 44 B 11; vgl. Dornseiff, F.; *Das Alphabet in Mystik und Magie, STOICHEIA. Studien zur Geschichte des antiken Weltbildes und der griechischen Wissenschaft*, hrsg. v. J. Boll, Heft VII, Berlin 1925, S. 13.
59 Aristides Quintilianus; *Von der Musik*, hrsg. v. R. Schäfke, Berlin 1937, S. 298.
60 Die unsterbliche Seele inkaniert in immer neuen Zyklen dem Lebendigen. Dadurch begründet sich auch eine Verwandschaft alles Lebendigen über die Beseeltheit.

Schließlich noch ein Hinweis auf das Weltbild des Pythagoreers Philolaos: Dieser führt, wie bereits erwähnt, die Ordnung des Kosmos auf das harmonische Zusammenwirken von Begrenzendem und Unbegrenztem zurück. Nach diesem Prinzip beschreibt Philolaos auch den Werdeprozeß des Kosmos. Die erste Eins bildet sich in der Mitte des Weltalls als eine harmonische Verbindung von Peras und Apeiron, ist Mittelpunkt des in konzentrischen Kreisen geordneten Kosmos. Zwei Aspekte sind hieran bedeutsam: Zum einen fällt durch das konzentrische Kugelmodell die Vorstellung eines Oben und Unten (Himmel und Tartaros) weg; zudem ist nicht die Erde Mittelpunkt des Weltalls, sondern ein Zentralfeuer. »Der Kosmos ist einheitlich. Er fing an zu entstehen von der Mitte aus, und zwar von der Mitte in denselben Abständen nach oben wie nach unten. Denn was oben liegt von der Mitte aus verhält sich zu dem, was unten liegt, entgegengesetzt. Denn für die ganz unten liegenden Dinge bilden die in der Mitte liegenden das Oberste und das übrige entsprechend. Denn im Verhältnis zum Mittelpunkt sind beide Richtungen gleich, nur umgedreht.« (Philolaos, DK 44 B 17, Diels/Kranz 1972, a. a. O., S. 415) Hiermit ist nicht nur lange vor Kopernikus die Idee einer nicht geozentrischen Kosmologie sowie einer Eigenbewegung der Erde formuliert, sondern zudem der Begriff der Weltseele, wenn auch nicht ausdrücklich, vorgegeben. Diels/Kranz erwähnen eine Reihe diese Vermutung belegende Fragmente, wovon ich stellvertretend eines wiedergebe: »Philolaos behauptet, daß das Feuer in der Mitte um den Mittelpunkt der Welt herum liege; er nennt es ›Herd des Weltganzen‹ und ›Haus des Zeus‹ und ›Mutter der Götter‹ und ›Altar und Zusammenhalt und Maß der Natur‹. ... Von Natur zuerst aber sei die Mitte; um diese kreisten zehn göttliche Körper: (nach der Fixsternsphäre) die fünf Planeten, danach die Sonne, unter dieser der Mond, unter ihm die Erde, unter ihr die Gegenerde, und nach all diesem käme das Feuer, das die Stelle des Herdes im Mittelpunkt einnähme« (Philolaos, DK 44 A 16; Aetios II,7). Erwähnenswert ist diese anti-geozentrische Kosmologie, die stark auf den Begriff der zentralen Weltseele hinweist, insofern Bruno möglicherweise hierauf Bezug nimmt. Im 2. Kapitel der Monadenschrift heißt es: »Eine einzige Sonne im Megakosmos [Die ›Sonne‹ ist hier das ›Zentralfeuer‹, nicht die tatsächliche Sonne] erleuchtet alle Dinge und strahlt ihre belebende Wärme aus wie Apoll, der inmitten der Nymphen steht. Einer ist der Tempel oder auch das Gefilde, wo viele Gottheiten auf bewunderungswürdige Weise unaufhörlich tanzen. [= Sphärenharmonie] ... Nach dem Verständnis des Pythagoras sagt man, Vesta befinde sich im Mittelpunkt der Erde, und man glaubt, sie sei Göttin, Seele und Leben der Erde selbst ...« (De monade, OL I 2, S. 347).

»Jede (geometrische) Figur und Zahlzusammenstellung
sowie jedes harmonische Verhältnis und die Übereinstimmung der Gestirnsbahnen – all dies muß sich dem, der
auf rechte Weise lernt, als einheitlich erweisen, und zwar
zeigt es sich so, wenn man, wie wir sagen, richtig auf
Eines blickend lernt – denn dann erweist sich beim Nachdenken, daß all dies eigentlich durch ein einziges Band
verbunden ist.«
(Epinomis, 990 c)

VII.
Analogie und Zahlidee

1. Der philosophische Analogiebegriff bei Platon

Die Zahlproportionalität in ihrer Bedeutung, den Harmoniebegriff, der eine zentrale Rolle in der frühgriechischen Denktradition einnimmt, zu fundieren, d. h. eine metaphysische Vorstellung von Ordnung und Schönheit in den Verhältnissen des Seienden ausgedrückt zu finden – dies zeigte sich anhand der frühen Formen analogen Welterschließens in der pythagoreischen Auffassung der harmonischen Ganzheit des Seienden.

»Daß Zahlen eine übermathematische, eine Weltbedeutung haben, daß sie Kosmos und Menschenleben gliedern, ist nicht irgendwie wissenschaftlich-philosophische Einsicht, sondern selbstverständliche Eigenart des vormathematischen Zahlendenkens. Die pythagoreische Zahlensymbolik ist damit weit älter als alle etwaige Naturwissenschaft, alle Mathematik oder Astronomie ..., sie hat mit Wissenschaft in unserem, daß heißt dem griechischen Sinn ursprünglich nichts zu tun ...« (Burkert 1962, a. a. O., S. 451.), d. h. man kann hier – dies wurde im vorangehenden bereits dargelegt – nicht von exakter Wissenschaft sprechen, da Zahl und Proportion nicht auf eine rein quantitative Erfassungs- und Operationsfunktion, auf Maß- und Berechnungsgröße beschränkt sind, sondern mit allen religiös-mythologischen, symbolisch-spekulativen Implikationen Ausdruck für kosmische Ordnung und Naturgesetzlichkeit, für das Prinzip von Reihung und Rhythmus im Sinne einer alles umfassenden Harmonie sind. Daß sich daraus kein geschlosssenes System im Sinne einer wissenschaftlich überprüfbaren ›Weltformel‹ ergibt, mag deutlich geworden sein.

Die platonische Lehre baut in der Formulierung des Zahl- und Analogiebegriffes auf die pythagoreische Lehrtradition auf. Die mathematische Struktur von Proportion und Verhältnismäßigkeit erfährt bei Platon eine

Einbettung in die Philosophie, wird durch die Übertragung mathematischer Proportionalität auf alle Bereiche des Seins und Denkens angewandt.

Die pythagoreische, ›mathematische‹ Analogie reichte bereits über den Bereich quantitativen Ermessens hinaus, richtete sich in ihrer spekulativ-logischen Begründung auf eine alle Wissenschaften gründend-verbindende Relationsstruktur der Dinge, deren harmonische Gefügtheit zu einem Kosmos, einer Einheit aus der Vielheit des Bestehenden, sich auf die Formel ›der gesamte Himmel sei Harmonie und Zahl‹ bringen läßt. »Zahl ist nicht Quantität und Meßbarkeit, sondern Ordnung und Entsprechung, rhythmische Gliederung des Lebens und anschauliche Aufteilung des Alls.« (W. Burkert 1962, a. a. O., S. 451) Wissenschaftlicher und religiöser Ansatz sind hierbei nicht zu trennen, werden vielmehr dadurch, daß die Zahl eine metaphysische Sinngebung erfährt, verschmolzen.

Bei Platon wird der methodische Ansatz von Vergleichbarkeit des Unterschiedenen im Hinblick auf den kosmischen Harmoniebegriff insofern transzendiert,[1] als die Verhältnisstruktur mathematischer Proportionalität auf verschiedene metaphysische wie gnoseologische Seinsbereiche angelegt wird, ohne dabei notwendig ein Zahlverhältnis einzubeziehen, d. h. eine durch Zahlterme bestimmte Verhältnisgleichung aufzustellen. Dies sei anhand des Sonnengleichnisses und des Liniengleichnisses kurz dargestellt. Hierbei wird sich zeigen, daß die bei Heraklit vorgefundenen frühen Zeugnisse metaphysischer Analogie eine Weiterentwicklung finden. Bei Diogenes Laertius heißt es: »Er [Platon] faßte die Lehren des Heraklit, der Pythagoreer und des Sokrates zur Einheit zusammen. Denn in seiner philosophischen Lehre wird die sinnliche Erkenntnis nach Heraklit, die gedachte Erkenntnis nach Pythagoras und die praktisch-politische nach Sokrates beurteilt.«[2]

Gleichwohl ist die mathematische Analogie, daß heißt die Proportionalität des Seienden, die sich durch Verhältnisrelationen von Zahltermen nachvollziehen läßt, nicht außer acht gelassen. Die für den Neuplatonismus wohl richtungweisende Altersschrift *Timaios*[3] baut in ihrer naturphilosophischen Kosmologie auf Zahlverhältnisse, um die harmonische Einheit des Kosmos, ausgehend vom mathematischen Gleichmaß der

---

[1] Vgl. W. Schulze 1978, a. a. O., S. 19 f. und K Barth 1955, a. a. O., S. 82.
[2] Diogenes Laertius; *Leben und Lehrmeinungen berühmter Philosophen*, Buch I–X, Hamburg 1967, Buch III S. 152.
[3] Der Titel weist auf Platons Auseinandersetzung mit pythagoreischer Denktradition hin. Nach Taylor ist die Figur des Timaios von Platon ganz gezielt eingesetzt, um die pythagoreische Lehre zu referieren bzw. zur Diskussion zu stellen. D. h. nicht, daß Timaios hier Dinge in den Mund gelegt werden, die Platon als falsch erachtet – nicht umsonst erfährt Timaios die Billigung des Sokrates. Die Ausführungen sind somit vorrangig vor dem Hintergrund altpythagoreischer Lehrtradition zu verstehen. Vgl. Taylor, A. E.; *A Commentary on Platons Timaios*, Oxford 1928.

Verhältnisse, philosophisch zu fassen. Wenngleich Platon im *Timaios* den beseelten Kosmos nach musikalischen Gesetzen, d. h. gemäß der Intervallehre hörbarer Musik gestaltet, richtet sich sein Interesse nicht auf die Feststellung, der ganze Kosmos sei tatsächlich als musikalische Harmonie vernehmbar. Die Harmonievorstellung wird zwar ausgehend von der anschaulichen Basis der Klanggesetze entwickelt, zielt aber auf eine »überempirische Zahltheorie« (vgl. W. Burkert 1962, a. a. O., S. 351). Wie auch bereits bei den Pythagoreern die irdische Musik in ihrer metaphysischen Dimension eigentlicher Gegenstand der spekulativ-logischen Ergründung ist: Harmonie – kosmische Ordnung – Zahlproportion und Schönheit im übertragenen Sinne. Hier wird also der im vorangehenden in den Vordergrund gestellte Gedanke einer Harmonie des Weltganzen über eine Strukturidentität, also über eine Analogie der Relationen zwischen den Dingen weitergeführt. Pythagoreische Denkstrukturen sind bei Platon offenkundig. Wo bei den Pythagoreern die metaphysische Dimension von Zahlverhältnissen bzw. Generierungsprinzipien gemäß der Zahlenfolge sich erst in vager Form als ein System der Seinserkenntnis ankündigt, da stellt Platon eben diese mathematische Ebene ganz ausdrücklich in einen philosophischen Kontext.

Man führe sich beispielsweise die vermeintlich pythagoreische (vgl. Burkert 1962, a. a. O., S. 424 ff.), vermutlich aber erst zu Lebzeiten Platons von Eudoxos von Knidos geleistete Einbindung des Irrationalen, der irrationalen, unaussprechlichen Zahl vor Augen, die über eine Verhältnisrelation faßbar wird bzw. deren Maß sich geometrisch darstellen läßt, ohne als quantitative Abmessung bestimmbar zu sein. Diese Einbindung des Irrationalen vollzieht Platon auf metaphysischer Ebene, indem dasjenige, was sich als solches dem Ermessen des Erkenntnisvermögens entzieht, analog erkannt wird. So etwa im Sonnengleichnis – wobei dies nicht heißt, es sei eine vollständige Erfahrbarkeit gegeben, sondern größtmögliche Annäherung durch Analogie.

Was sich in der pythagoreischen Lehre auf mathematischer Ebene, d. h. durch Zahlproportionen als Weg zur Beschreibung der Harmonie und damit einer Einheits- und Ordnungsvorstellung von Welt (Kosmos) entfaltete, dieser Ansatz, die Harmonie des Ganzen zu begründen, die durch analoge Verhältnisstrukturen in unterschiedlichen Bereichen des Seienden ein ganzheitliches Bezugssystem, einen geschlossen Kosmos darstellt, verfolgt Platon im *Timaios*. Denn nur als einheitliches, geordnetes Ganzes läßt sich die Vielfalt des Seienden auf eine ursprüngliche Einheit zurückführen bzw. erklärt sich das wandelbar Seiende aus einer gewissen Notwendigkeit: vermittels seiner Teilhabe an der höchsten Vernunft, die sich abbildhaft in einer Verhältnisgleichheit auf verschiedenen Ebenen des Seienden und des Erkennens manifestiert. In der vorsokratischen, pythagoreischen Vorstellung ist die höchste Vernunft ein weltimmanentes, kosmisches Prinzip. Die Entfaltung der Einheit in Vielheit und Verschiedenheit gemäß dem Logos (Verhältnis), der analog das Viele zu einem fügt, basiert nicht auf einer dualistischen Vorstellung von intelligibler Ideensphäre und wandelbarer Werdewelt, sondern gründet sich auf ein innerweltlich allumfassendes Prinzip von ewigem Sein. In weitaus entscheidenderem Maße gilt es für Platon dagegen, die Beziehung des unveränderlichen Seins der Ideen zu einer unbeständigen Erscheinungswelt logisch zu begründen und »... es geht darum, das ideale Sein, dessen Absonderung und ontologische Priorität der empirischen Welt gegenüber vorausgesetzt bleibt, auf seine letzten Prinzipien zurückzuführen und von diesen her zu verstehen ...« (W. Burkert 1962, a. a. O., S. 16).

Die Aufgabe, die sich Platon stellt, besteht darin, das Verhältnis von Ideenwelt und sinnlich wahrnehmbarer Realität[4] zu bestimmen sowie die Möglichkeiten und Weisen einer Seinserkenntnis im Zusammenhang hiermit nach ihrem Grad an Deutlichkeit/Wahrheitsnähe zu ergründen.

»Nach Platon stehen alle Dinge in der Welt zueinander im Verhältnis einer inneren Analogie ... Es kommt auf die qualitative Ähnlichkeit an, die in bestimmten inneren Eigenschaften und Strukturen der Dinge west und nicht bloß auf eine mehr oder weniger nach außen in Erscheinung tretende Ähnlichkeit sich stützen kann.« (K. Barth 1955, a. a. O., S. 82)

An dieser Stelle sei nochmals auf den Begriff Analogie verwiesen, um im weiteren der platonischen Anwendung folgen zu können.

Eingangs wurden bereits zwei Dimensionen von Ähnlichkeitsrelationen unterschieden, die – sich wechselseitig bedingend – den Analogiebegriff, wie er in dieser Untersuchung verstanden sei, ausmachen.

Zum einen handelt es sich um einen Verhältnisbezug auf der horizontalen Ebene, d. h. eine Verhältnisordnung zwischen den Dingen in bezug auf ein übergeordnetes, allgemeineres Drittes: den Logos, hinsichtlich dessen eine Vergleichbarkeit des Verschiedenen gegeben ist, wie es sich anhand mathematischer Proportionen veranschaulichen läßt. (So sind die Zahlverhältnisse 2:4, 3:6 und 5:10 different im Hinblick auf die quantitativen Zahlwerte, jedoch analog gemäß dem Verhältnis 1:2).

Diese Art von Verhältnisbezug, die nach demjenigen fragt, hinsichtlich dessen verschiedene Analogata (hier Zahlverhältnisse) mit dem Analogans als Vergleichsdritten übereinstimmen, wird – in Anlehnung an mathematische Proportionsformen – auch als Proportionsanalogie bezeichnet.

Voraussetzung des wissenschaftlichen Wertes der Analogie ist dabei die eindeutige Bestimmung des übergeordneten Verhältnisses, unter dem die verschiedenen partiell gleichen Analogata zu subsumieren sind. »Wenn es heißt: ›Wie im Körper der Gesichtssinn, so der Verstand im Geiste‹, so haben wir die Behauptung der Ähnlichkeit zweier Relationen, aber noch keine wissenschaftliche Analogie, denn es fehlt die genaue Angabe des Logos Analogans. Es müßte im gegebenen Fall hinzugefügt

---

4 Eine Dualität, die bei den Pythagoreern nicht angesetzt werden kann.

werden: ›gemäß der allgemeinen Relation zwischen Erkenntnisanlage und Substrat dieser Anlage‹.«[5]

Die Vergleichselemente der horizontalen Proportion in bezug auf ein höheres Analogans sind hier Verhältnisbezüge, d. h. die partielle Gleichheit besteht nicht in einem Wesensmerkmal des Einzelnen, sondern in einer Übereinstimmung von Bezugsverhältnissen bzw. von Strukturen. Diese Struktur- oder Verhältnisidentität allein reicht jedoch nicht aus, um von einer metaphysischen Analogie sprechen zu können. So beruft sich der Analogieschluß, wie er etwa in den Naturwissenschaften Anwendung findet, auf dieses Verfahren, verschiedene Dinge in Hinblick auf gemeinsame Eigenschaften, Strukturen etc. unter einem Oberbegriff als übereinstimmend zu fassen, wobei einer solchen, nach äußeren Merkmalen klassifizierenden Methode um so eher Fehlschlüsse unterlaufen, je weniger Gewicht das Gemeinsame im Verhältnis zum Verschiedenen im Einzelnen besitzt. »Von metaphysischer Analogie können wir nur sprechen, wenn die Analogieglieder trotz ihrer spezifischen und generischen Verschiedenheit untereinander dennoch in einem Dritten irgendwie übereinkommen. Es muß also dieses Dritte jedem Analogieglied, wenn auch nicht in gleichem Ausmaße, doch *innerlich notwendig* zukommen.«[6]

Diese innere Notwendigkeit leitet über auf dasjenige, was unter der vertikalen Ebene von Analogie verstanden sei. Damit die Analogata überhaupt in einem Verhältnis zueinander aufgefaßt werden können, quasi als Voraussetzung von Bezüglichkeit und partieller Gleichheit, muß ein Wesensbezug der Dinge im Einzelnen selbst zur übergeordneten Bezugsgröße bestehen. In letzter Konsequenz ist dies in der Metaphysik die Frage nach dem Bezug des absoluten Einen (Gott) zum vielfältig Vielen (Welt), der in Form einer partizipativen Beziehung, einer Teilhabe am Sein des Einen formuliert wird.

Beide Ebenen einer Inbezugsetzung des Endlich-Verschiedenen zum absoluten Sein bedingen einander. Insofern die Dinge dem Göttlichen qua Teilhabe wesensähnlich sind, besitzen sie in gewisser Weise Abbildcharakter. Die hinsichtlich ihrer partizipativen Abbildhaftigkeit im gemeinsamen Bezug auf die Einheit gegebene Übereinstimmung des Verschiedenen ist Voraussetzung einer Ähnlichkeitsrelation der Dinge untereinander.

D. h. es geht zum einen um die Frage, inwiefern es eine innere Notwendigkeit gibt, dergemäß die Vielheit vielfältiger Ausdruck der Einheit ist (vertikale Dimension/Partizipation); zum anderen stellt sich das Problem, inwiefern die Vielfalt der Dinge nicht bloßer Pluralismus ist, sondern die Dinge der Welt, durch eine einheitliche Struktur verbunden, eine Ganzheit bilden, die auf ein zugrundeliegendes Einheits- und Ein-

---

5 Platzeck, E.-W.; *Von der Analogie zum Syllogismus*, Paderborn 1954, S. 45.
6 Barion, J.; »Über die Bedeutung der Analgie für die Metaphysik«; in: *Philosophisches Jahrbuch der Görres-Gesellschaft*, Jg. 49 (1936), S. 30–48, zit. S. 33 (Hervorh. n. i. O.).

fachheitsprinzip verweist. Inwieweit ist ein Bezugsverhältnis der Einzeldinge gegeben, das auf die Einheit rekurriert, und wie läßt sich dieses denkend erfassen (horizontale Ebene/Proportionsverhältnis)?

Beide Dimensionen des Analogiebegriffes bestimmen vor allem die späteren kosmologischen Spekulationen in Berufung auf die platonische Lehre, wobei in der neuplatonischen Weiterführung insbesondere der Gott-Welt-Bezug in den Vordergrund tritt, als dessen zentrales Problem im Rahmen des Analogiebegriffes die Bestimmung des Seinsgrundes heraustritt. Die horizontale Analogie erlaubt, gemäß mathematischer Regeln, eine Umkehrbarkeit der Bezugsrichtung ohne Beeinflussung der Verhältnisbezüge im einzelnen, d. h. wenn gilt 12:6 = 4:2, dann gilt ebenso 4:2 = 12:6. Dieser Umkehrschluß gilt dagegen nicht in der vertikalen Richtung. Das Verhältnis *Gott : Welt* ist nicht gleich dem Verhältnis *Welt : Gott*, oder klarer formuliert: weil die Welt Gott ähnlich ist, heißt dies nicht, Gott sei der Welt ähnlich, denn damit wäre eine Verendlichung Gottes impliziert. Bei Platon deutet sich diese unterschiedliche Natur des sogenannten vertikalen Ähnlichkeitsverhältnisses erst etwa im Dialog *Parmenides* an, der sich der Frage stellt, wie gleichzeitig eine Ähnlichkeit (ὁμοιότης) der Dinge in bezug auf ein erstes Sein, dieses selbst aber weder als ähnlich noch als unähnlich im Verhältnis zum Seienden bezeichnet werden könne.[7]

In direkter Bezugnahme auf Platon wird dieses Problem von den Neuplatonisten Plotin und Proklos als eine zentrale Frage behandelt. Als Voraussetzung, innerweltliche Vielheit überhaupt als ganzheitlich Verbundene denken zu können, verlagert sich die Schwerpunktsetzung des Analogiebegriffs innerhalb der philosophiegeschichtlichen Tradition auf die logische Bestimmung eben dieses Gott-Welt-Bezuges als des alles begründenden Verhältnisses von Einheit zu Vielheit.

Festgehalten sei an dieser Stelle die Verschränkung horizontaler und vertikaler Beziehungsstruktur im Hinblick auf die metaphysische Dimension des Analogiebegriffes, wodurch die Ähnlichkeitsrelationen mehr sind, als lediglich beliebige, bildhafte Vergleichsformen. »In der Dimension des Bezugs der ideellen zur Körper-Welt enthüllt sich bei Platon die Analogie als μέθεξις (dies wäre gewissermaßen eine ›analogia entis‹, wobei die Ideen stellvertretend für den christlichen Gottesbegriff stehen).« (W. Schulze 1978, a. a. O., S. 19)

Nach Lyttkens[8] sind bei Platon drei Arten in der Anwendung der Analogie zu unterscheiden:

---

7 Vgl. Parmenides, 132b–133a; sowie Hirschberger, J.; »Ähnlichkeit und Seinsanalogie vom Platonischen Parmenides bis Proklos«, S. 58 ff. in: *Philomathes. Studies and essays in the humanities in memory of P. Merlan*, ed. R. B. Palmer, R. Hammerton-Kelly, Den Haag 1971, S. 57–74.

8 Lyttkens, H.; *The Analogy between God and the World. An Investigation of its Background and Interpretation of its Use by Thomas of Aquino*, Uppsala 1952, S. 18.

a) die Analogie mathematischen Charakters, wobei eine mathematische Proportionalität in Beziehung gesetzt wird zu den Relationen kosmischer Elemente (so etwa im *Timaios*);
b) die Verhältnisbeziehung zwischen ähnlichen allgemeinen Relationen verschiedener Erkenntnisbereiche und Seinsstufen/Realitätsbereiche (so etwa im Liniengleichnis);
c) die Gleichheit als eine Funktionsanalogie in verschiedenen Seinsbereichen (so etwa im Sonnengleichnis).

»In these three cases, analogy signifies relations between things and various facts, but in one of his sayings it at any rate approaches another sense, viz. to indicate the nature of certain concepts, which is an important difference in the use of which analogy is put. It may signify certain real likenesses of relations between different phenomena, but also logical definitions or certain concepts and their uses.« (H. Lyttkens 1952, a. a. O., S. 18) Analogie sucht also neben der ontologischen Ebene oder parallel dazu die gnoseologische zu erfassen. Diese von Lyttkens vorgeschlagene Differenzierung bezieht sich zunächst einmal auf unterschiedliche Bereiche, innerhalb derer Platon Verhältnisbeziehungen formuliert. Geht es im *Timaios* um die Frage nach einem einheitlichen ›Band‹ (δεσμός), welches das Viele als notwendig einheitliches und aus der Einheit zu begründendes erklärt, um ein kosmisches Strukturprinzip, das in allen Seinsbereichen (als triadische Struktur) wirksam wird, verschiebt sich im Liniengleichnis die Akzentsetzung mehr auf das Verhältnis von Seinsgrad zu Erkenntnisgrad bzw. im Sonnengleichnis auf die Voraussetzung von Seins- und Erkenntnismöglichkeit.

Übergeordnet ist jedoch allen genannten Ebenen struktureller Identität die vorausgeschickte, sich bedingende Durchdringung des horizontalen und vertikalen Bezugsverhältnisses.

2. Das Sonnengleichnis

In Fortführung eines Gespräches über den bestmöglichen Staat wird im Sonnengleichnis die Frage gestellt, was das Gute sei und inwiefern dieses Gegenstand der Erkenntnis sein könne. Sokrates leitet die Erläuterung dessen, was das Gute sei und bewirke, ein, indem er ein Gleichnis[9] erzählt und darin zur Erklärung des Guten einen ›durch Ähnlichkeit

---

[9] Gleichnis bezeichnet die poetische Veranschaulichung eines Sachverhaltes durch Vergleichung eines analogen Vorgangs oder Zustandes, der sich nur in einem wesentlichen Punkt (tertium comparationis) mit dem Gemeinten verbindet. Vgl. Wilpert, G. v.; *Sachwörterbuch der Literatur*, Stuttgart 1979, S. 313.

ausgezeichneten Sprößling‹ (so die Paraphrasierung von E. Grassi)[10] einführt: die Sonne bzw. das Licht als »ein Sprößling, und zwar als ein sehr ähnlicher, des Guten« (ἔκγενός τε τοῦ ἀγαθοῦ ... καὶ ὁμοιότατος ἐκείνῳ; Politeia, 506 e). Wie die Idee des Guten im Bereich des Denkbaren wirkt, so die Wirkweise der Sonne im Bereich des Sichtbaren. »Und von jenem vielen [den Gegenständen der Wahrnehmung] sagen wir, daß es gesehen werde, aber nicht gedacht; von den Ideen hingegen, daß sie gedacht werden, aber nicht gesehen.« (Καὶ τὰ μὲν δὴ ὁρᾶσθαί φαμεν, νοεῖσθαι δ᾽ οὔ, τὰς δ᾽ αὖ ἰδέας νοεῖσθαι μέν, ὁρᾶσθαι δ᾽ οὔ; Politeia, 507 b) Das Licht der Sonne gereicht insofern am treffendsten zum Vergleich, als Gesichtssinn/Sehvermögen und wahrnehmbarer Gegenstand allein noch nicht zum Sehen führen, denn erst das Licht als Vermittlung ermöglicht das Sichtbarwerden und damit das Sehen. »Also sind durch eine nicht geringe Sache der Sinn des Gesichts [der sonnenähnlichste] und das Vermögen des Gesehenwerdens [von jenem Gott mitgeteilter Ausfluß; Politeia, 508 b] mit einem köstlicheren Bande als die anderen solchen Verknüpfungen aneinander gebunden, wenn doch das Licht nichts Unedles ist.« (Οὐ σμικρᾷ ἄρα ἰδέᾳ ἡ τοῦ ὁρᾶν αἴσθησις καὶ ἡ τοῦ ὁρᾶσθαι δύναμις τῶν ἄλλων ξυζεύξεων τιμιωτέρῳ ζυγῷ ἐζύγησαν, εἴπερ μὴ ἄτιμον τὸ φῶς; Politeia, 507 e–508 a) Es ergibt sich eine Proportionalität, die zum einen die Bedingungen eines Verhältnisbezuges im Bereich des Denkbaren wie des Sichtbaren verdeutlicht, nämlich die Funktionsanalogie von Sonne und der Idee des Guten, und zum anderen eine gnoseologische Proportionalität aufstellt. Das Verhältnis von Erkenntnisvermögen zu Erkennbarem ist im Bereich des Sichtbaren analog dem des Denkbaren.

So wie das Licht Bedingung der Möglichkeit von ›deutlicher‹ (Sinnes-)Erkenntnis ist (σαφῶς ὁρῶσι; Politeia, 508 d), auf daß das Gesicht das Schönste sieht bzw. das Sichtbare gesehen werden kann (Politeia, 508 a), gilt dies in gleicher Weise für das Gute als Bedingung der Möglichkeit der (Vernunft-) Erkenntnis. »Und eben diese [ὁ ἥλιος] nun, sprach ich, sage nur, daß ich verstehe unter jenem Sprößling des Guten, welchen das Gute nach der Ähnlichkeit mit sich gezeugt hat, so daß wie jenes selbst in dem Gebiet des Denkbaren zu dem Denken und dem Gedachten sich verhält, so diese in dem des Sichtbaren zu dem Gesicht und dem Gesehenen.« (Τοῦτον τοίνυν, ᾗ δ᾽ ἐγώ, φάναι με λέγειν τὸν τοῦ ἀγαθοῦ ἔκγονον, ὃν τἀγαθὸν ἐγέννησεν ἀνάλογον ἑαυτῷ, ὅ τι περ αὐτὸ ἐν τῷ νοητῷ τόπῳ πρός τε νοῦν καὶ τὰ νοούμενα, τοῦτο τοῦτον ἐν τῷ ὁρατῷ πρός τε ὄψιν καὶ τὰ ὁρώμενα.; Politeia, 508 b f.) Die Funktion der Sonne im Bereich des Sichtbaren (Sehen-Gesehenwerden) ist analog der Funktion der Idee des Guten im Bereich des Denkbaren (Denken-Gedachtwer-

---

10 Platon; *Politeia*, Sämtliche Werke, Bd. 5, In der Übersetzung von Friedrich Schleiermacher mit der Stephanus-Numerierung, hrsg. v. W. F. Otto, E. Grassi u. G. Plambröck, Hamburg 1958, S. 218.

den). »Die Selbigkeit der Verhältnisbeziehung zwischen Idee des Guten und νοῦς/νοούμενα auf der einen sowie Sonne und ὄψις/ὁρώμενα auf der anderen Seite ist also die *Selbigkeit einer Funktion*, die der Aktualisierung eines Vermögens.«[11]

Diese Funktionsanalogie beschränkt sich allerdings nicht auf gnoseologische Aspekte, sondern bezieht die Ontologie mit ein. So wie die Sonne Grund des Werdens, der Existenz der Dinge ist, ist die Idee des Guten Grund des Seins in ideeller Hinsicht. »The sun as the cause of becoming and of material knowledge, and the good as the cause of being and of intelligible knowledge, are accordingly both causing a form of being and knowledge.« (H. Lyttkens 1952, a. a. O., S. 27) Sonne bzw. Idee des Guten sind sowohl Erkenntnis- wie Seinsprinzipien.[12]

Streng genommen sind zwei Verhältnisse nur als analog (gemäß einem Logos) zu bezeichnen, wenn sie in einem übergeordneten übereinstimmen. Durch die Setzung der Dualität von Erscheinungswelt und intelligibler Sphäre bzw. einer substantiellen Lichtquelle (Sonne) im Bereich der sichtbaren Welt und einer intelligiblen Lichtquelle (das Gute) im Bereich des Denkbaren scheint diese Voraussetzung zunächst nicht gegeben. Vordergründig erweist sich das (Sonnen-)Licht als sinnbildliche Veranschaulichung, als Metapher.

Unter dem Begriff der Metapher (gr. μεταφόρα = übertragen) faßt man eine literarische bzw. rhetorische Stilform bildlichen Ausdrucks für einen bestimmten Sachverhalt oder Vorgang. Dabei wird eine Begrifflichkeit aus einem fremden Bereich auf den zu erläuternden Bedeutungszusammenhang übertragen, wobei eine Vergleichbarkeit unter dem zu verdeutlichenden Aspekt besteht. So steht etwa der Ausdruck ›Frühling des Lebens‹ für das Jugendzeitalter. Der Metapher liegt wie der Analogie die Aufstellung eines Vergleichsverhältnisses zugrunde, das allerdings nicht ausformuliert wird (Frühling : Jahr = Jugend : Lebenszeit). Nach Aristoteles (Poetik, 1457 b 22 f.), der verschiedene Typen von Metaphernbildung erwähnt, ist die eigentliche Metapher eine solche, bei der implizit ein solches Proportionsverhältnis vorliegt. Eine ›gelungene‹ oder treffende Metapher ist diejenige, die eine Umkehrung ohne Sinnentstellung erlaubt. (Wie der Frühling für die Jugend des Lebens steht, kann gleichermaßen die Jugend/das Jungsein den Frühling des Jahres bezeichnen.)

Cicero definiert die Metapher in der *Rhetorik* als einen auf ein Wort verkürzten Vergleich. Die Funktion eines ausformulierten Vergleichs besteht darin, Eigenschaften durch vergleichend herangezogene verwandte Merkmalsträger zu präzisieren (weiß wie Schnee, Milch, Kalk). Im ausdrücklichen Sinne als Vergleich dient das Gleichnis durch die mit der

---

11 Ebert, T.; *Meinung und Wissen in der Philosophie Platons. Untersuchungen zum ›Charmenides‹, ›Menon‹ und ›Staat‹*, Berlin/New York 1974, S. 165; so auch H. Lyttkens 1952, a. a. O., S. 26.

12 Vgl. auch Wieland, W.; *Platon und die Formen des Wissens*, Göttingen 1982, S. 22.

Wendung ›so – wie‹ herausgehobene Gegenüberstellung punktuell ähnlicher Verhältnisse. Das Gleichnis baut damit auf die Metapher auf, stellt diese aber ausdrücklich in vergleichender Konfrontation dar. Vordergründig erscheint damit das platonische Sonnengleichnis als ausformulierte Lichtmetaphorik. »Nur eine Form adjektivischer Metaphern ist schon früh im archaischen Griechisch voll entwickelt und auch durch Gleichnisse ausgebaut: die Werte, die man noch nicht abstrakt innerlich begreift, das Schöne, Edle und Große werden unter dem Bild des Lichtes verständlich gemacht. Hell ist aber nicht nur die Tugend, sondern auch die Freude, das Glück, das Leben – dunkel die Trauer, Unglück und Tod.« (B. Snell 1986, a. a. O., S. 182)

Wenn hier die literarisch-bildhafte Metapher von der Analogie in ihrer metaphysich definierten Bedeutung unterschieden werden soll, dann sind vor allem zwei Aspekte zu nennen: »Erst in diesem Schema der Proportion gewinnen diese adjektivischen Metaphern für die Philosophie (bei Heraklit) und für die Wissenschaft (vor allem in der Mathematik) Bedeutung; während das bloße Gleichnis im Bereich des Adjektivischen und die adjektivische Metapher, auch wenn sie sich im Substantiv niederschlägt, nicht eine Sache als solche erschließt, da sie nicht auf das Wesen und die Funktion, sondern auf den Eindruck geht, den etwas macht ...« (Ebda., S. 183)

Zwar basiert, wie gesagt, metaphorische Ausdrucksweise stets auf einer proportionalen Beziehungsstruktur, doch tritt diese logische Vergleichsstruktur (sowie deren übergeordnete allgemeine Relation, die Bedingung von Vergleichbarkeit ist) in ihrer Verkürzung auf einen Bild-Begriff in den Hintergrund zugunsten einer Bildhaftigkeit, die oftmals vage bleibt und damit der individuellen Interpretation Spielraum läßt.

Hans Blumenberg definiert im Unterschied zu der Form von Metaphernanwendung, die als rhetorisches Stilmittel vorrangig als Schmuckelement der Rede dient, die ›absolute Metapher‹ als eine solche, die gezielt gesetzt die Funktion erhält, eine ›logische Verlegenheit‹ zu klären, eine Übertragung auf einen Bereich also, der sich einer rein begrifflich klaren Logizität entzieht.[13] In dieser Weise ist das Licht im Sonnengleichnis als eine absolute Metapher zu fassen, die nicht der rhetorischen Ausschmückung dient, sondern die erkenntnistheoretische Frage nach dem Wesen wie der Wirkweise des Guten erklären soll.

In dieser engeren Fassung des Metaphernbegriffes klingt bereits ein zweiter Aspekt an, der für das Verständnis der platonischen Lichtmetaphorik[14] als Bestandteil einer metaphysischen Analogsetzung eine we-

---

13 Blumenberg, H.; »Paradigmen zu einer Metaphorologie«, in: *Archiv für Begriffsgeschichte Bd. 6. Bausteine zu einem historischen Wörterbuch der Philosophie*, hrsg. v. E. Rothacker, Bonn 1960, S. 7–142, vgl. S. 9 f.

14 Bzw. für lichtmetaphysische Modelle, wie sie durch den gesamten Neuplatonismus bis hin zu Giordano Bruno zu verfolgen sind.

sentliche Rolle spielt. Neben der immanenten logischen Struktur der Metapher, die in der Analogie eine Darlegung findet – insofern das Gute nicht *gleich* dem Sonnenlicht ist, sondern in seinem Wirkverhältnis bzw. im Hinblick auf die Aktualisierung von Erkenntnisvermögen eine funktionale, d. h. strukturelle Verhältnisgleichheit mit dem Lichte aufweist –, neben dieser Ähnlichkeitsbeziehung steht das Licht über seine versinnbildlichende Bedeutung hinaus nicht als bloße bildhafte Umschreibung, sondern ist über die vertikale Beziehung einer Teilhabe und damit Abbildhaftigkeit dem Guten mit innerer Notwendigkeit verbunden.

Der platonische Lichtbegriff enthält somit eine lichtmetaphysische Bedeutungsdimension, insofern das Gute als ›lichthaftes‹ charakterisiert wird, das sich abbildhaft im sinnfälligen Lichte ausstrahlt. So wie die Sonne/das Tageslicht Voraussetzung des Sichtbarwerdens der Dinge im Raum ist, so erhellt und durchlichtet die Idee des Guten die Ideensphäre, ist also Voraussetzung einer Evidenz des Geistigen. Auf der metaphorischen Ebene dient der Lichtbegriff zur Erfassung des begrifflich Indefiniten. In metaphysischer Sichtweise ist das (Sonnen-)Licht nicht Bild, gemäß dessen die intelligible Lichtheit erklärt wird, sondern vielmehr umgekehrt, eine intelligible Lichtheit, deren Ausstrahlung sich abbildhaft im Sonnenstrahl verkörpert. Dieser spendet Helligkeit aufgrund seiner ›Abstammung‹ (ἔκγονος) vom eigentlichen Ursprung von Klarheit, der sich selbst durchlichtenden Helle und Ausströmung aus dem Einen.[15] In diesem Sinne verstanden, legt die Darstellung eine Vergleichsstruktur nahe, die in metaphysischer Auslegung des Lichtbegriffes eher eine hierarchische Ordnung und damit die vertikale Ebene einer Verhältnismäßigkeit betont.

»›Jenseits‹ der Ideen und doch *in* ihnen gegenwärtig ist das ἀγαθόν das ›Leuchtendste des Seienden‹ (518 c 9) was ›Allem Licht gewährt‹ (540 a 8). Es ist also in sich licht und zugleich das Licht der Ideen; es zeigt sich in ihnen als lichtendes, sie voneinander abgrenzendes und zugleich verbindendes Medium, selbst aber bleibt es im Grunde unerfaßbar. Die im Licht des ἀγαθόν stehende Gelichtetheit der Ideen ist ihre Wahrheit (ἀλήθεια): die Unverborgenheit, durch die sie in sich selbst intelligibel sind.«[16]

Hierbei spielt der griechische Lichtbegriff eine wesentliche Rolle,[17] insofern Licht, wie es sich in der frühgriechischen Dichtung vielerorts belegen läßt, in unmittelbarem Bedeutungszusammenhang mit dem

---

15 Damit sind im platonischen Sonnengleichnis bereits die Elemente einer Emanationstheorie angelegt, wie sie sich in der neuplatonischen Rezeption und Interpretation bzw. in mittelalterlicher ›analogia entis‹-Lehre als ein wesentliches Moment erweisen wird.

16 W. Beierwaltes Artikel »Lichtmetaphysik«, in: HWPhil, Stuttgart/Basel 1980, Sp. 282 ff.

17 Licht als ein kosmisches Prinzip und Voraussetzung eines Sichtbarwerdens von Welt, das nicht der menschlichen Aktivität obliegt, sondern dessen innerweltliche Anwesenheit auf die Aktivität eines höheren Wesens verweist, an dessen Wirkweise der Sehende teilhat.

Leben, dem lebenserhaltenden Prinzip und dem Heil (im Sinne von Errettung/Erlösung im Gegensatz zum Unheil/Dunkel) steht. Leben ist das »Im-Lichte-Sein«[18], das Licht zu schauen heißt Leben (vgl. gr. τὸ ὄμμα = Auge, Anblick, Lichtblick, Heil), wohingegen Finsternis, Umnachtung körperlicher wie geistiger Art, den Tod bedeutet. Licht gilt innerhalb des Dualismus von Licht und Dunkelheit, welcher zunächst ohne ethische Wertung begriffen wird, als die Bedingung der Möglichkeit von Leben und Erkenntnis. »Das eigentümlich Griechische tritt erst klar hervor, wenn deutlich gemacht wird, was für griechisches Empfinden und Denken wesentlich zum Heil gehört ... der Dualismus von Licht und Dunkel wird zu dem von νοεῖν und ἄγνοια, von Erkenntnis, verstehendem Wissen, und Wahn.« (R. Bultmann 1948, a.a.O., S. 13) Die lichte Helle erlaubt erst eine Orientierung im Seienden und damit Leben, wobei dies stets in doppelter Bedeutung von physischer Aufgehobenheit in der sichtbaren Welt wie von seelisch-geistiger Erhelltheit zu verstehen ist. »Φῶς ist das Tageslicht als die Helligkeit, in der man sich bewegt, in der sich die Welt artikuliert, in der sie übersehbar und verständlich wird.« (Ebda.) Dieses Tageslicht als Voraussetzung eines Sichtbar- wie Ansichtigwerdens von Welt steht somit in enger Beziehung zum Begriff des Wissens.

Licht ist somit nicht nur im vordergründig, rein optischen Sinne zu verstehen, sondern als Teilhaftigwerden eines höheren Wissens in Form eines verständigen Sehens und geistigen Schauens. Wird die Parallelisierung von sinnlichem und geistigem ›Sehen‹ auch erst von Platon ausdrücklich vorgenommen, so gibt es doch bereits frühere Wendungen, die darauf hindeuten (vgl. R. Bultmann 1948, a.a.O., S. 19). Bei Platon entwickelt sich eine zweifache Bedeutung von Sehen und Erkennen als inneres wie äußeres Schauen, wobei Licht noch nicht, wie in neuplatonischen oder gnostischen Lehren das göttliche Prinzip selbst ist, sondern eher die Rolle des Mittels und Mittlers eines verstehenden Sehens einnimmt.

Diesbezüglich ist nochmals genauer auf den griechischen Wissensbegriff bzw. auf die Bedeutung von Licht und Erleuchtung, Auge und Sehvermögen im philosophischen Kontext einzugehen. Der ursprüngliche griechische Begriff des Wissens beruft sich auf den Sehvorgang. »Wirklich sind die Dinge, die man greifen, deren Form man umreißen, deren Verhältnisse und Strukturen man messen kann. Das Sehen ist hierbei als reine Rezeptivität verstanden, die gesehene Gegenstände einfach wahrnimmt ohne sie zu modifizieren ... Das Sehen ist gleichsam ein Abtasten der Formen, die den Gegenstand in seinem Sein konstituieren.« (R. Bult-

---

18 Bultmann, R.; »Zur Geschichte der Lichtsymbolik im Altertum«, in: *Philologus* 97, Berlin 1948, S. 1–36; zit. S. 4.

mann 1948, a.a.O., S. 17)¹⁹ Daß dieses Sehen und Berühren als ein Begreifen neben dem haptischen Aufgreifen von etwas einen geistigen Erkenntnisvorgang bezeichnet, wird offenbar aus der doppelten Bedeutung des griechischen Begriffs für das Sehen. Das Verb ὁράω, ὄψομαι, εἶδον, ἰδεῖν/Inf. (= sehen, erblicken, wahrnehmen, einsehen, erkennen) bezeichnet in der Perfektform οἶδα (= gesehen haben) ein Wissen, Erfahren, Verstehen, (Er-)kennen, d.h. die äußere Sehfunktion steht gleichermaßen für eine innere Erkenntnisfunktion. In Ableitung dieser Verbbedeutung sind sowohl das Substantiv ἰδέα (= Aussehen, äußere Erscheinung, Gestalt, Form, Urbild, Idee) wie εἶδος (= Aussehen, Gestalt, Form, äußere Erscheinung, Begriff, Vorstellung, Urbild, Idee) zu verstehen, anhand deren jeweiliger zweifacher Bedeutung sich die Begriffsentwicklung von einem äußeren Wahrnehmungsprozeß zu einem geistigen Erkenntnisvorgang nachvollziehen läßt. »Das Erkennen beruht auf Sehen und auch da, wo es sich von den sinnlich wahrnehmbaren Objekten abkehrt und dem Geistigen zuwendet, ist es immer eine Weise des Sehens; es ›blickt‹ auf das unsichtbare Wesen des Gegenstandes, und eben dies behält dann der Name, der zunächst die sichtbare Gestalt bezeichnete: εἶδος, ἰδέα.« (R. Bultmann 1948, a.a.O., S. 18) In dieser Weise ist der Bedeutungszusammenhang von Licht/Sehen – Erkennen bei Platon mehr als bloße Metapher für einen Verstandesvorgang, sondern charakterisiert vielmehr analoge Modi von Erkenntnis.

Das Wissen um etwas beruft sich also auf ein ›Gesehen-haben‹ (gr. οἶδα = ich weiß/ich habe gesehen),²⁰ so etwa in der *Theogonie* Hesiods²¹, d.h. Gewißheit besitze ich nur über dasjenige, dessen ich ansichtig geworden bin.

Bereits bei Heraklit hatte es geheißen, Augen seien schärfere Zeugen als Ohren (vgl. DK 22 B 101a) mit der Einschränkung, daß sowohl das Gesehene wie das Gehörte (das Wissen über Hörensagen) nur ein unzuverlässiges Zeugnis erbringen, solange die menschlichen Seelen unver-

---

19 Licht wird in frühen Sehtheorien stofflich gedacht als die Berührung kleinster Teilchen, vergleichbar dem manuellen Abtasten eines Gegenstandes. Vgl. dazu auch Lindberg, D. C.; *Auge und Licht im Mittelalter. Die Entwicklung der Optik von Alkindi bis Kepler*, übers. v. M. Althoff, Frankfurt a.M. 1987, S. 17 ff.

20 Vgl. hierzu auch R. Bultmann 1948, a.a.O., S. 19: »oida (eidenai) = ›ich weiß‹ geht auf die ursprüngliche Bedeutung ›ich habe gesehen‹ zurück. Das von gleichem Stamme abgeleitete istoria (dt. ›Forschung‹, die auf ein Sehen zurückgeht.«; sowie Snell, B.; »Der Weg zum Denken und zur Wahrheit. Studien zur frühgriechischen Sprache«, in: *Hypomnemata. Untersuchungen zur Antike und zu ihrem Nachleben*, Heft 57, Göttingen 1978, S. 26 ff.; Ders. 1986, a.a.O., S. 183 f.; Schadewaldt, W.; *Die Anfänge der Philosophie bei den Griechen. Die Vorsokratiker und ihre Voraussetzungen*, Tübinger Vorlesungen Bd. 1, Frankfurt a.M. 1978, S. 162; Fränkel, H.; *Dichtung und Philosophie des frühen Griechentums*, München 1976.

21 Diesen wertvollen Hinweis sowie weitere Anregungen zu diesem Themenkomplex verdanke ich Prof. G. Heinemann, Vorlesung ›Die Anfänge der Philosophie bei den Griechen‹, WS 91/92, Universität – Gesamthochschule Kassel, Fachbereich Philosophie.

ständig sind. (βαρβάρους ψυχάς; DK 22 B 107) Wissen basiert hier nicht mehr auf bloßem Hinsehen, auf empirischer Naturergründung, sondern widerstrebt mitunter vielmehr dem von den Sinnen Wahrgenommenen. Dies nicht nur aufgrund der Wandelbarkeit der Erfahrungswelt, sondern zudem in der Weise, daß es Bereiche des zu Wissenden gibt, die sich der Anschauung entziehen bzw. über deren Sein keinerlei Augenzeugenschaft gegeben ist. Hier muß das Nachdenken greifen, die stimmige Erklärung auf der Grundlage rationaler Denkmodelle.

So gehen die Weltmodelle vorsokratischer Naturphilosophie zwar von naturgemäßen Prinzipien wie Zyklizität und Ordnung etc. aus, entwerfen jedoch in je verschiedener Weise Modelle von Naturgesetzlichkeit und Kosmologie, die nicht in exakter Naturbeobachtung ihre Begründung finden, sondern über spekulativ-theoretische Konzepte einer Seinserschließung.

Den Wandel des Wissensbegriffes in Richtung auf eine streng logischsystematische Notwendigkeit kennzeichnet schließlich in entschiedener Weise die Lehre des Parmenides. Das Erkannte erhält als Erkanntes Gewißheit aufgrund seiner formallogischen systematisch-feststehenden Bestimmung, und insofern die Logizität des Erkannten den Anspruch einer unveränderlichen, absolut gewährleisteten Aussage erhebt, kann diese sich nicht auf das Wandelbare der Erscheinungswelt beziehen,[22] darf sich somit auch nicht mit dem trügerischen Zeugnis der Sinneswahrnehmung zufriedengeben: »... das ziellose Auge schweifen zu lassen, das widerhallende Ohr, und die sprechende Zunge. Nein, beurteile in rationaler Weise die streitbare Widerlegung, die ich ausgesprochen habe.« (Parmenides, DK 28 B 7) Zwar ließe sich einwenden, auch Parmenides beharre nicht in voller Konsequenz auf rein logischer Erschließung bzw. argumentativer Auseinandersetzung über das zu Wissende, indem auch bei ihm am Anfang der Erkenntnis (in mythologischer Verkleidung) göttliche Offenbarung steht (vgl. J. Mansfeld, Die Vorsokratiker I, a. a. O., S. 289), doch geht es hierbei nicht, wie etwa im Falle Hesiods, der seine Inspiration im Kreise der göttlichen Musen erfährt, um eine Gewährleistung von Augenzeugenschaft als Garant von Wissen, sondern um einen Wissenserwerb auf rationaler, logisch-begreifbarer Ebene, der sich über die argumentative Struktur nachvollziehen läßt. Nicht das ›Gesehen-haben‹ im optischen Sinne ist Wahrheitskriterium, vielmehr unterscheidet Parmenides streng zwischen »der wirklich überzeugenden Wahrheit« (Ἀληθείης εὐπειθέος) und den »Meinungen der Sterblichen« (βροτῶν δόξας) (Parmenides, DK 28 B 1; vgl. Die Vorsokratiker I, a. a. O., 1983, S. 314 f.), der rein logischen Erkenntnis des unveränderlichen Seins und dem mutmaßlichen Meinen, das so wandelbar wie die durch Entstehen und Vergehen charakterisierte Erscheinungswelt ist.

---

22 Vgl. J. Mansfeld, Einleitung des 5. Kap., Die Vorsokratiker I, a. a. O., S. 286.

Platon übernimmt die parmenideische Dualität von Wissen und Meinen[23], verstärkt sogar die Polarität, indem er der trügerischen Werdewelt (im Gegensatz zum parmenideischen Denken des einen Seins) eine transzendente, unmittelbar unerreichbare Sphäre reiner Ideen entgegenstellt. »Im eigentlichen Sinne ist ihm Weisheit die wissenschaftliche Erkenntnis des nur Denkbaren und wahrhaft Seienden, in deren vollem Besitz, wie er sagt, nur die Gottheit und die vom Körper getrennte Seele sind.« (Diogenes Laertius 1989, a.a.O., III, 63, S. 177) Wissenschaftliche Erkenntnis, das heißt hier ähnlich dem parmenideischen Erkenntnisbegriff: Auseinandersetzung auf logischer Ebene, dialektische Analyse eines Sachverhaltes in Lösung von einem direkten Tatsachenbezug.

Andererseits wird die menschenmögliche Erkenntnisweise über sinnliche Anschauung und die Ausbildung von Meinungen nicht völlig verworfen – was die Konsequenz parmenideischen Denkens zu sein scheint –, sondern eröffnet vielmehr *mittelbar*, als in seiner Ganzheit analoges Abbild des Ideellen, einen Weg größtmöglicher Annäherung. Im *Timaios* heißt es diesbezüglich, die Sinnesorgane seien der Seele dienstbar, insofern sie das innere Feuer der Seele als reinen Lichtstrahl austreten lassen, der, indem er mit dem zusammentrifft, was von den äußeren Gegenständen ausgeht, ein Sehen ermöglicht. Bedingung hierfür ist allerdings das Tageslicht.[24] »Umgibt nun des Tages Licht den Strom des Sehens, dann fällt Ähnliches auf Ähnliches, verbindet sich und tritt zu einem einheitlichen, verwandten Körper in der geraden Richtung der Augen immer dort zusammen, wo das von innen Herausdringende dem sich entgegenstellt, was von den Dingen außen mit ihm zusammentrifft.« (Tim., 45c) Das dem Augenlicht verwandte (ähnliche, nicht identische, sondern in Verschiedenheit gleichende) Sonnenlicht ist Bedingung des Vermögens zu sehen. »Dieser Charakter des Lichtes als die Helligkeit, die die Möglichkeit zum Sehen verleiht, kommt auch darin zum Ausdruck, daß das Auge Licht, oder Licht das Auge genannt werden kann, oder daß vom Licht der Augen geredet wird ...«[25], was gleichermaßen eine parti-

---

23 »Früher als Sokrates und Platon hat er [Parmenides] nämlich begriffen, daß die Wirklichkeit sowohl einen erkennbaren als einen meinbaren Teil enthält, und daß das Meinbare etwas Unzuverlässiges ist ...« (Plutarch, Adv. Col. 13, 1114 B–D; cf. DK 28 A 34, B 10; Die Vorsokratiker I, a.a.O., S. 310 f.)

24 Vgl. hierzu D. C. Lindberg 1987, a.a.O., S. 25, der die Interpretation von A. E. Taylor kritisiert und korrigiert. Von wesentlicher Bedeutung für die Sehtheorie Platons, so Lindberg, ist nicht die Tatsache, daß sowohl vom Auge wie vom sichtbaren Gegenstand ein Lichtstrahl ausgeht, wie Taylor erklärt: »Light is thus a kind of extended touch or contact at a distance. E. g. what happens when I see a mountain ten miles away is this. The light issuing from my eye has for the time been fused into one homogenous body with light ›reflected‹ from the mountain« (A. E. Taylor 1929, a.a.O., S. 278 f.), sondern »daß die Sehstrahlen und das Tageslicht zu einem Körper verschmelzen« (Lindberg 1987, ebda.), d. h. das Tageslicht in Entsprechung zur Idee des Guten steht für die Aktualisierung des Vermögens zu sehen/erkennen wie gesehen zu werden/Erkenntnis.

25 R. Bultmann 1948, a.a.O., S. 14; vgl. Hesiod, Theogonie, 451 und 755.

zipative Beziehung wie ein Ähnlichkeitsverhältnis zum als Lichtprinzip versinnbildlichten Göttlichen andeutet. So weist Bultmann darauf hin, das Göttliche werde mancherorts als Auge bezeichnet, so etwa bei Pindar, welcher den Strahl der Sonne »Mutter der Augen« nennt.[26] Dasselbe Modell – wie im Sonnengleichnis formuliert – gilt für den Bereich des Denkbaren. Die Anteilhabe (παρέχειν; Politeia, 509 a) an der Idee des Guten ermöglicht in gewisser Weise ebenfalls dadurch eine Erkenntnis, daß Ähnliches auf Ähnliches fällt. Die Partizipation der Seele an der reinen Vernunft ermöglicht eine Anamnesis, ein ›Erblicken‹ der göttlichen Ideen, wenn auch nicht vollständig und in umfassender Weise, sondern bloß annähernd und ähnlich. Dieser Wissensbegriff als ein Wieder-Gewahrwerden knüpft damit an das traditionelle Verständnis von Wissen = Gesehen-haben an. »An die Stelle des ὄμμα τοῦ σώματος [Auge des Körpers] tritt der νοῦς als das ὄμμα τῆς ψυχῆς [Auge der Seele] wie es zuerst von Platon formuliert ist, wie es aber schon vor ihm in dichterischen Wendungen vorklingt.« (R. Bultmann 1948, a. a. O., S. 18 f.)

Um wieder zum Sonnengleichnis zurückzukehren: hier erscheinen die zwei Bereiche von Erkenntnis nicht bloß als eine Dualität von zwei Welten – die des Sichtbaren und die des Denkbaren –, sondern stehen in einem analogen Verhältnis. Die Sonne hat zudem eine Mittlerstellung zwischen dem Bereich der Sensibilia und der Intelligibilia, insofern sie ›Sprößling‹ der Idee des Guten ist. «Diese Verklammerung verbietet es, im Sonnengleichnis ausschließlich eine Symbolisierung intelligibler Sachverhalte durch anschauliche Modelle zu sehen.« (W. Wieland 1982, a. a. O., S. 200) Auch hier greift die zweifache Richtung von Verhältnisbezüglichkeit. Im Verhältnis der Sonne zur Idee des Guten, ist die Sonne als ›Sprößling‹ einerseits Anteilhabende und andererseits Abbildhafte in ihrer Ähnlichkeit.

Das Sonnenlicht ist durch seine Ausstrahlung gleichzeitig vermittelndes Prinzip, dessen das Auge teilhaftig wird (vertikale Beziehung) wie Mittlerin auf horizontaler Ebene als Bedingung der Möglichkeit eines Gewahrwerdens. Entsprechendes gilt für das intelligible Licht/die Idee des Guten, insofern die geistige Erkenntnis einerseits im Verhältnis der Teilhabe zur intelligiblen Sphäre steht bzw. diese in Form der Aktualisierung des erkennenden Vermögens als Mittlerinstanz eine Beziehung der Verstandeseinsicht zum Erkenntnisgegenstand erst gewährleistet.

Diese zweifache Beziehung der Vermittlerfunktion in Form einer partizipativen Beziehung und der Bedeutung als Mittel von Erkenntnis bestimmt auch das Verhältnis des substantiellen Lichtes der Sonne zum intelligiblen Licht des Guten, insofern die Sonne als ›Sprößling‹ zugleich Anteilhabende ist und damit abbildhaft wie Mittelglied zwischen intelligibler und sinnlicher Welt. Die Kluft zwischen Sinnes- und Verstandeserkennen erfährt damit eine Verbindung. Die Sinneswahrnehmung läßt

---

26 Vgl. R. Bultmann 1948, ebda.

sich als mittelbar an der intelligiblen Welt teilhabende in Beziehung setzen zur reinen Verstandeserkenntnis als unmittelbar das intelligible Licht aufnehmende. Platon verweist im Sonnengleichnis gemäß der Funktionsanalogie anhand des metaphysischen Lichtbegriffes nicht nur auf eine innere Beziehung zwischen sensibler und intelligibler Welt auf ontologischer Ebene, sondern setzt damit zugleich eine Verbindung in erkenntnistheoretischer Hinsicht. Menschliches Erkennen geht notwendigerweise von sinnlichen Erscheinungen aus. Dieses Sehen birgt aber bereits, bei aller Wandelbarkeit des Wahrgenommenen als solchem, die Prinzipien eines geistigen Schauens, kann damit als mittelbare Vorstufe eines wirklichen Erkennens gelten.

»Ebenso nun betrachte dasselbe auch an der Seele. Wenn sie sich auf das heftet, woran Wahrheit und das Seiende glänzt, so bemerkt und erkennt sie es, und es zeigt sich, daß sie Vernunft hat« (Politeia, 508 d).

Über die Analogie der Verhältnisse im Bereich des Sichtbaren und Denkbaren wird der Dualismus von mundus intelligibilis und mundus sensibilis zu einer Verbindung umgeformt. »Corresponding interrelations thus obtain between the different forms of being and knowledge, and for this correspondence Plato is using the concept of analogy.« (H. Lyttkens 1952, a. a. O., S. 2) Insbesondere die erkenntnistheoretische Frage des Übergangs von sinnlicher zu geistiger Wahrnehmung findet im Liniengleichnis eine Fortführung.

3. Das Liniengleichnis

Auch im Liniengleichnis geht es um die ontologische Differenz von Sein und Werden und die daraus resultierenden erkenntnistheoretischen Konsequenzen. Die im Sonnengleichnis vorgenommene Unterteilung in den Bereich der sichtbaren Welt und den des Denkmöglichen, wobei die Funktionsanalogie Sonne – Idee des Guten die Bedingung der Möglichkeit von Erkenntnis erhellte, wird im Liniengleichnis in differenzierterer Weise betrachtet. Die Linie (ein Vergleich, der einerseits eine durchgängige Verbindung aller Seinsbereiche veranschaulicht, andererseits als ›geometrische‹ Linie die Beziehung von Streckenverhältnissen impliziert) wird zunächst zweigeteilt in den Bereich des Sichtbaren bzw. des wandelbaren Werdens, dem das Meinen zugeordnet ist, und den Bereich des unwandelbaren Seins, dem das Wissen zugeordnet ist. Es wird somit parallel zur Abstufung nach ›Wahrhaftigkeit‹ von wahrem Sein und wandelbarer Erscheinungswelt (die jedoch Anteil hat am Sein) eine Abstufung von Wissen und Meinen, als einer Differenzierung nach dem Grad der ›Deutlichkeit‹ (σαφήνεια; Politeia, 509 e) von Erkenntnis, vorgenommen. Diese Untergliederung nach dem Grad an ›Wahrhaftigkeit‹ respektive ›Deutlichkeit‹ wird als eine Verhältnismäßigkeit auch auf die weitere Untergliederung übertragen. »Wie nun von einer zweigeteilten

Linie die ungleichen Teile, so teile wiederum jeden Teil nach demselben Verhältnis [ἀνὰ τὸν αὐτὸν λόγον], das Geschlecht des Sichtbaren und das des Denkbaren ... « (τό τε τοῦ ὁρωμένου γένους καὶ τὸ τοῦ νοουμένου; Politeia, 509 d). Ob nun diese Teilung der Linie (der gesamten Ausdehnung des Seienden) eine Halbierung darstellt[27] oder aber ein ungleiches Teilungsverhältnis angelegt wird[28], ist umstritten. Festzuhalten ist zunächst einmal die Tatsache, daß das Teilungsverhältnis als solches auf allen Ebenen ein und dasselbe ist und damit eine durchgehende Verhältnisgleichheit gegeben ist. Wie das sichtbare Werden zum denkbaren Sein, so das Meinen zum Wissen, und auch die natürlichen Abbilder verhalten sich zu den kreatürlichen Erscheinungen und Artefakten wie die Vermutung zum Glauben bzw., im Bereich des Denkbaren, die Begriffe zu den Ideen wie die Verstandesgewißheit zur Vernunfteinsicht.

»Und nun nimm mir auch die diesen vier Teilen zugehörigen Zustände der Seele dazu, die Vernunfteinsicht dem obersten [νόησιν μὲν ἐπὶ τῷ ἀνωτάτῳ], die Verstandesgewißheit [διάνοιαν] dem zweiten, dem dritten aber weise den Glauben [πίστιν] an und dem vierten die Wahrscheinlichkeit [εἰκασία]; und ordne sie dir nach dem Verhältnis [καὶ τάξον αὐτὰ ἀνὰ λόγον], daß, soviel das, worauf sie sich beziehen, an der Wahrheit teilhat [ἀληθείας μετέχειν], soviel auch jedem von ihnen an Deutlichkeit [σαφηνείας] zukomme.« (Politeia, 511 d f.). Wie bereits anhand des Sonnengleichnisses erläutert, besteht auch hier eine zweifache Relationsstruktur: a) das Verhältnis vom Urbild zum Abbild sowie b) der Deutlichkeit gemäß der Teilhabe an der Wahrheit; die sich gegenseitig bedingen.

Im Schema dargestellt ergibt sich folgende Gliederung:

sichtbare Erscheinungen Werden (γένεσις)		Denkbares/Ideenwelt Sein (οὐσία)	
natürliche Bilder (Ab-) Bilder	kreatürliche (Ur-) Bilder	Voraussetzung Erscheinungen math. Begriffe	ohne Voraussetzung von Hypothesen Ideen
Vermutung Vorstellung	Gewißheit	Verstandesmeinung	Wissenschaft dialekt. Erkennen
εἰκασία Wahrscheinlichkeit	πίστις Glauben	διάνοια Verstandesgewißheit	ἐπιστήμη Vernunfteinsicht
Meinung/δόξα		Wissen/νόησις	

---

27 Wie neben anderen beispielsweise W. Ebert 1974, a. a. O., S. 174, Anm. 113 postuliert.
28 So etwa H. Lyttkens 1952, a. a. O., s. 22, W. Wieland 1982, a. a. O., S. 203 u.v.a.

Nach Ebert ist das Liniengleichnis nicht – wie in der am »Urbild-Abbild-Verhältnis orientierten Interpretation Platons, die auf Grund eben dieses Verhältnisses eine dualistische Metaphysik« (T. Ebert 1974, a. a. O., S. 181) herauslesen will – eine »absolute Unterscheidung von ›Seinsstufen‹, sondern als funktionale Unterscheidung mit Bezug auf einen Erkenntnisprozeß eingeführt. Sie indiziert nicht die Zweiteilung der Welt in mundus intelligibilis und mundus sensibilis« (ebda, S. 181), sondern führt nach Ebert auf die Verkettung von Erkenntnisweisen. »Gerade das, was die bildliche Rede von Stufen der Erkenntnis nicht erklären kann, wie man nämlich von der einen zur anderen kommt, will Sokrates mit der Illustration der viergeteilten Linie erläutern.« (Ebda., S. 186)

Neben philologischen Gründen liegt hierin auch Eberts Argument gegen ein ungleiches Teilungsverhältnis der Linie, insofern »die Ungleichheit der Linienabschnitte gerade dem Urbild-Abbild-Verhältnis zwischen unterem Abschnitt der oberen und oberem Abschnitt der unteren Linienhälfte (vgl. 510 b 4–5, 511 a 6–8) nicht Rechnung tragen würde.« (Ebda., S. 175)[29]

Im Gegensatz dazu sieht beispielsweise Wieland gerade in der ungleichen Teilung eine Veranschaulichung der Vermittlung zwischen den beiden Bereichen angelegt. Bei ungleicher Teilung sind die Mittelstücke gleich, denn »es handelt sich um identische Gegenstandsbereiche, die jedoch Ziel unterschiedlich gerichteter Intentionen sind.« (W. Wieland 1982, a. a. O., S. 209)

Die mittleren Streckenabschnitte erhalten bei Anlegung eines ungleichen Teilungskanons die gleichen Ausmaße. D. h. was im Bereich des Sinnlichen als Urbild erscheint, gilt übertragen auf den Bereich des Intelligiblen als sinnliches Abbild/anschauliche Hypothese intelligibler Inhalte. So hat zwar der wahrnehmbare Gegenstand im Verhältnis etwa zu seinen natürlichen Spiegelungen Urbildcharakter, der mathematische Begriff, dessen Ausbildung sich auf die Wahrnehmungstatsachen bezieht, im Verhältnis zu den reinen Ideen jedoch den Stellenwert eines bloßen Abbildes. »Meiner Ansicht nach ist die Sehkraft für uns deshalb Ursache des größten Gewinns, weil ja wohl von den jetzt über das All angestellten Betrachtungen keine je stattgefunden hätte, wenn wir weder die Sterne noch die Sonne noch den Himmel erblickt hätten. Nun aber haben Tag und Nacht, dadurch daß wie sie erblicken, und die Monate, der Jahre Umläufe, die Tagundnachtgleichen und Sonnenwenden die *Zahl* erzeugt und die Vorstellung der *Zeit* sowie die Untersuchung über die Natur des Alls uns gewährt ...« (Tim., 47 a; Hervorh. n. i. O.) Die Sinneswahrneh-

---

29 Andererseits nivelliert aber m. E. eine Streckenteilung in Form von Halbierung (bei der also alle 4 Abschnitte gleich sind) die Verschiedenheit der Elemente bzw. die Analogie auf qualitativer Basis. Bei gleicher Teilung wäre – auf anschaulicher Ebene des ›Streckenvergleiches‹ – gewissermaßen eine Gleichgewichtigkeit der Bereiche von Meinen und Wissen gegeben. Bei ungleicher Teilung dagegen zeigt sich eine Stufung, eine Hierarchie von Sein und Erkennen bei gleichzeitiger Analogie der Verhältnisse.

mung auch hier also ein Werkzeug, die ›Umläufe der Vernunft‹ zu erblicken und mittels der Seele für die ›Umschwünge des eigenen Denkens‹ (vgl. ebda, 47b) nutzbar zu machen. Folgt man dieser Deutung, nehmen die Seele bzw. die ihr zugeordneten Weisen des Erkennens eine Mittel- und Vermittlerposition ein. Bei Diogenes Laertius lautet der Bericht des Alkimos im Hinblick auf die platonische Lehre: »Es sagen die Weisen, daß die Seele ihre Erkenntnis teils durch Wahrnehmung vermittels des Körpers erhalte, wie beim Hören und Sehen, teils durch eigenes Nachdenken ohne jede Beihilfe des Leibes. Daher teile sich denn das Seiende in Wahrgenommenes und Gedachtes ...« (Diogenes Laertius 1967, a. a. O., II, 12, S. 154)

Sollte Platon tatsächlich diese Weise einer ungleichen Teilung vorgesehen haben, ergibt sich jedoch noch ein weiterer Aspekt. Die viergliedrige Proportion ist (auf der Zahlebene betrachtet) eine dreigliedrige geometrische Proportion mit identischem Mittelglied. D. h. die zwei Erkenntnisweisen der Seele (körperliches Wahrnehmungsvermögen und Denkvermögen) sind im Verhältnis zwischen höchstem Grad an Erkenntnis und bloßem Mutmaßen einerseits Mittel- und Bindeglied, andererseits müssen aus der Warte des reinen Erkennens Verstandesgewißheit und Glauben gleichermaßen unzureichend erscheinen. Bezeichnenderweise wird die Verhältnisbeziehung an anderer Stelle in dieser Weise formuliert.

Am Ende des VII. Buches der *Politeia* wird die im Liniengleichnis dargestellte Verhältnisstruktur nochmals resümierend erfaßt: »Es bleibt uns also, sprach ich, wie zuvor die erste Abteilung Wissenschaft [ἐπιστήμη] zu nennen, die zweite Verständnis [διάνοια], die dritte Glaube [πίστις], die vierte Wahrscheinlichkeit [εἰκασία]; und diese beiden zusammengenommen Meinung [δόξα], jene beiden aber Erkenntnis [νόησις]. Und Meinung hat mit dem Werden zu tun [περὶ γένεσιν], Erkenntnis mit dem Sein [περὶ οὐσίαν]; und wie sich Sein zum Werden verhält, so Erkenntnis zur Meinung, und wie Erkenntnis zur Meinung, so Wissenschaft zum Glauben und Verständnis zur Wahrscheinlichkeit.« (Politeia, 534 a)

Hat der Glauben im Bereich des Werdens/Meinens im Verhältnis zum Vermuten auch den Rang eines Erkennens, so ist er im Verhältnis zur Vernunfteinsicht nicht mehr als ein Meinen. Ebenso die Verstandesgewißheit: Im Verhältnis zum Wahrscheinlichen muß sie als ein Erkennen erscheinen, im Verhältnis zum Vernunfteinsehen bleibt sie auf der Stufe des Meinens.

Neben dieser strukturellen Interpretation gemäß dem Grundverhältnis Sein/Urbild – Werden/Abbild bzw. Wissen – Meinen legt die Linienteilung eine Deutung als hierarchische Folge nahe. Platon übernimmt zwar einerseits die Polarisierung von Sein/Erkennen und Werden/Meinen des Parmenides, läßt den Bereich des Meinens jedoch nicht der völligen Nichtigkeit und Trugbildhaftigkeit anheimfallen, sondern bindet beide Bereiche in eine hierarchische Seins- und Erkenntnisordnung ein, wobei eine analoge Verhältnisstruktur die Dualität von Meinen/vermeintlicher Erkenntnis und Wissen/wahrer Erkenntnis in Beziehung setzt und gewissermaßen wechselseitig erklärt: Das Verhältnis der körperlichen Dinge zu deren natürlichen Abbildern spiegelt das Verhältnis von mathematischer Begriffsbildung zur Erfassung der reinen Ideen. Die Analogsetzung erlaubt hier, wie bereits anhand der herakliteischen Relationsgefüge angedeutet, eine mittelbare Bestimmung dessen, was sich als solches einer unmittelbaren Bestimmbarkeit entzieht. D. h. über eine Ähnlichkeitsbeziehung oder genauer: analoge Verhältnisrelation läßt sich einerseits eine Aussage über den Bereich des Seins/Wissens machen, ohne daß dieses selbst damit definiert werden könnte, gleichzeitig wird in der Umkehrung, d. h. vom Wahren ausgehend, die Nichtigkeit des im Bereich des Werdenden vermeintlich Erkennbaren betont, welches im Verhältnis zum Erkennen nichts als Meinen ist.

Durch die allem Seienden gemeinsame Anteilhabe an dem einen Sein, der einen Wahrheit des Guten (Linie als Ganze), erhält die ›Abstufung‹ den Charakter der Notwendigkeit und Ganzheitlichkeit, die nicht nur als Bedingung eines möglichen ›Aufstieges‹ verstanden werden kann, sondern zudem die Gerichtetheit menschlichen Strebens versinnbildlichen mag.

Im Gegensatz zu Ebert verbindet sich m. E. mit einem Stufenmodell, wie es eine ungleiche Teilung der Linie nahelegen würde, keineswegs eine Zustandsgleichung von Erkenntnismöglichkeiten, die keinerlei Möglichkeit einer Wissensausdehnung zubilligt, sondern eine solche ›Stufung‹ weist auf die Grade wachsender Gewißheit innerhalb des Aufstiegs zum Wahren. Alle Seinsbereiche sind in einer Weise verbunden bzw. machen eine Verbindung qua Erkenntnis erst möglich, als zwischen allen Bereichen unterschiedlichsten Wahrheitsgrades und Seinsranges eine analoge Verhältnisbeziehung herrscht: eben die einer Teilhabe am Göttlichen/der Idee des Guten.

Dieser Denkansatz wird im Neuplatonismus bzw. in christlicher Lehrtradition als Verbindung von Stufen- und Emanationslehre weiterentwikkelt. Lyttkens verweist auf die pseudo-platonische Schrift *Epinomis*, »which says that to those who understand it, it is remarkable how all nature is classified in kinds and species ›καθ' ἑκάστην ἀναλογίαν‹« (H. Lyttkens 1952, a. a. O., S. 28/Epinomis, 990e) und zieht daraus in Berufung auf D. Ross den Schluß: »One might well think that the picture of the divided line favours the view that Plato also in this case means a mathematical equality of rations, but Ross has shown, that that illustration is not quite adequate. Plato means that each higher stage possesses a higher degree of truth than the immediatly preceding, lower stange. The picture of the line, on the other hand, represents the middle parts as equal. As it must thus be taken generally, there can be no question of mathematical equality.« (Ebda., S. 23)

Man kann diese qua Streckenverhältnis anschauliche Gleichheit der Mittelteile auch als Verweis auf die Bedingtheit menschlichen Erkennens interpretieren, die nicht ohne Bezug auf die sinnliche Welt auskommt, die vom sinnlichen Gegenstand aus (von ihren Hypothesen) die intelligiblen Inhalte erst hat. Wesentlich hierbei ist – und darin liegt Platons Kritik an den mathematischen Wissenschaften, wobei Geometrie und Rechenkunst hier exemplarisch angeführt werden[30] – die Bewußtmachung, daß die anschaulichen Hypothesen in einem Verhältnis der Abbildhaftigkeit wie der Anteilhabe zu den Ideen stehen, nicht aber die Erkenntnis der Prinzipien selbst sind, sondern nur mittelbar auf diese hinführen.

Relationsgefüge, d. h. Analogien der hiermit vorgestellten Art als eines analogen Vergleichens von Verhältnisbeziehungen aus unterschiedlichen Seins- und Erkenntnisbereichen, begegnet man in der neuplatonischen und christlichen Philosophie immer wieder, insbesondere in Einbindung der Licht- und Erleuchtungssymbolik sowie des Emanationsgedankens in Verbindung mit der Vorstellung von Seinshierarchie und Stufenordnung. Auch bei Bruno finden diese Denkmodelle Eingang, wenngleich nicht in platonischer Deutung (als Überbrückung des Dualismus von Erscheinungswelt und ideeller Welt), sondern vor dem Hintergrund des Identitätsgedankens zur Rückführung der Gesamtheit des Seienden in die Einheit über die Analogie.

Im V. Kapitel der Monadenschrift, das der Vierzahl gewidmet ist, nimmt Bruno im Abschnitt zur zweiten Ordnung der Tetrade eindeutig Bezug auf das Liniengleichnis, um daran seine identitätsphilosophische Auslegung vorzustellen. »Plato teilt im Staat (die Meinung der Magier sowie des Timaios referierend) die die Ordnung der Dinge darstellende Linie in vier Teile: als eine stellt sich ja die Linie vor, in durch Vereinigung ungeteilter Einheit und durch Emanation aus dem ungeteilten Einen, welches das Prinzip des Wahren ist, jene Verbindung erscheint ihm als die schönste. Diese Linie wird so in vier Abschnitte unterteilt: zuerst in zwei Teile, die unterschieden werden als Gattungen des Sinnlichen und sich der sinnlichen Wahrnehmung entziehenden Dinge. Darauf die Gattung des Nichtsinnlichen in den Bereich der Verstandeseinsicht und den des Denkbaren, d. h. in die Welt der göttlichen Formen/-Ideen und der mathematischen Formen, die (anders als gemeinhin verstanden) er unter der Gattung der Substanz zusammenfaßt. Die Gattung tatsächlicher Sinneswahrnehmung wird unterteilt in die substantiellen [in diesem Zusammenhang = körperlichen] Dinge und die Vorstellungen, die der Welt der körperlichen Dinge also, und diejenigen, die aus den Vor-

---

[30] Diogenes Laertius referiert Platons Auffassung der betrachtenden, d.i. theoretischen Wissenschaften. »Die Geometrie aber und Harmonik und Astronomie sind betrachtender Art; denn sie üben weder etwas aus noch stellen sie etwas her, sondern der Geometer untersucht, wie sich die Linien zueinander verhalten, der Harmoniker vertieft sich in das Wesen der Töne, der Astronom in die Betrachtung der Gestirne und des Weltbaus.« (Diogenes Laertius 1967, a. a. O., III,84, S. 187.

stellungen/Einbildungen und Schatten der Körper besteht.« (De monade, OL I 2, S. 389)[31]

Die brunosche Auslegung dieser unterschiedenen Teile der Ordnung der Dinge betont zunächst, weitaus deutlicher als dies bei Platon ausgedrückt wird, den Einheitsbegriff sowie die lichtmetaphysische Bedeutung dieser Vierteilung der Welt des Seienden, die durch ihre Substantialität als eine verstanden wird. Die Substanz als das den sinnlich wahrnehmbaren Dingen wie den außerhalb sinnlicher Wahrnehmung einzuordnenden Gedankendingen Zugrundeliegende ist das in allem Wandel Beharrende, dasjenige, was selbst ohne Zahl, Maß und Gestalt ist. »Auch wenn die Substanz vielgestaltig in unzähligen Individuen und Konstellationen erscheint, gibt es nur eine Substanz, ein Wahres und Seiendes.« (Über die Ursache, S. 14) Eine ewige und universale Substanz steht gleichsam als Einheit vor jedweder Stufung der Natur. Die Substanz ist hier weder bloße Stofflichkeit/Materie noch reine Form, sondern das ein Zusammenwirken beider Prinzipien vermittelnde, dasjenige, an dem sich das Zusammenwirken von Materie und Form verwirklicht.

Im Schema dargestellt ergibt sich im V. Kapitel der Monadenschrift folgende, die platonische Linienteilung aufnehmende, Unterordnung:

genera sensibilium		genera insensibilium	
res imaginabiles	res substantiales	res cogitabiles	res intelligibiles
mundus corporeum imaginibus et umbris	mundus corporeum mathematicum	mundus formarum divinorum	mundus formarum

Diese Unterteilung erfährt eine lichtmetaphysische Abstufung:

| im Schatten liegende Welt | wahrnb. Welt | denkbare Welt | erkennbare Welt |

wobei der Schatten nicht die Ermangelung von Licht ist, sondern ein dem Licht entgegengesetztes Prinzip, welches sich je nach Mischungsverhältnis als Bereich

| unvermischter Dunkelheit | lichter Dunkelheit | verdunkelten Lichtes | unvermischten Lichtes |

---

31 Bei den wiedergegebenen Passagen aus der brunoschen Monadenschrift handelt es sich, sofern nicht anders gekennzeichnet, um im Hinblick auf die Hervorhebung spezifischer Aspekte von mir vorgenommene Überarbeitungen auf der Grundlage 1) der in der interdisziplinären Zusammenarbeit des Projektes unter der Federführung von Prof. Dr. E. Wicke entstandenen Übersetzung »Über die Monade, Zahl und Figur«, (unveröffentlichtes Manuskript), sowie 2) der veröffentlichten deutschen Ausgabe der Monadenschrift: Giordano Bruno; *Über die Monas, die Zahl und die Figur als Elemente einer sehr geheimen Physik, Mathematik und Metaphysik*, Mit einer Einleitung hrsg. v. E. v. Samsonow, komm. v. M. Mulsow, Hamburg 1991, vgl. dort S. 68.

erweist. Auf die lichtmetaphysische Deutung Brunos wird jedoch noch genauer zurückzukommen sein.

Verwiesen sei an dieser Stelle auch auf die brunosche Verwendung des Begriffs der *Mitte*. Im Kapitel über die Dreiheit heißt es: »Zwischen zwei beliebigen Extremen (in jedweder Ordnung) gibt es eine Mitte. Immer wenn man ein Drittes einem Etwas hinzufügt, wird nach der Mitte gesucht, welche beider Extreme teilhaftig sein soll ... So fließt die höchste Welt durch die mittlere in die unterste, und die unterste steigt durch die mittlere zur höchsten hinauf.« (De monade, OL I 2, S. 373 f.; vgl. Über die Monas ..., ed. Samsonow 1991, S. 54) Auch Bruno formuliert einen dialektischen Begriff der Mitte bzw. des Mediums, als dasjenige, was zwischen einem jeden Gegensatz vermittelt, insofern die Mitte diese Dualität in sich birgt, und allein aufgrund eines beider Extreme teilhaftigen Mediums stehen die Extreme nicht *unvermittelt* nebeneinander, sondern in einem Verhältnis zueinander. »Diese Extreme und Gegensätze laufen ohne ein Medium nicht zusammen ..., um irgendetwas hervorzubringen und um eine Reihe, Ordnung und Verknüpfung zu vollenden.« (De monade, OL I 2, S. 392; ed. Samsonow 1991, S. 72) Der grundsätzliche Prinzipiengegensatz von Monas und Dyas, begrenzender Einheit und ausgedehnter Zweiheit – auf ontologischer Ebene ausgedrückt von Form und Materie resp. Sein und Werden bzw. auf gnoseologischer Ebene von Erkennen und Meinen (um hier bei platonischer Terminologie zu bleiben) –, der sich auf verschiedensten Seinsebenen widerspiegelt, ist durch ein Mittleres verbunden.

Bruno spricht im V. Kapitel von einem ›doppelten Terminus‹ dieses Mediums, das als ausgedehntes sozusagen die Kluft zwischen zwei Extremen überspannt. Dies wird anhand einer linearen Darstellung verdeutlicht, die in einer Vierteilung das Verhältnis des Mediums zu den Extremen darstellt – ein Schema, das m. E. in genereller Weise den Begriff des Mediums zu erklären sucht. Das Medium ist in gewisser Hinsicht ›geteilt‹, das meint, ist in sich zweifach, gleichzeitig aber ein beiden jeweiligen Extremen Gemeinsames, es enthält etwas von beiden Extremen und schließt sich direkt an beide an. »Das Medium bezieht sich also auf die Extreme, einmal als abgetrenntes Indifferentes, sodann als verbindendes Gemeinsames, dann als etwas Einzelnes durch sich selbst und ferner durch seine Eigentümlichkeit von beiden Extremen Unterschiedenes.« (De monade, OL I 2, S. 392 f.; Über die Monas..., ed. Samsonow 1991, S. 73)

MEDEIS AGEOMETRETOS EISITO
Kein der Geometrie Unerfahrener darf hineingehen.[32]

4. Die mathematischen Wissenschaften

Es wurde bereits erwähnt, daß den mathematischen Wissenschaften eine besondere Rolle, eine Bedeutung als Mittler zukommt, insofern diese ›theoretischen‹ Wissenschaften, ausgehend von den sinnlichen Wahrnehmungen, ein geistiges System erstellen und damit eine Bindeglied zwischen dem Bereich des Sichtbaren und dem des Denkbaren bilden. Diogenes Laertius berichtet, Platon fordere: »diejenigen, welche die Urgründe des Alls zu erfassen trachten, müßten zunächst die Ideen an sich in ihrer Besonderheit genau bestimmen, als da sind: Ähnlichkeit, Einheit, Menge, Größe, Ruhe, Bewegung; sodann müßten sie das Schöne an sich und ebenso das Gute und Gerechte, und was weiter dieser Art ist, als an sich bestehende Wesenheiten aufweisen; drittens den Überblick gewinnen über alle Ideen, die ein Verhältnis der Gegenseitigkeit voraussetzen ...« (Diogenes Laertius 1967, a. a. O., III, 12, S. 154 f.), wobei es zu beachten gelte, daß die irdischen Dinge zwar gemäß ihrer Teilhabe an den ewigen Ideen die gleiche Bezeichnung tragen, im Verhältnis zu diesen aber nur ähnlich seien, wie Abbilder zu Musterbildern. (Vgl. ebda.) Auch hier also wieder die Verschränkung von Teilhabe-Verhältnis und Urbild-Abbild-Relation.

Im Liniengleichnis werden die mathematischen Wissenschaften dargelegt als der Übergang aus dem Bereich des Meinens zu dem des Wissens bzw. dem Grad an Erkenntnis, wie ihn die dialektische Wissenschaft zu erreichen vermag. »Verstand aber scheinst du mir die Fähigkeit der Meßkünstler und was dem ähnlich ist zu nennen, jedoch nicht Vernunft als etwas zwischen der bloßen Vorstellung und der Vernunfterkenntnis zwischeninne Liegendes.« (ἀλλ᾽ οὐ νοῦν, ὡς μεταξύ τι δόξης τε καὶ νοῦ τὴν διάνοιαν οὖσαν; Politeia, 511 d)

Diese Zwischenstellung mathematischer Wissenschaft erfährt einerseits eine negative Bewertung, sind die Mathematiker in ihrem Tun doch gleich Träumenden (vgl. ebda., 533 b f.), insofern sie sich der Hypothetik ihrer Setzungen nicht bewußt sind (vgl. ebda., 510 c–d), andererseits aber dienen die mathematischen Wissenschaften der Seele als eine Vorbereitung auf die rein intelligible Gegenstände behandelnde dialektische Erkenntnisform, ja vielleicht kann man sogar von einer kathartischen Funktion der Wissenschaften (Astronomie, Geometrie, Arithmetik, Musik) sprechen, insofern sie von der Welt der Erscheinungen überleiten zur Erkenntnis der Ideenwelt, wie sie mittels der Dialektik (διαλέγεσθαι

---

32 Diese Wendung soll über dem Eingang der Akademie in Athen zu lesen gewesen sein.

Erkenntnis der Ideenwelt, wie sie mittels der Dialektik (διαλέγεσθαι δύναμις) erreicht werden kann. Diese nämlich macht keine Voraussetzungen (ὑπόθεσις), die, wie in der Meßkunst, ohne das Ablegen von Rechenschaft (λόγον διδόναι) als gewußte vorausgesetzt werden (vgl. ebda., 510c und 533c), sondern nimmt die aufgestellten Voraussetzungen als Ausgangspunkt einer weiteren Untersuchung (οἷον ἐπιβάσεις τε καὶ ὁρμάς; ebda., 511b)[33], und sie hört nicht eher auf, als bis sie – nach den Voraussetzungen einer Voraussetzung usf. fragend – an einen Endpunkt (ἵνα μέχρι τοῦ ἀνυποθέτου ἐπὶ τοῦ παντὸς ἀρχὴν ἰών; ebda., 511b) gelangt, d. h. fernab von sinnlich Wahrnehmbarem den Ideen auf den Grund geht. (vgl. ebda., 511c) Die dialektische Wissenschaft (τῆς τοῦ διαλέγεσθαι ἐπιστήμης; ebda., 511c) ist im eigentlichen Sinne Wissenschaft, während die anderen nur ›Mitdienerinnen‹ (συνερίθοις) oder ›Mitleiterinnen‹ (συμπεριαγωγοῖς) darstellen, »welche wir zwar mehrmals Wissenschaften genannt haben ..., die aber eines anderen Namens bedürfen, der mehr besagt als Meinung, aber dunkler ist als Wissenschaft: wir haben sie aber schon früher irgendwo Verständnis [διάνοια] genannt ...« (ebda., 533d).

Nach Gaiser ist es gerade diese Mittelstellung, vermittels derer die Mathematik einen Übergang und Aufstieg vom Bereich des Sichtbaren zum Denkbaren eröffnet: »Mathematik hat es mit einem mittleren Bereich zwischen den Erscheinungen und der Ideenwelt zu tun und ermöglicht einen sicheren Aufstieg ...«.[34] Ähnlich beschreibt Aristoteles die Stellung der Mathematik in der Lehre Platons im Unterschied zu der der Pythagoreer als einen mittleren Bereich, unterschieden von der Vielheit der sinnlich wahrnehmbaren Dinge vermöge ihrer Beständigkeit und Unwandelbarkeit, aber auch unterschieden von den Formen oder Ideen, da es viele ähnliche mathematische Begriffe gebe, hingegen aber nur eine Idee. Insofern existieren die Zahlen neben den Dingen, d. h. die Dinge sind nicht Zahl, sondern existieren gemäß ihrer Teilhabe am Wesen des Zahlmäßigen. (Vgl. Aristoteles, Metaphysik I, 987b)

Wie sieht nun die ontologische wie gnoseologische ›Mittelstellung‹ der Mathematik aus, und inwiefern eröffnet die mathematische Auffassung des Seienden eine »Analogiegleichheit aller im Seinsaufbau vorkommenden Strukturen, wodurch diese exakt und einfach zu erfassen« (K. Gaiser 1963, a.a.O., S. 9) sind? Nach Gaiser setzt Platon den Aufbau der sichtbaren Erscheinungswelt, als aus der Einheit entstandene Vielfalt, in Analogie zur Abfolge der Dimensionen Punkt – Linie – Fläche – Körper, wobei jeweils die vorausgehende Stufe von Dimensionalität Voraussetzung und Bedingung der nachfolgenden ist. Der Körper formiert sich durch die Fläche, die ihm Grenze und Gestalt verleiht, die

---

33 ἡ ὁρμή = Aufbruch, Verlangen, Absicht – ἡ ἐπίβασις = Zugang, Weg.
34 Gaiser, K.; *Platons ungeschriebene Lehre. Studien zur systematischen und geschichtlichen Begründung der Wissenschaften in der platonischen Schule*, Stuttgart 1963, S. 20.

Fläche durch die Linie, diese wiederum durch die begrenzende Kraft des aus sich heraustretenden Punktes, der Einheit (vgl. K. Gaiser 1963, a. a. O., S. 48). Jedwede Generierung aus der Einheit – sei es im physischen oder seelisch-geistigen Bereich – vollzieht sich analog der mathematischen Dimensionsfolge nach dem Grundprinzip des Zusammenwirkens von begrenzend-gestaltender und unbegrenzt-ausgedehnter Kraft. Hierin greift Platon die pythagoreische Dualität von *peras – apeiron* auf, an deren Stelle er jedoch das Verhältnis des Einen (ἕν) bzw. höchsten Guten (ἀγαθόν) und der unbestimmten Zweiheit (ἀόριτος δυάς) bzw. des ›Großen und Kleinen‹ (μέγα καὶ μικρόν) setzt, die in der Einheit ungetrennt verbunden sind.

Nun ist dies eine Deutung der Rolle des Mathematischen bei Platon, die sich auf verschiedene Rezeptions- und Interpretationslinien beruft und damit über die platonische Lehre im strengen Sinne hinausgeht. Wenn hier auf eine solche ›amalgamierte‹ Platoninterpretation Bezug genommen wird, die sich auf die (zu Recht umstrittene, von Gaiser u. a. rekonstruierte) sogenannte ›ungeschriebene Lehre‹ Platons stützt, in die der neuplatonische Interpretationsansatz des Liniengleichnisses (vgl. Proklos, in Remp. I 292, 13) einfließt bzw. in die die Erklärung der Konstitution des Seienden aus der Dualität von *peras* und *apeiron* eingeht (mitsamt der Theorie der triadischen Struktur des Seienden bzw. der dieser vorausgesetzten unterschiedslosen Einheit; vgl. Proklos, in Parm. 133, 30–32), und in der nicht zuletzt auch die aristotelische Platondeutung ihren Niederschlag findet (z. B. Metaphysik, 987 b 19 ff.), so geschieht dies im Hinblick auf die bei Giordano Bruno verfolgte Begründung der ›Mittelstellung‹ der Mathematik.[35]

In diesem Zusammenhang sei nochmals auf den mythologischen Harmoniebegriff verwiesen, der nicht nur in der griechischen Kultur, sondern auch in anderen mythologischen Vorstellungen von Weltentstehung eine wesentliche Rolle spielt, als die Verbindung von entgegengesetzten Kräften zur Einheit.[36] Sei es als Zeugungsmythos oder als elementarer Dualismus, als Polarität von begrenzendem und unbegrenztem Prinzip bzw. formgebender Kraft und formloser Materialität. »Der Gedanke der Harmonie, ganz allgemein im Sinne des Ausgleichs zweier Gegenkräfte oder Gegensätze verstanden, hat aber seine Wurzeln eigentlich und wesentlich im dualistischen Denken der mythischen Epoche. Schon hier wird er sowohl auf den Makrokosmos als auch auf den Mikrokosmos, sowohl auf den Lauf der Gestirne (Sphärenharmonie) als auch auf den Leib des Menschen (Leibseelenharmonie) bezogen.« (H. Hüschen, MGG, Bd. 5, Sp. 1593)

---

35 Siehe hierzu besonders den Abschnitt ›Metaphysice – Physice – Logice‹ sowie das Kapitel ›Über die Monas ...‹ in dieser Studie.

36 Vgl. Hüschen, H.; »Harmonie«, in: *Die Musik in Geschichte und Gegenwart. Allgemeine Enzyklopädie der Musik*, (= MGG), hrsg. v. F. Blume, Bd. 5, Basel, Kassel 1951, Sp. 1591 ff.

Harmonie beschreibt – nicht nur im musikalischen Kontext – die stimmige Verbindung von Verschiedenem über ein Verhältnis im umfassenden Sinne einer ontologischen Gefügtheit des Ganzen zur Einheit. Analogie steht im engen Zusammenhang hiermit. Soll die analoge Erkenntnis nicht nur Teilbereiche umfassen, sondern über die strukturelle Identität alle Bereiche des Seienden, das Ganze, als Eines begreifen, muß der Welt eine harmonische Verhältnisordnung zugrundeliegen. Und dies gilt, wie bereits mehrfach betont, nicht nur für den Einklang in der Musik, sondern als ethische Harmonie/Tugend, künstlerische Harmonie/Schönheit, Leib-Seelen-Harmonie/Heilkunst sowie in den mathematischen Wissenschaften/Proportion.[37] Vor diesem Hintergrund zur platonischen Lehre der zwei Prinzipien zurückkehrend, bedeutet dies: »Der Versuch einer systematischen Welterklärung und Ontologie beruht also auf dieser einfachen Grundkonzeption: da sich alles aus der Spannung zweier Grundprinzipien ergibt, erhebt sich die Forderung, überall dies Ineinandergreifen und Auseinandertreten der gegensätzlichen Kräfte einheitlich zu begreifen« (K. Gaiser 1963, a. a. O., S. 9) und damit eine analoge Struktur unterschiedlichster Seinsbereiche festzustellen. Damit verbleiben zwar Ideenwelt und Erscheinungswelt, Mikro- und Makrokosmos, Weltseele und Seele des Menschen auf unterschieden Seinsstufen im Sinne von gnoseologischer ›Wahrheitsnähe‹ bzw. ontologischem Status, fügen sich aber durch die strukturelle Analogie zu einem einheitlichen Ganzen.

Wesentlich für den Analogiebegriff ist es, in der Ergründung des Verhältnisses von absolutem Sein und Werden der Erscheinungswelt nicht auf die Erkennbarkeit vollkommener Identität, sondern vielmehr bei aller Verschiedenheit der Mannigfaltigkeit eine Vergleichbarkeit struktureller Art zu setzen.

Die Analogie als Erkenntnismethode, wie sie im Hinblick auf Giordano Bruno verstanden sei, steht insofern unter zwei Aspekten:
– dem Versuch einer systematischen Erklärung des Seienden, das nicht beliebiger Pluralismus ist, sondern ein Bezugssystem, eine Verhältnisordnung darstellt und damit eine Ganzheit, die in Analogie zum absoluten Einen steht;

---

[37] In diesem Sinne heißt es bei Giordano Bruno: (De monade, OL I 2, S. 348 f.; vgl. Über die Monas ..., ed. Samsonow, S. 29) »Nicht aufs Geratewohl schließen wir wie bereits die Pythagoreer hinsichtlich dieser Philosophie auf dieses erste ›offenbare Geheimnis‹ [arcanum]: Die Natur der Einheit, die vom Zentrum zur Zirkumferenz ausströmet und von der Zirkumferenz zum Zentrum wandert, gibt den zusammengesetzten Dingen das richtige Mischungsverhältnis [temperies], den Körpern Gesundheit, den Seelen Tugend, Freude den Wohnungen und Friede den Stätten, Stärke den Regierungen, Dauerhaftigkeit dem Zeitlichen, Leben der Welt und allem Vollkommenheit [perfectionem].«

– dem Bewußtwerden der Unerreichbarkeit eines absoluten Wissens, d. h. einer vollkommenen Erkennbarkeit des Einen.[38]

Insbesondere bei Platon nimmt das logisch-mathematische Denken den Rang einer Vermittlung ein, ist es notwendiger Übergang von dem am Sinnlichen orientierten Wissen zu einem dialektischen Denken. Ort der beiden genannten Weisen des Wissens (Verstandesgewißheit, wie sie durch die mathematischen Wissenschaften möglich ist, und Vernunfteinsicht) ist die Seele, die als Bedingung der Möglichkeit an der göttlichen Intelligibilität teilzuhaben, sowohl auf die sichtbare Erscheinungswelt rekurriert wie nach wahrer, rein geistiger Erkenntnis strebt. Insofern hat die Seele, mitsamt den zugeordneten mathematischen Erkenntnisformen eine ontologische wie gnoseologische Mittelstellung. So beschreibt es auch Gaiser, der eine strukturelle Analogie von Seele und Gesamtrealität formuliert, deren Struktur sich mathematisch-geometrisch beschreiben läßt (vgl. K. Gaiser 1963, a. a. O., S. 47). Auf die bei Aristoteles referierte Stufung der seelischen Vermögen in Entsprechung zur Tetraktys wurde bereits hingewiesen. Bruno setzt die mathematische Dimensionsfolge Punkt, Linie, Fläche und raumhafte Körper im Kapitel V. der Monadenschrift als allgemeine Entfaltungsstruktur für verschiedenste Bereiche an, eine Entfaltung aus der Monas, die in der dritten Dimension mündet. Wie Platon führt er eine Unterteilung der Welt nach verschiedenen Seinsstufen an: die göttliche Welt, die archetypische Welt, die seelische Welt und die körperliche Welt. Neben dem Verweis auf die pythagoreische Vierzahl als Quelle der Natur, erscheint in unterschiedlichen Denkmodellen, sei es dem chaldäischen oder dem kabbalistischen, die Vierheit als die Selbstentfaltung eines göttlichen Prinzips bis hin zur Körperlichkeit.[39]

Die Frage nach der Mittelstellung der Seele wird anhand des *Timaios* noch zu untersuchen sein. Ebenso die Bedeutung von Zahl und geometrischer Dimension im Verhältnis von Ideen- und Erscheinungswelt,[40] wobei im Anschluß an die Erläuterung des platonischen Denkansatzes direkte Parallelen zur Lehre Brunos aufgedeckt werden sollen.

---

38 Diese zwei Aspekte charakterisieren allerdings nicht die Lehre Platons. Gleichwohl lassen sich bei Platon über die Rolle der Mathematik wie die Mittelstellung der Seele Ansätze eines solchen Verständnisses auffinden, die in die brunosche Rezeption ›platonischer Lehre‹ einfließen.

39 Hinsichtlich einer ausführlichen philosophisch-systematischen Darlegung der Verbindung von Mathematik bzw. geometrischen Modellen und Einheitsmetaphysik in der brunoschen Monadenschrift sei auf die bereits genannten Forschungsarbeiten des Kasseler Forschungsprojektes verwiesen sowie auf den in Vorbereitung befindlichen Kommentarband. Eine wertvolle Grundlage meiner Ausführungen bilden insbesondere die projektinternen Protokolle des Kasseler Forschungsprojektes.

40 Die Verfolgung dieser Fragestellung wird insbesondere im Hinblick auf die Rolle von Zahl und Figur bei Bruno von grundlegender Bedeutung sein. Bereits am Liniengleichnis wurde die direkte Bezugnahme Brunos auf die platonische Lehre deutlich.

> »Als Prinzipien des Seienden legten Platon und die Pythagoreer die Zahlen zugrunde, denn sie waren der Ansicht, daß das Ursprüngliche (Erste) und das Nichtzusammengesetzte Prinzip sei, vor dem *Körper* aber seien ursprünglich die *Flächen* – sofern das, was einfacher ist und nicht mitaufgehoben wird, von Natur ursprünglich ist –, vor den Flächen die *Linien* nach dem gleichen Verhältnis und vor den Linien die Punkte, die die Mathematiker σήμεια, sie selbst aber ›*Einheiten*‹ (μονάδες) nannten und die ja nun ganz und gar unzusammengesetzt sind und nichts (Ursprünglicheres) vor sich haben. Die ›Einheiten‹ aber sind *Zahlen*, und so sind die Zahlen das Ursprünglichste (Erste) des Seienden. Und da nach Platon die Formen (εἴδη) das Ursprünglichste und die Ideen (ἰδέαι) das Erste sind in bezug auf die Dinge, die von ihnen auch das Sein haben – was er auf vielerlei Art zu beweisen versuchte –, nannte er die Ideen Zahlen.«[41]

5. Timaios

Fortgeführt sei diese Grundlagenuntersuchung anhand wesentlicher Stellen des *Timaios*, um die explizite Verknüpfung von Ontologie, Erkenntnis-, Gottes- und Seelenlehre vorzustellen sowie den griechischen Harmoniegedanken nahezubringen, der in systematisierter Weise als Modell naturphilosophischer, kosmologischer und zugleich seelisch-geistiger Strukturen zugrundegelegt wird.

Die Deutung des *Timaios* hat seit Anbeginn eine Vielzahl von Interpretationsansätzen unterschiedlicher Gewichtung hervorgebracht. Es kann daher hier nicht der Anspruch erhoben werden, den Dialog erschöpfend erschließen zu können. Vielmehr besteht die Absicht darin, einige für den Fortgang der Untersuchung wesentliche Ansätze vorzustellen.

Wie in der *Politeia* ist die Ausgangssituation des Dialoges *Timaios* die Frage nach der bestmöglichen Staatsform. Nachdem zuvor Sokrates die Ergebnisse eines vorausgegangenen Gespräches in Erinnerung gerufen und Kritias seine Kenntnisse der Überlieferungen, das ›alte Athen‹ betreffend, vorgestellt hat, kommen die Dialogpartner zu dem Entschluß, es solle nun zuerst Timaios, welcher es sich zur Hauptaufgabe gemacht habe, »zur Kenntnis der Natur des Weltalls zu gelangen« (περὶ φύσεως τοῦ παντὸς εἰδέναι; Tim., 27 a), damit beginnen, über die Entstehung des Kosmos (ἀπὸ τῆς τοῦ κόσμου γενέσεως) zu sprechen. So ergreift also Timaios das Wort und erläutert die Entstehung des Kosmos und damit die Verkörperung des ›Guten‹ im Gewordenen.

---

41 Alexander, *Kommentar zu Aristoteles, Metaphysik* A6, 987 b, zit. n. K. Gaiser 1963, a. a. O., S. 49. Inwiefern die Ideen von Platon als ›Zahlen‹ aufgefaßt werden bzw. was im platonischen Sinne Zahl sei, wird Gegenstand dieses Kapitels sein.

Wenn Platon im *Timaios*-Mythos die Frage nach der Weltentstehung aufwirft, dann geschieht dies nicht vorrangig vor dem Hintergrund eines an der Naturforschung orientierten Interesses an der Kosmogenese, sondern zunächst einmal ist die ›mythologische‹ (nicht ›naturwissenschaftliche‹) Rede des Timaios dem Problemhorizont des gesamten Dialoges unterstellt: der politischen Diskussion um die ideale Staatsform bzw. um die Übertragbarkeit der theoretischen Überlegungen auf die aktuelle Situation.[42]

Darüber hinaus stellt sich über den Mythos das ontologische Problem des ›Ursprungs‹ bzw. der Ursache des Seienden als eines ›Gewordenen‹ und damit die philosophische Frage nach dem Verhältnis der Ewigkeit des Einen (μένοντος αἰῶνος ἐν ἑνί; Tim., 37 d) und der Zeitlichkeit des Kosmos, oder genauer, nach dem Verhältnis der ›Ewigkeit‹ des Intelligiblen (τὸ μὲν γὰρ δὴ παράδειγμα πάντα αἰῶνά ἐστιν ὄν; Tim., 38 c) zur ›Ewigkeit‹ des Entstandenen, fortwährend Bestehenden und Entstehenden (ὁ δ' αὖ διὰ τέλους τὸν ἅπαντα χρόνον γεγονώς τε καὶ ὢν καὶ ἐσόμενος; Tim., 38 c).[43]

Damit ist bei Platon in gewisser Weise bereits die vor allem in der neuplatonischen Rezeption des *Timaios* argumentativ herausgearbeitete philosophische Frage nach dem Verhältnis von wandelloser Einheit und veränderlicher Vielheit gestellt.[44] Wie ist die permanent sich verändernde Welt der körperlichen Dinge aus einer höchsten, unbedingten Einheit zu begreifen bzw. in welcher Weise ist der Übergang dieses höchsten Guten und rein geistig Einen in die materielle Vielfalt des unablässig Werdenden vorzustellen?

In der Rezeptionsgeschichte des *Timaios* spielt für diesen Deutungsansatz sicherlich der umfangreiche Kommentar des Proklos eine große Rolle, sofern darin das Problem von Einheit und einheitlicher Vielheit explizit wird: »Wenn von der Ursache her die Einigung in das Werdende gelangt, so muß (die Ursache) selbst viel eher eingestaltig sein und die Mannigfaltigkeit umfassen, damit gemäß der in ihr vorherseienden Einigung auch das Werdende Eines werde.«[45]

---

42 »Wir wollen aber die Bürger und den Staat, den du uns gestern erdichtet darstelltest, jetzt in die Wirklichkeit übertragen und hier ansiedeln ...« (Tim., 26 c).

43 Vgl. auch W. Beierwaltes 1979, a. a. O., S. 139 sowie: »Seit dem frühen griechischen Denken ist dies die nicht zu überwindende Aporie: wie der Anfang der Welt zu denken sei. Durch diese Aporie erheben sich die Fragen: Ist überhaupt ein Anfang des Weltprozesses denkbar, oder ist er ohne Anfang und un-endlich? Widersprechen sich Ewigkeit der Welt und die unabweisbare Tatsache des Verursachtseins von Welt? Ist der verursachende Anfang in der Zeit oder ist er auch Anfang von Zeit?« (Ebda., S. 136)

44 Vgl. Boeckh, A.; *Gesammelte Kleine Schriften*, Bd. 3, Reden und Abhandlungen, Leipzig 1866, S. 109.

45 Proklos; In Tim., I 260, 27–31; Übersetzung zitiert nach Beierwaltes 1979, S. 135 f.

Hatte die ionische Naturphilosophie vor Platon dieses erste und eine Prinzip in einem ›Urstoff‹ als einer geistig-materiellen Ureinheit gesucht[46], trennt Platon einerseits zwischen ideellem Sein und materiellem Werden, sucht aber andererseits gerade die Verbindung dieser zwei Welten über die Mittlerrolle der Seele in einem logischen System zu begründen. »Der Gegensatz zwischen Sinnlichem und Unsinnlichem, das Verhältnis von beidem zueinander, ist aber das Grundthema des Platonismus, Methexis, Teilhabe, Chorismos, Trennung im dualistischen Sinne ...«.[47]

Daß die wahrnehmbare Welt eine entstandene ist, steht hinsichtlich ihrer sinnlichen Erfahrbarkeit, Körperlichkeit und Veränderlichkeit außer Zweifel. Wenn – wie Timaios vorausschickt – alles Entstehende notwendig aus einer Ursache hervorgeht (Πᾶν δὲ αὖ τὸ γιγνόμενον ὑπ' αἰτίου τινὸς ἐξ ἀνάγκης γίγνεσθαι; Tim., 28a u. 28c), nämlich aus dem immerdar Seienden (τὸ ὂν ἀεί; Tim., 27d), weil es keinerlei Entstehen ohne Ursache gibt (παντὶ γὰρ ἀδύνατον χωρὶς αἰτίου γένεσιν σχεῖν; Tim., 28a), dann muß diese Welt nach einem ursächlichen Urbild (παράδειγμα) als Abbild (εἰκών) geschaffen sein. Wie bereits anhand der Stellen aus der *Politeia* gezeigt, steht die Urbild-Abbild-Relation in analogem Verhältnis zum Grad der ›Wahrhaftigkeit‹ und ›Deutlichkeit‹ von Erkenntnis, denn die ›Reden‹ (τοὺς λόγους) seien dem, was sie erläutern, verwandt (συγγενεῖς). Deshalb seien eben die, welche sich auf das Unveränderliche und mittels der Vernunft Erkennbare richten, ebenso beharrlich und unveränderlich, soweit eine ›Rede‹ dies überhaupt zu sein vermag; diejenigen ›Reden‹ dagegen, die sich auf das Werdende richten, seien wiederum in Entsprechung dazu (ἀνὰ λόγον; Tim., 29c) veränderliche, nur wahrscheinliche. Deshalb gilt: »Wie das Sein zum Werden, so verhält sich die Wahrheit zum Glauben.« (Tim., 29c). Damit schränkt Timaios die Wahrheit seiner Rede auf den Grad des für den Menschen Denkmöglichen ein, »so daß es uns geziemt, indem wir die wahrscheinliche Rede über diese Gegenstände annehmen, nicht mehr über diese hinaus zu suchen.« (Ebda.) Ist doch der Versuch, die höchste Intelligenz zu schauen, wie ein Blicken in das helle Sonnenlicht, das am hellichten Tage zur Blendung und Umnachtung führt. (Vgl. Leges, 897d)

Die Frage, was denn überhaupt der Grund der Weltschöpfung sei, sieht der platonische Timaios darin beantwortet, daß derjenige, der die Ordnung des Kosmos einrichtete, gut war und ohne ›Neid‹, d.h. frei

---

46 »Es ist ein Mißverständnis, wenn man die Aussagen der frühen griechischen Philosophen dahin versteht, daß sie als ›Grundstoffe‹ der Welt die Materie Wasser oder die Materie Luft, oder die angebliche Materie Feuer erklärt hätten. Der Begriff ›Materie‹ ist erst sehr viel später entwickelt worden, als Gegensatz zu ›Form‹ oder zu ›Kraft‹.« Fränkel, H.; *Dichtung und Philosophie des frühen Griechentums. Eine Geschichte der griechischen Epik, Lyrik und Prosa bis zur Mitte des fünften Jahrhunderts*, München 1962, S. 298.

47 Stenzel, J.; *Zahl und Gestalt bei Platon und Aristoteles*, Leipzig, Berlin 1933, S. 110.

von jeglicher Mißgunst[48] (Ἀγαθὸς ἦν, ἀγαθῷ δὲ οὐδεὶς περὶ οὐδενὸς οὐδέποτε ἐγγίνεται φθόνος; Tim., 29 e) und somit das Gute bewirkt sowie danach trachtet, die Erscheinungswelt in ihrem ständigen Werden zum (soweit als möglich) ähnlichen Abbild seiner selbst zu gestalten. Das Gute in seiner Vollkommenheit und Schönheit manifestiert sich in Ordnung im Sinne von Ausgewogenheit und Einklang der Teile zum Ganzen. Ordnung und Harmonie des Kosmos sind auch hier also Zeugnisse des abbildhaft in der Welt anwesenden höchsten Prinzipes. Wie bereits bei den Versuchen zum Harmonie- und Kosmosbegriff bei den Vorsokratikern angesprochen, ist Schönheit nicht allein ein ästhetischer Begriff, sondern steht für Ordnung und Verhältnismäßigkeit, Wohlproportioniertheit und d. h. immer Ebenmaß und Struktur, die von dem Wirken der Vernunft zeugt, in kosmologischer, ethischer, ästhetischer, körperlicher, aber auch politisch-sozialer Hinsicht. Wo aber Ordnung und Schönheit[49] als Verkörperung des Guten wirksam werden, da muß immanent Vernunft wirken, da dieser Welt aber ohne eine Seele eine Teilhabe an der Vernunft nicht möglich ist, »gestaltete er [der Gott] das Weltall, indem er die Vernunft in der Seele, die Seele aber im Körper schuf, um so das seiner Natur nach schönste und beste Werk zu vollenden.« (Tim., 30 b; vgl. auch Philebos, 29 a ff.) Die Weltseele wirkt also hier als ein Mittelglied zwischen körperlicher Natur und höchster Intelligibilität, an der alle Lebewesen teilhaben und durch die sie alle als ein All und einziges Abbild der göttlichen Vernunft[50] umschlossen sind, denn wenn »es bei Platon heißt, daß das Weltgefüge ›jedes einzelne ganz‹ in sich aufnimmt, so ist dies nicht nur in einem quantitativen Sinne zu verstehen, daß sämtliche Teile zum Universum gehören und nichts draußen bleibt, sondern auch

---

48 Das Motiv des ›neidlosen Gottes‹ in Abkehr von der bis dato vielerorts vertretenen Auffassung, die Götter seien insofern ›neidisch‹, als sie dem Menschen Fähigkeiten vorenthalten bzw. über das menschliche Geschick in unberechenbarer Weise walten (vgl. z.B. Herodot VII 10 E), ist von großer Bedeutung; nicht zuletzt auch für Giordano Bruno im Zusammenhang mit der Begründung der Unendlichkeit des Weltalls.

49 In diesem Zusammenhang steht der Begriff der Kalokagathie, ein griechisches Erziehungsideal zur ›Schöngutheit‹, das Körperlich-geistige, ethisch-ästhetische und kognitive Ausbildung umfaßt. (vgl. Gloy, K.; *Studien zur platonischen Naturphilosophie im Timaios*, Würzburg 1986, S. 18) Dieses Erziehungsideal, als ein Zusammenwirken menschlicher Vermögen in Ausgewogenheit, reflektiert auch Platon in seinen philosophischen Überlegungen zur bestmöglichen Staatsform, wobei die vernünftige, körperlich-geistige Schönheit stets ein Abbild der höchsten Schönheit und Intelligibilität ist. Schönheit – Ordnung – Vernunft stehen also in einem unmittelbaren Zusammenhang zur Ausbildung des Vollkommenen, wie es sich abbildhaft in der Seele des Einzelnen wie in der kosmischen Seele offenbart.

50 Über das Verhältnis der innerweltlichen Vernunft zu der absoluten Vernunft bzw. der Idee des Guten erhalten wir keine genaue Auskunft (vgl. Heinze, M.; *Die Lehre vom Logos in der griechischen Philosophie*, Oldenburg 1872, S. 65 ff.), sieht man einmal von der Beziehung einer größtmöglichen Ähnlichkeit ab.

in dem qualitativen, daß jeder Teil vollkommen und abgeschlossen ist und das ist, was jeder andere auch ist.« (K. Gloy 1986, a. a. O., S. 20)

Dies darf nicht heißen, daß es keine Unterschiede der ›Teile‹ gäbe, wohl aber eine Gleichheit bezüglich des Prinzips von Ordnung und Vollkommenheit analog dem Ganzen.

Nach diesen Erläuterungen zum Wesen des Kosmos im Verhältnis zur Idee des Guten erfolgt nun gleich einem Schöpfungsmythos die Begründung des Weltaufbaus mitsamt der dem Kosmos innewohnenden Weltseele als Mittlerin der Weltvernunft. Die sichtbare, körperliche Zusammensetzung der Welt basiert zunächst auf der Verbindung der Elemente Feuer und Erde unter Einbindung eines dritten, »denn ein bestimmtes Band in der Mitte [δεσμὸν γὰρ ἐν μέσῳ] muß die Verbindung zwischen beiden schaffen. Das schönste aller Bänder ist aber das, welches sich selbst und das Verbundene soweit möglich, zu einem macht. Das aber vermag ihrer Natur nach am besten die Proportion [ἀναλογία] zu bewirken. *[a : b : c z. B. 3 : 6 : 12]*[51] Wenn nämlich von drei Zahlen, seien es nun irgendwelche Mengen oder Quadratzahlen, sich die mittlere so zur letzten verhält wie die erste sich zu ihr *[b : c = a : b z. B. 6 : 12 = 3 : 6]* und wiederum wie die letzte sich zur mittleren so die mittlere zur ersten *[c : b = b : a z. B. 12 : 6 = 6 : 3]* dann wird, da die mittleren zur ersten und letzten wird *[b : a = c : b bzw. 6 : 3 = 12 : 6]*, die letzte und erste aber beide zu mittleren, daraus notwendig folgen, daß alle dieselben seien. Indem sie aber untereinander zu demselben wurden, daß alle eins sein werden.« (Tim., 31 c–32 a) Diese Komposition wird nun in die Dreidimensionalität überführt und durch eine weiteres Mittelglied ergänzt: »... indem der Gott so aber inmitten zwischen Feuer und Erde Wasser und Luft einfügte und sie zueinander möglichst proportional machte, nämlich wie Feuer zu Luft so Luft zu Wasser und wie Luft zu Wasser so Wasser zu Erde, verknüpfte und gestaltete er einen sichtbaren und betastbaren Himmel. Und deswegen und aus derartigen der Zahl nach vierfachen Bestandteilen ward der Körper des Alls erzeugt als durch Proportion übereinstimmend [τὸ τοῦ κόσμου σῶμα ἐγεννήθη δι᾽ ἀναλογίας ὁμολογῆσαν], und hieraus erlangte er freundschaftliches Einvernehmen [φιλίαν], so daß er, zur Übereinstimmung mit sich selbst zusammenfindend, für irgendeinen anderen, als der ihn verknüpfte, unauflöslich wurde.« (Tim., 32 c)

Ausgangspunkt der platonischen Komposition der Welt ist hier der Rückgriff auf die Elementelehre des Empedokles. Nach dem sizilianischen Naturphilosophen stellen die vier Elemente die Grundstoffe dar, aus denen das All zusammengesetzt ist. Damit ist jedoch kein unveränderlicher Zustand gemeint: Vielmehr befindet es sich in einem zyklischen Wandel (»κατὰ κύκλον«; DK 31 B 26), bedingt durch das Wirken

---

51 In eckigen Klammern jeweils von mir eingefügte, der Veranschaulichung auf Zahlebene dienende Proportionsgleichungen. Nicht die Elemente als solche sind gleich, wohl aber ihr Verhältnis zueinander.

der göttlichen Kräfte Liebe (φιλότης) und Haß (νεῖκος), von ›Werden‹ und ›Vergehen‹, die nichts anderes sind als Modifikationen von elementaren Mischungsverhältnissen (vgl. DK 31 B 17). Die Liebe fügt die Elemente in eine harmonische Ordnung, ein ausgewogenes Mischungsverhältnis, vermöge dessen ein Ruhezustand eintritt, in dem das All gleich einer ›Kugel‹ (σφαῖρος) eine gleichmäßig durchmischte Einheit bildet. Der Haß löst diesen Verbund in einem Wirbel wieder auf, scheidet die Elemente, so daß sich die Einteilung der erfahrbaren Welt ausbildet. Ist diese Schichtung der Elemente vollzogen, wirkt wiederum aus dem Zentrum des Ganzen die alles einheitlich verbindende Kraft der Liebe.

Die Begründung des Timaios für die Notwendigkeit der vier Grundstoffe ist aber eine mathematische oder pseudomathematische.[52] Grund für die Vierzahl der Elemente ist die geometrische Körperkonstruktion, die vier Bestandteile bzw. zwei Mittel voraussetzt. Mit der Zusammensetzung der Elemente über Mittel löst Platon die Vorstellung des Empedokles, wonach Liebe und Haß die Wirkkräfte der Abstoßung und Zusammenziehung von Elementen bilden, ab durch die geometrische Proportion und schafft damit eine Voraussetzung für die Formulierung der Analogie als Verhältnisgleichheit in allen Seinsbereichen vor dem Hintergrund der mathematischen Proportionalität. Alle Elemente sind nach einem Verhältnismaß zusammengefügt und bilden damit eine Einheit in Gleichmäßigkeit und das heißt Harmonie. »This means that the four terms of such an ἀναλογία must form a geometrical progression, the ratio of each term to its immediate precursor being constant.« (E. A. Taylor 1928, a. a. O., S. 96)

Hier wird also anhand der geometrischen Proportion veranschaulicht, daß ein bestimmtes Verhältnismaß, eine gleichbleibende qualitative Ordnung, das Verschiedene zur Einheit formiert. Ursache von Ordnung im Sinne von Ebenmäßigkeit und harmonischer Zusammenfügung des Verschiedenen zum Ganzen ist aber stets die Einwirkung von »Weisheit und Vernunft« (σοφία καὶ νοῦς; Philebos, 30 c).

Alle Bestandteile werden vollständig verbraucht, um aus den vollkommenen Teilen ein Ganzes zu machen, das alles umschließt und nichts außer sich hat, insofern es ein und alles ist. Wie Parmenides setzt Platon die Kugel als begreifbares Modell der Vollkommenheit, Selbstähnlichkeit und Symmetrie des Weltkörpers, eine das Ganze des Seienden umfassen-

---

52 Vgl. Taylor, A. E.; *A Commentary on Platos' s Timaeus*, Oxford 1928, S. 88. Die Lehre der vier Elemente wird mit der Dimensionsfolge Punkt-Linie-Fläche-Körper verknüpft. Zwar nicht im Sinne einer Gleichsetzung des Feuers mit dem Punkt, des Wassers mit der Linie usf., sondern zunächst einmal geht es um die Zahl der Elemente. Um Dreidimensionalität/den körperlichen Raum zu erzeugen und nicht bloß »ebene Fläche ohne jegliche Tiefe« (Tim., 32 a), bedarf es der Vierzahl, die Zahl des Körpers ist. Vgl. die entsprechende Deutung bei G. Bruno (De monade, OL I 2, S. 392). Allerdings ist Brunos Elementelehre nicht mit dem antiken Schema der vier Stoffe gleichzusetzen (vgl. Zwiegespräche, S. 14 u S. 100 f.).

de Kugel, die alles in sich aufnimmt, analog der göttlichen Einheit. Die Vorstellung einer geometrischen Kugel erscheint insofern widersprüchlich, als der Kugelumfang als Begrenzung die Frage nach dem außerhalb Befindlichen nahelegt. Ein solches ›Außen‹ schließt die platonische Lehre jedoch aus. Wenn von einer Kugel die Rede ist, dann vorrangig in der Hinsicht, das Ganze als ein der höchsten Vernunft ensprechend Geformtes (und nicht etwa formloses) vorstellbar werden zu lassen.

Auch Giordano Bruno beruft sich auf diese Kugelvorstellung, die das Prinzip von unendlicher Ausdehnung, Homogenität und Vollkommenheit zugleich verkörpert. Doch auch bei Bruno wird diese Kugelvorstellung eher als für den menschlichen Verstand anschauliches Modell eingeführt. Das unendliche All ist nicht geometrische Kugel, sondern verhält sich *wie* die Kugel. In der dritten Ordnung der Tetrade, in der Bruno die platonische Dimensionsfolge referiert, heißt es daher auch: »Viertens vollendet die räumliche Tiefe die Zusammensetzung, weil der dritten Dimension darüberhinaus keine vierte zugefügt wird. Hier wird durch das Zusammenwirken der Prinzipien eine gewisse Komplexion gebildet, die einer räumlichen Kugel ähnlich ist.« (De monade, OL I 2, S. 392; Über die Monas ..., ed. Samsonow 1991, S. 72)

Bei Platon heißt es: »Dem Lebewesen aber, das bestimmt war, alle Lebewesen in sich zu umfassen, dürfte wohl die Gestalt angemessen sein, welche alle irgend vorhandenen Gestalten in sich schließt;[53] darum drechselte er sie auch kugelförmig [σφαιροειδές], mit gleichen Abständen vom Mittelpunkt aus nach allen Seiten zu den Endpunkten und kreisrund [κυκλοτερές], die vollkommenste und sich selbst ähnlichste [ὁμοιότατόν] aller Gestalten ...« (Tim., 33 b–c) So entsteht, gleich einer riesigen Monade, die Weltkugel als ein Lebewesen, ein Weltorganismus, der in seinem göttlichen Entwurfe ganz Eines ist: eine innere Allumfassendheit, die nichts außer sich hat. Daraus erklärt sich auch die glatte Außenseite des Weltkörpers, der ohne jegliche Körperöffnung, ohne Sinnesorgane oder Gliedmaßen existiert, sofern es weder einen Zugang noch einen Abgang aus diesem Ganzen gibt, denn nichts ist außerhalb seiner. Die Beschreibung des Weltganzen als Körper, allerdings unter Ausschluß der Eigenschaften, die den vergänglichen Lebewesen zukommen, wird hier ganz gezielt gesetzt und verweist bereits auf die Analogie zum menschlichen Körper. Im *Philebos* erklärt Sokrates in ähnlicher Weise die Zusammensetzung des Körpers aus den vier Elementen, geht dabei allerdings vom menschlichen Leib aus, in dem die vier Elemente anteilhaft vorhanden sind und sich zu einem Ganzen fügen. »Dasselbe nimm nun auch an von dem was wir Welt [κόσμος] nennen. Denn ganz auf dieselbe Weise wäre es doch auch ein Leib [σῶμα], da es zusammengesetzt ist aus demselbigen« (Phil., 29 e), d. h. eben denselben Elementen.

---

[53] Die fünf regelmäßigen Körper Platons lassen sich in die Kugel einschreiben.

Ebenso bezieht sich die Zuteilung einer dem Weltkörper angemessenen Bewegung, der Kreisbewegung, »die unter den sieben Bewegungen am meisten zu Vernunft und Verstand gehört« (Tim., 34 a), auf die Bewegungsarten der körperlichen Lebewesen (kreisen, herauf, herunter, links, rechts, vorwärts, rückwärts), schließt allerdings für den vollkommenen Körper die sich erschöpfenden, Anfangs- und Endpunkt setzenden Bewegungsarten aus. Die Kreisbewegung aber gleicht der Vernunft am meisten, da sie sich auf einer Stelle und um einen Mittelpunkt bewegt »als ein Ebenbild der Scheiben auf der Drechselbank, und sie muß dem Umschwung der Vernunft in jeder Hinsicht so verwandt und ähnlich sein wie nur möglich ... [insofern] sich beide im selben Sinne und in derselben Art und Weise und auf derselben Stelle und um dasselbe und auf dasselbe hin nach *einem* Gesetz und nach *einer* Regel bewegen – *ich meine* die Vernunft und die sich auf einem Punkt vollziehende Bewegung, vergleichbar beide den Umdrehungen einer gedrechselten Kugel ...« (Leges X, 898 a–b).

In diesen vollkommenen, ebenmäßigen und vom Mittelpunkt nach allen Seiten hin gleichen Körper setzt der Schöpfer daraufhin die Seele, als von der Mitte her das Ganze vollkommen durchdringende, der zwar hier die Erschaffung des Körpers vorausgeht, die aber, was ihren Rang angeht, Priorität vor dem Körper hat.

Die Zusammensetzung der Weltseele wird nun analog der des Weltkörpers als eine Verbindung sich widerstrebender ›Elemente‹ über die Bildung von Mittleren vollzogen: der Mischung von unteilbarem Sein und teilbarem, körperlichem Werden, der Mischung von unteilbarem Selben und teilbarem Anderen. (Tim., 35 a)

Ideenwelt		Erscheinungswelt
»τῆς ἀμερίστου καὶ ἀεὶ κατὰ ταὐτὰ ἐχούσης οὐσίας«		»τῆς αὖ περὶ τὰ σώματα γιγνομένης μεριστῆς ... οὐσίας«
unteilbares, ewiges Sein		körperliches, teilbares Sein
	Mischung zwischen	
unteilbar Selbes		teilbar Verschiedenes
	Mischung zwischen	

Ob es sich hierbei im eigentlichen Sinne um nur eine Mitte handelt, die unter verschiedenen Aspekten definiert ist, wird sehr kontrovers diskutiert.[54]

---

54 Vgl. hierzu K. Gaiser 1963, a. a. O., S. 345, Anm. 36 u. 37, nach dessen Ansicht es einen ontologischen Gegensatz von Sein und Werden (Idee und Erscheinung) neben einem formallogischen Gegensatz von Identität und Diversität gibt, wobei letzterer sowohl auf den Bereich des wandelbaren Werdens wie des gleichbleibenden Seins anzulegen ist. Vgl. ebda., S. 42.

Nach A. E. Taylor (ders. 1928, a. a. O., S. 128) ist, ausgehend von der Tatsache, daß Platon die Rede des Timaios repräsentativ für spätpythagoreisches Denken setzt, die Zusammenfügung der Weltseele vor eben diesem Hintergrund zu betrachten. Nach pythagoreischer Lehre entsteht die Welt des Seienden durch das Zusammenwirken von πέρας und ἄπειρον, d. h. auf der Zahlebene ausgedrückt, durch das unbegrenzt Teilbare (erste gerade Zahl) und das begrenzt Teilbare (erste ungerade Zahl), also durch die Prinzipien von Unbegrenztem und Begrenzendem. In der Einheit (Prinzip der Einheit, das nicht der Zahl 1 gleichzusetzen ist) sind beide angelegt; aus der Entfaltung der Einheit entstehen die Zahlen, wobei das Prinzip von Grenze und Unbegrenztem wirksam wird.

»It is enough to be reminded, that according to the Pythagorean doctrine, the ultimate components of all things are the ἄπειρον and the πέρας, and that the ›unit‹ is the simplest and earliest combination of them.« (Ebda., S. 12) Gemäß dieser Kombination setzt sich auch die platonische Weltseele zusammen, als Verbindung (im Sinne eines Wechselverhältnisses) von Grenzenlosem und Begrenzendem, die der Einheit als gegenläufig zusammenwirkende Prinzipien immanieren und in der Generierung der Zahlreihe als zeugende Kraft wirksam werden. »...t here are just three and no more than three constituents of the world's ψυχή, and that one of them is the ›blend‹ of the Indivisible and the Divisible. This shows, that the Same and Different here spoken of must be identical with the Indivisible and the Divisible respectivly. ... the ingredients of the ψυχή are just these three, the Indivisible (= the Same), the Divisible (= the Different), the blend of the two.« (Ebda., S. 128) Platon spricht im *Timaios* noch nicht von der ihm zugeschriebenen Dualität von Einheit und unbestimmter Zweiheit (vgl. Metaphysik, 987 b 20 ff.), sondern greift auf die pythagoreische Begrifflichkeit von Begrenzendem und Unbegrenztem zurück, die jedoch in einem logisch strenger gefaßten Sinne als konstituierende Prinzipien der Weltseele gesetzt werden. Auch hier ist es sinnvoll, auf den Dialog *Philebos* zu verweisen, in dem die ›Bestandteile‹ der Seele, das Unbegrenzte (ἄπειρον), die Begrenzung (πέρας) sowie das aus diesen entstandene, »gemischte und gewordene Sein« (μεικτὴν καὶ γεγενημένην οὐσίαν; Phil., 27 b) angeführt werden, wozu als ein Viertes die Ursache der Mischung tritt. Das Unbegrenzte ist hiernach dasjenige, was niemals eine bestimmte Größe hat, was niemals ruht, sondern immer im Werden begriffen ist. Dieses Vielfältige – »Alles, worin wir sehen, daß es mehr und weniger wird ...« (Phil., 24 e) – läßt sich unter der Gattung des Unbegrenzten als eines fassen. Alles diesem Entgegengesetzte, das Gleiche, die Gleichheit und was sonst in einem (Zahl-)Verhältnis steht bzw. dem Unbegrenzten als Maß entgegenwirkt, gehört zur Gattung des Begrenzten. (Vgl. Phil., 25 e). Die dritte Gattung aber ist diejenige, welche die beiden erstgenannten harmonisch verbindet, »welche durch Einbringung des Gleichmäßigen [σύμμετρα] und Zusammenstimmenden [σύμφωνα] eine Zahl hervorbringt.« (Phil., 25 e) An dieser Stelle sei nochmals die bereits erwähnte Harmonielehre des Pythagoreers Philolaos ins Gedächtnis gerufen, deren Zugrundelegung sich in der platonischen Komposition der Weltseele als wahrscheinlich annehmen läßt. Heißt es doch bei Philolaos, die Ordnung der Natur füge sich aus dem grenzenlosen wie grenzenbildenden Prinzip (vgl. DK 44 B 2) und ein jegliches Ding sei durch das Zusammenwirken dieser beiden bestimmt, insofern nichts Gegenstand der Erkenntnis sein könne, wenn allein das Grenzenlose wirksam werde. (Vgl. DK 44 B 3) Damit aber diese beiden Prinzipien nicht unvermittelt nebeneinander existierten, bedürfe es eines dritten, aus beiden gemischten: »Da aber diese Prinzipien als ungleich und unverwandt zugrundelagen, so wäre es offenbar unmöglich gewesen, mit ihnen eine Weltordnung zu begründen, wenn nicht Harmonie dazu gekommen wäre, auf welche Weise auch immer diese zustande kam.« (DK 44 B 6)

Harmonie, dies wurde gezeigt, ist nachzuvollziehen auf der Ebene des Zahlmäßigen. »Die Zahl ist das herrschende und unerschaffene Band des ewigen Beharrens der innerweltlichen Dinge.« (DK 44 B 23; Diels/Kranz 1972, a. a. O., S. 419)[55]

Vor diesem Hintergrund scheint mir die These Taylors gerechtfertigt, es handle sich bei Platon im eigentlichen Sinne um drei Bestandteile der Weltseele. So wird die Weltseele zusammengefügt aus dem unteilbar Selben (Sein), dem teilbar Verschiedenen (Werden) und dem Gemischten aus beidem und korrespondiert hierin mit der Fügung des Weltkörpers aus Sein, Werden und ›Raum‹ (vgl. Tim., 52 d). In Weltseele wie -körper wirkt die göttliche Gestaltung nach dem Urbild des Guten abbildhaft »durch Formen und Zahlen« (Tim., 53 b), und diese Analogie der Dreigestaltetheit ist es erst, die eine Erkennbarkeit der bestehenden Welt ermöglicht (vgl. A. E. Taylor 1928, a. a. O., S. 131 f.), insofern auch die individuelle Seele nach diesen Prinzipien gefügt ist und ›Gleiches nur durch Gleiches erkannt wird‹, wie es bei Aristoteles heißt. (Vgl. De anima, 404 b 16 und Tim., 43 b–c u. 45 c) Wenn man von zwei Mitten sprechen will, so in der Konsequenz eines mit dem Aufbau körperlicher Komplexion korrespondierenden Aufbaus der Weltseele. Von größerer Bedeutung erscheint mir jedoch das Prinzip einer Vermittlung zwischen dem Prinzipiengegensatz schlechthin und damit die dualistische Struktur des Mittelgliedes/der Seele.

Die sich ergebende Mischung der Seele umfaßt somit alle zuvor angeführten, sich entgegengesetzten Kriterien in harmonischer Verbindung. »Und diese drei nahm er und vereinte alles zu *einer* Gestalt, indem er die schlecht mischbare Natur des Verschiedenen gewaltsam mit der des

---

[55] Nach dem Bericht des Diogenes Laertius geht die Kunde, Platon habe das einzige Buch des Philolaos von dessen Verwandten käuflich erworben und daraus seinen *Timaios* geschöpft. Derartige Überlieferungen auf der Basis von Hörensagen können sicherlich nicht als zuverlässiges Quellenmaterial bewertet werden, deuten aber unabhängig davon auf eine wie auch immer geartete Kenntnis der Lehre des Philolaos von seiten Platons hin. (vgl. Diogenes Laertius VIII 84 ff.)

›Selben‹ harmonisch zusammenfügte und sie mit dem Sein vermischte.« (Tim., 35 a–b) Die bereits formulierte Mittelstellung der Seele zwischen Ideenwelt und Erscheinungswelt wird hier also bereits in ihrer Zusammensetzung angelegt durch die der Seele immanenten Bestandteile und gewährleistet, sowohl was die Seinsweise angeht wie das Erkenntnisvermögen, eine vielfältige Möglichkeit in Beziehung zu treten.

Nachdem nun die Weltseele aus diesen drei Anteilen zusammengefügt ist, wird diese nun wiederum »in so viele Teile, als sich geziemte« (Tim., 35 b) aufgeteilt, wobei diese Teilung gleichsam als eine Generierung aus der Einheit vorgenommen wird.

Bevor diese Zahlgenerierung weiterverfolgt wird, ist nochmals nach dem platonischen Zahlbegriff zu fragen.

Aristoteles hatte Platons Verständnis der Zahl von dem der Pythagoreer unterschieden, insofern letztere ein Zahlsein der Dinge angenommen hätten, Platon jedoch die Zahlen als Mittler zwischen den Ideen und den Erscheinungen setze. (Vgl. Metaphysik, 987 b 10 ff.) Die pythagoreische Zahlenlehre – dies wurde gezeigt – geht jedoch weder von einer atomistischen Punktmengentheorie aus, noch sind die Zahlen als körperliche Elemente gedacht oder gar als gesondert von den Dingen betrachtetes Formprinzip. Die Dinge sind insofern die Zahlen oder eine ›Nachahmung‹ derselben, als sie anhand von Zahlverhältnissen quantitativ wie qualitativ erfaßbar sind. Wenn die Zahl daher (in späteren Berichten) auch als Wesen der Dinge bezeichnet wird, dann zum einen aufgrund der genannten qualitativ-quantitativen Bestimmbarkeit des Seienden, zum anderen vor dem Hintergrund einer außerhalb des pythagoreischen Denkens liegenden Dualität von Form- und Stoffprinzip.

Erst bei Platon fungieren die Zahlen als ein Mittleres und Vermittelndes zwischen körperlichem Werden und geistigem Sein, in der Weise, daß die Zahl für die in ein Verhältnis gesetzten gegenläufigen Prinzipien steht, eine harmonische Ausgewogenheit, durch die erst ein etwas ›ist‹ und ›erkennbar ist‹: »... und die Alten, Besseren als wir und den Göttern Näherwohnenden haben uns diese Sage übergeben, aus Einem und Vielem sei alles, wovon jedesmal gesagt wird, das es ist und habe Bestimmung und Unbestimmtheit [πέρας τὲ καὶ ἀπειρίαν] in sich verbunden.« (Phil., 16 c–d)

Wenngleich Platon auf arithmologisch-spekulative Elemente tradierter Zahlenlehre verzichtet, bleibt sein Zahlbegriff ein qualitativ bestimmter. Geht es doch darum, im Verhältnis von Einheit und Vielheit die Zwischenglieder anhand der Zahl begrifflich als Eines zu fassen. »Deshalb nun müßten wir, da dieses so geordnet ist, immer einen Begriff [μίαν ἰδέαν] von allen jedesmal annehmen und suchen; denn finden würden wir ihn gewiß darin. Wenn wir ihn nun ergriffen haben, dann nächst dem einen ob etwa zwei darin sind zu sehen, wo aber nicht, ob drei ober irgendeine andere Zahl.« (Phil., 16 d) Was an dieser Stelle des *Philebos* schwer verständlich erscheint, erklärt Sokrates in der Folge am Beispiel des Laut- und Tonsystems. Diese Ausführungen zum Verhältnis von

Einheit und Vielheit bzw. zum Unendlichen seien hier weiterverfolgt, weil sie m.E. auf den Weg führen, die Generierung aus der Einheit im *Timaios* tiefer zu durchdringen sowie die Bedeutung der Zahl im Denksystem Platons zu erfassen.

In der *Timaios*-Rezeption und Interpretation neuerer Zeit stößt man vielerorts auf Versuche, die aus der Einheit abgeleitete Skala im Sinne einer Tonleiter – oder besser – einer spielbaren Tonfolge zu deuten.[56] Unbestreitbar liegen in der Zahlenfolge neben den geometrischen ebenso musiktheoretisch relevante Abmessungen vor, d. h. die Entfaltung aus der Einheit folgt einem Ordnungs- und Unterteilungsschema, welches auf eine Intervallehre verweist. Der Versuch, die geometrische Proportion als Grundlage harmonischer Gesetzmäßigkeit aufzuzeigen, erwies sich ansatzweise bereits in den pythagoreischen Lehren.

Gleichwohl ist die Skala des *Timaios* weniger in ihrer musikalischen Ausformung im Sinne einer konsonanten Klangfolge zu betrachten, sondern vielmehr unter dem Gesichtspunkt, die Entfaltung der Einheit zur Vielheit über Ordnungsrelationen zu erfassen, wobei die musikalische Intervallehre vornehmlich einen exemplarischen Verdeutlichungscharakter hat. Es geht bei Platon nicht um einen hörbaren Klang (vgl. W. Burkert 1962, a. a. O., S. 332), weder in der Zusammensetzung der Weltseele noch der analog komponierten Einzelseele, sondern um harmonische Fügung und d. h. immer vernunftgegebene Ordnung des Vielen zum Ganzen als Einheit. »Zahl ist nicht Quantität und Meßbarkeit, sondern Ordnung und Entsprechung, rhythmische Gliederung des Lebens und anschauliche Aufteilung des Alls.« (Ebda., S. 451)

So verdeutlicht Sokrates im *Philebos* anhand des stimmhaften Lautes, es genüge nicht zu wissen, daß der ausgesprochene Laut (φωνή), das heißt die Stimme, *eine* sei und zugleich *unendlich* in ihrer Mannigfaltigkeit, ihrer vielfältigen und variablen Zusammensetzung und ihrem Ausdrucksvermögen. Erst die Kenntnis über die Art und Weise der Lautzusammensetzung, über das Welcherlei und Wievielerlei gereicht zu einem Verständnis des Einen, der Sprache insgesamt wie ihrer Elemente. Deshalb habe dem Mythos nach Theut die Buchstaben (γράμματα; pl. auch Alphabet) voneinander geschieden und durch eine zahlenmäßige Bestimmung aus der Menge des Unendlichen gesondert, »bis er ihre Zahl zusammenfassend jeden einzelnen und alle insgesamt Buchstaben [στοιχεῖον] nannte. Und da er sah, daß niemand von uns auch nicht einen für sich allein ohne sie insgesamt verstehen kann, so faßte er wiederum dieses ihr Band als eines zusammen und als diese alle vereinigend und benannte es daher als das eine zu dieser die Sprachkunst.« (Phil. 18 c)

Die Grammatik, die kunstvolle Fügung (τέχνη) der Buchstaben bzw. Elemente, läßt erst das Einzelne als Eines faßbar werden. Erkennen

---

56 Vgl. u. a. J. Handschin, B. Kytzler, A. Ahlvers, A. v. Thimus.

basiert auf der genannten, grundlegenden Verhältnisbeziehung von Bestimmtem und Unbestimmtem, läßt das Eine als solches aus der Vielheit allein aufgrund einer (Zahl-)Ordnung erkenntlich werden. So auch in der Musik: »... wenn du die Zwischenräume [διαστήματα] der Töne aufgefaßt hast, wieviel deren sind der Zahl nach und welcherlei an Höhe und Tiefe, und die Erklärungen dieser Zwischenräume, und wieviele Verbindungen wieder aus ihnen entstehen, welche eben die Älteren erkannt und uns, ihren Nachfolgern überliefert haben, sie Tonarten zu nennen, und ebenso ähnliche Verhältnisse [ἁρμονίας], die sich in den Begrenzungen des Leibes finden, welche man in Zahlen gemessen, wie sie sagen, Takte und Maße [ῥυθμοὺς καὶ μέτρα] nennen muß, und zugleich bedenken, *daß man eben so jedes, was Eins und Vieles [ἑνὸς καὶ πολλῶν] ist, untersuchen muß* [Hervorh. n. i. O.]: wenn du dies so gefaßt hast, bist du der Sache kundig [σοφός] geworden, und wenn du irgend etwas anderes von den Eins auf eben diese Weise untersucht und gefaßt hast, dann bist du darin zur Einsicht gelangt.« (Phil. 17 c–e)

Es geht um die Zwischenräume (διαστήματα auch gr. für Intervall) oder Intervalle, die das Eine erst im Verhältnis zum anderen als Eines begreifbar werden lassen, das einzelne Eine quasi erst determinieren und über die Einordnung zu einer Gesamtheit verbinden. Diese Kenntnis wird zwar nicht ausreichen, die Unendlichkeit eines Begriffes oder Dinges erschöpfend zu erfassen, (vgl. ebda., 17 e) hat aber, wenngleich sich nur über einen Bereich der unendlichen Vielfalt erstreckend, zumindest die Funktion einer größtmöglichen Annäherung an die Idee des höchsten Einen.

Hier also wiederum eine Grenzsetzung des für die Erkenntnis Faßbaren hinsichtlich ihrer Gebundenheit an die sinnliche Wirklichkeit, gleichzeitig aber tritt das Anliegen hervor, über die Erkenntnis analoger Ordnungszusammenhänge in unterschiedlichen Bereichen der Erscheinungswelt das Viele soweit als möglich auf einen Begriff zu bringen: »das ἀγαθόν ... kann nur in einem gleichsam religiösen Erlebnis erfahren werden; doch zielt das Denken – gerade in seiner strengsten Form der Mathematik – auf die bestmögliche Annäherung, um die Kluft, die jener Funke überspringen muß, so klein wie möglich zu machen.« (W. Burkert 1962, a. a. O., S. 19)

Wenden wir uns unter diesen Vorgaben nun wieder dem *Timaios* zu bzw. der ›Teilung‹ der Weltseele, wie sie anhand einer Zahlenfolge beschrieben wird: »Zuerst nahm er einen Teil vom Ganzen *[1]*, dann den doppelten desselben *[2]*, als dritten den anderthalbfachen des zweiten, aber dreifachen des ersten *[3]*, als vierten den doppelten des zweiten *[4]*, als fünften den dreifachen des dritten *[9]*, als sechsten den achtfachen des ersten *[8]*, als siebenten den siebenundzwanzigfachen des ersten. *[27]*« (Tim., 35 b–c)[57]

Es ergibt sich hiernach, wie unten im Diagramm in Lambda-Form dargestellt, jeweils eine geometrische Progression der geraden Zahl $2^0 - 2^3$ und der ungeraden Zahl $3^0 - 3^3$, d. h. es entsteht die Dimensionsfolge Punkt – Linie – Fläche – Körper.

Geht man nach der Reihenfolge der Generierung, so bilden die ersten vier Zahlen (1, 2, 3, 4) die Dimensionsfolge Punkt, Linie, Fläche, Körper. Damit ist die Tetraktys, wie sie durch die Pythagoreer überliefert ist, gegeben. Es wurde bereits an einer früheren Stelle darauf hingewiesen, daß Platon mit dieser arithmetischen Reihe, die zugleich die geometrische Dimensionsfolge darstellt, den Übergang von der ersten, rein geistigen, potentiell alles in sich bergenden Einheit in die sinnliche Konkretion der Körperwelt faßt: Eine Entfaltung des Einen in Vielgestaltigkeit in hierarchischer Folge, wobei auf jeder Stufe der Entfaltung der Prinzipiengegensatz von Begrenzung und Begrenztem als Verschränkung von Sein und Werden wirksam wird, insofern das Aus-Sich-Heraustreten des Punktes begrenzende Bedingung der Linie, die Linie Bedingung der Fläche, die Fläche Bedingung des Körpers ist.

Bereits im Liniengleichnis mit seinen vier Streckenabschnitten deutete sich eine Analogie von ›Deutlichkeit‹ der Erkenntnis im Verhältnis zur ›Wahrhaftigkeit‹ der Abbilder im Hinblick auf das Urbild als eine Hierarchie von Seins- und Erkenntnisweise an. (vgl. auch J. Stenzel 1933, a. a. O., S. 91 ff.) Nach Stenzel gilt den Griechen *Denken* als eine Bewegung, die jedoch nicht kontinuierlich verläuft, sondern – wie anhand der Dimensionsfolge nachzuvollziehen – »dialektisch, d. h. gegliedert durch Haltepunkte« (ebda., S. 96). In diesem Zusammenhang gibt er eine Übersetzung des Aristoteles-Kommentators Philoponus (vgl. ebda., S. 97 ff., vgl. auch K. Gaiser, a. a. O., S. 486), die ich hiermit aufgreife: »Im Wahrnehmbaren faßt Platon den Punkt als Einheit, die Linie als Zweiheit, die Fläche als Dreiheit und den Körper überhaupt (αὐτό) als Vierheit auf; denn diese sind die Prinzipien des Körpers. Den Punkt nun als Einheit, weil er teillos ist, die Linie als Zweiheit, weil der Punkt fließend be-

---

[57] Erwähnung findet diese zweischenkelig aufgefaßte geometrische Progression auch bei dem bereits mehrfach erwähnten Nikomachos, der, ausgehend von einer die Monas rühmenden Beschreibung, eben diese bei Platon niedergelegte Zahlenfolge benennt. Vgl. Thimus, A. v.; *Die harmonikale Symbolik des Altertums*, Hildesheim/New York 1972, S. 130.

wegt⁵⁸ die Linie erzeugt, die von zwei Punkten begrenzt wird und Länge ohne Breite ist; die Fläche als Dreiheit entweder, weil die erste Figur das Dreieck ist oder, was wahrscheinlicher ist, weil wie der Punkt fließend bewegt nach der Längendimension einen andern Punkt erzeugt, derselbe Punkt bei Bewegung nach der Breite wieder einen andern Punkt erzeugen wird, so daß drei Punkte entstehen, einer die Grenze (Bestimmung) der Länge, ein anderer die Grenze der Breite und der dritte der beiden gemeinsame. Vierheit aber ›bezeichnet‹ den Körper überhaupt, entweder wieder, weil die Pyramide, die aus vier Dreiecken entsteht, die erste der körperlichen Figuren ist, oder wieder nach demselben Verhältnis (Analogie)... So liegt im Wahrnehmbaren Einheit, Zweiheit, Dreiheit, Vierheit als Prinzip vor. Da nun die Seele alles Seiende erkennt, so muß sie füglich auch aus diesen Prinzipien bestehen, damit sie dies alles erkennt. Es soll nun in ihr die Eins der Geist sein, durch den sie das Geistige (τὰ νοητά) erfaßt; denn ungeteilt erfaßt der Geist, in einem Akt (ἐπιβολή) erkennt er die Dinge; Zweiheit soll der Verstand (διάνοια) sein; er hat das Woher und Wohin; denn er durchläuft einen Weg ›diskursiv‹ und geht von Voraussetzungen zu Schlußfolgerungen über. Dreiheit wäre die Meinung, weil diese im Begriff irgend etwas zu meinen zweifelt und gleichsam einen gespaltenen Weg sich vorstellt ... Die Vierheit aber ist die Wahrnehmung, weil die Vierheit im Wahrnehmungsmäßigen den Körper bezeichnete, die Wahrnehmung aber die leibhaftigste der Erkenntnisse (γνώσεως) der Seele ist; denn sie erfaßt das Konkrete ...; ohne Leib erkennt sie nichts.« Wesentlich ist hier aber die Hervorhebung der dimensionalen Struktur, die ihre Entsprechung in der dialektischen Denkbewegung findet.

Im *Timaios* entspricht diese Dimensionsfolge wiederum jeweils der Progression der geraden bzw. der ungeraden Zahlen eines Schenkels bis in die dritte Dimension. Die aus der ›Teilung‹ der Weltseele in der Zahlenfolge von 1 bis 27 insgesamt entwickelte 1. Progression (vgl. Tim., 35 b–c), also die Verschränkung der genannten Schenkel wird auch als

---

58 Zwar spricht Platon nicht vom *Punkt* in Entsprechung zur Eins im Bereich der Zahl, sondern setzt statt dessen Atom-Linien, d. h. unteilbare Linien (vgl. Metaphysik, 992 a 20 f.) als geometrische Einheit bzw. als Ursprungselement räumlicher Erstreckung. Gaiser (u. a.) sieht es jedoch als gerechtfertigt an, auch die Quellen als Wiedergabe platonischer Lehre anzusehen, in denen vom Punkt als dem begrenzenden Element dimensionaler Ausdehnung ausgegangen wird. (Vgl. W. Gaiser 1963, a. a. O., S. 355 f.) Auch was die Lehre des fließenden Punktes angeht, besteht in der bisherigen Forschung Uneinigkeit, ob hierunter ein pythagoreisches oder platonisches Erklärungsmodell von Ausdehnung und Begrenzung gegeben ist. Als bezeugt gilt die Auffassung des Speusippos (Neffe Platons und Nachfolger in der Akademieleitung) von der fließenden Bewegung aus dem Punkt (vgl. ebda., S. 356, Anm. 65/Metaphysik, 1085 a 30 ff.), doch heißt dies nicht, daß nicht bereits Platon ein solches Gegenwirken von Fließbewegung und dimensionaler Begrenzung angenommen haben könnte. Hervorgehoben sei diese sich begrenzende Bewegung aus einem Anfangselement in Hinblick auf die ähnlichlautenden Formulierungen bei G. Bruno.

große oder doppelte Tetraktys bezeichnet, insofern sie mit der Eins, die als Anfang der geraden wie der ungeraden Reihung steht, 7 Terme umfaßt. Wenn man nämlich die ersten sechs Zahlen addiert, ergibt sich die letzte, die Zahl 27 (1 + 2 + 3 + 4 + 8 + 9 = 27; vgl. A. E. Taylor 1928, a.a.O., S. 137; B. Kytzler 1958, a.a.O., S. 399). Auch Theon v. Smyrna nennt in seiner Schrift zur Musik zwei Arten von Tetraktys, die auf die Pythagoreer zurückzuführen seien. (Vgl. A. Boeckh 1866, a.a.O., S. 142, Sextus Empiricus, Adv. Mathematicos VII, 94). Die Aufstellung der Zahlenreihe in Form eines Lambda geht auf Plutarch (De animae procreatione, 1027 d) zurück, der sie Crantor zuschreibt.

Nach Kytzler[59] steht die Zweierreihe für das Prinzip des Unveränderlichen, stets Gleichbleibenden, die Reihe der Dreierpotenzen dagegen für die Veränderlichkeit der ungeraden Zahl. Wesentlich ist hier aber (in Analogie zur Beschreibung der elementaren Zusammensetzung von Körperlichkeit), daß wiederum vier Glieder in Form einer geometrischen Proportion, d.h. in einem gleichbleibenden, einheitlichen Verhältnis für die ›Teilung‹ der Weltseele zugrundegelegt werden, was nicht bedeutet, daß die Weltseele aufgeteilt wird, sondern anteilhaft die Körperwelt durchdringt.

$a : b = b : c = c : d$ oder $1 : 2 = 2 : 4 = 4 : 8$ bzw. $1 : 3 = 3 : 9 = 9 : 27$

War die Funktion der proportionalen Verbindung der Elemente bereits die, sie durch ›das schönste aller Bänder‹, welches die geometrische Proportion ist, soweit als möglich zu Einem zu machen, d.h. unauflöslich zu verbinden, so wird eben dieser Prozeß der proportionalen Verbindung hier auch in der Beseelung der Körperwelt vollzogen.

Im darauffolgenden Schritt werden nun die Abstände in der Reihe der beiden Dimensionsfolgen wiederum weiter ausgefüllt durch das Einsetzen des harmonischen und des arithmetischen Mittels.

a) *Das harmonische Mittel*[60]
D.h. für die beiden ersten Glieder der Zweierreihe: 4/3.

$a : c = (a-b) : (b-c)$ oder $1 : 2 = (1 - 4/3) : (4/3 - 2)$

---

59 Kytzler, B.; »Die Weltseele und der musikalische Raum«, S. 407, in: *Hermes*, Bd. 87, 1959, S. 393–413.
60 »... das um den gleichen Bruchteil der Außenglieder sie selber übertrifft und von ihnen übertroffen wird ...« (Tim., 36a).

Analogie und Zahlidee

Das harmonische Mittel ist um 1/3 größer als 1 und um 2/3 kleiner als 2.

Für die Dreierreihe läßt sich in entsprechender Weise 3/2 als harmonisches Mittel bestimmen.

b) *Das arithmetische Mittel*[61]
D. h. für die beiden ersten Glieder der Zweierreihe: 3/2.

$a - b = b - c$ oder $1 - 3/2 = 3/2 - 2$

Das arithmetische Mittel übertrifft 1 um 1/3 bzw. wird von 2 um 1/3 übertroffen. Für die Dreierreihe läßt sich in entsprechender Weise 2 als arithmetische Mitte bestimmen.

Führt man dieses Einfügen der jeweiligen harmonischen und arithmetischen Mittel aus, ergibt sich nachfolgendes Lambda:

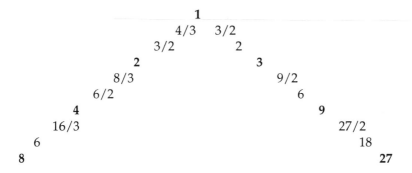

Über diese beiden ersten Schritte in der ›Aufteilung‹ der Weltseele herrscht in der Forschungsliteratur weitgehend Einstimmigkeit, erst die nachfolgende, dritte Operation hat Anlaß zu verschiedenartigsten Deutungsversuchen gegeben. Bevor diese dritte Aufschlüsselung dargelegt wird, scheint es mir jedoch notwendig, noch einen Moment bei dieser oben dargestellten Reihung zu verbleiben.

Eingefügt werden also das arithmetische und das harmonische Mittel, so daß die Intervalle der zunächst dargebotenen geometrischen Progression und Dimensionsfolge jeweils durch zwei Mittelglieder ausgefüllt werden. Als kennzeichnend für die geometrische Progression wurde bereits das gleichbleibende Verhältnis erwähnt. »Die Zahlenverhältnisse (λόγοι) sind das unveränderlich Bleibende und für Platon damit das eigentlich Seiende in allem Wechsel und bei aller Verschiedenheit der einzelnen Dinge. So ist in der Symphonie der ersten Zahlen die ganze

---

61 »... das um den gleichen zahlenmäßigen Betrag das eine übertraf und von dem anderen übertroffen wird ...« (Tim., 36a).

Welt ursprünglich enthalten.« (K. Gaiser 1963, a. a. O., S. 124 f.) Ein gleichbleibendes Verhältnismaß, eine Analogie der λόγοι ist auch hier gegeben. Dies wird insbesondere deutlich, wenn man die beiden eingefügten Mittel nicht getrennt voneinander betrachtet, sondern über die ›vollkommene Proportion‹ zu den Außengliedern ins Verhältnis setzt. Bereits anhand der pythagoreischen Tetraktys bzw. im Zusammenhang mit der Arithmetik des Nikomachos wurde die ›vollkommene Proportion‹ bestimmt als diejenige, welche alle drei Mitten (arithmetisch, harmonisch, geometrisch) umfaßt. Um dies nochmals in Erinnerung zu rufen, sei die Definition des Nikomachos zitiert: »Ferner werde ich kurz die vollkommene Proportion, die drei Abstände hat und alle umfaßt, erklären, da sie zur wissenschaftlichen Ausbildung in der Musik und in der Naturkunde sehr nützlich ist: in eigentlicher Weise nämlich und in Wahrheit dürfte, im Vergleich mit den anderen, *nur diese allein Harmonie genannt werden,* wenn sie auch nicht eben und nicht nur mit einem Mittel verbunden ist, sondern mit zweien, damit sie so drei Abstände habe wie auch der Würfel kurz als Harmonie bestimmt wurde ...«[62]

Eine solche ›vollkommene Proportion‹ liegt dieser platonischen Zahlenfolge zugrunde:

$1 : 3/2 \ = 4/3 : 2$ *und* $1 : 4/3 \ = 3/2 : 2$
$2 : 3 \ \ \ \ \ = 2 : 3$ $\ \ \ \ \ \ \ \ \ \ 3 : 4 \ \ \ \ = 3 : 4$

$1 : 3/2 \ = 2 : 3$ *und* $1 : 2 \ \ \ \ \ = 3/2 : 3$
$2 : 3 \ \ \ \ \ = 2 : 3$ $\ \ \ \ \ \ \ \ \ \ \ \ 1 : 2 \ \ \ \ \ = 1 : 2$

Den Intervallen der Zweierreihe liegen jeweils die Verhältnisse 2/3 bzw. 3/4, denjenigen der Dreierreihe die Verhältnisse 2/3 bzw. 1/2 zugrunde. Damit treten in der großen Tetraktys die Zahlverhältnisse der kleinen hervor. Gleichzeitig sind mit diesen Proportionen wiederum die musikalischen Intervallabstände gegeben, und zwar auf der Seite der geraden Zahl Quarte und Quinte, auf der der ungeraden Quinte und Oktave. Insgesamt betrachtet spiegelt sich in dieser großen Tetraktys die Zahlenfolge aus der Einheit, die Dimensionsfolge und die drei ersten Intervalle[63], wie sie bereits anhand der pythagoreischen Tetraktys als Analogsystem vorgestellt wurden.

In dem darauffolgenden Schritt, so die Beschreibung des Timaios, werden die entstandenen Abstände so ausgefüllt, daß »anderthalb-, vierdrittel- und neunachtelmalige« Intervalle entstehen. Hier nun beginnt die umstrittene, vielfältig ausgelegte dritte Operation der platonischen Skala. Einige Kommentatoren ziehen zunächst die bis dahin getrennt

---

62 Übers. zit. n. K. Bärthlein 1957, a. a. O., S. 53
63 Erwähnt sei, daß sich auch die drei Intervalle auseinander ableiten lassen:
$1/2 : 2/3 = 3/4$ *und* $1/2 : 3/4 = 2/3$.

voneinander betrachteten Reihen zusammen, wobei die Werte, die in beiden Zahlfolgen vorkommen, nur einmal aufgeführt werden.[64]

Danach ergibt sich folgende Reihe (die untere Zeile zeigt die ausgefüllten Intervalle):

1 4/3 3/2 2 8/3 3   4 9/2 16/3 6   8   9 27/2 18 27
   4/3 9/8 4/3 4/3 9/8 4/3 9/8 27/32 9/8 4/3 9/8 3/2 4/3 3/2

Allerdings bleibt hier die Frage, falls die Reihung in diesem Sinne gemeint ist, ob Platon das Intervall von 27/32 entweder übersehen oder diesem keine Bedeutung beigemessen haben kann.

Kytzler schlägt daher vor, die Trennung der beiden Progressionen aus der Zwei- und Dreizahl beizubehalten, woraus sich folgende Reihen herleiten (vgl. B. Kytzler 1959, a. a. O., S. 406):

1 4/3 3/2 2 8/3 3   4 16/3 6   8 und 1 3/2 2   3 9/2 6   9 27/2 18 27
   4/3 9/8 4/3 9/8 4/3 4/3 9/8 4/3   3/2 4/3 3/2 3/2 4/3 3/2 3/2 4/3 3/2

Mit diesen Intervallen verfährt der Weltschöpfer nun folgendermaßen: »Nachdem nun durch diese Verknüpfung anderthalb-, vierdrittel- und neunachtelmalige Abstände zwischen den ersten Abständen entstanden, füllte er mit dem neunachtelmaligen Abstande alle vierdrittelige aus, indem er von jedem derselben einen Teil zurückließ. Und dieser übriggelassenen Abstand des Teiles hatte seine Grenzen in dem zahlenmäßigen Verhältnis von zweihundertsechsundfünfzig zu zweihundertdreiundvierzig. So war also die Mischung, von der er diese Teile abschnitt, bereits ganz verwendet.« (Tim., 36 a–c)

Zunächst werden also die 4/3-Abstände, also die Quart-Intervalle durch 9/8-Abstände aufgefüllt. Das Verhältnis 9:8 steht in der Musik für den Ganzton (Epagdon). Offenbar geht es dem Weltenbildner darum, die Intervalle durch (musikalische) Einheiten auszufüllen. Das Auffüllen der Quartabstände durch Ganztöne geht allerdings nicht auf, es bleibt ein ›übriggelassener Rest‹ von 256/243:

$4/3 : 9/8 = 32/27 \quad 32/27 : 9/8 = 256/243$.

Hiermit ist, wiederum im musikalischen Sinne, ein Grenzwert gegeben, insofern der Halbton von 256/243 als der äußerste, für das Gehör noch wahrnehmbare Halbton gilt. Nach v. d. Waerden haben möglicherweise

---

64 Vgl. Timaios, WBD, Kommentarapparat S. 53.

bereits die Pythagoreer den Ganzton und den genannten Halbtonschritt gekannt.⁶⁵ So ist es auch bei Iamblichos zu lesen.⁶⁶

Welche Bewandtnis hat es nun mit dieser dritten Teilung, bzw. welche Rolle spielen die genannten Intervalle? Ohne zu intensiv auf musiktheoretische Grundlagen überzugehen, gibt es einige Momente, die dem Verständnis förderlich sind. Der Ganzton ist derjenige, welcher sich nicht weiter mittels einer geometrischen Proportionale unterteilen läßt – der Halbton 256:243 (bei den Pythagoreern Limma, aber auch Diesis genannt) ist der kleinste, für das Ohr wahrnehmbare Intervall.

Auch wenn die dritte Operation im einzelnen nicht eindeutig zu klären ist, läßt sich auf der Basis des Vorangestellten, insbesondere der *Philebos*-Stellen, vermuten, daß es Platon (am Beispiel der diatonischen Intervallehre) um die Bestimmung der Ordnungsstruktur der Einheiten/ στοιχεῖα (in diesem Fall des Tones) und um ihr Verhältnismaß zueinander geht.

Vereinfacht gesagt: Suchten die atomistischen Modelle die ›dichteste Packung‹ des räumlich Ausgedehnten aus dem Stoff zu deuten, so liegt bei Platon möglicherweise die Suche nach einem alle Seinsbereiche gliedernden Ordnungsprinzip, der Harmonie des Vielfältigen bzw. im vielfältig Geteilten vor. Die Harmonie in diesem Sinne richtet sich nicht auf die sinnliche Wahrnehmung, auf tatsächlich hörbare Musik, sondern auf ein zugrundeliegendes Prinzip, welches sich für den Verstand in Zahlproportionen fassen läßt. (Vgl. A. Boeckh 1866, a. a. O., S. 138)

»Wie nämlich bereits zu Anfang bemerkt wurde, setzte der Gott in diese Dinge, die sich in ungeordnetem Zustande befanden, in jegliches Entsprechungen (*Proportionen*) sowohl seiner selbst zu sich selbst als auch zueinander, und zwar in dem Umfang und in der Weise, wie *die Dinge* analog und harmonisch sein konnten.« (ἀνάλογα καὶ σύμμετρα; Tim., 69 b–c)

Die harmonisch geteilte, nach definierten Zahlabständen gefügte Weltseele wird nun in zwei Stränge aufgespalten, die wiederum zu zwei Kreisen zusammengefügt werden: den Kreis des Selben, der als äußerster die Welt umfaßt, (Fixsternsphäre) und den Kreis des Verschiedenen, der, aufgespalten in sieben ungleiche Kreise, den Planetenbahnen entspricht. Der die Seele in ihrer Mittlerfunktion bestimmende Dualismus von Selbigkeit und Verschiedenheit bzw. von Einheit und Differenz (eine

---

65 B. L. v. d. Waerden 1956, a. a. O., S. 158. Der Ganzton läßt sich ebenfalls aus den drei ersten Intervallschritten ableiten: 3/2 : 4/3 = 9/8. Die Entdeckung des Ganztons sowie des Halbtones (243:256) sei eine Entdeckung des Pythagoras, diese Ansicht vertritt auch Ambros, A. W.; *Geschichte der Musik*, Bd. 1, Die Musik des griechischen Altertums und des Orients, Hildesheim 1968, S. 164.

66 Iamblichi; *De vita pythagorica liber*, graece et germ./Iamblichos, Pythagoras, Legende – Lehre – Lebensgestaltung, gr. und dt., hrsg., übers. und eingel. v. M. v. Albrecht, Zürich/Stuttgart 1963, S. 123 ff, lib. XXVI 116 ff.

dualistische Struktur, die – wie wir verfolgen konnten – durch ein Drittes, Gemischtes in der Seele selbst vermittelt ist) wird somit anhand der kosmischen Verhältnisordnung sichtbar.

Die Weltseele wird, nachdem ihre Komposition »dem Schöpfer nach Wunsch gediehen war« (Tim., 36 e), mit dem Weltkörper verbunden (μέσον μέσῃ συναγαγὼν; Tim., 36 e). Durch diese Verflechtung gestaltet sich die Ordnung des Himmels, der Lauf der Planeten nach den harmonischen Verhältnissen der alles durchwirkenden Seele, wird die sichtbare Sphärenharmonie und -bewegung zum zeitlichen Ausdruck der einen unsichtbaren, ewigen Seele. »Sie aber begann, indem sie von der Mitte aus bis zum äußersten Himmel überall hineinverflochten war und diesen von außen ringsum umschloß und selbst in sich selber kreiste, mit dem göttlichen Anfang eines endlosen und vernunftbegabten Lebens für alle Zeit. Und der Körper des Himmels ward ein sichtbarer, die Seele aber *ward* unsichtbar, doch des Denkens und der Harmonie teilhaftig ...« (Tim., 36 e–37 a).

Die Kugel des Weltkörpers wird von diesen Kreisen der Seele überall durchdrungen und durch beseelte Bande (δεσμοῖς τε ἐμψύχοις; Tim., 38 e) werden die einzelnen Planetenkörper lebendig und mit dem Ganzen verbunden. Der Mittelpunkt der sichtbaren Welt ist gleichzeitig Mittelpunkt der unsichtbaren Seele, die als in sich kreisende und als kreisförmig alles umschließende »des Denkens und der Harmonie teilhaftig« (Tim., 37 a) wird, denn, wie bereits erwähnt, die Kreisbewegung steht als der Vernunft ähnlichste Bewegungsart. »Da sie nun aus dem ›Selben‹, dem Vermischten und dem Sein, aus diesen drei Bestandteilen, gemischt und proportional geteilt und verbunden wurde und sich im Kreis zu sich herumdreht, sagt sie, wenn sie einen Gegenstand, der ein zerstreubares Sein besitzt, oder einen mit unteilbarem berührt, indem sie sich durch sich selbst ganz hindurch bewegt – wem auch immer ein Gegenstand gleich sein mag und von welchem verschieden –, in bezug worauf vor allem und auf welche Art und Weise und wann es sich trifft, daß dieser Gegenstand zum jeweiligen anderen, sowohl im Bereich der werdenden Dinge als auch in bezug auf die sich immer gleich verhaltenden, das jeweilige sei oder annehme.« (Tim., 37 a–b) Nach dem Prinzip, daß ›Gleiches durch Gleiches‹ erkannt werde, entstehen Meinungen und Annahmen, sofern sich die Seele auf die Wahrnehmungswelt bezieht, Wissen und Vernunft aber, wenn sie ihre Bewegung auf die Gegenstände der Vernunfterkenntnis richtet.

Auch hier wiederum die Betonung der ›Zwiefältigkeit‹ der Seele, die einerseits göttlicher Vernunft teilhaftig, andererseits an den gottgeschaffenen Weltkörper gebunden ist. Die beseelte Welt ist somit nicht etwa dem göttlichen Prinzip identisch, sondern ähnlich, insofern sie eine stoffliche ist; sie ist als geschaffene nicht ewig, sondern »bewegliches Abbild der Ewigkeit« (Tim., 37 d).

In zweifacher Weise läßt sich von einer Hinordnung bzw. Zuordnung des Kosmos im Verhältnis zum einen göttlichen Sein, dem einen Guten und vollkommen Wahren sprechen: in hierarchischer Unterordnung gemäß der Teilhabe an der höchsten Vernunft vermittels der Seele sowie als Urbild-Abbild-Relation, insofern eine Verhältnisähnlichkeit nicht nur zwischen Weltkörper und -seele besteht, sondern gleichermaßen eine strukturelle Analogie zwischen der Leib-Seelen-Einheit des Kosmos und dem vollkommenen göttlichen Lebewesen.

So sind die Bewegung und die Veränderungen der werdenden Dinge bzw. in der wahrnehmbaren Welt »Formen der die Ewigkeit nachbildenden und nach Zahlverhältnissen umlaufenden Zeit« (Tim., 38 a), denn während das göttliche Vorbild in Ewigkeit ›ist‹, gelten für den in Umläufen bewegten Himmel die Bestimmungen der Zeit: Geworden-Sein, als Seiendes bestehen und Werden (vgl. Tim., 38 c), denn auf die Kreise des Verschiedenen setzt der göttliche Schöpfer die Planeten in je verschiedenen konzentrischen Kreisen unterschiedlicher Laufgeschwindigkeit bzw. in entgegengesetzter Richtung zum Kreis des Selben, so daß die wechselnden Konstellationen der Planeten »ein aufgefälliges Maß für ihre zueinander relative Langsamkeit und Schnelligkeit gebe ...« (Tim., 39 b)

Zeitlichkeit resultiert also aus den gottgegebenen Zahlverhältnissen; Zeit ist erfahrbar über die Relation des Selben zum jeweiligen Kreis des Verschiedenen. Die kosmische Ordnung ist Ausdruck göttlicher Vernunfteinwirkung[67], die sich in Form von Zahlproportion, Gleichmaß und Kreisbewegung d. h. Wiederkehr gleicher Verhältnisse ausdrückt. In allem Gewordenen wirkt der Prinzipiengegensatz von Identität und Diversität, Selbigkeit und Verschiedenheit bzw. Sein und Werden, der für das göttliche Prinzip nur in vollkommener Koinzidenz angenommen werden kann, im Gewordenen als alles durchwaltendes, dialektisches Verhältnis wirksam wird, in dem sich göttliche Vernunft über die Seele abbildhaft offenbart.

So ist das All als ein Organismus, d. h. ein Lebewesen einerseits Gewordenes (geschaffen), gleichzeitig aber dem vollkommenen Sein ähnlich »in Hinsicht auf die Nachahmung seiner ewigen Natur« (πρὸς τὴν τῆς διαιωνίας μίμησιν φύσεως; Tim., 39 e) Die innerhalb dieser Welt geschaffenen Lebewesen (des Himmels, der Luft, des Wassers, und der Erde) nehmen gemäß ihrer Anteilhabe am göttlichen Sein einen unterschiedlichen Seinsrang ein.

Auf das göttliche Seinsprinzip folgen in dieser Rangordnung die gottgeschaffenen Götter, die den Planeten zugeordnet sind, wobei in ihrer elementaren Zusammensetzung das Feuer den größten Anteil einnimmt.[68]

---

67 Platon spricht auch vom »Reigentanz der [Planeten-]Götter« (Tim., 40 c) und greift damit den bereits wiederholt genannten Topos der Sphärenharmonie auf.
68 Dasjenige Element, welches dem Unkörperlichen am ähnlichsten ist bzw. für Lebendigkeit/Seele steht.

Analogie und Zahlidee   157

Diese Götter wiederum sind Mittler zwischen dem vollkommenen Sein höchster Vernunft und der Existenz des Werdenden in der Wahrnehmungswelt, denn erstgenannte sind zwar geschaffen, aber nicht sterblich, sondern als Erzeugnis göttlicher Fügung nur durch diese selbst auflösbar.

Es ließe sich folgende hierarchische Ordnung aufstellen:

Gott δημιουργὸς πατήρ (Tim., 41 a)	nicht geschaffen	ewig seiend, ohne Werden
Götterwesen θεοὶ θεῶν (Götter göttl. Ursprungs; Tim., 41 a)	geschaffen/geworden	(bedingt) unsterblich, ohne Werden
Lebewesen der Erscheinungswelt	geschaffen/geworden	sterblich, werdend und vergehend

Auf ontologischer Ebene fungieren diese Götter als eine Mittlerebene zwischen dem reinen Sein ohne Werden und dem unlauteren Sein des immerzu Werdenden in der Wahrnehmungswelt, also auch hier (in mythologischer Darstellung der ontologischen Differenz) als diejenige Stufe, die den Gegensatz von absoluter Einheit und Verschiedenheit in ein Verhältnis setzt. Die Lebewesen der Wahrnehmungswelt sind somit mittelbar geschaffen, insofern das göttliche Prinzip zwar gleich einem Samen den Anteil am Unsterblichen (die Seele als Trägerin des geistigen Vermögens) zugrundelegt, die körperliche Erschaffung aber den gottgeschaffenen Göttern überträgt, damit diese in Nachahmung urbildlicher Schöpferkraft dem Unsterblichen das Sterbliche anweben (vgl. Tim., 41 a), so daß sie als Weisen eines geringeren Grades an Lauterkeit entstehen.

So entsteht die menschliche Seele zwar nach der gleichen Zusammensetzung wie zuvor die Weltseele, jedoch in einem niederen Grad an Reinheit, eingepflanzt in einen Körper – hier wird die Organismusvorstellung des Weltkörpers wieder aufgegriffen. Während jedoch jener ohne Zu- und Abgang, als ganz seiner selbst inneseiender komponiert, eine größtmögliche Ähnlichkeit göttlicher Vollkommenheit verkörpert, ist dieser, charakterisiert durch das Wechselspiel der Sinneseindrücke und Empfindungen sowie die Notwendigkeit der Nahrungsaufnahme und Abgabe, enger dem Werden und der Veränderung verbunden als dem gleichbleibenden Sein, »und nicht eher werde seine durch diese Verwandlungen herbeigeführte Not enden, bis er mit dem in ihm selbst obwalten Umlauf des ›Selben‹ und Ähnlichen zugleich die mächtige und erst später ihm aus Feuer, Wasser, Luft und Erde hinzugewachsene Masse, die lärmend und unvernünftig ist, mitreiße, und nachdem er so durch die Vernunft die Oberhand bekommen habe, wieder zur Form seiner ersten und besten Beschaffenheit gelangt sei«. (Tim., 42 c–d)

Die menschliche Seele gleicht der kosmischen als Mittlerin göttlicher Vernunft, vermittelt also auch hier zwischen den einander gegenläufigen Prinzipien von Identität und Differenz, Selbigkeit und Verschiedenheit, den Anteilen unsterblichen Seins und körperlichen Werdens und Vergehens.

Wie der Weltkörper entsteht der menschliche Körper aus der Mischung der vier Elemente, jedoch nicht in unauflösbarer Verbindung, sondern als aus diesen Bestandteilen gewaltsam zusammengenieteter, dem Verfall preisgegebener, in welchen die Umläufe der Seele gefesselt werden. In ihrer Grundstruktur entsteht die menschliche Seele analog der kosmischen als das harmonische Verhältnis der Kreise des Verschiedenen zum Kreis des Selben, doch werden diese Bewegungen der Seele durch die körperspezifischen Bewegungsarten in ihrem harmonischen Lauf gehemmt. Denn während der kosmische Körper als vollkommener ohne endliche Bewegungsarten, ohne Zu- und Abgang in sich in Ausgewogenheit kreist, ist die Ordnung des Laufes der Seele im Menschen durch die Körpernotwendigkeiten ständigen Erschütterungen ausgesetzt (vgl. Tim., 43 a–e): durch die sechs Bewegungsarten des Körpers, durch die im Zuge der Nahrungsaufnahme und des Stoffwechsels verursachte Hemmung des Laufes der Vernunft und durch die unter Einfluß der Sinneseindrücke entstehende Unruhe.

Einerseits ist die kosmische Ordnung der Gegenläufigkeit von Selbigkeit und Verschiedenheit abbildhaft im menschlichen Organismus bzw. anteilhaft durch die Beseelung verkörpert, andererseits nimmt das menschliche Wesen insofern einen niederen Seinsrang, einen geringeren Grad an Lauterkeit ein, als die Seele zwar entsprechend der Weltseele als eine in sich vermittelte Dualität von Selbigkeit und Verschiedenheit gefügt ist und somit, wiederum entsprechend der Weltseele, das Vermögen zu Meinungen wie zu einem Wissen besitzt; sie wird allerdings durch die Ströme körperlicher Lebenshaltung in ihren Ordnungsverhältnissen gestört. Erst die Befriedigung körperlicher Bedürfnisse, gestützt durch sinnvolle Unterweisung, gewährleistet die Erkenntnisfähigkeit der Seele. »Dringt aber der Wogendrang des Wachstums und der Ernährung schwächer an und verfolgen andererseits die Umläufe, indem sie die Wogen besänftigt finden, ihre eigene Bahn und gewinnen mit fortschreitender Zeit mehr Festigkeit, dann werden schon die Umläufe der einzelnen Kreise richtig ausgerichtet auf die Form ihres natürlichen Ganges und sorgen, da sie das Verschiedene und das ›Selbe‹ in der richtigen Weise benennen, dafür, daß ihr Besitzer vernünftig wird.« (Tim., 44 b–c)

Sitz (bzw. Gefäß) der menschlichen Seele, in größtmöglicher Ähnlichkeit zum Kosmos, wird der Kopf (Kugelform), der aus diesem Grunde auch die der »Seele dienstbaren« (Tim., 45 a) Sinneswerkzeuge erhält, wobei das Sehvermögen an erster Stelle steht, zur Erkenntnis der »Umläufe der Vernunft am Himmel« (Tim., 47 b), nach deren harmonischen Lauf sich das menschliche Denken entwickeln möge: »... damit wir, nachdem wir sie begriffen und zur naturgemäßen Richtigkeit unserer Berechnungen gelangten, in Nachahmung der durchaus von allem Abschweifen freien Bahnen des Gottes, unsere eigenen, dem Abschweifen unterworfenen einrichten möchten. Von der Stimme und dem Gehör gilt wieder dasselbe ...« (Tim., 47 c)

Das sichtbare All hat also einen Erkenntniswert, indem es als Abbild göttlicher Vollkommenheit, Ordnung und Harmonie die menschliche Seele über die Wahrnehmung von Zahl, Proportion und Gleichmaß auf die der höchsten Vernunft ähnlichsten Bewegungen *einstimmt*, auf daß sie diese nachbilde.

Proportionalität und Gleichmaß, die in Zahlverhältnissen für die menschliche Seele nachvollziehbar sind, prägen aber nicht nur die Umläufe der Planeten, sondern die Zusammensetzung und das Werden aller körperlichen Dinge. Denn, dies sei nochmals betont: »Wie nämlich bereits zu Anfang bemerkt wurde, setzte der Gott in diese Dinge, die sich in ungeordnetem Zustande befanden, in jegliches Entsprechungen (*Proportionen*) sowohl seiner selbst zu sich selbst auch auch zueinander, und zwar in dem Umfang und in der Weise, wie *die Dinge* analog und harmonisch [ἀνάλογα καὶ σύμμετρα] sein konnten ...« (Tim., 69 b f.)

Durchgängig zeigt sich im gesamten Dialog *Timaios* die Dualität des Prinzipiengegensatzes Identität – Diversität sowie ein vermittelndes Drittes: die Seele. Damit läßt sich die These aufstellen, daß es eine triadische Struktur ist, die alle Seinsbereiche sowohl untereinander als auch in ihrer Beziehung zum Sein schlechthin bestimmt, und diese Struktur macht die Analogie aller Bereiche des Seienden aus: sowohl in der hierarchischen Abfolge der Lebewesen, geschieden nach ihrem Grad an Teilhabe am unsterblichen Sein, als auch auf horizontaler Ebene als das Verhältnis von Einheit und Vielheit. »Nun ist alles Gute schön, das Schöne aber ist nicht disproportioniert. [Πᾶν δὴ τὸ ἀγαθὸν καλόν, τὸ δὲ καλόν οὐκ ἄμετρον] Auch ein Lebewesen also, welches derartig sein soll, muß man als ebenmäßig annehmen.« (Tim., 87 c–d) In jedwedem Lebewesen drückt sich das Gute mittelbar als Ordnung und harmonische Schönheit aus: als Proportionalität von Verhältnissen.

»ἡ γὰρ ἀναλογία ἰσότης ἐστὶ λόγων«
(Aristoteles, Nikom. Ethik, 1131 a 31)

VIII.
Aristoteles

1. Analogie im Sinne logisch-ontologischer Bestimmung von Einheit

In Form einer kurzen Darstellung sei die Bedeutung des Analogiebegriffes innerhalb der aristotelischen Lehre vorgestellt, um einerseits in kontrastiver Weise die platonische Deutung der analogen Bezüglichkeit nochmals herauszustellen – letztere ist in Hinführung auf die Philosophie Giordano Brunos bzw. dessen neuplatonische Implikate von vorrangiger Bedeutung – und andererseits die vor allem logische, begriffsdeterminierende Anwendung von Analogien in der aristotelischen Philosophie vorzustellen. Hierbei sind verschiedene Bereiche anzusprechen:[1]

- die naturwissenschaftliche Klassifikation mittels funktionaler Analogsetzung;
- der Begriff der Mitte (μεσότης), in Anlehnung an die arithmetische Mitte als die Äquidistanz zwischen zwei Extremen, zur klaren Begriffseingrenzung, wie er insbesondere in der *Nikomachischen Ethik* formuliert wird;
- die viergliedrige (geometrische) Proportion (einbezogen die dreigliedrige Verhältnisrelation mit identischem Mittelglied) im Hinblick auf die Möglichkeiten logischen Schlußfolgerns, d. h. im Sinne einer Wissenserweiterung;
- die Bedeutung der Analogie als Vergleichsebene ›quer zu den Kategorien‹; (vgl. Metaphysik, 1048 a 35 – 1048 b 9)
- schließlich die metaphysische Begründung der Beziehungsstruktur der Vielfalt des Seienden in Relation zum Sein als solchem (οὐσία), wie sie in der Formulierung πρὸς ἕν ihren Ausdruck findet.

Als ein logisches Erkenntnisinstrument dient Aristoteles die Analogie insbesondere in der Biologie zur Klassifikation verschiedener Lebewesen

---

[1] Vgl. H. Lyttkens 1952, a.a.O., S. 29 ff. und K. Barth 1955, a.a.O., S. 83 ff., der sich weitgehend an Lyttkens orientiert.

nach Art und Gattung bzw. zur Erfassung gattungsübergreifender Gemeinsamkeiten. Es heißt: »Was dem Vogel der Flügel, ist dem Fisch die Flosse.« (De part. animal., I, 4 644 a 18–23; I, 5 645 b 6–10) Legen wir auf dieses Vergleichsverhältnis die aristotelische Definition von Analogie im Sinne einer Verhältnisgleichheit qualitativer Art nach der Weise einer geometrischen Proportion an: »Weiter sind einige Dinge der Zahl nach Eines, andere der Art, andere der Gattung und andere der Analogie nach. Der Zahl nach sind die Dinge Eines, deren Stoff einer ist, der Gattung nach die, die derselben Form der Aussageweise angehören, und der Analogie nach die, die sich ebenso verhalten wie ein Anderes zu einem Anderen.« (Metaphysik, Δ 1016 b 31), so gilt hier nicht *Vogel : Flügel = Fisch : Flosse* im Sinne einer qualitativen Verhältnisgleichheit zwischen den jeweiligen Vergleichselementen, etwa als das Verhältnis von Individuum : Fortbewegungsorgan. Die übergreifende Gemeinsamkeit gattungsverschiedener Lebewesen ist hier eine funktionale[2] und die Gleichheit eine Funktionsgleichheit auf der Ebene morphologisch bedingter Eigenschaftsentsprechungen bzw. äußerer Merkmale. »It is used to designate actual functional likeness, i. e. to say that this is an analogy. It then says that certain attributes are analogously common (κοινὰ ἀνάλογον; κοινὸν κατ' ἀναλογίαν), but the analogy concept is then also changing into designating the organ the function of which is like that of another organ. The use of analogy for functional likeness transfers the concept from one element to the other. Analogous will then be equivalent to ›something corresponding‹« (H. Lyttkens 1952, a. a. O., S. 30).

Zu unterscheiden ist diese Funktionsgleichheit allerdings von der platonischen Analogsetzung funktionaler Eigenschaften, wie sie anhand des Sonnengleichnisses dargelegt wurde, insofern Aristoteles, in konsequenter Ablehnung des platonischen Dualismus von Ideen- und Erscheinungswelt, hierbei ausschließlich auf der Ebene des Seienden eine logische Vergleichbarkeit konstatiert, d.h. keinerlei hierarchische Ordnung bzw. keine partizipative Beziehung annimmt, deren Verschränkung mit der horizontalen Ebene als Bedingung und innere Voraussetzung einer Vergleichbarkeit für die platonische Setzung der Analogie bezeichnet wurde.

Die einzelnen Vergleichselemente bzw. deren Eigenschaften werden gleichwertig behandelt. Der Erweis einer funktionalen Gleichheit im Bereich der biologischen Einordnung von verschiedenen Lebewesen versteht sich somit nicht als ein Annäherungsverfahren auf der Basis lediglich wahrscheinlicher Relationen in Hinführung auf ein übergeordnetes Seinsprinzip (Platon), sondern nimmt eine logische Bestimmung von Tatsachen vor, die methodisch die Möglichkeit birgt, auf unbekannte

---

[2] Vgl. H. Lyttkens 1952, a. a. O., S. 29; K. Barth 1955, a. a. O., S. 83; W. Schulze 1978, a. a. O., S. 21.

Elemente zu schließen, d.h. weitere Substanzen und deren Eigenschaften einzubeziehen. (a : b = c : X)

»Unterschieden nennt man alle Dinge, die verschieden sind, während sie in gewisser Beziehung doch dasselbe sind, allerdings nicht der Zahl nach, sondern der Art oder der Gattung oder der Analogie nach ...« (Metaphysik, Δ 1018 a 10 ff.)

Analoge Gleichheit erreicht somit einen höheren Grad an Allgemeinheit als Art- und Gattungsbestimmungen und folgt damit dem Ziel aristotelischer Forschung nach einer klaren Einordnung des Wissbaren, einer Klassifizierung der Dinge bzw. Kategorisierung der Begriffe als dem Versuch weitgehender Vereinheitlichung.

Ist die Funktionsanalogie hier Mittel zur Beschreibung von generalisierten Eigenschaften im Hinblick auf natürliche Phänomene, so treffen wir in der *Nikomachischen Ethik* im aristotelischen Begriff der Mitte (μεσότης) auf eine Anwendung der Analogie zur Erfassung abstrakter Begriffe wie etwa Tugend, Gerechtigkeit und Freundschaft. Die Mitte besagt hier, in Zugrundelegung des arithmetischen Begriffes von Mitte, eine Gleichheit zwischen zwei Extremen, d.h. ein Verhältnis der Äquidistanz. Das arithmetische Verständnis einer Abstandsgleichheit wird auf moralische Termini übertragen. Tugend ist bei dieser Art einer Verhältnisbeziehung etwa ein ›Gleiches‹ zwischen dem Mehr und Weniger‹, verstanden als ein angemessenes Verhalten, ein Maßhalten zwischen Übermaß und Mangel. (vgl. Nikom. Ethik, 1106 a 25 f.)

»In the true Grecian manner, moral virtue is said to be the ability to find the suitably moderate balance, τὸ μέσον, of feelings and acts ... Virtue is to find the true mean of two extremes, the point which is equidistant from both. In this sense, virtue may be said to consist in finding the arithmetical mean, in the same way as the number six is the arithmetical mean of ten and two.«[3]

Hiermit ist allerdings eine Begriffsbestimmung auf allgemeinster Ebene vorgenommen, die nicht auf den Einzelfall übertragen werden kann: »Die Mitte in Bezug auf uns ist das, was weder Übermaß noch Mangel aufweist; dieses ist nicht für alle Menschen dasselbe.« (Nikom. Ethik, 1106 a 30 f.) In ähnlicher Weise gilt dies etwa für die Begriffe von Freundschaft und Gerechtigkeit. Generell, d.h. unabhängig von individuellen Verhältnisrelationen, läßt sich Gerechtigkeit als eine Ausgewogenheit der Zuteilung nach dem arithmetischen Mittelbegriff bestimmen. »So ist das Gleiche die Mitte zwischen dem Zuviel und Zuwenig. (Nikom. Ethik, 1132 a 14) ... So wird also die ordnende Gerechtigkeit die Mitte zwischen Schaden und Gewinn sein.« (Nikom. Ethik, 1132 a 18)

Aristoteles versinnbildlicht dies am Beispiel einer Linie: »Die Linien AA, BB, CC seien einander gleich. Von AA werden AE weggenommen und zu CC als CD hinzugefügt, so daß die ganze Linie DCC die Linie EA

---

3 Vgl. Nikom. Ethik 1106 a 30 ff; H. Lyttkens 1952, a.a.O., S. 31.

um das Stück CD und EF übertrifft, also die Linie BB umd das Stück CD.« (Nikom. Ethik, 1132 b 6 f.)

Der aristotelische Begriff der Mitte bezeichnet somit eine Äquivalenzbeziehung auf allgemeiner Ebene. Zunächst unabhängig von einer genaueren Bestimmung der extremen Terme eines Verhältnisses, steht die Mitte für Angemessenheit, Ausgewogenheit, Gleichheit in allgemeiner begriffslogischer Determinierung. »Wenn außerdem das Gleiche eine Mitte ist, so wird wohl auch das Gerechte eine Mitte sein. Das Gleiche befindet sich nun bei mindestens zwei Dingen. Also muß das Gerechte eine Mitte sein, ein Gleiches, bezogen auf etwas und für bestimmte Partner und, sofern es eine Mitte ist, zwischen bestimmten Dingen (d. h. einem Mehr oder Weniger); endlich, sofern es gleich ist, von zweien, und sofern gerecht, für bestimmte Menschen.« (Nikom. Ethik, 1131 a 10 ff.)

Diese Mitte ist somit eine direkte Proportion, die nicht auf eine weitere Relation bezogen ist; die Gleichheit erscheint als eine quantitative, ein meßbares Verhältnis.

In ganz anderem Sinne als etwa der platonische Begriff eines Verhältnisses im Sinne eines Bandes, das das Verschiedene zur Einheit verbindet (δεσμὸν γὰρ ἐν μέσῳ; Tim., 31 c), bzw. als kosmisches Strukturprinzip, welches das einende Prinzip des Gegensätzlichen ausmacht, bleibt die aristotelische Bestimmung der Mitte auf begriffsanalytischer Ebene. Die Extreme werden nicht in ein Verhältnis der Einheit gesetzt, sondern vielmehr sind es polare Begriffe, mittels derer sich Gleichheit bestimmen läßt.

Daneben kennt Aristoteles aber auch die geometrische Proportion, d.h. Analogie als Verhältnisgleichheit qualitativer Art. Gerechtigkeit, wie oben bezeichnet, läßt sich nur in abstrakt-logischer Weise unter Absehung von den Einzeltermen eines Verhältnisses als Äquidistanz erfassen. Im Hinblick auf individuelle Verhältnisbezüge und deren Vergleichbarkeit kann diese Mitte nur eine relative sein. An die Stelle quantitativer Gleichheit tritt qualitative Angleichung von Verhältnissen. »Das Gerechte ist also etwas Proportionales. Proportionalität ist nämlich nicht nur der aus Einheiten bestehenden Zahl eigentümlich, sondern überhaupt jeder Zahl. Proportionalität ist eine Gleichheit der Verhältnisse und verlangt mindestens vier Glieder.« (Nikom. Ethik, 1131 a 29 ff.)

Aristoteles führt hier zwei Porportionsformen an, die kontinuierliche viergliedrige bzw. dreigliedrige Proportion mit identischem Mittelglied ($A : B = B : C$) sowie die diskrete Proportion ($A : B = C : D$) (vgl. Nikom. Ethik, 1131 a 33 ff.).[4]

Das Verhältnis einer Person zu seinem rechtmäßigen Anteil muß dabei übereinstimmen mit dem jeweiligen Anteil-Verhältnis einer Vergleichsperson.

---

4 Zur ethischen Bedeutung der arithmetischen und geometrischen Gleichheit siehe Platons Gorgias, 508 a, Politeia, 558 c, Nomoi, 757 b–c.

A	:	B	=	C	:	D
Person		*Anteil*		*Person*		*Anteil*

Wenn diese Proportionsgleichung stimmt, muß auch gelten:[5]

A	:	C	=	B	:	D
Person		*Person*		*Anteil*		*Anteil*

»Das Gerechte, das das Gemeinsame verteilt, verfährt immer nach der genannten Analogie.« (Nikom. Ethik, 1131 b 26)

Neben dieser Bedeutung des Analogiebegriffes in der Ethik, als Weise einer Bestimmung ethischer Termini als solcher sowie der relativen Gültigkeit im Vergleich, ist Aristoteles die Analogie, wenngleich in einem sehr vage gefaßten Sinne, Mittel kategorienübergreifender Vergleichbarkeit, die letztendlich auf das Wirken metaphysischer Prinzipien schließen lassen.

»Die Ursachen und Prinzipien sind in dem einen Sinne bei anderen Dingen andere, im anderen Sinne dagegen, wenn man allgemein und der Analogie nach spricht, bei allen dieselben« (Metaphysik, 1070 a 30 f.), denn die Dinge »verfügen, obwohl das eine etwas anderes ist als das andere, über dieselben Elemente und Prinzipien, man kann das aber nicht von allen Dingen in diesem Sinne sagen, wohl aber der Analogie nach, wie wenn einer die Behauptung ausspräche, es gäbe drei Prinzipien, nämlich die Form, die Privation und den Stoff. Aber jedes von diesen ist für jede einzelne Gattung verschieden, wie etwa bei der Farbe weiß, schwarz und Oberfläche; Licht, Dunkel und Luft, daraus bestehen Tag und Nacht.« (Metaphysik, 1070 b 15 ff.)

Die analoge Gleichheit ist also gegeben, wenn ein hoher Grad an Abstraktion erreicht wird, denn in einem allgemeinen Sinn sind die Dinge analog: »Denn in jeder Aussageweise des Seienden gibt es Analoges ...« (Metaphysik, 1093 b 15 f.) In der *Metaphysik* (Metaphysik, 1048 a 35 ff.) erklärt Aristoteles das Verhältnis von Möglichkeit (δύναμις) und Wirklichkeit (ἐνέργεια) über Beispiele aus verschiedenen Bereichen des Seienden. Die Beschreibung dieses Verhältnisses verläuft also nicht über eine Begriffsdefinition auf theoretischer Basis, sondern über einen an exemplarischen Phänomenen gewonnenen ›induktiven‹ (ἐπαγωγή) Schluß. »Was wir meinen wird beim Einzelnen durch Induktion deutlich werden, und man muß nicht für jedes Begriffsdefinitionen suchen, sondern auch das Analoge [τὸ ἀνάλογον] in einem Blick zusammenschauen. Wie sich nämlich das Bauende verhält zum Baukünstler, so verhält sich auch das Wachende zum Schlafenden, das Sehende zu dem, was die

---

[5] Die Umkehrbarkeit einer viergliedrigen Verhältnisgleichung geht auf die Proportionslehre des Eudoxos von Knidos zurück. Vgl. Eudoxos von Knidos; *Die Fragmente des Eudoxos von Knidos*, hrsg., übers. u. komment. v. F. Lasserre, Berlin 1966.

Augen verschließt, aber doch den Gesichtssinn hat, das aus dem Stoff Ausgegliederte zum Stoff, das Bearbeitete zum Unbearbeiteten. In diesem Gegensatz soll durch das erste Glied die Wirklichkeit, durch das andere das Mögliche bezeichnet werden. Doch sagt man nicht von allem in gleicher Weise, daß es der wirklichen Tätigkeit nach sei, ausgenommen der Analogie nach, indem so wie dies in diesem ist oder zu diesem sich verhält, so jenes in jenem ist oder sich zu jenem verhält...« (Metaphysik, 1048 a 35–1048 b 8).

Hierbei werden weder die Verhältnisbeziehungen im einzelnen genauer bestimmbar noch die Elemente einer Relation präzisiert. Ziel dieser, wenngleich nicht eindeutig gefaßten Analogie von Verhältnissen auf unterschiedlichsten Realitätsebenen ist es, im Vergleich ein bei aller Abweichung identisches Moment innerhalb einer allgemeinen Begrifflichkeit zu fassen, um damit eine Aussage über dem Erkenntnisvermögen als solche unzugängliche Prinzipien, wie die oben genannten (Form, Privation, Stoff bzw. dynamis und energeia) zu machen, die im Seienden in analoger Weise wirksam werden.[6]

Insbesondere in metaphysischer Hinsicht, d.h. bezüglich der Frage nach dem Verhältnis des Seienden zu einem einheitlichen Seinsgrund, spricht Aristoteles an verschiedenen Stellen von einer Relation auf das Eine hin, die auf ein allen Aussagen zugrundeliegendes Gemeinsames verweist. Hiermit ist zunächst einmal eine von den vorgestellten Analogie-Formen unterschiedene Beziehungsstruktur angesprochen: der Bezug (logisch wie ontologisch) eines jeden Seienden zu einem ersten Sein (πρὸς ἕν). »Being is used in several different senses, but always with reference to one principle.« (H. Lyttkens 1952, a. a. O., S. 53)

Aristoteles verfolgt damit jedoch nicht das Modell einer Seinsanalogie, wie es in der platonischen *methexis*-Lehre bereits anklingt. Die Beziehung

---

6   Hinsichtlich der Rolle der Analogie sei auf einen wesentlichen Aspekt, auf die Rolle der Mathematik hingewiesen. Lyttkens betont in seiner Studie, daß die Mathematik für die Konzeption der aristotelischen Metaphysik eine im Sinne des Wortes maßgebliche Rolle spielt, d. h. die Grundlage bildet, um generelle metaphysische Prinzipien zu bestimmen: »Just as there is a universal science of mathematics common to all mathematical branches, so should there be a general, primary universal philosophy. In pointing to universally vallid mathematical proportions, Aristotle refers to the rule of mathematical analogy. According to him, it had recently been discovered that the theorem of alternating proportionals needs no longer be proved seperately for numbers, lines, solids and times. It can instead be proved at once as a proporty to them all, allthough they belong to different spheres. As theorems of mathematical analogy are in this way forming part of general mathematics, it is understandable why Aristotle's general tendency to take mathematics as his model has led him to use analogy also to help him to explain the applications of general metaphysical propositions.« (H. Lyttkens 1952, a.a.O., S. 38 f.) Wir werden sehen, daß Giordano Bruno, in Verbindung (neu)platonischer aber auch aristotelischer Philosopheme, ja in direkter Bezugnahme auf Aristoteles (Metaphysik, 1026 a 18), wenngleich in modifizierter Interpretation, eine Mittlerrolle der Mathematik zwischen Metaphysik und Physik postuliert.

der Vielheit zum Einen wird nicht als eine Teilhaberelation verstanden, sondern als Einheitsbezug eines jeden.

»Man spricht von Seienden in vielfachen Bedeutungen, doch stets im Hinblick auf Eines [πρὸς ἕν] und auf eine Natur – wobei man nicht gleiche Ausdrücke verwendet...« (τὸ δ' ὂν λέγεται μὲν πολλαχῶς ... ἀλλὰ πρὸς ἓν καὶ μίαν τινὰ φύσιν; Metaphysik, 1003 a 33 f.; vgl. auch ebda., 1003 b 13 ff.) und »Auf dieselbe Art und Weise wird auch alles Seiende ausgesagt: dadurch nämlich wird ein jedes ›seiend‹ genannt, weil es vom Seienden, insofern es ist,[7] eine Affektion oder ein Zustand oder eine Anlage oder eine Bewegung oder etwas anderes derartiges ist ...« (Metaphysik, 1061 a 7 ff.)[8] sowie: »Das Seiende wird in mehreren Bedeutungen ausgesagt ...« (τὸ ὂν λέγεται πολλαχῶς; Metaphysik, VII, 1028 a 1).[9]

Begriffslogisch heißt das, der Seinsbegriff ist in verschiedenste Aussagen eingebunden zwar kein univoker, jedoch auch nicht bloße Äquivokation, sondern durch das auf das eine Sein Gerichtete jeder Seinsaussage ein analoger im Sinne einer Paranomie.[10]

---

7 Nach der Übersetzung von Bonitz heißt es: »ein jedes nämlich wird darum seiend genannt, weil es von dem *Seienden als solchem* (τοῦ ὄντος ᾗ ὄν) eine Affektion oder ein Verhalten oder eine Lage oder eine Bewegung oder etwas anderes der Art ist.« (Metaphysik, 1061 a 7 ff.; Hervorh. n. i. O.)

8 Es sei an dieser Stelle daran erinnert, daß die Frage, ob das Buch K der *Metaphysik* Aristoteles selbst zuzuschreiben oder lediglich eine Exzerptsammlung eines Aristoteles-Schülers ist, nach wie vor sehr umstritten ist. Während etwa W. D. Ross (vgl. Ross, W. D. [Hrsg.]; *Aristotle's Metaphysics*, a revised text with introduction and commentary, 2 Bde., Oxford 1958) die Meinung vertritt, es handle sich um eine Schülermitschrift, was sich aus der Wiederaufnahme bereits in vorausgehenden Büchern der *Metaphysik* wie der *Physik* behandelter Themen schließen lasse, betont Seidl, hiergegen spreche, »daß die Wiederholungen selten wortwörtlich sind, oft das früher Gesagte genauer und schärfer formulieren und teilweise mit neuen Gesichtspunkten ergänzen. Dabei ist die inhaltsschwere und aufs kürzeste gedrängte Diktion ganz aristotelisch.« (Seidl, H.; Kommentar zu: *Aristoteles' Metaphysik*, Zweiter Halbbd., Bücher VII (Z) – XIV (N), neubearb. u. übers. v. H. Bonitz, mit Einl. u. Komm. hrsg. v. H. Seidl, Hamburg 1991, S. 521)

9 Vgl. auch ebda., 1004 a 21 ff.: »... πολλαχῶς τὸ ἓν λέγεται ... μήτε καθ' ἓν μήτε πρὸς ἓν ...«.

10 Vgl. auch den Kommentar von H. Seidl zu Metaphysik, 1003 a 33 ff.: »Aristoteles' geniale Entdeckung ist nun, daß das Seiende kein (logisch) gattungsmäßiges Allgemeines mehr ist, sondern ein (ontologisch) analoges, wobei er den ontologischen Aspekt der Kategorien-Einteilung bemerkt: Während die Akzidenzien der 2. Kategorie und folgenden nur ein abhängiges (inhärierendes) Sein haben, ›zweites Seiendes‹ sind, ist die Substanz, nach der 1. Kategorie, in ihrem An-sich-sein (Subsistieren) ›erstes Seiendes‹. Der Aspekt des Seienden an allem erfahrungsgemäß Gegebenen ist kein (logisch) gattungsmäßiges Allgemeines, da es weder bloß ›homonym‹ (namensgleich, äquivok), noch synonym (bedeutungsgleich, univok) ausgesagt wird. Was sich nun als ein Gemeinsames an Verschiedenem findet, ist ein ›verhältnismäßiges‹, ›analoges‹ Allgemeines.« Seidl, H.; Kommentar zu: Aristoteles' *Metaphysik*, Erster Halbbd. I (A) – VI (E), a. a. O., Hamburg 1989, S. 340; siehe auch ders. ebda. 1991, II. Halbbd., Einleitung S. XIX ff., »Zur Seinsanalogie in Aristoteles' ›Metaphysik‹«.

Das Sein äußert sich in akzidentiell verschiedenartiger Weise, bzw. jede Aussage über das Seiende drückt einen je besonderen Seinsmodus aus, steht damit jedoch immer in Relation zum Seinseinen. Diese Relation ist jedoch keine umkehrbare. »Everything else exists by its relation to substance. The relation to a substance is essential to being. But substance *per se* involves no relation to anything.« (H. Lyttkens 1952, a. a. O., S. 54) Die Abhängigkeitsrelation ist somit eine einseitige (vgl. Metaphysik, V 1021 a ff.).

Dieser Gedanke wird im Hinblick auf die bereits mehrfach erwähnte Frage des Verhältnisses Gott-Welt in neuplatonisch orientierter Philosophie zentrale Bedeutung einnehmen.

In der *Nikomachischen Ethik* weist Aristoteles darauf hin, daß dasjenige, worauf sich verschiedene Aussagen als Einheitliches beziehen, nicht etwa im Sinne Platons als eine über das Seiende hinausgehende ›Idee‹ zu begreifen sei, d.h. nicht als intelligibles Urbild der sensiblen Dinge, sondern gemeint ist ein in substantieller Weise Gemeinsames, etwas, das nicht über die kategoriale Einteilung der Dinge hinausweist, sondern eher ein ›quer zu den Kategorien‹ (W. Kluxen, HWPh, a. a. O., Sp. 217) Zugrundeliegendes ist. So werden etwa über das Gute in vielerlei Hinsicht Aussagen gemacht, ohne daß damit eine Idee des Guten vorausgesetzt wird (οὐκ ἔστιν ἄρα τὸ ἀγαθὸν κοινόν τι κατὰ μίαν ἰδέαν; Nikom. Ethik, 1096 b 25–29), vielmehr gilt es, den logischen und zugleich ontologischen Bezug von diesem Einen (dem Guten) her wie auf dieses hin als das Gemeinsame anzunehmen (ἀφ' ἑνὸς εἶναι, πρὸς ἓν συντελεῖν; ebda.). Insbesondere diese Wendung aber wird es sein, die über die Aristoteleskommentare der Spätantike bzw. über die Modifikation im Neuplatonismus in Zusammenführung platonischer wie aristotelischer Ansätze eine veränderte Deutung erfährt. Lyttkens hat diese rezeptionsgeschichtlichen Wege nachgezeichnet.[11] Danach definiert Porphyrios in seiner Einführung zur aristotelischen Kategorienschrift im Unterschied zu synonymen Aussagen zwei Weisen der Homonymie. Neben der bloß zufälligen ist wesentlicher die, welche ἀπὸ διναίας neben der Gleichheit und der Analogie die Beziehung von Einem her bzw. auf Eines hin umfaßt. Bereits Porphyrios merkt an, daß diese Beziehungsstruktur aber gemeinhin zwischen Homonymie und Synonymie angesetzt werde. (Damit wird indirekt eine Gleichsetzung mit der analogischen Aussage angedeutet.) Der Aspekt, auf den es mir hier ankommt, ist aber, daß die aristotelische begriffslogische Terminologie von ἀφ' ἑνός – πρὸς ἕν, die ein immanent-ontologisches Abhängigkeitsverhältnis ausdrückt, in der neuplatonischen Tradition eine Umdeutung erfährt. »When Aristotle says that all being exists by its relation to substance (οὐσία), substance refers in the first place to the individually existing thing. When the Neoplatonists adopted this idea, it was in another and wider sense. This was due

---

11 Vgl. H. Lyttkens 1952, a. a. O., »Analogy in the Sense of ›ἀφ' ἑνὸς καὶ πρὸς ἕν‹«, S. 59 ff.

to their haring retained and developed Platonic theory of ideas, which Aristotle rejected. True being – substance in the proper sense – is then relegated to the intelligible, divine sphere. The thesis that all being is stated πρὸς ἕν, i.e. in relation to substance, must than have another import than that given by Aristotle, for the substance to which all being relates differs from the Aristotelian substance. While in Aristotle the relation of substance to its different attributes are logical, this relation is in Neoplatonism primarly ontological. Ἀφ᾽ ἑνὸς καὶ πρὸς ἕν means that all being has emanated from, and tries to return to the first and highest divine being.« (H. Lyttkens 1952, a. a. O., S. 62; vgl. K. Barth 1955, a. a. O., S. 87).

Indem der Neuplatonismus einerseits den platonischen Dualismus (χωρισμός) von Ideen- und Werdewelt aufnimmt sowie die partizipative Verbindung beider Sphären betont, stehen das ursächliche Prinzip des Seins und das Seiende als dessen Hervorbringung nicht nur in einem Bezugsverhältnis der *Abhängigkeit*, sondern zudem in einem *Ähnlichkeits*-verhältnis über die innere Verbindung von transintelligiblem Sein und der Welt des wechselhaft Seienden. An die Stelle der aristotelischen Begrifflichkeit (von Einem her – auf Eines hin) tritt in der Spätantike bzw. im Neuplatonismus der Analogiebegriff, der neben der bereits erläuterten Bezeichnung einer Gleichheit von Verhältnissen im Hinblick auf ein übergeordnetes Verhältnismaß (etwa als kosmisches Strukturprinzip) sowie der Einbeziehung einer partizipativen Verbindung verschiedener Seinsebenen schließlich auch für das Verhältnis von Ursache und Wirkung als eines Ähnlichkeitsbezuges steht.

> »Hermes Trismegistus, per Unitas et numerorum analogiam ad veram Unitatem cogitandam, verosque natura numeros hos elevans, haec scribit in Pimandro: Unitas omnium Principium, radix atque origo, absque vero principio nihil: initium autem est non principii, sed alterius. Unitas ergo est rerum omnium principium, omnemque continet numerum, a nulla comprehensa, omnemque gignit numerum, ex nulla genita numero.«[1]

IX.
Analogiekonzepte und Einheitslehre

Die Modifikation des Analogiebegriffes

In der terminologischen Bestimmung des Analogiebegriffs wurde dieser als eine Verhältniseinheit dargelegt, die, in Aufnahme mathematischer Proportionsformen, das Eine über die Relation des Einen zum Anderen zu begreifen sucht. Über die Gleichheit von Verhältnissen aufgrund eines zugrundeliegenden Prinzips von Verhältnismäßigkeit kann das Ganze des Seienden in seiner Heterogenität als einheitliches gedacht werden, insofern die Analogie von Verhältnissen das Verschiedene umfaßt und gleichzeitig ein Selbiges herausstellt.

»Sofern die Vernunft – ihrem formalen Wesen nach ein Setzen und Begreifen von Einheit – nicht in einer ›intellektuellen Anschauung‹ das Ganze als Eins und das Eine als Ganzes realisiert, setzt und begreift sie die Einheit notwendig und ursprünglich als eine Einheit kraft Entsprechung ...«[2]

Der Seinsbegriff als solcher, indem er zugleich absolute Fülle wie Einheit schlechthin ist, entzieht sich jeglicher Bestimmbarkeit, ist unbestimmte, d. h. unbestimmbare Univozität und wird allein durch eine Integration in einen Verhältnisbezug faßbar. Ohne dabei vollständig erreicht werden zu können, erscheint das Eine als das Einende jeglicher Verhältnisbeziehung in jeweils aspektiver Weise.

Auf ontologischer Ebene wird diese Einheit als Verhältnisordnung der Dinge in Form einer harmonischen Fügung der Vielheit zur Ganzheit

---

1 Petrus Bungus; *Numerorum Mysteria*, hrsg. u. eingel. v. U. Ernst, Hildesheim/Zürich/New York 1983, S. 20 f.
2 Krings, H.; »Wie ist Analogie möglich?«, in: *Gott und Welt* I, 1964, a. a. O., S. 97–110, zit. S. 107.

vorgestellt. Der Harmoniebegriff, wie er sich in der platonisch-pythagoreischen Tradition entwickelt, steht in engem Zusammenhang mit der Denkmöglichkeit des Einen über die Verhältniseinheit, die in unterschiedlichen Seinsbereichen anhand von Modellen der Einheit in Vielheit als proportionaler Ordnung formuliert wird.

Die verschiedenen Konzepte von Harmonie im Bereich der Kosmologie (Kugel-Kosmos, Sphärenharmonie etc.), der Musik (Konsonanz und Intervallehre), der physischen (elementare Ordnung und Figuration) und der psychischen Welt (Kreisbewegung der Seele), die in Durchdringung und Entsprechung mikro- und makrokosmischer Seinsbereiche entwickelt werden, beziehen sich unter Einbindung geometrischer bzw. arithmetischer Proportionsformen auf mathematische Modelle von Zahl und Figur, jedoch nicht im Sinne einer quantitativen Erfassung des Seienden, sondern im Hinblick auf die Modi von Gestaltwerdung, Generierung und Verhältnisbezügen.

Sofern die Vielheit der Dinge sich als eine harmonische Ganzheit auffassen läßt, ist es erst möglich, der Einheit in unterschiedlichen Relationen innezuwerden bzw. das Vielfältige als eine Entfaltung aus der Einheit zu verstehen, wobei vorausgesetzt sei, daß die Fügung, das Verhältnis der Dinge, auf ein zugrundeliegendes Verhältnisprinzip rekurriert, auf einen Logos, nach dem sich Welt konstituiert.

Die jeweiligen Modelle von Harmonie und Homogenität des Seienden kreisen damit stets um die Frage, inwieweit der Übergang von einem Sein zu mannigfaltig Seiendem ein notwendiger sei und inwieweit die Erscheinungswelt als Ausdruck der Einheit begriffen werden kann, sowie umgekehrt um das Problem, in welcher Weise die Erkenntnis in der Lage ist, Vielheit in einem Bezug zur Einheit und gleichermaßen als einheitliche zu denken. Die Analogie umfaßt, wie erwähnt, beide Komponenten oder Bezugsrichtungen: die ontologische Ordnungsstruktur als Zeugnis der Wirkweise des Einen in Allem wie die geistige Erfassung der Mannigfaltigkeit in Form einer relational zu erfassenden Ganzheit als das Alles in Einem.

Indem jedes Einzelseiende an der Einheit teilhat, ist es nicht nur dem einen Sein abbildhaft verbunden, sondern auf der Basis einer partizipativen Beziehung begründet sich erst eine Vergleichbarkeit, eine Inbeziehungsetzung der Dinge untereinander. Diese Weise, das Verhältnis der Dinge zu begründen, stützt sich auf eine Strukturidentität, die rückbezüglich auf die Einheit verweist.

Zum einen wird somit mittels der Vorstellung einer Harmonie (stimmige Zusammenfügung des Verschiedenen zum Ganzen bzw. zur Schönheit) die Einheit in ihrer innerweltlichen Entfaltung betont, wobei der Harmoniebegriff in seiner Anwendung auf unterschiedlichste Seinsbereiche erlaubt, diese in struktureller Hinsicht als analog anzusehen. Die einzelnen Elemente einer jeweiligen Vergleichsebene mögen noch so verschieden sein – wesentlich ist es, die verschiedenen Bereiche in ihrer Verhältnisstruktur als gleich zu bestimmen und damit untereinander in ein Verhältnis setzen zu können: in jedwedem Verhältnis ist das Prinzip des Einen anwesend; was im Einen koinzidiert, zeigt sich im Seienden in Form einer die Dualität bindenden, durchgängigen Entfaltungsstruktur.

»Darum ist die Verhältniseinheit der schlechthin primäre Einheitsvollzug; das heißt, sofern die Vernunft eines setzt, hat dieses von seinem Ursprung her die Struktur des Einen kraft Entsprechung. Sofern wir denken und erkennen, denken und erkennen wir je eines durch das andere, und das andere durch das eine. Erst auf Grund eines solchen ἓν ἀναλογίᾳ konstituiert sich ein generisches, eidetisches oder numerisches Eines.«[3] Erkenntnistheoretisch stoßen wir auf das Problem, die Einheit in allen Dingen logisch nachzuvollziehen, denn erst durch ein in allem anwesendes Prinzip ist das Viele einheitlich, eine Ganzheit, die Einheit in vielfältiger Weise spiegelt, die es erst ermöglicht, das Eine über die Inbeziehungsetzung zum Anderen zu denken, das sich als solches in seiner Selbstbezüglichkeit qua Identität nicht bestimmen läßt, wohl aber analog, über das Auffinden von Sturkturgleichheit näherungsweise zu erreichen ist.

Maßgeblich für die metaphysische Analogie ist hierbei die bereits mehrfach herausgestellte zweidimensionale Bezugsrichtung in ihrer Verschränkung von Teilhabebeziehung (Gott-Welt) und Ähnlichkeitsrelationen auf verschiedenen Seinsebenen.

In der herakliteischen Logos-Lehre zeigt sich der Logos als grundlegendes, universales Strukturprinzip gegenspänniger Zusammenfügung bzw. als das in allem anwesende Verhältnismaß. Das in jedwedem Wechsel anwesende Gleichmaß, die Ausgewogenheit, verkörpert das Beständige im Unbeständigen, die Immanenz des Einen in bzw. zwischen allem. Bleibt die Erkenntnisproblematik bei Heraklit auch sehr vage umrissen, so läßt sich doch soviel festhalten: Wenngleich die sinnfällige Welt in beständigem Wechsel der erscheinenden Vielfalt einerseits nur flüchtige Anhaltspunkte gibt, gilt es andererseits doch zu erkennen, daß bei allem äußeren Wandel keine Veränderung im Ganzen stattfindet. Den Kosmos durchwaltet ein dynamisches Gleichgewicht in immerwährender Harmonie, indem sich alles nach einem Verhältnismaß konstituiert und dekonstituiert. Jedwede Relation der Dinge, der Denkinhalte wie der Sprache, verweist auf das Verhältnis aller Verhältnismäßigkeiten, das nur innerhalb von solchen zu erkennen ist.

Die Begriffe von Harmonie und Verhältnisordnung, die zu Paradigmen des Vollkommenen, des Schönen und damit der Anwesenheit und Wirkweise der höchsten Intelligibilität des Einen in der Welt gereichen, prägen die Vorstellung des Kosmos; etwa in der Symmetrievorstellung des kosmischen Ganzen, wie wir ihr erstmals bei Anaximander begegnen, worin bereits das Verhältnismäßige als Grundstruktur von Ordnungsprinzipien anklingt.

---

3 H. Krings 1964, a.a.O., S. 107.

In pythagoreischer Lehre findet die Entwicklung des Harmoniebegriffes auf der Zahlebene einen systematischen Ansatz. Ausgangspunkt hierfür ist der Prinzipiengegensatz von *peras* und *apeiron*, von Begrenzendem und Unbegrenztem, aus deren Wechselverhältnis erst etwas ist bzw. deren harmonische Verbindung die Dinge erst ins Dasein ruft. Dieser Gegensatz von *peras* und *apeiron* entspricht auf der Zahlebene dem Verhältnis von gerader (Unbegrenztheit) und ungerader (Begrenztheit) Zahl, deren Zusammenwirken erst die Zahlen konstituiert, denn jede Zahl ist quasi die Qualität eines Verhältnisses, wird zugleich bestimmt als eine Einheit wie als eine Vielheit. (Dreizahl = Einheit der Dreiheit bzw. Anzahl von Drei) Zahlverhältnisse sind es, anhand derer sich unterschiedliche Seinsbereiche als analog erweisen lassen (musikalische und kosmische Harmonie), anhand derer über eine Verhältnisgleichheit eine qualitative Einheit des Verschiedenen erkannt werden kann. Alles erscheint als Zahl, insofern es sich über Zahlverhältnisse als vergleichbar erweist, und damit zugleich als verschieden wie einheitlich. Hierin begründen sich Astronomie, Arithmetik, Geometrie und Musik als analoge Erkenntnisweisen von Weltharmonie.

Bei Platon wird die pythagoreische Lehre von Zahl und Proportion, der Harmonie des Ganzen in seinen Teilen zueinander, auf die metaphysische Ebene übertragen. Der Zusammenklang des Ganzen in Form von Ordnung und damit Schönheit, die Ausdruck göttlicher Vernunft ist, äußert sich als eine Verhältnismäßigkeit der Dinge, die auf eine immanente Struktur zurückgeht, insofern die Seele als Mittlerin höchster Intelligibilität alle Seinsbereiche verbindet und als nach Ordnungsprinzipien einheitliche in Erscheinung treten läßt. Ein Strukturprinzip wird bestimmend für alle Seinsbereiche, sei es als Zahlproportion ausgedrückt oder als das Verhältnis von Einheit/Selbigkeit zur Vielheit/Andersheit über ein Mittelglied, die Mischung als Moment der Bezüglichkeit. Das ›Band‹ ist es, welches erst ein Verhältnis setzt und damit Dualität als Relation konstituiert, d. h. eine gegenläufige Bestimmung setzt. Diese Struktur ist somit keine polare, sondern eine triadische, die sich sowohl in vertikaler Richtung als die Verbindung (σύνδεσμος) von Ideen- und Erscheinungswelt über die Mittelstellung der Seele auswirkt wie innerweltlich das Bezugsverhältnis des Vielen über eine Teilhabebeziehung begründet. Das Ganze ist damit keine Summierung von Vielem, sondern Verhältniseinheit, insofern ein ›Band‹ das harmonische Gefüge durchwebt.

Im *Timaios* erscheint (in Rückgriff auf die pythagoreische Denktradition) über den Prinzipiengegensatz von *peras* und *apeiron* im Sinne von Identität/Einheit und Diversität/Vielheit sowie der Mischung aus beiden die Seele als Bindeglied, das ein analoges Moment in unterschiedlichen Seinsbereichen ausmacht. Das göttliche Seinsprinzip ist außerhalb jeglicher Relationalität ein mit sich überall Identisches und entzieht sich damit einer begrifflichen Faßbarkeit, die der Dialektik des Einen und Anderen bedarf.

Erkenntnis vollzieht sich als eine analoge, indem sie über das Auffinden der Verhältnisordnung des Seienden des intelligiblen Urgrundes von Verhältniseinheit mittelbar innewird. Ort des analogen Vollzuges der Einheit ist die Seele, insofern sie Bindeglied zwischen Ideen- und Erscheinungswelt ist. Die in dieser angelegte vermittelnde Weise der Erkenntnis aber ist das ›Mathematische‹. Die Seele vermag die Verhältnismäßigkeit des verschiedenartig Seienden außerhalb der sinnlichen Erfassung auf der Zahlebene zu begreifen, insofern sie selbst harmonisch proportioniert ist, d.h. eine triadische Einheit des Prinzipiengegensatzes verkörpert, und alle Beziehungen und Strukturen in sich vereint, die in den Bereichen der mathematischen Wissenschaften (Arithmetik, Geometrie, Harmonik, Astronomie)[4] bzw. als das Maßvolle, Ebenmäßige in allen Seinsbereichen aufzufinden sind. »Mathematik ist in der platonischen Tradition ›ein Vorspiel zur Betrachtung des Seins‹. Ihr Ziel ist, sich selbst aus der Verflechtung in das Sinnfällige zu befreien, das Auge der Seele zu reinigen und die radikale Kehre des Philosophierens zum wahrhaften Sein, vom Gegründeten zum Grund, vom Entsprungenen zum Ursprung, vom dunklen zum intelligiblen Licht (νοερὸν φῶς) vorzubereiten.«[5]

Zusammenfassend läßt sich für die dargelegten philosophischen Systeme vorsokratischer, pythagoreischer wie platonischer Tradition die Bedeutung der Analogie folgendermaßen formulieren: analoge Seinserkenntnis richtet sich auf die Ordnungsstruktur des Seienden in Form von Verhältnismäßigkeit bzw. harmonische Gefügtheit der mannigfaltigen Erscheinungswelt. Sie fragt nach dem mit Notwendigkeit zu begründenden inneren Zusammenhang des Vielen, dem Mittleren und Mittel, gemäß dessen das Verschiedene erst als Ganzheit und damit als Ausdruck der immanenten Einheit aufzufassen ist.

Mittels der Analogie sind verschiedene Seinsbereiche in ein Verhältnis zu setzen und sie werden im Hinblick auf ein gleichermaßen vorausliegendes wie jedem Verhältnis inneliegendes Verhältnismaß vergleichbar.

---

4 Vgl. K. Gaiser 1964, a. a. O., S. 97.
5 Beierwaltes, W.; *Proklos. Grundzüge seiner Metaphysik*, Frankfurt a. M. 1979, S. 167.

Abb.: Robert Fludd, Utriusque cosmi ... historia, II., a 1, S. 275. Eine Zuordnung/Analogie von mikro- und makrokosmischer Ordnung zeigt diese Darstellung. Anhand der durchgezogenen Kreise zeigt sich die mikrokosmische Ordnung als System konzentrischer Kreise, das die Dualität Tag/Licht/ Geistigkeit und Nacht/Dunkel/körperliche Masse umschließt und darin zugleich den innerweltlichen χωρισμός als eine scharfe Trennung von Sinnlichem und Geistigem zeigt, wie den Gedanken einer Teilhabebeziehung verdeutlicht, indem Himmel und Erde, Geist und Körper überall kontinuierlich mit dem überweltlichen, göttlichen Prinzip verbunden sind. (Kette = Monochordum Harmoniae Microcosmi)
Die Abstände des Kreissystems organisieren sich nach Inter-

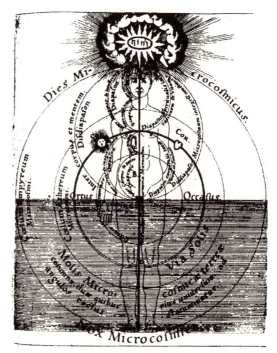

vallschritten (Quinte, Quarte, Oktave) und stehen für die Vorstellung einer ›Spärenharmonie‹ in Übertragung auf den Mikrokosmos. Wiederum erweist sich die Seele (mikrokosmische Sonne) bzw. das Herz als Vermittlung zwischen der geistigen Oktave (Diapason spiritualis inter rationem et vitam) und der körperlichen Oktave (Diapason corporalis inter vitam et sensum). Zudem markiert die Seele als Grenzscheide den Übergang zwischen körperlichen und geistigen Funktionen.
Körperliche Sphäre: die Quinte zwischen Körper/corpus und Sinnlichkeit bzw. sinnl. Wahrnehmung/sensus (geschnitten vom elementaren Kreis) und die Quarte zwischen Sinneswahrnehmung/sensus und Vorstellung/imaginatio bilden die Oktave der körperabhängigen Bestimmungen (inter corpus et imaginationem). In entsprechenden Intervallschritten organisiert sich die Sphäre der geistig-intellektuellen Bestimmungen des Mikrokosmus: der Quinte zwischen Vernunft/ratio und Vorstellung/imaginatio und der Quarte von ratio und intellectus, die die Oktave zwischen ratio und vitam bzw. imaginatio und intellectum bilden. Beide Oktaven zusammengenommen ergeben die Doppeloktave (Disdiapason Microcosmum integrum constituens).
Anhand dieser Intervallordnung, die auf die pythagoreische Harmonie- und Zahlenlehre rekuriert, zeigt sich nicht nur die Vorstellung eines harmonischen Aufbaus des Körpers (physische wie geistige Proportionalität), sondern gleichermaßen der Zusammenklang aller Sinnes- und Erkenntnisbereiche gemäß geometrischer Proportionalität.

»In einem Kreis, er mag noch so groß sein, führen alle Linien zu einem Punkt der Mitte, den die Geometer Zentrum nennen; und möge auch das ganze Gebilde in noch so vieles zerteilt werden: es gibt nur diesen Punkt, nach dem alles in gleicher Weise gemessen wird und der durch ein bestimmtes Recht der Gleichheit über alles herrscht. Je weiter du von hier zu irgendeinem Teil ausschreitest, je mehr wirst du verlieren, und wenn du in das Meiste vorgedrungen bist. Dasselbe widerfährt dem Geist, der sich in Unendlichkeit verliert. Beschränkt er sich jedoch auf jene wahre Anmut, dann zwingt ihn seine eigene Natur, überall das Eine nur zu suchen, jene Einheit, die in der Vielheit nicht zu finden ist.«[1]

X.
Der Einfluß neuplatonischer Metaphysik auf die Philosophie Giordano Brunos

1. Rezeption neuplatonischer Quellen

Für Interpretation und Verständnis der brunoschen Philosophie unter der spezifischen Fragestellung, inwieweit die Verbindung und Durchdringung von Seins- und Erkenntnislehre sich über analoge Strukturen erklären, ist der Einfluß neuplatonischer Philosophie von wesentlicher Bedeutung. Es gilt also zu zeigen, ob das Bruno unterstellte Konzept einer Entsprechung zwischen ontologischer Entfaltung aus der Einheit und gnoseologischer Rückführung der Vielheit der Erkenntnisgegenstände auf die Einheit auf neuplatonische Philosopheme gegründet ist.

Wenn im weiteren von neuplatonischen Elementen die Rede ist, sei damit nicht allein auf das Wiederaufleben (neu)platonischer Lehre in der Renaissance Bezug genommen, wie sie maßgeblich durch die Gründung der von C. v. Medici im Jahre 1459 in Florenz gestifteten Platonischen Akademie, insbesondere von Marsilio Ficino, vorangetrieben wurde, um in der Folgezeit eine neue Blüte zu erleben. Wenngleich die Schriften etwa Platons und Plotins erst dank der lateinischen Übersetzung und Kommentierung Ficinos in vollständigen Editionen zugänglich wurden und damit erstmals in (vornehmlich am Lateinischen orientierten) Gelehr-

---

1 Aurelius Augustinus, *De Ordine/Die Ordnung*, erste dt. Übertr. v. C. J. Perl, Paderborn 1966.

tenkreisen rezipiert werden konnten, sind auch patristische wie mittelalterliche Schriften durchzogen von platonisch-neuplatonischen Philosophemen.

W. Beierwaltes führt für die patristische Adaption und Überlieferung dieser Lehre etwa die das Mittelalter beeinflussenden Schriften von Augustinus, des Maximus Confessor, Origenes, Gregor von Nyssa, Basilius und Pseudo-Dionysius Areopagita an, um nur die wichtigsten Vertreter zu nennen. Diese werden in der Untersuchung der Bedeutung der Analogie für die Philosophie Giordano Brunos hinzuzuziehen sein. Christliche Gotteslehre macht sich die platonische Denkart über die Einbettung in theologische Konzepte zu eigen.[2]

Die neuplatonische Lehre sei daher im folgenden als eine Traditionslinie betrachtet, deren Wirkungsgeschichte sich, ausgehend von der genuin platonischen Philosophie über eine Fortführung in zahlreichen Bearbeitungen und Umsetzungen, integriert in unterschiedliche philosophische Konzepte, von der Spätantike über die Patristik durch das gesamte Mittelalter bis hin zur Renaissance ideengeschichtlich verfolgen läßt.

Als maßgebliche Vertreter des spätantiken Neuplatonismus sind – neben Iamblichos (3./4. Jh. n.) und Porphyrios (234 n.–304 n.) – vor allem Plotin (204 n.–270 n.) und Proklos (5. Jh. n.) zu nennen, in deren Lehre neben der Aufnahme platonischer Philosopheme in synkretistischer Verschmelzung Elemente stoischer, pythagoreischer, arabischer wie christlich-jüdischer, aber auch aristotelischer Lehre einfließen.

Die frühe Platon-Rezeption verläuft fast ausschließlich über diesen indirekten Weg einer in neuplatonische Konzepte eingehenden, assimilierten platonischen Lehre.

Die Schriften des Proklos bzw. Plotins als der Hauptvertreter neuplatonischer Lehre werden erst im 12./13. Jh. in Übersetzungen bzw. freieren Paraphrasierungen zugänglich.[3] Zum einen sind hier die Proklos-Übersetzungen W. v. Moerbekes zu nennen.[4] Eine zweite Rezeptionslinie

---

2 Vgl. Beierwaltes, W.; »Vorwort«, in ders. (Hrsg.); *Platonismus in der Philosophie des Mittelalters*, Darmstadt 1969, S. VII–XIV.

3 Plotins *Enneaden* werden erstmals in der Renaissance, von M. Ficino übersetzt, in lateinischer Fassung rezipierbar.

4 »Der platonische *Parmenides* gab insbesondere durch den Parmenides-Kommentar des Proklos (in der Übersetzung des Wilhelm von Moerbeke) den kräftigen Impuls, die platonische Grundproblematik: die Dialektik von Einheit und Mannigfaltigkeit, sowie die absolute Transzendenz des Einen Prinzips immer wieder von neuen Aspekten her zu durchdenken und der philosophischen Theologie zu integrieren. Dadurch wurde die Methode der *theologia negativa* bis in die Renaissance hinein (Cusanus) zur relativ adaequaten Methode der Gottes-Erkenntnis.« (W. Beierwaltes 1969, a. a. O., S. XII) Nach Clemens Bäumker stand Th. v. Aquin in einem freundschaftlichen Verhältnis zu W. v. Moerbeke. J. Hirschberger führt den Begriff der »coincidentia oppositorum«, der eine zentrale Bedeutung im Werk des Cusaners einnimmt, auf den Parmenides-Kommentar des Proklos in der Übersetzung Moerbekes zurück. (Vgl. Hirschberger, J.; »Platonismus im Mittelalter«, in: W. Beierwaltes (Hrsg.) 1969, a. a. O., S. 59)

führt über die ins Lateinische übersetzten arabischen Aristoteleskommentare Avicennas, Avencebrols und Averroes. So sind es oftmals ›aristotelische‹ Schriften, die neuplatonische Inhalte tradieren, wie etwa das weitverbreitete *Liber de causis*, eine pseudo-aristotelische Schrift arabischer Autorenschaft, die die Metaphysik des Proklos übermittelt; bzw. die sogenannte *Theologie des Aristoteles*, die als Übersetzung aus dem Arabischen eine Überarbeitung der philosophischen Lehre Plotins darstellt.[5]

Der lange Zeit herrschenden Ansicht, im Schatten des das Mittelalter bestimmenden Aristotelismus habe die platonisch-neuplatonische Lehrtradition ihre Bedeutung eingebüßt und sei in Vergessenheit geraten, so daß erst die Frühe Neuzeit diesen philosophischen Strang wieder aufnahm, um eine Renaissance platonisierender Seinslehre einzuleiten, dieser Meinung ist in der neueren Forschung vielfach widersprochen worden. Unbestritten gilt Aristoteles als die ›auctoritas‹ (›der Philosoph‹) mittelalterlichen Denkens; daneben aber besteht die Kontinuität platonischer Lehre ungebrochen.

Während die aristotelische Lehre vorrangig im Hinblick auf ihre logische Systematik in mittelalterliche Philosophie Aufnahme findet, sind es insbesondere Kosmologie/metaphysischer Ordnungsbegriff und naturphilosophische Einheitslehre, die aus der platonischen Tradition aufgegriffen werden. Platons *Timaios* etwa ist im gesamten Mittelalter, zumindest teilweise, bekannt über eine Übersetzung und Kommentierung des Chalcidius sowie über eine dichterische Kurzfassung in der *Consolatio philosophiae* des Boethius. Weitere wichtige Quellen platonischer Lehre sind zum einen der Makrobius-Kommentar zu Ciceros *Somnium Scipionis* sowie die Übermittlung über christliche, platonisch geprägte Schriften. Neben der platonisierenden Theologie des Augustinus ist vor allem Johannes Scotus Eriugenas *De divisione naturae* zu nennen sowie Eriugenas Übersetzungen (Gregor v. Nyssa, Pseudo-Dionysius und Maximus Confessor). Neuplatonische Grundlagen wie etwa das Hervorgehen der Vielheit aus der Einheit, die Stufenordnung der Natur (die etwa in der Philosophie des Thomas von Aquin Grundlage des ›analogia-entis‹-Konzeptes wird) und die Begründung kosmischer Harmonie, die Dialektik einer Ontologie zwischen Einheits- und Vielheitsprinzip, die platonisch-pythagoreische Seelenlehre sowie Ansätze einer ›negativen Theologie‹, der Lichtmetaphysik respektive der Emanations- und Zahlenlehre finden sich hierin in Verschmelzung mit der Begründung des christlichen Gottesbegriffes.

Clemens Bäumker sieht neben der scholastischen Lehrtradition zwei weitere Ströme, innerhalb derer platonisch-neuplatonische Lehre seit dem 12./13. Jahrhundert zum Tragen kommt. Zum einen eine humanistische Bewegung, die sich, vor allem aus philologischem Interesse, auf Autoren

---

5 Vgl. Bäumker, Clemens; ›Der Platonismus im Mittelalter«, in: W. Beierwaltes (Hrsg.) 1969, a.a.O., S. 25 f.

der Antike richtet. So etwa die Schule von Chartres (Bernhard v. Clairvaux, Bernhard Sylvester, Thierry von Chartres), die platonische Kosmologie und pythagoreische Zahlenlehre mit christlicher Schöpfungslehre verbindet. Als weiterer Strang ist der sogenannte naturwissenschaftliche Platonismus von Bedeutung (Alfred Sarashel, Daniel v. Morley, Albertus Magnus, Bacon, Grosseteste, Witelo, Dietrich v. Freiberg, Berthold v. Mosburg), insofern hier die platonisch-neuplatonische Lehre den metaphysischen Hintergrund einer physikalischen Naturerklärung liefert.

»Jener Neuplatonismus aber bot, trotz aller Transzendenz seiner verstiegenen Metaphysik und trotz seiner mystisch-religiösen Grundstimmung, gerade der Naturforschung jener Zeit gar vieles, was mit ihrem inneren Geisteszug sich berührte, in der arabisch redenden Wissenschaft des Orients wie in der lateinisch schreibenden des Abendlandes. Durch die Aufnahme der stoischen Naturphilosophie hatte ja dieser Neuplatonismus zu dem metaphysisch-religiösen Transzendenzgedanken ein naturalistisches Gebiet hinzugefügt und hatte mit seiner Emanationstheorie auch die intelligible Welt in einen Fluß naturhaften, wenn auch ewigen Werdens verwandelt.« (C. Bäumker, a. a. O., S. 23)

Der aristotelischen Lehre eines unbewegten Bewegers bzw. eines Kosmos fester Kugelsphären, die ihre Bewegung von außen empfangen, steht ein neuplatonischer Seinsbegriff entgegen, der sichtbare und unsichtbare Welt in unmittelbaren Zusammenhang stellt als ein Ausfließen und Ausströmen aus einer ersten Einheit und intelligiblen Fülle bis hin zur niedrigsten Stufe von Materialität, eine nach Vollkommenheit im Sinne von Seinsteilhabe, d. h. Intelligibilitätsgrad gestufte Natur, die als lebendige, beseelte Ganzheit von einem Geistprinzip durchflutet, eine dynamische Ganzheit harmonischer Verwobenheit bildet. »Was jene der Naturforschung zugewandten philosophischen Denker dem Neuplatonismus entnehmen, sind, von einer Fülle von Einzelbeziehungen abgesehen ... vor allem drei Grundgedanken: die Emanationslehre, die Lichtmetaphysik und die stoisch-neuplatonische Vorstellung von einem den Kosmos durchwaltenden Zusammenklang.« (C. Bäumker, a. a. O., S. 30)

Insbesondere die Rezeption neuplatonischer Lichtmetaphysik, die Elemente orientalischer Lichtlehre aufnimmt bzw. durch hermetische sowie jüdisch-kabbalistische Einflüsse geprägt wird und in engem Zusammenhang zur philosophisch fundierten frühen Optiktheorie steht, wird zu einer für die Folgezeit zentralen metaphysischen Vorstellung der Immanenz des Einen in Allem sowie zur Begründung eines Stufenkosmos, der durch die Teilhabe am intelligiblen Licht, dem göttlichen Lichtwesen, das sich in emanativer Weise mitteilt, einen je verschiedenen Seinsgrad einnimmt. Was bei Platon bereits angelegt war, die Analogie des körperlichen Lichtes in der sinnfälligen Welt zum intelligiblen Licht des Einen und Guten, wird etwa bei Plotin als geistmetaphysisches System entwickelt.

In unmittelbarem Zusammenhang mit lichtmetaphysischen Konzepten einer Entfaltung aus der Einheit als Emanation aus dem geistigen Urlicht steht die Kreis- bzw. Kugelvorstellung im Sinne eines Modells von Ordnung und Gleichmaß, der Gleichförmigkeit einer intelligiblen Struktur in verschiedenen Abstufungen, der vollkommenen Durchdringung und Ausfüllung in multidimensionaler Weise sowie als Konzept einer Bezüglichkeit von Mittelpunkt und Circumferenz bzw. Einheit und Differenzierung bei wachsender Entfernung aus der Einheit. Die intelligible Lichtquelle selbst ist Mittelpunkt konzentrischer Kreise, die, aus einem Zentrum gleichmäßig sich in alle Richtungen verströmend, sich den unterschiedlichen Sphären in je abgestufter Weise mitteilt und damit die intelligible Ordnung in Analogie setzt zur kosmischen Ordnung. Eine Symmetrie von Kreisbahnen, deren Zentrum Quelle körperlichen Lichtes ist. Gleichzeitig spielt auch in diesen lichtmetaphysischen Modellen die partizipative Beziehung eine Rolle, insofern die körperliche Lichtquelle dem intelligiblen Lichte abbildlich gleicht und ursächlich verbunden ist, d.h. eine analoge Beziehung von Ursache und Wirkung umfaßt, die innerlich notwendig begründet ist. Das metaphysische Lichtprinzip ist dabei – in Fortführung des in Platons Sonnengleichnis angelegten Entwurfes – sowohl als geistiges Prinzip von Erkenntnis wie als Urgrund allen Lebens zu verstehen. So heißt es etwa bei Johannes Scotus Eriugena: »Jedes Geschaffene, sichtbar oder unsichtbar, ist ein Licht, das durch den Vater der Lichter ins Sein kommt ... Dieser Stein und dieses Holzstück ist bei mir ein Licht ... Denn ich sehe, daß ein jedes gut und schön ist, daß es gemäß der ihm eigenen Analogie existiert, daß es sich nach Art und Gattung von anderen Arten und Gattungen der Dinge unterscheidet, daß es bestimmt ist von seiner Zahl, durch die es eines wird, daß es seine Ordnung nicht überschreitet, daß es seinem Ort zustrebt, nach der Art seines Gewichtes. Während ich solches und ähnliches an diesem Stein wahrnehme, werden sie mir lichter, d.h. sie erleuchten mich [me illuminant]. Denn ich beginne darüber nachzudenken, woher der Stein solche Eigenschaften empfangen hat ...; und unter der Führung der Vernunft werde ich bald über alles hinaus zur Ursache von allen Dingen geführt, die ihnen Ort und Ordnung, Zahl, Gattung und Art, Gutheit und Schönheit und Wesen verleiht mit allen anderen Zuweisungen und Gaben.«[6]

Derartige Analogiemodelle erlauben es, das Einheitsprinzip in seiner immanenten Entfaltung auf allen Seinsebenen als Identisches und Einheitliches zu denken, als eine auf allen Seinsstufen wiederkehrende Struktur, ohne dabei die je spezifischen Unterschiede von Individuation außer acht zu lassen, sondern gerade in dem in allem Einheitlichen ein Moment vorzufinden, das die Vielfalt auf ontologischer Ebene in Form einer Ganzheit des Verschiedenen begreift und damit einer metaphysischen Einheit mittelbar innewird.

---

6 J. Sc. Eriugena; Expos. hierar. cael. 129 A/C; zit. n. Panofsky, E.; »Zur Philosophie des Abtes Suger«, in: W. Beierwaltes (Hrsg.) 1969, a.a.O., S. 113.

Neben lichtmetaphysischen Spekulationen einer Einheitslehre sind in ähnlicher Weise Zahlenlehre, Organismusvorstellung, Mikro- und Makrokosmos-Entsprechung, kosmologische Spekulation und Harmoniebegriff mehr als bloße Versinnbildlichungen, sondern verkörpern logische Modelle, die auf unterschiedlichen Seinsebenen die Einheit als dynamisches Prinzip in Allem zu formulieren ermöglichen. Es geht nicht darum, das Eine auf unzureichende Bilder bzw. eine Begrifflichkeit einzugrenzen. Jedoch besitzt die Möglichkeit, einheitliche Strukturen in der Welt des Seienden zu erkennen, Verweischarakter auf den intelligiblen Urgrund und sein Verhältnis zum Seienden. Die Begründung hierarchischer Ordnung, Harmonie und Strukturidentität innerweltlicher Dinge beansprucht nicht etwa, die Einheit im Sinne eines erschöpfenden Begreifens zu erschließen. Vielmehr impliziert das Denken in Analogien die Unerreichbarkeit der Erkenntnis des Einen in vollkommener Identität bzw. Univozität des Seinsbegriffes. Die reine Einheitserkenntnis wird in neuplatonischer Denktradition stets in Form einer Einswerdung mit dem Einen erstrebt, ist also kein auf rationalem Wege zu erreichendes Ziel, sondern, gelöst von jeglicher Dinglichkeit, eine seelische Schau, das Aufgehen im Unterschiedslosen.

Das Eine ist nicht der Welt ähnlich und damit vergleichbar, sondern diese dem Einen. Bei Thomas von Aquin wird es heißen, im Verhältnis zu Gott sei die Welt eine ›imitatio‹, das Verhältnis Gottes zur Welt aber eine ›repraesentatio‹.

Die Analogie von Seinsebenen – im Bewußtsein der Bedingtheit menschlichen Erkennens bzw. der dialektischen Struktur des Erkenntnisvermögens, das eine differenzlose, absolute Fülle nicht denkend zu umfassen vermag – führt lediglich auf die Spur der Anwesenheit des ursprünglichen Einen in Allem und verleiht dem Vielen den Stellenwert innerer Notwendigkeit, insofern es auf seinen Einheitsgrund verweist und in je spezifischer Weise veräußert. Es ist die emanative Alldurchdringung als ein Sich-Selbst-Abständigwerden bzw. die strukturell vergleichbare Verkörperung des Einen im Anderen, die eine Herleitung des Vielen aus der Einheit zuläßt, ohne diese als solche bestimmen zu können.

Die Erscheinungswelt erhält, insofern sie in einem Ähnlichkeitsverhältnis zum ursächlichen Einen steht, einen eigenen Stellenwert für die Erkenntnisproblematik. Natur ist nicht nur trügerisches Wechselspiel beliebiger Erscheinungen, sondern birgt die Entfaltungsprinzipien aus dem Einen in ihren, je nach Grad an partizipativer Verwirklichung des Vollkommenen gestuften, vergleichbaren Erscheinungsweisen. Die Anwesenheit des Einen in Allem teilt sich mit über die Art und Weise des In-Erscheinung-Tretens des Vielfältigen.

In diesem Sinne heißt es etwa bei Pseudo-Dionysius Areopagita, »daß jede Zahl in der Einheit auf einartige Weise vorausbesteht und umgekehrt die Einheit auf einartige Weise jede Zahl in sich enthält. In dieser Einheit sind die Zahlen ungeschieden; gehen sie aus ihr hervor, so werden sie von ihr geschieden und vervielfältigt.«[7] Dieses Hervorgehen des Differenten wird in der zitierten Schrift auf einer weiteren Analogebene anhand eines Kreises verdeutlicht, dessen Mittelpunkt, das absolut Eine und mit sich Identische, die Zahlen aus sich hervorgehen läßt, die gleich unterschiedlichen Radien, je nach dem Verhältnis von Peripherie und Mittelpunkt (d.h. nach dem Abstand vom Ursprung) unterschiedliche Grade an Differenziertheit in bezug auf das zentrale Prinzip von Zahl annehmen. Zahl (bzw. Kreisradius) richtet sich hierin nicht auf eine empirische Meßbarkeit der Dinge in quantitativer Weise, sondern verkörpert ein Verhältnis. Jede Zahl begreift in sich eine spezifische Relation von Einheit und Andersheit als eine Qualität. Über die qualitative Bestimmung der Zahl erweisen sich verschiedene Seinsebenen als vergleichbar bzw. es zeigt sich die Ordnung und Harmonie der Gesamtheit des Seienden als Ausdruck des Wirkens eines intelligiblen Urgrundes. Dies ist in der pythagoreischen Zahlenlehre angedeutet worden und trat im platonischen *Timaios* hervor. Zahl ist qualitative Ordnungsstruktur des Vielen zur Ganzheit.

»Von hier schritt die Vernunft weiter zu den Kräften der Augen, und während sie Erde und Himmel betrachtete, fühlte sie, daß ihr nur die Schönheit gefiel, und in der Schönheit die Zahlen. Und sie prüfte in sich selbst, ob es Linien und Rundungen, Gestalten und Formen gab, die dem entsprachen, was der Geist in sich barg ...«[8]

Zusammenfassend sind es folgende Grundgedanken neuplatonischer Philosophie, die im Hinblick auf Giordano Bruno untersucht werden:
– die Frage nach dem Hervorgehen der Vielheit aus der Einheit in der Weise einer dialektischen Prozessualität;
– das Verhältnis der transintelligiblen Einheit zum vielfältig Seienden bzw. die Mittlerfunktion der Seele;
– der Emanationsgedanke als Begründung einer fließenden Entfaltung aus der Einheit bis hin zur niedrigsten Stufe materieller Natur, wie er etwa an Kreismodellen bzw. an der Zahlgenerierung auf unterschiedlichen Seinsebenen als analoge Ordnung nachvollziehbar wird;
– die lichtmetaphysische Einheitsspekulation als eine Art ›Fließmodell‹, mittels dessen der platonische Dualismus von geistiger und körperlicher Sphäre in einem inneren Zusammenhang begriffen wird;
– das Verhältnis der absoluten Seinsfülle zu ihrer emanativen Erfüllung der Gesamtheit alles Seienden über die Partizipationslehre;
– die harmonische Gefügtheit des Seienden als makro- wie mikrokosmischer Zusammenklang des Divergierenden;

---

7 Pseudo-Dionysius Areopagita; *De divinibus nomibus* V § 6, PG 3, 820; zit. n. Koch, J.; »Augustinischer und Dionysischer Neuplatonismus und das Mittelalter«, in: W. Beierwaltes (Hrsg.) 1969, a. a. O., S. 325.
8 Aurelius Augustinus; *De ordine/Die Ordnung* 1966, a. a. O., S. 75.

- das Verhältnis von Seinsentfaltung aus der Einheit und dem Erkenntnisstreben hin zu einer Einheitserkenntnis als umgekehrt proportionaler Hierarchie von Aufstiegs- und Abstiegsbewegung;
- und die Transzendenz des transintelligiblen Urgrundes sowie die Erkenntnisproblematik, die zu einer ›theologia negativa‹ überführt.

In einer differenzierteren Betrachtung neuplatonischer Konzeptionen des Einheitsbegriffes bzw. der Einheitsentfaltung sei im weiteren untersucht, inwiefern Giordano Bruno seinen identitätsphilosophischen Ansatz einer metaphysischen Einheitslehre auf neuplatonische Philosopheme stützt.

XI.
Neuplatonischer Stufenkosmos und brunosche Einheitsmetaphysik

1. Stufenordnung

Die Vorstellung einer Stufenordnung alles Seienden vom höchsten, rein geistigen Ersten und ursächlichen Einen, als dem unergründlichen Grund intelligibler wie körperlicher Welt, bis zur vielfältigen Erscheinungswelt ist insbesondere den metaphysischen Konzepten des Neuplatonismus (Plotin, Proklos) sowie neuplatonisch beeinflußten Lehren der Folgezeit eigen.

Im Hinblick auf die ›Stufenlehre‹ Giordano Brunos wird im weiteren vor allem das Verhältnis von kosmologischer Sphärenordnung und metaphysischer Stufung von Sein und Erkennen zu beachten sein.

Bei aller Unvereinbarkeit im einzelnen verkörpern platonische wie aristotelische Kosmologie ein teleologisches System. Das transintelligible Eine bzw. das göttliche Prinzip, selbst außerhalb der sichtbaren Welt, gilt als transzendente Ursache eines konzentrisch geordneten Kosmos, in dessen Mittelpunkt die Erde als Standort der Geschöpfe das Zentrum göttlicher Auswirkung und Gerichtetheit bildet. In der *ordo*-Lehre der christlich-scholastischen Tradition ist es insbesondere das geozentrische Weltmodell, das den Hintergrund metaphysischer Seins- und Erkenntnisstruktur bildet. »Das antik-mittelalterliche Weltbild war nicht nur in seiner statischen, sondern auch in seiner dynamischen Struktur geozentrisch. Die Erde ›stand‹ nicht nur im Zentrum, sondern sie war auch der letzte Bezugspol aller kosmischen Wirkungen, die immer von ›oben‹ nach ›unten‹ verliefen. Noch der Gott der Hochscholastik bediente sich zur Ausübung seines Weltregimentes vermittelnder Instanzen, sekundärer Kausalitäten, und hielt damit eben jenes Schema ein, an dem auch die fortdauernde Geltung astrologischer Vorstellung hing.«[1]

Ein wesentlicher Hintergrund neuplatonischer Stufenlehre ist der bereits ausführlicher erläuterte platonische Weltentstehungsmythos *Timaios*, in dem in gewisser Weise bereits eine hierarchische Entfaltungsstruktur angelegt ist, indem der Weltenschöpfer (Demiurg) den sichtbaren Kosmos in größtmöglicher Vollkommenheit und Ähnlichkeit zur intelligiblen Welt erschafft, wobei die Mittlerfunktion der (Welt-)Seele Bedingung der Teilhabe des vergänglich Seienden am überzeitlich Ewigen ist.

---

1 Blumenberg, H.; *Aspekte der Epochenschwelle: Cusaner und Nolaner*, Frankfurt a. M. 1982, S. 68 f.

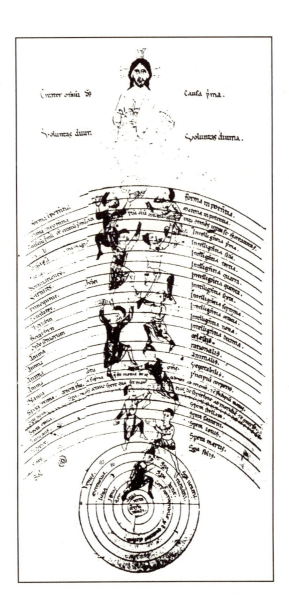

Abb.: Zeichnung, 13. Jh., Bibliothèque Nationale Paris, Codex latinus 3236 A
Darstellung eines hierarchisch geordneten, kosmologischen und gleichzeitig theologisch zu interpretierenden Stufenmodells, innerhalb dessen der Mensch gleichsam wie auf einer Leiter (dem ausschnitthaft dargestellten System konzentrischer Kreise, einer Sphärenordnung) emporsteigt, um sich dem göttlichen Schöpfer (creator omnium deus & causa prima) zu nähern, d. h. über das Erklimmen der Stufen der Natur (Elementarsphären, Himmelssphären, Engelssphären), die zugleich die Grade einer Erkenntnisstufung zeigen, zu immer ›höherer‹ Einsicht zu gelangen.

Die Seele des Kosmos, geschaffen als die triadische Einheit einer harmonischen Fügung des ›Selben‹, des ›Verschiedenen‹ und des aus beidem gemischten Seins ist somit Bindeglied zwischen geistiger und körperlicher Welt.[2] Alles durchdringend ist sie die Bedingung der Möglichkeit, vermittels derer die Erscheinungswelt der Ideen teilhaftig wird, so daß der wandelbare Kosmos des Werdenden kein kontingenter ist, nicht nur trügerischen Scheincharakter besitzt, sondern über die partizipative Beziehung ein ›bewegtes Abbild der Ewigkeit‹ darstellt, was sich in der kreissymmetrischen Ordnung des Kosmos als harmonische Ganzheit von der höchsten gleichförmig bewegten Fixsternsphäre (Kreis des Selben) über die in ihrer Umlaufzeit divergierenden Planetensphären (Kreis des Verschiedenen) bis hin zur Erde ausdrückt. Ein Kosmos, der kraft der Beseelung eine proportionale Verknüpfungsstruktur und Einheitlichkeit aufweist und darin als ein ›sichtbarer Gott‹ Abbild des transzendenten Einen zu sein vermag. Hat der eine Gott den Kosmos als ein soweit als möglich dem unvergänglichen Lebewesen (Ideenkosmos) entsprechendes geschaffen (vgl. Tim., 37 d), so ist es an den gottgeschaffenen Göttern, die sterblichen Wesen zu schaffen, also wiederum eine Mittlerfunktion einzunehmen zwischen Sein in Ewigkeit und Seiendem in der Zeit. Der unsterbliche Teil der Seele der sterblichen Wesen, wenngleich von niedrigerem Grad an Lauterkeit, entsteht analog der Seele des Makrokosmos als harmonische Fügung aus Selbigkeit, Andersheit und gemischtem Sein und wirkt damit auf der Ebene des Einzelseienden vermittelnd zwischen körperlicher Existenz/Meinen und geistigem Sein/-Erkennen. Die Einheitlichkeit dieser Seinsentfaltung vom rein intelligiblen Sein bis zur niedrigsten Stufe des Vergänglichen basiert auf der alles mit allem vermittelnden, als Band der Analogie wirkenden Seele. Eine Beseelung des Ganzen, die in graduell abgestufter Seinsteilhabe jedem Einzelseienden wie der Vielheit des Seienden einen gleichermaßen immanenten Einheitsbezug verleiht, der sich als kosmische Harmonie, d. h. als Bezugseinheit des Vielen zum Ganzen durch die alles verbindende partizipative Beziehung des Einzelnen kraft der Seele erweist (vgl. Tim., 69 b) und eine erkennende Beziehung in Richtung auf den intelligiblen Grund, die transzendente Ideensphäre bzw. die Idee des Guten als unerfaßbaren Zielpunkt des Erkenntnisstrebens erst ermöglicht.[3]

Dieser göttliche Schöpfungsakt des platonischen Mythos in Form einer nach Teilhabegrad bzw. Gottähnlichkeit geordneten Welt, in der alles mit allem in analogen Verhältnissen steht, enthält Elemente dessen, was in

---

2 Hieran anknüpfend ist die Weltseele im philosophischen System Plotins Bindeglied zwischen intelligibler Welt und Erscheinungswelt, zwar der intelligiblen Sphäre näherstehend, teilt sie sich doch ganz jedem Einzelseienden mit, und wirkt darin als Vermittlung der Ideen an die Körperwelt.
3 Vgl. zur Stufung der Erkenntnis Platons *Symposion* 210 a ff., Diotima-Dialog; und den 7. Brief, Epist., 342 a ff.

metaphysischen Konzepten des Neuplatonismus die Selbstexplikation der Einheit ausmacht.[4]

Zentrales Problem neuplatonischer Seinslehre ist die Begründung des Verhältnisses von Einheit und Vielheit, d. h. die Frage nach der Art und Weise sowie der Notwendigkeit einer vielheitlichen Entfaltung des transzendenten Einen in die Vielfältigkeit der Erscheinungswelt. Wie läßt sich das Verhältnis des unergründlichen Ersten zum Vergänglichen denken, ohne jenes absolut Transzendente in die Endlichkeit zu ziehen? In welcher Weise läßt sich die Unvollkommenheit des wandelbar Endlichen auf die unendliche, ursachenlose Ursache beziehen bzw. aus ihr ableiten? Wie vollzieht sich der Übergang von reiner Geistigkeit in die körpergebundene Seinsweise der Dinge, ohne daß eine ursächliche Dualität von geistigem und materiellem Prinzip angesetzt werden müßte[5] bzw. ohne eine substantielle Ursache im Sinne stoischer Immanenzlehre als eine Identität von Gott und Kosmos vorauszusetzten?

In der neuplatonischen Philosophie werden platonisch-pythagoreische Elemente in ein strenger monistisch angelegtes System integriert. Einerseits bewahrt die neuplatonische Einheitsspekulation den Dualismus von geistiger und körperlicher Welt, andererseits wird aber das Ganze des Seins als stufenweise Entfaltung des transzendenten Einen gleich einem Ausfluß aus der überquellenden Fülle des ersten Grundes in dynamischer Selbstmitteilung über eine Vielzahl von Mittelgliedern gedacht.[6] Die Entfaltung des göttlichen Prinzips vollzieht sich als emanistische Selbstmitteilung der unerschöpflichen Güte selbst, wobei der Emanationsgedanke, wenngleich in stoischer Tradition stehend, kein substantielles Ausfließen meint, sondern rein virtuell, als dynamische Allerfüllung und -durchdringung, zu verstehen ist, wie es sich insbesondere anhand lichtmetaphysischer Modelle zeigt.

Die Lichtmetaphysik der Neuplatoniker wird zu einem prägenden Element der philosophischen Tradition der Folgezeit. Zwar ist die Licht-

---

4 Vgl. Plotin, Enn. IV 8, [6], 1, 7.
5 Im *Timaios* etwa entsteht die sichtbare Welt nicht aus dem Nichts, sondern vielmehr wird aus einem ungeordneten und chaotischen Zustand von Bestehendem der Kosmos geschaffen (vgl. Tim., 30 a ff.).
6 Die Lehre der Mittelglieder bzw. der Mittlerfunktion der Seele beeinflußt auch die christlich-scholastischen Konzepte einer Stufenlehre (vgl. etwa Augustinus, Albertus Magnus, Thomas v. Aquin) in entscheidender Weise. Hingewiesen sei hierbei insbesondere auf das pseudoaristotelische *Liber de causis*, eine Schrift, die im lateinischen Mittelalter große Verbreitung fand, in einer Reihe von Handschriften in lateinischer Übersetzung aus dem Arabischen vorliegt und als gedruckte Fassung seit dem Jahre 1482 verschiedene Neuauflagen erlebte. Es handelt sich hierbei um eine über die arabische Rezeption vermittelte, zusammenfassende Übertragung der *Elemente der Theologie* des Neuplatonikers Proklos. Vgl. Bardenhewer, O. (Hrsg.); *Die pseudo-aristotelische Schrift ›Über das reine Gute‹ bekannt unter dem Namen ›Liber de causis‹*, im Auftrage der Görres-Gesellschaft bearb. v. O. Bardenhewer, Freiburg 1882/Nachdruck Frankfurt a. M.

lehre als solche nicht genuin neuplatonisch[7], charakteristisch ist jedoch die geistmetaphysische Deutung der Selbstmitteilung des Einen als Ausstrahlung eines unkörperlichen Lichts (φωτός ἀσωμάτου, wie es bei Plotin heißt; vgl. Enn. I 6, 16)[8], das, selbst in seiner Lichtheit unerfahrbar, die Quelle unerschöpflicher Selbstentfaltung verkörpert. Ein überlichtes Licht, das alles durchdringend jedem Einzelseienden ganz teilhaftig ist, wenngleich in seinen Wirkungen mit wachsender Entfernung vom Ausgangspunkt bzw. zunehmender Materialität in abgeschwächter Helligkeit erstrahlt. »Je weiter wir daher an der Kette der Ursachen und Wirkungen herabgehen, je mehr Mittelursachen ein Ding von der ersten Ursache trennen, umso unvollkommener ist es, und die Gesamtheit des Seienden stellt eine Stufenreihe, oder einen sich stufenweise erweiternden Kreis dar, in welchem mit der Entfernung vom Ersten auch die Vollkommenheit des Seins abnimmt, die Einheit in die Vielheit auseinandergeht, und das vom Urwesen ausstrahlende Licht verblasst, um am Ende in der Finsternis des Nichtseienden zu erlöschen.«[9]

Dieser Gedanke einer stufenweisen, emanativen Selbstentfaltung des Einen über eine Vielzahl von Mittelgliedern, die über die partizipative Beziehung gleichermaßen die innere Verbundenheit, eine kontinuierliche Vermittlungsstruktur der Seinsvielfalt begründen und einen Kausalnexus bilden, wird von Bruno vielerorts aufgegriffen.[10]

---

[7] Lichtmetaphysische Vorstellungen eines Gott-Welt-Bezuges finden sich etwa im orientalisch-arabischen wie im jüdisch-chaldäischen Denken, in hermetischen Schriften wie im griechisch-jüdischen Ansatz (vgl. Philon von Alexandrien), in der Emanationslehre stoischer Prägung etc. Vgl. Bäumker, C.; »Der Platonismus im Mittelalter«, in: W. Beierwaltes (Hrsg.) 1969, a. a. O., S. 32 f. Vgl. auch das ausführliche Kapitel zur Lichtmetaphysik in Bäumker, C.; *Witelo. Ein Philosoph und Naturforscher des XIII. Jahrhunderts*. Beiträge zur Geschichte der Philosophie und Theologie des Mittelalters, Band 3, Heft 2, unveränderter Nachdruck der Ausgabe von 1908, Münster 1991, S. 357–514 sowie die aufschlußreiche Arbeit von Hedwig, Kl.; *Sphaera lucis. Studien zur Intelligibilität des Seienden im Kontext mittelalterlicher Lichtspekulation*. Beiträge zur Geschichte der Philosophie und Theologie des Mittelalters, Bd. 18, Münster 1980.

[8] Die Schriften Plotins werden nach der folgender Ausgabe zitiert: *Plotins Schriften*, übers. v. R. Harder, Neubearbeitung mit griech. Lesetext u. Anmerkungen, Hamburg 1956–1967

[9] Zeller, E.; *Die Philosophie der Griechen in ihrer geschichtlichen Entwicklung dargestellt*, Leipzig 1923, III. Teil, S. 558.

[10] Im folgenden werden vielfach längere Passagen aus dem lateinischen Werk Brunos mit einem Übersetzungsvorschlag ins Deutsche in synoptischer Form wiedergegeben. Dies soll es dem Leser/der Leserin ermöglichen, Interpretationsschritte im Hinblick auf Brunos lateinische Texte en detail mitzuverfolgen und vor allem auch die damit einhergehenden Übersetzungsprobleme nachvollziehen zu können. Die Übersetzungen legen damit meine Herangehensweise offen, dokumentieren die damit entstehenden Interpretationsfragen und geben, ohne den Anspruch auf eine endgültige Übersetzung ins Deutsche erheben zu wollen, vielmehr kritischer Auseinandersetzung und Diskussion Raum.

So heißt es in der *Summa terminorum metaphysicorum* (OL I 4, S. 74)[11] über das Eine und Wahre:

»Cuius veritate omnia vera sunt, quia si Deus vere non esset, nihil esset verum, unde ipse veritas est ipsa; de cuius fonte alia plus et minus, eminentius et summissius sunt in ordine rerum, ut de illius veritate magis atque minus participant. A quo quanto amplius elongantur ad infimum naturae scalae gradum appropinquantia, minus habent veritatis et plus vanitatis, usque ad fundum scalae, quod dicitur vanitas, malum, tenebrae; simpliciter vero vanum nihil est positive, adversum simpliciter verum.«

»Durch dessen Wahrheit sind alle Dinge wahr, weil, wenn Gott nicht in Wahrheit wäre, nichts Wahres wäre, deshalb ist er selbst die Wahrheit selbst; aus der Quelle dessen andere mehr oder weniger, hervorragender oder höher in der Ordnung der Dinge stehen, in dem Maße, wie sie an der Wahrheit von jenem mehr oder minder teilhaben. Je weiter sie sich von diesem entfernen, indem sie sich an den niedersten Grad der Stufenleiter der Natur annähern, desto weniger besitzen sie von der Wahrheit und mehr von der Leere/Nichtigkeit, bis zum Boden der Skala, welchen man Nichtigkeit, Übel, Finsternis nennt; denn das schlechthin Leere ist nichts Positives im Vergleich zum schlechthin Wahren.«

Lichtmetaphysisch ausgedrückt: In der absoluten Einheit sind Licht und Dunkel ungeschieden eines und lassen sich lediglich begrifflich als zwei Vermögen der ›lux inaccessibilis‹ unterscheiden,

»... ut tenebras intelligamus rerum potentiam passivam, lucem potentiam activam; tenebras materiam, lucem actum; tenebras foeminam, lucem marem.» (Summa term. metaph., OL I 4, S. 84)

»... so daß wir die Dunkelheit als die passive Potenz der Dinge, Licht als die aktive Potenz, Dunkelheit als Materie, Licht als Aktus, Dunkelheit als Weibliches, Licht als Männliches verstehen.«

---

11 Allerdings verwehrt sich Bruno gegen die Auffassung, der unterste Grad der Naturordnung sei ein ›Nichts‹ im Sinne von Nichtseiendem. Das ›vanum‹ ist lediglich ein noch-nicht-Seiendes, dem aber die ganze Potenz, daß bestimmtes Seiendes wird, innewohnt. So heißt es zum Chaos (oder Vakuum): »Male definitur *in quo nihil est, sed esse aliquid potest* ..., sed bene dicitur spatium *in quo omnia* cum ceteris connumeratis differentiis ...« (Lampas trig. stat., OL III, S. 15. Auf die brunosche Differenzierung des Materie-Begriffes wird noch zurückzukommen sein.) Die der Fülle der Einheit entgegengesetzte Leere ist vielmehr ein präexistentes receptaculum (vgl. ebda., OL III, S. 10) oder ein susceptaculum (ebda., S. 12), ein alles Aufnehmendes oder Auffangendes, d.h. die Voraussetzung körperlich-räumlichen Existierens überhaupt.

Das Eine ist also vor jedem Auseinandertreten in eine erste Unterschiedenheit resp. Unterscheidbarkeit für den Verstand absolute Identität aller Vermögen, Koinzidenz von ›allerhellstem Licht‹ und ›allerdunkelsten Abgrund‹, oder, wie Bruno in Aufnahme des Psalmes 139,12 es an anderer Stelle ausdrückt:

»Tenebrae non obscurabuntur a te. Nox sicut dies illuminabitur. Sic tenebrae eius, ita lumen eius. [Finsternis wird bei Dir nicht dunkel sein. Die Nacht wird leuchten wie der Tag. Wie Seine Finsternis, so ist auch Sein Licht.]« (Über die Ursache III, S. 102)[12] Bruno betont in paradoxer, wechselseitiger Aufhebung der Bestimmungen die absolute Unverfügbarkeit des transzendenten Einen, das sich jeder Charakterisierung entzieht, insofern es vor jeder Unterscheidbarkeit unzugänglicher Grund des erst im Erscheinenden Unterschiedenen ist. Das Eine, welches Ursache von Licht und Dunkel, d. h. der ersten Differenz, ist, kann selbst keines von beiden sein, sondern ist vielmehr lichtmetaphysische Koinzidenz von Maximum (hellstem Licht) und Minimum (tiefstem Dunkel): lux inaccessibilis ›vor‹ jeder Andersheit. Dieses überlichte Dunkel der Einheit birgt das gesamte Spektrum unendlich mannigfaltiger Differenzierungsmodi – gleichsam die Schattierungen des Seienden – in sich und generiert in einer emanativen Prozessualität aus der unerschöpflichen Tiefe seiner innigsten Fülle die äußere Vielheit, erfüllt alles unaufhörlich, d. h. tritt aus der eingestaltig-gestaltlosen Identität und absoluten Insistenz über in die vollständige raum-zeitliche Präsenz und unermeßliche Differenziertheit, Vielgestaltigkeit und Andersheit.

»De forma
Est una prima forma, per se et a se subsistens, simplex, impartibilis, essentiae, formationis et subsistentiae omnis principium, indiminuibiliter omnibus se communicans, in qua omnis forma, quae comunicatur, est aeterna et una; ipsa enim est absoluta essendi forma et dans omnibus esse, unde et pater formarumque dator appellatur, ita ut non sit forma membrorum partiumque mundi vel universi totius, sed formae universi et

Über die Form
Es gibt eine erste Form, durch und aus sich subsistierend, einfach, unteilbar, das Prinzip jeder Essenz, Formbildung und Subsistenz, sich auf unverringerbare Weise allem mitteilend, in welcher jede Form, die mitgeteilt wird, ewig und eine ist; sie selbst nämlich ist die absolute Form des Seienden und gibt allem das Sein, weshalb sie Vater und Geber der Formen genannt wird, und zwar auf eine Weise, daß sie nicht Form der Glieder und Teile der Welt oder des ganzen Universums ist, sondern

---

12 Vgl. hierzu »Die Göttliche Dunkelheit«, 1. Anrufung, 997 A–B; in: Dionysios Areopagita; *Mystische Theologie und andere Schriften mit einer Probe aus der Theologie des Proclos*, übers. u. eingel. v. W. Tritsch, München-Planegg 1956, S. 161

partium ipsius absoluta forma. Estque forma infinita, quia est ita omne esse, ut non ad hoc et ad illud esse finiatur, ad hanc vel ad illam materiam vel subiectum contrahatur, sicut ex opposito infinita dicitur materia, quae non hoc vel illo esse per formam terminetur. Haec forma quibusdam gradibus dans esse omnibus dicitur descendere, ad hanc formam materia per eosdem gradus dicitur ascendere, et a differentia et alietate et diversitate participationis huius materiae et huius formae in gradibus suis differentia, alietas et diversitas entium procedit. Haec forma universalis essendi est lux infinita, se habens ad omnium formas, sicut forma lucis essentialis ad lucis participativae, luminum et colorum formas. Per hanc diversimode participatam in diversis entibus secundum diversas figuras extenditur materia.«
(Sigillus sig., OL II 2, S. 202 f.)

absolute Form der Form des Universums und der Teile. Und sie ist auch infinite Form, weil sie auf eine Weise alles Sein ist, daß sie nicht auf dieses oder jenes Sein begrenzt wird bzw. auf dieses oder jenes Zugrundeliegende oder diese oder jene Materie zusammengezogen wird, so wie auch in Opposition hierzu die Materie eine unbegrenzte genannt wird, die nicht zu diesem oder jene Sein durch die Form begrenzt wird. Absteigen nennt man es, sofern diese Form in gewissen Abstufungen allem das Sein gibt, Aufsteigen heißt die zu dieser Form durch dieselben Stufen [bestimmte] Materie, und aus der Differenz und Andersheit und Verschiedenheit der Teilhabe an dieser Materie und dieser Form in ihren jeweiligen Abstufungen geht die Differenz, Andersheit und Verschiedenheit des Seienden hervor. Diese universale Form des Seienden ist unendliches Licht, das sich zu den Formen von allem verhält wie die Form des essentiellen Lichtes zu den Formen des partizipativen Lichtes, des Leuchtenden und der Farben. Durch diese in verschiedener Weise partizipierten Formen wird in verschiedenen Seienden nach verschiedenen Gestalten die Materie ausgedehnt.«

Erst in der Entfaltung treten hellstes Licht und tiefstes Dunkel auseinander, bilden einen Dualismus, in dessen unendlicher Spanne[13] sich die Differenziertheit des Seienden konstituieren kann.

»Est finis infinitus; ita enim finit omnia, ut nihil sit a quo ipse finiatur; et ideo simul est libertas absolutissima et absolutissima

»Er ist unbegrenzte Grenze; deshalb begrenzt er alles, so daß es nichts gibt, von dem er selbst begrenzt würde; und deshalb ist er zugleich

---

13 »Sub istis (mens, intellectus, anima) est unum spacium infinitum, infinitae substantiae capax, in quo aliquid esse potest.« (De rerum princ., OL III, S. 509)

necessitas, lux immensa et Deus absconditus, claritas infinita et abyssus profunda.« (Lampas trig. stat., OL III, S. 41)	*absoluteste Freiheit und Notwendigkeit, unermeßliches Licht und verborgener Gott, unbegrenzte Helligkeit und tiefer Abgrund.«*

In neuplatonischen Konzepten werden intelligible und körperliche Welt vermöge der fließenden Bewegung aus dem Ersten in einem inneren Zusammenhang begriffen, wobei dieses Erste und Eine selbst vollkommen transzendent bleibt, gleichzeitig aber über die Vermittlung der alles durchdringenden Ausstrahlung allem immanent ist[14], denn »... es würde überhaupt kein Ding existieren, wenn das Eine bei sich selbst stehen bliebe und es gäbe nicht die Vielheit unserer Erdendinge die von dem Einen her erzeugt sind wenn nicht die ihm nachgeordneten Wesen, die den Rang von Seelen einnehmen, aus ihm herausgetreten wären –: ebenso durften auch nicht allein die Seelen existieren ohne daß in Erscheinung tritt was durch sie seine Existenz erhält; wohnt doch jedem Wesen inne ein Streben das ihm Nachgeordnete hervorzubringen und sich zu entfalten, wie aus einem Samen[15] [οἷον σπέρματος] von einem teillosen Ursprung aus fortzuschreiten zum Ziel der sinnlichen Erscheinung, wobei jedoch die oberste Stufe an dem ihr eigenen Ort verharrt und das Niedere nur gleichsam aus sich heraus gebiert vor übergewaltiger Kraft, deren Fülle es in sich trägt und die es nicht in Schranken der Kargheit zurückhalten durfte, sondern sie mußte immer weiter schreiten bis die gesamte Wirklichkeit die letzte mögliche Stufe erreicht hatte, getrieben von der unermeßlichen Kraft welche ihre Wirkung über alles hin sendet und sich keinem vorenthalten mochte; denn nichts konnte hindern daß jegliches Ding, je im Grad seines Vermögens, am Wesen des Guten Anteil erhielt.«[16]

Die vollständige Verwirklichung der gesamten Möglichkeit aus dem Ersten als ein Überfließen der Fülle, eine Aus-sich-Heraustreten, ohne daß das Eine von sich abständig wird und doch jedem Einzelnen ganz immaniert – hierin artikuliert sich das dialektische Verhältnis von absoluter Transzendenz und vollständiger Immanenz des Einen in Allem,

---

14 Diese Dialektik von Transzendenz und Immanenz ist ein für die brunosche Philosophie wesentlicher Grundzug.

15 Anhand der Samenmetapher, die auch bei Bruno eine große Rolle spielt, wird zum einen die Anwesenheit der ganzen Potenz im Kleinsten, das Alles in Einem, verdeutlicht sowie die organismische Vorstellung einer naturnotwendigen Selbstentfaltung und Mitteilung aus dem Einen und schließlich der für die neuplatonische wie die brunosche Metaphysik grundlegende Gedanke einer Rückkehr in den Ursprung, d. h. das Prinzip von Selbsterhaltung und Selbstreproduktion wie die reflexive Struktur einer sich entfaltenden, wieder auf sich zurückgewandten Einheit. Vgl. Über die Ursache II, S. 58, III, S. 85, V, S. 137; De monade, OL I 2, Kap. V, S. 392 und 389 f., Kap. VI, 411 f.

16 Enn. IV 8 [6], 6, 31–34.

welches in spezifischer Ausformung auch für die brunosche Einheitsmetaphysik gilt.

Die Analogsetzung der Eigenschaften des Samens – wobei es von der Materialität zu abstrahieren gilt – und der Bestimmungen der transzendenten Ursache verdeutlicht in mehrfacher Hinsicht die sich gleichsam als ein Wachstumsprozeß vollziehende Selbstmitteilung des ungeteilten Ursprungs. Die metaphysische Einheit verhält sich *wie* ein Samen, indem sie gemäß innerer Notwendigkeit das konzentrierte Allvermögen ihrer selbst fruchtbar werden läßt, d.h. sich als Ursprung in der Selbstveräußerung vollendet, ohne dabei einem Wandel der ureigensten inneren Vollkommenheit und Fülle zu unterliegen. Die Entfaltung ist allerdings nicht Bedingung, unter der das Eine erst seine Vollkommenheit erlangt. Vielmehr ist es Wesenszug des absoluten Guten, sich mitzuteilen, wie es gleichermaßen dem am Guten teilhabenden entspricht, die Güte schlechthin anzustreben.

Jede weitere Stufe dieses kontinuierlichen Prozesses ist gleichsam Wirkung und Mitteilung eines vorausgehenden, samenhaft Ursächlichen, jedes Bewirkte zugleich Prinzipierendes für das Nächstfolgende. Das Prinzip samenhafter Selbstentfaltung wirkt damit auf jeder Stufe als ein immanenter Grund der Gestaltwerdung und Mitteilung. Wie das Wachsen aus einem Samen, ist der gesamte Entwicklungsprozeß ausgehend von einem Ersten in kontinuierlichem Fortgang zu denken bzw. selbst als entfaltete Ganzheit in jedem Moment und in jedem Teil ganz diesem Ersten verbunden (vgl. Enn. III 3, 7: »sie wachsen gleichsam aus einer einzigen Wurzel, welche in sich selber stehen bleibt«). Diese ambivalente Gleichzeitigkeit einer als transzendente Ursache wie als immanentes, keimhaft in allem angelegten Prinzips zu denkenden Einheit findet auch bei Bruno ihren Ausdruck, wenn es, in Verknüpfung der lichtmetaphysisch-dynamischen Vorstellung unerschöpflicher Potenz mit organischen Modellen des ›Wachsens‹, heißt:

»[Lux] Dicitur se tota communicans. Lux enim et per lucem calor et per calorem ignis non partitione quadam, sed propagatione certa amplificatur, propagatur et diffunditur, ut patet in flamma quae est in una lampade, quae excitat flammas in infinitis lampadibus et infinitam potest accendere materiam absque sui diminuitione; cuius rei ratio est quia lux seminaliter est ubique, etiam in tenebris, licet non secundum eum actum quo luceat, unde denominative appelatur lu-

»*Man nennt es [das Licht] ein sich ganz und gar mitteilendes. Das Licht also und durch das Licht die Glut und durch die Glut das Feuer wird nicht durch Teilung, sondern durch Fortpflanzung vergrößert, vermehrt und ausgebreitet, so wie es offenbar ist an einer Flamme, die an einer Fackel ist und welche Flammen in unzähligen Fackeln anfacht und unbegrenzte Materie in Brand zu setzen vermag, ohne sich selbst zu vermindern. Begründung für diesen Sachverhalt ist, daß das Licht ›samenhaft‹ überall anwesend ist, auch im*

men; et haec est differentia inter lucem et lumen, sicut inter substantiam simplicem per se et compositam.« (De rerum princ., OL III, S. 513 f.)

Dunkeln, wenn auch nicht gemäß demjenigen Akt, durch welchen es leuchtet, weshalb es ableitend Leuchten genannt wird; und dies macht die Differenz aus zwischen Licht und Leuchten, gleich der zwischen einer einfachen durch sich bestehenden und einer zusammengesetzten Substanz.« (Herv. n. i. O.)

So wie die Seele im Ganzen wie in allen Teilen bzw. jedem Einzelnen sich mitteilend belebend wirksam wird – »anima est cum et in viventibus, tota in cunctis, tota in singulis« (ebda., S. 509) – so ist auch das Licht eine alles durchdringende »substantia spiritualis« (ebda., S. 512), die sich in unverminderter Intensität verströmt, und in den zusammengesetzten Dingen in ihrer Wirkkraft konkretisiert, d. h. das Licht (wie die Seele) wird nicht als solches erfahrbar (»insensibilis per se«; ebda., S. 512), sondern entweder in seinem Widerschein in den Dingen bzw. der Erwärmung eines Gegenstandes[17] –

»Bene ergo dixit Democritus lucem substantiam siccam, quae in humido producit calorem et ex calore lucet, communicata vero atque diffusa a corpore lucido per lucem producit calorem, ut patet in speculis, quae ex superficie concava perflectunt lucem et exuscitat calorem in opposita corpora; et in amphoris aqua plenis, quae superficie convexa in subiectum corpus immittunt lucem et ignem.« (ebda., S. 515)

»Treffend hat also Demokrit das Licht eine trockene Substanz genannt, welche im Feuchten die Glut hervorbringt und aus dieser Glut leuchtet, die tatsächlich, wenn sie mitgeteilt wird und zwar indem sie von einem leuchtenden Körper ausströmt, vermittels des Lichtes Glut hervorbringt, wie es offensichtlich ist in Spiegeln, die von einer konkaven Oberfläche das Licht umwenden und Glut in entgegengestellten Körpern entzünden; und in mit Wasser gefüllten Krügen, welche aufgrund der konvexen Oberfläche Licht und Feuer in den darunter liegenden Körper einwirken lassen.«

---

17 In *De rerum principiis* formuliert Bruno eine Lichttheorie, die sich auf den Schöpfungsbericht der *Genesis* beruft – »Ut Deus non sine magno latente arcano, quo dicitur a Moise produxisse lucem et post lucem omnia ...« (Ebda., S. 515) Neben dem mosaischen Buch der Schöpfung bzw. der kabbalistischen Lichtmetaphysik ist daher für das Verständnis der brunoschen Anlage das I. Buch (Poimander I, 6) des *Corpus Hermeticum* heranzuziehen wie auf die zoroastrische Lichttheorie zu verweisen. Bruno selbst bezieht sich auf diese Autoritäten: Mercurius (Hermes Trismegistus), die Chaldäer und Moses. (Vgl. ebda., S. 513) Vgl. hierzu auch Kroll, W.; *De oraculis Chaldaicis*, Breslau 1894.

– oder es ist zumindest latente Potenz in den Dingen (etwa im Schatten). In ähnlicher Weise ist jedes Seiende als Beseeltes zu denken, wenngleich in unterschiedlichem Maße an Evidenz.

In der neuplatonischen Philosophie sind es immer wieder lichtmetaphysische Konzepte, anhand derer die unerfahrbare Einheit thematisiert wird. Eine Einheit, die in emanativer Allgegenwärtigkeit und immanenter Allverbundenheit die Lückenlosigkeit des Seinsganzen begründet, die in jedem Einzelnen als absolut innerstes Vermögen wirkt und zugleich allein in sich selbst in unbedingter Transzendenz verharrt, analog dem Licht, das aus einem Zentrum alles in kreisförmiger, radialer Durchdringung erstrahlt. Eine transintelligible Quelle, die sich in die Gesamtheit der Vielheit erstreckt, in ungeteilter Kraft einem jeden teilhaftig werdend – und damit über die Teilhabe alles in Ähnlichkeitsverhältnisse setzend –, ohne sich in seiner Lichtheit zu erschöpfen. »Die Sonne kann als Beispiel dienen, die wie der Mittelpunkt ist für das von ihr ausgehende Licht, welches fest an sie gebunden bleibt: denn überall ist das Licht mit der Sonne zusammen und nicht von ihr abgeschnitten, und will man es nach einer Seite von ihr abschneiden, das Licht bleibt immer auf der Seite der Sonne.«[18]

Das intelligible Licht, in Analogie zur körperlichen Sonne, ist hier Ausstrahlung aus dem Quell höchster Intelligibilität, Teilhaftigwerden am Sein und Denken des Einen über seine Mitteilung im ausströmenden Leuchten (Nous) wie Bedingung der Möglichkeit einer geistigen Rückbezüglichkeit (Reflexion der partizipierenden Seele) auf das Eine. Die im platonischen Sonnengleichnis bereits hervorgehobene Bedeutung des Lichtes wird hier in emanistischer Prozessualität zur systematischen Ableitung des körperlichen Lichtes (kosmische Sonne) aus dem unkörperlichen Licht in Form einer teilgebenden Durchdringung bzw. einer teilhabenden Durchdrungenheit begründet.[19]

Die Emanation aus der Einheit läßt sich, so Plotin, am Beispiel (vgl. Enn. I 7, 23 ff.) der Sonne in analoger Weise erfassen als ein Überfließen in die Entfaltung der Vielheit (und zwar aus Notwendigkeit), ohne daß die Einheit dabei selbst an Substanz verlieren würde, ein Sich-Ausstrahlen des Lichtes, das sich in konzentrischer Ausbreitung in alles erstreckt, ohne seinen Bezug zum metaphysischen Mittelpunkt zu verlieren oder,

---

18 Enn. I 7, 1, 23; vgl. Kl. Hedwig 1990, a. a. O., S. 25 f.
19 Bereits bei Philo von Alexandrien treffen wir auf eine Begründung des sinnlich wahrnehmbaren Lichtes aus einer göttlichen Lichtpotenz. (Vgl. hierzu C. Baeumker 1991, a. a. O., S. 362) Bei Plotin (wie bei Proklos) wird die Lichtlehre dann zur systematischen Erklärungsgrundlage metaphysischer Prozessualität. Das Eine ist gleichsam die absolute Lichtheit, der Nous hervortretendes Leuchten, die Seele Leuchtkraft vermittels des Nous, die sich an die sinnliche Welt vermittelt.

am Modell des Kreises formuliert,[20] gleich den unzähligen Punkten einer Peripherie, die nur in Verbindung mit dem Zentrum als Kreis zu denken sind, verharrt die Einheit ganz in sich (Transzendenz) und außerhalb von allem und teilt sich zugleich allem ganz mit (Immanenz): »δεῖ οὖν μένειν αὐτό, πρὸς αὐτὸ δὲ ἐπιστρέφειν πάντα« (Enn. I 7, S. 23).

Bruno beruft sich vielerorts auf dieses lichtmetaphysische Einheitsmodell,[21] das nicht nur die prinzipielle Notwendigkeit einer schöpferischen Entfaltung aus sich selbst impliziert, die kontinuierliche Mitteilung der geistigen Einheit und Ursache gleich der fließenden Bewegung eines Lichtstrahls sowie die allem innewohnende, mittelbar in Erscheinung tretende Potenz, sondern ebenso die wirkursächliche Beziehung von Quelle – Leuchten – Erleuchtet-Sein in einer Weise zum Ausdruck bringt, in der die für das neuplatonische Modell konstitutive, von Bruno aufgenommene triadische Struktur in Bezug auf das Verhältnis Einheit – Vielheit angelegt ist.[22]

So heißt es in der Summa terminorum metaphysicorum (OL I 4, S. 102):

»Vulgata est comparatio apud Platonicos ex Aegyptiorum disciplina, qua divinitas triadem quandam supranaturalem complectatur in unitate, quemadmodum in sole est substantia, lux et calor, et haec tria secundum duplicem modum contemplamur in illo. Est quippe eius substantia absoluta et propria et per se, est et vestigium eius substantiae, quo alia substantialiter constituit pater generationis. Subinde est lux in sua substantia radicata, quae effundit, immobilis in eo perseverans. Est et lux quae effunditur et communicatur et attingit exteriora omnia vivificando. Rursum est

»Allgemein bekannt ist der Vergleich bei den Platonikern in Berufung auf die Lehre der Aegypter, wonach das Göttliche eine gewissermaßen übernatürliche Dreiheit in der Einheit umfaßt, so wie in der Sonne Substanz, Licht und Glut sind, und diese Dreiheit betrachten wir in ihr in zweifacher Art und Weise. Es besteht nämlich ihre Substanz absolut und wesenseigen und durch sich selbst, und es ist die Spur dieser Substanz, durch welche der Vater der Zeugung in substantieller Weise andere Dinge schafft. Sodann ist es das in seiner Substanz verwurzelte Licht, welches sich verströmt, während es zugleich unbeweglich in ihm verharrt. Es ist

---

20 In bezug auf die Sonne findet sich das Kreismodell bei Bruno im Sinne einer Explikations- und Komplikationsfigur z. B. in den HL I./V., S. 97 bzw. besonders in De monade, OL I 2, Kap. II, S. 347 und IV., S. 366.
21 Vermutlich ist der Nolaner neben der Beeinflussung durch den Cusaner, Carolus Bovillus und Dionysios Areopagita insbesondere durch die Kreisspekulation Ficinos angeregt. Vgl. hierzu die einschlägige Studie von D. Mahnke zur metaphysischen Kreissymbolik.
22 Anders etwa als bei Plotin, faßt Bruno aber die absolute Einheit *zugleich* als eine indifferente Fülle wie als dreiheitlich-einige Ursache, die immer schon alles umfaßt und ›ist‹, was sie sein kann, ohne daß sie je selbst auch nur etwas Bestimmbares wäre.

calor in ipso subiecto proprium accidens, est etiam calor, quod a subiecto diffunditur et e vestigio in rebus calefactis pro singulorum capacitate reperitur. Ita in divinae substantiae simplicitate haec tria possumus contemplari secundum similitudinem, ut in ea sit substantia, nempe mens prima quae producit externas omneis substantias, ut divinam substantiam intelligamus et supra res et in rebus; comparata luci et intelligentia, quae et supra res una est et in rebus omnibus una; est et amor seu pulchritudo, alia idealis, supersubstantialiter supra res, alia in rebus omnibus.« (Summa. term. metaph., OL I 4, S. 102 f.)

auch das Licht, welches ausgestrahlt und mitgeteilt wird und alle äußeren Dinge berührt, wobei es belebend wirksam wird. Weiterhin ist die Glut ein in dem Zugrundeliegenden [Subjekt] selbst auftretendes charakteristisches Merkmal [ein akzidentielles Propri-um], und es ist also die Glut, welche vom Zugrundeliegenden ausgestrahlt wird und aus der Spur in den erwärmten Dingen im Verhältnis zur (Aufnahme-)Fähigkeit des Einzelnen wiederum zum Vorschein kommt. So können wir gemäß der Ähnlichkeit [zur Sonne] in der Einfachheit der göttlichen Substanz diese drei betrachten, so daß in ihr die Substanz ist, nämlich die ›erste Mens‹, die alle äußeren Substanzen aus sich hervorgehen läßt, so daß wir die göttliche Substanz sowohl über den Dingen erkennen als auch in den Dingen; verglichen wird dem Licht auch ›die Intelligenz‹, welche sowohl über den Dingen wie in allen Dingen eine ist; und es ist ›die Liebe oder Schönheit‹, die einerseits als ideale in übersubstantieller Weise über allen Dingen ist und andererseits in allen Dingen.«

In Orientierung an neuplatonischen Konzepten formuliert Bruno in Analogie zur Sonne die triadische Struktur der Einheit, die in zweifacher Weise zu denken ist:

I. Zum einen als das unterschiedslose Zugleich von absolutem Geist, emanierendem Intellekt und aus- bzw. rückstrahlender Liebe in der transzendenten Einheit selbst – so wie in der Sonne selbst Substanz, Leuchten und Hitze nicht voneinander unterschieden sind, gilt dies auch für das über allem gesetzte Eine, die absolute Ursache, in der *mens*, *intelligentia* und *amor* relationslos in der Einheit zusammenfließen.

Die relationslose Einfachheit/*simplicitas* der göttlichen Einheit formuliert Bruno ausdrücklich in der italienischen Schrift *Spaccio*[23]. In der göttlichen Einheit selbst ist keine Verschiedenheit anzunehmen, keine Selbstanschauung im Sinne eines von sich selbst Abständigwerdens, denn damit würde in die absolute Einheit bereits eine Vielheit gesetzt: »... wie auch die *Gottheit*, welche das einfachste ist, sofern sie nichts anderes sein will als dieses einfachste, *ihrer selbst nicht bewusst ist*; denn derjenige, welcher sich selbst empfindet und sich selbst betrachtet, verdoppelt, ja vervielfältigt sich in gewisser Weise und macht sich, um es richtiger zu sagen, zu einem und einem anderen; denn er macht sich zum Objekt und Subjekt, zum Erkennenden und Erkannten, da ja im Akte der Erkenntnis viele unterschiedliche Dinge in einem zusammentreffen. Daher kann man jener einfachsten Intelligenz kein Selbstbewusstsein beilegen in dem Sinne, dass sie mittelst einer reflektierenden Thätigkeit in sich selber ein Erkennendes und ein Erkanntes unterschiede, sondern weil sie das absolute und einfachste Licht ist, darf ihr solches Bewußtsein nur im verneinenden Sinne zugeschrieben werden, insofern als *sie sich selber nicht verborgen sein kann*.« Die Selbstanschauung des absoluten Einen ist – ähnlich dem Plotinschen Versuch in den frühen Schriften, das Eine durch ein ›Selbstbewusstsein in immerwährendem Stillstand‹ zu beschreiben[24] – kein Gewahrwerden seiner selbst, sondern immer schon ein sich Gewahr-sein, ist nicht Selbsterkenntnis qua Selbstreflexion, die stets eine Differenz impliziert, sondern vielmehr absolute Unverborgenheit seiner selbst. Die Einheit ist bei Bruno vorzustellen als das absolut Nicht-Andere, ein Non-aliud, wie es Cusanus in prägnanter Weise faßt; weder existiert in ihr Andersheit, denn sie ist nichts anderes als sie selbst und nichts in ihr selbst ist ein Anderes, noch ist sie vom Seienden verschieden (ist nicht anders) und ist doch nicht eines von einem Anderen.

II. Zum anderen wird diese in der Einheit unterschiedslose Struktur in der Explikation, d. h. der Entfaltung des Seienden aus dem Ersten zum Modell einer reflexiv auf die Ursache bezogenen, relationalen Vielheit. Aus dem Geist (mens) tritt das Licht/Leuchten (intelligentia bzw. intellectus) als Vielheit konstituierendes Prinzip hervor, das als Hitze/Wärme (calor) aus den Dingen widerstrahlt bzw. als Liebe und Schönheit auf die Einheit rückverweist.

---

23 Vgl. Reformation, S. 207; Spaccio, Dial. it. II., S. 708: »come quello che è simplissimo, se non vuol essere altro che semplicissimo, non intende se stesso. Perché quello che si sente e che si remira, si fa in certo modo molto, e, per dir meglio, altro ed altro; perché si fa obieto e potenza, conoscente e conoscibile: essendo che ne l'atto dell'intelligenza molte cose incorreno in uno. Però quella semplicissima intelligenza non si dice intendere se stessa, come se avesse un altro reflesso de intelligente ed intelligibile; ma perché è absolutissimo e semplicissimo lume, solo dunque se dice intendersi negativemente, per quanto non si può essere occolta.«

24 Vgl. Enn. V 4, 2, 16–20; vgl. hierzu auch Beierwaltes, W.; *Denken des Einen. Studien zur neuplatonischen Philosophie und ihrer Wirkungsgeschichte*, Frankfurt a. M. 1985, S. 44.

Dieses leidenschaftliche ›Glühen‹ ist gleichsam die Rekursion der erkennenden Seele auf die Einheit vermittels des intellektuellen Vermögens.

»Itaque a mundo supremo, qui est fons idearum, in quo dicitur esse Deus vel dicitur esse in Deo, descensus est ad mundem ideatum, qui per illum et ab illo dicitur esse factus, et ab isto ad ipsum, qui utriusque praecedentis est contemplativus, quique ut est a primo per secundum, ita cognoscet primum per secundum. Unde circuitu quodam fit a primo ad tertium discursus et a tertio recursus ad primum, vel (si mavis) reflexione quadam a primo ad tertium fit descensus, a tertio ascensus ad primum per medium.«
(Sigillus sig., OL II 2, S. 164 f.)

»Und so gibt es einen Abstieg von der höchsten Welt, welche Quelle der Ideen ist und von welcher man sagt, daß sie in Gott ist bzw. daß Gott in ihr ist, zur intelligiblen Welt, von welcher man sagt, von jenem und durch jenen geschaffen zu sein, und von dieser zu eben derjenigen, welche die betrachtende der beiden vorausgehenden ist und welche so wie sie von dem Ersten vermittels des Zweiten ist, das Erste durch das Zweite erkennt. Deshalb geschieht durch einen gewissen Kreislauf vom Ersten zum Dritten das Auseinandertreten, und vom Dritten zum Ersten der Rücklauf, oder (wenn du lieber willst) durch eine gewisse Reflexion vom Ersten zum Dritten geschieht der Abstieg, vom Dritten zum Ersten der Aufstieg durch das Mittlere.«

Soweit nimmt Bruno die neuplatonische Analogie einer lichtmetaphysischen Erklärung der ersten Ursache auf. Gleichzeitig verweist er aber darauf – und hierin wird deutlich, daß die Analogsetzung lediglich in einem metaphysischen Sinne, keinesfalls in kosmologischer Beziehung zu verstehen sei –, daß es eine Ungleichheit zu berücksichtigen gilt.

»Dissimilitudo est inter solem et divinitatem, quia sol ab una quasi arce et ab uno medio seu centro, ubi principaliter consistit, effundit lumen et calorem; divinitas vero nullo loco astricta, super omnem situm atque tempus consistens ...«
(Summa term. metaph., OL I 4, S. 102 f.)

»Unähnlichkeit besteht zwischen der Sonne und der göttlichen Wesenheit, weil die Sonne gewissermaßen von einem Höhepunkt oder einem Mittelpunkt oder Zentrum, wo sie in ursprünglicher Weise besteht, Licht und Glut ausstrahlt; das Göttliche aber ist auf keinen Ort beschränkt, über jedweden Raum wie über die Zeit hinaus bestehend ...«

Die göttliche Einheit ist also[25] weder räumlich noch zeitlich zu bestimmen, sondern absolutes Prinzip allen Seins und kraft ihrer Absolutheit in gleicher Weise ganz im unermeßlichen Raum bestehend: »pro sua absolutione ubique aequaliter tota in immenso spatio« (ebda., S. 103). Und während in der Sonne, so Bruno, die eine Substanz von den zwei Wirkweisen unterschieden werden kann, ist im göttlichen Wesen die Einheit in der Dreiheit genausowenig unterscheidbar wie die unzähligen anderen Prädikate, welche in Analogie zur Einheit aufgeführt werden, sie ist vielmehr absolut unterschiedslose Einheit.

Bei Plotin zeigt sich die Stufenordnung der Selbstmitteilung des Einen als ein kausal strukturiertes System von Ursache-Wirkungs-Relationen, insofern jede Seinsstufe ursächlich auf die nächstfolgende bezogen bzw. als Wirkung aus der voraufgehenden abzuleiten ist, so daß jede Wirkung Mittelursache einer Folgewirkung innerhalb einer Ordnungsstruktur ist, die ihre letztendliche Begründung in der ursachenlosen Ursache selbst findet. Diese kausal strukturierte Seinsentfaltung konstituiert Vielheit als Beziehungseinheit eines von wirkursächlicher ›Sympathie‹ durchwalteten Ganzen in mittelbarer Rückbezüglichkeit auf das Erste. Wenngleich von Seinsstufen (Hypostasen) die Rede ist, sind durch die wirkursächliche Durchdringung das erste und das letzte Glied dieser Kette Extreme eines kontinuierlichen Ganzen, insofern die Ursache in jedem ganz wirksam ist.

Auch diese Vorstellung einer nach wachsender Abständigkeit von der Einheit und damit nach dem Grad der Ähnlichkeit gestuften Seinsordnung, innerhalb derer sich der Seinsrang nach der Verwirklichung der göttlichen Potenz bemißt, welche desungeachtet aber prinzipiell jedem Seienden als vollkommen immanent gilt, findet Aufnahme im brunoschen Denken. Einerseits stehen alle Dinge in einem universalen Zusammenhang, d. h. über die Partizipation jedes Einzelnen an der Einheit sind die Dinge nicht nur auf die Ursache bezogen, sondern stehen in innerer Verwandschaft zueinander. Das Ganze ist somit keine kontingente Fülle diskreter Einzelseiender, sondern relationale Ordnung der Vielheit. Andererseits begründet Bruno über diese Partizipation an der Einheit, die zugleich die Beziehungsstruktur des Seienden untereinander ausmacht, die Möglichkeit erkennenden ›Aufstiegs‹, denn die »begreifenden und fühlenden Kräfte sind nun so geordnet, daß immer die nächstfolgende zur vorigen Stufe eine Verwandschaft (affinità) fühlt, sich aber durch die Umkehr zu der sie erhebenden Stufe gegen die niedere und niederdrückende wappnet ...«.[26] An anderer Stelle heißt es: »Diese niederen Dinge stammen nämlich von jenen ab und sind von ihnen abhängig, so daß

---

25 Vgl. Über die Ursache III, S. 100.
26 HL I./V., S. 93; Dial. it. II., S. 1039; vgl. auch HL II./III., S. 178; Dial. it. II., S. 1135: »Weil nämlich, wie allgemein gesagt wird, der Höhepunkt der niederen Erscheinung der Tiefpunkt und Anfang der höheren Erscheinung ist ...«

man von diesen zu jenen Stufe für Stufe emporsteigen kann ... Gott, die göttliche Schönheit ist in allen Dingen, deshalb scheint es mir nicht falsch, ihn in allen Dingen zu verehren in dem Maße, in dem er sich in ihnen mitteilt.« (HL II./I., S. 128; Dial. it. II., S. 1078)

In der Entfaltung der Einheit im Seienden über den universalen Intellekt konstituiert sich die Seinsordnung als eine Verschränkung von Materialität / Verschiedenheit und geistiger Partizipation/Einheit und nach diesem Verhältnis von Mitteilung und Teilhabe des Einzelseienden bemißt sich der Grad der Einheitsnähe (Ähnlichkeit), der zugleich den Grad der Erkenntnis bestimmt. In der *Summa terminorum metaphysicorum* faßt Bruno dieses Verhältnis von emanativer Mitteilung und partizipativer Aufnahme der Einheit (»Dare et accipere«) als eine proportional zur Einheitsferne und damit zunehmenden Unterschiedenheit und Vielfältigkeit des Seienden abnehmende geistige Partizipation, die entsprechend der Vielheit der Dinge in einem verwirrteren und ungeordneteren Verstehen offenbar wird. Umgekehrt gilt mit wachsender Einheitsnähe eine größere Einfachheit der Dinge (Ähnlichkeit zum Ersten) respektive Einfachheit der Erkenntnis.

»Sicut ordo est in rebus superiorum et inferiorum, quorum illa influunt et communicant, ista vero participant et imbibunt, cumque versus supernam regionem intendatur lux intelligentiae et universalis cognitionis, emanatio istius est versus partes inferiores defluens; unde vis cognoscendi elargita est sub titulo potentiae activae et communicativae a caussis superioribus tanto efficacius, quanto etiam simplicius accipitur. Subiecta vero inferiora, quanto magis a superioribus naturae gradibus recedunt, tanto turbatiore, confusiore et imperfectiore ratione cognoscunt, ut et a lucis regione longius recedunt.«
(Summa term. metaph., OL I 4, S. 109)

»So besteht eine Ordnung unter den Dingen, welche sie in höhere und niedere aufteilt, von denen jene einfließen und sich mitteilen, diese aber teilhaben und aufnehmen; jedesmal wenn sich das Licht der Intelligenz und der universalen Kenntnis auf die höhere Region richtet, besteht eine von dieser in Richtung auf die niederen Teile ausfließende Emanation, weshalb die Kraft der Erkenntnis unter der Bezeichnung einer aktiven bzw. kommunikativen Potenz, in der Wirksamkeit von der höheren Ursache um soviel vergrößert wird, um wieviel auch einfacher aufgefaßt wird. Je mehr die niederen Zugrundeliegenden [Subjekte] aber von den höheren Graden der Natur abständig sind, desto mehr erkennen sie durch einen verwirrteren, konfuseren und unvollkommeneren Verstand, in dem Maße nämlich, als sie weiter von der Region des Lichtes entfernt sind.«

In der Darstellung des Verhältnisses ἕν – νοῦς – ψυχή legt Plotin in verschiedenen Ausformungen immer wieder das Modell des Kreises zugrunde, d.h. eine geometrische Analogie, die auch in den Metaphern des Samens[27], der Wurzel[28] und des Lichtes[29] mitzudenken ist und unter verschiedenen Aspekten die absolute Fülle, ungeschiedene Einheit vor Allem bzw. das In-sich-Ruhen des Ersten zu umschreiben ermöglicht. Das Eine ist für Plotin gleichsam Mittelpunkt eines Kreises, ohne alle Vielheit in sich verharrende Ursache und in absoluter Transzendenz gegenüber allem Verursachten verbleibende Einfachheit schlechthin. Der Geist ist gewissermaßen unbewegter Kreis, zeitloses Denken seiner selbst, der das Erste in sich als Gedachtes anschaut, in der Weise, daß Denken und Sein ein und dasselbe sind. Die Seele schließlich gleicht einem bewegten Kreis im Verhältnis zum unbewegten Geist. Sie umfaßt in sich alle Formen des Geistes und teilt sich andererseits dem Seienden mit. Selbst außerhalb der Zeitlichkeit in immerwährender Bewegung befindlich, bringt sie die Zeit hervor. Die Seele ist somit Mittlerinstanz[30] zwischen geistiger und körperlicher Welt und doch der geistigen Welt näherstehend, ragt sie in beseelender, lebens-stiftender wie erkenntnisvermittelnder Funktion in die Sphäre des körperlich Seienden, ohne in irgendeiner Weise an dieses gebunden zu sein.

Bruno greift diese geometrischen, organismischen und lichtmetaphysischen Analogien an verschiedenen Stellen auf und betont damit eine triadische Grundstruktur der Seinsentfaltung, wie sie sich besonders anhand des Kreismodells[31] in anschaulicher Weise nachvollziehen läßt.

»XX. Quemadmodum lapillo in aquam iniecto primum quidem videre est in ea punctualem efficaciam, a qua statim producitur circulus, qui mox alium circulum exsuscitat, a quo successive alius et alius producitur; ita intelligunt Pythagorici circa individuam plenitudinem primum quidem et proximum esse circulum istum	»XX. So wie ein ins Wasser geworfener Stein zunächst und zwar in punktueller Wirksamkeit darin zu sehen ist, aus welcher sogleich ein Kreis hervorgeht, der wiederum einen weiteren Kreis entstehen läßt, von welchem in der Folge einer nach dem anderen hervorgebracht wird; in dieser Weise verstehen es die Pythagoreer, daß um die unteilbare Fülle dieser erste und zwar sehr nahe Kreis,

---

27 Vgl. Enn. V 9, 6, 10; II 6, 1, 20; III 2, 2, 18.
28 Vgl. Enn. III 8, 9; VI 6, 9.
29 Enn. VI 8, 18; V 1, 6; vgl. auch W. Beierwaltes 1985, a.a.O., S. 50.
30 Vgl. Enn. IV 8, 2, 13–15; II 9, 2; V 3,3; III 4, 3; sowie die bereits mehrfach erwähnte Grundlegung der Mittlerfunktion der Seele im *Timaios*.
31 Mit dieser Vorstellung einer strukturbildenden Emanation aus der Einheit, deutet sich ein systematischer Entwurf an, der in der Monadenschrift über eine geometrisch fundierte Logik der Kreisentfaltung und Kreiskonstruktion ausformuliert wird.
Vgl. hierzu die bereits erwähnte ausführliche, von K. Heipcke, W. Neuser und E. Wicke vorbereitete Kommentierung der Monadenschrift, aus der die Rolle der Geometrie für die brunosche Philosophie in detaillierter Darstellung hervorgehen wird.

centro persimilem et unitissimum, omnium circulorum successive exsuscitativum, quia circa circulum primi intellectus est circulus spiritus universalis seu animae mundi, circa illum, ut aiunt Platonici, est circulus naturae, cui succedit circulus materiae, usque ad inane iuxta hunc procedendi modum.« (Lampas trig. stat., OL III, S. 50 f.)	*der dem Zentrum äußerst ähnlich und innigst verbunden ist, besteht, alle Kreise nach und nach aus sich entfaltend, weil um den Kreis des ersten Intellektes der Kreis des universalen Spiritus bzw. der Weltseele besteht, um jenen, wie die Platoniker annehmen, der Kreis der Natur, welchem der Kreis der Materie folgt, bis hin zum Leeren gemäß dieser Vorgehensweise.«*

Das Beispiel der Wasserringe macht nicht nur den ›fließenden‹ Übergang der Einheit in die Andersheit in anschaulicher Weise deutlich, sondern begründet gleichzeitig, daß selbst die entfernteste Wirkung allein aus der Einheit zu denken ist.

»Sicut pater est veluti centrum, intellectus veluti circulus circa centrum idem, ita spiritus et anima mundi est veluti triplex circulus; quorum primus dicitur a Platonicis vitae, secundus sensus, tertius vegetationis universorum.« (Lampas trig. stat., OL III, S. 54)	*»So wie der Vater gleichsam das Zentrum ist, der Intellekt gleichsam der Kreis um das Zentrum selbst, so ist der Spiritus und die Weltseele gleichsam dreifacher Kreis; der erste hiervon wird von den Platonikern der des Lebens, der zweite der des Sinnes, der dritte der der Belebung von allem genannt.«*

Eine Kreisstruktur, die sich mit wachsender Entfernung in abgeschwächter Deutlichkeit zeigt, bis sie sich schließlich auflöst oder, um beim Bild des Wassers zu bleiben, als Kreisstruktur verschwimmt, wenngleich – so die brunosche Setzung – selbst die gestaltlose Materie das ganze Vermögen der Gestaltwerdung in sich birgt.

Diese intelligible Kreisstruktur formuliert Bruno jedoch im Unterschied zu den platonisch-neuplatonischen Setzungen in zweifacher Weise: in Bezug auf die Einheit als ein unterschiedsloses Zugleich, d.h. in Form einer Unterscheidung, die aber auf keiner Unterschiedenheit beruht – vielmehr lediglich begrifflich vorgenommen wird – sowie in der Entfaltung aus der Einheit als selbstreflexive Dreiheit des sich im universalen Intellekt mitteilenden Einen, das über die Weltseele, deren Vermögen der universale Intellekt ist, auf sich zurückgewandt wird.

So heißt es in den *Lampas triginta statuarum* über den »Patre seu Mente seu Plenitudine«:

»Statua quidem patris nulla est, typus tamen ipsius est lux infinita, in qua tria concurrunt, ut	*»Allerdings gibt es keine Statue des Vaters, sein Sinnbild jedoch ist das unbegrenzte Licht, in welchem*

undique sit et ubique sol, radius et fulgor, ut in eo nulla distinctione sit, sed omnis horum trium unitas et identitas, ut si detur fons, fluvius et mare in eodem subiecto, eadem quantitate et eadem forma, quia est fons in quem fluvius influit, est fluvius qui idem est fons, est fluvius et fons qui idem est mare seu lacus; itaque undique quod vides et quicquid vides in eo ita apparet et est fluvius, ut idem sit fons et mare, quod apparet mare idem est fluvius et fons, quod apparet fons idem est mare et fluvius.« (Lampas trig. stat., OL III, S. 38)

drei Phänomene zusammenlaufen, so daß es in jeder Hinsicht und überall Sonne, Lichtsstrahl und Glanz ist, ohne daß in ihm eine Unterscheidbarkeit wäre, sondern vielmehr ganz und gar Einheit und Identität untereinander, so als wenn die Quelle, der Fluß und das Meer in ein und demselben Zugrundeliegenden gegeben wären, in ein und derselben Quantität (Ausdehnung) und Gestalt, weil es die Quelle ist, in welche der Fluß einfließt, ist der Fluß es, der selbst Quelle ist; der Fluß ist auch Quelle, welche wiederum zugleich Meer oder See ist. In welcher Hinsicht du deshalb auch schaust und was du auch wahrnimmst, es erscheint in ihm und ist Fluß in der Weise, daß dieser zugleich Quelle und Meer ist; was sich als Meer zeigt, ist dasselbe wie Fluß und Quelle, was als Quelle erscheint, ist dasselbe wie Meer und Fluß.«

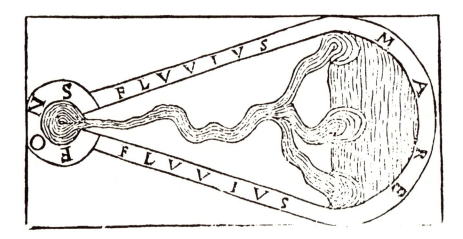

Abb.: Carolus Bovillus, Liber de Sapiente,
Nachdr. d. Ausg. Paris 1510, Stuttgart-Bad Cannstatt 1970, S. 133

»Aquarum motus trinis differentiis universus adimpletur: fonte, fluvio, mari. Nam fons aquarum est initium, fluvius medium, mare finis, earum congregatio ac status. Fons prima est aquarum scatebra et apparitio primave earum ex abdito, ex occulto et ex ipsis terre visceribus emanatio. Fluvius medius est earum motus, quo in naturalem suum locum pergunt atque devehuntur. Mare vero earum est receptaculum, congregatio, status, finis et ultimum.«

Die Bewegung der Gewässer wird insgesamt über drei verschiedene Stufen vollzogen: über die Quelle, den Fluß, das Meer. Es ist nämlich die Quelle Ursprung der Wasser, der Fluß (Medium) Mittler, das Meer Vollendung, die Zusammenführung der drei und Zustand. Die Quelle als erste ist sprudelnder Ursprung und jüngste Erscheinung der Wasser aus dem Geheimnisvollen, aus dem Dunkeln und Ausfließen aus den Eingeweiden der Erde selbst. Der vermittelnde Fluß ist ihre Bewegkraft, wodurch sie zu ihrem natürlichem Ort aufbrechen bzw. hinabgeführt werden. Das Meer ist wahrhaft ihr Zufluchtsort, Zusammenfluß, Zustand, Ziel und Letztes.«

Mit dieser metaphysischen Spekulation über die triadische Struktur, die sich in dem Dreischritt mens (fons) – intellectus (fluvius) – anima/amor (mare) als ›Dreiheit aus Einem‹ expliziert und zugleich als implizite ›Dreiheit in Einem‹ zu denken ist, erweist sich, daß es wesentliche Philosopheme der neuplatonischen Metaphysik sind, die in den von Bruno konzipierten Einheitsbegriff eingehen. Der Nolaner führt diese Entfaltungslogik jedoch über die neuplatonische Bestimmung hinaus, indem er auch die Struktur der Erkenntnis, analog der metaphysischen Unitas, in dreiheitlicher Weise begreift bzw. in die Prozessualität von Explikation und Implikation im Sinne der Schnittstelle und Mittlerin zwischen göttlichem Geist und vielfältiger Erscheinungswelt einbezieht. Bereits Nikolaus von Kues hatte die logische Begründung einer dynamischen göttlichen Trinitas (allerdings vor christlichem Hintergrund) unternommen bzw. über eine spezifische species-Theorie eine strukturelle Gleichheit von menschlicher Erkenntnisbildung und göttlichem Geist formuliert. Hiervon beeinflußt ist Ficinos Versuch einer Verknüpfung neuplatonischer Einheitsmetaphysik und frühneuzeitlicher Reflexionstheorie zu sehen. Ficino betont entschieden die Stellung des Menschen (eine gewissermaßen geistige, nicht ontologische Mittelstellung) über eine Seelenlehre, wonach die erkennende Seele Mittler und Vermittler innerhalb des Verhältnisses von göttlicher Selbstentfaltung in die Erscheinungswelt und der geistigen Rückführung der Vielheit auf diese Einheit ist, d. h. Ficino entwirft ein Reflexionsmodell, wonach die äußere Mannigfaltigkeit in einem inneren Vollzug, gleichsam einer individuellen Spiegelung, wieder eingefaltet wird: Der Dualismus von Gott und Welt wird in der erkennenden Seele in die Einheit aufgehoben. Schließlich ist Carolus Bovillus zu nennen, für den diese drei-einheitliche, reflexive (Kreis-) Struktur zum systembildenden Prinzip einer relationalen Ordnung des Seienden wird, die auf unterschiedlichen Ebenen in analoger Weise aufgewiesen wird, d. h. sowohl die Entfaltung der metaphysischen Einheit, die Struktur des Seienden wie den menschlichen Erkenntnisprozeß konstituiert und strukturiert. Diese strukturale Logik bestimmt besonders den *Liber de sapiente*, in dem Bovillus das Verhältnis von Mensch und Welt, Mikro- und Makrokosmos einerseits nach gemeinsamen Ordnungsstrukturen als ein Ähnlichkeitsverhältnis setzt; gleichzeitig aber das Individuum in Differenz zur Welt faßt, so daß er eben diese dialektische Spannung des von ihm unterschiedenen zu sich selbst in der Selbstreflexion aufhebt: Welterkenntnis als Selbsterkenntnis in Form einer Widerspiegelungstheorie, die jedoch nicht Abbildtheorie ist, sondern die Einheit über ein gewissermaßen ›inneres Universum‹ auf analogem Wege erfährt. Es wird sich zeigen, daß hierin maßgebliche Elemente der brunoschen Erkenntnistheorie angelegt sind.[32]

Bruno formuliert, analog dem Modell des Kreises, in dem (bezogen auf die absolute Einheit, in der alle Bestimmungen koinzidieren) Mittelpunkt, Radius und Peripherie ein und dasselbe sind, eine drei-einige und zugleich ungeteilte, relationslose Identität des Einen. Licht und Wasser stehen für einen Einheitsbegriff, wonach in der Fülle der Einheit Quelle, Ausfluß und Rückfluß als selbstreflexive Struktur angelegt sind, die sich jedoch im Absoluten in paradoxer Weise in der Ungeschiedenheit, die dem unendlichen Einen zu eigen ist, auflöst. Die Unterscheidung der drei Aspekte des Einen sind vielmehr Produkt des menschlichen Versuches, das Zugleich von Einheit und Fülle zu denken.[33]

»Quicquid est in ipso, est ipse, sicut fulgor est ipsa lux, radius est ipse sol (in eo enim diversae rationes a nostri intellectus formatione); et sicut omnia quae sunt in veritate sunt veritas, et quicquid est in luce est lux, ita ipse et in ipso non est aliud.« (Lampas trig. stat., OL III, S. 41)	»*Was auch immer in ihm ist, ist er selbst, sowie der Glanz das Licht selbst, der Strahl die Sonne selbst ist (in ihm nämlich sind verschiedene Zustände aufgrund der Gestaltung unseres Intellektes); und so wie alles, was in der Wahrheit besteht, Wahrheit ist, und Licht ist, was auch immer im Lichte ist, so ist er selbst und in ihm selbst ist kein anderes.*«

Gleichwohl ist damit ein Versuch angelegt, den Übergang vom absolut Ersten in die emanative Selbstentfaltung zu begründen. Aus dem in der Einheit selbst relationslos Identischen formiert sich die Ausfaltung einer selbstreflexiven Struktur von Einheit – Intellekt – Weltseele im Sinne einer relationalen Dreiheit bzw. einer Selbstbezüglichkeit im Verhältnis Einheit – Vielheit des Seienden.

Um neuplatonische Implikate in der von Giordano Bruno formulierten Stufenordnung von Sein und Denken genauer zu bestimmen bzw. Ab-

---

32 Vgl. hierzu Cassirer, E.; *Individuum und Kosmos in der Philosopie der Renaissance*, Darmstadt 1963, S. 93 ff. und Otto, St. (Hrsg.); *Renaissance und Frühe Neuzeit*, Reihe: Geschichte der Philosophie in Text und Darstellung, Bd. 3, Stuttgart 1986, S. 237–336: »Die Geistmetaphysik der ›Versichtbarung‹ der Welt«.

33 Bruno betont an vielen Stellen, daß jedweder Beschreibungsversuch, jegliche Bemühung, das Wesen des Absoluten auszudrücken, lediglich ›metaphorice‹ zu verstehen sei. Vgl. Dionysios Areopagitas Schrift *De divinis nominibus*, worin die Unnahbarkeit und Unnennbarkeit auf das zwangsläufig lediglich symbolische Begreifen der göttlichen ›Monas‹ führt. »Jetzt aber bedienen wir uns zur Erkenntnis des Göttlichen nach Möglichkeit geeigneter Symbole und erheben uns hinwieder von diesen auf analoge Weise zur einfachen und geeinten Wahrheit der geistigen Schauungen.« (Bibliothek der Kirchenväter, München 1933, Reprint Nendeln/Lichtenstein 1968, Zweite Reihe, Bd. II; *Des Heiligen Dionysius Areopagita maßgebliche Schriften über ›Göttliche Namen‹*, aus d. Griech. übers. v. J. Stiglmayr, S. 26).

weichungen und Sinnverschiebungen herauszuheben, sei das Grundsystem der Stufung des Seins bei Plotin ins Gedächtnis gerufen und auf die Parallelen zur brunoschen Einheitsmetaphysik hin überprüft.

2. Unerfahrbare Einheit

Im Mittelpunkt[34] des plotinschen Seinsmodells steht das Erste und Eine (ἕν), das, in absoluter Transzendenz verbleibend, nicht die höchste Stufe der intelligiblen Welt einnimmt, sondern in absoluter Identität unendlich weit über die Intelligibilität des *Nous* hinausgerückt wird. Eine Einheit vor jeglicher Unterscheidung von Ein- und Andersheit, absolut relationslose In-Differenz[35], für die es keine zureichende Begrifflichkeit gibt.

Hierfür sind vor allem die zahlreichen Verweise Brunos auf die Unbegreifbarkeit eines über alles Seiende transzendierten, jede Denkbarkeit, die Differenzierbarkeit impliziert, übersteigenden Einen anzuführen.

»Eius esse est citra omnem differentiam, omnem contrarietatem, omnem convenientiam ...«
(Lampas trig. stat., OL III, S. 43)

»*Das Sein seiner ist außerhalb jeglicher Differenz, jeglicher Gegensätzlichkeit, jeglicher Übereinkunft ...*«

Diese uneinholbare, jeden definierenden Zugriff übersteigende Einheit kann in keinem Begriff erfaßt und bestimmt, mit keinem Namen benannt werden.

»Illius nullum est nomen; nomina enim omnia ad distinguendum posita sunt et definiendum et seperandum ab aliis, in eo vero nulla est distinctio, nulla definitio, et a nulla differt, utpote supra

»*Ihm ist keine Name beigelegt; denn alle Namen sind zur Unterscheidung gesetzt, zur Definition und zur Absonderung von anderen, in ihm aber ist wahrhaft keine Unterscheidung, keine Bestimmung und er ist von*

---

34 Die Analogie einer kreisförmigen Entfaltung aus dem Zentrum ist hier nicht kosmologisch, sondern metaphysisch zu verstehen. In diesem Sinne heißt es bei Bruno, die Verfolgung der unendlichen Einheit sei nicht als physische, sondern als »metaphysische Bewegung« zu verstehen: »Sie geht nicht vom Unvollkommenen zum Vollkommenen, sondern *umkreist* die Stufen der Vollkommenheit, um jenen unendlichen Mittelpunkt zu erreichen, der weder geformt noch Form ist.« (HL I. Teil/IV. Dial., S. 70; Hervorh. n. i. O.) Vgl. zur Umkreisung des Einen Enn. I 8, 2. Auch hierin läßt sich auf den Areopagiten verweisen, der die neuplatonische, triadische Struktur der Ausfaltung entsprechend für die Erkenntnis der Einheit (im Sinne neuplatonischer Verähnlichung) setzt bzw. im Hinblick auf das Streben nach Einswerdung von einem ewigen Kreisen der Seele um das Eine spricht. Vgl. K. Hedwig 1980, a.a.O., S. 32 f.
35 Vgl. Beierwaltes, W.; *Identität und Differenz, Philosophische Abhandlungen*, Bd. 49, Frankfurt a.M. 1980, S. 27.

omnem differentiam, alteritatem, diversitatem, multitudinem et definibilitatem.« (Lampas trig. stat., OL III, S. 41 f.)	*nichts verschieden, insofern er über alle Differenz, Andersheit, Unterschiedenheit, Vielheit und Bestimmbarkeit erhaben ist.«*

In ähnlicher Weise formuliert Bruno diese Unnennbarkeit des absolut transzendenten wie immanenten Einen in der Summa term. metaph., OL I 4, S. 85 f.:

»Innominabilis est. Ea enim possunt nominari, quae et definita sunt; quorum vero non est finis neque terminus neque certificata natura, quod putas esse nomen? Illi subinde omne *esse* convenit, quia est rerum omnia essentia, item virtutum et praedicatorum omnium fons, et quidquid dicitur secundum bonitatem et magnitudinem, de eodem dicitur per excellentiam, quatenus eidem nomina omnium actuum et essentiae omnis conveniunt. ... Deus igitur aut nullo nomine aut omnibus nominibus erit significandus. Est enim omnia in omnibus, quia dat esse omnibus; et est nullum omnium, quia est super omnia ...«	*»Er ist unbenennbar. Diejenigen Dinge können nämlich benannt werden, welche auch bestimmt sind; von denjenigen Dingen jedoch, denen wahrhaft weder ein Ende noch eine Begrenzung noch eine mit Sicherheit festzustellende Natur zukommt, was glaubst du, sei deren Name? Jenem kommt unmittelbar jegliches Sein zugleich zu, weil er die ganze Essenz aller Dinge ist, und zugleich Quelle aller Eigenschaften und äußeren Aussageweisen, und was auch immer gesagt wird im Hinblick auf die Güte und Größe, wird von demselben im Sinne der Erhabenheit ausgesagt, insofern doch in diesem selbst die Namen aller Handlungen und des ganzen Wesens übereinstimmen... Gott wird also entweder durch keinen Namen oder durch alle zu bezeichnen sein. Er ist also alles in allen Dingen, weil er allen das Sein verleiht; und er ist nichts von all diesen, weil er über alles erhaben ist...«*

Hierin kommt somit wiederum die Gleichzeitigkeit absoluter Transzendenz und vollständiger Immanenz zum Ausdruck.

Im metaphysischen System Plotins verströmt sich die absolute Ursache in zeitlich anfangsloser Bewegung, ohne selbst bewegt zu sein. Nicht als Willensakt, sondern im Sinne eines naturnotwendigen Überfließens (ἀνάγκη) der unendlichen Kraft verkündet sich die überquellende Güte des Einen dem Nous, und tritt damit in die erste Sphäre der intelligiblen Welt.

Diese Vorstellung einer Weltgenese, die keinen Willensakt voraussetzt (Schöpfung), sondern von einer Naturnotwendigkeit ausgeht – eine Unabdingbarkeit der Selbstentfaltung, die in der Notwendigkeit zugleich ihre Freiheit birgt – wird, in Übereinstimmung mit neuplatonischen Ansätzen bzw. in letzter Konsequenz in Rückbezug auf den platonischen *Timaios*, auch von Bruno formuliert:

»In eo idem est esse, posse et operari, quae in reliquis omnibus distinguuntur ex natura rei; propterea non potest facere nisi quae facit, nec velle nisi quae vult. Cum hoc tamen est ita absoluta necessitas, ut sit etiam absoluta libertas; necessitas enim in eo et voluntas, sicut et reliqua omnia, idem sunt; neque etenim potest velle nisi quae vult, neque velle potest posse nisi quae potest.« (Lampas trig. stat., OL III, S. 41)

»*In ihm ist Sein, Können und Wirken dasselbe, welche in allen übrigen Dingen unterschieden werden gemäß der Natur eines Dinges; deswegen kann er nichts vollbringen, außer was er tut, kann nichts wollen, außer was er will. Somit ist er solchermaßen absolute Notwendigkeit, daß er auch die absolute Freiheit ist; Notwendigkeit und Freiheit sind in ihm, so wie auch alles andere, nämlich ein und dasselbe; er kann also nicht wollen, wenn nicht das, was er will, kann nicht wollen zu können, wenn nicht das, was er kann.*«

und an anderer Stelle:

»Eius voluntas est ipsa necessitas et necessitas est ipsa divina voluntas, in qua necessitate non praeiudicatur libertati, quandoquidem necessitas et libertas unum sunt. Necessitas enim necessitati non est necessitas, rursum supra necessitatem non est necessitas, sicut supra libertatem non est libertas. Ibi ergo libertas facit necessitatem et necessitas contestatur libertatem. Quae enim vult immutabilis substantia, immutabiliter vult, hoc est necessario velle. Quia vero non vult necessario aliena voluntate faciente necessitatem, sed propria voluntate, multum abest ut haec necessitas sit contra libertatem, quin potius ipsa libertas, voluntas, necessitas sunt unum et idem.« (Summa term. metaph., OL I 4, S. 95)

»*Sein Wille ist die Notwendigkeit selbst, und die Notwendigkeit ist der göttliche Wille selbst, in welchem durch die Notwendigkeit nicht über die Freiheit entschieden wird, da nun einmal Notwendigkeit und Freiheit eines sind. Notwendigkeit nämlich ist für die Notwendigkeit nicht Notwendigkeit, weiter besteht über die Notwendigkeit hinaus keine Notwendigkeit so wie über die Freiheit hinaus keine Freiheit ist. Dabei also bewirkt die Freiheit die Notwendigkeit und Notwendigkeit schwört auf die Freiheit. Was die unveränderliche Substanz will, das will sie in unveränderlicher Weise, und das ist ein Wollen in notwendiger Weise. Weil sie wahrhaftig nicht durch fremden Willen handelnd in notwendiger Weise die Notwendigkeit will, sondern nach dem eigenen Willen, ist sie also weit entfernt davon, daß diese Notwendigkeit der Freiheit entgegengestellt ist, sondern vielmehr sind Freiheit, Wille und Notwendigkeit eines und dasselbe.«*

Bruno begegnet hiermit der umstrittenen Frage nach dem ›Willen‹ Gottes bzw. umgeht den mit der Annahme eines göttlichen Willens entstehenden Begründungskonflikt, indem er Freiheit, Notwendigkeit und Willen im Absoluten in einen unmittelbaren Zusammenhang stellt bzw. auseinander ableitet, um sie letztendlich in eins aufgehen zu lassen. In Rückgriff auf den Begriff der ἀνάγκη und vor dem Hintergrund des neuplatonischen Verständnisses führt er auf der Basis seiner Unendlichkeitslehre den christlichen Schöpferbegriff in die Aporie. Das Entstehen der Vielheit aus der Einheit läuft, folgt man dem christlichen Konzept eines göttlichen Willens- und Schöpfungsaktes, auf eine Determinierung der göttlichen Würde und Freiheit hinaus, insofern der Wille die Entscheidung für ›etwas‹ impliziert oder, bezogen auf das christliche Weltbild, die gottgewollte Erschaffung einer endlichen Welt nicht die Ausschöpfung aller göttlichen Möglichkeit sein kann, und »man würde dem Glauben an Gottes Größe und Güte Abbruch tun«, wenn man annehmen würde, das unendliche Vermögen habe willentlich nur eine endliche Welt geschaffen. Zugleich werde, wenn diese Welt (qua Willensentscheid) nur eine von vielen möglichen wäre, nicht nur der Rang Gottes, sondern auch der Welt als seines Ebenbildes gemindert. »Durch die Annahme göttlichen Nichtwollens als Grund einer nur endlichen Schöpfung und durch die Annahme, der unendliche Schöpfer schränke freiwillig seine Wirksamkeit auf einen endlichen Gegenstand ein, würde Gottes Allmacht nicht weniger gelästert werden, als durch Annahme seines Nichtkönnens.« (Zwiegespräche, S. 10)

Indem Bruno göttlichen Willen, Notwendigkeit und Freiheit absolut setzt, kann er sie für die transzendente Einheit als unwandelbar und identisch erklären. Die absolute Notwendigkeit ist, sofern sie nicht durch ein anderes bestimmt wird, in ihrer Notwendigkeit zugleich Freiheit, und insofern das, was ihr freisteht, eben das ist, was sie unveränderlich will, ist ihr Wille zugleich Freiheit.

So erklärt er einerseits die absolute Notwendigkeit im Sinne einer Zweckbestimmung, nämlich des Vollbringens des Guten aus der unerschöpflichen Güte, wahrt aber zugleich die Vorstellung eines göttlichen Willens bzw. der bedingungslosen Freiheit der Einheit, denn die »Dei voluntas est super omnia« (De immenso, OL I 1, Cap. 11, Liber I, VI, S. 243), und zwar in der Weise, daß Notwendigkeit, Freiheit bzw. Wille nicht als Eigenschaften des Göttlichen zu denken sind, sondern als in ihm unterschiedslos eines.[36]

---

36 Vgl. Saenger, W.; *Goethe und Giordano Bruno. Ein Beitrag zur Geschichte der Goethischen Weltanschauung* (= Germanische Studien, Berlin 1930, Heft 91), Berlin 1930, S. 53 f.

In *De immenso* versucht Bruno dies argumentativ aus dem Gottesbegriff abzuleiten:

»I. Divina essentia est infinita. II. Modum essendi modus possendi sequitur. III. Modum possendi consequitur operandi modus. IV. Deus est simplicissima essentia, in qua nulla compositio potest esse, vel diversitas intrinsice. V. Consequenter in eodem idem est esse, posse, agere, velle, essentia, potentia, actio, voluntas, et quidquid de eo vero dici potest, quia ispe ipsa est veritas. VI. Consequenter Dei voluntas est super omnia, ideoque frustrari non potest neque per seipsam, neque per aliud. VII. Consequenter voluntas divina est non modo necessaria, sed etiam est ipsa necessitas, cuius oppositum non est impossibile modo, sed etiam ipsa impossibilitas. VIII. In simplici essentia non potest esse contrarietas ullo modo, neque inaequalitas: voluntas, inquam, non est contraria et inaequalis potentiae. IX. Necessitas et libertas sunt unum, unde non est formidandum quod, cum agat necessitate naturae, non libere agat: sed potius immo omnino non libere ageret, aliter agendo, quam necessitas et natura, imo naturae necessitas requirit.« (De immenso, OL I 1, S. 242 f.)

1. *Die göttliche Wesenheit ist unendlich. 2. Der Modus ihres Könnens folgt dem Seinsmodus. 3. Der Modus des Handelns folgt dem Modus des Könnens. 4. Gott ist die einfachste Wesenheit, in welcher keine Zusammensetzung sein kann oder eine innere Unterschiedenheit. 5. Folglich ist in ihm Sein, Können, Handeln, Wollen, Wesen, Vermögen, Akt, Willen, und was auch immer man von ihm sagen kann, dasselbe, weil er selbst die Wahrheit ist. 6. Folglich ist der göttliche Wille über allem und kann deshalb nicht täuschen, weder vermittels seiner selbst noch durch anderes. 7. Folglich ist der göttliche Wille nicht auf notwendige Weise, sondern ist vielmehr die Notwendigkeit selbst, das Gegenteil von diesem ist nicht auf unvermögende Weise, sondern das Unvermögen selbst. 8. In der einfachen Wesenheit kann keine Verschiedenheit irgendeiner Art sein noch eine Ungleichheit: der Wille, ich betone es, ist kein gegenteiliger und nicht ungleich dem Vermögen. 9. Notwendigkeit und Freiheit sind eines, weshalb nicht zu befürchten ist, daß, weil er nach der Notwendigkeit der Natur handle, nicht frei handle: eher dagegen handelte er ganz und gar nicht frei, wenn er auf andere Weise handelte als die Notwendigkeit und die Natur, ja er würde geradezu die Notwendigkeit der Natur suchen.*

Kehren wir zusammenfassend nochmals zurück zum neuplatonischen ›Dreischritt‹ von ἕν – νοῦς – ψυχή, wie er in der Einheitsmetaphysik Plotins angelegt ist. Diese, am Modell des Kreises orientierte Strukturalität einer Explikation der Einheit in die Vielheit bzw. des Übergangs der transzendenten Einheit in die Immanenz, wobei im Aus-Sich-Heraustreten der Einheit immer schon die reflexive Rückwendung mitgedacht ist, erweist sich in der brunoschen Philosophie, in der dargelegten, spezifischen Ausbildung metaphysischer Prozessualität, als wesentlicher Hintergrund der Monadenlehre, die der Nolaner in seinen Spätschriften ausformuliert.

Es sei die These aufgestellt, daß es die neuplatonisch fundierte, metaphysische Zirkularität der Einheitsentfaltung ist, die Bruno zum Ausgangspunkt einer mathematischen, am geometrischen Kreis entwickelten Identitätslogik nimmt, um anhand der geometrischen Generierung eine systematische Ableitung der metaphysischen Entfaltung der Einheit nachvollziehbar zu machen.[37]

3. Einheit – Universum – Individuum

Der metaphysische Einheitsbegriff Plotins faßt das Eine in absoluter, jegliche Begrifflichkeit überschreitender Transzendenz einer selbst über Denken und Sein erhabenen Ursache, die schlechthin einfach (Enn. V 4, 1) und indefinit, Grund vor und von allem ist. Diesem Einen kann daher nicht einmal das Denken seiner selbst beigelegt werden.

Der Gedanke einer absoluten Einfachheit, die jedweder Selbsterkenntnis vorauszusetzen ist, insofern das Eine nichts ist als es selbst in vollkommener Identität, so daß es sich selbst nicht als anderes denken kann, wird von Bruno am deutlichsten in der italienischen Schrift *Spaccio* formuliert.[38] Ein Bewußtsein ihrer selbst kann der Einheit ›solo negativamente‹ zugesprochen werden, d. h. im Sinne einer Unverborgenheit ihrer selbst, ohne diese als denkenden Vollzug aufzufassen, sondern die Einheit ist sich selbst immer schon ganz gegenwärtig. Diese absolute Einheit und Einfachheit, dies betont Bruno in verschiedenen Schriften, ist weder benennbar noch definierbar und damit kein ›Gegenstand‹ der Erkenntnis, sondern, insofern sie »über jeden Vergleich erhaben ist« (Über die Ursache III, S. 100) in uneinholbarer Differenz jedem denkenden Erfassen enthoben, sie kann »von der Vernunft nur vermittels der Negation begriffen werden; sie kann – wie ich meine – weder erkannt werden, insofern sie alles sein kann, noch insofern sie alles ist.« (Über die Ursache III, S. 101)[39]

Auch ist das Eine nicht vereinende Umfassendheit der Vielheit, sondern absolute Fülle, infinite Potentialität und Aktualität in eins, so daß alle Unterscheidungen, die für das Endliche gelten, alle Bestimmungen

---

[37] Vgl. K. Heipcke/W. Neuser/E. Wicke 1991, a. a. O., S. 162 bzw. Vorwort, ebda. sowie die richtungsweisende fundierte Interpretation von A. Bönker-Vallon 1995, a. a. O.

[38] Vgl. die entsprechende Passage im vorangehenden, Spaccio, Dial. it. II, S. 708.

[39] Es ist demnach »Zeichen ungläubigen und verirrten Geistes ..., sich auf die Ergründung und Bestimmung von Dingen zu stürzen, welche die Grenzen unseres Verstandes übersteigen.« (Über die Ursache II, S. 54)

der Quantität wie Qualität, der Zeitlichkeit, Räumlichkeit oder Kausalität in der Übersteigerung in ein unermeßliches Maximum sich ineinander aufheben und kein erkennendes Ermessen zulassen. Dasjenige, was alles ist, ist nichts im Besonderen, d. h. nichts Einzelnes im Verhältnis zu einem anderen, sondern in der Weise alles, daß es nichts gibt, was es nicht ist, und somit als Maximum und Minimum zugleich Eines.

»XXXII. Simul.
Ea omnia, quae in rerum natura sunt explicata, dispersa, distincta, ordinata, differentia, in eo omnia sunt, non, inquam, unita, concordantia, convenientia, sed sunt unum, sunt idem, sunt ipsa unitas, sunt ipsa identitas. In ipso enim ... nulla est distinctio, nullus est ordo intrinsice, sed haec omnia sunt ab ipso. Propterea magis in ipso concurrunt, quam in unitatem quandam suppositi omnia possunt concurrere praedicamenta et in unitatem corporis omnia membra. In his enim ea cadit distinctio, ut membra diversa atque partes ita sunt simul, ut continuatione quadam, connexione, agglutinatione et ordinatione quadam consistant et mutuo adnectantur.«
(Summa term. metaph., OL I 4, S. 88)

»XXXII. Gleichzeitig.
All diejenigen [Bestimmungen], die in der Natur der Dinge auseinandergefaltet, zerstreut, unterschieden, geordnet, verschieden sind, sind in dieser [der Einheit] allesamt nicht, wie ich betone, als vereinte, übereinstimmende, einige, sondern sie sind Eines, sind ein und dasselbe, sind die Einheit selbst, sind die Identität selbst. In ihr nämlich [der göttl. Einheit] ... ist keine Unterscheidung und keine innere Ordnung, sondern diese stammen allesamt von ihr. Deswegen fallen sie in ihr in höherem Grade zusammen als etwa in der Einheit eines Zugrundegelegten die Prädikamente und in der Einheit des Körpers alle Glieder. In diesen fällt nämlich diese Unterscheidung weg, sobald die unterschiedlichen Glieder und Teile auf solche Weise zugleich sind, daß sie durch einen gewissen ununterbrochenen Zusammenhang, durch Verbindung, Zusammenhaften und eine gewisse Ordnung bestehen und wechselseitig verknüpft werden.«

Die absolute Gleich-Gültigkeit und Gleichzeitigkeit all dessen, was in der Entfaltung aus der Einheit sukzessive auseinandertritt, bestimmt einen Identitätsbegriff der unbedingten Selbigkeit und Einfachheit: die Monade.

»... quemadmodum omnis numerus in substantia unius unitatis consistit, et vicissim unitas est omnis numeri substantia, et omnis numerus citra unitatem nihil est, et in substantia unitatis est omne quod est, sequitur

»... so wie jede Zahl in der Substanz der einzigen Einheit besteht, und andererseits die Einheit die Substanz jeder Zahl ist, ist auch umgekehrt jede Zahl außerhalb der Einheit nichts; und da in der Substanz der Einheit alles ist, was ist, folgt, daß die

numerum in unitate non esse collective seu congregative seu compositive, sed in simplicitate quadam, unitate, identitate; sicut in centro sphaerae dimensiones ... Ita in ipsa infinita monade, omnia complectente quae numeris comparantur, omnia in simplicitate et unitate et identitate sunt examinanda.« (Summa term. metaph., OL I 4, S. 88 f.)	*Zahl in der Einheit nicht in der Weise eines Versammeltseins, eines Kongregats oder einer Zusammenfügung besteht, sondern in einer gewissen Einfachheit, Einheit, Identität; so wie die Dimensionen im Zentrum einer Kugelsphäre .... So sind in der unendlichen Monade selbst, indem sie alle Dinge in sich umschließend vereint, die man den Zahlen vergleicht, alle Dinge in Einfachheit, Einheit und Identität zu untersuchen.«*

In dieser einfachsten Einheit koinzidieren alle Bestimmungen; sie ist nicht etwa einheitlich wie ein geordneter Körper zu denken, sondern die Einheit ist Voraussetzung und Substanz[40] alles Geeinten. Die komplikativ allumfassende, einfache Einheit ist also nicht Fügung von Einzelnem zu Einem, sondern absolute Selbigkeit, Einzigkeit – ist nicht Eines im Sinne der Zahl ›Eins‹, sondern vielmehr liegt in der Monade die Voraussetzung dafür, daß überhaupt etwas eines ist. Was in der Entfaltung aus dieser unendlichen Einheit Gestalt annimmt bzw. durch die Zahl unterscheidbar ist, hebt sich in der ursächlichen Einheit in der Selbigkeit auf. Wenn Bruno die Monade schlechthin als die ›mens paterna‹ bzw. als ›plenitudo‹ charakterisiert, so darf diese Fülle des Geistes m.E. nicht als Erfülltheit von einer Vielheit von Ideen gedeutet werden. Vielmehr ist das ›unum simplex‹ selbst die indefinite Fülle und zugleich absolute Einfachheit. Alle Definitionen, die für das Seiende gelten, sind respektive bzw. partizipativ zu denken, während sie für die Einheit absolut zu setzen sind.

»Habet proprietatem, qua omnia praedicata perfectionis (quae significant perfectionem) de illo dicuntur essentialiter, superlative et infinite, de reliquis vero dicuntur participative, finite et comparative ... Et in isto proprium, species, essentia et natura sunt unum et idem, in reliquis vero proprium est primum essentiae vestigium seu essentialis differentiae signum, sicut ridere	»*Er [Deus seu mens] besitzt die Eigenschaft, wonach alle Zuschreibungen der Vollkommenheit von ihm in wesentlicher, superlativer und unendlicher Weise ausgesagt werden, von den übrigen Dingen dagegen werden sie in partizipativer, endlicher und vergleichender Bedeutung gesetzt ... Und während in diesem Eigenschaft, Art, Wesen und Natur ein und dasselbe sind, ist in den übrigen Dingen die Wesenseigenschaft tat-*

---

40 Substanz ist hier stets im wörtlichen Sinne eines sub-stare zu verstehen: dasjenige, was als Voraus-Setzung Bedingung der Einheit jedes Entstandenen ist.

est signum rationalitatis; sed proprium divinitatis est ipsa divinitas et *non aliud* neque alterum quid, licet noster concipiendi modus ordinem quendam sibi constituat, et nominum seriem quandam *ad similitudinem* eorum, quae nobis offeruntur, concelebret, et de Deo prius quaedam dicat, quaedam vero posterius, quaedam ut absolute, quaedam ut respective significantia ... quae in subiecto non faciunt neque testantur varietatem magis quam ab uno sole et circa unum solem diversa propria diversitate diversimode afficiuntur, sole diversimode in omnibus operante seque omnibus communicante, et ut diversum quiddam ab omnibus iisque diversis participato, uno in se existente et immutabili.«
(Summa term. metaph., OL I 4, S. 89 f.; Hervorh. n. i. O.)

sächlich erste Spur des Wesens oder Zeichen des wesenhaften Unterschiedes, so wie das Lächeln Zeichen der Rationalität ist; die Eigenschaft Gottes ist dagegen die göttliche Natur selbst und nichts anderes noch irgendetwas anderes, wenn auch unsere Art und Weise in Worte zu fassen sich eine gewisse Ordnung aufstellt und von den Namen eine gewisse Reihe in Ähnlichkeit zu denjenigen Dingen, die uns begegnet sind, rühmt, und von Gott einige früher sagt, einige in der Tat später, einige in absoluter Hinsicht, einige in respektiver Signifikanz ... In dem Zugrundeliegenden machen diese weder eine Verschiedenheit aus noch stellen sie eine solche eher unter Beweis als von der einen Sonne und ringsum die eine Sonne die verschiedenen Eigenschaften in unterschiedlicher Weise durch Verschiedenheit geprägt werden. Dabei wirkt die Sonne in allen Dingen auf verschiedene Weise und teilt sich [auf unterschiedliche Weise] allen mit; und wenn sie [die Sonne] auch, wie etwas Verschiedenes von allen Dingen ist und auch von verschiedenen Dingen partizipiert wird, so ist sie doch als Eine [Sonne] in sich selbst existierend und unwandelbar.«

Selbst wenn die Sonne durch ihre Mitteilung Verschiedenheit bewirkt bzw. in verschiedener Weise partizipiert wird, kommt ihr selbst keinerlei Verschiedenheit zu. Die Sonne steht hier wiederum für das unveränderliche Eine (Transzendenz), sein Wirken in allem und das Herausbilden der Verschiedenartigkeit, ohne daß es selbst von sich unterschieden wäre bzw. sich teilen würde (Immanenz) und zugleich das Ganz-in-sich-Bleiben der Einheit.[41] Hat die Bedingtheit der menschlichen Erkenntnis zur Folge, daß sie innerhalb der Versuche, die göttliche Einheit zu benennen,

---

41 Vgl. die erwähnte Stelle bei Plotin (Enn. I 7, 23). Die Sonne ist ganz in sich verharrend zugleich allem sich mitteilend und doch keinem Wandel unterlegen.

mit endlichen Prädikaten operiert, die den Wirkungen entlehnt sind, so sind diese Setzungen in bezug auf die Einheit jedoch nicht wie Eigenschaften von oder *an* etwas zu denken, sondern – dies macht der Vergleich mit der Sonne und ihren Ausstrahlungen deutlich – all das, was im Verschiedenen unterschiedlich in Erscheinung tritt, ist im absoluten Einen und Ursächlichen unveränderliche Komplikation und Identität.

Wenn Bruno das absolute Eine dem Sein gleichsetzt – »In eo idem est ens et essentia utpote quod est et quo est ...« (Lampas trig. stat, OL III, S. 39)[42] – so ist das Eine in der Weise ›Sein‹, daß es am Sein nicht teilhat, es nicht des Seins entbehrt – »Deus autem est ita per se, ut non sit per aliud« (Summa term. metaph., OL I 4, S. 92) –, sondern vielmehr Ursache und Ursprung alles Seienden ist, ohne welche nichts ist, es selbst aber alles,[43] im Sinne einer absoluten Ursache, die alles bewirkt und sich in ihrem Überfluß überall verströmt.

»Ipse est fons, a quo emanat omne donum. Aperiente enim illo manum suam omnia implentur bonitate, id est entitate, veritate, perfectione, a quo omnia accipiunt quidquid habent ... Ideoque ipse absolute est Dominus, ipse omnes divitiae et plenitudo, cui nihil deest substantiae, bonitatis, virtutis, magnitudinis, perfectionis, cognitionis etc.; nihil item adiici potest vel apponi vel supererogari ...« (Summa term. metaph., OL I 4, S. 80 f.)	»Er ist selbst die Quelle, aus der jede Gabe emaniert. Indem jener seine Hand öffnet, werden alle Dinge von der Güte erfüllt, das heißt durch die Seiendheit, Wahrheit, Vollendung, wodurch alle Dinge empfangen haben, was auch immer sie besitzen ... Und deshalb ist er in absoluter Weise der Herr, ist selbst der ganze Reichtum und die ganze Fülle, welche nichts entbehrt an Substanz, Güte, Vermögen, Größe, Vollendung, Erkenntnis usw.; also gibt es nichts, was hinzugefügt, dazugerechnet oder darüber hinaus ausgegeben werden kann ...«

Auf zwei Aspekte des brunoschen Einheitsbegriffes sei an dieser Stelle besonders hingewiesen: einerseits die Gleichsetzung der absoluten Einheit mit dem Wahren und Guten; andererseits Brunos Bestimmung der Einheit als Ursache und Prinzip.

---

42 Vgl. auch Summa term. metaph., OL I 4, S. 92. Hierin entfernt Bruno sich in gewisser Weise von der neuplatonischen Einheitsbestimmung.

43 Vgl. Summa term. metaph., OL I 4, S. 86: »Ut autem omne esse supereminet, continet, effundit atque conservat, ita omnia, quatenus sunt extra ipsum vel aliud ab ipso, sunt vanitas, nihil, non ens; relinquitur ut ipse sit solum ens, et hoc est nomen quod ipsius maxime possumus effere et quod auditum et revelatum accepimus, ut appelletur ›qui est‹ vel ›quod est‹. Omnia enim reliqua ab ipso sunt *quod subest*, vel *quod deest* vel *abest* ...«.

4. Unum – Verum – Bonum

Plotin identifiziert das Eine mit dem Guten (vgl. Enn. II 9, 1)[44] und unterstreicht damit das Moment der notwendigen Selbstmitteilung, nicht etwa, weil das Eine sich erst in der emanativen Erzeugung der Vielheit vervollkommnen würde, sondern in der Weise, daß die absolute Güte und Einheit in ihrem Überfluß gar nicht anders kann, als sich in alle möglichen Individuationen des Seienden zu vermitteln, sich selbst in vielfältiger Weise zu multiplizieren, ohne eine Einbuße der unendlichen Kraft zu erleiden. (Vgl. Enn. IV 8, 6, 1)[45]

Nach Bruno bedingen sich absolute Einheit, Wahrheit und Güte gegenseitig,[46] und diese Dreiheit ist in der absoluten Einheit[47] als Ungeschiedenheit und Identität zu denken, im Seienden in partizipativer Gegenwärtigkeit.[48] In der Monadenschrift stellt er diese wechselseitige Begründung von Unum, Verum und Bonum (in Berufung auf die Platoniker und Pythagoreer) folgendermaßen dar:

---

44 Vgl. auch K. Kremer 1971, a.a.O., S. 10 f. sowie Proklos' Parmenideskommentar: *Commentary on Plato's Parmenides*, transl. by G. R. Morrow a. J. M. Dillon, Princeton 1992, S. 593: »The One and the Good are the same ...«.

45 Das Argument der ›neidlosen‹ Mitteilung ist hierbei stets in Rekurs auf den platonischen *Timaios* zu deuten. Vgl. Brunos Formulierung in Über die Ursache II, S. 62.

46 In den *Lampas triginta statuarum* (Lampas trig. stat., OL III, S. 188) definiert Bruno unitas, veritas und bonitas in absolutem Sinne: »Est *unitas* seu *veritas* seu *bonitas*, quae idem sunt, quia verum est quod simplex et unum ...«

47 Vgl. Spaccio, Dial. it. II./Reformation, S. 120.

48 Vgl. hierzu D. Mahnke 1937, a.a.O., S. 71, wonach die Ausfaltungsstruktur des unum – verum – bonum in der *Theologia platonica* Ficinos (Buch II, Kap. 3 u. 6) zu finden ist und auf den Cusaner zurückgeht. (De docta ign. II, 3)

»TRIA haec se invicem concausant in effectibus. Rebus enim Primo est Veritas ab Unitate; nihil enim vere est nisi sit unum. Secundo Bonitas a Veritate: non est enim Bonum hoc aliquid, nisi sit vere hoc aliquid. Tertio unitas a Bonitate, neque etenim est unum hoc, idest, simplex, nisi constet absolutum et immixtum. Sic vicissim Primo unitas a Veritate. Secundo Veritas a Bonitate. Tertio Bonitas ab Unitate.« (De monade, OL I 2, S. 365)	*»Diese drei begründen sich gegenseitig in ihren Wirkungen. In den Dingen nämlich ist als erstes die Wahrheit aus der Einheit. Denn nichts ist wahrhaftig, wenn es nicht eines ist. Zweitens ist die Güte aus der Wahrheit. Denn etwas ist nicht gut, wenn es nicht wahrhaftig ist. Drittens ist die Einheit aus der Güte. Denn es gibt nicht dieses Eine, das heißt Einfache, wenn es nicht als Absolutes und Unvermischtes besteht. So ist wechselseitig erstens die Einheit aus der Wahrheit, zweitens die Wahrheit aus der Güte und drittens die Güte aus der Einheit.«* (Über die Monas ..., ed. Samsonow., S. 46)

Bruno formuliert hiermit eine triadische Einheit, deren zirkuläre Selbstbegründungsstruktur jedoch keine Relation in der Einheit setzt, sondern Wahrheit, Güte und Einheit ineinander auflöst – der Kreis zieht sich gewissermaßen im Mittelpunkt koinzidierend zusammen. Im Hinblick auf die Entfaltung der Einheit ist mit dem unum – verum – bonum[49] wiederum ein dreigliedriges, selbstbezügliches Kreismodell impliziert.

5. Ursache und Prinzip

Wenn Bruno das absolute Eine sowohl als Ursache wie als Prinzip faßt, so sind hiermit wichtige Aspekte angesprochen, die in enger Beziehung zum neuplatonischen Denken des Einen stehen: Zum einen birgt das ursächliche Eine die ganze Potenz in sich, in einer Vielfalt von Wirkungen aus sich herauszutreten bzw. in mannigfaltiger Weise wirkend Wirklichkeit zu werden. Zum anderen wird der Verwirklichung des Erstursächlichen im Vielen ein kausal-kontinuierlicher Zusammenhang zugrundegelegt. 1) Jede Wirkung hat teil an der Ursache und ist dieser damit zugleich ähnlich und verschieden (das Abhängigkeits- und damit Ähn-

---

[49] Vgl. zur ›veritas‹ wie zur ›bonitas‹ auch Summa term. metaph., OL I 4, S. 74 f. In der Monadenschrift überführt Bruno diese erste Triade in eine zweite triadische Einheit von Essentia, Vita und Intellectus: »Trias haec in secundae triadis actum procedit, quae est ESSENTIA, VITA, et INTELLECTUS.« (De monade, OL I 2, S. 365 f.) Auf diese zweite Triade von wesenhaftem Sein, Leben und Denken wird im Zusammenhang mit der Proklischen Metaphysik zurückzukommen sein.

lichkeitsverhältnis ist dabei einseitig). 2) Jede Wirkung geht einerseits auf eine voraufgehende Ursache zurück und ist andererseits mittelbare Ursache einer Folgewirkung. 3) Insofern jedes Bewirkte an der Ursache teilhat, wendet es sich auf diese Erstes zurück (ὁμοίωσις; Verähnlichung). Dieses Erste und Eine aber ist selbst absolut ursachenlose Ursache (ἀναιτίως αἴτιον). Der zugleich innerlich wie äußerlich zu verstehende Wirkzusammenhang[50] vom Ersten zum Einzelnen innerhalb der Vielheit gründet auf einer Partizipationsvorstellung und ist Grundlage einer umfassenden Seinsverwandschaft bzw. einer Analogielehre, wie sie in systematischer Weise von Proklos formuliert wird, bei Plotin aber bereits konzipiert ist und sich, im Rückbezug auf die Neuplatonisten, vor allem in der Lehre des Dionysios Areopagita und bei Thomas von Aquin niederschlägt. Entscheidend ist es, dabei eine zweifache Ähnlichkeitsbeziehung zu berücksichtigen:

a) das Verhältnis von der Einheit zu ihren Wirkungen ist irreversibel, d. h. die Dinge ähneln der absoluten Ursache, diese aber nicht dem Entstandenen;

b) insofern jede Wirkung an einer höheren Ursache teilhat, stehen die Dinge über diese Partizipation auch untereinander in einer Ähnlichkeitsstruktur im Hinblick auf ein vorausgehendes Gemeinsames. Diese Verhältnismäßigkeit ist wechselseitig.

Auch die brunoschen Termini von Ursache (causa) und Prinzip (principium) legen einen solchen partizipativ seine Wirkkraft entfaltenden universalen Nexus aller Dinge in Abhängigkeit von einem Ersten an und damit eine mittelbare Erkennbarkeit des absoluten Einen über die relationale Struktur der Wirkungen. »Weil also die göttliche Substanz unendlich ist und sich überaus weit entfernt von ihren Wirkungen hält, welche die äußerste Grenze unseres Erkenntnisvermögens darstellen, so können wir unmittelbar von ihr gar nichts wissen, sondern nur ihre ›Spur‹ erkennen, wie die Platoniker sagen, ihre ›entfernte Wirkung‹ – in den Worten der Peripatetiker, ihre ›Hülle‹ – im Sinne der Kabbalisten, ihre ›Rückansicht‹ – nach der Lehre der Talmudisten oder – mit den Apokalyptikern zu reden – nur ihr ›Spiegelbild‹, ihren ›Schattenriß‹, ihre Verschlüsselung im ›Rätsel‹.« (Über die Ursache II, S. 53)

Eine Voraussetzung, die für das brunosche Denken unweigerlich Geltung besitzt, ist die notwendige Annahme einer ersten Ursache, ohne welche alles Seiende, insofern es als Ordnung und relationale Zusammenstimmung/Harmonie des Vielen in von Vernunft zeugender Schönheit besteht

---

50 Gemeint ist damit die Dialektik von πανταχοῦ καὶ οὐδαμοῦ: In jedem Bewirkten ist die Ursache innerlich prinzipierend und zugleich in ihrer Absolutheit außerhalb von allem. Die stoische Vorstellung eines inneren Kausalnexus alles Seienden liegt hier zugrunde, wird allerdings in der neuplatonischen (wie brunoschen) Metaphysik im Sinne des dialektischen Verhältnisses von Transzendenz und Immanenz modifiziert.

und damit auf einen vorausliegenden Grund verweist, und zu nichts zerfallen müßte, wenn nicht dem infiniten Regress von Verursachtem und Verursachendem eine erste absolut ursachenlose Ursache zugrundegelegt wäre. Was diese Setzung angeht, beruft sich Bruno auf die Argumentation der aristotelischen *Metaphysik*, wenngleich er die Begriffe Ursache und Prinzip strenger zu unterscheiden sucht.

»Die Wahrheit aber wissen wir nicht ohne Erkenntnis der Ursache ... Daher müssen die Prinzipien [ἀρχὰς] des ewig Seienden [αἰεὶ ὄντων] (immer) am wahrsten sein [ἀναγκαῖον (ἀεὶ) εἶναι ἀληθεστάτας]; denn sie sind nicht bald wahr, bald falsch, noch haben sie die Ursache des Seins in einem andern, sondern sie selbst sind Ursache für das übrige. ... Daß es ein Prinzip gibt und die Ursachen des Seienden nicht ins Unendliche fortschreiten, weder in fortlaufender Reihe noch der Art nach, ist offenbar.« (Metaphysik, II, 993 b 23–994 a 2)

Aristoteles gebraucht die Begriffe Ursache [αἰτία] und Prinzip [ἀρχή] nahezu synonym, »denn alle Ursachen sind Prinzipien« [πάντα γὰρ τὰ αἴτια ἀρχαί] (Metaphysik, 1013 a 17), für die gleichermaßen gilt, daß es sich um ein Erstes im Hinblick auf ein Sein, Werden oder Erkennen handelt. Allerdings unterscheidet Aristoteles zwischen einem inneren und äußeren Prinzip, wenn es heißt: »Von diesen Prinzipien sind die einen (den Dingen) immanent, die anderen außerhalb (von ihnen)«. (τούτων δὲ αἱ μὲν ἐνυπάρχουσαί εἰσιν αἱ δὲ ἐκτός; Metaphysik, 1013 a 20)

Diese Differenzierung greift Bruno auf und definiert dementsprechend Ursache und Prinzip[51] im Unterschied eines inneren und äußeren Wirkens. So ist dasjenige, was »innerlich zur Erzeugung eines Dinges beiträgt und dann im Hervorgebrachten verbleibt«, (Über die Ursache II, S. 55) das Prinzip im Unterschiede zur Ursache als das, »was äußerlich zur Hervorbringung der Dinge beiträgt und sein Wesen außerhalb der Zusammensetzung hat; wie die Wirkursache und der Zweck ...« (Ebda. II, S. 56)

Allein in Gott oder dem Einen sind Ursache und Prinzip, wenngleich modal unterscheidbar, als ein und dasselbe zu denken. Gott ist Ursache, sofern er von allen Dingen verschieden ist wie das Erstbewirkende vom Bewirkten. (Vgl. ebda. II, S. 55)

»Caussa omnium caussarum efficiens, per quam et propter quam, in qua et sub qua omnia caussant.« (Summa term. metaph., Ol I 4, S. 75)	»*Beirkende Ursache aller Ursachen, durch welche und wegen welcher, in welcher und untergeordnet von welcher alle [anderen Ursachen] gründen.*«

---

51 »Caussa differt a principium, quia omnis caussa est principium, non autem omne principium est caussa ...« (Summa term. metaph., OL I 4, S. 17)

Gott ist also einerseits alles begründender Grund außerhalb von allem und zugleich innerlich wirkendes Prinzip.

»Principium omnis principii, principium ante omne principium, a quo et post quod omnis ratio, vis et effectus principiandi demanat.« (Summa term. metaph., OL I 4, S. 75)

»Prinzip jedes Prinzips, Prinzip vor jedem Prinzip, von welchem und in Folge auf welches jedes Maß, jede Kraft und Wirkung zu prinzipieren herabfließt.«

In dieser modalen Differenzierung der Ursächlichkeit des Einen artikuliert sich wiederum die Anlage einer dialektischen Struktur von transzendentem und immanenten Wirkgrund,[52] die zwar in der Einheit aufgehoben ist, in der Entfaltung jedoch das Spannungsverhältnis inneren Prinzips und äußerer Ursache markiert, das Bruno zunächst, in Orientierung an der aristotelischen *Physik* (189 a), in die ›causa formalis‹, ›causa efficiens‹ und die ›causa finalis‹ strukturiert. Auffälligerweise erscheint in dieser Reihung nicht die aristotelische ›causa materialis‹. Stadler sieht hierin eine deutliche Abweichung Brunos von den Vorgaben des Aristoteles, insofern bei Bruno entsprechend »den drei Momenten des Formaktes drei Momente des Materie-Begriffs [Materie als Vermögen, als absolutes und relatives Substrat]« zugeordnet seien.[53] Beierwaltes dagegen argumentiert auf dem Boden der aristotelischen *Physik* (198 a 24 f.), wenn er darauf verweist, die brunosche Analyse der Ursachen reduziere sich lediglich auf die notwendige Komplementarität von Form und Materie, die bei Aristoteles in ontologischer Differenz, bei Bruno als Aufhebung und Einheit gedacht werde, »weil Wesen, Ziel oder Bewirkendes mit der inneren Gestalt eines Seienden oder eines Prozesses identisch gedacht werden können. Durch die die innere *Gestalt* oder *Form* eines Seienden als Ziel bestimmende Ursache wird die *erwirkende* Ursache aktiviert. Die Form eines Seienden also *ist* das erwirkte *Ziel*. *Materie* aber ist der intelligible oder sinnfällige Ermöglichungsgrund jeder Konkretion von Form und Vereinzelung.«[54]

Materie- und Formbegriff Brunos bedingen einander, sind absolut betrachtet in komplementärer Einheit zu denken, denn dem unendlichen Formvermögen muß ein unendliches Vermögen der Formbarkeit zugrundegelegt werden, und das heißt, das Vermögen alle Formen zu bilden impliziert bereits die ganze Formpotenz.

---

52 Vgl. hierzu Stadler, M.; »Unendliche Schöpfung als Genesis von Bewußtsein«, in: *Philosophisches Jahrbuch* (1986), 93. Jg., S. 44 f.
53 Vgl. ebda., S. 47. Stadler grenzt sich hierin gegen die Position von W. Beierwaltes 1980, a. a. O., S. 180, ab.
54 W. Beierwaltes 1980, a. a. O., S. 181.

6. Materie

Brunos Materiebegriff bestimmt sich insbesondere aus der Auseinandersetzung mit der aristotelischen Definition[55]. Der Nolaner grenzt sich an verschiedenen Stellen seines Werkes gegen den aristotelischen Begriff der Materie als eines ›prope nihil‹[56] ab und nimmt die solcherart aufgefaßte Setzung des Aristoteles zugleich auf, indem er die dieser ›materia prima‹ (πρώτη ὕλη; Metaphysik, 1044 a 18) beigelegten Prädikate der Nichtigkeit[57] positiv umdeutet und damit über einen Materiebegriff, der bloß logische Voraussetzung sei, selbst aber kein Sein impliziere[58], hinausgeht. D. h. das, was nach Brunos Deutung des Aristoteles ein ›Noch-nicht-Sein‹ der ersten Materie, die Leere, Formlosigkeit und damit Unbestimmbarkeit ausmacht, gilt dem Nolaner als ein ›Immer-schon-alles-Sein‹, und allein aus diesem Grunde ist dieses ›Substrat‹ indefinit und undefinierbar. Die Materie im Sinne Brunos umfaßt die ganze Formfülle in sich:[59] »Da diese Materie in Wirklichkeit *alles ist, was sie sein kann*, hat sie alle Maße, alle Arten von Gestalten und Dimensionen; und weil sie *alle* besitzt, hat sie auch wieder *keine*; denn das, was soviel Verschiedenes zugleich ist, kann keines davon im besonderen sein. Dem, was alles ist, kommt es zu, jedes einzelne Sein auszuschließen.« (Über die Ursache IV, S. 117; Hervorh. n. i. O.)

Diese absolute Materie ist körperlich wie unkörperlich Seiendem als Gemeinsames vorauszusetzen und als zugrundeliegende für beide ein und dieselbe, d. h. sie birgt in der Koinzidenz von absoluter Wirklichkeit und Möglichkeit die Bedingung des Vermögens zu einer körperlichen

---

55 Vgl. hierzu vor allem den Kommentar zur *Physik* des Aristoteles: *Libri physicorum Aristotelis explanati*, OL III. Zum brunoschen Rekurs auf Aristoteles sei besonders auf die präsize Studie von P. R. Blum hingewiesen. Blum, P. R.; *Aristoteles bei Giordano Bruno*, Studien zur philosophischen Rezeption, München 1980. Siehe im Hinblick auf den Physik-Kommentar hierin den Abschnitt: »III. Prinzipien der Natur«, S. 54–75.

56 Bruno verwehrt sich gegen die Vorstellung einer formlosen Unbestimmtheit, bloß passiver Formungsmöglichkeit, die erst unter Einwirkung der Formgebung eine Bestimmung erfährt und als Seiendes ›ist‹.

57 Vgl. W. Beierwaltes 1980, a. a. O., S. 188, Anm. 53.

58 Vgl. P. R. Blum 1980, a. a. O., S. 62; Acrotismus, OL I 1, S. 102 (»magis logicum quam physicum«) bzw. Lampas trig. stat., OL III, S. 25 (»quasi pure logicum«) und W. Beierwaltes 1980, a. a. O., S. 187, Anm. 49.

59 Die absolute Materie »ist selbst nicht sinnlich wahrnehmbar ..., da sie absolut keinerlei Form [keine wahrnehmbare Gestalt] hat ...« (Über die Ursache III, S. 84), sie ist völlig ungeformt und damit unterschiedslos, der Sinneswahrnehmung entzogen und nur vom Verstand nachzuvollziehen (vgl. ebda. III, 87), denn im Wandel ihrer Erscheinungsformen »bleibt die Materie doch immer ein und dieselbe« (ebda. III, S. 85).

Gestaltwerdung in concreto.⁶⁰ Im Verkörperten liegt diese Materie jedoch in einer veränderten Form vor, nämlich in der ›Kontraktion‹⁶¹.

Mit dem ›Kontraktions‹-Begriff trifft Bruno eine grundlegende Unterscheidung zwischen der Materie an sich (als absolute Voraussetzung ist sie Bedingung von ›etwas‹) und dem materiell Seienden, das im Sinne eines Zusammenziehens (contrahere) der Fülle auf eine bestimmte Seinsform zu verstehen ist. Die Ausbildung einer Gestalt ist so Selbsteinschränkung der gestaltlosen Fülle, d.h. die Materie geht von einem alle Formen in sich begreifenden Sein über in je spezifisch geformte Seiende. »Also werdet Ihr in unserem Fall auch verstehen, daß es keiner Art von Materie widerstreiten würde, wenn wir die räumliche Ausdehnung als Wesensbestimmung der Materie zugrunde legten, insofern sich die eine Materie von der anderen allein dadurch unterschiede, daß die eine von räumlichen Abmessungen frei wäre, während die andere auf solche Abmessungen zusammengezogen wäre. Die von räumlichen Abmessungen freie Materie stünde über allen diesen und würde sich insgesamt umfassen, während die auf solche Abmessungen zusammengezogene Materie von einigen umfaßt würde und ihnen untergeordnet wäre.« (Über die Ursache IV, S. 119) Die ›Kontraktion‹ besagt stets gleichzeitig, daß die ganze Potenz enthalten und erhalten ist, in der Konkretion jedoch nur partiell ausgebildet. Kontraktion faßt somit einen Differenzierungsmodus, der nicht einen ›Mangel‹ an Teilhabe des Einzelnen in Hinsicht auf das Absolute charakterisiert, sondern eine spezifische Seinsweise. Bruno unterstützt mit dieser Vorstellung nochmals die absolute Potenz der Materie, die sich nicht durch das Hinzutreten der Form als Seiendes herausbildet, sondern indem sie sich aus ihrer Formfülle zurückzieht, sich auf etwas beschränkt. Er entwirft also ein Modell, wie differenzierte Vielheit aus einer Einheit zu denken sei.

Die kontrahierte Materie im Einzelnen und Verschiedenen verweist dabei stets auf die selbst verborgene, vorausgesetzte Materie an sich, die allein »mit Hilfe einer gewissen Analogie« erkannt werden kann. »Lehrt doch schon der Pythagoreer Timaios⁶² aus der Verwandlung eines Elementes in ein anderes die Materie wiederfinden.« (Über die Ursache III, S. 87 f.)

---

60 »Und sollte man gegen mich einwenden, daß diese ganze Vielheit in einem unteilbaren Wesen, das ohne jede räumliche Ausdehnung ist, zusammenkommen, so würde ich ihm entgegnen, daß eben dies die Materie sei ...« (Über die Ursache, S. 114).

61 In ähnlicher Weise bestimmt er auch die Selbstmitteilung der göttlichen, absoluten Einheit neben der Emanationsvorstellung über eine solche Kontraktion. »Descendit ens primo in substantiam per contractionem differentiae ...« (Summa term. metaph., OL I 4, S. 73) Bereits beim Cusaner wird die ›contractio‹ in der Begründung des Überganges Gott – Welt gesetzt.

62 Es handelt sich hierbei um eine Bezugnahme auf eine dem vermeintlichen Pythagoreer Timaios von Lokri zugesprochene Schrift ›Über die Weltseele‹; vgl. P. R. Blum 1980, a.a.O., S. 137, Anm. 46.

Die Materie an sich läßt sich also nicht in den körperlichen Dingen erkennen, sie ist vielmehr das verborgene Substrat, das jedem Wandel zugundeliegt und zwischen der einen und der anderen Seinsform ein »Drittes« ausmacht (ebda. III, S. 88), d. h. das beständige Prinzip jedweden Wandels, das selbst nicht in Erscheinung tritt, das aber aus der Prozessualität von Werden und Vergehen logisch offenbar wird, indem man über den sinnlich wahrnehmbaren Wechsel auf dieses ›Mittlere‹ und in der Veränderung immer Anwesende wie als solches Abwesende schließt.

Im Physikkommentar thematisiert Bruno diese lediglich auf analogem Wege erkennbare Materie[63], die in jedem Unterschiedenen mittelbar erfahrbar werde, selbst aber jeder Bestimmbarkeit, Benennbarkeit und Verhältnismäßigkeit entzogen sei, mit folgenden Worten:

---

63 Vgl. auch Lib. phys. expl., OL III, S. 312 f. Als eine Definition der Materie u. a. führt Bruno neben »primum subiectum«, »ex quo fit aliquid« und »in quam ultimo aliquid resolvitur« hier an: »Ultimo adiicitur praeposita conditio, nempe quod *sit cognoscibilis secundum analogiam ad formam*, quod quidem dupliciter valet«. Bruno weist an dieser Stelle nochmals darauf hin, daß die als solche unerkennbare Materie in Analogie zur Form erkannt werde. Einerseits über die Ähnlichkeit oder Proportion (per similitudinem seu proportionem) zwischen den künstlichen Formen an einem zusammengesetzten Zugrundeliegen (also des Materials z. B. künstlerischer Herstellung) und den an einem absolut einfachen, unsichtbaren Subiectum (der Materie als solcher) auftretenden Formen. Hierin wird die auf Aristoteles zurückgehende, von Bruno allerdings modifizierte Analogie zwischen künstlerischer Formgebung und natürlicher Formentfaltung aus einer zugrundeliegenden Materie (bzw. einem Material) angesprochen. (Vgl. auch Über die Ursache III, S. 83 f.) Andererseits wird aber die Materie als das erkennbar, was im sukzessiven Wechsel der Formen beständig bleibt.

»... ipsum vero subiectum neque nomen habet proprium neque rationem (omnis enim ratio atque nomen est a forma); propterea secundum se et absolute est indefinibile, innominabile, incognoscibile. Cognoscitur aute, nominatur et definitur, sicut primum Pythagorici, deinde Timaeus et (Plato) docuerunt, per quandam analogian, id est similitudinem et proportionem ad subiecta rerum artificialium. Sicut enim una manente materia sub arte fabri lignarii in omnibus eadem atque una, quae per illam artem fiunt, circa unum et idem fit omnis mutatio; ita enim in multitudine formarum, quas naturam in apertum producit, unum tantummodo subiectum intelligere oportet, hoc vero subiectum cognoscitur adhuc per analogiam ad formas diversas, quae successive fieri videntur circa ipsum...«
(Lib. phy. expl., OL III, S. 303 f.)

»*Dieses Subiectum [die zugrundeliegende Materie] selbst besitzt wahrhaftig weder einen eigentlichen Namen noch ein Maß (jedes Maß und jeder Name ergibt sich nämlich aus der Form); deswegen ist es gemäß seiner selbst und auf absolute Weise in unbestimmbarer, unnennbarer und unerkennbarer Art und Weise. Es wird aber erkannt, benannt und bestimmt, so wie es zuerst die Pythagoreer, darauf Timaios und Plato gelehrt haben, nach einer gewissen Analogie, d. h. Ähnlichkeit und Proportion zu den zugrundeliegenden Materialien [vgl. P. R. Blum 1980, a.a.O., S. 60 = Substraten] der künstlich hergestellten Dinge. So wie nämlich im Schreinerhandwerk auf der Grundlage einer beständigen Materie, die als ein und dieselbe in allen Dingen ist, die durch dieses Handwerk entstehen, rings um diese eine und selbe jede Veränderung geschieht, so nämlich ist auch notwendig innerhalb der Vielheit der Formen, welche die Natur in Erscheinung treten läßt, ein einziges Subiectum (Zugrundeliegendes) anzunehmen; dieses Subiectum wird aber in der Tat vermittels einer Analogie zu den verschiedenen Formen erkannt, die an ihm sukzessive als das Entstehen wahrgenommen werden.*«

Die Materie ist also dasjenige, was bald dieser Form, bald einer anderen, innerhalb des Wechsels der Formen als das bestehende und unveränderliche ›Dritte‹ zugrundeliegt. An ihr kommen alle Formen zum Vorschein, ohne daß sie einer Veränderung unterliegt.

Ebenso gilt für die absolute Form: »diejenige Form, die *alle* Eigenschaften umfaßt, ist selbst keine von ihnen; das was alles sinnlich-wahrnehmbare Sein enthält, ist dadurch nicht sinnlich wahrnehmbar. In höherem Sinne unteilbar ist jenes, das alles natürliche Sein bewirkt; in noch höherem Sinne ist es jenes, das alles geistige Sein in sich faßt; im höchsten Sinne jenes, das überhaupt *alles Sein hat, das sein kann.*« (Über die Ursache IV, S. 118; Hervorh. n. i. O.)

Absolute Materie und absolute Form sind letztendlich ineinander aufgehoben zu denken, Seinkönnen und Sein dasselbe (vgl. ebda. IV, S. 114 u. S. 118), denn es gibt »analog zur Stufenleiter des Seins eine Stufenleiter des Seinskönnens«, die jedoch in einem koinzidiert, weil »das Seiende zwar *logisch* geschieden wird in das *was ist* und *sein kann*, *physisch* jedoch ungeteilt, ungeschieden und eines ist.« (Ebda., Einl., S. 15; Hervorh. n. i. O.)

Der brunosche Begriff der »Materie an sich«, welche »als unteilbar aufzufassen sei« (Über die Ursache IV, S. 119), setzt sich von atomistischen Konzepten in der Hinsicht ab, daß in diesen die kleinsten Bestandteile der Welt als körperlich angenommen werden. »Demokrit nun und die Epikureer behaupten, daß nichts sei außer körperlich Seiendem, und sie folgern daraus, die Materie allein sei die Substanz der Dinge und das Wesen der Gottheit, wie auch ein gewisser Araber namens Avicebron in einem Buch mit dem Titel *Quelle des Lebens* [Fons vitae] dartut. Sie alle zusammen mit den Kyrenaikern, Kynikern und Stoikern erklärten die Formen zu nichts anderem als zu gewissen akzidentiellen Eigenschaften der Materie; und ich selbst bin lange Zeit ein Anhänger dieser Auffassung gewesen allein deshalb, weil ihre Beweisgründe eher der Natur entsprechen als die des Aristoteles.« (Über die Ursache III, S. 81) In Verkennung der notwendig anzunehmenden inneren Formpotenz und -aktualität der Materie muß sich diese Auffassung nach Bruno jedoch als ein »Irrtum« (Über die Ursache III, S. 91) erweisen.

Nicht minder verfehlt erscheint dem Nolaner die Materievorstellung aristotelischer Provenienz, wonach die Materie lediglich ein passives, leeres, gewissermaßen bloßes ›Material‹ der Formverwirklichung sei, der ein Sein erst durch die Formung zukomme (vgl. Über die Ursache, Einl., S. 14 f., II, S. 68), denn es ist »kein Teil der Materie gänzlich ohne Form ..., es sei denn im logischen Sinne eines Aristoteles, der niemals müde wird mit dem Verstand zu trennen, was von Natur und in Wahrheit ungetrennt ist.« (Über die Ursache III, S. 69) Bruno sucht einen Schritt hinter diese dualistischen Ansätze zurückzugehen, d. h. absolute Form und absolute Materie, die gleichermaßen »vollkommen beständige Prinzipien sind« (Über die Ursache II, S. 68), in notwendiger wechselseitiger Bedingtheit zu erklären, die sich nur aus einer substantiellen Einheit begründen läßt. Zwar spricht auch Bruno an vielen Stellen von der passiven Formbarkeit der Materie im Gegensatz zum aktiven Formvermögen der Seele[64], doch ist dies eine begriffliche Unterscheidung, die sich einem Ununterscheidbaren anzunähern versucht bzw. die Seinsweise der Dinge in der Konkretion zu differenzieren erlaubt.[65] Eine Untergliederung in die materielle Form, die vegetative und intellektuelle Seele gilt

---

64 Vgl. Über die Ursache II, S. 72.
65 Es gilt stets die brunosche Unterscheidung zwischen der absoluten Materie und der kontrahierten Materie im Blick zu bewahren.

somit nur »von den Wirksamkeiten, die an den Einzelwesen erscheinen und aus ihnen hervorgehen, sie gilt nicht im Hinblick auf das primäre und fundamentale Sein jener Form oder jenes geistigen Lebens [der Weltseele, des Inbegriffs aller Formen; vgl. Über die Ursache III, S. 83], welche als ein und dieselbe das Ganze erfüllt, wenn auch nicht auf dieselbe Art und Weise.« (Über die Ursache II, S. 71)

Die ›erste Materie‹ im Sinne Brunos ist kein stoffliches Substrat, sondern vielmehr Bedingung der Möglichkeit des körperlich Seienden, unbestimmbares, unveränderlich beständiges Vermögen, alles zu werden, welches von der Formpotenz der Seele zwar verschieden, aber nicht geschieden ist. Vielmehr ist die Form »eine ihr innewohnende und mit ihr eng verbundene« (Über die Ursache II, S. 71). Erst im Gewordenen, im Existieren der einzelnen Dinge, der Individuationen aus dem Allvermögen der einen Substanz läßt sich anhand der je spezifischen Ausbildungen geformter Materie bzw. materieller, konkretisierter Form eine Unterscheidung treffen. Grundsätzlich gilt eine Beziehungseinheit von Form und Materie als Verhältnis sich gegenseitig ermöglichender Bestimmung. »Ferner wird diese Form durch die Materie begrenzt und bestimmt; denn aufgrund ihrer Fähigkeit, unzählige Einzelwesen zu bilden, zieht sie sich zusammen[66], um *ein* Individuum zu erzeugen; und anderseits bestimmt sich das Vermögen der unbestimmten Materie, die jedwede Form annehmen kann, zu *einer* Art, so daß beide Ursache gegenseitiger Begrenzung und Bestimmung sind.« (Über die Ursache II, S. 72; vgl. Lampas trig. stat., OL III, S. 27 f.)

Es korrespondiert die Möglichkeit aktiver Formvermittlung dem rezeptiven, aber nicht minder zu bewertenden Vermögen einer Formbarkeit (vgl. Über die Ursache III, S. 82). Form und Materie sind als sich gegenseitig bedingende in der Hervorbringung von ›etwas‹ (das immer schon ein kontrahiertes Seiendes ist) untrennbare Voraussetzungen.

Bruno verfolgt damit eine Bestimmung einer ›Materie‹, die dem Denken einer ersten Ursache bzw. der kausalen Strukturiertheit des Überganges der Einheit in die Vielheit verpflichtet ist: Die Materie an sich ist gewissermaßen die Einheit, die der Naturvielfalt vorausgesetzt wird, sie ist das ›Prinzip‹ der Natur im Sinne eines Substrates jeglicher Gestaltwerdung[67] sowie der inneren Einheit von Formbarkeit, Formvermögen und Formverwirklichung,[68] indem sie dasjenige ist, aus dem die Seele (absolute Form) wirkt.

---

66 Kontraktion ist hier wiederum als Modus der Differenz aus einer umfassenden Fülle gedacht.

67 »Die Natur wirkt sozusagen aus dem Zentrum ihres Substrates oder ihrer Materie heraus, die noch völlig formlos ist« (Über die Ursache III, S. 84), weil – dies ist stets hinzuzufügen – sie alle Formen ungeschieden in sich trägt und damit Ermöglichungs-Grund des Körperlichen ist.

68 Beierwaltes hat dies im Sinne des cusanischen ›possest‹ treffend als »Einheit von posse facere und posse fieri« charakterisiert. (Vgl. W. Beierwaltes 1980, a.a.O., S. 190)

Eine Materie ohne diese seelische Wirkkraft ist für Bruno schlichtweg gar nicht denkbar (vgl. Über die Ursache II, S. 69). Ob aber auch umgekehrt gilt, daß keine Form ohne Materie ist, darüber ist der Nolaner unschlüssig (vgl. ebda.).

»Es mag etwas so klein und winzig sein, wie es will, so hat es doch einen Teil von geistiger Substanz in sich ... [perché spirito si trova in tutte le cose][69] denn Geist ist in allem, und es gibt kein noch so winziges Körperchen, das nicht genug davon enthielte, um lebendig zu sein.« (Über die Ursache II, S. 65)

Die Materie als Prinzip bzw. immanente Einheit, nämlich dasjenige, was innerlich zur Erzeugung von etwas beiträgt, ist gewissermaßen Korrelat zur Trias der äußeren Ursachen, als demjenigen, was sein Wesen außerhalb der Zusammensetzung hat.[70] Bruno entwickelt anhand des so bestimmten Materiebegriffs (der Koinzidenz von Actus und Potentia) einen Ansatz, wie die Dialektik von Transzendenz und Immanenz im Seienden zu denken sei. Jedem noch so geringen Existierenden ist die ganze seelische und damit intellektuelle Potenz vollständig immanent (ubique,) und doch sind intellectus und anima von jedem Seieden verschieden (nusquam), ja die Materie selbst ist, in absoluter Weise gedacht, in ihrer vollkommenen Immanenz im Kontrahierten transintelligibel und deshalb allein secundum analogiam erkennbar.[71] Wir haben dies oben gesehen, wo es hieß, die Materie an sich lasse sich nur über die Analogie erkennen, da sie ein ›Drittes‹ sei, das jedem wandelbaren Existierenden vorauszusetzen sei bzw. als Beständiges im Wechsel zwischem dem Einen und dem Anderen ein unsichtbares ›Mittleres‹ ausmache. Die Materie ist ein solches ›Drittes‹, insofern sie die Übergänge zwischen den einzelnen Seinsformen vermittelt und sie ist vermittelte Dreiheit als Ineins von Intellekt, Seele und Substrat, denn, so die brunosche Setzung, es gilt »daß es *ein* Geist ist, der allem das Wesen gibt – von Timaios und den Pythagoreern ›Geber der Formen‹ genannt –, daß es *eine* Seele oder *ein* Formprinzip ist, das alles schafft und formt – von ebendenselben ›Quelle der Formen‹ genannt –, daß es *eine* Materie ist, aus der alles gemacht und gestaltet ist – von allen ›Behältnis der Formen‹ genannt.« (Über die Ursache III, S. 90)

---

69 Wenn hier in der Übersetzung von ›Geist‹ die Rede ist, so handelt es sich um den ›spiritus‹.

70 Vgl. hierzu die Verschränkung der doppelten Trias: Chaos, Orcus und Nox – Mens plenitudo, intellectus, anima in den *Lampas triginta statuarum*.

71 Vgl. Aristoteles, Physik, I 7, 191 a 7 f.: »ἡ δὲ ὑποκειμένη φύσις ἐπιστητὴ κατ' ἀναλογίαν.«

Und wenn auch die Materie an sich als ein Zugleich von Formgebung, Formverwirklichung und Formvermögen anzunehmen ist[72], so sind in der sichtbaren Welt (der Explikation der substantiellen Einheit der ›Materie‹ im Universum), die Bruno als einen Organismus faßt[73], materielles Substrat, Seele und Intellekt zu unterscheiden und in einer Beziehungseinheit zu denken.

Materie als Ermöglichungs-Grund des Seienden, als ›Schoß‹ unerschöpflicher Vielfalt von Dingen steht *als solche* in enger Beziehung zur metaphysischen Einheit, denn wie diese in absoluter Identität und transzendenter Unermeßlichkeit und in Koinzidenz von Potenz und Akt bestimmt wird, so ist die Materie Voraussetzung und Ineinsfallen der möglichen Verwirklichung und wirklichen Ermöglichung der körperlichen wie unkörperlichen Dinge.[74]

Dies darf jedoch nicht dazu verleiten, Materie und Gott schlichtweg gleichzusetzen, wenngleich Bruno dies an verschiedenen Stellen nahelegt. So gesteht der Nolaner zu, »Wenn es Euch gefällt, es [den Zusammenfall von Actus und Potentia in der Einheit] das Wesen der Materie zu nennen ...« (Über die Ursache II, S. 102), so werde damit das göttliche Prinzip nicht herabgewürdigt, wohl aber der Materie eine höhere Wertschätzung beigemessen, und um eben diese Aufwertung des Materieprinzips – im spezifisch brunoschen Sinne – geht es. Dennoch setzt er sich zugleich an verschiedenen Stellen von den philosophischen Konzepten ab, die, indem die Materie zur ersten Substanz erklärt wird, den Formen nur noch akzidentielle Bedeutung zusprechen wollen (vgl. ebda., S. 91). Entscheidend ist m. E. der Versuch, die Verschränkung eines absoluten Matrieprinzips und einer absoluten Formursache zu betonen und damit das Verhältnis wechselseitiger Bedingtheit als Zugleich von Einheit und Differenz; »entspricht doch das passive Vermögen [der Materie] so gänzlich dem aktiven [der Form], daß auf keinerlei Weise das eine ohne das andere ist.« (Ebda., S. 97) Auch im Hinblick auf dieses Verhältnis greift gewissermaßen eine dialektische Beziehung von Transzendenz und Immanenz. Zum einen ist die göttliche Formpotenz »eher in Beziehung

---

72 Bruno verwendet hierfür die organismische Vorstellung eines ›Schoßes‹, um deutlich werden zu lassen, wie das Zeugungsvermögen zugleich einer äußerlichen Ursache bedarf wie inneres Prinzip ist. (Vgl. Über die Ursache, Einl., S.8; II, S. 54; II, S. 66; III, S. 91; III, S. 96 usw.)

73 Mit dieser Setzung der Organismus-Vorstellung in Analogie zum sichtbaren Weltganzen sucht Bruno in Rückbezug auf den platonischen *Timaios* bzw. die Weltseelenlehre das Zusammenspiel der geistigen und körperlichen Kräfte zur harmonischen, d. h. relationalen Einheit im Universum (l'animale intiero; Dial. it. I., S. 240) zu fassen. »So lehren wir, daß in diesem Organismus (animale razionale) dreierlei enthalten ist: erstens der in den Dingen waltende universale Intellekt, zweitens die belebende Seele des Ganzen und drittes das Substrat.« (Über die Ursache III, S. 92) Vgl. auch Dial. it. I., S. 238: »questo grande animale, e simulacro del primo principio«.

74 Bruno beruft sich hierin auf Plotins Buch *Über die Materie* (gemeint ist Enn. II 4, 4) Vgl. Über die Ursache IV, S. 114 und 120.

zur Ursache als zum Prinzip« zu setzen, die Materie aber »eher in Beziehung zum Prinzip und Element als zur Ursache« (ebda., S. 10). Zum anderen »wird auf die Vortrefflichkeit der Materie geschlossen, die so mit der Form in eins fällt wie ihr Vermögen [potenza] mit der Wirklichkeit [atto]« (ebda., S. 12). In immanenter Hinsicht fallen Form und Materie zusammen, sind verschieden zu denken, aber nicht geschieden voneinander. In transzendenter Hinsicht, dies werden wir im weiteren sehen, läßt sich zwischen einer ›superessentiellen‹ Formursache und einer komplementären, gleichsam negativ absolut bestimmten Materie als ›infra ens‹ differenzieren. Im III. Dialog von *De la causa* richtet Bruno sein Augenmerk auf die Koinzidenz von aktivem Formvermögen und passiver Formermöglichung im Universum. »Das Ebenbild (simulacro) jenes Vermögens und jener Wirklichkeit [der Koinzidenz von absolutem Vermögen und absoluter Wirklichkeit in Gott][75] wird ... ein Vermögen haben, das von der Wirklichkeit nicht abgelöst ist, und eine Seele, die vom Beseelten nicht abgelöst ist; ich meine nicht das Zusammengesetzte, sondern das Einfache. Daher wird es gleichfalls ein erstes Prinzip des Universums geben, das ebensowenig in ein materiales und formales geschieden werden darf und das aufgrund der *Ähnlichkeit mit dem vorher genannten* [dalla similitudine del predetto] sich als absolutes Vermögen und absolute Wirklichkeit auffassen läßt.« (Über die Ursache III, S. 103; Hervorh. n. i. O.) Dieses substantielle ›Prinzip‹ ist die Materie im absoluten Sinne. In der Deutung als einer allvermögenden, geistig-körperlichen Potenz und Aktualität in sich vereinenden Substanz ist der Materiebegriff ebenso eng mit der Vorstellung des Universums – dieses ist gleichsam extensive Einheit aus dem intensiven Prinzip (vgl. Über die Ursache III, S. 98 f.) – sowie mit dem brunoschen Naturbegriff verbunden. »Da sie also dasjenige entwickelt, was sie unentwickelt in sich birgt, muß man die Materie als *etwas Göttliches* bezeichnen, auch als gütigste Urmutter und Erzeugerin und Gebärerin [ottima parente, genetrice e madre] der natürlichen Dingen, ja als die ganze Natur selbst, *soweit diese Substanz ist.*« (Über die Ursache IV, S. 124; Hervorh. n. i. O.)

Die Problematik, die in der Gleichsetzung und doch ebenso angedeuteten Differenzierung von göttlicher Einheit und göttlicher Materie liegt, kann nicht gänzlich aufgehoben werden bzw. läßt sich interpretatorisch nicht eindeutig auflösen. Ich neige daher dazu, auf diese Schwierigkeit hinzuweisen, auf ein Problem, das sich für den Nolaner stellt.[76]

---

75 Gott, der in Berufung auf die Apokalypse zuvor als ›primo e novissiom‹ charakterisiert wurde, wird, darauf möchte ich hinweisen, hier mit Superlativen gekennzeichnet, die zugleich auf die Unmöglichkeit sprachlicher Bestimmung weisen: »atto absolutissimo – l'absolutissma potenza ... altissima luce ... profondissimo abisso« (Causa, Dial. it. I., S. 285). Zugleich deutet sich in dieser Übersteigerung von bAsolutheit eine feine Differenz zur ›absoluten Materie‹ an.
76 Vgl. hierzu auch W. Beierwaltes 1980, a. a. O., S. 188 f. und P. R. Blum 1980, a. a. O., S. 62 ff. sowie ders.; Von der Ursache, S. 139, Anmerkung 95,15.

Auf den Naturbegriff wird im folgenden noch einzugehen sein – zunächst jedoch nochmals zurück zum Verhältnis Gott – Materie: Ausdrücklich heißt es, die Materie sei ›divinum quoddam‹, also nicht etwa Gott, das Eine selbst, sondern ›göttlich‹ im Sinne derjenigen Substanz, der das Eine als immanente Formpotenz innewohnt, als solches aber zugleich äußerlich bleibt und sich von dieser unterscheidet. Die Begriffsdefinition in der *Summa terminorum metaphysicorum* setzt der materia »prima et absoluta«, welche bestimmt wird als »possibilitas essendi« aller abhängigen Dinge, Gott entgegen, der allein immateriell und einfach sei, nämlich »actus purus«.[77]

| »Materia primo duplex est. Prima et absoluta, seu prima simpliciter, quae definitur possibilitas essendi, et hoc pacto est in omnibus rebus dependentibus ab alio, sive aeternae sint sive temporaneae. Qua ratione solus Deus est immaterialis et simplex, nempe actus purus. Secunda contracta et in genere rerum naturalium, et haec in suo ordine duplex adhuc est: prima, quae est subiectum formarum substantialium, quae nunc recipit formam videlicet nutrimenti, nunc seminis, nunc embryonis, nunc hominis; et materia non prima, quae improprie materia dicitur, quae est subiectum formarum accidentalium.« (Summa term. metaph., OL I 4, S. 21) | *»Die Materie ist zunächst zweifach aufzufassen. Als erste und absolute oder erste auf einfache Weise, welche als Möglichkeit des Seienden bestimmt wird, und auf diese Art und Weise ist sie in allen Dingen, seien es ewige oder zeitliche, die von etwas anderem abhängig sind. Nach dieser Erklärung ist allein Gott immateriell und einfach, nämlich Actus purus [reiner Akt]. Die zweite Materie [-bestimmung] ist die als kontrahierte in der Gattung der natürlichen Dinge, und diese ist nochmals zweifach in ihrer Ordnung: die primäre, welche das Subiectum [Zugrundeliegende] der substantiellen Formen ist, die bald nämlich die Form der Nahrung annimmt, bald die des Samens, bald die des Embryos, bald die des Menschen; und die nicht-primäre, welche im uneigentlichen Sinne Materie genannt wird, die Zugrundeliegendes [Subiectum] der akzidentiellen Formen ist.«* |

Die Charakterisierung der Materie als »possibilitas essendi« ist aber implizit auch in dem vorangehenden Passus aus *De la causa* vorhanden, wenn Bruno von einer »Urmutter« und »Erzeugerin« spricht.[78] Die

---

77 Vgl. Summa term. metaph. OL I 4, S. 21; vgl. auch P. R. Blum 1980, a. a. O., S. 66.
78 Wichtig ist es, diese ›Gebärfähigkeit‹ nicht im bloß empfangenden Sinne zu verstehen. Hierin liegt auch der fundamentale Unterschied zum neuplatonischen Materiebegriff. Siehe auch W. Beierwaltes 1980, a. a. O., S. 189; Anm. 61 u. 62.

geschlechtliche Metaphorik einer mütterlichen Materie ist bei Bruno mehr als ein traditioneller Topos in Rekurs auf mythologische Fruchtbarkeitsvorstellungen. Folgt man den Ausführungen in den *Lampas triginta statuarum* hinsichtlich des Materiebegriffs, so erklärt sich die ›Zeugung‹ der Dinge aus dem Zusammenwirken der ›mens paterna‹ und einer ›materia materna‹.

Bruno stellt in dieser Schrift[79] der »superna trias« (mens, intellectus, anima seu spiritus) eine dreifache Form- und Gestaltlosigkeit gegenüber und zwar im Sinne einer korrespondierenden Ergänzung (»ad complementum«):

»Ipsa sunt *Chaos, Orcus* et *Nox*, e quibus Chaos significat vacuum, Orcus passivam et receptivam potentiam, Nox materiam.« (Lampas trig. stat., OL III, S. 9)	»*Diese sind Chaos, Orkus und Nacht, wovon das Chaos die Leere bezeichnet, Orkus die passive und empfängliche Potenz, Nacht die Materie.*«

Das Chaos ist gewissermaßen die räumliche wie zeitliche Bedingung der Möglichkeit, daß überhaupt etwas in körperlicher Weise ist – »nihil recipitur nisi praeexistente receptaculo« (Lampas trig. stat., OL III, S. 10) – und stellt in seiner qualitativ wie quantitativ bestimmungslosen Absolutheit das ›Komplement‹ zur absoluten Einheit der ›mens‹ resp. ›plenitudo‹ dar; es ist ein Kontinuum (Lampas trig. stat., OL III, S. 14) und die Einheit unendlicher Möglichkeit jeglichen Entstehens.

»Idem dicitur Chaos, vacuum, inane, plenum, locus et susceptaculum, iuxta diversas rationes. Dicitur enim vacuum propter aptitudinem ad capiendum, dicitur Chaos propter infigurabilitatem, dicitur inane propter innominabilitatem et indefinibilitatem, dicitur plenum propter actualem continentiam, dicitur locus propter corporum in eodem vicissitudinalem translationem, dicitur receptaculum propter adaequationem dimensionum eiusque quae capiunt cum	»*Als ein und dasselbe nennt man das Chaos, Vakuum, Leere, Fülle, Ort und Aufnahmevermögen, nach je verschiedenen Begründungen. Man nennt es also Vakuum wegen des Fassungsvermögens, Chaos wegen der Gestaltlosigkeit, Leere aufgrund der Unbenennbarkeit und Bestimmungslosigkeit, Fülle wegen des aktual unveränderlichen Zusammenhanges, Ort wegen der in ihm stattfindenden abwechselnden Veränderung der Körper und Aufnahmevermögen wegen der Angleichung seiner Ausmaße, als die welche aufnehmen, an*

---

[79] Es sei darauf hingewiesen, daß auch Ficino in *De amore* einer Entfaltung Gottes in die Dreiheit (deus – mens angelica – anima mundi) ein komplementäres dreifaches Chaos gegenüberstellt. (Vgl. De amore, Oratio prima II)

dimensionibus eorum quae capiuntur.« (Lampas trig. stat., OL III, S. 15 f.)	*die Ausmaße derjenigen Dinge, die aufgenommen werden.«*

Es folgt der Orkus (auch Abyssus), der ›Sohn‹ des Chaos, welcher für ein unendliches Entbehren und Verlangen steht – »privatio parit appetentiam«[80] –, der gewissermaßen das Pendant zur unendlichen Mitteilung des Intellektes bildet. So wie es die Wesensart des Guten ausmacht, sich unbegrenzt mitzuteilen, so gilt für das Begehren des Orkus, ohne Ende nach dem Guten zu verlangen.

»Bonum ergo simpliciter infinitum supponit appetibilitatem infinitam, capesens infinitum, abyssens interminatum.« (Lampas trig. stat., OL III, S. 18)	*»Das also schlechthin unendlich Gute legt ein unbegrenztes Begehrungsvermögen zugrunde, eifrig das Unendliche erstrebend, das Unbegrenzte abgrundtief verlangend.«*

Verkörpert der Intellekt das Heraustreten aus der Einheit und ein unendliches sich Verströmen, so ist der Orkus also das ihm korrespondierende unstillbare Verlangen.

»Ut ergo necessarium est universum lucis, plenitudinis et lucis, ita necessarium est esse universum in quo luceant, inspirent, impleant.« (Lampas trig. stat., OL III, S. 20)	*»Wie also notwendig ein Universum des Lichtes, der Fülle und des Lebens(lichtes) besteht, so ist es notwendig, daß ein Universum besteht, in welchem sie leuchten, beleben und erfüllen können.«*

Schließlich folgt als drittes Glied der »inferna trias« die Nacht, welche für die materia prima steht und als Tochter des Orkus eingeführt wird.

Deutlicher noch, als dies etwa in *De la causa* der Fall war, betont Bruno die Materie als ein »primum subiectum« (Lampas trig. stat., OL III, S. 25), das ohne Form und Idee ist, insofern es keine geformte Einheit besitzt, nicht begrenzt auf etwas ist und somit absolut bestimmungslose Voraussetzung jeder Gestaltwerdung respektive Bestimmbarkeit, was aber nicht heißt, sie sei ein »non ens«, sondern vielmehr ist sie nicht *ein* Seiendes in der Besonderung. Auch ist die Setzung der Materie »quasi pure logicum« verfehlt, so Bruno auch hier in Opposition zu dem mutmaßlich aristotelischen Ansatz.

---

80 Das völlige Von-Etwas-Frei-Sein (privatio) bringt das Verlangen hervor. Vgl. Lampas trig. stat., OL III, S. 16.

»... constantissimum quid, immo constantissima natura; in rebus enim naturalibus ipsum, quod manere perpetuo videmus, est insensibile subiectum illud, circa quod formarum peragitur vicissitudo.«
(Lampas trig. stat., OL III, S. 25)

»... jenes beständigste, ja vielmehr die unveränderlichste Natur; in den natürlichen Dingen nämlich dasjenige, was wir beständig als Verharren wahrnehmen, ist jenes unsichtbare Zugrundeliegende, an welchem der Wechsel der Formen stattfindet.«

So wird die Materie bestimmt als »essentia nuda et absoluta« (Lampas trig. stat., OL III, S. 27), als die unendliche Potenz selbst und das »necessarium principium rerum naturalium constitutivum« (ebda., S. 28), und dieses konstitutive Prinzip der natürlichen Dinge zeigt keinerlei Bestimmung, weil es ohne Differenz und Formbestimmung ist (»quia nullam habet formarum differentiam«; ebda., S. 30).

»... neque quid, neque quale, neque quantum, sed in potentia omnia, quia, ut supra dictum est, non est ens, sed *infra ens* et basis entis et fundamentum. ... Si ergo neque quantitatem, neque qualitatem, neque quidditatem dicere licet, et dicere nequeamus non entitatem, iditatem dicamus.«
(Lampas trig. stat., OL III, S. 29; Hervorh. n. i. O.)

»Man sagt, daß sie weder ein ›Irgendetwas‹, noch ein ›Wie-Beschaffenes‹, noch ein ›Wieviel‹, sondern in der Potenz alles ist, weil, wie oben erwähnt, sie nicht ein Seiendes ist, sondern unterhalb des Seienden Basis und Grundlage des Seienden ... Wenn man also von ihr weder eine Quantität, eine Qualität noch ein ›Was-Sein‹ aussagen darf, und wir nicht vermögen, sie nicht als Seindheit aufzufassen, sprechen wir von einer ›Esheit‹.«

Weder ein Was, ein Wie-beschaffen noch ein Wieviel kann dem zur Bestimmung gereichen, was zugrundeliegendes Vermögen von allem ist. In diesem Sinne ist die Materie als Subiectum nicht ein Seiendes, sondern vielmehr Voraussetzung eines jeden Seienden; in der Bedeutung eines Vorausgehenden, Begründenden ist sie Grundlage jedweden Seienden. Sofern sich also keine Seinsbestimmung auf diese Materie anwenden läßt, und es nicht möglich ist, die Weise, in der die Materie ›ist‹, in einer Aussage zu formulieren, bleibt nur übrig, sie mit dem Begriff der ›iditas‹ (›Esheit‹) zu fassen.

Wie oben bereits thematisiert, läßt sich der brunosche Materiebegriff lediglich via negationis bestimmen bzw. wird er erst über die Analogie faßbar. Die Absolutsetzung der Materie im Sinne einer Voraus-Setzung und beständigen Einheit alles Entstehenden rückt die Materie in enge Beziehung zur absoluten Einheit und ersten Ursache, denn wie diese ist sie ein unhintergehbarer ›Grund‹: Erste Ursache und erste Materie stehen gewissermaßen in einem Verhältnis der Komplementarität von äußerem Grund (Ursache) und innerem Grund (Grundlage) und in dieser Weise gehen beide über das Sein des Seienden hinaus.

»... ut etiam ex alio extremo superessentiam, hyperusian, non essentiam neque ens appellant primam caussam, quia omnibus supereminet, ita et primam materiam non ens, sed *infra ens*, tanquam omnia sustentans, intelligatur.«
(Lampas trig. stat., OL III, S. 25)

»... *wie also ausgehend von dem anderen Extrem man die erste Ursache die Überwesenheit, das Übersein und weder Wesenheit noch Seiendes nennt, weil sie alles überragt, so wird auch die erste Materie nicht als Seiendes, sondern als unterhalb des Seienden, nämlich alles tragendes, verstanden.*«

Mit diesen Worten wird nicht nur nochmalig die Transzendenz der Einheit unterstrichen – Bruno beruft sich auf das Eine des Neuplatonismus, wenn er von einer ›hyperousia‹ spricht[81] –, sondern die Bruno bisweilen unterstellte Gleichsetzung von Gott und Materie entkräftet.

Wie sieht aber nun das Verhältnis von transzendenter Ursache und innerem Seins-Grund (materia prima) aus? – D. h. in welcher Beziehung stehen das supra ens und das infra ens?

Hiermit gelangen wir zurück zur oben angesprochenen Sexualmetaphorik, denn die Dinge entstehen aus dem Zusammenwirken von mütterlicher Nacht und väterlichem Himmel (»mater ... est Nox et pater coelum«; Lampas trig. stat., OL III, S. 20), ja das ganze Universum ist »a matre Nocte et patre Luce progenitum« (ebda., S. 19), denn die Materie nimmt die Ehe/Beischlaf mit dem actus an, sie ist dem Licht nämlich verbindbar. (»actus veluti connubium acceptat, luci utpote coniugabilis«; ebda., S. 25). Sie bringt alle natürlichen Dinge in innigster Verbindung mit dem Licht hervor.

»Ipsius nulla est natura, neque ipsa naturam habere dicitur, sed ipsa est natura seu naturae species, indistincta ab alia specie seu ab alia natura, quae est lux, e quorum coitu naturalia generantur.«
(Lampas trig. stat., OL III, S. 30)

»*Ihr selbst kommt keine Natur zu, und man sagt ihr nicht nach, eine Natur zu besitzen, sondern sie ist selbst Natur oder Art der Natur, ungetrennt von der anderen Art oder anderen Natur, welche das Licht ist, aus deren beider Beischlaf die natürlichen Dinge erzeugt werden.*«

---

[81] Vgl. auch Sigillus sig., OL II 2, S. 203. Hegel verweist in den *Vorlesungen über die Geschichte der Philosophie*, III, Werke in zwanzig Bänden, Theorie Werkausgabe, red. v. E. Moldenhauer u. K. M. Michel, Frankfurt a. M. 1971, S. 34 auf die Proklische Metaphysik bzw. den von Proklos gesetzten Begriff der ›hyperousia‹.

In den *Lampas triginta statuarum* führt Bruno das Verhältnis von Form- und Materieprinzip (Licht – Dunkel/Nacht) in Gegenüberstellung einer durch Passivität und Formlosigkeit gekennzeichneten Materie und eines aktiven, formverleihenden Prinzips vor Augen. Hiermit scheint sich ein anderes als das anhand von *De la causa* dargelegte Materieverständnis anzudeuten bzw. möglicherweise ein dualistisches Modell zu zeigen. Einmal abgesehen davon, daß in dieser Studie nicht der systematische Gesamtaufbau der erstgenannten lateinischen Schrift einbezogen werden kann und damit notwendigerweise ein verkürztes Bild der brunoschen Argumentation gegeben wird, sofern nur einige Hauptaspekte einfließen, sei aber insbesondere das Moment der Verknüpfung betont, das nicht zufällig mit erotischem Vokabular versinnbildlicht wird. Nimmt man diese Metaphorik ernst, so drückt sich darin die engste Verbindung von Identität und Differenz aus, ein Verhältnis sich gegenseitig bedingender Bestimmung.

»Sicut ergo ad essentiam materiae nulla forma pertinet, ita nulla determinata quantitas; et hoc pacto intelligitur infinitum. Sicut ergo forma sine materia quaelibet indefinita est, ita et materia quaelibet sine forma; mutuo igitur definiuntur, quando in compositionem veniunt.« (Lampas trig. stat., OL III, S. 27 f.)	»*So wie also zum Wesen der Materie keine Form gehört, so auch keine begrenzte Quantität, und nach diesem Verständnis begreift man sie als etwas Unbegrenztes. Zwar ist eine beliebige Form ohne Materie eine unbestimmte, aber ebenso eine beliebige Materie ohne Form; gegenseitig werden sie demnach begrenzt/ bestimmt, wenn sie in eine Zusammensetzung eingehen.*«

Materie und Form sind gleichermaßen unbestimmt (infinit und indefinit) und fungieren wechselseitig als Bedingung von Begrenzung und Bestimmung, ohne daß dabei die Materie die Rolle eines bloßen Substrats einnimmt bzw. einen lediglich logischen Stellenwert besitzt (was Bruno Aristoteles' Theorie vorwirft) oder umgekehrt die Form nur eine akzidentielle Bedeutung in bezug auf eine ewige Materie erhielte. Damit tritt natürlich das Problem auf, entweder ein dualistisches System zu vertreten oder Materie und Form quasi zu identifizieren (vgl. P. R. Blum 1980, a.a.O., S. 65). Der Nolaner führt zwar beide in einer substantiellen Einheit zusammen, dies wird auch in den *Lampas triginta statuarum* deutlich, spricht aber andererseits immer wieder die Differenz an, die sich in gegenseitiger Bezugnahme in den zusammengesetzten Dingen mitteilt.

»Materia cum concurrat cum luce, mutuam non efficiunt perfectionem, sed ex ipsis aliquid perficitur, mutuam non faciunt mutationem (perseverat enim in	»*Obwohl die Materie mit dem Licht zusammenläuft, bewirken sie nicht wechselseitige Vollendung, sondern aus ihnen [hervorgehend] wird etwas vollendet. Sie bewirken keine wechsel-*

| sua essentia lux et perseverat enim in sua essentia Nox immutabiliter), sed quod est ex ipsis, inconstantissimum est et mutabilissimum. Unde sicut non est possibile bis eundem fluvium introire, immo, ut aiunt, neque semel, ita non est possibile idem compositum bis nominare ...« (Lampas trig. stat., OL III, S. 30) | *seitige Veränderung (es verharrt nämlich das Licht in seiner Essenz ebenso wie die Nacht in ihrer Essenz unbeweglich), sondern was aus ihnen hervorgeht, ist das Unkonstanteste und Veränderlichste. Weshalb es, so wie es nicht möglich ist zweimal in den gleichen Fluß zu steigen [Heraklit], ja, wie sie sagen, nicht ein einziges Mal, ebenso unmöglich ist, dasselbe Zusammengesetzte zweimal namhaft zu machen ...«* |

Einerseits erscheinen hiermit zwei eigenständige, absolut beständige Essenzen, andererseits ist es ihr Zusammenwirken (concurrere) oder die Begegnung (occursus), wodurch erst etwas entstehen kann.

In verschiedenen Wendungen und Bildern spielt Bruno, wie die Vermählungsmetaphorik[82] andeutet, auf eine Verschränkung und Durchdringung bei gleichzeitiger Beibehaltung einer Unterschiedenheit oder zumindest Unterscheidbarkeit an. Das Konkubinat (contubernium) der Nacht mit dem Licht sei nicht so, daß die Nacht das Licht oder das Licht die Nacht annimmt (induat; also nicht das eine das Gewand des anderen anlegt), sondern wenn von einer Ehe (coniugium) die Rede ist, geschieht damit keine Empfängnis (conceptio). (Vgl. Lampas trig. stat., OL III, S. 36) Hiermit wird weder eine gewissermaßen erotische Anziehung noch die innigste Verbindung in Frage gestellt, sondern die Gleichwertigkeit und Wechselwirkung beider Prinzipien betont. Während die Materie hier »gleichsam Mutter und Matrix« ist (veluti mater atque matrix), ist das Licht »gleichsam Vater und Sähmann« (veluti pater atque sator; ebda., S. 37; vgl. auch Über die Ursache, S. 57), ohne daß sie sich in der Verbindung aufheben. Gleichwohl ist es das ›Mischungsverhältnis‹, welches die unendliche Mannigfaltigkeit von Individuen bzw. den Grad an Licht/Geist-Nähe bzw. Materie/Nacht-Ferne begründet.

Allerdings wird neben dieser immensen Aufwertung des Materieprinzips die Erhabenheit der formgebenden Ursache besonders betont. Durch das aktive Licht wird die Materie begrenzt, bestimmt und geformt, wenngleich sie, als solche betrachtet, dabei unverändert bleibt. Einerseits wird also eine Komplementarität von Licht und Nacht bzw. Geist und Materie im Stufenbau der Natur betont. In dieser Spanne von Licht und Dunkel entwickelt sich die Vielfalt der Komposita wie das Farbspektrum nach Brunos Vorstellung aus dem jeweiligen Anteil an Schwarz und Weiß. Andererseits unterstreicht Bruno die Unzugänglichkeit des Lichtes

---

82 Die ›Vermählungs‹-Symbolik ist vermutlich nicht zuletzt als Bezugnahme auf alchemistische Vorstellungen zu sehen.

(lux inaccessibilis), »quae extra et supra omnem intellectum atque sensum tota est ubique, cui nullae tenebrae occurrunt ... sed absolutissima est ab omni contrarietate et contradictione.« (Lampas trig. stat., OL III, S. 31 f.)

Bruno setzt damit in Korrespondenz zu der Dreiheit Mens – Intellectus – Anima/Amor, gleichsam der intelligiblen Trias, die zugleich außerhalb wie innerhalb von allem zu denken ist, eine Trias von Chaos – Orcus – Nox, die unterhalb/ vor und innerhalb von allem Bedingung eines Entstehens ist.

Mens	unendliche Fülle	Chaos	unendliche Leere
Intellectus	unendliche Mitteilung	Orcus	unendliches Begehren
Amor/ Anima	Verwirklichung und Verbindung/nexus	Nox	Möglichkeit und Verlangen nach Verwirklichung

Das Verhältnis von transzendenter und immanenter Einheit erscheint über dieses Modell einer Verschränkung in innigster Verbindung, der Dualismus von Gott und Welt, intelligibler und sensibler Welt überbunden, jedoch ohne daß damit die neuplatonisch fundierte, dialektische Struktur außer Kraft gesetzt wäre.

Vielmehr wird der ›Übergang‹ selbst in einer Weise thematisiert, die dem brunoschen Unendlichkeitsbegriff Rechnung trägt. In der Spanne, dem Oszillieren von unendlicher transzendenter Einheit und unendlicher immanenter Einheit entfaltet sich das Universum als analoge Einheit und extensiv unendliche Totalität (vgl. W. Beierwaltes 1980, a. a. O., S. 196).

7. Natur

Zu fragen ist an dieser Stelle nach dem brunoschen Naturbegriff, der anhand einiger Aspekte vorgestellt sei.

In dem oben zitierten Passus hieß es, die Materie sei selbst die Natur (vgl. Lampas trig. stat., OL III, S. 30) oder eine Art Natur, die in eins mit dem Geistigen (lux), der Lichtnatur, die Dinge erzeuge. Die Natur ist also nicht etwa der sichtbaren Erscheinungswelt gleichzusetzen – dies braucht kaum betont zu werden –, sondern vielmehr eine göttliche Kraft, die ›virtus insita rebus‹. »Natura estque nihil, nihil virtus insita rebus, / Et lex, qua peragunt proprium cuncta entia cursum« (De immenso, OL I 2, S. 310; vgl. ebda., S. 312 und W. Beierwaltes 1980, a. a. O., S. 191), die aus der Materie wirkt bzw. sich über die Dinge in ihrer Wirkkraft offenbart.

In *De immenso* unterstreicht Bruno den Gedanken der absoluten Immanenz Gottes, indem dieser nicht nur unbegrenzt im Unbegrenzten anzunehmen sei, sondern sofern er überall und in allem sei, nicht außerhalb und nicht über die Dinge hinaus (»ubique in omnibus, non supra, non extra«), sondern das Gegenwärtigste überhaupt (»praesentissimum«).[83] Ebenso aber ist auch Natur nicht außerhalb der natürlichen Dinge zu denken (non est natura extra naturalia), es sei denn man nähme eine logische Trennung vor, sondern die Wirkkraft der Natur ist gleichsam das den Dingen innerlichste und ureigenste, denn während etwa das künstlerische Handeln von Überlegung und Abwägung begleitet ist, »handelt die Natur ohne Überlegung auf spontanste Weise. Die Kunst traktiert eine fremde Materie, die Natur ihre eigene: die Kunst ist rings um die Materie [tätig], die Natur ist mehr im Innern der Materie, ja wenn nicht die Materie selbst« (De immenso, OL I 2, S. 312). Natur ist also formbewirkende Kraft, die in einer Weise innerlich wirksam wird, daß sie nicht als äußere sondern als *in* der Materie selbst wirkende von dieser nicht zu trennen bzw. zu unterscheiden ist. Bruno bestimmt die Natur als ein aktives Wirken aus dem Herzen der Materie (»Interior siquidem natura ipsa est fabrefactor,/ Ars vivens, virtus mira quae praedita mente est ...«; ebda., S. 312), sie ist formverleihender Sähmann und innerer Motor (»motor ab internis«; ebda., S. 313), den Dingen innerlicher als diese sich selbst inne sind (vgl. ebda., S. 314), ihnen eingepflanzt (»natura insita rebus«; ebda.). In diesem Sinne intenivster, absolut präsenter und perennierender Wirkkraft ist sie »Entis prinicipium, cunctarum fons specierum,/ Mens, Deus, Ens, Unum, Verum, Fatum, Ratio, Ordo.« (Ebda., S. 314)

Diese Setzungen scheinen jegliche transzendente Dimension des Einen auszuschließen, lassen Gott, Natur, Materie ineinander aufgehen. Dennoch darf nicht außer acht gelassen werden, daß die Schrift *De immenso* als Teil einer Trilogie konzipiert ist und darin den Bereich der evidenten und gesicherten Erkenntnisse in der sichtbaren Welt zu erklären sucht (vgl. Epistola dedicatoria, OL I 1, S. 196 ff.).

Wenn man zu dieser Fragestellung weitere Stellen zum Naturbegriff einbezieht, zeigen sich Verschiebungen im Hinblick darauf, was mit ›Natur‹ als der jeweiligen Natur von etwas oder in umfassendem Sinne gemeint ist. In *De la causa* heißt es, daß der universale Intellekt, der eine Potenz der Seele ist, so Bruno, die Natur anleitet, ihre Arten hervorzubringen (Über die Ursache II, S. 56). Er ist als bewirkende Ursache, » – als die Natur selbst – in gewisser Weise den natürlichen Dingen zugleich innewohnend und ihnen doch äußerlich« (ebda., S. 8; Causa, Dial. it. I., S. 178: »come questa causa efficiente è in certo modo intima alle cose naturali, per essere la nature istessa, e come è in certo modo exteriore a quelle«). Die Seele aber sei »wirkende Natur« (Über die Ursache, Einl., S. 8; »natura efficiente«), die Materie schließlich Substrat der Natur (Über die Ursache II, S. 84 ff.). Beierwaltes konstatiert zu Recht: »Im Gefolge der brunianischen Bestimmung von Universum, Materie und Weltseele,

---

83 Der Superlativ verweist hier wiederum auf die Übersteigerung im Sinne intensivster Immanenz.

kann Natur schwerlich als eigenständige Wesenheit vorgestellt werden, sie erscheint vielmehr nahezu als synonym mit den genannten.« (W. Beierwaltes 1980, a. a. O., S. 191) Indem Bruno die Natur aber als ›göttliche Kraft‹ fasse, als schöpferisches Instrument und ›Hand‹ Gottes bestimme, Gott selbst die Natur durchdringend vorstelle, könne dies »als ein sachlicher Vorgriff auf Spinozas Begriff einer natura naturans, die Gott *ist*, verstanden werden.« (Ebda., S. 191) Dieser Schritt deutet sich in der Tat an verschiedenen Stellen an. Allerdings wird, wenn man die Parallele zu Spinoza ziehen will, auch dort eine Unterscheidung zwischen der schaffenden und der geschaffenen Natur (natura naturans und natura naturata) getroffen, die im Hinblick auf Giordano Bruno wichtig ist. Sowenig für Bruno die Einheit (Gott) in jeder Hinsicht mit der Materie oder dem Universum in eins fällt, so hebt sie sich auch nicht in der Natur auf, wohl aber geht sie in diese ein bzw. mittels dieser oder als diese in die Dinge ein.

Die Intensivierung der Immanenzlehre löst die gleichzeitige Transzendenz des Einen nicht gänzlich auf. Betont doch Bruno an verschiedenen Stellen nachdrücklich die transzendente Dimension des Einen als »unitas super omnem« (Summa term. metaph., OL I 4, S. 87) bzw. als »principium super omne et ante omne principium« (ebda.). Die Setzung »natura est deus in rebus« (Spaccio, Dial. it. II., S. 776) bzw. »natura enim aut est Deus ipse, aut divina virtus in rebus ipsis manifesta« (Summa term. metaph., Ol I 4, S. 101) bedingt nicht zwangsläufig die Umkehrung im Sinne der Identität eines ›deus = natura‹, sondern vielmehr ist die Natur Gott *in den Dingen*, also Ausdruck der immanenten Einheit. Sie ist Gott, *sofern* er sich in seiner Wirkkraft in den Dingen offenbart und in dieser Manifestation ›göttlich‹. Eben dies kennzeichnet die göttliche Einheit, daß sie zugleich *vor* und *in* allen Dingen ist, wobei dieses unabhängig von allem Seienden ›Ganz-bei-sich-Sein‹ des Einen außerhalb raum-zeitlicher Kategorien zu denken ist, also weder zeitliches (etwa schöpfungsgeschichtliches) Vorausgehen meint noch eine Verortung außerhalb des Seienden. Die transzendente Dimension erfüllt sich damit in der absoluten Immanenz als – wie Bruno es immer wieder erwähnt – ein dem jeweiligen Seienden ›Innerlicher-Sein‹, als dieses es je sich zu sein vermöchte, eine Seinsweise, die über die der Dinge hinausweist. So ist die Wahrheit des Einen »an keinem Ort gegenwärtig und doch von keinem Ort fern, ruft laut herbei und gibt unseren Augen eine in allen natürlichen Dingen und Wirkungen geschriebene Schrift [Buch der Natur] zu lesen und donnert uns in die Ohren des inneren Sinns mit allen denkbaren Arten sichtbarer und unsichtbarer Dinge.« (Reformation, S. 131; Spaccio, Dial. it II. S. 652)

Betrachten wir die Wendung aus der Schrift *Spaccio* einmal genauer, d. h. unter Einbeziehung des Kontextes, so wird deutlich, daß Bruno hier auf die ägyptische Praxis der Verehrung von Tieren und Pflanzen als Götterbildnisse eingeht, die keinesfalls für verwerflich zu halten sind, wenn man bedenkt »dass Tiere und Pflanzen lebendige Wirkungen der

Natur sind, *der Natur, die ... nichts anderes ist als Gott in den Dingen ...,
denn wie die Gottheit in bestimmter Weise herabsteigt, sofern sie sich der Natur
mitteilt, ebenso steigt sie durch das in den natürlichen Dingen wiederstrahlende
Leben wieder aufwärts zu dem einen Leben, das über jenen waltet.«* (»perchè
sicome la divinità descende in certo modo per quanto che si communica
alla natura, cossí alla divinità s'ascende per la natura, cossé per la vita
rilucente nelle cose naturali si monta alle vita che soprasiede a quelle«).
(Reformation, S. 284; Spaccio, Dial. it. II., S. 777) Einerseits wird damit die
sinnlich wahrnehmbare Welt enorm aufgewertet, ist sie doch allgegen-
wärtige Gestaltwerdung Gottes bzw. der Natur in den Dingen. Gleichzei-
tig deutet sich aber stets an, daß Gott etwas über dieses sich allerorten
mitteilende Naturwirken Hinausgehendes ist, sofern »*Gott in den Dingen
ist und ... die Gottheit in der Natur verborgen ist*« (latente nella natura;
Reformation, S. 286; Spaccio, Dial. it. II., S. 778), oder, wie es weiter heißt:
»*Gott als der absolute [hat] nichts mit uns zu schaffen, sondern nur sofern er
sich in der Wirkungen der Natur mitteilt und diesen innerlicher als die Natur
selbst ist, dergestalt, dass Er, wenn Er nicht die Natur selbst ist, doch gewiss die
Natur der Natur und die Seele der Weltseele ist, wenn er nicht diese Weltseele
selbst ist ...*« (Reformation, S. 291 f.; Spaccio, Dial. it. II., S. 783). Gott oder
die Einheit ist die Natur in den Dingen und zugleich absolute *Voraus-*
setzung, ist *vor* und *in* allem.

So ist es nicht unwesentlich, daß in der oben erwähnten Stelle aus der
Summa terminorum metaphysicorum die »Evidentia« der Einheit thema-
tisiert wird, d. h. die neidlose Mitteilung und Offenbarung des Guten und
Wahren und in diesem Zusammenhang heißt es:

»...proinde quod veritas veritati non contradicit, et bonitas bonitati non contra ponitur, et verbum Dei quod effunditur per articulos naturae, quae illius manus est et instrumentum (natura enim aut est Deus ipse aut divina virtus in rebus ipsis manifestata), non opponitur verbo Dei, quacunque ex alia parte vel principio proveniat.« (Summa term. metaph., OL I 4, S. 101)	»... *daher weil die Wahrheit der Wahrheit nicht widerspricht, und die Güte nicht der Güte entgegensteht, wird auch das Wort Gottes [verbum Dei = intellectus], das ausgegossen wird vermittels der Glieder [articuli = auch Fingerglieder] der Natur, welche die ›Hand‹ und das Werkzeug von jenem [Deus, dem ›auctor naturae‹] ist, (die Natur ist nämlich entweder Gott selbst oder göttliche, in den Dingen selbst manifestierte [manifestus = deutlich die Handschrift hinterlassend] Kraft) und nicht dem Wort Gottes entgegengesetzt, wie es auch immer aus einem anderen Teil oder Grundstoff in Erscheinung tritt.*«

Es geht also um die ›Natur‹ in der Bedeutung einer göttlichen Wirkkraft, die in den Dingen zum Ausdruck kommt. Diese ›virtus‹ aber vermittelt sich über den Intellekt (verbum dei), der, wie erwähnt, Vermögen der Seele ist; und in der Hinsicht einer die Formenvielfalt der Dinge hervorbringenden Kraft ist der Intellekt ›Natur‹.

Von einer Gleichsetzung von Intellekt und Natur kann nur dann die Rede, wenn die immanente Ordnungsfunktion, die Formpotenz als die eines ›inneren Künstlers‹ oder ›Architekten‹ angesprochen ist, kraft welcher der Intellekt in der Expliation des Vielen in jedem Einzelnen potentiell ganz gegenwärtig[84] ist und jedem Existierenden die Erkenntnisfähigkeit verleiht.

| »Veritas intelligentiae est, qua natura recto ordine pro dictamine ipsius recte constituit et constituitur. Est inquam ipsa lex intelligentiae observata in rebus...; in rebus vero non solum est physica, sed est ipsa physis et natura ipsa.« (Summa term. metaph., OL I 4, S. 104 f.) | *»Die Wirklichkeit der Intelligentia ist es, wodurch die Natur in richtiger Ordnung kraft ihres Diktums in rechtmäßiger Weise hervorbringt und hervorgebracht wird. Es ist, ich betone, dieses in den Dingen beobachtete Gesetz der Intelligentia selbst..., in den Dingen ist es in der Tat nicht nur physisch, sondern ist selbst Physis und die Natur selbst.«* |

8. Natur und Kunst

In *De la causa* – wie in vielen anderen Schriften – stellt Bruno den Naturbegriff in Analogie zur Kunst vor. Er bezieht sich in der Aufstellung dieses Vergleichsverhältnisses auf die Pythagoreer, Platoniker und Peripatetiker (vgl. Über die Ursache III, S. 83), verfolgt allerdings mit dieser Zuordnung eine andere Zielsetzung. »Dasselbe Verhältnis und dieselbe Beziehung, die in der Kunst zwischen der Form und Materie bestehen, liegen auch in der Natur – durchaus entsprechend – zwischen der Form und der Materie vor.« (Über die Ursache III, S. 85)

Bruno unternimmt anhand dieser Analogsetzung den Versuch zu erläutern, daß in der Natur wie in der Kunst ein beständiges Substrat zugrundegelegt werde – die absolute Materie bzw. das künstlerische Material oder der Werkstoff –, das im Vollzuge unendlich vieler Variationsmöglichkeiten unveränderlich eines bleibe. So wie das Material des

---

[84] Wenn auch lediglich in modaler Weise, so unterscheidet Bruno doch den Intellectus in transzendenter und immanenter Hinsicht: »Intellectus ergo in divina essentia et separatus aliis quidem appellatur *idea una* rerum omnium *supersubstantialis*, intellectus vero in rebus est *virtus*, qua omnia se quodammodo et alia cognoscunt.« (Summa term. metaph., OL I 4, S. 104; Hervorh. n. i. O.)

Künstlers an sich keine künstliche Formgebung besitzt und deshalb die Möglichkeit unbegrenzter künstlerischer Gestaltgebung besitzt, so trägt auch die Materie als solche, da sie alle Formen potentiell enthält, keine Form. (Ebda., S. 84)

Allerdings läßt Bruno in dieser Zuordnung des Verhältnisses Materie – Form in der Natur respektive der Kunst die Unterschiede nicht außer acht, etwa daß das Material der Kunst bereits ein geformtes Substrat sei, daß es im Gegensatz zum logisch nachzuvollziehenden Substrat der Natur sinnlich wahrnehmbar sei, sich in einem Wirken von außen (›äußerer Künstler‹ versus ›innerer Künstler‹) zeige. »Die Natur hingegen wirkt sozusagen aus dem Zentrum ihres Substrates oder ihrer Materie heraus, die noch völlig formlos ist.« (Über die Ursache III, S. 84) Im Verhältnis zur Natur nimmt die Kunst hier eher eine sekundäre Rolle ein, jene ist Voraussetzung von dieser, so daß man mit Blum von einem Abbildverhältnis sprechen kann. (P. R. Blum 1980, a. a. O., S. 61) Zu fragen ist also, ob die Analogie dennoch gerechtfertigt ist bzw. was das Analogon ausmacht. Blum weist darauf hin, daß eine Proportionsanalogie (in Anlehnung an Aristoteles) unter diesen Voraussetzungen nicht legitimierbar sei, insofern die Analogsetzung nicht wie bei Aristoteles im Verhältnis des sinnlich Wahrnehmbaren zum Naturprinzip bestehe, sondern vielmehr im »Überschritt der sinnlichen Evidenz zur hypothetischen Setzung, bzw. dem nicht mehr ›vermittelbaren‹ Verhältnis zwischen Sinneswahrnehmung und Vernunfteinsicht.« (P. R. Blum 1980, a. a. O., S. 69)

Bruno wandelt den aristotelischen Ansatz dahingehend ab, daß es nicht um die Ableitung der Materie als Substrat aus einem bestimmten Kompositum geht, sondern die Sukzession der Formen verweist auf ein unveränderlich zugrundeliegendes Substrat, das nicht nur die Bedingung der Möglichkeit unendlicher Variabilität ist und damit nicht bloß logische Setzung, wie Bruno es Aristoteles vorwirft, sondern Seinsprinzip. Substrat- und Substanzbegriff fallen letztendlich zusammen (vgl. P. R. Blum 1980, a. a. O., S. 62 ff.).

Die Vergleichbarkeit der Prinzipien der Natur (»ars vivens«; vgl. De immenso, OL I 2, S. 312; Acrotismus, OL I 1, S. 80) und der Kunst beruht somit zum einen auf der Setzung eines beständigen Substrates im Wechsel der Formen. Wenn aber dieses Substrat in der Natur nicht nur dasjenige ist, an dem der stete Formwandel auf ein Identisches schließen läßt, sondern darüber hinaus dasjenige, was die gesamte Formpotenz unentfaltet in sich umfaßt, ja selbst die Voraussetzung von Gestaltwerdung ist, gilt es zu überdenken, was dies wiederum in Projektion auf das künstliche Herstellen heißt. Aber auch in anderer Hinsicht nimmt Bruno eine von Aristoteles abweichende Akzentuierung vor, denn in der Betonung der unendlichen Variationsfähigkeit der Natur wird die teleologische Dimension des antiken Naturbegriffs, die Natur des Einzelnen im Sinne einer spezifischen, sich vollendenden Entwicklung, abgelöst durch ein prozessuales Naturverständnis, so daß nicht die Entfaltung der einzelnen

Daseinsweisen im Vordergrund steht, sondern die unaufhörliche Variabilität, der stete Formwechsel als permanent sich verwirklichendes Ziel. »So haben alle Dinge ihrer Art nacheinander Anteil an Herrschaft und Knechtschaft, Glück und Unglück, an dem Zustand, den man Leben, und an dem, den man Tod nennt, an Licht und Finsternis, Gut und Böse. Nichts kann von Natur aus ewig sein, außer der Substanz, das heißt der Materie, die nichtsdestoweniger fortwährender Veränderung unterliegt. Von der übersubstantiellen Substanz [!] will ich hier nicht sprechen, sondern ich wende mich wieder diesem großen Einzelwesen [der Erde], dieser unserer ewigen Amme und Mutter zu, nach deren Ortsbewegung ihr mich gefragt habt. Zweckursache der räumlichen Bewegung sowohl des Ganzen als auch aller Teile ist der Wechsel [vicissitudine]. Nicht allein, damit sich alles einmal an jedem Ort befinde, sondern auch, damit auf diese Weise alles einmal alle Zustände und Formen durchlaufe.« (Aschermittwochsmahl, S. 208 f.; Cena, Dial. it. I, S. 156)

Wenn Bruno die aristotelische Proportionsanalogie auch in eine abbildhafte (aemulatio)[85] Zuordnung umformt, so geht doch zugleich mit der Setzung eines Materiebegriffes in der oben skizzierten Weise bzw. mit der Charakterisierung der Natur als einer ›virtus insita rebus‹, der Gleichsetzung des Naturwirkens mit dem ›verbum dei‹, eine Neudefinition des Kunstbegriffes einher, eine Veränderung dessen, was die individuelle Natur, das Herstellen des Menschen ausmacht.[86]

Auf zwei Passagen aus *De la causa* sei daher abschließend verwiesen. Im zweiten Dialog formuliert Bruno die unerkennbare Verborgenheit des absoluten Schöpfers, der als erste Ursache und erstes Prinzip ebensowenig aus seiner Explikation im Universum zu erkennen sei wie der Maler über sein Kunstwerk. (vgl. Über die Ursache II, S. 52 f.)

»Wer das Bild der Helena anschaut, sieht nicht Apelles, sondern das Werk seiner Tätigkeit, das sich seinem herausragenden Genie verdankt. All dies zählt nur zu den Wirkungen der Akzidenzien und Bestimmung der Substanz jenes Mannes, der darin seinem absoluten Wesen nach gänzlich unerkannt bleibt.« (Über die Ursache II, S. 52)

Nun sind auch bei dieser Analogsetzung Abstriche zu machen, insofern man das Gemälde auf einmal ins Auge fassen kann, das unendliche Universum aber nur ausschnitthaft oder spurartig zu erkennen ist. (Vgl. ebda., S. 53) Dieser Aspekt ist jedoch hier nicht das Entscheidende. M. E. gilt es vielmehr der Tatsache Aufmerksamkeit zu schenken, daß Bruno hier nicht nur die Unzugänglichkeit bzw. Unbegreifbarkeit der göttlichen

---

85 Blum weist in diesem Zusammenhang auf die wichtige Stelle in den Lib. phys. expl., S. 327 f., Passus 79 hin. Vgl. P. R. Blum 1980, a. a. O., S. 134, Anm. 11.

86 Vgl. Cassirer, E.; »Natur und Genie«, in: *Individuum und Kosmos in der Philosophie der Renaissance*, Darmstadt 1963, S. 171 ff.; Rüfner, V.; »Homo secundus Deus«, in: *Philosophisches Jahrbuch* 63, (1954), S. 248–291; Gerl, H. B.; »Individualität durch Ingenium«, in: *Einführung in die Philosophie der Renaissance*, Darmstadt 1983, S. 154 ff.

Natur postuliert, sondern dieser entsprechend ein uneinholbares menschliches Vermögen: eine schöpferische Potenz, die den Künstler als Teilhaber des infiniten göttlichen Schaffensvermögens ebenso als unbegrenzt vermögenden ausweist. Nicht das einzelne Werk des Künstlers offenbart dieses Vermögen, auch müssen Genius, Schaffensakt und Werk getrennt erscheinen, denn der Künstler agiert eher als ein von außen gestaltender, es sei denn man spricht, wie Blum dies treffend hervorgehoben hat, von einem Künstler, der gewissermaßen ganz »in seiner Materie ist und sie beherrscht –, und insofern ist er mit der Natur vergleichbar.« (P. R. Blum 1980, a. a. O., S. 55)[87] Das Schaffen des Menschen ist weniger im Hinblick auf seine endlichen Hervorbringungen ein ›göttliches‹, als vielmehr aus seiner inneren, infiniten intellektualen Potenz, denn, so Bruno im weiteren, der universale Intellekt »verhält sich zur Hervorbringung der natürlichen Dinge wie unser Intellekt zur entsprechenden Hervorbringung der Erzeugnisse des Denkens.« (Über die Ursache II, S. 56)

Wie die metaphysische Einheit, die sich über den universalen Intellekt im Universum in der unendlichen Vielzahl der natürlichen Dinge expliziert, verhält sich auch der individuelle Intellekt, der die äußeren Dinge gewissermaßen in ein ›inneres Universum‹ des Denkens transformiert: hier liegt die gottähnliche Schöpferkraft des Individuums, sein Ingenium, das die Veräußerung und Entfaltung der Einheit über einen analogen Prozeß der Verinnerlichung wieder in die Einheit überführt. Das äußere Buch der Natur wird zum inneren Buch, d. h. das Erkennen des Individuums ist ein »in interno libro inscribere« (De umbris id., OL II 1, S. 62) oder, wie Hegel es in seinen *Vorlesungen über die Geschichte der Philosophie* in Rekurs auf die Darlegung Buhles faßt: Bruno betrachtet »das Denken als eine subjektive Kunst der Seele (Tätigkeit), im Innern (nach seiner Vorstellung) ›gleichsam durch innere Schrift darzustellen, was die Natur äußerlich gleichsam durch äußere Schrift darstellt‹; und das Denken ist Fähigkeit, ›sowohl diese äußere Schrift der Natur in sich aufzunehmen, als die innere Schrift in der äußeren abzubilden und zu verwirklichen. Diese Kunst des inneren Denkens und äußeren Organisierens nach demselben und umgekehrt, wie sie die menschliche Seele hat, setzt Bruno in die innigste Verbindung mit der Kunst der Natur des

---

87 Die vollkommene Kunst zeigt sich nach Bruno – in Analogie zur *ars vives* der Natur – darin, nicht planend und grübelnd zu Werke zu gehen, sondern gleichsam so vertraut mit der Materie zu sein, daß Hervorbringender und Hervorgebrachtes, Künstler, Substrat und Kunstwerk gleichsam eine Einheit bilden. (Über die Ursache, S. 61 f.; vgl. Lampas trig. stat., OL III, S. 55). Siehe hierzu auch B. Hentschel 1988, a. a. O., S. 163 f.

Universums‹ ...«[88] Diese Verbindung zwischen lebendiger Kunst der Natur und dem künstlerischen bzw. technischen Hervorbringen des Menschen wird aber insbesondere durch die Beseelung garantiert (vgl. hierzu den Passus ›De arte‹, Sigillus sig., OL II 2, S. 195 f.), denn die Weltseele ist selbst eine *ars artium* (Lampas trig. stat., OL III, S. 61).

9. Intellectus universalis

Im vorangehenden wurden bereits einige grundlegende Aspekte der brunoschen Einheitsmetaphysik deutlich, die sich in der Struktur von mens – intellectus – anima an neuplatonischem Denken orientiert, dieses jedoch umformt.

Bei Plotin nimmt der Nous die zweite Stufe der intelligiblen Welt ein, er markiert das erste Aus-sich-Heraustreten der absoluten Einheit, das ein Denken ist, in dem sich die Einheit als reflexive Einheit von Denkendem und Gedachtem (Ideen) manifestiert, und er ist zugleich das Sein, denn er denkt das, was ist, und indem nichts außerhalb seiner ist, ist er sich selbst Gegenstand seiner Betrachtung, ist er das Denken des Denkens (was bei Aristoteles als Charakteristikum des Göttlichen/Nous bestimmt wird, ist hier ein erstes Heraustreten des Einen aus sich). Dem Einen selbst, dies haben wir gesehen, kann nach Plotin kein Denken beigelegt werden, insofern jegliches Denken, einschließlich der reinen Selbstreflexion, ein Sich-Abständigsein, einen Selbstbezug und damit Andersheit voraussetzt. Plotin spricht (in seinen frühen Schriften) von einem Sich-Selbst-Gewahrwerden als einem Denken in immerwährendem Stillstand. (Enn. V 4 [7], 2, 11–12) Das Erste ist somit in sich ruhende absolute Potenz von allem, die sich im Nous als dem Sein von Allem in seiner intelligiblen absoluten Aktualität denkt.

Der Nous verkörpert die reine Intelligibilität des sich denkenden, alles umfassenden κόσμος νοητός, der zugleich absolute Wirklichkeit des Seins wie des Denkens im Sinne allumfassender intelligibler Selbstbezüglichkeit ist. In sich alle Ideen vereinend ist der Nous ewige und bestimmungslose Einheit intelligibler Vielheit.[89] Der Nous vereint in sich Bewegung (Denken, Leben) und Ruhe (unveränderliches Bestehen/zeitloses Sein). »Wie

---

88 Hegel, G. W. F.; *Vorlesungen über die Geschichte der Philosophie*, III, a. a. O., S. 37. An dieser Stelle wird nicht nur sehr deutlich wie sich die Trias von Metaphysik – Physik – Rationalität zu einem Kreis schließt (dies werden wir im weiteren genauer verfolgen können), sondern ebenso, welchen immensen Stellenwert die Dimension der inneren Erkenntnisprozesse (sensus, phantasia, memoria, ratio, intellectus, mens) innerhalb der Naturphilosophie des Nolaners einnimmt. Die Mnemotechnik ist also eine gewisse »scriptura intrinseca, cum rationum, & verborum ordinat, atque tribuit signa, notas & characteres ...« (De umbris id., OL II 1, S. 66).

89 Vgl. hierzu Brunos Kennzeichnung des universalen Intellektes als »mundus primus archetypus idealis« (Lampas trig. stat., OL III, S. 52, XXV).

zeugt das Eine, welches nicht Geist ist, den Geist? ›Dadurch, daß es in der Hinkehr zu sich selbst sich selbst sah. Diese Sehen aber ist Geist.‹ [Plotin V, 1, 7, 38 f.]«[90]

Dieser Sein und Denken der Ideen in reflexiver Einheit in sich umfassende Geist (Nous) ist gleichsam intelligible Spur des Einen und hat im Verhältnis zum Einen Abbildcharakter, der sich in zweifacher Hinsicht bestimmt: Als der Abdruck des Einen[91] verweist er auf ein ursächliches, verursachendes Erstes zurück, zugleich ist er Vermittlung des Einen, indem er sich abbildhaft in der Seele spiegelt, die sich wiederum der sinnlichen Welt mitteilt usf., so daß jede Stufe der Emanation aus dem Einen über die Abbildhaftigkeit qua Teilhabe zugleich auf ihre Voraussetzung hindeutet, wie sich als selbst Prinzipierendes im Principatum abbildet. Diese Verbindung von Homogenität und Heterogenität, wie Kremer es ausdrückt, zeigt im Abbild-Denken eine »›doppelte Tendenz: Nach oben, zum Urbild, um überhaupt sein zu können; nach unten, als Abfall vom Urbild, um sich als etwas *Eigenständiges* behaupten zu können. Beide Momente zusammengenommen konstituieren das Abbild, und auf beiden beruht der Kontinuitätsgedanke wie der Begriff der Isomorphie.« (K. Kremer 1977, a. a. O., S. 17 f.)

Dieses Modell einer durchgängigen Seinsverwandschaft ist m. E. auch für die brunosche Lehre konstituierend. Allerdings ist bei Bruno die Trennung von intelligibler und körperlicher Welt anders als bei seinen neuplatonischen Vorbildern eher eine begriffliche, die auf eine modale Unterschiedenheit hinausläuft, denn tatsächlich geht der Ansatz des Nolaners eher in Richtung einer Verschiebung und Überlagerung des Dualismus, der bereits in neuplatonischen Emantionsmodellen ›fließend‹ gedacht wird: Die dialektische Struktur von Immanenz und Transzendenz erweist sich in der brunoschen Bestimmung der unitas, des intellectus wie der anima als ein unauflösliches Verhältnis des ineinander Umschlagens sich wechselseitig begründenden Inne- und Außerhalb-Seins.[92]

---

90 W. Beierwaltes 1980, a.a.O., S. 29.
91 Vgl. K. Kremer 1977, S. 16; Plotin, Enn. V 9, 2, 26.
92 Vgl. P. R. Blum 1980, a. a. O., S. 90 f., der gerade aus dem brunoschen Insistieren auf der absoluten Immanenz die Wahrung des Transzendenzgedankens ableitet. »Das Absolute geht nicht restlos in einer Struktur des Universums auf ... Wenn ein absoluter Teil, das Minimum, zu denken ist, damit relativ Einzelnes begreifbar wird, wenn ein Raum im Sinne reiner Dimensionalität als die Struktur räumlichen Lokalisierens postuliert wird, und wenn ... jede quantitative Ordnung in einem nichtnumerischen Strukturbegriff aufgehoben sein muß, dann kann Bruno sich nicht mit dem Gedanken zufrieden geben, daß sein erstes Prinzip in einer (etwa mathematischen) Struktur des Universums aufgeht und sich sozusagen in ihr oder gar in der Welt erschöpft. Um also trotz der wesentlichen Unterschiedenheit von Seiendem die Transzendenz des Absoluten zu wahren, muß er diesem gewissermaßen eine *absolute Immanenz* zubilligen und es – ›jenseits‹ der immanenten Struktur – zum Struktur*prinzip* erheben.«

So ist auch der Intellekt einerseits im Sinne einer immanenten Naturkraft, ja der Natur selbst zu verstehen und andererseits zugleich als das reine Denken seiner selbst bestimmt, das außerhalb jeder Andersheit ist.

»Intentio. Intellectus primus et simplex, qui in se ipso omnem complectitur cognitionem sicut unitas omnem numerum, cognoscit ubique totus, sicut est ubique totus, sine distractione et applicatione; quandoquidem non habet obiectum extra se, sed, sicut dictum est, idem est obiectum et cognoscens. Ideo non intentionaliter, id est non per decursum seu influxum seu effluxum seu progressum quendam cognoscit, sed eadem absolutione cognoscit qua et est ...«
(Summa term. metaph., OL I 4, S. 113)

»Intention. Der erste und einfache Intellectus, der in sich alle Erkenntnis umschließt, wie die Einheit jede Zahl, erkennt überall ganz, so wie er überall ganz ist, ohne Unterscheidung und Hinzufügung; da er nun einmal keinen Gegenstand außerhalb seiner besitzt, sondern, wie gesagt, selbst Gegenstand und Erkennender ist. Deshalb erkennt er nicht auf absichtliche Weise, d. h. nicht durch ein Durchlaufen oder Einfließen oder Ausströmen oder durch ein Fortschreiten, sondern er erkennt vermittels derselben Absolutheit, durch welche er auch ist ...«

Der primus intellectus erkennt nicht intentional, d. h., um beim wörtlichen Sinne zu bleiben, er richtet sich nicht auf etwas als den Gegenstand seines Erkennens, sondern indem er sich selbst denkt, ist er Erkennender und Erkannter zugleich.[93] Seine Denkbewegung fällt, wie bei Plotin, zusammen mit der Ruhe, denn er ist sich selbst alles und es gibt nicht anderes außerhalb seiner selbst. Er bedarf aufgrund des eingeborenen Lichts (innatam habentia lucem) keines Mediums (vgl. Enn. V 3, 8, S. 67 f.), sondern weil »eadem sint cognoscentia et cognita et quibus cognoscuntur« erkennt er:

»... ut vivus sol, qui idem est oculus videns, oculus visus et lux qua ipse se ipsum videt, in quo haec omnia, subiectum videlicet, obiectum et medium, quo subiectum obiecto (id est subiecta potentia obiecto apprehensibili) unitur, sunt unum ...«
(Summa term. metaph., OL I 4, S. 110)

»... wie die lebendige Sonne, die zugleich selbst sehendes Auge, gesehenes Auge und das Licht ist, durch welches sie selbst sich selbst sieht, in welcher all diese, nämlich das Subiectum, das Obiectum und das Medium, wodurch das Subiectum mit dem Obiectum (d. h. die zugrundeliegende Potenz dem wahrnehmbaren Objekt) vereint wird, eines sind ...«

---

93 Vgl. auch Lampas trig. stat., OL III, S. 52, XXVIII.

Jeglicher Erkenntnisprozeß beruht auf dieser triadischen Struktur von Erkennendem (subiectum), Erkanntem oder zu Erkennendem (obiectum) und dem Erkenntnisakt selbst (medium), die im intellectus primus in eins fallen, denn er ist sich im Vollzuge der Selbstreflexion Denkender, Gedachtes und Denkvollzug zugleich: Denken des Denkens. (Vgl. Sigillus sig., OL II 2, S. 179)

Die Art und Weise einer ›intentio‹ des universalen oder ersten Intellektes ist ein selbstreflexives Auf-sich-selbst-Gerichtetsein, ein Denken der Ideen, die er als mundus archetypus idealis je schon umfaßt. Nun muß der Eindruck entstehen, als sei der so definierte Intellekt kaum noch von der Mens/der absoluten Einheit zu unterscheiden, wenn es von letzterer heißt: »Pura enim mens, simplex atque prima cognoscit omnia in se ipsa videndo, non extra se speculando; et ideo non se habet per modum apprehendentis seeu concipientis, sed per modum habentis« (Summa term. metaph., OL I 4, S. 113).

Wenngleich eine klare Differenzierung von Bruno an verschiedenen Stellen aufgehoben scheint, weisen doch ebenso andere Passagen auf einen feinen, aber doch gerade in den Nuancen wichtigen Unterschied. Am deutlichsten wurde dies in der bereits erwähnten Passage aus der Schrift *Spaccio* (Reformation, S. 207), wonach die Einheit keinerlei Selbstreflexion vollzieht, ja sich ihrer selbst nicht bewußt ist. Während die reinste Form intellektualen Erkennens das Sich-selbst-Denken kennzeichnet, geht die höchste Stufe über jede, sei es auch bloß dem Denkprozeß immanente Trennung von Erkenntnissubjekt, -objekt und -akt hinaus und ist einfachste Schau. Bleibt somit in der Erkenntnisweise des Intellektes immer noch eine Spur von ›Intentionalität‹, das Gerichtetsein auf sich selbst, so hebt sich dies in der absoluten ›Erkenntnis‹ auf in ein Alles-auf-einmal-Sehen.[94]

Weil der Intellectus sich selbst denkend das Denken seiner selbst ›ist‹, ›vollzieht‹ und ›vollendet‹, hebt sich in ihm die dreifache Ursächlichkeit von causa formalis, causa efficiens und causa finalis in einer zirkulären Einheit auf. In dieser Weise verinnerlicht er das »omnium tricausale principium« (Lampas trig. stat., OL III, S. 43) der absoluten Einheit. Er ist gleichsam ein Kreisen in immerwährendem Stillstand. (Lampas trig. stat., OL III, S. 46) Zugleich ist er zu deuten als die Vermittlung dieser triadischen Struktur (explicatio), die sich in jedem Einzelnen wie dem Universum als Ganzheit abbildet oder ausformt.[95] Der Intellekt stellt gewissermaßen das Verhältnis von der Einheit des Absoluten zur Einheit der

---

94 Auch das Erkenntnisvermögen des Menschen erreicht daher sein erhabenstes Ziel nicht in der ›internen Lektüre‹ der ›intellectio‹ (interna lectio), sondern in dem über dieses selbstreflexive Sich-bewußt-werden hinausweisenden ›reinen Sehen‹. (Vgl. Summa term. metaph., OL I 4, S. 84 f.)

95 Zur Bedeutung einer dreifachen Ursächlichkeit im Denken der Renaissance: Wind, E.; *Heidnische Mysterien in der Renaissance*, Frankfurt a. M. 1987, S. 276 ff.

Vielheit des Einzelseienden als vermittelnde Instanz erst her: »Denn zwischen den Extremen muß es dieses Mittlere geben, daß die wahre, allen natürlichen Dingen weniger äußerliche als vielmehr innerliche Wirkursache ist.« (Über die Ursache II, S. 58) D.h. zwischen dem göttlichen Intellekt, *der alles ist,* und dem individuellen intellektuellen Vermögen, *das alles wird,* vermittelt der universale Intellekt, *der alles schafft.* (Vgl. ebda.) Der universale Intellekt, der ein Vermögen der Weltseele ist (vgl. Über die Ursache II, S. 60), d.h. ›mittels‹ der Seele aus dem Zentrum oder dem Innersten des Seienden die Natur anleitet, die ihr zukommenden Arten hervorzubringen (vgl. Über die Ursache II, S. 56), insofern er das »innerste, wirklichste und ureigene Vermögen und der potentielle Teil der Weltseele« (Über die Ursache II, S. 56) ist, kann als ›Prinzip‹ bezeichnet werden in der Weise, daß er nicht ein *von außen* begründender ist. Dennoch gilt er in dreifacher Hinsicht als ›Ursache‹, denn er ist dem Verursachten in gewisser Weise ›äußerlich‹, d.h. er geht nicht in das Bewirkte ein, ist kein *Teil* des Gewordenen. Wie ein ›innerer Künstler‹ ist er Wirkursache (caua efficiens), die das gesamte Universum in Ordnung und relationaler Ganzheit aus der potentiellen Formenvielfalt entwickelt; dies aber vermag er, da er zugleich Formursache (causa formalis) ist, d.h. alle Formen (ideale Begriffe, Ideen; vgl. Über die Ursache II, S. 59) in sich birgt. Und er ist Zielursache (causa finalis), denn das Ziel oder der Zweck, nämlich die Aktualisierung der Vollkommenheit des Universums, ist gewissermaßen der Beweggrund seiner wirkursächlichen Entfaltung der Formen.

In dieser zweifachen Kreisbewegung bestimmt sich der primus intellectus, sofern er als solcher, d.h. in seiner transzendenten Intelligibilität bestimmt wird über die Selbstreflexion und andererseits zu verstehen ist im Sinne einer Quelle der Ideen, d.h. in seiner Mitteilung an die Vielheit des Seienden.

»In ipso intelligere licet duplicem actionem: alteram veluti reflexam, alteram veluti directam; primam qua immanenter in se ipse, secundam qua veluti progressive in alia efferatur; quam sane similitudinem etiam in nostro comperimus intellectu et anima; in qua immanentem pariter et transeuntem distinguimus actionem.«
(Lampas trig. stat., OL III, S. 52)

»In diesem [dem Intellectus] ist es möglich, eine zweifache Handlung zu erkennen: eine gleichsam reflexive, eine andere gleichsam gerichtete; die erste, durch welche er in immanenter Weise in sich selbst ist, die zweite, durch welche er gleichsam in fortschreitender Weise in andere hinausgetragen wird; diese Ähnlichkeit [zum primus intellectus] erfahren wir in der Tat auch in uns über den Intellekt und die Seele, in welcher wir gleichermaßen eine immanente und heraustretende Handlung unterscheiden.«

In dieser Selbstmitteilung des Intellectus verleiht er allem Seienden über die Partizipation der Seele die Fähigkeit zu erkennen, verleiht jedem Beseelten potentiell die Ideen, d. h. wohnt selbst als Mittler der Einheit jedem ganz inne und setzt dadurch alle Dinge in Ähnlichkeit zu sich, denn in jedem Einzelnen wirkt er als Möglichkeit einer nach außen, auf die Andersheit gerichteten, wie einer inneren, selbstreflexiven Erkenntnis, vermöge welcher die Einheit letztendlich in ihrer vollständigen Immanenz erfahren werden kann.

Diese zweifache Erkenntnis der am absoluten Intellekt teilhabenden Individuen findet statt:

»... aut in se, sicut per speciem innatam seu conceptam, tanquam per medium, procedimus ad alias species concipiendas; aut extra se, sicut per eam speciem quae est in speculo attingimus eam speciem, quae est in obiecto speculi, per eam quae est depicta vel quomodolibet simulachrum concipimus speciem eius cuius est simulachrum.« (Summa term. metaph., OL I 4, S. 110)	»... entweder in sich, so wie wir durch ein eingeborenes oder empfangenes Bild [einen Begriff], gleichsam durch ein Medium, voranschreiten, um andere Bilder aufzunehmen oder außerhalb seiner, so wie wir durch diejenige Gestalt, die im Spiegel erscheint, diejenige berühren, welche in dem diesem Spiegel Entgegengestellten ist, durch diejenige, welche abgebildet ist oder auf eine beliebige Art und Weise Abbild ist, erfassen wir die Gestalt dessen, wovon sie Abbild ist.«

Generell aber gilt die Voraussetzung, daß, weil alles beseelt ist, nichts existiert, was nicht an der intellektuellen Potenz teilhätte, wenn auch nur dem Vermögen nach.

»In omnibus vel minimis vel ad oculum externum mutilis et imperfectissimis cognitionem esse, ex praedictis possumus concludere; utpote intelligentiae quandam participationem, quamvis intelligentiam in quibusdam propter defectum vel organorum vel aliarum circumstantiarum von videamus actu, potentia tamen omnia in omnibus inesse, et consequenter intelligentiam ipsam, quae cum anima mundi concurrit et divinitatem ipsam ubique totam concomitatur, pro ratione effectus, quem in materia perspicere vel ex	»Daß in allen Dingen, sowohl den kleinsten als auch den für das äußere Auge verstümmelten und unvollkommensten eine Erkenntnis ist, können wir aus dem Vorausgeschickten schließen; nämlich eine gewisse Teilhabe an der Intelligenz, wenn wir auch die Intelligenz in gewissen Dingen wegen eines Mangels der Organe oder anderer Begleitumstände nicht im Vollzuge einer Handlung wahrnehmen, so ist doch die ganze Potenz in allen Dingen anwesend, und folglich schließen wir, daß die Intelligenz, die mit der Weltseele zusammengeht und das Göttliche selbst überall ganz begleitet, nach dem Verhältnis der

| materia provenire desideramus, concludimus esse secundum potentiam quandam in omnibus; secundum actum vero in quibusdam, quae ad nostram similitudinem propius accedunt, vel in nostra consistunt similitudine, vel ad quorum sumus similitudinem ...«
(Summa term. metaph., OL I 4, S. 106 f.) | *Auswirkung, welche wir in der Materie wahrnehmen oder aus der Materie hervorzugehen erwarten, der Möglichkeit nach in allen Dingen ist, der Wirklichkeit nach aber in denjenigen Dingen, welche eher Ähnlichkeit zu uns annehmen oder in Ähnlichkeit zu uns bestehen oder zu welchen wir in einem Ähnlichkeitsverhältnis stehen ...«* |

Einerseits wird hiermit die vollständige Immanenz des Intellectus in allen Dingen postuliert; wenngleich sie in den kleinsten Dingen nicht aktual wahrnehmbar ist, so ist doch alles als beseelt zu denken und damit potentiell der intellektualen Kraft ganz teilhaftig. Zugleich formuliert Bruno die erkentnistheoretische Prämisse, daß ›Gleiches durch Gleiches‹ erkannt werde, d. h. daß die Teilhabe an der intellektuellen Potenz in actu in denjenigen Dingen erkennbar ist, die ›eher eine Ähnlichkeit zu uns annehmen, die in einem Ähnlichkeitsverhältnis zu uns bestehen oder zu denen wir in einer Ähnlichkeit bestehen‹. Wissen beruht somit auf Ähnlichkeit.

Bedingung aber, überhaupt von Ähnlichkeiten ausgehen zu können, ist – auf der Basis einer Allbeseeltheitslehre – die alles potentiell in gleicher Weise, aktual in je spezifischer Weise formierende Immanenz des Intellektes.

| »Licet ergo animalia non omnia appellemus, animam tamen in omnibus esse non dubitamus, et cum anima intelligentiae seu universalis cognitionis sensum hîc quidem vehementiorem, hîc vero remissiorem.«
(Summa term. metaph., OL III, S. 107) | *»Wenn wir also auch nicht alle Dinge Lebewesen nennen, so zweifeln wir doch nicht, daß in allen eine Seele ist und mit der Seele ein Empfindungsvermögen der Intelligenz oder universalen Erkenntnis, gewiß bald ein mehr ausgeprägtes, bald ein mehr vermindertes.«* |

10. Mittelstellung der Seele

Innerhalb des philosophischen Systems Plotins tritt die Seele als die dritte Hypostase aus der absoluten Einheit hervor; sie schließt den Prozeß metaphysischer Selbstentfaltung aus dem Ersten in eine intelligible Trias ab und schließt ihn zugleich auf, d. h. öffnet sich zur sinnlichen Welt im Sinne einer Vermittlung der Einheit in die Vielheit. Über Plotins Modell einer konzentrischen Kreisbildung ließ sich dies in anschaulicher Weise nachvollziehen: Das Eine (τὸ ἕν) ist vorzustellen *wie* der gleichsam unbewegte, unveränderlich in sich ruhende Mittelpunkt von allem, die unhintergehbare Ursache (μεγάλη ἀρχή) ihrer selbst wie all dessen, was ist. Im Geist (νοῦς) tritt dieses Eine sich gewissermaßen selbst gegenüber, ohne sich als ›Anderes‹ entgegen zu stehen, d. h. ist in relationaler Einheit Angeschautes, Schau und Anschauendes und erweist sich in einem solcherart selbstreflexiven Denken (νόησις νοήσεως) als identisch mit dem zeitlosen Sein der Ideen, vorstellbar gleich einem unbewegten, den ursprünglichen Mittelpunkt als Ersturspünngliches umfassenden, in sich ruhenden Kreis.[96] So wie der Geist als Abbild des Ersten ist die Seele wiederum abbildhaft zum Geist zu denken, gleichsam wie ein den Nous umschließender, bewegter Kreis, der wiederum abbildhafte Wirkungen erzeugt.

Der Geist teilt sich – wie die absolute Einheit, die eine ›Über-Güte‹ (ὑπεράγαθον; Enn. VI 9 [9] 6, 46) ist, d. h. die das Gute über alles Gute hinaus ist (ἀλλὰ ἄλλως τἀγαθὸν ὑπὲρ τὰ ἄλλα ἀγαθά; Enn. VI 9 [9], 6, 48) – in seiner Fülle ›notwendig‹ mit (Enn. IV 8 [6], 7, 38).

Ebenso wirkt die aus dem Geist hervorgehende Seele. Die Seele ist gleichsam ein ›zweiter Gott‹ (Enn. IV 8 [6], 5, 29), denn sie offenbart die Fülle der Ideen in der »schönen Mannigfaltigkeit der Außenwelt«, dem »reizende[n] Wunderwerk dieser Erdenwelt«, denn so »wie nun das Eine nicht allein existieren durfte – sonst bliebe ja alles verborgen da es in dem Einen an Gestalt ermangelt, ja es würde überhaupt kein Ding existieren wenn das Eine bei sich stehen bliebe und es gäbe nicht die Vielheit unserer Erdendinge die von dem Einen her erzeugt sind wenn nicht die ihm nachgeordneten Wesen, die den Rang von Seelen einnehmen, aus ihm herausgetreten wären – : ebenso durften auch nicht allein die Seelen existieren ohne daß in Erscheinung tritt, was durch sie seine Existenz erhält; wohnt doch jedem Wesen inne ein Streben das ihm Nachgeordnete hervorzubringen und sich zu entfalten ...« (Enn. IV 8 [6], 6, 31). Einerseits streckt sie sich in die Vielheit aus qua Notwendigkeit, gleichsam als die Tätigkeit des Geistes in der Umsetzung der Ideen in körper-

---

96 Diese Identität von Sein und Denken im Nous, der zugleich Vielheit der Ideen wie Einheit und Sein der Ideen ist, vergleicht Plotin auch mit einer ›lebendigen Kugel mannigfaltigen Inhalts‹ (σφαῖρα ζώσῃ), einer umfassenden, homogenen Einheit von allem. (Enn. VI 7 [38], 15, 130)

lich geformtes Sein, und andererseits wendet sie sich – in Rückbezüglichkeit auf ihren geistigen Grund – in ihr Innerstes zurück.

»Noch klarer und deutlicher wird der Seele Kraft und Wesen, wenn man nur hierbei seine Gedanken darauf richtet, in welcher Weise sie den Himmel umfaßt und durch ihren eigenen Willen führt. Seiner ganzen Ausdehnung nach soweit er reicht, hat sie sich ihm dargegeben und in jedem Abstande, sei er groß oder klein, ist er beseelt, wobei die körperliche Masse anders und anders gelegen ist, das eine Stück hier das andere dort befindlich, die einen am entgegengesetzten Weltort, die anderen sonst durch Abstand voneinander getrennt, *die Seele* aber ist mitnichten so beschaffen, sie *zerstückt sich nicht in Teile* und bringt dann das Einzelding mit einem Seelenstück zum Leben, sondern *alles lebt vermöge der ganzen Seele, sie ist ganz allerwärts zugegen, dem Vater der sie erzeugte darin es gleichtuend, daß sie Eines und daß sie überall ist.* Durch ihre Kraft also ist der Himmel, welcher ein Vieles, hier und dort Verschiedenes ist, ein Eines, vermöge der Seele ist unser Kosmos ein Gott ... Aber[97] auch unsere Seele ist von gleicher Art, und betrachtest du sie nur ohne die Zusätze und nimmst sie in ihrer Reinheit, so wirst du eben das als das Wertvollste in uns antreffen was Seele ist und wertvoller als alles was da körperlich ist ... Da nun die Seele ein so wertvolles, ein göttliches Ding ist, so halte dich durch solche Begründung nunmehr überzeugt, daß du mit einem solchen Mittel zu Gott hingelangen kannst ...« (Enn. V 1, 2, 9 – V 1, 3, 14; Hervorh. n. i. O.).

In dieser Rückwendung auf sich selbst ›denkt‹ die Seele, insofern sie alle geistigen Formen in sich trägt, des Geistes abbildhaft (εἰκών νοῦ; Enn. V 1 [10], 3, 15) ganz teilhaftig ist. In der Ausstrahlung ihres ›Glanzes‹, also der Vermittlung des Geistes, ist sie Licht vom Lichte (φῶς ἐκ φωτός; Enn. IV 3 [27], 17, 90). Die Seele wirkt als Bindeglied und Mitte (μέσον) zwischen intelligiblem Kosmos und Erscheinungswelt, denn sie ist es, die die Vielfalt des Seienden erst ins Leben ruft, die, alles ganz durchdringend, formt und doch in ihrer Körperunabhängigkeit dem Intelligiblen zugehörig bleibt.[98]

Dieses lichtmetaphysische Erklärungsmodell einer emanativen Mitteilung des Einen an die Welt über Geist und Seele zeigt große Nähe zu Brunos lichtmetaphysischer bzw. geometrisch exemplifizierter Entfaltungslogik. »Es ist da so etwas wie ein Punkt (οἷον κέντρον), und um ihn

---

97 Diese zweifache Ausrichtung der Weltseele gilt ebenso in Übertragung auf die Einzelseele: »Die Einzelseelen also haben in sich einen geistigen Trieb, der sie zurückwendet zu ihrem Ursprung, sie haben auch eine Kraft, die auf die niedere Welt gerichtet ist; so wie das Licht abhängig ist von der Sonne über ihm und doch nicht kargt mit der Spende ...« (Enn. IV 8 [6], 4, 21).

98 »Nun läßt er [Bezugnahme auf Platon im *Timaios*] die göttliche Seele stets auf die erste Art über die ganze Welt walten, sie bleibt in ihrem höheren Teile über sie erhaben und sendet nur den letzten Ausläufer ihrer Kraft in ihr Innerstes hinab.« (Enn. IV 8 [6], 2, 13)

ein Kreis (κύκλος ἀπ' αὐτοῦ ἐκλάμπων), der den Glanz von ihm ausstrahlt, dann folgt drittens noch ein Kreis, Licht vom Lichte; weiter nach außen aber kommt nun nicht mehr ein Kreis von Licht, sondern der nun folgende Kreis entbehrt eigenen Lichtes, er bedarf fremden Glanzes; er ist ein Ring oder vielmehr solch ein Ball, welcher von der dritten Stelle (*dem zweiten Kreis*) – denn er stößt an ihn – all das erhält, was in ihn eingestrahlt wird ...« (Enn. IV 3 [27], 17, 90)[99].

Wie im platonischen *Timaios*[100] nimmt die Seele eine Mittlerstellung bzw. eine Mitteilungsfunktion ein. Die Seele steht einerseits in einem abbildhaften Verhältnis zum Nous, insofern sie potentiell alle Formen in sich birgt, andererseits ist sie mittelbare Ursache des vielfältig Seienden. Die unkörperlichen Ideen der Körperwelt vermittelnd, wirkt sie als Formgeberin sowohl im Sinne einer Beseeltheit der Natur als Ganzheit wie in allen Teilen, insofern jede Einzelseele zwar durch die jeweilige Verkörperung unterschiedlichen Erscheinungsformen innewohnt,[101] diese jedoch allesamt der Kraft der einen Seele zugehören, die sich in zyklischer Bewegung allem ganz mitteilt, gleich einem einzigen allbeseelten Organismus. Der Seele als der ›Grenzscheide‹ (μεθόριον) zwischen körperlicher und geistiger Welt kommt die Bewegung zu, die der Vollkommenheit des Geistigen am nächsten ist, die Kreisbewegung, insofern sie ein Zugleich von Ruhe und Bewegung ist.

Die Seele als solche ist außerhalb jeder Zeitbestimmung ewige Kreisbewegung, die das Zeitliche im Seienden konstituiert.[102] Für Plotin ist die Erscheinungswelt einerseits schattenhaftes, endliches Abbild des intelligiblen Seins, andererseits zeigt sich vermöge der Beseeltheit die sichtbare Welt aber als in innerer Verbindung stehendes, harmonisches Zusammenspiel des Verschiedenen, als Schönheit und Ordnung durch das über die Seele vermittelte Teilhaftigwerden am geistigen Sein: Ein Abbild der Ewigkeit in der Zeit. Wenngleich Plotin der sinnlich erfahrbaren Welt keinen Erkenntniswert beimißt, denn der Weg der Erkenntnis ist stets ein nach innen gerichteter, von jeder äußeren Andersheit abstrahierender Prozeß der Selbsterkenntnis, erfährt doch der Kosmos als ein Spiegel der

---

99 Vgl. Lampas trig. stat., OL III, S. 54: »... sicut a centro plenitudinis prodit luce ...«.
100 Vgl. Enn. IV 8 [6], 1, 7.
101 Präziser ausgedrückt, geht nicht die Seele in einen Körper ein, sondern vielmehr ist das Körperliche in der Seele. Nicht die Seele ist dem Körper untertan, sondern dieser ist jener untertänig. (Vgl. Enn. IV 8 [6], 2, 15)
   Ähnlich formuliert Bruno: »Intellige animam esse in corpore, ideo quia in corpore operatio eius perficitur externa, alioquin vero potius dicendum est corpus esse in anima, animam esse in intellectu, intellectum esse in mente, quam e converso; quia verius principiata sunt in principio, quam principium in illis.« (Lampas trig. stat., OL III, S. 56, XI)
102 Vgl. den hiermit korrespondierenden Passus Brunos in den *Lampas triginta statuarum*, OL III, S. 55, VIII: »Actio illius [anima] non pendet a tempore, a casu et a fortuna, sed ab ipsa pendet tempus et certa ratione quicquid nobis causale videtur et fortuitum.«

geistigen Welt eine positive Wertung. Durch die Wandelbarkeit, Unvollkommenheit und Wechselhaftigkeit der körperlichen Erscheinungen sind diese als solche zwar nichts als Schattenbilder der unvergänglichen Ideen, aber gerade der beständige Wechsel, das Vergehen des Einzelnen in seiner je unvollkommenen Verwirklichung des Intelligiblen, macht die Bedingung einer Selbsterhaltung und Vervollkommnung des Ganzen aus, das wie ein allbeseelter Organismus[103] in seiner Gesamtheit wie in allen Teilen beseelt zu denken ist. (Vgl. Enn. III 2 [47], 7, 67) Der beständige Wandel der defizienten Erscheinungen, der Rhythmus von Werden und Vergehen bzw. der Umschlag der Gegensätze ist gleichsam Bedingung einer dynamisch-notwendigen Naturprozessualität, die wie eine musikalische Komposition im Zusammenspiel der flüchtigen, unbeständigen Teile die Harmonie des Weltganzen offenbart.

Die Seele wirkt in der gesamten, materiellen Wirklichkeit und setzt damit jede Stufe des Seienden zum ersten Grunde in mittelbare Beziehung, eine Stufung der Erscheinungswelt, die sich nach dem Verhältnis von Materiegebundenheit und Seinsteilhabe als gradueller Abstieg (κατάβασίς) von der Sphäre des Himmels über die jeweiligen Mittelglieder bis hinab in die bestimmungslose Materie erstreckt. Jedes Wesen ist über die partizipative Beziehung zum intelligiblen Sein kraft seiner Beseelung gewissermaßen zweidimensional ausgerichtet.[104] »...s[die Seele] kann blicken auf das was über ihr ist, dann denkt sie, sie kann auf sich selbst blicken, dann ist sie formender, ordnender Regent des ihr Nachgeordneten ...« (Enn. IV 8 [6], 3, 20).

In dieser Weise heißt es bei Bruno über die Zweidimensionalität der Seele und das Spannungsverhältnis von In-allem-Sein und Außerhalb-von-allem-in-sich-Ruhen, dargestellt an einem Kreismodell: (»Concipe eius descensum pariter et ascensum sicut in rota«; Lampas trig. stat., OL III, S. 56) Wie in einem Rad der Kreislauf der Aufstieg eines Teiles notwendig den Abstieg eines anderen mit sich bringt, so daß beide Bewegungsrichtungen in der Einheit des Kreisens aufgehen, so kann man sich das unteilbare Zentrum entweder (sofern es sich um ein absolut unteilbares handelt, d.h. die Einheit symbolisiert) als in Ruhe befindlich vor-

---

103 Die Organismusvorstellung ist auch für das brunosche Erklärungskonzept des Zusammenwirkens von Teil – Ganzem im Universum grundlegend. »Hier löst sich denn auch [so Plotin] das Problem, wieso in einem beseelten Organismus [ἐν ζῴῳ ἐμψύχῳ] Unbeseeltes enthalten sein kann. Das eben Dargelegte nämlich besagt, daß im Gesamtorganismus das eine auf diese, das andere auf eine andere Weise lebt, nur wir schreiben demjenigen, das nicht mit Bewußtsein [μὴ αἰσθητῶς] sich selber bewegt, kein Leben zu: in Wahrheit ist aber jegliches im Verborgenen ein Lebendes, und der bewußt lebende Organismus setzt sich zusammen aus Teilen, die zwar nicht bewußt leben, die aber einem derartigen Organismus wunderbare Lebenskräfte mitteilen.« (Enn. IV 4 [28], 36, 201)

104 Die Seele lebt gleich Amphibien in zwei Elementen. Vgl. Enn., IV, 8 [6], 4, 24.

stellen oder aber als Gleichzeitigkeit von Auf- und Abstieg. Diese Art der ausgeglichensten, einheitlichsten Bewegung entspricht der Seele:

»Tale est anima, quae simul descendit in inferiora quae vivificet, et ascendit in superiora quae contempletur; simul etiam eadem ratione intelligitur veluti extenta in multitudine et amplitudine eorum quibus se communicat, et indivisa et verius quadammodo tota in eo a quo procedit.«
(Lampas trig. stat., OL III, S. 56)

»*So ist auch die Seele, die zugleich absteigt in die niedrigen Dinge, welche sie belebt, und aufsteigt in die höheren, welche sie anschaut; auch wird sie auf die gleiche Weise zugleich als in die Vielheit und Ausdehnung dessen ausgestreckte, dem sie sich mitteilt, verstanden wie als ungeteilte und wahrhaftiger gewissermaßen als ganz in demjenigen [gegenwärtige], aus welchem sie hervorgeht.*«

Nach Plotin wirkt die Seele im Einzelseienden wie im Ganzen als Mittel- oder Bindeglied zwischen Leben in Körpergebundenheit und Leben in Ausrichtung auf das körperunabhängige übersinnliche Sein. »Sie bleibt mit ihrem Ursprungsbereich verbunden, wird aber zum ›Hermeneuten‹ dessen, was von der geistigen Sonne auf die sinnfällige, und dessen, was von dieser zu jener hingeht, soweit die sinnenfällige durch Vermittlung der Seele zu jener hinaufreicht.‹ [Plotin IV 3, 11, 19–21]«.[105] So bewegt sich auch das menschliche Dasein zwischen zwei Polen:[106] einerseits bestimmt durch die Eindrücke der Körperwelt, andererseits in Hinwendung auf den intelligiblen Grund, also auf einen Aufstieg aus der Sphäre der Vielheit in die Einheit ausgerichtet.

Zwischen diesen beiden Ausrichtungen menschlichen Lebens fungiert die Seele als ein vermittelndes Drittes (vgl. Enn. II 9 [33], 2, 17), indem sie einerseits über die Teilhabe am Geist die Rückkehr des Denkens in sich selbst ermöglicht und damit die Abkehr vom Sinnlichen als Voraussetzung einer Einkehr in das geistige Vermögen der Seele mit dem Ziel der Einswerdung mit dem göttlichen Ersten. Andererseits vermittelt sie zwischen äußerer Wahrnehmung und innerer, selbstreflexiver Anschauung, d.h. zwischen den Eindrücken der Sinnesorgane.

Zwar haben diese sinnlich wahrnehmbaren Dinge – für Plotin wie auch bei Bruno – lediglich den Charakter einer ›Spur‹, dennoch spricht Plotin den körperlichen Erscheinungen gleichsam eine anregende Wirkung zu, d.h. die sinnhafte Schönheit verweist abbildhaft auf eine geistige Schönheit, erweckt eine ›Erinnerung‹ an die zugrundeliegenden Ideen auf dem Grunde der Seele.

---

105 Plotin; *Über Ewigkeit und Zeit, Enneade III 7*; übers., eingel. u. kommentiert. v. W. Beierwaltes, Frankfurt 1967, S. 51.
106 Vgl. hierzu Lampas trig. stat., OL III, S. 130.

Die sinnliche Welt in ihrer Spiegelbildlichkeit bildet hierfür gewissermaßen den Ausgangspunkt einer Reflexion der Seele auf das Eine, so daß sie sich über die Vielzahl der Mittelglieder zu einem je höheren Grad an Einfachheit erhebt. »Denn auf den ersten Ursprung [ἀφ' ἧς ἀρχῆς] lassen sich auch die letzten Ausläufer zurückführen, mögen der Mittelglieder [τὰ μεταξύ] auch viele sein.«[107] Ein Prozeß, der sich nicht auf Einzeltatsachen richtet, sondern über die Erscheinungswelt hinausgehend zur reinen Anschauung des Übersinnlichen zu gelangen sucht, die letztendlich in einer ekstatischen Auflösung des Anschauenden in das Angeschaute mündet.

Bei Bruno erfährt das neuplatonische Konzept der Mittlerfunktion der Seele vor dem Hintergrund der Unendlichkeitslehre sowie der Intensivierung des Immanenzbegriffes eine starke Betonung.[108] Diese Mitte darf jedoch nicht als ein räumliches Zentrum verstanden werden, sondern kennzeichnet eine metaphysische Mittelpunktposition, ein inneres Wirkzentrum, aus welchem die Weltseele das Universum gleich einem Herz innerhalb des großen Organismus[109] von innen heraus belebt, ordnet und bewegt, so daß eine jede Bewegung sich in Hinsicht auf die Seele kreisförmig vollzieht, und zwar in der Weise, daß jedes Lebewesen sich auf sein je spezifisches seelisches Zentrum konzentriert,[110] denn die Weltseele wirkt im Ganzen wie in allen Teilen, so daß nichts ohne Anteil der Seele ist, diese aber ohne Teile eine (vgl. Enn. VI 4 [22], 12, 93).

Plotin erklärt dieses allem Inne-Sein und doch ganz in sich Eins-Sein der Seele im Verhältnis zur Materie eindringlich anhand der Analogie zu einer Stimme, die, ohne sich zu teilen, von vielen gehört wird. (Vgl. Enn.

---

107 Enn. IV 8, [6], 5, 27.
108 Die Rezeption der Plotin-Interpretation Ficinos in der *Theologia platonica* (vgl. Lib III) ist hierbei sicherlich *ein* wesentlicher Bezugshintergrund.
109 Vgl. Über die Ursache II, S. 62; »grande animale«, Causa, Dial. it. I., S. 238; De monade, OL I 2, Cap. IV, S. 347 f.; De umbris id., OL II 1, S. 27.
110 Bruno betont auf der Basis dieser Allbeseeltheitslehre und der Relativierung eines lokalisierten Mittelpunktes im Universum eine Analogie aller Organismen in bezug auf ihr Kreisen um den je eigenen inneren Beweggrund (vgl. Zwiegespräche, S. 99 und 120 ff.). Ein Kreislauf ist es, der in jedem Weltkörper wie im Universum insgesamt, ja in jedem Individuum aus dem Zentrum der Seele bewirkt wird, bzw. ein Zentrum ist es, auf das jede Bewegung sich zurückwendet.

VI 4, 12)[111] Diese Analogsetzung von Mitteilungs- und Partizipationsverhältnissen nimmt Bruno an verschiedenen Stellen auf.[112]

| »Animam universi secundum substantiam, dum indivisibilem dicimus, facile multiplicabilem concedimus, quemadmodum vox una in innumerabilibus locis indivisibilis quidem auditur, multiplicabilis vero esse potest per subiecta auditus et loca repercussionum aëris, dum interim ubique tota, nusquam vero divisa auditur (...) ut si una individua vox dum in universo ubique tota audiatur, non propterea perdit suam individuitatem...« (Lampas trig. stat., OL III, S. 57) | *»Gemäß der Substanz erachten wir die Seele des Universums, während wir sie unteilbar nennen, leicht als eine vielfältige, so wie eine Stimme an unzähligen Orten ja ungeteilt gehört wird; und in der Tat vermag sie vielfältig zu sein durch die Subjekte des Hörens und die Orte des Wiederhallens der Luft, während sie unterdessen überall ganz, nirgends aber wirklich geteilt gehört wird ... so daß, wenn eine ungeteilte Stimme, während sie überall ganz gehört wird, deswegen nicht ihre Unteilbarkeit einbüßt ...«* |

Das Beispiel der Stimme zeigt deutlich, wie das Überall-Sein der Seele, ihre vollständige Immanenz zu denken ist: Die Weltseele ist ganz in jedem Einzelnen anwesend, ohne sich dabei zu vervielfältigen. Aus der Perspektive des Einzelnen mag es so scheinen, als habe sie sich über die Teilgabe in die Verschiedenheit multipliziert,[113] tatsächlich ist die Beseeltheit des individuellen Seienden nur aus der ungebrochenen Einheit mit der Seele der Welt zu denken. So wie bei den lichtmetaphysischen Beispielen die Spiegelungen nur aus der ungeteilten, kontinuierlichen Verbindung zum Gespiegelten (Weltseele) zu begründen sind, so ist auch

---

111 Es sei hervorgehoben, daß hiermit neben den lichtmetaphorischen bzw. -metaphysischen Analogien das Modell simultaner Omnipräsenz neben der eher räumlichen Vorstellung einer Kontinuität des Lichtes ebenso in der Vorstellung einer zeitlichen Kontinuität seinen Ausdruck findet, so daß man vielleicht von Ansätzen einer ›Klangmetaphysik‹ sprechen könnte, die in der Renaissance in verschiedenen Ausformungen eine Rolle spielt.
Neben der Analogie zur überall gleichzeitig anwesenden ganz ungeteilten Stimme nennt Plotin auch das Beispiel eines Gesichtes in vielen Spiegeln (vgl. Enn. I 1 [53], 8, 47). Dieses Modell, um das Bezugsverhältnis von Einheit – Vielheit zu verdeutlichen, wird auch bei Bruno angewandt. (Vgl. Lampas trig. stat., OL III, S. 59; vgl. dazu die Ausführungen im Kapitel ›Speculum naturae‹)
112 Vgl. z. B. auch Über die Ursache II, S. 73.
113 Es sei zur Frage der Perspektivität auf Cusanus' Beispiel des Portraits in *De visione dei* erinnert, das von vielen Betrachtern zugleich angeschaut wird, bzw. im Hinblick auf das jeder Einzelne sich ganz in den Blick des Portraitgesichtes genommen sieht, welchen Standort er auch immer einnimmt bzw. wieviele Betrachter auch zugleich auf das eine Portrait schauen mögen: es ist ein Blick, der alles sieht bzw. in dem alle gesehen werden und sehen.

der Widerhall der Stimme für jeden Einzelnen nur unter Wahrung der Relation zum Ausgangspunkt des Klanges (Stimme) zu verstehen. Bruno entwickelt an diesen Modellen somit eine reflexive Struktur, über die das Individuum an die Einheit gebunden ist, bzw. über die es in der Einheit der Weltseele aufgehen kann, sofern es sich von der Körperlichkeit löst und d. h. ganz seiner intellektual-seelischen Potenz innewird, jede äußere Andersheit negiert, um, qua Teilhabe an der Weltseele, in der Einheit aufzugehen.

Bei Plotin ist dieser höchste Grad der Erkenntnis des Einen über die Selbstreflexion ein über jedes diskursive Wissen hinausgehender Akt unbegrifflicher, unmittelbarer Selbstanschauung, die Anschauung des göttlichen Grundes ist. »Wie der Mittelpunkt des eigenen und des universalen Kreises sich zu absoluter Einheit ineinander fügen, so verschmilzt das eigene Licht des Denkens mit dem Urlicht zu einer differenzlosen Einheit.« (W. Beierwaltes 1985, a.a.O., S. 140)

Wesentlich hierbei ist, daß innerhalb dieses Prozesses der Lösung von der Vielfältigkeit der Erscheinungswelt, der in ein reines Streben nach dem Guten übergeht, nicht das Individuum selbst als in Auflösung begriffenes zu denken ist. Vielmehr vollzieht sich das Einheitserlebnis individuell in der von sehnsüchtigem Suchen geleiteten Seele. Jeder Einzelne nähert sich somit der erst-ursächlichen Einheit über eine Verähnlichung (ὁμοίωσις), d. h. Negation der Vielheit außer sich bzw. einer Kon-Zentration auf seine »henologische Verfaßtheit«, denn – so Plotin – das »Unkörperliche wird durch Körper nicht geschieden; so kann es also auch nicht durch den Raum voneinander entfernt sein, sondern nur durch Andersheit und Verschiedenheit; wenn also keine Andersheit da ist, so ist dies nicht-Andere einander gegenwärtig. Jenes (Eine) nun, da es keine Andersheit in sich hat, ist uns immer gegenwärtig, wir aber sind bei ihm, wenn wir keine Andersheit in uns haben.« (Enn. VI, 9 [9], 8, 58)[114]

In Orientierung am neuplatonischen Denken faßt auch Bruno den Prozeß der Einheitserkenntnis als eine ›Verähnlichung‹ »Es ist also ein Bemühen um Vollkommenheit, indem man seine Gestalt verwandelt und jenem ähnlich wird ... Dem Guten und Schönen will er gefallen, indem er

---

114 W. Beierwaltes 1980, a.a.O., S. 35 f. Auch Bruno betont, daß die Seele sich nicht etwa mit dem Körper vermische, in den sie eingehe, noch von der Körpereigenschaft verwandelt werde, sondern unverändert Eine in Allem sei. Das bedeutet, in dem Maße wie die Einzelseele sich von der Andersheit ihrer körperlichen Bedingtheit löst, intensiviert sie die Näherung an die Einheit.

ihm ähnlich wird.« (HL I. Teil/III. Dial., S. 51)¹¹⁵ Diese ›Angleichung‹ an das Eine impliziert dabei stets die Unvergleichlichkeit dieser erstrebten absoluten Einheit, denn jedes Ähnlichsein birgt letztendlich Differenz. »Weil ... die göttliche Substanz unendlich ist und sich überaus weit entfernt von ihren Wirkungen hält, welche die äußerste Grenze unseres Erkennisvermögens darstellt, so können wir unmittelbar von ihr gar nichts wissen« (Über die Ursache II, S. 53), sondern zunächst nur mittelbar, d. h. über ihre Spuren, Schatten und Spiegelbilder im Seienden.

Der Weg der Erkenntnis ist somit eine Aufstiegsbewegung in Form einer Wiedereinfaltung der Vielheit in die Einheit¹¹⁶ auf dem Grunde der Seele. Die sinnliche Wahrnehmung als erste Stufe jeglichen Erkenntnisprozesses nimmt ihren Ausgang in der Welt der körperlichen Erscheinungen, welche gewissermaßen auf die Spur (vestigium) des zu Erkennenden führen, sind sie doch sinnliche Abdrücke, Spuren, Schatten und Spiegelungen des Ertursächlichen. Der metaphorische Begriff der Spur verweist auf die Gleichzeitigkeit von Gleichheit und Verschiedenheit, insofern in jedem Verursachten die Ursache anwesend ist, diese selbst aber vom Bewirkten verschieden ist. Besonders deutlich wird diese Immanenz des Einen, das seinen Abbildern transzendent bleibt, in der Metapher der Spiegelung. Plotin geht davon aus, daß das Nachbild (εἴδωλον) notwendig von einem Urbild abhängig ist (ἀρχετύπος) »wie bei dem Nachbild im Wasser, im Spiegel oder Schatten; denn da hat das Nachbild seine Existenz im eigentlichen Sinne nur von dem Früheren her und entsteht von ihm aus, und hier ist es unmöglich, daß das Hervorgebrachte getrennt von ihm existiert ...« (Enn. VI 4 [22], 10, 80)

Einerseits sind die Abbilder dem Ursächlichen gleichende, in ihrem speziellen Seinsmodus aber verschiedene, insofern sie das Eine nur mittelbar, über ein Anderes nachbilden. Die Beziehung des Ähnlichkeitsverhältnisses bleibt dabei eindimensional. Das Spiegelbild gleicht dem Gespiegelten, die Umkehrung jedoch gilt nicht, denn das Spiegelbild bedarf des Zuspiegelnden, um Spiegelbild zu sein, das Eine aber bedarf keines Spiegelbildes.

Gleichzeitig verweisen die Metaphern von Spur, Spiegel, Bild und Schatten auf das Kontinuierliche der Seinsentfaltung. Das Gespiegelte steht zum Spiegelnden in einer Beziehung kontinuierlicher Mitteilung, d. h. einem Partizipationsverhältnis als Bedingung der Möglichkeit, ein

---

115 Gleichzeitig ist die ›Verähnlichung‹ mit dem Einen nicht auf ein außerhalb Befindliches gerichtet, sondern auf die eigenste und innerste Teilhabe an der ursachenlosen Ursache. Der Geist erfährt diese in der Gottsuche über ein spezifisches ›Erinnern‹, d. h. über das Sich-Richten auf die immanente Anwesenheit des Einen in seiner unmittelbarsten Wirkung (HL I. Teil/III. Dial., S. 51). Vgl. hierzu die Ausführungen zur ›Stufenordnung‹ bzw. zum ›speculum naturae‹.

116 Genauer formuliert ist die traditionelle, am Sphärenmodell orientierte Rede von *descensus* und *ascensus* hinfällig und zu ersetzen durch eine Bewegung von *außen* nach *innen*.

Ähnliches zu sein. Die sinnlich wahrnehmbare Erscheinung ist zugleich abbildhaft im Verhältnis zum Ursächlichen wie bloßes Trugbild als körperlich-vergängliche Erscheinungsweise; sie besteht sowohl in Gleichheit wie in Verschiedenheit, insofern in jedem Verursachten die Ursache anwesend und zugleich selbst von diesem verschieden ist.

In diesem Sinne heißt es, die erste Ursache sei zugleich überall wie nirgends, πανταχοῦ καὶ οὐδαμοῦ (vgl. Enn. V 5 [32], 9 / Proklos, in Parm., 842, 15 ff), überall in jedem Einzelnen ganz gegenwärtig (Immanenz), dennoch aber nirgends, insofern kein Einzelseiendes dem Einen identisch ist, das Eine, ohne in etwas enthalten zu sein, aber ganz in sich verbleibt (Transzendenz). (Vgl. K. Kremer 1977, a. a. O., S. 48)

Auch die brunosche Weltseele ist in dieser dialektischen Spannung zu fassen, was der Nolaner etwa in Analogie zu dem Steuermann eines Schiffes darlegt.

So wie der Lenker eines Schiffes mit dem Schiff bewegt wird, d. h. ›Teil‹ desselben ist, insofern er an der Bewegung teilnimmt und zugleich kein Bestandteil des Bewegten ist, sondern vielmehr die Bewegung leitend, so ist auch die Seele Steuerinstanz des Welt-Körpers, die den gesamten Organismus beherrscht, ohne selbst wiederum in irgendeiner Weise an die Materie gebunden bzw. von dieser beeinflußt zu sein.[117] Wie im absolut Einen Ursache und Prinzip in eins fallen, so ist auch die Weltseele durch die Wirkweise des universalen Intellektes gleichzeitig verursachende wie innerlich prinzipierende, jedoch nicht – wie in der transzendenten Einheit – als unterschiedslose Identität, sondern als die Einheit des Universums konstituierende, d. h. eine relationale Allverbundenheit des Vielen begründende Kraft im Sinne einer alles mit allem innerlich – qua Beseelung – vermittelnden, teilgebenden und alles durchdringenden Mitteilung der Einheit wie als allumfassende Totalität des Universums.

Jedes Einzelseiende verkörpert über die Teilhabe an der vermittelten wie vermittelnden Einheit der Weltseele zugleich *Einheit*, insofern es Eines ist und *Andersheit*, insofern es nicht Aktualität des gesamten Vermögens ist, sondern spezifische Konkretion. In dieser unähnlichen Ähnlichkeit steht es in Analogie zur absoluten Einheit. Im Verhältnis zur Vielheit des Seienden ist jedes Einzelne in die umfassende Ganzheit des Universums, in ein relationales Ordnungsgefüge ›eingebunden‹. Es besteht somit ein harmonisches Zusammenspiel des Vielfältigen im Universum kraft der Weltseele, die Bruno in Berufung auf Platons *Timaios* als das ›Band der Analogie‹ versteht, aber auch über den stoischen Sympatheia-Gedanken, die neuplatonisch fundierte Lehre einer ›Mitte‹

---

[117] Hierin unterscheidet sich die Weltseele von der individuellen, an den Körper gebundenen Seele. Vgl. Über die Ursache II, S. 61; Plotin, Enn. II 9 [33], 7.

bzw. in Bezugnahme auf die magia naturalis als ›Band der Liebe‹ charakterisiert.[118]

Diese traditionellen Konzepte einer Weltseelenlehre, in die pythagoreische, orphische und hermetische Bezüge einfließen, greift Bruno auf, um unter verschiedenen Aspekten die Immanenz des Einen zu formulieren, sei es als zahlhafte Ordnung und Symmetrie, als organismische Einheit eines beseelt-lebendigen Ganzen, einer sympathetischen Verbundenheit der Vielheit zur Ganzheit wie einer durch den Liebesbezug auf die erste Einheit sich rückwendenden, reflexiven Einheit des Universums.

Beziehen wir zusammenfassend den neuplatonischen Hintergrund einer Erkenntnislehre über Abstraktion und ὁμοίωσις auf den brunoschen Ansatz, so ist auch dort das erstrebte Erkenntnisziel letztendlich eine über die sichtbare Natur hinausgehende Innewerdung und Verähnlichung mit dem göttlichen Einen. (vgl. Summa term. metaph., OL I 4, S. 111, »Finis«)

Gleichwohl erfährt die Erscheinungswelt einen höheren und anderen Stellenwert als noch im Neuplatonismus, d.h. ihr ›Abbildcharakter‹ erhält über die Instanz der ›phantasia‹ eine bewußtseinskonstituierende Bedeutung.

Einerseits entwickelt Bruno eine detaillierte Theorie der Wahrnehmung und Erkenntnis, d.h. der Verarbeitungsstrukturen menschlicher Rezeption der Ordnung der wahrnehmbaren Wirklichkeit mitsamt deren Transformation in eine Denkordnung. Andererseits betont Bruno, ausgehend von dieser Rekonstruktion der Außensicht in eine wiederum analog organisierte Innensicht, die individuelle Erkenntnissituation bzw. die schöpferische Fähigkeit, die dem Menschen weniger als eine äußere, sondern vielmehr als eine innere, unbegrenzte gottähnliche Potenz gegeben ist.

Insofern die sinnlich erfahrbare Welt der Dinge zwar stets nur Spur, Schatten und Spiegelung des Einen ist, wird die verstandesmögliche Erkennbarkeit nur eine annähernde Gewißheit geben, welche die allen wandelbaren Dingen zugrundeliegende universale Substanz, den Einheitsgrund des Seienden in seiner Absolutheit nicht zu erfassen vermag, wohl aber in der Lage ist, in analoger Weise, gemäß der allen Dingen innewohnenden Teilhabe an der Einheit, anhand struktureller Gleichheit von Seinsweisen und -entfaltung auf Prinzipien des Seienden zu schließen. »Wenn überdies alles, was ist – angefangen mit dem höchsten und obersten Wesen –, eine bestimmte Ordnung hat und eine Reihenfolge, eine Stufenleiter bildet, worauf man vom Zusammengesetzten zum einfachsten und von diesem zum Allereinfachsten und gänzlich Absoluten emporsteigt über Mittel- und Bindeglieder, die an der Natur beider

---

[118] Bei Ficino, auf den sich Bruno an vielen Stellen bezieht, finden wir bereits eine ähnliche Betonung der alles mit Liebe in Schönheit und Ordnung durchdringenden Mittlerinstanz der Weltseele.

Extreme teilhaben, und doch ihrem Wesen nach neutral sind; wenn es keine Ordnung gibt ohne eine gewisse Teilhabe, keine Teilhabe ohne eine gewisse Verknüpfung und keine Verknüpfung ohne irgendeine Teilhabe, dann folgt, daß es für alle subsistierenden Dinge ein Prinzip der Subsistenz geben muß.« (Über die Ursache IV, S. 112)

Die Vielheit und Mannigfaltigkeit des Seienden ist dem vollkommenen Sein der Einheit durch Teilhabe notwendig verbunden, und darin ist seine Abbildhaftigkeit innerlich begründet. »Also jegliches Vermögen und jegliche Wirklichkeit, die in dem ersten Prinzip gleichsam zusammengefaltet, vereinigt und eines ist, ist in den anderen Dingen auseinandergefaltet, zerstreut und vielfach.« (Über die Ursache III, S. 98) Das heißt, in dem je individuell Seienden ist das Vermögen der Einheit nur teilweise verwirklicht.

Jedes individuell Seiende enthält »einen Teil von geistiger Substanz in sich« (Über die Ursache II, S. 65) und besteht damit in teilhaftiger Ähnlichkeit zum Absoluten. Ohne einen Vergleich von Absolutem und Bedingtem anstellen zu können, gibt doch das bedingt Seiende Rückschluß auf das Absolute. Teilhabe darf hier im Sinne des Äquinaten als ›Teilnahme‹ aufgefaßt werden, d. h. als in den Dingen nur teilweise verwirklichte Bestimmung eines absoluten Vermögens (vgl. Summa contra gentiles I, 32), die somit mit einem Mangel verbunden ist. »Jede der Vollkommenheit der Ursache nicht gleichkommende Wirkung nimmt die Ähnlichkeit zu der Ursache nicht ganz in dem nämlichen Sinne, sondern nur mangelhaft in sich auf ...«[119] Ähnlichlautend heißt es bei Giordano Bruno in bezug auf die Einzeldinge, daß diese durch »Mangel und Unvermögen« (Über die Ursache III, S. 99) gekennzeichnet seien, insofern sie nicht alles sind, was sie sein können. Der Teilhabebegriff steht somit für eine eindimensionale Struktur, für das Abhängigkeitsverhältnis von vollkommener Ursache und deren unvollkommener Abbildung in den Wirkungen. Die Beziehungsstruktur ist somit keine Vergleichsebene von zwei Verschiedenen, die durch Teilhabe an einem Gemeinsamen aufeinander zu beziehen wären. Von Gott/dem absoluten Einen ist keinerlei Aussage über etwas zu treffen, an dem er teilnähme,[120] sondern was hier einfach, vollkommen und ohne jeden Unterschied eines ist, erscheint im Vielen vielfach, unvollkommen und unterschiedlich qua Teilhabe. Das Verhältnis von Absolutem und endlich Vielem ist damit ein hierarchisches, nicht umkehrbares. Auch ist die Teilhabe am Zugrundeliegenden nicht gegeben durch eine ›Aufteilung‹ des Vollkommenen, sondern gleich der Stimme, die von einer Vielzahl von Individuen ganz/ungeteilt aufgenommen werden kann, ist die Gottheit ganz in jedem Teil (vgl. Über die Ursache II, 73).

---

119 Summa contra gentiles I, q 13 a 5c, zit. n. Habbel, J.; *Die Analogie zwischen Gott und Welt nach Thomas von Aquin*, Regensburg 1928, S. 13.
120 Vgl. hierzu auch Summa contra gent. I, 32 V. Arg.; bzw. J. Habbel 1928, a. a. O., S. 31.

Das göttliche Eine ist zugleich das Nicht-Andere, die unvergleichliche und außerhalb jeder relativen Bestimmung liegende Identität, wie als alles Begründendes und Ursächliches analog aus seinen Wirkungen zu erkennen. »Die Welt ist Gott ähnlich und nicht Gott der Welt und darum ist alles in der Welt sowohl kausal, d.h. dem Sein, der Entstehung nach, als auch essentiell (rational), d.h. dem Sein, dem Wesen nach etwas Sekundäres und Gleichnishaftes.«[121]

Erkenntnislogisch wird auf das Erstursächliche und Eine in Analogie zu den Wirkungen (der Vielheit des Seienden) geschlossen, insofern diese über die partizipative Beziehung zu jener Ähnlichkeitscharakter besitzen. Zu betonen ist dabei nochmals, daß hierin nicht ein Erschließen des zugrundeliegenden Absoluten zu verstehen ist, sondern lediglich die Erkenntnis, daß dieses Eine als notwendige Voraussetzung des vielfältigen Seienden zu bestimmen ist und daß alle Bestimmungen des Seienden diesem Einen in höchster Vollkommenheit und somit über alle Begrifflichkeit und Begreifbarkeit hinausgehend zukommen.[122] Die absolute Ursache ist damit zugleich eine dem Seienden ähnliche wie diesem unvergleichliche und ganz andere bzw., wie es bei Cusanus heißt, ein ›non-aliud‹, d.h. außerhalb jeglicher Definierbarkeit des Einen über ein Anderes, wie es dem diskursiven Verstande zueigen ist, über jegliche In-Beziehung-Setzung erhabene Ein- und Andersheit. Aus der Perspektive der Wirkungen aber ist sie zugleich ›ähnlich‹, sofern sich das Ursächliche in den Dingen abbildhaft und in modifizierter Weise verkörpert. Metaphysisch ist, wie erwähnt, nicht Gott der Welt ähnlich, sondern umgekehrt. Die ontologische Struktur ist analoger Ausdruck des Göttlichen.

»Indem wir also zur vollkommenen Erkenntnis aufsteigen, vereinfachen wir die Vielheit; wie andererseits die Einheit, indem sie zur Hervorbringung der Dinge herabsteigt, sie vervielfacht.« (Über die Ursache V, S. 142) In umgekehrter Proportionalität der metaphysischen Spanne von (um die von Cusanus geprägte Begrifflichkeit zu wählen) ›complicatio‹ und ›explicatio‹ ist die Erkenntnisbewegung ein analoger Prozeß der Wieder-Einfaltung des Ausgefalteten.

---

121 J. Habbel 1928, a.a.O., S. 55; vgl. bei Bruno: Summa term. metaph., OL I 4, S. 97, XLVII Comparatio.

122 Die enge Beziehung der Analogie zur negativen Theologie bzw. negativen Bestimmung des Absoluten wurde bereits angedeutet.

11. Systematisierung des neuplatonischen Einheitsdenkens bei Proklos

Grundproblem neuplatonischer Seinslehre ist – wie wir gesehen haben – die Begründung der Abstiegsbewegung des Einen in das Viele, die vorgestellt wird gleich einem Ausfließen des Mittelpunktes in die Vielheit der Peripheriepunkte, und der entsprechenden Rückwendung der erkennenden Seele von der äußeren Sphäre auf die innerste Ursache. Die Seele ist Grenzscheide von Innen und Außen, zwischen äußerer Erscheinungswelt und der Hinwendung auf die innere, geistige Einheit.

»Alles bewegt sich insofern in dem Kreise des Heraustretens aus seiner Ursache und der Rückkehr zu derselben; oder wenn wir die einzelnen Momente dieses Verlaufes unterscheiden wollen: alles Verursachte steht zu dem Verursachenden in dem dreifachen Verhältnis, dass es 1) vermöge seiner Ähnlichkeit mit demselben in ihm bleibt, dass es 2) aus ihm heraustritt, und dass es sich 3) zu ihm zurückwendet.« (E. Zeller, 1923, a. a. O., S. 848) Bedingung der Rückwendung vom Verursachten zum Verursachenden ist die Immanenz der Ursache in der Wirkung, d.h. die Ähnlichkeit über eine Teilhabe am gleichermaßen immanenten wie transzendenten Einen.

Diese Kontinuität des Seienden aufgrund der inneren Verbindung, der Relationalität und Ähnlichkeit alles Verursachten im Hinblick auf die Erstursache vermittels der Allbeseeltheit erfährt bei Proklos, der damit die Lehre Plotins weiterführt, eine strenge Systematisierung, wobei insbesondere der Gedanke der Vermittlung eine zentrale Rolle spielt. Proklos übernimmt somit nicht nur die von Plotin formulierte Dialektik von Einheit und Vielheit[123], sondern verleiht diesem Verhältnis von Entfaltung aus der Einheit und Rückwendung der Vielheit auf die Einheit durch seine Konzeption einer triadischen Ordnung eine größere Geschlossenheit. Bei Proklos begegnet uns bereits eine Entfaltungsstruktur, die beim Cusaner als complicatio-explicatio-Modell grundlegend wird. Das Eine entfaltet sich explikativ ohne seine komplikative Einheit zu verlassen, in jedem Verursachten ist das Eine implikativ ganz vorhanden, jedes Einzelne strebt daher nach der Rückkehr aus der Vielheit in diese Einheit (resolutio). Die Selbstmitteilung der ersten Ursache wird von Proklos nicht vorrangig unter dem Aspekt einer Entzweiung oder Differenzierung in die Vielfältigkeit intelligiblen wie körperlichen Seins in absteigender Entfaltungslinie bzw. nach Teilhabegrad gefaßt, sondern über die Zugrundelegung einer triadischen Struktur auf ein System sich

---

[123] Aufgrund seiner Systematisierung der neuplatonischen Lehre wird er gern als der ›Scholastiker‹ des Neuplatonismus bezeichnet. Nicht nur die *Elemente der Theologie* sind von großer Wirkung auf das Mittelalter und die frühe Neuzeit, sondern auch die Kommentare zu den platonischen Dialogen werden zu einer maßgeblichen Quelle der Platon-Rezeption.

überlagernder ›Kreise‹ zu einem zyklisch sich durchdringenden Ganzen. »Jedes Bewirkte bleibt in der Ursache, tritt aus ihr heraus und wendet sich zu ihr hin. Wir haben darin eine fundamentale Triade des proklischen Systems zu erblicken.«[124]

Grundstruktur ist wie bei Plotin die hierarchische Ordnung von erster Ursache/dem Einen – Nous – Seele – Körperwelt, die in sich wiederum wirkursächlich differenziert als Seinsstufung erscheint.

Das Erste und Eine (über dem Sein) ist die Identität des Urguten und der ersten Ursache, die ohne verusacht zu sein (ἀναιτίως αἴτιον) im Intelligiblen ihr erstes Abbild findet, indem sie sich über die Henaden (göttliche Einheiten, Monaden[125] der absoluten Monade) in die intelligible Sphäre vermittelt. Anders als bei Plotin wird also zwischen dem Ersten/-Einen und der geistigen Einheit in Vielheit nochmals eine Mittlerebene eingeführt. Die ›Vermittlung‹ wird zum charakteristischen Element jeder Seinsstufe, wobei Vermittlung stets als triadische Einheit und damit letztendlich als ein In-sich-Kreisen zu verstehen ist. Bei Plotin umfaßt der Nous als bewegungsloses Denken seiner selbst Sein und Denken als Identität; Proklos faßt die intelligible Sphäre des Nous wiederum als in sich vermittelte triadische Einheit, wobei das Sein (Güte) sich in das Leben (Kraft) entfaltet, die über das Denken zurückgewandt wird. Sein, Leben und Denken sind wiederum in sich triadische selbstbezügliche Einheiten, in denen jeweils das Prinzip von Einheit/Grenze – Unbegrenztheit/unendliche Kraft und dem aus beiden Gemischten wirkt. Diese triadische Struktur verkörpert auf jeder Ebene der Seinsstufung eine geistige Kreisstruktur von In-Sein, Heraustreten und Rückwendung. Jede bewirkte Einheit aus der ersten Ursache ist in sich vermittelte triadische Einheit, denn erst die Triade führt die Entzweiung als Differenzierung von der Einheit wieder zur Einheit zurück bzw. überführt die Differenz von Identität und Differenz in die Identität von Identität und Differenz. »Die Drei nämlich ist die erste Zahl, die sich durch den Dreischritt: μονή – πρόοδος – ἐπιστροφή konstituiert, indem sie in sich die allgemeine Trias ἀρχή – μέσον – τέλος entfaltet und sich somit inhaltlich bestimmt. μέσον ist sowohl die Mitte als auch als Vermitteltes zu fassen, durch das die Einheit der Dreiheit als Ziel und Vollendung (τέλος, τελευτή) allererst möglich wird. ›Die Dreiheit als erste Zahl und als erstes

---

124 K. Kremer 1971, a. a. O., S. 221; vgl. auch E. Zeller 1923, a. a. O., S. 848.
125 Nach Jean Trouillard ist die Lehre des Proklos eine Monadologie. Trouillard, J.; »La Monadologie de Proclus«, in: *Revue philosophique de Louvain*, 57 (1959), S. 309–320; vgl. auch W. Beierwaltes 1979, a. a. O., S. 12 ff.

Ganzes Anfang, Mitte, Ende umfassend, gleicht der Einheit, die einig die gesamte Mannigfaltigkeit umfaßt.‹ [Proklos, in Tim., II 223, 10–13]«[126]

Auf jeder Stufe des Seienden ist die Entfaltung des Geistes über die Mittlerfunktion der Seele eine triadische Selbstreflexion. Aufgrund dieser triadischen Gesetzmäßigkeit läßt sich von einer »dynamischen Identität des Geistes« (W. Beierwaltes 1979, a. a. O., S. 50) sprechen, d. h. in je nach Seinsgrad (Vielheitlichkeit) abgestufter Konkretion zeigt sich die strukturell analoge Explikation des Geistes im Seienden als Vermitteltheit von Identität und Differenz. »Jedes Verursachte weist auf Grund seiner Teilhabe an der Ursache ein identisches (ταυτόν) wie ein nichtidentisches (ἕτερον) Moment mit der Ursache auf; ersteres weil es Form und Wesen in sich trägt, letzteres, weil es sie nur noch in einem geminderten Sinne besitzt.« (K. Kremer 1971, a. a. O., S. 219)

Die Entfaltung aus der Einheit vollzieht sich also als eine hierarchisch organisierte Vielheit triadischer Einheiten, das heißt je in sich geschlossener selbstreflexiver Identitäten von Ein- und Andersheit, die als Bewirkte der voraufgehenden Ursache ähnlich wie verschieden sind bzw. als Bewirkende in ursächlicher Beziehung zum Folgenden stehen. Diese Vermittlungsstruktur auf allen Seinsebenen betont nicht nur das Prinzip von Kausalität aus dem Einen und Kontinuität des Einen in Allem, sondern vermittelt die Vielheit als ganzheitliche Einheit über die Analogie zwischen jeweiliger Ursache und Verursachtem auf allen Seinstufen. Hierin zeigt sich eine strukturelle Analogizität, die sich als triadische Einheit respektive über das Kreismodell fassen läßt.

Eine solche triadische Grundstuktur von Vermitteltheit, die sich insbesondere über den geometrischen Kreis bzw. das Dreieck als relationale bzw. reflexive Einheit begreifen und auf die metaphysische Struktur übertragen läßt, ist m. E. für das brunosche Verständnis und die Rolle der geometrischen Figuren anzunehmen.[127]

Konstituiert sich die Folge der Wirkungen analog der Ursache, so ist die Erkenntnis des Ersten ebenso auf analogem Wege zu vollziehen. »Ziel dieses Weges von Denken ist, das Eine denkend zu berühren und das in ihm Gründende zu erkennen, soweit dies möglich ist. So kann gesagt

---

[126] Beierwaltes, W.; *Proklos. Grundzüge seiner Metaphysik*, Frankfurt 1979, S. 26. In bezug auf die Philosophie Giordano Brunos wird sich die triadische Struktur von Sein und Denken als ein bestimmendes Element erweisen, das letztendlich im Kreismodell aufgeht. Der Gedanke, daß die Dreiheit als erste Gestaltwerdung der Einheit zu fassen sei, läßt sich auf neupythagoreische Vorstellungen zurückführen. Auch bei Bruno spielt die Dreiheit die Rolle eines Formprinzips, einer ersten Gestaltwerdung, indem die Drei bzw. das Dreieck nicht nur im Sinne einer Figur/Zahl, sondern ebenso als metaphysische Struktur verstanden werden muß: als die erste Vermittlung von absoluter Einheit und Aus-Sich-Heraustreten aus der Einheit ist sie gewissermaßen das auf das Eine zurückgewandte Prinzip einer metaphysischen Bewegung. (vgl. De monade, Kapt. IV; vgl. auch Lampas trig. stat., OL III, S. 43: »Ipse est omnium tricausale principium ...«

[127] Vgl. De minimo, OL I 3, S. 331.

werden: Das der Methode Maß-Gebende ist die Sache des Denkens. Dieses selbst ist mannigfach bestimmt, wird aber durch das Überseiende, im Seienden jedoch wirkende Eine zur systematischen Einheit von Seiendem gefügt, so daß im mannigfaltig Seienden, wenn es gedacht wird, immer schon das Eine als Grund und Prinzip in seiner Vorläufigkeit mitgedacht ist. Die Systematik des Einen als Explikation des Einen selbst zeichnet der Methode den Gang vor, den das Denken fortschreitend nachzugehen hat, indem es in den Grund der Systematik zurückkehrt.« (W. Beierwaltes 1979, a. a. O., S. 16)

Das Verhältnis von Aufstieg und Abstieg bestimmt die Methode. Diese formiert sich somit an der analogen Strukturiertheit des in Vielheit entfalteten Seienden als eine Kreisbewegung des Denkens, eine rückgewandte Wiedereinfaltung über die Mittelglieder, die allein deshalb möglich ist, weil im Verursachten die Ursache immer schon anwesend ist.

Wie bei Plotin ist die Erkenntnis des Ersten ein innerseelischer Prozeß zunehmender Abstraktion von der wahrnehmbaren Vielheit, der gewissermaßen durch Selbstauflösung in der Berührung des Göttlichen das ewig zu umkreisende Ziel sucht. Bedingung der Möglichkeit dieser reversiblen Analogizität von Einfaltung und Ausfaltung ist die alles durchwaltende Dialektik von Selbigkeit und Andersheit.»In jeder hervorgegangenen Stufe wird die Unähnlichkeit zum Ursprung (oder ihre Andersheit) durch die dem Seienden immanente Ähnlichkeit zum Ursprung (Selbigkeit) überwunden. Der sich so auf jeder Stufe vollziehende Kreis (ἀφ᾽ ἑνὸς καὶ πρὸς ἕν [Elem. Theol. 110; 98, 13]) ist eingefügt in den Kreis von μονή – πρόοδος – ἐπιστροφή des Seienden insgesamt. Den Gedanken, daß Ähnliches im Unähnlichen oder Anderes im Selbigen und umgekehrt wirksam sind, hat Proklos im Begriffsbereich von ἀναλογία, dem Struktur- und Bewegungsprinzip der Welt, differenziert entfaltet.« (W. Beierwaltes 1980, a. a. O., S. 42)

Wenn ich auf dieses Strukturprinzip der Metaphysik des Neuplatonikers Proklos aufmerksam mache, so in der Absicht, Elemente der brunoschen Philosophie deutlicher hervortreten zu lassen: die Rolle der Mathematik und das Prinzip von Mitte und Vermittlung.

Möglicherweise läßt sich die Entfaltung der Vielheit aus der Einheit, die Bruno insbesondere in seinen späteren Schriften systematisch über geometrische Modelle zu fundieren sucht, vor dem Hintergrund der von Proklos entwickelten triadischen Konzeption einer Vermittlung von Ein- und Andersheit verstehen. Auch bei Bruno sind es insbesondere die geometrisch-arithmetischen Strukturen von Kreis/Monas und Dreieck/-Trias, anhand derer das Hervorgehen von Einheit in Vielheit bzw. deren Vermittlung als relationale Einheit wie Rückbezogenheit auf den Ausgangspunkt analog der metaphysischen Entfaltung des Einen in das vielfältig Seiende begründet wird.

Es ist der Gedanke einer vermittelten Einheit, einer die Gegensätzlichkeit von Extremen vermittelnden Mitte, der sich bei Proklos über die Struktur von Trias als das analoge Prinzip des intelligiblen wie körperlichen Seienden erweist und damit das Seiende insgesamt ontologisch aus der Einheit begründet wie gnoseologisch in diese zurückzuführen sucht.

Wenngleich die Modi dieser triadischen Struktur im metaphysischen System des Proklos differieren,[128] so ist doch durchgängig das Prinzip von μονή – πρόοδος – ἐπιστροφή als Grundstruktur einer Vermittlung von Einheit und Andersheit, Anfang und Ende, Erstem und Letztem anzusetzen, das sich am Modell des Kreises als analoge Struktur schlechthin fassen läßt.

»Analogie ist Entfaltung des Ursprungs, indem sie, vom Vermittelnden aus, Anfang und Ende in eins fügt und rückläufig vom Letzten zum Ersten ›Alles durch die Harmonie zur intelligiblen Ursache hinführt, von der aus auch die Trennung der Natur und das Auseinandertreten der Körper sich vollzogen hat‹. So wird das bewegende Moment der Analogie (= das Vermittelnde) selbst Alles, was es vermittelt: das Mittlere wird die Extreme, Anfang und Ende, Erstes und Letztes, die Extreme aber werden zur Mitte, bewahren jedoch in dieser Einung die je eigene Wesensgestalt ... Durch das Band der Analogie erweisen sich Selbigkeit und Andersheit nicht als widersprüchliche Gegensätze, denn gerade auf Grund der Analogie werden Unterscheidung und Unterschiedenheit in Harmonie und Gemeinsamkeit zurückgeführt.« (W. Beierwaltes 1979, a. a. O., S. 73)

Eine solche Kreisstruktur von In-sich-Verharren (Zentrum), Aus-sich-Heraustreten (Radius) und Rückkehr bzw. Rückbezug auf den Mittelpunkt (Peripherie) wird auch bei Bruno zur Grundstruktur des Seienden und zwar jedes Einzelnen wie des Seienden insgesamt, denn die absolute Monade ist kleinster und größter ›Kreis‹, in dem aber alle Bestimmungen koinzidieren; sie ist Anfang und Ende jedweder Generierung des Seienden, in jedem Seienden anwesender Ursprung wie Ziel der Selbstvervollkommnung. Analog diesem Kreis wird die entfaltete triadische Struktur des Kreises und der kreisförmigen Bewegung zum durchgängigen Prinzip des Seienden.

Die mathematischen Modelle Brunos sind daher m. E. aus einer platonischen bzw. im Neuplatonismus weiterentwickelten Tradition zu verstehen, wonach mathematische Prinzipien von Zahlgenerierung und Figurierung auf von der sinnlichen Wahrnehmung abstrahierter Ebene auf metaphysische Prinzipien von Selbstmultiplikation der Einheit und Gestaltwerdung der Mannigfaltigkeit hinführen.

Für Bruno nimmt daher das Mathematische eine Mittlerrolle zwischen Metaphysik und Physik ein, d. h. eine vermittelnde Funktion zwischen sinnlichem Erkennen und metaphysischer Einheitserfahrung.

---

128 πέρας – ἄπειρον – μικτόν; οὐσία – ἑτερότης – ταυτότης; ἀρχη – μέσον – τέλος; πρῶτον – μέσον – ἔσχατον. Eine Analyse der wesentlichen Formen dieser triadischen Strukturen bietet die hervorragende Studie von W. Beierwaltes 1979, a. a. O.

Diese vorbereitende und vermittelnde mathematische Erkenntnis- oder Denkweise, wie wir sie bereits im Liniengleichnis Platons kennengelernt haben, betont auch Proklos in seiner Vorrede zum *Euklidkommentar*, wenn er in Anlehnung an Platon den Bereich des Mathematischen als einen mittleren zwischen den unteilbaren, einfachen Ideen und teilbaren, mannigfaltigen Dingen bezeichnet, dem das vermittelnde/diskursive Denken eigen sei: »Denn dieses beansprucht erst die zweite Stelle nach dem reinen Denken und der höchsten Erkenntnis, ist aber vollkommener, genauer und reiner als die bloße Überzeugung. Es entwickelt nämlich und zergliedert die Unermeßlichkeit des Nus und entfaltet, was im intellektuellen Denkprozeß zusammengefaltet war, verbindet dann aber hinwiederum das Gesonderte und führt es zurück auf den Nus. Wie nun die Erkenntnisarten von einander verschieden sind, so unterscheiden sich auch von Natur aus die Erkenntnisobjekte, und zwar übertrifft die intelligible Welt alle anderen durch die Unwandelbarkeit ihrer Substanzen; die Sinnenwelt aber bleibt in allem hinter dem höchsten Sein zurück. Die mathematischen Objekte endlich und überhaupt Objekte des vermittelnden Denkens behaupten ihren Platz in der Mitte.«[129]

Nun ist aber das ›abstrakte‹ mathematische Wissen kein bloß von der Sinneswahrnehmung abstrahiertes oder die Erfahrung der einzelnen Dinge generalisiertes, sondern die »Seele ist also anzunehmen als die Schöpferin der mathematischen Seinsformen und Begriffe« (ebda., S. 171), die diese nicht über die Dinge gewinnt, sondern sie »aus den Ideen hervorgehen [läßt], und ihre schöpferischen Geburtswehen sind Ausstrahlungen bleibender und unvergänglicher Seinsformen ...« (ebda.), denn »auch die Seele ist Nus, der sich nach dem vor ihm existierenden Nus entfaltet und sein Bild und seine Form nach außen hin geworden ist. Wie nun jener alles ist in intellektueller Weise, so diese in psychischer Weise, wie jener urbildlich, so diese abbildlich, wie jener alles zusammen, so diese alles gesondert. In dieser Erkenntnis setzt denn auch schon *Platon* die Seele aus allen mathematischen Formen zusammen, zerlegt sie nach Zahlen und verbindet (die Teile) nach den Analogien und den harmonischen Verhältnissen und legt in ihr die erstursächlichen Prinzipien der Figuren nieder, das Gerade und das Runde, und bewegt die Kreise in intellektueller Weise. Die ganze Mathematik ist also zuerst im Geiste vorhanden, und vor den sichtbaren Zahlen sind die eigenbewegten, und vor den sichtbaren Figuren die lebendigen Figuren, und vor den harmonisch gestalteten die harmonisch gestaltenden Verhältnisse, und vor den im Kreis sich bewegenden Körpern die unsichtbaren Kreise geschaffen, und der Inbegriff von allem ist der Geist ...«. (Ebda., S. 173 f)

Die Seele als Mittlerin zwischen intelligibler und körperlicher Welt ist also der Ort dieser ›mittleren‹ und ›vermittelnden‹ Wissenschaft. Sofern

---

[129] Proklos Diadochus; *Euklid-Kommentar*, besorgt u. eingel. v. M. Steck, Halle/Saale 1945, S. 164.

die Seele über die Teilhabe am Nous die mathematischen Ideen in sich birgt, wird sie über das äußerliche In-Erscheinung-Treten von Zahl und Gestalt (etwa in der Schönheit sichtbarer Dinge bzw. der Harmonie der Musik) ihres immanenten Vermögens inne. »Die Mathematik ... setzt mit der Erinnerung den Hebel von außen an, wendet sich aber schließlich den inneren Ideen zu; sie empfängt zwar Anregung vom sekundären Sein, ihr Ziel und Ende aber ist das bevorzugte Sein der ideellen Seinsformen.« (Ebda., S. 175)

Im eigentlichen Sinne aber ist – so Proklos – die mittelnde Funktion der mathematischen Wissenschaft die einer Wiedererinnerung. »Der Grund hierfür liegt darin, daß das Prinzip der Erinnerung zugleich auch das Denkprinzip der Seele ist. Dieses west in den mathematischen Begriffen und hat diese Wissenschaften in sich antizipiert, auch wenn es damit nicht in Tätigkeit tritt. Es trägt aber im Verborgenen alle wesenhaft in sich, und läßt die einzelnen ans Licht treten, wenn es befreit wird von den Hemmnissen der Sinneswahrnehmung.« (Ebda., S 194)

Die Mathematik bzw. das Denken in mathematischen Begriffen bereitet somit eine Abkehr vom Sinnlichen vor und führt auf den Weg einer Einkehr in das geistige Vermögen der Seele.

»Das also ist das Lernen, die Erinnerung an die unsichtbaren Ideen in der Seele, und demzufolge wird die Wissenschaft, die zur Erinnerung an diese Ideen uns vorzugsweise verhilft, Mathematik genannt. Auch die Art der Aufgabe dieser Wissenschaft wird auf Grund des Namens klar: Sie bringt die uns angeborene Wissenschaft ans Licht, weckt das reine, reinigt das vermittelnde Denken, offenbart die wesenhaft in uns vorhandenen Ideen, hebt Vergessen und Unwissenheit auf, die uns von Geburt aus anhaften, und macht uns frei von den Banden der Unvernunft nach dem Willen des Gottes, der in Wahrheit Patron dieser Wissenschaft ist, der die intellektuellen Gaben ans Licht bringt, alles mit göttlicher Weisheit erfüllt, die Seelen hinbewegt zum Nus und wie aus tiefem Schlafe weckt ...« (Ebda., S. 195)

12. Kreis der Natur und der Erkenntnis

Kehren wir nochmals zurück zur oben thematisierten Struktur der Trias. Diese triadische Struktur ist bei Plotin bereits angelegt und in der systematisierenden Philosophie des Proklos als alles durchwaltendes wie verbindendes Prinzip der Seinsentfaltung wie der Denkbewegung herausgehoben. »Every effect remains in its cause, proceeds from it, and reverts upon it.«[130]

Die triadische Bewegung von Einheit – Hervorgang – Rückwendung läßt sich im Kreismodell fassen, eine zyklische Einheit, die auf jeder Stufe des Seienden eine Mittelbarkeit und Vermitteltheit des Einzelnen im Verhältnis zum Anderen bestimmt wie im Einzelseienden die Struktur des Ganzen widerspiegelt, so daß die Vielheit des Seienden als ein System sich überlagernder Kreise begriffen werden kann, das im Ganzen des Seienden als universaler Kreisstruktur aufgehoben wird.

Diese zyklisch-triadische Struktur bestimmt in der Folge in Aufnahme der plotinisch-proklischen Metaphysik die philosophische Deutung des Verhältnisses von Sein und Denken bei Pseudo-Dionysius Areopagita und wird über Scotus Eriugenas Übersetzung und Weiterführung der Lehre des Pseudo-Areopagiten maßgeblich für die neuplatonisch fundierten metaphysischen Konzepte des europäischen Mittelalters, wo die triadische Einheitsspekulation sich mit christlicher Trinitätslehre verbindet bzw. in diese eingeht, sie prägt die complicatio-explicatio-Lehre des Cusaners und zeigt sich schließlich, so die These, als grundlegende metaphysische Struktur in der Philosophie Giordano Brunos. Insbesondere die Monadenschrift Giordano Brunos ist vor diesem Hintergrund als eine mathematisch-geometrische Explikation einer logisch-ontologischen Ein- und Ausfaltungsstruktur zu sehen, die sich auf das Kreismodell stützt. Die triadische Struktur des Kreises (absolute Einheit/Zentrum – Nous/Hervorgang in Andersheit/Radius – Psyche/Rückwendung auf die Einheit/Peripherie) verweist auf eine in sich vermittelte Einheit wie auf die mittelbare Mitteilung des Einen im Vielfältigen. Im Einzelnen wie im Ganzen ist die vermittelnde Wirkung der Seele, die gleichsam als Bedingung der Möglichkeit das vielfältig Seiende am höchsten Intelligiblen teilhaftig werden läßt. Indem sie den Geist an die körperliche Welt vermittelt, wirkt sie gestaltend und nach Harmonie ordnend auf die körperliche Erscheinungswelt ein. Im platonischen *Timaios* drückte sich diese Vermittlung des Intelligiblen an die Welt in einem nach Zahlproportionen, Symmetrie und Harmonie strukturierten Kosmos aus. Das Band der Seele fügt die Vielheit zu einer vollkommenen, dem Ursächlichen analogen Einheit in Vielheit. Ebenso wirkt die Weltseele bei Proklos und Plotin als Bindeglied zwischen der intelligiblen Sphäre des Nous und

---

130 Proclus; *The Elements of Theology*, a revised text with Translation, Introduction and Commentary by E. R. Dodds, Oxford 1933, S. 39.

dem Sein des Körperlichen. Die Struktur des Ganzen des Seienden als makrokosmische Selbstreflexion des Einen spiegelt sich in der Seele des Einzelnen; im kleinsten Kreis zeigt sich analog der größte Kreis. Die Kreisbewegung im Sinne selbstreflexiver Einheitserfahrung wird somit zur analogen Struktur schlechthin.

In bezug auf die Philosophie Giordano Brunos sind es verschiedene Modelle analoger Einheitserkenntnis, die man grob untergliedern könnte in den Bereich der Optik/Lichtmetaphysik, der Mathematik/Geometrie, körperlich-organischer Prozessualität, der Ikonographie/Emblematik und Gedächtnislehre, die, so die These, dahingehend einheitlich fundiert sind, daß die triadische Struktur des Kreises auf unterschiedlichen Betrachtungsebenen als ein einheitliches wie einheitsstiftendes Moment zu Tage tritt.[131]

All diese teilweise metaphorischen, aber in ihrer Metaphorik metaphysisch begründeten Modelle, versinnbildlichen einerseits das Hervorgehen der Vielheit aus der Einheit wie die (denkende) Rückwendung des vielartig Seienden auf das eine Sein selbst. Bedingung dieser Rückführbarkeit ist die Alldurchdringung und damit wirkursächlich bedingte Gleichzeitigkeit von Gleichheit und Verschiedenheit auf jeder Seinsstufe.

Metaphysischer ›Ort‹ der Rückwendung auf das Eine aber ist die Seele, die in höchster Vollendung, d. h. in der reinen Selbsterkenntnis zwar die Einheit in selbstreflexiver Vereinigung ganz in sich schaut, damit immer noch in einer Abständigkeit von der tranzendenten Ursache selbst begriffen wird, die unerreichbare Voraussetzung bleibt – oder vielleicht sogar bleiben muß, um als Absolute gewahrt zu bleiben. Diese höchste Form der Einheitserkenntnis ist somit keine Identität mit dem Absoluten, sondern höchste Form analoger, verähnlichender Gottesinnewerdung, die erst in der vollständigen Negation jeder Andersheit in die bestimmungslose Einheit und Einswerdung umschlägt.

Lichtmetaphysisch ausgedrückt: Die reine Anschauung hellsten Lichtes schägt um in Blendung, in überlichte Dunkelheit und damit in negative Gottes-›Anschauung‹, die auf die Unerreichbarkeit des Ersten verweist bzw. durch die unerträgliche Lichtheit die Transzendenz des Einen negativ bestätigt.[132]

In diesem Verständnis der affirmativen Annäherung und Verähnlichung, die zwar momenthaft die immanente Einheit zu erreichen vermag, aber im Augenblick der Schau zugleich die Blindheit im ›Hinblick‹ auf den transzendenten Grund erfährt, steht Bruno ganz in der Tradition

---

131 Wobei der Bedarf solcher Modelle, sprachlicher Bilder und Analogien gleichzeitig ein sprachkritisches Element verkörpert, insofern damit allerorten die Unbegreifbarkeit des Einen fernab bildhafter Formen der Vergegenwärtigung unterstrichen wird.
132 Vgl. Brunos Typisierung der Blindheit in den *Heroischen Leidenschaften*, dort insbesondere die Erblindung des vierten Blinden (vgl. HL II. Teil/IV. Dial., S. 185).

neuplatonischer Lehre bzw. zeigt sich eine enge Bezugnahme auf die Lehre des Proklos bzw. deren Fortführung bei Dionysius Areopagita.

So kann folgende, zusammenfassende Bemerkung über die Metaphysik des Proklos in gewissem Sinne auch für Bruno Gültigkeit beanspruchen: »Auch der die Selbsterkenntnis von Welt leitende Eros zu sich selbst und zu ihrem Ursprung erweist die Analogie als Grund der Einheit (Einzigkeit und Einigkeit) von Welt mit sich selbst und mit ihrem Ursprung. So kann dieses Einheit wirkende Wesen von Analogie – ἕν τὸ πᾶν ἀποτελεῖται, διὰ τῆς ἀναλογίας – noch einmal in ihren wesentlichen Momenten offenkundig werden: als das ›schönste Band‹ [in Tim. II, 18,20 sqq] stiftet Analogie den Zusammenhalt (συνοχή [in Tim. II 16,30], συνέχεια, ἀλληλουχία [in Remp I 288, 8 sq]) oder die Kontinuität des Seienden, seine Gemeinsamkeit (κοινωνία [in Tim II 25, 28. 27,24]), die Verknüpfung (συμπλοκή [in Tim. II 27,21]) von Selbigkeit und Andersheit in ihm, Verbindung der Extreme (συνδεῖ [in Tim. II 22,26], συνάγει [in Tim. II 17,30 sqq]), eine auf einem zahlenhaften Verhältnis gründende Symmetrie und Homologie [in Tim. II 25,29 sq], Sympathie der Welt mit sich selbst [in Tim. II 24,6] und eine sich als Schönheit manifestierende Harmonie [in Tim. II 17,4. 25,9].« (W. Beierwaltes 1979, a. a. O., S. 157)

»Zuerst also beachtet, daß es ein und dieselbe Stufenleiter ist, auf der die Natur bis zur Hervorbringung des Seienden herabsteigt (voglio notiale essere una e medesima scala per la quale la natura descende alla produzion de le cose) und auf der die Vernunft zu dessen Erkenntnis emporsteigt (e l'intelletto ascende alla cognicion di quelle) und daß sich beide von der Einheit zur Einheit begeben, indem sie dabei die Vielheit der Mittelglieder überwinden.«
(Über die Ursache V, S. 139 / Causa, Dial. it. I., S. 329)

XII.
Stufenleiter der Natur und Denkordnung

Zur Analogie von Sein und Denken im metaphysischen System Giordano Brunos

In den Schriften Giordano Brunos wird immer wieder die Vorstellung einer ›Stufenleiter der Natur‹ als Ausdruck von Naturordnung thematisiert; eine Stufung der Natur, innerhalb derer der Mensch als Mikrokosmos in Entsprechung zum Makrokosmos steht. Damit wird ein Zusammenhang von Mikro- und Makrokosmos im Sinne einer umfassenden Ordnungsstruktur gesetzt, d.h. nach dieser Vorstellung, die als charakteristisch für eine Reihe von Renaissancedenkern bezeichnet werden kann, wird einerseits das Seiende im Sinne einer mikro- und makrokosmischen Einheit aus einem Entsprechungsverhältnis gedeutet, sofern es ein und dieselbe Gesetzmäßigkeit des Seienden ist, nach der sich das Individuum wie der Kosmos organisieren. Zugleich erlaubt diese Setzung einer Verhältnismäßigkeit und (noch zu spezifizierenden) strukturellen Gleichheit, das mikrokosmische Individuum und die makrokosmische Einheit (Universum) wechselseitig auseinander zu erklären bzw. letztendlich – dies gilt im Hinblick auf den Bereich der Erkenntnis – ineinander aufgehen zu lassen. Das erkennende Individuum steht in Analogie zum Makrokosmos, d.h. im Menschen wirken die Prinzipien kosmischer Harmonie in Entsprechung zur großen Welt.[1]

---

1 »Das Meer, die Berge, die Felsen und die Luft, welche von der Mittelregion, wie man sie nennt, umschlossen wird, bilden nur ungleichartige Teile und Gliedmaßen eines und desselben Körpers, einer und derselben Masse, ganz analog den Teilen und Gliedmaßen der organisierten Geschöpfe ...« (Zwiegespräche, S. 105) Bruno spricht immer wieder von der physischen Welt als einem ›großen Lebewesen‹, d.h. das unendliche Universum ist aufzufassen wie ein Gesamtorganismus, der sich aus einer unendlichen Vielzahl von Welten/Lebewesen zusammensetzt.

Abb.: Robert Fludd, Analogie von Mikro- und Makrokosmos.
(Utriusque cosmi, majoris et minoris, metaphysica, physica atque technica historia, 1617)
Weltkörper und menschlicher Organismus sind in entsprechender Weise aufgebaut.
Im Aufbau des menschlichen Körpers spiegelt sich die Ordnung des Makrokosmos.

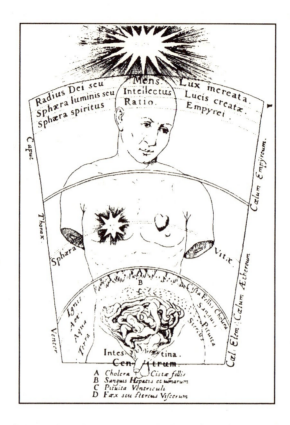

Der Unterleib (venter) entspricht der elementaren Welt. Die Elementenkreise sind jeweils körperlichen Bestandteilen zugeordnet:
Feuer = Zwerchfell/Galle, Luft = Blut, Wasser = Schleim, Erde = Hefe oder Kot der Eingeweide. Das Zeugungsorgan ist Zentrum des Bereichs der Eingeweide.
Der Brustbereich (thorax) ist der ätherischen Region zugeordnet. Das Herz bzw. die Seele (innere Sonne) gilt als Sphäre des Lebens bzw. ist Grenzscheide und Mittler zwischen körperlicher Vitalität und geistiger Sphäre.
Dem Kopfbereich wird die empyreische Sphäre zugeordnet. Den Graden des menschlichen Erkenntnisvermögens entsprechen die Grade göttlicher Lichtemanation.
Kreis Gottes oder ungeschaffenes Licht = menschl. Verstand/mens
Kreissphäre des Leuchtens oder des geschaffenen Lichtes = Intellekt
Kreissphäre des empyreischen Spiritus = Ratio/Vernunft
Mit dem höchsten Verstandesvermögen, der Teilhabe am Licht Gottes, berührt der Mensch die transzendente Lichtquelle.

Angesprochen ist hiermit zum einen die Vorstellung eines ebenbildlichen Aufbaus von menschlichem Körper und kosmischem Organismus, wie sie seit der Antike auf der Basis unterschiedlicher Entwürfe einer Zusammensetzung der physischen Welt (antike Weltentstehungsmythen, Elementenlehre, alchemistische Prinzipienlehre, kabbalistischer Weltenbaum etc.) für den nach eben diesen Strukturen organisierten menschlichen Körper gedacht wird,[2] was sich nicht nur in schriftlichen Zeugnissen, sondern ebenso in der ikonographischen Überlieferung deutlich ausdrückt.

Allerdings sei bereits an dieser Stelle betont, daß Bruno sich von der tradierten, geozentrischen Kosmologie mitsamt dem hierarchischen Schichtenmodell aristotelischer Provenienz entschieden distanziert. Diese Kosmologie läßt er von seinen Dialogfiguren folgendermaßen charakterisieren: »... unsere schöne Ordnung, diese schöne Stufenleiter der Natur, auf der man emporsteigt vom dichtesten und solidesten Stoff, der Erde, zum weniger dichten, dem Wasser, zum feinen, dem Dampf, zum feineren, der reinen Luft, zum feinsten, dem Feuer, zum göttlichen Stoff, dem himmlischen« (Zwiegespräche, S. 100; Infinito, Dial. it. I., S. 450)

Diese Art einer ›scala della natura‹ ist für den Nolaner bloßes Hirngespinst, denn eine Unterscheidung etwa der Elemente ist zwar zu treffen, jedoch nicht im Sinne einer Schichtung, sondern vielmehr gilt: »... eins ist das Umfassende und Umfangende all dieser Weltkörper und großen Maschinen [uno essere il continente e comprensor di tutti corpi e machine grandi], die wir in diesem unermeßlichen Gefilde zerstreut sehen, und jeder dieser Körper, jedes dieser Gestirne, jede dieser Welten ist aus dem, was man hier Erde, Wasser, Luft und Feuer nennt, zusammengesetzt ...« – Allerdings, so Bruno, gilt es diese Körper nach der Konzentration dieser Elemente in Wirkung und Beschaffenheit zu unterscheiden. – »Auf diesen Sternen also oder Weltkugeln, wie wir sie lieber nennen wollen, sind verschiedenartige Teile von mannigfachster Zusammensetzung nach Lage und Gestalt, Felsen, Seen, Flüsse, Quellen, Meere, Sandwüsten, Metalle, Höhlen, Berge, Ebenen usw. ebenso untereinander geordnet, wie bei den Tieren die heterogenen Teile mit den verschiedenen und mannigfaltigen Komplexionen von Knochen, Eingeweide, Venen, Arterien, Fleisch, Nerven, Lungen zu Organen von dieser und jener Gestalt, die auch sozusagen ihre Berge und Täler, ihre Schluchten, ihre Gewässer, ihre besonderen Lebensgeister [gli suoi spiriti] und ihre Wärme besitzen, mit ganz ähnlichen Vorkommnissen und Empfindungen für alle metereologischen Einflüsse [con accidenti proporzionali a tutte meteoriche impressioni], als z. B. Katarrhe, Ausschlag, Steinbildungen, Schwindel,

---

2 Vgl. Abb. Fludd S. 280; Anhand des platonischen *Timaios* habe ich im vorangehenden die Verbindung von Elementen- und musikalischer Harmonielehre vorgestellt, nach welcher Mikro- und Makrokosmos verbunden sind. Bei Fludd wird diese Komposition nach Harmoniegesetzen aufgenommen.

Fieber, Entzündungen und unzähligen Dispositionen und Empfindungen, die den Nebeln, dem Regen und Schnee, den Dürren und Blitzen, Donnerwettern und Erdbeben im großen Körper entsprechen [rispondeno]. Wenn also die Erde und die anderen Weltkörper nicht minder Lebewesen [animali] sind, als die von uns gewöhnlich dafür anerkannten, so sind sie jedenfalls Lebewesen von weit größerer und vollkommener Vernunft.« (Zwiegespräche, S. 101 f.; Infinito, Dial. it. I., S. 451 f.)

Dieser Passus wird hier ausführlich wiedergegeben, weil er einige wesentliche Aspekte brunoscher Naturphilosophie verdeutlicht:

I. Bruno weist die Vorstellung von Elementarsphären zurück und formuliert die Auffassung, daß in jedem beliebigen Teil des Universums alle elementaren Stoffe vorhanden sind, jedoch nach Konzentration bzw. Hauptvorkommen Unterscheidungen getroffen werden. Hiermit wird für den Bereich der physischen Welt der Gedanke explizit, daß in jedem kleinsten Teilchen die ganze Vielfalt stofflicher Ausprägung angelegt ist. Nach dieser Voraussetzung ist weiterhin zu erklären, warum prinzipiell alle Teile der Welt in einem Austausch befindlich sind, wobei allerdings die je spezifische stoffliche Zusammensetzung bzw. das Mischungsverhältnis elementarer Bestandteile die Affinität zu Gleichartigem begründet.

II. Bruno bewegt sich mit dieser Vorstellung auf dem Boden zeitgenössischer medizinischer Theorie,[3] indem er die Entsprechung menschlicher Körper : Weltkörper über die Korrespondenz von Anatomie und geologischer Topologie sowie das Wirkverhältnis von Klimatologie und Krankheitslehre formuliert.

III. Auf dieser Grundlage ist die Analogie von Mikro- und Makrokosmos also nicht bloß bildhafter Vergleich, sondern ontologischer Art. Im individuellen Körper bilden sich analog die Eigenschaften der Weltkörper aus bzw. umgekehrt, die Weltkörper organisieren sich wie Organismen, die sich zur Einheit des Gesamtorganismus (Universum) ergänzen. Über diesen analogen Aufbau stehen z. B. Himmelskörper und irdische Lebewesen in einem Wechselverhältnis.

IV. Das unermeßliche Universum beinhaltet unendlich viele Welten, wobei jeder Weltkörper, wie die Erde, einerseits Zentrum ist, d. h. Mittelpunkt einer natürlichen Kreisbewegung, wie zugleich Peripheriepunkt im Hinblick auf andere Zentren (Gestirne). Einerseits löst sich damit die starre Ordnung eines konzentrischen und definiten kosmologischen Systems auf in ein Ordnungsgefüge relativer Gültigkeit, und zugleich gewinnt über diese Relativität der jeweiligen Mittelpunkt- bzw. Peripheriepunktstellung der jeweils einzelne Standpunkt an Bedeutung. Dies gilt

---

3 Nicht zufällig ist einer der Kontrahenten in den *Zwiegesprächen* ein Mann mit dem Namen Fracastorio. Girolamo Fracastoro (1478–1553), venetianischer Mediziner, schrieb beispielsweise ein berühmtes Werk über Sympathie und Antipathie der Dinge. G. Gentile weist auf die Schrift Fracastoros *De contagionibus*, lib. II, cap. 15 (Opera I, 199) hin, auf die Bruno Bezug nehme. Vgl. Infinito, Dial. it. I., Anm. 1, S. 452.

zunächst einmal im ontologischen Sinne: Innerhalb der unendlichen Vielzahl ranggleicher Welten, die sich je einzeln nur im Verhältnis zueinander bestimmen bzw. lokalisieren lassen, ist gewissermaßen jeder Weltkörper ›Mitte‹ des Universums, sofern es keine Mitte schlechthin gibt. Jeder Körper bewegt sich aus je eigenem, inneren Antrieb in einer Kreisbewegung und strebt nach Selbsterhaltung. Diese individuellen Kreisbewegungen der Welten fügen sich aber zu einem dynamischen Zusammenhang und -wirken, dem Leben des Alls. So wie im Körper jedes der verschiedenen Organe seiner Aufgabe folgt und doch mit allen in Wechselwirkung tritt, so ist auch das Universum vorzustellen. Gerade das Organismus-Modell erlaubt die Vorstellung unterschiedlicher, selbstbestimmter Glieder (›Mikro-Organismen‹), deren individuelle Funktionen in den umfassenden vitalen Funktionszusammenhang münden. Das Universum ist gleichsam ein einziger, lebendiger Körper unendlich vieler differenter Glieder, die einem universalen Stoffwechsel-, Lebens- und Enstehenszyklus zugehörig sind.

Neben der vielerorts thematisierten organisch-physischen Analogie von Mikro- und Makrokosmos basiert diese Entsprechungslehre innerhalb der brunoschen Lehre auf der Vorstellung einer Allbeseeltheit der Natur, wonach die partikuläre Seele des Individuums teilhat an der Weltseele bzw. in dieser aufzugehen vermag, denn die Seele eines jeden individuellen Seienden besitzt potentiell das ganze Vermögen der Weltseele und strebt aufgrund dieser Partizipation nach Vervollkommnung seiner selbst, d. h. nach einer Aktualisierung der inneren Potenz. Für das menschliche Individuum ist das Ziel dieser Selbstvervollkommnung eine schrittweise Verähnlichung bzw. letztendlich eine Einswerdung mit der Weltseele. Wiederum führt uns das Organismus-Modell zu einem Verständnis, in welcher Weise diese Teilhabebeziehung zu verstehen ist. Die Weltseele ist keiner Teilung unterworfen, sondern jedem Seienden ungeteilt immanent. Weltkörper und -glieder stehen über die Seele in einem kontinuierlichen Zusammenhang, einer dynamischen Beziehung. »Was wir auch im Weltall betrachten: es enthält, was Alles in Allem ist, und umfaßt daher auf seine Weise die ganze Weltseele, wenn auch – wie schon gesagt – nicht vollständig, so doch als solche, die ganz in jedem beliebigen Teil des Universums ist.« (Über die Ursache, S. 136) Und »... wie die Weltseele auch nach allgemein vertretener Auffassung in der gesamten großen Masse enthalten ist, der sie das Sein gibt, und doch zugleich unteilbar bleibt und insofern auf dieselbe Weise im Ganzen und in jedem beliebigen Teil ganz ist – so [ist] auch das Wesen des Universums Eines im Unendlichen und in jedem Ding, sofern man es als Glied von jenem betrachtet, so daß in der Tat das Ganze und alle seine Teile der Substanz nach Eines sind ...« (Ebda., S. 137). Über diese Seelenlehre ist nicht nur ein inneres ›Band‹ gegeben, durch welches die Gesamtheit des Seienden eine Einheit bildet bzw. von einem ersten Einen ausgeht, sondern gleichermaßen die Voraussetzung einer Erkenntnis der Natureinheit gesetzt.

Insofern der Mensch aber in Entsprechung zum Makrokosmos steht, richtet sich Erkenntnis der Natur zugleich auf den inneren Kosmos des Menschen selbst, d. h. ist Erkenntnis der äußeren Natur zugleich Selbsterkenntnis und umgekehrt – die Stufen der Natur sind gleichsam Stufen eines inneren Erkenntnisprozesses wie gleichzeitig der Grad der Erkenntnis die erreichte Stufe in der großen Welt bezeichnet. Mikro- und Makrokosmos sind somit wechselseitig aufeinander bezogen zu denken (bzw. reflektieren sich ineinander). Die ›Stufenleiter‹, ein und dieselbe für Makro- und Mikrokosmos, versinnbildlicht nicht nur Ordnung und Entsprechung beider Welten, sondern ist gleichzeitig Ausdruck einer kontinuierlichen Verbindung sowie einer Aufstiegsmöglichkeit in Richtung auf das erste Prinzip, das vor jeder physisch-psychischen Wirklichkeit ursachenlose Ursache der Weltordnung ist.

In der Schrift *Die Vertreibung der triumphierenden Bestie (Lo Spaccio della bestia trionfante)*[4] entwirft Giordano Bruno in allegorischer Inszenierung eine Reform des Weltalls, die analog einer innerseelischen Erneuerung zu verstehen ist. Im Hintergrund steht aber auch hier die Entsprechung und wechselseitige Beeinflussung von großer und kleiner Welt bzw. die Beziehung von Individuum und Weltseele. »Zeus, d. h. die Seele, der Menschen[geist[5]], der sich in diesen ewig wechselnden Strom der Materie versetzt sieht. Eben derselbe wird zugleich als Lenker und Beweger des Himmels aufgefaßt, um dadurch anzudeuten, dass sich in jedem Menschen, in jedem Individuum eine Welt darstellt, ein *inneres Universum*[6], in der Zeus, der Lenker, das Licht des vernünftigen Willens [il lumine intellettuale] repräsentiert, welches in ihm, in diesem wunderbaren Staat herrscht und regiert und die Rangstufen und Sitze der Tugenden und Laster verteilt.«[7]

Als Ausgangspunkt der Untersuchung seien im folgenden zunächst Passagen aus verschiedenen Werken Giordano Brunos, in denen der Gedanke einer Stufenordnung aufgegriffen wird, ins Zentrum gerückt, um zu untersuchen, inwiefern sich die Vermutung stützen läßt, daß Bruno auf unterschiedlichen Betrachtungsebenen ein und denselben identitätsphilosophischen Ansatz entfaltet bzw. in welcher Weise Bruno

---

4 Kuhlenbeck übersetzt den Titel mit *Reformation des Himmels*.
5 Kuhlenbeck übersetzt »l'uomo« interpretierend mit Menschengeist. – Der griechische Himmelsgott Zeus, der über Sittlichkeit und Recht waltet, ist hier sowohl Repräsentant kosmischer Ordnung wie innerseelischer Moralität. Zeus ist gleichsam Personifikation der seelischen Rechtsinstanz. Zugleich führt Bruno ihn hier ein als einen Gott, der sowohl menschlichen Neigungen unterliegen kann wie Inbegriff einer Tugendordnung ist, d. h. die zweifache Ausrichtung der menschlichen Seele verkörpert.
6 Hervorh. n. i. O. – Das Adjektiv ›inneres‹ ist wiederum interpretatorischer Zusatz Kuhlenbecks, der allerdings an dieser Stelle die Korrespondenz von Individuum und Kosmos treffend pointiert.
7 Reformation, S. 22; Spaccio, Dial. it. II., S. 560.

eine Analogie von Makro- und Mikrokosmos im Hinblick auf die Einheit denkt. Zudem wird sich hieran zeigen, inwieweit kosmologische, metaphysische und erkenntnistheoretische Ansätze Brunos nicht isoliert voneinander zu betrachten sind, sondern in ein philosophisches Konzept integriert werden.

1. Metaphysice – Physice – Logice

Wenn hier von einer Analogie verschiedener Ebenen des Seienden die Rede ist, um *einen* mutmaßlichen Grundgedanken Brunos vorzustellen, sind damit zwei Voraussetzungen impliziert. Zum einen die grundlegende Setzung der Identität allen Seins im absoluten Einen. Alles ist in Einem unterschiedslos einfach und damit gleichzeitig jeder Form einer Bestimmbarkeit enthoben, und eben weil die absolute Identität sich jeglicher Erfahrbarkeit wie Erkennbarkeit entzieht (andernfalls müßte sie ihre Absolutheit einbüßen), kann diese allein auf analogem Wege überhaupt erkannt werden. Nur durch das Aus-Sich-Heraustreten, über die Ausfaltung in der Natur wird Einheit erfahrbar und eben hierin nicht als solche. »Die absoluteste Wirklichkeit, die dasselbe ist wie das absolute Vermögen, kann von der Vernunft nur mittels der Negation begriffen werden ...« (Über die Ursache III, S. 101)

Gerade was die Bewertung der Erkenntnismöglichkeit angeht, zeigt Bruno große Nähe zum Konzept einer ›symbolischen Theologie‹, wie sie beim Areopagiten angelegt ist bzw. bei Eriugena fortgeführt wird. Einerseits wird das Göttliche durch ein *Über*sein, eine den Verstand in jeder Weise übersteigende *Über*wesenheit charakterisiert, so daß es fernab jeder Faßbarkeit ›Nichtwort, Nichtname und Nichtwissen‹ ist (vgl. DN I, 19 f), oder, wie es Eriugena ausdrückt, ein jede positive wie negative Aussageform negierendes ›Nichts‹, ja das Nichtwissen seiner selbst (divina ignorantia)[8], andererseits teilt es sich in allen Erscheinungen in einer im Verhältnis zum Ersten ›unähnlichen Ähnlichkeit‹ (ἀνόμοιος ὁμοιότης)[9] mit, so daß zwar keine Erkenntnisweise hinreichend ist, in der Struktur des Erkennens aber das Prinzip der Einheit stets mitgedacht wird. So heißt es beim Areopagiten: »Jetzt aber bedienen wir uns zur Erkenntnis des Göttlichen nach Möglichkeit geeigneter Symbole und erheben uns hinwieder von diesen auf analoge Weise zur einfachen und geeinten Wahrheit der geistigen Schauungen.«[10] Diejenigen Strukturen sind es, gemäß derer sich die Vielzahl der Dinge als eine Welt des Ähnlichen im

---

8 Kl. Hedwig 1980, a.a.O., S. 52.
9 Vgl. CH XV 8,337 B; II 1, 137 A; siehe K. Hedwig 1980, a.a.O., S. 29.
10 *Des Heiligen Dionysios Areopagita angebliche Schriften über ›Göttliche Namen‹*, aus dem Griech. übers. v. J. Stiglmayr, Bibliothek der Kirchenväter, München 1933, Repr. Nendeln/Lichtenstein 1968, Zweite Reihe, Bd. II, S. 26.

Hinblick auf die göttlichen Ideen ausbildet, deren der Verstand im Zuge der ›Verähnlichung‹ innezuwerden sucht, d. h. im Nachvollzug der Ordnung der abbildhaften Welt im Denken verfolgt er gleichsam das intelligible Fundament des Seienden auf einen Ursprung zurück.»Diese Analogie [abbildhafte Ausfaltung der Ideen im Seienden: Einfaltung des vielfältig Seienden im Denken über die Verähnlichung], die in einem kosmologischen Rahmen den ›Hervorgang‹ und die ›Rückkehr‹ der Kreatur als eine ›zirkuläre Bewegung‹ um den Schöpfer kreisen läßt, bestimmt dann konkret das σύμβολον doppelseitig: Es ist einerseits eine sinnfällige Vergegenwärtigung des nichtsinnlich Intelligiblen, das im Abbild *anwest*, das aber zugleich und andererseits die symbolische Verweisung über sich hinaus *ekstatisch eröffnet*.« (K. Hedwig 1980, a. a. O., S. 29) Bei Giordano Bruno geht es darüber hinaus nicht darum, einzelne, sinnfällige ›Symbole‹ göttlicher Ideen zu verinnerlichen, sondern sich das generative Prinzip göttlicher Selbstentfaltung innerhalb der Fülle der Erscheinungen zu vergegenwärtigen und nach eben diesem Generierungsmodus und universalen Organisationsprinzip der Dinge den geistigen Rückbezug auf die Einheit zu verfolgen.

Wenn man demnach von einer Analogie von Seins- und Erkenntnisebenen spricht, heißt dies – im Bewußtsein der Unnennbarkeit und Unerfahrbarkeit des ›Alles in Einem‹ –, das ›Eine in Allem‹, d. h. in der physischen Natur, mittels einer Art Annäherungsverfahren in einer dem Einen ›gemäßen‹ Weise zu formulieren.

Insofern ein jedes an der Einheit teilhat, birgt Erkenntnis die Möglichkeit einer mittelbaren Einheitserkenntnis, einer Vereinheitlichung der Erfahrung des Vielfältigen der Erscheinungswelt in Form einer Erkenntnis von Verhältnismäßigkeit, durchgängiger Strukturiertheit, bzw. harmonisch gefügter Ähnlichkeit im Verhältnis zur schlechthinnigen Einheit. Der Weg oder die Methode der Erkenntnis ist somit zunächst eine größtmögliche Vereinheitlichung der Seinsvielfalt als denkende Rückeinfaltung, um über diese das Wirken der Einheit als Eines zu erfahren.

Die Analogie – dies wurde bereits im Rückgriff auf Aristoteles ins Gedächtnis gerufen – geht hierin über die kategorialen Abstraktionsverfahren hinaus, insofern sie quer zu den Kategorien, Gattungsgrenzen übergreifend, einheitliche Strukturen zu erfassen sucht.[11]

Der Aufweis einer analogen Struktur, gemäß derer sich unterschiedliche Bereiche des Seienden formieren bzw. die sich in den unterschiedlichen Formen einer Erkenntnis niederschlägt, führt zu einer Auffassung, wonach eine einheitliche Gesetzmäßigkeit und Ordnung des Seienden in Korrespondenz zu strukturgleichen Erkenntnisweisen besteht. Diese analoge Konstitution der Vielfalt des Seienden und entsprechend der erkennenden Zugangsweisen verweist auf ein Sein wie Denken gleichermaßen bestimmendes, beidem voraufgehendes Eines, das zwar als sol-

---

11 Vgl. W. Schulze 1978, a. a. O., S. 14; W. Kluxen, HWPh, Bd. 1, 1971, Sp. 216 ff.

ches verborgen bleibt, sich aber gleichsam in mannigfaltigen Spiegelungen zeigt. Hiermit ist ein Grundzug des zirkulären Charakters der ›Ähnlichkeitsepisteme‹ (M. Foucault)[12] der Renaissance bestimmt. Das Denken in Analogien ist danach nicht bloß auf die Wirklichkeit projizierte Erkenntnisweise, sondern bildet in Strukturen der Erkenntnis Strukturen der Welt ab sowie in den Strukturen der Welt die einer Erkenntnis derselben.

Wenn bei Bruno eine analoge Zuordnung von Ebenen des Seienden vermutet wird, so sei zunächst auf eine Grundstruktur verwiesen, die bereits im Ausgang des vorangehenden Kapitels angedeutet wurde. In der Einleitung zu *De la causa* spricht Bruno von einer Ähnlichkeit und gegenseitigen Nachahmung der metaphysischen, physischen und logischen Welt und formuliert damit ein strukturelles Bezugsverhältnis metaphysischen/göttlichen Seins, des Aufbaus der Naturwirklichkeit und der Erkenntnislogik. Eine ›Dreiheit‹, die insbesondere im Hinblick auf die im weiteren Verlauf dieser Studie dargelegte triadische Struktur des Seienden als Kern des philosophischen Konzeptes Brunos von Bedeutung ist. Läßt sich doch neben der vermuteten Analogizität dieser drei Ebenen der Seinsbetrachtung innerhalb dieser Begriffstrias selbst diejenige triadische Struktur von in sich verharrender, absoluter Einheit (metaphysische Sein), Hervorgang in Vielheit (Natur bzw. physische Welt) und Rückbezug auf die Einheit (Logik, bzw. spezieller: mathematische Abstraktion vom Sinnlichen) ausmachen, die gleichermaßen für jede dieser Ebenen im einzelnen in je spezifischer Weise als Moment struktureller Analogie gedeutet werden kann.

Es sei nochmals betont, daß, wenn hier von mathematischer Ordnung der Natur die Rede ist, dies nicht im Sinne modernen Mathematikverständnisses aufzufassen ist, sondern als der Seele (der Weltseele wie der Einzelseele) immanente harmonische Gefügtheit, gleich einer musikalischen Konsonanz des Vielfältigen zur symphonen Ganzheit.[13]

Metaphysice – Physice – Logice. Bruno erwähnt diese Dreiheit in verschiedenen Schriften als Grundzug der Erkenntnis, die, indem sie von der Erfahrung der sinnlichen, physischen Welt ausgeht, auf logisch-rationaler Ebene einen Rückbezug zu den metaphysischen Prinzipien bzw. der absoluten Einheit als Ursache alles Seienden herstellt.

---

12 Hierzu heißt es kommentierend bei Otto, S.; *Das Wissen des Ähnlichen. Michel Foucault und die Renaissance*, Frankfurt/Bern/New York/Paris 1992, S. 135: »Das Denken von Ähnlichkeit ist ein Denken eigener Art, ein Denken, das einer ›vorkritischen‹ Logik sui generis folgt. Es ist ein Denken innerhalb von darstellbarer Ähnlichkeit und ähnlichen Erscheinungen, welche die darstellbare Ähnlichkeit darstellen.

13 Vgl. hierzu Ficinos Definition der drei geistigen Erkenntnisvermögen der Seele: des Verstandes, des Wahrnehmungsvermögens und des Gehörs in Entsprechung zur rationalen, optisch-sensuellen und musikalisch-mathematischen Erkenntnis. (Über die Liebe, Orat. quinta II, 134/135)

»De progressu primae formae in ternarium.	»Über das Fortschreiten der ersten Form in die Dreiheit
11. Prima forma, quam vel hyperusiam vel nostro idiomate superessen-tiam dicimus, a summitate scalae naturae entium ad imum profundumque materieae sese protendens, in mundo metaphysico est fons idearum et formarum omnium elargitor et seminum in naturae gremium effusor; in physico idearum vestigia materiae dorso imprimit, velut unicam imaginem secundum speciem numero adversorum speculorum multiplicans; in rationali umbras idearum numerales ad sensum, specificas ad intellectum effingit ...«	11. Die erste Form, die wir Hyperousia oder nach unserem Idiom Superessenz/Überwesenheit nennen, die von der Höhe der Naturskala des Seienden bis zur niedrigsten und tiefsten Materie sich erstreckt, ist in der metaphysischen Welt die Quelle der Ideen, Verbreiter aller Formen und der Verteiler der Samen in den Keimen der Natur; in der physischen Welt prägt sie die Spuren der Ideen dem Rücken der Materie ein, gleichsam das eine Bild gemäß der Eigengestalt durch die Zahl der entgegengestellten Spiegel vervielfältigend; in der rationalen Welt gestaltet sie die Schatten der Ideen als zahlhafte für die Sinneswahrnehmung, als spezifische [Eigengestalten] für den Intellekt ...«
(Sigillus sig., OL II 2, S. 203 f.)	

Wenn die Einheit alles umfassenden Seins sich in der Mannigfaltigkeit des Seienden veräußert hat bzw. sich über die Natur *mittel*bar mitteilt, ist es Aufgabe des erkennenden Wesens, der unwandelbaren, immanenten Einheit, die jedem Seienden qua Teilhabe inhäriert, über die geistige Erkenntnis innezuwerden. Die dritte Ebene, d. h. die mathematische oder rationale Erkenntnis, fungiert damit als ein *Medium* im Sinne einer das Verhältnis von metaphysischer Einheit und physischer Vielfalt rückverbindenden Einheitsergründung aus der Perspektive des erkennenden Individuums.[14]

In der brunoschen Kommentarschrift zur aristotelischen *Physik* heißt es einleitend zur Einteilung der gesamten Philosophie (»Divisio universae

---

14 Diese Dreiheit philosophischer Erkenntnis prägt etwa auch die Lehre Agrippa von Nettesheims, der die Magie als erhabenste Vollendung der edelsten Philosophie folgendermaßen charakterisiert: »Jede regelmäßige Philosophie wird in Physik, Mathematik und Theologie geteilt.« Agrippa von Nettesheim; *De occulta philosophia/Drei Bücher über die Magie*, übers. v. F. Barth, Nördlingen 1987, S. 17. Vgl. zur Dreiteilung des brunoschen Spätwerkes in einen metaphysischen, physischen und mathematischen Komplex der Trilogie den Kommentar von M. Mulsow, in: *Über die Monas ...*, ed. Samsonow, S. 183 sowie dort den Hinweis auf Aquilecchia, G.; *Praelectiones Geometricae*, Rom 1964, S. XVIII. Ähnlich wie Agrippa vertritt Bruno einen Magiebegriff, der sich von jedweder Scharlatanerie und von Zauberkünsten distanziert und Magie als eine Art Universalwissenschaft der Naturerklärung versteht.

philosophiae«): »In tres partes contemplativa dividitur philosophia, physicam, mathematicam, metaphysicam. Prima est de rebus naturalibus, secunda de mediis, tertia de divinis.« (Figuratio, OL I 4, S. 140) Mit dieser Einteilung nennt Bruno drei Teilbereiche der betrachtenden (theoretischen) Philosophie, die jedoch aufeinander bezogen zu denken sind. Die *philosophia physica* richtet sich auf die Erklärung und Begründung der körperlichen, sinnlich wahrnehmbaren Dinge, die *philosophia mathematica* verfolgt, von der erstgenannten abstrahierend, deren Bestimmungen hinsichtlich »numero et mensura atque momento«, die *philosophia metaphysica* schließlich fragt nach den Ursachen des Seienden überhaupt (»de iis quae ante multa«).[15]

Bruno nimmt damit eine generelle Dreiteilung auf, wie sie auch in anderen zeitgenössischen Texten zu finden ist. So geht etwa Agrippa von Nettesheim davon aus, daß die Welt dreifach sei, nämlich elementarisch, himmlisch und geistig, wobei die jeweils niedrigere unter dem Einfluß der höheren stehe. Auf der Basis dieses inneren Wirkzusammenhangs sei es daher dem Magier bzw. Philosophen möglich »auf denselben Stufen, durch die einzelnen Welten, zu der urbildlichen Welt selbst, dem Schöpfer aller Dinge und der ersten Ursache, von welcher alles ist und alles ausgeht, hinaufzusteigen ...« (De occulta philosophia, ed. Barth 1987, S. 16)

Deshalb seien drei maßgebliche Teile der Philosophie zu unterscheiden bzw. in ihrer auseinander abzuleitenden Funktion einer Hinführung auf die geistige Ursache von allem zu verstehen. Aufgabe des Magiers sei es, so Agrippa, zunächst mittels der Naturphilosophie und der Medizin die Kräfte, Mischungen und Verhältnisse der natürlichen Dinge zu untersuchen, sodann, auf der Basis astrologischer und mathematischer Lehre, diese elementare Welt mit den Einflüssen der himmlischen Welt in Verbindung zu bringen, um schließlich diese Wirkverhältnisse aus der Welt der geistigen Ursachen zu begründen. Deshalb sei aber die Magie die vollendete Wissenschaft und eine »erhabene und heilige Philosophie«, die man, wie jede regelmäßige Philosophie, in drei Disziplinen unterteile: Physik, Mathematik und Theologie.

»Die Physik lehrt die Natur dessen, was in der Welt ist: sie erforscht und betrachtet die Ursachen, die Wirkungen, die Zeit, den Ort, die Art,

---

15 Im Hintergrund steht hier vermutlich auch die von Aristoteles in der Metaphysik (VI. Buch E, 1025 b ff.) formulierte Grundlegung einer Wissenschaft vom Seienden, sofern es Seiendes ist (vgl. ebda. 1025 b 3). Im Unterschied zu handelnden oder bewirkenden Wissenschaften gibt es nach Aristoteles drei Bereiche betrachtender/theoretischer Wissenschaft. »Hiernach würde es also drei betrachtende philosophische Wissenschaften geben: Mathematik, Physik, Theologie.« (Ebda., 1026 a 16 ff.) – In Brunos Darlegung dieser Trias der theoretischen Wissenschaften wird aber insbesondere die Mittlerfunktion der mathematischen Erkenntnis begründet und damit eine platonische Tradition aufgenommen.

die Erscheinungen, das Ganze und die Teile.« (De occulta philosophia, ed. Barth 1987, S. 17). Ähnlich der brunoschen Formulierung findet die Physik bzw. die Philosophie der Natur ihren Gegenstand in den natürlichen Dingen.

»Die Mathematik« – so Agrippa weiter – »dagegen lehrt uns die ebene und die nach drei Richtungen sich erstreckende Natur kennen, sowie den Lauf der Himmelskörper« (ebda., S. 18), d.h. sie beschäftigt sich mit Zahl- und Maßverhältnissen, Bewegung und Zeit in Zusammenhang mit den Himmelskörpern.

Schließlich lehre die Theologie – bei Bruno ist vornehmlich von der Metaphysik die Rede, um den religiösen Aspekt zugunsten einer logisch-metaphysischen Fundierung des Einheitsbegriffes in den Hintergrund treten zu lassen – »was Gott ist, was der Geist, was eine Intelligenz, was ein Engel, was ein Dämon, was die Seele, was die Religion sei ...« (ebda.), mitsamt der dazugehörigen Rituale und Operationen.

»Es sind also« – wie Agrippa resümierend erklärt – »die Physik, die Mathematik und die Theologie die drei mächtigsten Zweige der Gelehrsamkeit, welche die Magie umfaßt, miteinander verbindet und in Ausübung bringt; weshalb dieselbe von den Alten mit Recht für die höchste und heiligste Wissenschaft gehalten wurde.« (Ebda., S. 19) Magie in dem hier charakterisierten Verständnis ist für Agrippa die edelste Philosophie, die sich nur demjenigen erschließt, der in den genannten Bereichen kundig ist.

Diese Dreiteilung wird auch von Bruno aufgenommen, allerdings erfährt die Vermittlerfunktion der ›mathematischen Magie‹ bzw. Philosophie eine stärkere Betonung.

So heißt es etwa in der Schrift *De magia* bzw. in den *Theses de magia*: »Hac praehabita distinctione generaliter magiam triplicem accipimus: divinam, physicam et mathematicam« (De magia, OL III 3, S. 400, vgl. ebda., S. 399), wobei die Mathematik Mittlerdisziplin ist (vgl. ebda., S. 401 f.), und zwar als eine Erkenntnisweise der Seele,[16] die vor allem qualitativ unterschiedliche Bereiche auf der Zahlebene einheitlich zu fassen sucht. So auch an anderer Stelle: »II. Magia est triplex: divina, physica et mathematica« (De magia, OL III, S. 455) ... VI. Magia mathematica media est inter divinam et physicam magiam, sicut mathematica simpliciter media est inter naturalem et metaphysicam.« (De magia, OL III 3, S. 456)

Die ›Mittlerfunktion‹ der Mathematik zwischen physischer und metaphysischer Erkenntnis beschränkt sich somit nicht auf arithmetisch-geometrische Logizität, sondern faßt die Mathematik als eine von der

---

16 In der Schrift *Spaccio* nennt Bruno die Magie »soweit sie auf übernatürlichen Prinzipien beruht, *göttliche*, soweit sie sich auf die Betrachtung der Natur und ihrer Geheimnisse bezieht, *natürliche* Magie; *mittlere* oder *mathematische* Magie aber heisst sie, sofern sie auf den Kräften und Thätigkeiten der Seele beruht, die sich im Bereiche der körperlichen und geistigen, der geistigen und intellektuellen Welt befindet.« (Reformation, S. 290; Dial. it., S. 782)

physischen Präsenz der Dinge abstrahierende Erkenntnisweise,[17] deren Prinzipien sich gleichermaßen auf andere Formen rationaler/intellektueller Erkenntnis applizieren lassen. In den *Lampas triginta statuarum* (OL III 1, S. 210 f.) trifft Bruno im Hinblick auf die Unterscheidung der Dinge (im Rahmen einer umfassenden Zuordnungstabelle) wiederum die Einteilung in »Metaphysice – Physice – Logice«.

Auch in der Monadenschrift nimmt Bruno diese Strukturierung der wissenschaftlichen Erkenntnishorizonte bzw. der seelischen Erkenntnisperspektiven auf, deren Bereiche aufeinander aufbauen respektive auseinander abzuleiten sind.

»I. Triplex subinde Bonum, in figura Ternarii, Triangulo sensibiliter accipimus descriptum. In supremo angulo ARCHETYPUM, in dextro PHYSICUM, in sinistro RATIONALE seu ethicum, fusiore significatione sumptum. Primus est absolutum supra, extra, et ante res. Secundum adnexum Rebus, in rebus, cum rebus. Tertium post res, infra res, abstractum a rebus.« (De monade, OL I 2, S. 367)	»I. *Dreifach ausgestaltet nehmen wir daraufhin das Gute an in der Gestalt der Dreizahl, wie sie in sichtbarer Form im Dreieck beschrieben ist. Im obersten Winkel das ›Archetypische‹, im rechten das ›Physische‹ und im linken das ›Verstandesmäßige‹ oder Ethische, in umfassenderer Bezeichnung. Das erste ist ein absolutes über, außerhalb und vor allen Dingen. Das zweite ist den Dingen verbunden, innerhalb der Dinge und mit den Dingen. Das dritte folgt auf die Dinge, ist nach den Dingen und von diesen abgezogen. (abstrahiert).«*

Bruno bestimmt an dieser Stelle ein dreifältig Gutes (nachdem er zuvor das absolute Gute als drei Aspekte umfassende Identität von Unum – Bonum – Verum auseinandergelegt hatte) in bezug auf die Seele, die sich als Mittlerinstanz über diese drei Bereiche erstreckt und als Dreiheit von *Essentia*, *Vita* und *Intellectus* die archetypische, physische und rationale Sphäre in sich umfaßt, vermittelt sowie als relationale Einheit in sich umgreift. Dreifach teilt sich das Gute mit über die Seele und tritt ebenso in dreifacher Schönheit auf, die wiederum eine dreifache Liebe/Erkenntnisbegehren weckt. Die Seele ist gleichermaßen Vermittlung des Guten an das Seiende, Ausdruck dieses dreifältig Guten in Schönheit und Ort des Erkenntnisstrebens nach dem Guten vermittelst der Schönheit.

---

17 Vgl. zur ›Abstraktion‹ Sigillus Sig., OL II 2, S. 212 f.

»II. Triplex pariter in eisdem terminis Pulchritudo.
Prima in ratione INTELLIGIBILIUM. Secunda in Symmetria VISIBILIUM. Tertia in harmonia AUDIBILIUM. Illam triplex consequitur Amor:
METAPHYSICUS seu divinus,
PHYSICUS seu Magicus,
MATHEMATICUS seu Logicus, nomine latius significante.«
(De monade, OL I 2, S. 367)

»*II. Dreifach ist gleichermaßen in denselben Bestimmungen die Schönheit. Die erste im Verhältnis der ›intelligiblen Dinge‹. Die zweite in der Symmetrie der ›sichtbaren Dinge‹. Die dritte in der Harmonie der ›hörbaren Dinge‹. Jener folgt eine dreifache Liebe: ›metaphysisch‹ oder göttlich, ›physisch‹ oder magisch, ›mathematisch‹ oder logisch, gemäß einer weiter gefaßten Bezeichnung.*«

Die genannten Bestimmungen *Bonum, Pulchritudo* und *Amor* ließen sich zunächst in umfassender Hinsicht als relationale Dreiheit einer Entfaltung der Einheit begreifen; so daß sich das metaphysische Gute und Eine in der Schönheit der Dinge mitteilt, welche eine Liebe erregt, die sich auf das Gute zurückwendet. Bruno geht hier noch einen Schritt weiter, indem er das Gute, die Schönheit und die Liebe jeweils in metaphysischer, physischer und mathematischer Hinsicht faßt. Denn, so Bruno, das Gute wird nicht nur in dreifacher Weise zuteil, sondern zeigt sich in dreifältiger Weise einer Schönheit: als Schönheit der intelligiblen Dinge, als sichtbare Schönheit in der physischen Welt und als hörbare Schönheit vermittelst der musikalischen Harmonie (hörbare Zahl).

Bruno nimmt hierin vermutlich einen Gedanken Ficinos auf, der in *De amore* drei maßgebliche geistige Vermögen der Seele benennt, welche durch die Beziehung »ad rationem, visum et auditum«[18] angesprochen werden. Die ›Liebe‹ richtet sich deshalb auf die Wissenschaft, die Gestalt und die Töne. »Merito igitur amorem ad scientias, figuras et voces dumtaxat volumus pertinere.« (ebda., S. 134–135) Ficino beruft sich an dieser Stelle in der Postulierung eines dreifachen Begehrens der Seele bzw. einer dreifach sich äußernden Schönheit, welche die Seele anregt (provocat), auf die Schilderung der Grazien in den *Orphischen Hymnen*:

Ἀγλαίη τε Θάλεια καὶ Εὐφροσύνη πολύολβε
Splendor, viriditas, letitiaque uberima« (ebda.)

Splendor/›Lichtglanz‹ charakterisiert nach Ficino die Schönheit der Seele und die Reinheit des Wissens (intelligible Schönheit);

---

18 Marsilio Ficino; *Über die Liebe oder Platons Gastmahl*, übers. v. K. P. Hasse, hrsg. u. eingel. v. P. R. Blum, Hamburg 1984, S. 132–133. Mit De amore legt Ficino eine Kommentierung des platonischen *Symposion* vor. Zugleich aber geht sein Werk über eine bloße Kommentierung hinaus, denn er überführt die Gespräche über den Eros in einen weiter gefaßten philosophischen, naturphilosophischen, magischen wie metaphysischen Kontext. Ficinos Schrift ist damit ein wichtiges Dokument des Renaissancedenkens.

Veriditas/›Jugendblüte‹ die Anmut der Gestalt und Farbe
(physische Schönheit);
Letitia/›Frohsinn‹ die Freude, welche die Musik verleihe
(rationale Schönheit).[19]

Entsprechend formuliert auch Bruno eine dreifache Liebe bzw. ein dreifaches Erkenntnisbegehren,[20] so daß sich die Analogizität der Mitteilungsebenen des Guten, der Wirkweisen der Schönheit und der Erkenntnis der Güte über die die Schönheit ergibt.

Bonum
| archetypum | physicum | rationale |

Pulchritudo
| intelligibilium | sensibilium | audibilium |
| | (in symmetria) | (in harmonia) |

Amor
| metaphysicus | physicus | mathematicus |
| seu divinus | seu magicus | seu logicus |

Der Versuch, die intelligible Struktur des Seienden über die Zahlstruktur zu fassen, um damit das Verhältnis von metaphysischer Einheit und physischer Mannigfaltigkeit logisch nachzuvollziehen bzw. die universalen Prinzipien der Einheitsentfaltung analog als die Grundstrukturen und Relationsmodi des Denkens zu formulieren, prägt das gesamte brunosche Werk.

E. v. Samsonow hat in der Einleitung zur deutschen Ausgabe der Monadenschrift darauf hingewiesen, daß es Bruno um eine Aufdeckung der »Tiefenstrukturen des Denkens« über die Geometrie (Figur = sichtbare Zahl) gehe, mit dem Ziel, gewissermaßen eine universale Grammatik des Denkens (clavis universalis) in Korrespondenz zur Genese und Strukturalität der sichtbaren Welt zu formulieren.[21] In Rekurs auf die von Cusanus in *De coniecturis* vorgelegte Analyse des Zählvorgangs als der systematischen Explikation der Einheit in die Andersheit (Ontologie)

---

19 Die Chariten werden hier also zur Allegorie einer dreifältigen Relationsstruktur. Auch Bruno deutet eine solche ›Dreiecksbeziehung‹ unter der Bezeichnung »Charitum Mensa« an. (De monade, OL I 2, S. 362) Außerordentlich interessant wird diese mythologische Einkleidung der ›Dreiheit‹, wenn man der Deutung E. Winds folgt und in der Beziehung der drei Grazien den Gedanken der neuplatonischen Struktur von *in sich verharrender Einheit – aus sich Heraustreten – Rückwendung auf die Einheit* repräsentiert sieht.

20 Amor ist hier als ein ›nexus‹ sowohl im Sinne der Art und Weise des Zusammenhanges der Dinge, der Beziehung der Dinge auf ihre Ursache wie als die Weise, in der sie erkannt werden, zu verstehen.

21 Vgl. Über die Monas ..., ed. Samsonow 1991, Einleitung, S. XIV.

bzw. der komplikativen Wiedereinfaltung der Andersheit auf eine Einheit hin (Gnoseologie) in der Verfaßtheit des Denkens, ist diese zahlstrukturierte Ordnung bzw. das Vermögen der erkennenden Seele, dieser Ordnung innezuwerden, das Bindeglied zwischen Einheit und differenter Vielheit. »Zählen ist ein Hinauslaufen aus der Einheit in die Vielheit oder Andersheit und symbolisiert unter dem Horizont dieser begrifflichen Polarisierung den Brückenschlag zwischen Vernunft und Welt. In jeder Zahl findet sich das Verhältnis von Einheit und Vielheit, weshalb das Zählen selbst in der Tat treffend als die Urstruktur der Welterzeugung im Sinne der Genesis von Vielheit bezeichnet werden kann.«[22]

Auf der Voraussetzung einer intelligiblen Zahlstruktur der Dinge und der Gegenstände des Denkens, auf deren Relationsmodi und Verhältnismäßigkeit basiert der brunosche Ansatz einer Analogie, die die Ordnung des Seienden bestimmt (»analogia entis«; De monade, OL I 2, S. 356) und die Grundlage der Formierung von Erkenntnis bildet Vor diesem Hintergrund ist nicht nur die analogische Methode der Einheitserkenntnis zu deuten, sondern ebenso die brunosche Kombinatorik, nämlich im Sinne einer wissenserweiternden ›ars‹ Lull'scher Prägung.

Die *Analogie* als Methode, ein Wissen um die Einheit oder das Einheitliche im Vielen zu erlangen, geht von einer Ausfaltung der Einheit in Form von Proportionalität, Relationalität und Gesetzmäßigkeit aus, so daß es möglich ist, unterschiedliche Bereiche des Seienden aus einem universalen, strukturidentischen Zusammenhang des Vielen im Sinne relationaler Ganzheit und Harmonie zu verstehen. Ziel ist es dabei, über die Erkenntnis solcher analoger Strukturen des Seienden die Mannigfaltigkeit zumindest näherungsweise auf die Einheit zurückzubeziehen. Grundvoraussetzung ist also die Vorstellung einer sich im Seienden wie im Denken ausbildenden strukturgleichen Ordnung.

Die *Kombinatorik* – die gleichsam das Pendant zur ›Analogik‹[23] bildet – fragt weniger nach der Weise, wie das Viele als Eines zu denken sei, sondern beschreitet gewissermaßen den umgekehrten Weg. Wenn sich die Einheit nach bestimmten Ordnungsprinzipien in der Welt unendlich vielfältig expliziert, so sind es Prinzipien der Komposition und Distribution, der Einteilung und Kombination, gemäß derer sich das Ganze vermittels des universalen Intellektes, der wie ein Architekt und ausführender Werkmeister des Einen das ›Weltgebäude‹ errichtet, als eine modal verschiedenartige Zusammensetzung definierter Elemente begreifen läßt, die eine unendliche Modifikation erlauben, ohne daß die Fülle eine kontingente wäre. Die Kombinatorik versucht in einem gleich-

---

22 Über die Monas ..., ed. Samsonow 1991, Einleitung, S. XVII.
23 Vgl. zu diesem Thema die brillante Studie: Leinkauf, T.; *Mundus combinatus. Studien zur Struktur der barocken Universalwissenschaft am Beispiel Athanasius Kirchers SJ (1602–1680)*, - Berlin 1993; insbesondere S. 163–190, der ich wichtige Hinweise verdanke.

sam sekundären Schöpfertum der Verknüpfungsmodi definierter ›Bauelemente‹ innezuwerden, um damit das Fundament eines ›Denkgebäudes‹[24] zu legen, das nach definierten Regeln eine infinite Zeugung ermöglicht. Sie fragt also nach den Generierungsregeln in der Absicht einer Erweiterung des Wissenshorizontes, ausgehend von Grundelementen wie etwa des Alphabetes oder des Zahlsystems.

Bei Giordano Bruno spielt insbesondere dieses Zahlsystem eine entscheidende Rolle. Über eine innere Zahlstruktur der Dinge, die in der Figuration signaturhaft zu Tage tritt, manifestiert sich das Wirken bzw. die Omnipräsenz des universalen, göttlichen Intellektes als die Gesetzmäßigkeit und Ordnung, über die sich die Entfaltung der Einheit in die Mannigfaltigkeit – gleich einer Generierung der Vielzahl aus der Einzahl – fassen läßt, und korrespondierend dieser Verhältnismäßigkeit organisiert bzw. formiert sich das Denken des individuellen Intellektes. Nun ist die von Samsonow betonte Suche nach einer universalen Grammatik nicht allein auf die Analyse der Struktur sprachlicher Überlieferungen beschränkt, sondern – hierin erweist sich Brunos richtungsweisende Rolle für Konzepte barocker Universalwissenschaft – bezieht Strukturalität und Systematik der lebendigen Welt (Physik) ebenso mit ein wie Rationalitätstypen unterschiedlicher Kulturen und Traditionen, um vor dem Hintergrund der Logik der Zahl die Dispositionen des Denkens in Analogie zu den seinskonstituierenden Formen von Relation zu benennen und über eine einheitliche, logisch-systematische Ordnung zu begründen.

Wenn Bruno in *De monade* anhand der Generierung der Zehnzahl aus der Einheit untersucht, »wie wir ›Welt‹ organisieren bzw. wie sich diese ›Welt‹ für uns zu organisieren scheint ...«[25], so verfolgt er dies auf dem Hintergrund zahlhafter Ordnung, die den Dingen entsprechend ihrer intelligiblen Struktur innewohnt. Es ist ein und dieselbe Verhältnisordnung, die das vielfältig Seiende als relationale Ganzheit formiert und sich analog im Denken in Form eines ›symbolischen Zählens‹[26] ausbildet.

In der Einleitung zur ›Frankfurter Trilogie‹ stellt Bruno die Thematik der drei Schriften *De minimo*, *De monade* und *De immenso* vor,[27] wonach sich *De minimo* über die mathematische Methode mit den elementaren Wissensprinzipien innerhalb der körperlichen Welt befasse, *De monade* sich auf die Erkenntnis der Enthüllung, den Glauben, die Weissagung, auf die Grundlagen der Vorstellungen, Meinungen und Beweise richte

---

24 Vgl. Nikolaus von Kues, De coniecturis I 2, S. 10–11: »rationalis fabricae«.
25 Über die Monas ..., ed. Samsonow 1991, Einleitung, S. XVII.
26 »Der menschliche Geist ist daher die Form der mutmaßlichen Welt, wie die göttliche die Form der realen.« (Nikolaus von Kues, De coniecturis, I 1, S. 6–7) »Sinnbildlich kommen wir also bei unserer Mutmaßung von den rationalen Zahlen unseres Geistes zu den realen unaussagbaren des göttlichen Geistes; denn wir nennen ja die Zahl ›das erste Urbild der Dinge im Geiste des Schöpfers‹, wie die aus unserer Vernunft hervorgehende Zahl Urbild seiner abbildlichen Welt ist.« (Ebda., S. 12–13)
27 Vgl. hierzu Über die Monas ..., ed. Samsonow 1991, Einleitung, S. X.

und *De immenso* schließlich die Ordnung des unendlichen Universums in evidenter Weise begründe. Was die Forschungsmethode angeht, so unterteilt Bruno wiederum in eine mathematische, metaphysische und physische Vorgehensweise. »Primum in methodo certe mathematica [De minimo], secundum (ut licet) divina [De monade], tertium vere naturali [De immenso].« (De immenso, OL I 1, S. 197)

Samsonow betont zu Recht, *De monade* befasse sich, gemäß der brunoschen Einführung, mit den »Spuren geschichtlich gewordener Vernunft« (Über die Monas ..., ed. Samsonow 1991, Einleitung, S. X), wie sie sich in der vernommenen Sprache, im Gehörten und Gelesenen niedeschlage, so daß die Welt in der sprachlichen Repräsentation verfügbar werde und es Brunos Absicht sei, »verschiedene Meinungen der Menschheit zu verschiedenen Zeiten auf Konvergenzen hin« (ebda., S. XII) zu untersuchen bzw. »gemeinsame Erzeugungsgrundlagen in dem Schrifttum der ihm bekannten Völker« (ebda., S. XV) zu zeigen.

Nun ist allerdings zu fragen, in welcher Weise Bruno das Sprachliche als Ausdruck intelligibler Strukturen faßt und ob es ratsam ist, von einer sprachlichen ›Repräsentation‹ (ebda., S. XLV)[28] der Welt auszugehen, oder ob nicht vielmehr die Erscheinungswelt selbst immer schon eine gleichsam ›Schriftsprachliche‹ ist. Nicht erst durch die sprachliche Darstellung subjektiven Zugriffs erschließt sich die Struktur von Welt, sondern die zeichenhafte Natur und ›Grammatik‹ der Dinge drückt sich in einer sinnhaften Schrift in Signaturen, Chiffren und Charakteren (Zeichen) sowie in Verhältnisbeziehungen (›Syntax‹) aus und analog dieser formiert sich die innere Schrift und Lesart (›interna lectio‹) der erkennenden Seele.[29] Die erfahrbaren Dinge sind gleichsam als eine Schrift zu entziffern, in der die Welt ihr Innerstes kundgibt und sich zugleich verbirgt, denn sie teilt sich stets in ihren Signaturen mit, die in einer Ähnlichkeitsbeziehung zum Veräußerten begründet sind, und entzieht sich damit zugleich als solche. Auf der Ebene des menschlichen Sprechens über die Welt spiegelt sich diese analoge Schriftlichkeit der Dinge wiederum in einer Sprache, deren Gültigkeit über diese ›Ähnlichkeiten‹ garantiert ist, die aber zugleich auch gar nichts anderes vermag, als immer nur in ›Ähnlichkeiten‹ zu sprechen.

»Quoniam veró quod est simile simili est etiam simile eidem similibus sive per ascensum, sive per descensum, sive per latitudimen <sic>: Hinc accidit ut (infra suos limites) natura facere possit omnia ex omnibus, & intellectus, seu ratio cognoscere omnia ex omnibus. Sicut inquam materia formis omnibus informatur ex omnibus, & passivus (quem vocant) intel-

---

28 Samsonow bezieht sich hierin auf Foucaults Analyse des Sprechens als einer ›Repräsentation‹; vgl. Foucault, M.; *Die Ordnung der Dinge. Eine Archäologie der Humanwissenschaften*, Frankfurt a. M. 1993, S. 56.

29 »Non dormies si ab umbris physicis inspectis ad proportionalem umbrarum Idealium considerationem promoveris.« (De umbris id., OL II 1, S. 31)

lectus formis omnibus informari potest ex omnibus: & memoria memorabilibus omnibus ex omnibus. quia omne simile simili fit, omne simile simili cognoscitur, omne simile simili continetur. Porro simile remotum ad suum distans, per simile medium sibìque proximum tendit. ... Hinc qui noverit apta extraemorum media: & naturaliter & rationaliter omnia poterit ex omnibus elicere.« (De umbris id., OL II 1, S. 25 f.)

Kehren wir nochmals zur Einleitung der ›Frankfurter Trilogie‹ zurück, deren Mittelschrift *De monade* in der angedeuteten Weise einer Analogie der Ordnung des Seienden und der Erkenntnis zu lesen ist und zugleich eine Mittlerposition einnimmt, denn in der Monadenschrift selbst wird die Dreiteilung metaphysischer, physischer und mathematisch-rationaler Betrachtungsweisen als in sich vermittelter Dreiheit nochmals evident, wobei die Figuren der Geometrie[30] gleichsam sichtbare Zahlen sind, die Zahlen qualitative Strukturelemente im Innern der Dinge kennzeichnen und von diesen hinführen auf die Voraussetzung von Einheit schlechthin: die Monade.

»... monas est substantia rei, numerus est qualitas interna, seu differentia specifica; figura est accidens exterius et signum. Monadem contemplamur in circulo, numerum in triplici archetyporum reliquorum triade, figuram elementaliter quidem in singulis, effective autem in omnibus. Per monadem omnia concordant, per numerum praecipue differunt, per figuram maxime contrariantur. Monas est enim individua rei substantia, numerus est substantiae quaedam explicatio, figura vero ab explicatorum principorum situ et ordine dimanatio.« (De immenso, OL I 1, S. 197)	»... *die Monade ist die Substanz eines Dinges, die Zahl die interne Qualität oder der spezifische Unterschied, die Figur ist etwas äußerlich Hinzutretendes und ein Zeichen. Die Monade betrachten wir im Kreis, die Zahl in der dreifachen Triade der übrigen Archetypen, die Figur in elementarer Weise in einzelnen, in ihrer Wirksamkeit aber in allen Dingen. Vermittelst der Monade sind alle Dinge verbunden, über die Zahl im besonderen unterschieden, mittels der Figur am ehesten entgegengesetzt. Die Monas ist die unteilbare Substanz eines Dinges, die Zahl eine gewisse Ausfaltung der Substanz, die Figur aber eine Ausfaltung von den explizierten Prinzipien in Lage und Ordnung.«*

Bruno formuliert hierin den maßgeblichen Dreischritt bzw. die generelle Dreigliedrigkeit der Monadenschrift: die Monade, die metaphysische

---

30 Samsonow interpretiert die geometrischen Figuren in Berufung auf Bernart (Bernart, L. de; »Geometrie der Erinnerung«, in: *Imaginazione e scienza in Giordano Bruno. L'infinito delle forme dell'esperienza*, Pisa 1986) als Erinnerungsfiguren. (Vgl. Über die Monas ..., ed. Samsonow 1991, Einleitung, S. XVIII)

Einheit, ist absolut einheitlicher Grund vor allem und in allem; in der Zahl faltet sich diese Einheit als intelligible Unterschiedenheit und Vielheit von individuell Seiendem aus. Über die Zahl bestimmt sich ein jedes als spezifische, qualitativ besondere Einheit. In der Figur oder der äußeren Gestaltwerdung zeigt sich die Zahlstruktur bzw. die innere Charakteristik der Dinge in einer zeichenhaften äußeren relationalen Fügung, in Ordnung und Schönheit.

Die Zahlen stehen somit vermittelnd zwischen absoluter Einheit und äußerer Unterschiedenheit der Dinge. Sie sind Bindeglied zwischen physischer Schönheit und metaphysischer Wahrheit; sie sind das ›Medium‹, über das sich die Ähnlichkeitsbeziehung unter den Dingen wie zwischen den Erscheinungen und der verborgenen Einheit denken läßt. Deshalb wird die Monade im Kreis betrachtet (der universalen Erzeugungsfigur und dem Modell der Koinzidenz von Mittelpunkt, Radius und Peripherie), die Zahl in der dreifachen Triade,[31] die Figur in der äußeren Gestaltwerdung der internen Explikation des Anfangs. Bruno legt damit das Programm seiner Monadenschrift vor.

Daher ist die Funktion der geometrischen Figur nicht nur die einer ›Erinnerungsfigur‹: Sie ist Versichtbarung von Zahl (intelligibler Struktur) und damit Verweis auf eine qualitas interna bzw. mittelbar deren Gegründetsein in der Einheit; sie manifestiert eine logische Verknüpfung bzw. in den verschiedenen Figurationsformen modale Unterschiede von Relationalität bzw. Rationalität; sie ist schließlich über die mathematische Bedeutung hinaus strukturale Verkörperung von Formationstypen sowohl im Denken und Sprechen verschiedener philosophischer und kultureller Traditionen wie auch in den Erscheinungen der lebendigen Welt. Die Monadenschrift ist somit kein bloß enzyklopädisches Sammelwerk assoziativ gewonnener Ähnlichkeitsphänomene aus dem Bereich von Kultur und Sprache etc., sondern Versuch eines systematischen Aufbaus, innerhalb dessen die Entfaltung aus der Einheit über die drei Ebenen von Metaphysik – Physik – Mathematik einer Analyse unterzogen wird.

Abschließend sei in diesem Zusammenhang auf eine späte mnemotechnische Schrift Brunos hingewiesen, die unter dem Titel *De imaginum signorum et idearum compositione* zur gleichen Zeit (1591) wie die ›Frankfurter Trilogie‹ bei Wechel und Fischer veröffentlicht wurde. Bruno untersucht in dieser Schrift die ›genera‹ der Erfindungsgabe (inventio), der Anordnung (dispositio) und des Gedächtnisses (memoria). In der Zueignung formuliert er das Verhältnis menschlichen Verstandesvermögens zur göttlichen Schöpferkraft in der Natur in analoger Setzung: »Idea, imaginatio, adsimulatio, configuratio, designatio, notatio est universum Dei, naturae et rationis opus, et penes istorum analogiam est ut divinam actionem admirabiliter natura referat, naturae subinde opera-

---

31 Mit der Neunzahl ist das Zahlsystem gewissermaßen abgeschlossen. Vgl. De monade, OL I 2, Cap. X.

tionem humanum ... aemulatur ingenium.« (Compos. imag., OL II 3, S. 89 f.)

Bruno betont hiermit wiederum, daß eine analoge Beziehung zwischen der göttlichen Ausfaltung in den natürlichen Dingen besteht, über die sich die Ideen in der strukturellen Fügung der Dinge, den Kompositionsprinzipien der sichtbaren Welt offenbaren und der entsprechenden Konstitution der menschlichen Erkenntnis bzw. dem Vermögen (ingenium) individueller Generierung einer Vorstellungswelt, die sich nach den Formen von Ordnung, Kombination und Relation der Erscheinungswelt bildet.

Als Beleg hierfür führt der Nolaner das Vermögen des Zählens an. So wie die Natur aus nur vier Elementen in unterschiedlichsten Weisen einer Anordnung (ordinare) und Zusammenfügung (componare), Bewegung (movere) und Verbindung (applicare) sich in Vielfalt offenbart, so ist dem Menschen durch die Fähigkeit des Zählens ein Vermögen gegeben, mit dem er zu einer unbegrenzten Erkenntnis gelangen kann.

»Primo quod sit unum, duo, tria, quatuor; secundo quod unum non sit duo, duo non sint tria, tria non sint quatuor; tertio quod unum et duo sint tria, quod unum et tria sint quatuor: hoc facere est facere omnia, hoc dicere est dicere omnia, hoc imaginari, significare et retinere, omnia facit obiecta apprehendisse, apprehenda intellexisse, intellecta meminisse.« (Compos. imag., OL II 3, S. 90)	»Zuerst, weshalb eines, zwei, drei, vier ist; zweitens weshalb eines nicht zwei, zwei nicht drei, drei nicht vier ist; drittens weshalb eins und zwei drei sind, eins und drei vier: dies zu vermögen ist, alles zu vermögen; dies zu sagen ist, alles zu sagen; dies vorzustellen, zu bezeichnen und zu bewahren, bewirkt alle Gegenstände aufgefaßt zu haben, die erfaßten verstanden zu haben und die verstandenen in Erinnerung bewahrt zu haben.«

Die Erkenntnis der numerischen Elemente bzw. Zahlen, die Fähigkeit distinkte Einheiten zu unterscheiden, zu addieren und zu kombinieren bzw. über die Zahlen alle Dinge zu machen, zu verstehen und zu erinnern, resultiert also aus der ›zahlhaften‹ intelligiblen Struktur der Dinge, die Mitteilung des göttlichen Intellektes ist. Dieser ist dem menschlichen Intellekt gegenwärtiger als die äußere Sonne, ja ist gleichsam seine innere geistige Sonne, die in der Selbstanschauung näherungsweise erkannt werden kann.

»Illi sublimi ratione similes essemus, si nostrae specii substantiam cernere possumus; ut noster oculus se ipsum cerneret, mens nostra se complecteretur ipsam.« (Compos. imag., OL II 3, S. 90)	»Jenem Höchsten wären wir durch die Verstandeskraft ähnlich, wenn wir die Substanz unserer Art anschauen könnten; so daß unser Auge sich selbst sähe, unser Geist sich selbst umfassen würde.«

Da aber das menschliche Auge die Anschauung seiner selbst nicht unmittelbar gewinnen kann, richtet es sich auf die mittelbare Erscheinung göttlicher Ideen in »exteriore quadam specie, simulacro, imagine, figura, signo« (ebda., S. 91) und erfährt so die Einheit über eine spiegelbildliche Ähnlichkeit (»similitudinem in speculo«; ebda.).

In den einführenden Passagen von *De imaginum compositione* benennt Bruno die Bedingungen menschlichen Erkennens bzw. einer Kenntniserweiterung. Demnach verläuft die Erkenntnis der intelligiblen Struktur der Dinge mittelbar über die äußere Erfahrung. Diese sichtbaren Zeichen der natürlichen Dinge sind notwendige Voraussetzung einer Aktivierung des inneren, geistigen Vermögens des Individuums. Zugrundegelegt ist für diese Weise einer Reflexion auf die individuelle, intellektuelle Potenz über die Erfahrung der sinnfälligen Ordnung der Erscheinungen eine Teilhabe am göttlichen Intellekt. Nur weil das erkennende Individuum qua Partizipation die göttlichen Ideen potentiell in sich umfaßt, ist es überhaupt fähig, sich in der Konfrontation mit den äußeren Dingen auf sein innerstes Vermögen zu beziehen.

»Hoc est quod ab Aristotele relatum ab antiquis prius fuit expressum, et a neotericorum paucis capitur: ›intelligere nostrum (id est operationes nostri intellectus) aut est phantasia aut non sine phantasia‹, rursum: ›non intelligimus, nisi phantasmata speculemur‹. Hoc est quod non in simplicitate quadam, statu et unitate, sed in compositione, collatione, terminorum pluralitate, mediante discursu atque reflexione comprehendimus. Quod si tale est nostrum ingenium, talia nimirum eiusdem esse oportet opera, ut scilicet inquirens, inveniens, iudicans, disponens, reminiscens non extra speculum divagetur, non absque imaginibus agitetur.«
(Compos. imag., OL II 3, S. 91)

»Dies ist, was von Aristoteles betrachtet und vorher von den antiken Philosophen zuerst zum Ausdruck gebracht wurde und was von wenigen der Neueren erfaßt wird: ›unser Erkennen (d. h. die Handlung unseres Intellektes) ist entweder durch die Einbildungskraft oder nicht ohne Einbildung‹, und wiederum: ›wir erkennen nicht, außer wenn wir Vorstellungsbilder schauen‹. Daher rührt, daß wir nicht in einer gewissen Einfachheit, einem Zustand und in Einheit, sondern in Zusammensetzung, Sammlung, Vielheit der Bestimmungen, mittels des Diskurses und der Reflexion verstehen. Wenn unser Ingenium also so beschaffen ist, ist es zwangsläufig so, daß seine Werke ebenso so beschaffen sind, daß es forschend, hineinführend (findend), urteilend, ordnend und erinnernd nicht außerhalb des Spiegels umherschweift, nicht ohne Bilder (agiert) überlegt.«

Im ›Spiegel der Natur‹ wird es seiner geistigen Potenz inne bzw. nur über die reflexive Beziehung zum Anderen erfährt es sich selbst, sofern der Prozeß der Innewerdung gewissermaßen eine Spiegelung des in der Natur Gespiegelten ist. Dieser Schritt von der Wahrnehmung der äußeren Erscheinungen zur Entfaltung eines intellektuellen Kenntnishorizontes ist jedoch nicht im Sinne einer Abbildtheorie zu verstehen. Die Umsetzung der sinnlich wahrnehmbaren Dinge, der Spuren der Ideen (vestigia) in die Vorstellungswelt (umbrae), d.h. die Schatten der Ideen, vollzieht sie vielmehr analog – »... ordo mundi rationalis, qui est ad similitudinem naturalis cuius est umbra, qui est imago divini cuius est vestigium« (ebda., S. 96) –, d.h. es gibt gewissermaßen verschiedene Stufen einer ›Übersetzung‹.

Die Beziehung dieser drei Ebenen zueinander, der metaphysischen, physischen und rationale bzw. das Abstufungsverhältnis im Sinne des Grades an Nähe zur vorausgehenden Idee, umschreibt Bruno an anderer Stelle folgendermaßen:

»Primo enim idea proprie dicitur forma ante res et metaphysicum quiddam, nempe species ipsa mundi et erorum quae in mundo sunt supersubstantialis, cui tanto convenit verius esse quam mundo physice constituo, quanto istis naturalibus et realiter existentibus, physico nempe mundo, verius conveniet esse quam mundi similitudini, quae *internis numeris* in sensibus inscribitur. Sicut enim nostrae intentiones habent originem a rebus naturalibus, quibus non existentibus et ipsae non essent, velut nullo existente corpore nulla esset umbra; ita res ipsae naturales, mundus nempe physicus nequaquam esse posset, si metaphysicus ille, nempe idea portans omnia, ex actu mentis et voluntatis divinae se ipsam communicantis non praeexisteret.«
(Compos. imag., OL II 3, S. 97; Hervorh. n. i. O.)

»Die Idee nennt man zuerst eine Form vor den Dingen und etwas Metaphysisches, nämlich das selbst übersubstantielle Muster (Paradeigma) der Welt und derjenigen Dinge, die in der Welt existieren. Diesem kommt es umso mehr zu, wahrhafter zu sein als der physisch entstandenen Welt, als es jenen natürlichen und wirklich existierenden Dingen, der physischen Welt nämlich, zukommt, wahrhafter zu sein als das Gleichnis der Welt, welches den Sinnen durch ›innere Zahlen‹ eingeschrieben wird. So wie also unsere (Erkenntnis-) Absichten ihren Ursprung von den natürlichen Dingen haben – ohne deren Existenz auch sie selbst nicht wären, gleichsam so wie ohne existierenden Körper auch kein Schatten wäre – so auch die natürlichen Dinge selbst, die physische Welt könnte nämlich nicht sein, wenn jene metaphysische, nämlich die alles tragende Idee, die sich über die Handlung des Geistes und den göttlichen Willen selbst mitteilt, nicht vorausbestünde.«

Deutlich werden mag an diesen Auszügen[32] eine in genereller Weise zugrundegelegte Dreigliedrigkeit von Seins- und Erkenntnisordnung, die im weiteren Folie der Untersuchung der von Bruno formulierten Stufenordnungen von Sein und Erkennen sei, um vor diesem Hintergrund zu klären:
- in welcher Weise sich das Eine im Vielen mitteilt bzw. welche Rolle die sichtbare Natur für die Erkenntnis spielt;
- welchen Weg eines Rückbezuges auf die Einheit das erkennende Individuum verfolgt und
- welcher Art die Vermittlung und das Verhältnis von Seinsentfaltung und Erkenntniseinfaltung bei Bruno zu denken ist.

2. Stufenordnung

In *De la causa* spricht Bruno an verschiedenen Stellen – und wie sich zeigen wird, zieht sich dies durch sein Gesamtwerk – von *einer* Substanz, die verschiedene Abstufungen, d. h. Erscheinungsweisen geformter Materie hervorbringt (vgl. Über die Ursache, Einl. 10), von einer Ordnung bzw. einem Stufenbau der Natur sowie einer »verhältnismäßigen Ähnlichkeit zwischen Körperlichem und Unkörperlichem« (Über die Ursache, Einl. 13), sodann von einer Stufenleiter der Erkenntnis (vgl. Über die Ursache V, 139), die denselben Weg zur Erkenntnis der Einheit emporsteigt, den die Entfaltung aus der Einheit in Form eines Abstieges genommen hat.

Innerhalb der gegenläufigen Bewegung von *descensus – ascensus*, stufenweiser Differenzierung des Einen in mannigfaltigen Konkretionen des Seienden und stufenweiser Erkenntnis als Prozeß einer Vereinheitlichung des Vielfältigen, lassen sich Seinsentfaltung und Erkenntnisbewegung als analoge Prozessualitäten verstehen, insofern ein und dieselbe Skala durchlaufen wird. Fragt man nun, welches denn diese Grade absteigender Seinsdifferenzierung bzw. entsprechend aufsteigender, schrittweiser Einheitserkenntnis seien, finden sich in unterschiedlichen Schriften verschiedenfach gestufte hierarchische Modelle. Hiervon seien einige exemplarisch vorgestellt:

---

32 Vgl. die Thematisierung eben dieser Dreiteilung in De minimo, OL I 3, S. 300, Summa term. metaph., OL I 4, S. 35, Figuratio, OL I 4, S. 140; De umbris id., OL II 1, S. 38: »Analogiam enim quandam admittunt methaphysica, & logica, physica: seu ante naturalia, naturalia, & rationalia.«

So ist etwa in *De umbris idearum*[33] von neun Stufen der Erkenntnis die Rede, wobei Bruno hierin das siebenstufige Erkenntnissystem Plotins übernimmt, das um zwei weitere Grade erweitert wird.[34]

»Septem gradibus (quibus duos addimus) constare intellexit Plotinus Schalam qua ascenditur ad principium. Quorum. Primus est animi purgatio. Secundus attentio. Tertius intentio. Quartus ordinis contemplatio. Quintus proportionalis ex ordine collatio. Sextus negatio, seu separatio. Septimus, votum. Octavus transformatio sui in rem. Nonus transformatio rei in seipsum. Ita ab umbris ad ideas patebit aditus, & accessus, & introitus.«
(De umbris id., OL II 1, S. 48 f.)

»*Aus sieben Stufen bestehend (welchen wir zwei hinzufügen) stellt sich Plotin die Stufenleiter vor, die zum Prinzipium hinaufgestiegen wird. Deren erste ist die Reinigung der Seele, die zweite Aufmerksamkeit, drittens [innere/geistige] Anspannung, viertens die Betrachtung/Kontemplation der Ordnung, fünftens die Zusammenführung des Verhältnismäßigen aus der Ordnung, sechstens die Negation oder Trennung, siebtens der Wille, achtens die Verwandlung seiner in den Gegenstand, neuntens die Verwandlung des Gegenstandes in sich selbst. So öffnet sich von den Schatten zu den Ideen ein Zugang, die Annäherung und das Eingehen.*«

Die Seele, indem sie sich von ihren körpergebundenen Eigenschaften ganz zurückzuziehen sucht, d.h. sich von sinnlichem Begehren und triebhaften Neigungen abwendet, wird vermittels dieser ›Reinigung‹ ganz und gar empfänglich für die Aufnahme des Göttlichen, was jedoch nicht Rezeptivität für ein ›Äußeres‹ meint, sondern als ›Konzentration‹ auf das immanente, partizipativ gegenwärtige göttliche Vermögen zu verstehen ist. Indem sie sich hierauf konzentriert, erreicht sie mit zunehmender Innewerdung ihrer intensiven Potenz einen höheren Grad an Gottähnlichkeit. Auch in den *Heroischen Leidenschaften* thematisiert Bruno diesen Vorgang einer ›deificatio‹ in Berufung auf Plotin: »Der Philosoph Plotin nennt in seinem Buch *Über die intelligible Schönheit* drei Vorbereitungen: Die erste ist, sich vorzunehmen, gottähnlich zu werden und den Blick von den Dingen, die unterhalb der eigenen Vollkommenheit und auf einer Stufe mit gleichartigen oder niederen Erscheinungen stehen, abzuwenden. Zweitens muß man sich mit größerer Anspannung und

---

33 De umbris id., OL II 1, S. 48 f.
34 Vgl. hierzu Julie Sarauw; *Der Einfluß Plotins auf Giordano Brunos Degli Eroici Furori*, Diss. Jena/Leipzig 1916, die in ihrer Untersuchung auf die enge Verbindung zur bzw. Bezugnahme Brunos auf die Lehre Plotins aufmerksam macht; sowie Olschki, L.; »Giordano Bruno«, in: *Deutsche Vierteljahresschrift für Literaturwissenschaft und Geistesgeschichte* 2 (1924), S. 1–79, vgl. S. 13.

Aufmerksamkeit den höheren Erscheinungen zuwenden. Drittens muß man seinen Willen und seine Zuneigung ganz an Gott binden. Unzweifelhaft wird auf diese Weise das Göttliche in uns einströmen ...«[35] Der Erkenntnisprozeß wird – damit sei nochmals die Selbsterkenntnis als Anschauung des Göttlichen betont – in ähnlicher Weise, wie es auch der Cusaner formuliert hat, als eine Kontraktion der Seele, ein Sich-Zusammenziehen auf das Innerste ihrer selbst aufgefaßt.[36] In *De monade* spricht Bruno daher auch von ›Stufen des Herzens‹, mittels derer der Erkennende in seinem Innern zu einem höheren Grad an Einheitserkenntnis aufsteigt.[37]

In der Schrift *Sigillus Sigillorum* (Sigillus sig., OL II 2, S. 180 ff.) faßt Bruno den Begriff der Kontraktion, deren Bruno 15 Arten aufzählt, in zweifacher Weise. Zum einen in bezug auf die absolute Form oder die erste Ursache, die, indem sie sich aus ihrer unterschiedslosen Fülle zurückzieht, erst das Entstehen von Vielheit und Verschiedenheit ermöglicht[38], gleichwie das Licht, das zuerst in sich selbst verharrt, darauf aber, indem es aus sich heraustritt und sich differenziert als ein Leuchten, ein unterschiedenes und unterscheidbares wird. »Duplici ergo existente contractione: altera, qua absoluta forma fit huius illiusque in hoc et in illo forma, sicut lux, quae est primo velut in se ipsa, postea progressu quodam huius efficitur atque illius, in hoc et in illo lumen ...« (Sigillus sig., OL II 2, S. 214), ohne daß das Licht als solches/oder die absolute Form dabei etwa von ihrer Fülle verlieren würde (»dum tamen de sua substantia nihil emittat et a propria integritate non deficiat«). In entsprechender Weise – »denn so wie das intelligible Eine und Wahre durch die Konkretion zu uns herabsteigt, solcherart ist es unsere Aufgabe, zu ihm durch Abstraktion hinaufzusteigen«[39] – erfolgt auch die Erkenntnis der unendlichen Vielfalt verwirklichter Formen als eine Kontraktion, indem die Mannigfaltigkeit über eine Abstraktion vereinheitlicht und vergeistigt wird, bis schließlich das ursächliche Eine »in unum analogum supremum omnium« (ebda., 213 f.) zusammengezogen wird. Die Grundstruktur von in sich verharrender Einheit, die sich zurückzieht und aus ihrer Fülle die

---

35 HL I./V., S. 93; Eroici furori, Dial. it. II., S. 1040; »... la prima è proporsi de conformasi d' una similitudine divina ..., secondo è l' applicarsi con tutta l' intenzione ed attenzione alle specie superiori; terzio il cativar tutta la voluntade ed affetto a Dio ...«
Vgl. Plotin, Enn. V 8, 11.

36 Vgl. Nikolaus von Kues, De docta ignorantia II, 2; zum Verhältnis Konkretion – Abstraktion – Kontraktion siehe *Explicatio trig. sig.*, OL II 2, S. 213.

37 Vgl. De monade, OL I 4, S. 321, (Prolog); Über die Monas ..., ed. Samsonow 1991, S. 2.

38 Kontraktion im Sinne einer differenzierten, beschränkten Verwirklichung der unendlichen Möglichkeit. Vgl. Summa term. metaph., OL I 4, S. 73: »Descendit ens primo in substatiam per contractionem differentiae ...«.

39 »Sic enim per concretionem intelligibile unum et verum ad nos descendit, quemadmodum necessarium nos ad ipsum per abstractionem ascendere«; Sigillus sig., OL II 2, S. 213.

Vielheit der Konkretionen hervortreten läßt, welche über die Erkenntnis auf die Einheit zurückgeführt wird als ein In-Sich-Zusammenziehen der Vielheit im erkennenden Verstand, tritt hiermit deutlich hervor.[40] Konkretisierende Kontraktion (Differenzierung der Einheit in Vielheit) und abstrahierende Kontraktion (Vereinheitlichung der Vielfalt) sind gleichsam gegenläufige Prozesse von Einem her wieder auf Eines hin.

»Prima contractio est, qua per essentiam infinita et absoluta forma finitur ad hanc et illam materiam; secunda est, qua per numerum infinita et indeterminata materia ad hanc illamque formam terminatur.« (Sigillus sig., OL II 2, S. 214)	*»Die erste Kontraktion ist die, durch welche vermittels des Wesens die unbegrenzte und absolute Form in dieser und jener Materie (Verkörperung) begrenzt wird; die zweite, durch welche vermittels der Zahl die unendliche und unbegrenzte Materie nach dieser und jener Form bestimmt wird.«*

Während die erste Weise der Kontraktion die Verwirklichung der unendlichen Formpotenz der Einheit in der Materie beschreibt, faßt die zweite gleichsam die gegenläufige Bewegung der Erkenntnis, welche die Vielzahl der an der Einheit teilhabenden Dinge über die Zahl gewissermaßen systematisiert und auf das Eine zurückführt.[41]

In der Schrift *Triginta sigillorum explicatio* stellt Bruno ein fünfstufiges Modell vor:

»Gradus huis scalae sunt esse, vivere, sentire, imaginari, ratiocinari, intelligere, mentare.« (Explicatio trig. sig., OL II 2, S. 128)	*»Die Grade dieser Skala sind Sein, Leben, sinnliches Wahrnehmen, Vorstellungsvermögen, rationale Vernunft (diskursives Denken), intelltuales Verstehen, geistige Einsicht.«*

Bruno greift hiermit auf traditionelle Vorstellungen einer hierarchischen Stufenordnung des Seienden zurück, wie sie etwa in Schriften des Mittelalters vielerorts Erwähnung finden und sich insbesondere auf die aristotelische Einteilung der Seelenvermögen in die vegetative, sensitive und intellektuelle Seele stützen. Der Nolaner will diese Klassifizierung jedoch nicht im Sinne einer Abstufung nach Seinsrang verstanden wissen, sondern nimmt die Einteilung der Natur auf im Hinblick auf die in Erscheinung tretenden Fähigkeiten[42], die aber desungeachtet in jedem Seienden

---

40 Auf eine mögliche Orientierung – neben der neuplatonischen Philosophie – an der kabbalistischen Vorstellung des Sich-Selbst-Zusammenziehenden Gottes habe ich an anderer Stelle bereits hingewiesen.
41 Vgl. Sigillus sig. OL II 2, S. 214 : »altera contractio ...«.
42 Vgl. hierzu Summa term. metaph., OL I 4, S. 111.

auf ein und derselben, alles durchdringenden Potenz basiert. Alles ist gleichermaßen beseelt zu denken, wenngleich dieses seelisch-geistige Vermögen in unterschiedlicher Weise aktualisiert wahrgenommen wird. So ist selbst die Materie nicht schlichtweg eine tote, sondern potentiell beseelt zu denken. »Darüber hinaus mache ich darauf aufmerksam, daß ich zwar auch im üblichen Sinne von den fünf Stufen der Formen spreche – als da sind die des Elements, des Gemischten, des Vegetativen, des Empfindenden und des Intellekts –, aber darunter etwas anderes verstehe als damit gewöhnlich gemeint ist. Denn diese Unterscheidung gilt nur von den Wirksamkeiten, die an den Einzelwesen erscheinen und aus ihnen hervorgehen, sie gilt nicht im Hinblick auf das primäre und fundamentale Sein jener Form oder jenes geistigen Lebens, welche als ein und dieselbe das Ganze erfüllt, wenn auch nicht auf dieselbe Art und Weise.« (Über die Ursache II, 71)

Ähnlich beschreibt Bruno in der *Summa terminorum metaphoricum* den Erkenntnisaufstieg nach fünf Hauptgraden: der Sinneswahrnehmung (cognitio sensitiva exterior), der inneren, von der Sinneserkenntnis abhängigen Erkenntnis (cognitio sensitiva interior species = sensus communis, phantasia, cogitativa, memoria), und daraus hervorgehend den Graden der Verstandeserkenntnis (ratio, intellectus) bis hin zur Mens. Die letzte Stufe entspricht auch hier der Gotteserkenntnis auf dem Grunde der Seele.[43] Vielfach findet sich ein solches Fünferschema (sensus – imaginatio – ratio – intellectus – intelligentia) in neuplatonisch beeinflußten Schriften des Mittelalters (Bonaventura, Alcher von Clairvaux ›De spiritu et anima‹), wobei die fünfte Stufe in der mystischen Tradition in Richtung einer affektiven Gottesvereinigung/Liebe gedeutet wird, in enger dem Neuplatonismus verbundenden Schriften als höchste und reinste Geistigkeit verstanden wird.[44] Diese ›Intelligentia‹ »... ist, als das Überbegriffliche, Überintellektuelle, so stark von allen anderen Formen des Denkens und Erkennens abgesetzt, daß eine Umdeutung ins Affektive hier leicht ansetzen kann; aber sie ist doch noch die oberste Spitze des geistigen Aufbaus, der höchste Gipfel unseres Seins, der *flos intellectus*.« (Ebda., S. 159) Betont sei, daß diese höchste Stufe von Erkenntnis über die Weisen diskursiven, vielheitlichen Wissens hinausgehend, nicht mehr auf Sinnfälliges bzw. auf begriffliche Abstraktion von Seiendem bezogen gefaßt wird, sondern als ein – in Abkehr von äußerer Andersheit – nach Innen gewandter Akt der Selbsterkenntnis zu verstehen ist, die ihren Gegenstand in sich selbst findet und in der Reflexion der Seele auf ihr geistiges Wesen das Göttliche in sich erfährt. Die Seele ist gleichsam Schnittstelle zwischen Außen- und Innenwelt (extensivem und intensivem Universum), Mittlerinstanz zwischen äußerer Erkenntnis,

---

43 Vgl. Summa term. metaph., OL III, XIV Cognitio, S. 31 f.
44 Ivánka, E. v.; »Zur Überwindung des neuplatonischen Intellektualismus«, in: W. Beierwaltes (Hrsg.) 1969, a.a.O., S. 147–160, vgl. S. 150 ff.

die ihren Ausgangspunkt in der sinnlichen Wahrnehmung findet und innerer Erkenntnis, die ihr Ziel in der differenzlosen Innewerdung sucht.

Diese fünfgliedrige Erkenntnisstruktur steht in unmittelbarem Zusammenhang zu einer ontologischen Fünfstufigkeit, wie sie etwa in der Monadenlehre angelegt ist, wo Bruno eine hierarchische Folge von *Gott – Intelligenz – Seele – körperlicher Form – körperlicher Materie*[45] formuliert:

»Heic in figurae pentadis angulo superiori est DEUS, in dextro superiori INTELLIGENTIA, in sinistro ANIMA, In dextro inferiori FORMA corporea. In sinistro CORPUS, seu materia, seu quantitas. Horum primi gradus terminus, tamquam in non aliorum ordine positus, manet absolutus; sicut unitas, quae est principium et substantia numeri non est numerus.« (De monade, OL I 2, S. 407)

Die oberste Stufe aber (das göttliche Prinzip) bleibt absolut, als sei sie nicht in einer Ordnung mit ihren Wirkungen befindlich, d. h. als transzendente Ursache wirkt sie sich auf verschiedenen Seinsebenen aus, teilt sich als vor-läufiger Einheitsgrund einem jeden mit, ohne selbst in irgendeiner Weise in einer Vergleichbarkeit mit dem ›Anderen‹ zu stehen, d. h. von sich abständig zu werden: jedem ganz teilhaftig werdend, bleibt sie ungeteilt Eines, absolute Fülle ohne Unterschiedenheit, so daß zwar die Kette der partizipierenden Wirkungen der ersten Ursache ähnlich ist – vergleichbar im Sinne eines Zugleich von Andersheit und Selbigkeit[46] –, die göttliche Ursache aber nicht in einem Ähnlichkeitsverhältnis zu ihren Wirkungen steht. (Vgl. Summa term. metaph., OL I 4, XLVII Comparatio, S. 97)

Eine solche Beziehungsstruktur eines einseitigen Ähnlichkeitsverhältnisses, wonach die Welt Gleichnis Gottes ist, Gott jedoch nicht als der Welt gleichend aufzufassen, prägt in grundlegender Weise den (neuplatonisch fundierten)[47] Gottesbegriff des Thomas von Aquin und ist Basis der thomistischen Konzeption einer ›analogia entis‹. »So kann ›Gott zwar auf keine Weise den Geschöpfen ähnlich genannt werden, doch die Geschöpfe können in gewisser Weise Gott ähnlich genannt werden; denn was sich zum Abbild eines Gegenstandes gestaltet, das kann, wenn es ihn vollkommen abbildet, ihm schlechthin ähnlich genannt werden; doch nicht umgekehrt ...‹ «[48]

Gott als ursachenlose Ursache teilt sich zwar dem Seienden ganz mit – *omne agens agit sibi simile*[49] – d. h. jedes Seiende partizipiert am undefinierbaren, absoluten Sein Gottes; die dadurch bewirkte Ähnlichkeit des Kreatürlichen am vordenklichen Grunde ist aber weder eine Identität

---

45 Vgl. De Monade, OL I 2, Kapt. VI, Stufen der Fünfheit, I. Ordnung.
46 Vgl. die Ausführungen zum platonischen *Timaios*.
47 Erwähnt sei hier vor allem die Lehre des Dionysios Areopagita.
48 *Des heiligen Thomas von Aquino Untersuchungen über die Wahrheit (Quaestiones Disputatae de Veritate)*, übers. v. Dr. E. Stein, Bd. I., Qu. 2, a 11, S. 76, Louvain/Freiburg 1952.
49 Vgl. Thomas v. Aquin, Sent. III d 33, q 1 a 2.

noch völlige Andersheit, sondern über die Teilhabebeziehung steht das Seiende in einem analogen Verhältnis zu Gott. Die Welt gleicht Gott, insofern ihr das göttliche Sein innewohnt, zugleich ist sie in ihrer Verschiedenartigkeit unterschieden, insofern sie das, was in Gott in Einheit, Vollkommenheit, Unendlichkeit und Absolutheit aktualisierte Potenz ausmacht, in vielfältiger, unvollkommener, endlicher und bedingter Weise verwirklicht (*participatio deficiens*). Besteht hinsichtlich der Seinsweise ein unendlicher Abstand zwischen Gott und Welt, so erlaubt die Analogie des Seienden diese Abständigkeit als eine Ähnlichkeitsbeziehung bzw. als Teilhaberelation zu formulieren, wobei die Wirkungen auf eine indefinite Ursache verweisen. Dementsprechend vermag jede Aussage über das Göttliche (so die Lehre des Äquinaten, deren Ansatz bei Giordano Bruno anklingt, wenngleich er keinesfalls das scholastische Hierarchiedenken teilt), jeder Ansatz einer Gotteserkenntnis, das Sein Gottes lediglich in zwischen Univokation und Äquivokation vermittelnder, analoger Weise zu formulieren. »Am besten ist das analoge Verhältnis zwischen Gott und Welt immer noch charakterisiert als imitatio deficiens, d.h. als jene einseitige Zuordnung der Schöpfung zu Gott, wodurch Gott zwar nachgeahmt, aber in keinem Sinne multipliziert wird, so daß sowohl der Pantheismus, wo Gott in der Schöpfung zerflösse, als auch der Panentheismus, wo die Schöpfung in Gott aufginge, vermieden wird.«[50]

Wie vor ihm der Cusaner, so betont auch Bruno die Unvergleichlichkeit zwischen der Einheit und der seienden Vielfalt, denn »inter finitum et infinitum nulla est proportio« (Summa term. metaph., OL I 4, S. 97), ohne daß damit in irgendeiner Weise eine Abwertung dieses in Andersheit seienden impliziert wäre, denn der Potenz nach ist das Eine in allem, der Aktualisierung nach jedoch in unterschiedlichster Weise, d.h. in unendlicher Mannigfaltigkeit. Diese kategoriale Unterschiedenheit des unendlich Vielfältigen wird vielmehr aufgewertet, sofern sie dem erkennenden Verstand, wenngleich innerhalb des Endlichen, die unendliche Möglichkeit des Einen vor Augen führt bzw. unendliche Wege eröffnet, des Einen innezuwerden, ohne es als solches einholen zu können.

Bruno beruft sich an der oben zitierten Stelle zur Fünfstufigkeit auf Platon – »Quinis distinxit species gradibus Plato rerum« (De monade, OL I 2, S. 406) –, referiert aber vermutlich die Platondeutung des »unus e principibus Platonicis, Ficinus« (De monade, OL I 2, S. 408). So heißt es in der *Theologia Platonica* des Marsilio Ficino: »Im übrigen – um zu unserem angestrebten Ziel zu kommen – wollen wir alles wiederum in fünf Stufen zusammenfassen, indem wir Gott und die Engel auf die höchste Stufe der Natur stellen, den Körper und die Qualität auf die Unterste, die Seele aber in die Mitte zwischen die höchsten und die

---

50 Habbel, J.; *Die Analogie zwischen Gott und Welt nach Thomas von Aquin*, Regensburg 1928, S. 8.

untersten; nach Art der Platoniker nennen wir sie verdientermaßen die dritte und mittlere Wesenheit, da sie ja zu allem die mittlere und beiderseits die dritte ist ...«[51] Bruno setzt diese fünfgradige Ordnung der Dinge unter Philosophen als bekannt voraus.[52] Gleichwohl ist dies nicht die durchgängige Seinseinteilung der Monadenschrift, sondern wie in anderen Werken führt Bruno unterschiedliche Modelle einer mehr oder minder differenzierten Seins- und Erkenntnisordnung vor.

Wurde anhand der exemplarisch vorgestellten Passagen vor allem die Stufung des Erkenntnis*aufstieges* thematisiert, so lassen sich – hiermit korrespondierend – eine Reihe von Textstellen im brunoschen Gesamtwerk anführen, die den *Abstieg* des Göttlichen, d. h. die Selbstmitteilung des Absoluten und damit gleichzeitig das Entstehen von seiender Vielfalt in Form einer stufenweisen Entfaltung gemäß dem Grad der verwirklichten Seinsteilhabe an der unerschöpflichen Einheit zu fassen versuchen. Auch hier formuliert Bruno kein in allen Schriften gleichermaßen gültiges, allgemeines Stufensystem, sondern modifiziert dieses je nach thematischem Zusammenhang. In Anlehnung an neuplatonische, magisch-hermetische und kabbalistische Lehren entwirft er mehr oder minder differenzierte, unterschiedlich gestufte Modelle. Es seien zunächst zwei Passagen aus den magischen Schriften Brunos angeführt.

So heißt es etwa in *De magia* (OL III 3, S. 401 f.) über den Grundsatz der Magier, der stets vor Augen zu führen sei:

»... influere Deum in Deos, Deos in (corpora caelestia seu) astra, quae sunt corporea numina, astra in daemonas, qui sunt cultores et incolae astrorum, quorum unum est tellus, daemones in elementa, elementa in mixta, mixta in sensus, sensus in animum, animum in totum animal et hic est descensus scalae; mox ascendit	»... *daß Gott in die Götter einfließt, die Götter in die Sterne (oder Himmelskörper), welche Verkörperung göttlichen Waltens sind, die Sterne in die Dämonen, die Pfleger und Bewohner der Sterne sind, wovon einer die Erde ist, die Dämonen in die Elemente, die Elemente in die zusammengesetzten Wesen, diese in die Sinneswahrnehmung, die Sinneswahrneh-*

---

51 Marsilio Ficino, *Theologia Platonica*, ed. Marcel 1964, tom. I, lib. III 2, S. 137, (= Marsil Ficin, *Théologie Platonicienne De l'Immortalité Des Ames*. Texte critique établi et traduit par Raymond Marcel, Paris 1964) »Caeterum ut ad id quandoque veniamus quod cupimus, in quinque gradus iterum omnia colligamus, Deum et angelum in arce naturae ponentes, corpus et qualitatem in infimo; animam vero inter illa summa et haec infima medium, quam merito essentiam tertiam ac mediam more Platonice nominamus, quoniam et ad omnia media est et undique tertia.« Übers. zit. n.: Otto, S. (Hrsg.); *Geschichte der Philosophie in Text und Darstellung, Renaissance und frühe Neuzeit*, Stuttgart 1986, S. 262 f. Zur Mittelstellung der Seele sowie zur immanenten Dreiheit dieser Gradeinteilung siehe im weiteren.

52 »... niemand, der diese fünf Grade nicht kennte, auch wenn sich in der Art, wie sie sie definieren, die größten Unterschiede gezeigt haben.« (De monade, OL I 2; Kapt. VI, S. 408; Über die Monas ..., ed. Samsonow, S. 89)

animal per animum ad sensus, per sensus in mixta, per mixta in elementa, per haec in daemones, per hos (in elementa, per haec) in astra, per ipsa in Deos incorporeos seu aetherae substantiae seu corporeitatis, per hos in animam mundi seu spiritum universi, per hunc in contemplationem unius simplicissimi optimi maximi incorporei, absoluti, sibi sufficientis. Sic a Deo est descensus per mundum ad animal, animalis vero est ascensus per mundum ad Deum; ille est in cacumine scalae, purus actus et activa potentia, lux purissima, in scalae vero radice est materia, tenebrae, pura potentia passiva, sic potens omnia fieri ex imis, sicut ille potens omnia facere ex supernis. Inter infimum et supremum, gradum sunt species mediae, quarum superiores magis participant lucem et actum et virtutem activam, inferiores vero magis tenebras, potentiam et virtutem passivam.«

mung in die Seele, die Seele in das ganze Lebenwesen, und dies ist der Abstieg der Skala; bald darauf steigt das Lebewesen durch die Seele auf zur Sinneswahrnehmung, [usf.] ... durch diese zu den unkörperlichen Göttern ..., durch diese in die Weltseele oder den Spiritus des Universums, durch diesen zur Betrachtung des einzigen, einfachsten, besten, größten unkörperlichen, des Absoluten, sich selbst Genügenden. So wie der Abstieg von Gott über die Welt zum Lebewesen verläuft, so ist aber auch der Aufstieg des Lebewesens über die Welt zu Gott; jener ist an der Spitze der Stufung, actus purus und aktive Potenz, reinstes Licht, Wurzel der Skala aber ist die Materie, Finsternis, reines Vermögen der Passivität; und so, wie sie vermögend ist, aus dem Untersten alles zu werden, so ist jener vermögend, alles zu machen aus der Höhe. Zwischen dem niedrigsten und dem höchsten Grade sind die mittleren Arten, deren höhere mehr am Licht und am Akt und aktivem Kraftvermögen partizipieren, die niederen dagegen mehr an der Dunkelheit, der passiven Macht und Kraft.«

Die bereits erwähnte Analogie von Seinsentfaltung vom absoluten Einen über die Mittlerwesen (species mediae) bis hin zur individuellen Seele bzw. in umgekehrter Richtung von Erkenntnisaufstieg gemäß der vorgegebenen Seinsordnung wird auch hier deutlich. Der Erkenntnisprozeß, überhaupt ermöglicht durch die Allbeseeltheit des Seienden, erreicht mit jeder Stufe einen höheren Grad an Einheitsnähe und damit Materialitätsferne, um schließlich in die Weltseele einzugehen. In völliger Innewerdung ihrer selbst sucht die erkennende Seele eins zu werden mit dem Einen, aufzugehen in der Betrachtung (contemplatione unius) des Einen.[53]

---

53 Wenn hier von Kontemplation/Schau des Einen in sich selbst die Rede ist, wird die Selbstreflexion als Mittel der Gotteserkenntnis/Einswerdung thematisiert, die jedoch eine letztendliche Abständigkeit vom Einen impliziert.

Bruno greift hiermit die traditionelle Vorstellung einer Stufung von geistiger/göttlicher, himmlischer und elementarer Welt auf[54], wie sie auch in neuplatonischen Konzepten zu finden ist, in der Applikation auf den aristotelischen Stufenkosmos aber insbesondere die frühmittelalterlichen Modelle einer hierarchischen Seinsstufung bestimmt. (Vgl. etwa das hierarchische System des Dionysios Areopagita, die Seinsordnung des Äquinaten, den Aufbau des ›Gottesstaates‹ bei Augustinus; um nur einige Beispiele anzuführen.)

Grundzug ist der Versuch, die Mitteilung des Göttlichen über eine hierarchische Ordnung von Mittlerwesen zu fassen, um damit den Übergang des göttlichen Prinzips in die materielle Welt als eine Stufenleiter absteigender Gottähnlichkeit/Gottnähe zu formulieren, an deren Zielpunkt der Mensch steht, dem es geboten ist, in der Lösung von den Bedingungen der Körperlichkeit über die Mittlerwesen größtmögliche Annäherung an die geistige Ursache zu erlangen.

Eingebettet in die zeitgenössische *Magia-naturalis*-Lehre geht es Bruno jedoch keineswegs um die Aufnahme dieser kosmologischen Struktur[55] bzw. des determinierten Ordo-Schemas mittelalterlicher Lehrtradition, sondern um eine Partizipationslehre, auf deren Grundlage das Verhältnis Gott – körperlich Seiendes bzw. die Beziehung von metaphysischer Einheit und physischer Vielfalt nicht als unüberbrückbarer Dualismus zu verstehen ist. Vielmehr bezieht Bruno das neuplatonische Modell einer Emanation oder explikativen Selbstmitteilung des Einen über eine Vielzahl von Mittelgliedern ein, um die Immanenz des Einen in Allem zu begründen. Hierfür ist der bereits erläuterte Seelenbegriff von konstitutiver Bedeutung, insofern er es erlaubt, in jedem Einzelnen, und sei es noch so klein, die ganze Potenz der göttlichen Einheit anzunehmen sowie, hiervon ausgehend, zu postulieren, daß die unendliche Fülle des Seienden über die Beseelung in einem universalen Wirkzusammenhang steht, ja daß sie als Gesamtheit, gleichsam als Verkörperung der transzendenten Einheit in der physischen Realität zu denken sei; ein unermeßlicher alles umfassender Körper (Universum), in dem alle Individuen

---

54 Zur Analogie von Mikro- und Makrokosmos heißt es bei W. Beierwaltes: »Dadurch, daß der Mensch die drei Welten – die intelligible, die himmlische und die irdische – als Geist-Körper-Wesen auf seine Weise in sich versammelt (complexio et colligatio), ist er die irdische, bildhafte Repräsentation der ursprunghaften göttlichen Einheit.« (W. Beierwaltes, »Neuplatonisches Denken als Substanz der Renaissance«, S. 1–18, zit. S. 11, in: *Magia Naturalis und die Entstehung der modernen Naturwissenschaften*, S. 11, Symposion der Leibniz-Gesellschaft, Hannover, 14. und 15. November 1975, Studia Leibnitiana, im Auftrag der Gottfried-Wilhelm-Leibniz-Gesellschaft, Sonderheft 7, hrsg. v. K. Müller u. a., Wiesbaden 1978.)

55 Wenngleich auch bei Bruno Kosmologie und Erkenntnislehre in unmittelbarem Zusammenhang stehen, so ist doch seine Theorie des unendlichen Universums, die Ablehnung einer Mittelpunktdefinition sowie jedweder Umgrenzung gerade die Reform des aristotelischen Stufensystems mitsamt der darauf begründeten Seinslehre. (Vgl. dazu das Kapitel zur Unendlichkeitslehre im Verhältnis zur Vorstellung eines Stufenbaus der Erkenntnis.)

in kontinuierlicher Verbindung stehen. Die Ordnung des Ganzen bestimmt sich somit nicht als hierarchisches starres Gerüst, sondern eher im Sinne verschiedener strukturgleicher Formen von Verbundenheit und wechselseitiger Beeinflussung der Teile im Verhältnis zum Ganzen. Zugleich ist mit der Vorstellung einer Verkettung über die Mittelglieder, einer Kette des Seienden, ausgehend von der ideellen bis hin zur materiellen Welt, ein alles durchziehendes und verknüpfendes Band (Seele) bestimmt, das einerseits den fließenden Übergang von der ersten Ursache zur körperlichen Vielheit bzw. den lückenlosen Wirkzusammenhang aller Glieder gewährleistet und zugleich jedes einzelne an den ersten Ursprung rückbindet.

Entscheidend ist innerhalb dieser Modelle stufenweiser Entfaltung die Gegenläufigkeit von Konkretion des Einen in der Vielheit und Abstraktion von der Vielheit auf die Einheit hin. Bruno formuliert einen Erkenntnisbegriff, demgemäß das Individuum befähigt ist, über das Wissen um die Ordnungsstrukturen und kausalen Beziehungen innerhalb der physischen Welt die innere Gesetzmäßigkeit des Ganzen zu entdecken bzw. auf das Wirken einer je höheren Stufe bis hin zur ersten Ursache zurückzuführen und damit im Prozeß der Erkenntnis die Vielheit wiederum als Einheit zu begreifen.[56] Aus diesem Grund muß die magische Naturerklärung einen hohen Stellenwert einnehmen, ist sie doch Grundlage eines Erkennens des physischen Beziehungsgefüges, in dem sich eine intelligible Struktur ausdrückt. »Die *Idee der ›natürlichen Magie‹* ist also wohl mehr noch als von der ›Magie‹ her von dem komplexen Attribut ›*naturalis*‹ her aufzurollen, und das führt uns – ähnlich wie bei der ›scientia naturalis‹ – wieder auf die vom heutigen Sprachgebrauch abweichende damalige Vorstellung von der ›Natur‹. Es ist die ›eigentliche‹, die dem Wesen der Dinge in der Welt angemessene, die ihnen ›eigentümliche‹, ihre innewohnende ›Natur‹, den ›naturalis ordo‹, ihre Einsichtigkeit und Vernunftgemäßheit aus dem ›Lichte der Natur‹, das in ihnen zutage tretende Eigensein, ihre Beschaffenheit, aber auch die hinter ihnen stehende kosmische und göttliche Macht berücksichtigende Magie.«[57]

Erklärtes Ziel der *Magia naturalis* ist es, die Prinzipien des Seienden zu erkennen, die Gesetzmäßigkeit von Werden und Vergehen, natürlicher Prozesse und Kräfte, Sympathien und Gegensätzlichkeiten zu ergründen und damit die Struktur der ›Übergänge‹, des Verhältnisses zwischen den Dingen oder, im platonischen Sinne, das ›Band‹ des Seienden. Leitet sich

---

56 Damit wird auch die Stellung des Menschen betont, der nicht nur ›von oben empfängt‹, sondern der selbst aktiv wird und dem ›lumen naturale‹ folgt.

57 Goldammer, K.; *Der göttliche Magier und die Magierin Natur. Religion, Naturmagie und die Anfänge der Naturwissenschaft vom Spätmittelalter bis zur Renaissance. Mit Beiträgen zum Magie-Verständis des Paracelsus*; Reihe: Kosmosophie. Forschungen und Texte zur Geschichte des Weltbildes, der Naturphilosophie, der Mystik und des Spiritualismus vom Spätmittelalter bis zur Romantik, hrsg. v. K. Goldammer, Bd. V, Stuttgart 1991, S. 19.

aus diesen Forschungen[58] in der magischen Naturdeutung auch eine praktische Anwendbarkeit erworbener Kenntnisse ab, insofern die Erforscher der natürlichen Magie wie der Alchemie die Gesetze des Zusammenwirkens der Naturdinge zu erlangen suchen, um gleichsam im Wissen um die Prinzipien von Entstehen und Vergehen als menschliche ›Schöpfer‹ natürliche Prozesse zu steuern, so ist Brunos Interesse vornehmlich ein theoretisches. Philosophie ist, in dieser Weise verstanden, eine Art Magie bzw. umgekehrt, der Magie wohnt eine philosophische Begründung des Seienden inne, insofern sie nach den Seins- und Erkenntnisprinzipien fragt, und einen Prozeß innerer Erhöhung und Lauterkeit (philosophisches Gold) anstrebt.

Ähnlichlautend formuliert Bruno in dem sich an das oben zitierte anschließenden Werk *De magia mathematica* die emanative Mitteilung des Göttlichen über eine Reihe von Mittlerwesen und entwirft damit ein Modell der Vermittlung zwischen Gott und Mensch über die Natur. Die ›Jakobsleiter‹[59] kennzeichnet diese Mittlerfunktion der physischen Welt sowie die Gegenläufigkeit von Abstieg und Aufstieg über die Stufenleiter der Natur.:

»I. Influit Deus in angelos, angeli in corpora caelestia, caelestia in elementa, elementa in mixta, mixta in sensus, sensus in animum, animus in animal. Ascendit animal per animum ad sensus, per sensus in mixta, per mixta in elementa, per elementa in caelos, per hos in daemones seu angelos, per istos in Deum seu in divinas operationes. II. Sic Dei vel a Deo est descensus per mundum ad animal, animalis vero est ascensus per mundum ad Deum, Deus est in cacumine scalae, cabalisticus Iakob in radice et fundamento illius; gradus mediarum creaturam iuxta suos numeros altitudinem scalae constituunt, per quos virtus operatrices superiores descendunt ad inferiora et infernae conscendunt ad superna ...« (De magia mathem., OL III 4, S. 493).

---

58 Etwa in der durchaus als vorwissenschaftlich zu bezeichnenden Untersuchung natürlicher Phänomene wie Magnetismus, der Spekulation über stellare Einflüsse oder der Beschäftigung mit der Stoffumwandlung als Vorstufe chemischer Forschung.
59 Brunos Deutung der Leiter- und Aufstiegsmetaphorik ist allerdings weniger vor dem Hintergrund biblischer Offenbarungslehre zu sehen, sondern steht vielmehr für das Offenbarwerden der Einheit über die Naturerkenntnis.

Abb.: R. Fludd, Jakobsleiter, in: *Utriusque cosmi ... historia, II, a. 1, P, 272*.
In der Bedeutung eines Aufstiegs der erkennenden Seele zu Gott begegnet man der ›Jakobsleiter‹ bzw. der ›Himmelsleiter‹ in christlichen wie neuplatonisch-hermetischen Schriften. Bonaventura erwähnt die ›Jakobsleiter‹ in der Schrift *Itinerarium Mentis in Deum*[60]: »Für uns Menschen im Pilgerstande ist nämlich die Gesamtheit der Dinge eine Leiter, die zu Gott emporführt. Von den Geschöpfen nun sind die einen Spur, die anderen Bild, die einen körperlich, die anderen geistig, die einen zeitlich, die anderen ewig und somit die einen außer, die anderen in uns. Um nun zur Betrachtung des Urgrundes zu gelangen, der ganz geistig, ewig und über uns ist, müssen wir zunächst der Spur nachge-

hen, die körperlich, zeitlich und außer uns ist, daß heißt ›geführt werden auf dem Wege Gottes‹«.[61] Voraussetzung der Gotteserkenntnis, die immer einen inneren Aufstieg bzw. eine Geistwerdung der Seele meint, ist die äußere Erkenntnis, d.h. die Verfolgung der sinnfälligen ›Spuren‹ des Göttlichen.

In ähnlicher Weise findet die Jakobsleiter Aufnahme bei R. Fludd. Die Leiter verbindet Himmel und Erde bzw. zeigt den Weg eines Aufstieges zum Göttlichen über die Stufen: Sensus (Sinneswahrnehmung), Imaginatio (Vorstellung), Ratio (diskursives Denken), Intellectus (innere Einsicht) und Intelligentiae (reine Geistigkeit gemäß den körperlosen Intelligenzen oder Engeln) bis hin zum Verbum (unmittelbare Schau des göttlichen Lichtes, die aber von der Quelle des Lichtes verschieden ist). Deutlich wird an der hinterlegten Darstellung der Verschränkung von zwei Dreiecken der Teilhabegedanke als eine Durchdringung von Licht und Dunkel bzw. Körpergebundenheit und Geistigkeit, die in umgekehrter Proportionalität das Verhältnis von Gottesnähe (Grad der Partizipation am Licht) und Körperferne verdeutlichen. Der mittlere Bereich ist parallel zu sehen zu den Stufen von Ratio und Intellectus als den Vermögen des Menschen, die seine Mittelstellung zwischen irdischer und himmlischer Sphäre ausdrücken. Wesentlich ist auch in der Deutung Fludds die Vorstellung eines inneren Aufstiegs der erkennenden Seele, die zwar von der Sinneswahrnehmung notwendig ausgeht, letztendlich aber (mit dem Ziel der Ähnlichwerdung) in die Selbsterkenntnis als Weg der Gotteserkenntnis mündet. »To attain this [God's proximate presence], it is necessary to turn away from exterior things and turn inwards; indeed, to penetrate through one's very centre.«[62]

---

60 Vgl. Schilling, M.; *Imagines Mundi. Metaphorische Darstellungen der Welt in der Emblematik*, Frankfurt/Bern/Cirencester – UK 1979, Reihe: Mikrokosmos, Beiträge zur Literaturwissenschaft und Bedeutungsforschung, Bd. 4, hrsg. v. W. Harms, S. 53.

61 Bonaventura; *Pilgerbuch des Geistes zu Gott oder Itinerarium mentis in Deum*, Kap. 1, übers. v. J. Kaub u. Ph. Böhner, Werl 1932, S. 10–13; zit. n. Vorländer, K.; *Geschichte der Philosophie*, Bd. II, Reinbek 1964, S. 215. Vgl. auch Rothacker, E.; *Das ›Buch der Natur‹. Materialien und Grundsätzliches zur Metapherngeschichte*, Bonn 1979, S. 43.

62 Robert Fludd, *Uriusque cosmi ... historia*, S. 273; Übers. zit. n. Godwin, J.; *Robert Fludd. Hermetic Philosopher and Surveyor of Two Worlds*, Boulder 1979, S. 71.

Zurück zur brunoschen Stufenleiter in *De magia mathematica*: Auch hier sei zunächst auf die Vorstellung einer Selbstmitteilung des Absoluten über eine nach Seinsteilhabe in Seinsgrade abgestufte Skala hingewiesen, die sich vom höchsten Einen über die gesamte Spanne des Seienden bis hin zur Ebene des Materiellen erstreckt, somit ein Kontinuitätsmodell entwirft, innerhalb dessen das beseelte Wesen Mensch über seine Teilhabe am Göttlichen, die Stufen auf umgekehrtem Wege zurückverfolgt, um zur Erkenntnis des Höchsten zu gelangen.

Die Herausgeber der lateinischen Gesamtausgabe verweisen an dieser Stelle darauf, daß Bruno sich hier maßgeblich auf zeitgenössisches magisches Schrifttum (Abt Trithemus, Agrippa v. Nettesheim, Pseudo-Albert) beruft bzw. Exzerpte wiedergibt. Diese Parallele wird offensichtlich, wenn wir uns etwa im Hinblick auf die Vorstellung der Stufenleiter der Natur die Ausführungen Agrippa von Nettesheims vor Augen führen: »...so halten es die Magier für keine unvernünftige Sache, daß wir auf denselben Stufen, durch die einzelnen Welten, zu der urbildlichen selbst, dem Schöpfer aller Dinge und der ersten Ursache, von welcher alles ist und alles ausgeht, hinaufsteigen...«[63] Weiterhin vertritt Bruno – wie Agrippa und andere Denker aus dieser Tradition – die Auffassung einer sympathetischen Verbundenheit alles Seienden im Verhältnis zur ersten Ursache, eine Einheitlichkeit und zusammenstimmende Ganzheit der Naturdinge, die sich in Entsprechungen, Ähnlichkeiten und immanenten Bezügen ausdrückt, die nicht nur das ›Band‹ des göttlichen Ausfließens in die Welt ausmachen, sondern ebenso die ›Verbindung‹ zum Göttlichen über die Erkenntnis der Naturdinge in umgekehrter Ordnung göttlicher Ausfaltung ermöglichen. »Die Akademiker behaupten zugleich mit *Hermes Trismegistos*, und auch der Brahmine *Jarchas* sowie die hebräischen Kabbalisten[64] sind der Meinung, daß alles, was unter der Mondscheibe auf dieser unteren Welt[65] der Erzeugung und der Verwesung unterworfen ist, auch in der himmlischen Welt sich befindet, aber auf eine himmlische Weise, ebenso in der geistigen Welt, aber in noch größerer Vollkommenheit, und endlich auf die vollkommenste Art im Archetypus. In dieser Reihenfolge entspricht jedes untere seinem oberen und durch dieses dem höchsten nach seiner Art; und es empfängt von den Himmeln jene himmlische Kraft, die man Quintessenz oder Weltgeist

---

63 Agrippa v. Nettesheim; *De occulta philosophia*, ed. Barth 1987, a. a. O., S. 16.

64 Charakteristisch für magisches Schrifttum der Renaissance ist der Synkretismus verschiedener Traditionen, den wir auch bei Bruno allerorten auffinden; neben der Berufung auf die Autoritäten des ›Platonismus‹ (eine ›prisca theologia‹, die Zoroaster, Moses, Hermes Trismegistos, Orpheus, Aglaophemus, Pythagoras und Platon in einer Tradition vereint; vgl. W. Beierwaltes 1978, a. a. O., S. 2) ist dies bei Bruno möglicherweise als ein Versuch zu verstehen, über das Übereinstimmende verschiedener Denktraditionen die universale Struktur von Naturordnung im Denken zu bekräftigen.

65 Aristotelische Vorstellung der sublunaren Welt (Erde bzw. Elementensphären) im Unterschied zur supralunaren (Planeten-)Welt.

oder mittlere Natur nennt, von der geistigen Welt aber eine geistige und belebende Stärke, jede qualitative übersinnliche Kraft; vom Archetypus endlich erhält es durch die Mittelstufen die Urkraft aller Vollkommenheit. Daher kann jedes Ding auf unserer Welt in eine Beziehung zu den Gestirnen, von diesen zu den Intelligenzen und so dann zum Archetypus gesetzt werden, von welcher Ordnung die ganze Magie und alle geheime Philosophie abhängt ... denn es herrscht in der Natur ein solcher Zusammenhang und eine solche Übereinstimmung, daß jede obere Kraft durch das einzelne Untere in langer und ununterbrochener Reihe ihre Strahlen austeilend bis zum Letzten strömt, und andererseits das Untere durch die einzelnen Stufen des Oberen bis zum Höchsten gelangt ...«[66]

Die Verbindung vom Höchsten zum Niedrigsten gleicht hierbei einer Saite, deren Anschlag das Ganze in Bewegung versetzt[67], ein harmonisches Band verbindet die Seinsvielfalt zum Kosmos. Auch dies eine Metapher, die bei Bruno vielfach eingeflochten wird.

3. Magia naturalis

Anhand der skizzierten Grundzüge der brunoschen Naturphilosophie bzw. seinem Verständnis von ›magia naturalis‹ im Verhältnis zum zeitgenössischen Kontext naturmagischer Lehren, wird deutlich, inwieweit Bruno mit seinem Konzept einer Stufung von Natur und entsprechend von Erkenntnis auf erkenntnistheoretische Elemente der ›magia naturalis‹ zurückgreift bzw. Denkmodelle der hermetischen Tradition in seine Lehre aufnimmt.

Die Erschließung hermetischer Lehren ist hierbei maßgeblich auf die Wiederaufnahme und Übersetzung magisch-naturphilosophischer Überlieferungen durch die Mitglieder der Florentiner Akademie zurückzuführen. Zu nennen sind vor allem Marsilio Ficino und Pico della Mirandola: der erstgenannte besorgte etwa eine lateinische Übersetzung der *Orphischen Hymnen* sowie des *Pimanders*, eines Teiles des sogenannten *Corpus Hermeticum*, einer spätantiken, vermeintlich auf den ägyptischen Hermes Trismegistos zurückgehenden Textsammlung neuplatonisch inspirierter, naturmystischer und magisch-hermetischer Schriften, verschmolzen mit Ansätzen christlich-jüdischen, kabbalistischen und alchemistischen Gedankengutes.[68] Pico, der nicht nur Kenner der arabischen, aramäischen und hebräischen Sprache war, sondern in direktem freundschaftlichem Kontakt zu jüdischen Gelehrten stand, beförderte vor allem die Wieder-

---

66 Agrippa v. Nettesheim; *De occulta philosophia*, ed. Barth 1987, a.a.O., S. 88 f.
67 Vgl. ebda.
68 Die tatsächliche Entstehung des ›Corpus Hermeticum‹ setzen sowohl Fr. A. Yates 1964, als auch A. J. Festugière/A. D. Nock 1945 im 1.–3. Jh. nach Chr. an.

entdeckung und Kenntnisnahme jüdischer Mystik,⁶⁹ was nicht nur im Hinblick darauf von Interesse ist, daß Bruno an verschiedenen Stellen Elemente kabbalistischer Lehre integriert, sondern auch vor dem Hintergrund der spezifischen kabbalistischen Zahl- und Zeichenlehre im Blick zu bewahren sein wird als ein System mathematisch-qualitativer Naturerklärung, das neben der pythagoreisch-neuplatonischen Tradition für die qualitative Zahl- und Figurationslehre als ein Bezugsrahmen anzusehen ist.

In den Schriften Ficinos wie Picos sind neuplatonische und platonische Ansätze zu einem dichten Geflecht mit magisch-hermetischen, orphischen und kabbalistischen Lehren verwoben. In Abgrenzung von der im Mittelalter in Verruf geratenen ›schwarzen Magie‹ und praktischen Alchemie wird hiermit ein Magiebegriff überliefert bzw. ein Naturverständnis übermittelt, dessen Kern die Korrespondenz von Mikro- und Makrokosmos ist.

So heißt der Grundsatz der *Tabula smaragdina*, des mutmaßlichen Testamentes des Hermes Trismegistos, daß es eine Entsprechung zwischen Oben und Unten, eine innere Kontinuität zwischen dem Göttlichen und dem materiellen Prinzip gebe, wie wir es auch den zitierten Passagen Agrippas und Brunos entnehmen konnten: »Wahr ist es, ohne Lüge und sicher: was oben ist, ist gleich dem was unten ist, und was unten ist, ist gleich dem was oben ist – fähig, die Wunder des Einen auszuführen. Und wie alles aus Einem stammt, durch das Denken des Einen, rührt auch das Gewordene durch Angleichung (Adaption) aus diesem Einen.«⁷⁰

Die ›innere Verwandschaft‹ aller Seinsschichten durch die Teilhabe an der Kraft des alldurchdringenden Einen in graduell abgestufter Weise von Intensität ist gleichsam Garant der Möglichkeit einer Naturerkenntnis, die damit zugleich Gotteserkenntnis ist.

Zwar behält die hermetische Tradition die Hierarchie Gott – Welt – Mensch bei bzw. formuliert ähnlich scholastisch-aristotelischen Modellen ein Stufensystem, die Stufen des Seienden sind jedoch auf der Basis der prinzipiellen Allgegenwart des Göttlichen im Sinne einer Immanenzlehre vor allem Mittler des Göttlichen, Mikro- und Makrokosmos spiegeln in sich wechselseitig das Eine, lassen das Göttlichen im Veränderlichen als das Allesverbindende intelligibel werden.

---

69 In seinen *Conclusiones nongentae* vertritt auch Pico della Mirandola eine synkretistische Position, insofern er die unterschiedlichen Lehren christlicher, platonischer, orphischer, iranisch-zarathustrischer sowie hermetischer Traditionen zu vereinen sucht, so daß er formulieren kann: »9. Nulla est scientia, quae nos magis certificet de divinitate Christi, quam Magia & Cabala.« Joannes Picus Mirandulus; *Opera Omnia*, con una Premessa di E. Garin, Tom. 1, Torino 1971, S. 105.

70 Übersetzung zitiert nach: Biedermann, H.; *Handlexikon der magischen Künste*, Bd. 2, Graz 1986, S. 416; Vgl. auch Peuckert, W.; *Pansophie*, Berlin 1956, S. 88 f.

Dem scholastischen System eines strengen Dualismus von Gott und Welt wird hiermit vor dem Hintergrund neuplatonischer Tradition ein Weltbild von kontinuierlichem Zusammenhang qua innerseelischer Bindung, Entsprechung und Sympathie entgegengesetzt.[71]

Hierin zeigt sich die enge Verbindung zu bereits erwähnten neuplatonischen Lehren (Plotin, Proklos sowie christlich-neuplatonischen Lehren, wie etwa des Dionysius Areopagita), die mit einer emanistischen Allbeseeltheitslehre bzw. der Vorstellung einer Kontinuität und Abbildlichkeit von geistiger und körperlicher Welt das Verhältnis von Gott und Natur neu begründen. So bildet insbesondere die Seelenlehre die Grundlage einer Gleichzeitigkeit eines transzendent zu denkenden Göttlichen wie einer Immanenz Gottes in Allem. Deutlich wird dies in der Renaissancerezeption neuplatonischen Denkens nicht zuletzt im *Symposion*-Kommentar wie in der *Theologia Platonica* des Marsilio Ficino, der – unter dem Einfluß orphischer und magisch-hermetischer Lehren – die Seele, den Sitz der alles verbindenden Liebe, als kosmisches Strukturprinzip (Weltseele) wie als Mittel und Mittler der Gotteserkenntnis faßt, wobei die Einzelseele in einer partizipativen Beziehung zur Weltseele steht:[72]

»Sed cur magum putamus amorem? Quia tota vis magicae in amore consistet. Magicae opus est, attractio rei unius ab alia, ex quadam cognatione naturae.«	»*Doch warum glauben wir, daß die Liebe ein Magier sei? Weil die ganze Kraft der Magie in der Liebe besteht. Werk der Magie ist, Anziehung des einen Dinges von anderem, aus einer gewissen Verwandschaft der Natur.*«

Die Magie, insofern sie sich auf die in der Natur wirkenden Kräfte der Anziehung und Verbindung wie der Abstoßung und Trennung richtet, bzw. diese gemäß der Natur zu beherrschen sucht, zielt damit auf die vermittels der Weltseele den Dingen immanente wie diese in Verhältnisse setzende, alles durchwirkende Liebe, denn: »Die Teile dieser Welt hängen, wie die Gliedmaßen eines Lebewesens, alle von einem Urheber ab und stehen durch die Gemeinschaft ihrer Natur in Zusammenhang [unius nature communione invicem copulantur]. Wie also in uns das Gehirn, die Lunge, das Herz, die Leber und die übrigen Körperteile voneinander

---

71 Bruno greift diese Lehren auf und versucht demjenigen, was als sympathetische Verbindung alles Seienden nur vage zu fassen ist, eine logische Struktur von Entfaltung aus der Einheit und Einfaltung in die Einheit zu unterlegen, die zum einen auf dem Seelenbegriff aufbaut, zum anderen mathematische Strukturen als analoge Konzepte der Seins- und Erkenntnisordnung faßt.

72 Marsilio Ficino; *Über die Liebe*, S. 242 f.; vgl. auch Marsilio Ficino; *Opera omnia*, 2 Bde., Basel 1561, (Repro. Nachdr. Turin 1959–61), Bde. 2, S. 1348; und Müller-Jahncke, W.-D; »Von Ficino zu Agrippa. Der Magia-Begriff des Renaissance-Humanismus im Überblick«, S. 34, in: *Epochen der Naturmystik. Hermetische Tradition im wissenschaftlichen Fortschritt*, hrsg. v. A. Faivre und R. Chr. Zimmermann, Berlin 1979, S. 24–51.

etwas empfangen, sich gegenseitig fördern und untereinander in Mitleidenschaft [patiente] stehen, so hängen die Teile dieses großen Lebewesens, d. h. alle Weltkörper in ihrer Gesamtheit, untereinander zusammen und teilen einander ihr Wesen mit. Aus dieser allgemeinen Verwandschaft [communi cognatione] entspringt gemeinsame Liebe [communis amor], aus dieser die gegenseitige Anziehung: und dies ist die wahre Magie [Hec autem vera magica est].«[73]

Im Vergleich hierzu sei eine weitere Stelle aus Brunos *De magia* herangezogen, die ebenfalls den universalen Zusammenhang aller Dinge betont wie die Möglichkeit, um diesen zu wissen.

»Satis ergo fecerit, qui eam nactus fuerit philosophiam seu magiam, quae vinculum summum, praecipuum et generalissimum amoris sciat contrectare, unde fortasse amor Platonicis *daemon magnus* est appellatus.« (Theses de magia, OL III 3, S. 491)	»*Genug also wird getan haben, wer diese Philosophie oder Magie erreicht haben wird, welche das höchste vorzüglichste und allgemeinste Band der Liebe zu erfassen versteht, weshalb die Liebe wohl von den Platonikern ein ›großer Dämon‹ genannt wird.*«

In den synkretistischen Schriften Ficinos ist es vor allem die Seele, die – der alles verbindenden göttlichen Liebe teilhaftig – es dem Menschen ermöglicht, alles Seiende als Ausfluß des Göttlichen in innerer Verbindung zu sehen bzw. Welt als Ausdruck immanenter Allgegenwart des Göttlichen zu interpretieren. Insofern der Mensch als beseeltes Wesen am Göttlichen partizipiert, vermag er das Göttliche in sich zu erfahren. Die Stufung der Welt entspricht einer inneren Stufung, die Abstraktion vom körperlich Seienden einem inneren Annähern an das Wesentliche, das Absolute, wobei die Seele als Mittlerinstanz fungiert. »Gott, das Eine und Gute, teilt seine Ideen durch die Weltseele dem Universum mit, das von einer Vielzahl ideeller wie realer, ebenfalls beseelter Zwischenkörper erfüllt ist: den Engeln, Heroen und Dämonen, die den Sphären und Elementen beigeordnet sind. Als Vermittler zwischen den beiden kosmischen Polen Gott und Materie oszilliert die Seele des Menschen, die sowohl auf die Welt herabsinken wie sich zu Erkenntnis erheben kann.«[74]

Wenn hier im Hinblick auf Giordano Bruno auf die Magielehre der Renaissance verwiesen wird, so vorrangig hinsichtlich des dieser zugrundegelegten Naturverständnisses und den damit einhergehenden erkenntnistheoretischen Implikaten: einer Allbeseeltheitsvorstellung und All-

---

[73] Über die Liebe, ed. Blum 1984, S. 242–243 f.; vgl. auch *Commentarium in convivium Platonis, de Amore*, in: Marsile Ficin, *Commentaire sur le Banquet de Platon*, ed. R. Marcel, Paris 1956, A VI 10 ; 220. Vgl. W. Beierwaltes 1978, a. a. O., S. 9.

[74] W.-D. Müller-Jahncke 1979, a. a. O., S. 36.

durchdrungen- bzw. -verbundenheit der Seinsvielfalt vom göttlichen Prinzip, den Korrespondenzen, Ähnlichkeiten und Verwandschaften der Dinge, der Möglichkeit über die Kenntnis der *vinculis in genere*[75] eine Erklärung des Verhältnisses von Naturwirklichkeit und göttlicher Seinsordnung zu ergründen.[76]

War die erstgenannte Passage aus *De magia* insbesondere im magischhermetischen Kontext zu lesen, so spielt Bruno in dem zitierten Auszug der Schrift *De magia mathematica* ebenso auf die kabbalistische Tradition an.[77]

Was für den heutigen Leser Brunos zunächst den Eindruck inkonsistenter Vielfalt unterschiedlichster spekulativer Ansätze im Verein mit christlich-scholastischen, neuplatonischen und pythagoreischen Implikaten erwecken mag, ist ein für das zeitgenössische Denken der Renaissance charakteristischer Zug, eine Verbindung von Traditionssträngen, die weder als bloßer Eklektizismus abzutun ist, noch lediglich illustrativen Charakter hat und damit außer Acht gelassen werden dürfte. Die Vielzahl von impliziten Verweisen (Hermetismus, Kabbala, neuplatonische Stufenlehre etc.) erlaubt es gerade nicht, sich für eine Lesart als der maßgeblichen zu entscheiden, sondern in ihr sind m. E. unterschiedliche Deutungshintergründe angesprochen, die in gewisser Hinsicht gleichermaßen Gültigkeit beanspruchen dürfen.[78]

Wenn Bruno scheinbar divergente Elemente kulturell, mythologisch wie theologisch-philosophisch unterschiedener Herkunft aufnimmt, so läßt sich dies auch als ein Versuch verstehen, innerhalb dieses Geflechtes von Traditionssträngen Verbundstellen zu markieren, d. h. Denkstrukturen unterschiedlicher Konzepte in ihren prinzipiellen Übereinstimmungen zu zeigen.[79]

Vielleicht darf man sogar so weit gehen, zu vermuten, daß im Sinne Brunos gerade die Schnittpunkte spekulativer Konzepte einer Erklärung ontologischer Struktur bzw. entsprechender Natur- und Gotteserkenntnis Beleg einer Seinsordnung sind, die im Denken ihren Widerschein findet, oder anders formuliert, daß unterschiedliche Formen erkennenden Zu-

---

75 Titel einer Schrift Giordano Brunos.

76 Diese Auffassung der magia-naturalis, die eher in die Richtung eines vorwissenschaftlichen Ergründens natureigener Prozesse verweist, spricht sich in der bereits erwähnten Schrift Picos deutlich aus, wenn es dort heißt: »Magia est pars practica scientiae naturalis« bzw. »nobilissima pars scientiae naturalis«, (S. 104) und »10. Quod Magus homo facit per artem, facit natura naturaliter faciendo hominem ... 13. Magicam operari non est aliud quam maritare mundum.« (I. P. Mirandulus, *Opera Omnia*, a. a. O., 1971, S. 105).

77 Die Integration kabbalistischer Elemente begegnet im Gesamtwerk immer wieder. Vgl. insbesondere *Cabbala dell' asino cilenico*.

78 Brunos Äußerungen zur Methodenpluralität stützen diese Vermutung.

79 In der Monadenschrift wird dieser Versuch, verschiedene Deutungsebenen im Hinblick auf eine strukturelle Gleichheit zusammenzustellen, in einem System vor dem Hintergrund arithmetisch-geometrischer Explikation der Einheit durchgeführt.

griffs bzw. der erkenntnistheoretischen Annäherung an ein Erstes, analoge Strukturprinzipien aufweisen.

So verstanden kennzeichnet die Vielfalt der Perspektiven einer Begründung des metaphysischen, physischen und logischen Verhältnisses von Einheit und Vielheit (in der Referenz auf mathematische, hermetische, kabbalistische, neuplatonische und andere Modelle) Brunos methodischen Ansatz in Form analoger Beschreibungsebenen.[80]

Bruno greift diese Tradtionen bewußt parallel zueinander bzw. in wechselseitiger Bezugnahme und Durchdringung auf, was einerseits ein charakteristischer Zug frühneuzeitlicher Philosophie ist, andererseits auf seinen prinzipiellen Methodenpluralismus zurückzuführen ist.

Bereits bei Augustinus finden wir eine, wenngleich in Form scharfer Kritik angelegte, Auseinandersetzung mit den vermeintlichen Überlieferungen des Hermes Trismegistos.[81] Ansätze hermetischer Lehre durchziehen – dies ist noch immer ein Desiderat der Forschung – das mittelalterliche Schrifttum und zwar nicht nur die explizit magische Literatur, sondern gleichermaßen christlich-scholastische Texte.

Evident werden diese Einflüsse beispielsweise in den Schriften des Cusaners, ohne daß man Cusanus deshalb der hermetischen Philosophie zuordnen dürfte. Wie bei Giordano Bruno, dessen Bezugnahme auf bzw. weiterführende Anknüpfung an die Lehren des Cusaners außer Zweifel stehen, spielt hier zum einen der Verweis auf die ›Autoritäten ältester Weisheitslehre‹ ein Rolle, zum anderen aber gibt es durchgängige logische Strukturen, die auf unterschiedlichen Sinnebenen durchscheinen.

Mit der Übersetzung und damit der Rezipierbarkeit hermetischer wie kabbalistischer Überlieferung seit der Verbreitung lateinischer Ausgaben, ausgehend von der Florentiner Akademie, finden spekulative Ansätze vermehrt Aufnahme im philosophischen Denken der Renaissance. Das große Interesse und die Wertschätzung begründen sich nicht zuletzt darin, daß gerade die ältesten Lehrer der Weisheit – und als solcher gilt Hermes Trismegistos – in engster und ursprünglichster Verbindung zur göttlichen Offenbarung stehen. So stellt Ficino seinem *Pimander* eine Genealogie der Weisen voran, die mit Hermes Trismegistos beginnend,

---

80 Die Studie von Fr. A. Yates (*Bruno and the Hermetic Tradition*, London 1964) ist damit nach wie vor eine wichtige Untersuchung der vielfältigen Einflüsse der hermetischen Tradition auf die Lehre Giordano Brunos. Gleichwohl darf diese Deutung den Blick auf das brunosche Werk nicht so verengen, daß man sein philosophisches Konzept als rein spekulative Theorie klassifiziert bzw. den Versuch unternimmt, es ausschließlich der magisch-hermetischen Tradition zuzuordnen, sind es doch logisch-systematische Strukturen, die die Synthese verschiedener wissenschaftlicher und vorwissenschaftlicher Denkansätze erst möglich machen. Kritik an der Interpretationslinie von Yates ist m. E. insofern zu üben, als sie Bruno zu stark als einen Vertreter und Erneuerer ägyptischer Religion darstellt.

81 Vgl. *De civitate dei* VIII 23 ff; sowie Yates, Fr. A.; *Giordano Bruno and the Hermetic Tradition*, Chicago 1978, S. 10.

Orpheus, Aglaophemus, Pythagoras, Philolaos und schließlich Platon nennt.[82] Dementsprechend gelten die vermeintlich ältesten Überlieferungen dieser Weisen, das *Corpus Hermeticum* und die *Tabula Smaragdina*, die *Orphischen Hymnen*, der *Asclepius* und die *Chaldäischen Orakel* als Zeugnisse höchster Weisheit. Diese verschiedenen Traditionen schließen sich somit nicht aus, sondern stellen eine Genealogie der Weisheit dar.[83]

4. Kabbala

In dieser Weise ist auch der Rückgriff auf die kabbalistische Lehre als eine Bezugnahme auf einen Typus ältester Weisheit zu verstehen. Moses, der nach alttestamentarisch jüdischer Religion von Gott die Gesetze in Form der *tora* empfing, gleichzeitig aber eine höhere göttliche Weisheit erfahren haben soll, wird als Zeitgenosse des babylonischen Hermes gefaßt, bisweilen sogar diesem gleichgesetzt.

Die Lehre der Kabbala (ursprünglich talmudische Wortbedeutung = Tradition), die seit dem 12. Jh. eine Vielzahl spekulativer Schulen und esoterischer Lehren ausgebildet hat, aus der sich eigenständige Denktraditionen entwickelten, bietet also in sich bereits ein weites Feld von Denkansätzen. Im Hinblick auf Giordano Bruno bzw. die Aufnahme kabbalistischer Elemente in der brunoschen Naturphilosophie seien einige Grundzüge kabbalistischen Denkens benannt, anhand derer sich zudem strukturelle Parallelen, etwa zur hermetischen Tradition, aufweisen lassen. Das kabbalistische Weltbild, wie es in der Renaissance vermittelt wird, ist ohnehin eine Verschmelzung gnostischer, neuplatonischer und magischer Lehren.[84]

Betrachten wir zunächst die kabbalistische Vorstellung des theogonischen Prozesses bzw. die Entwicklung des kosmologischen Aufbaus, so zeigt sich hierbei, in Abweichung von der christlich-patristischen Lehre göttlicher *creatio ex nihilo* eine Entfaltung der Welt aus der Gottheit, die

---

82 Mitunter wird auch Zoroaster (Zarathustra) an Stelle des Hermes Trismegistos für den ältesten Weisen und Magier gehalten (vgl. Fr. A. Yates 1978, a. a. O., S. 14). Bruno beruft sich häufig auf das AT, dagegen findet das NT kaum eine Erwähnung. Ein Grund hierfür ist sicherlich die Bezugnahme auf die ›ältesten‹ Weisheitslehrer.

83 Im ersten Kapitel der Monadenschrift beruft sich Bruno auf die oben aufgezählten Weisheitslehrer. (Vgl. De monade, OL I 4, 333 f.; Über die Monas ..., ed. Samsonow 1991, S 14). Vgl. auch Cena, Dial. it. I., S. 32 f.; Aschermittwochsmahl, S. 98, Oratio valedict., OL I 1, S. 10.

84 Neben der Überlieferung kabbalistischer Lehre durch Pico della Mirandola (*Conclusiones nongentae*, 1486) sei hingewiesen auf Johannes Reuchlins (1455–1522) *De arte cabbalistica*, (1494), auf die Teilübersetzung des Buches *Sohar* von Pantaleone Giustiniani (Dominikaner, 1470–1536) oder die Schriften des Francisco Giorgio (1460–1540) *De harmonia mundi* (1525) und die *Problemata* (1536) und schließlich auf die Aufnahme kabbalistischer Implikate durch die Schriften des Agrippa von Nettesheim.

zwischen antiker Theorie eines anfänglichen Chaos und biblischer Genesis vermittelt, insofern das Nichts oder das absolut Ungeformte in der Gottesvorstellung aufgehoben wird. Im *Sepher Jezirah* ist dieses ›Nichts‹ göttliche Seinsweise, die in der emanativen Selbstentfaltung Gottes eine Strukturierung erfährt. »Das Chaos, das in der Theologie der ›Schöpfung aus Nichts‹ eliminiert war, taucht in neuer Metamorphose wieder auf. Jenes Nichts war in Gott von jeher vorhanden, nicht außer ihm und nicht von ihm hervorgerufen. Es ist mit der unendlichen Fülle Gottes koexistierend, der Abgrund in Gott, der in der Schöpfung bewältigt wird, und die Rede der Kabbalisten vom Gott, der in ›den Tiefen des Nichts‹ wohnt...«[85].

Aus dieser Gottheit, die eine Einheit von absoluter Fülle und bestimmungslosem Nichts ist, aus dem unendlichen Einen (En sof) entfaltet sich eine archetypische Struktur der geistigen Welt, die sich in allen niederen Welten spiegelt.[86] In der älteren Tradition wird diese Entfaltung, ähnlich antiker Vorstellung, als ein sexueller Zeugungsakt gedacht.[87] Aus dem Absoluten entsteht ein männlich formender Weltsamen, der in einem

---

85 Scholem, G.; *Zur Kabbala und ihrer Symbolik*, Frankfurt a. M. 1992, S. 137. In der Darstellung kabbalistischer Lehre beziehe ich mich vor allem auf die einschlägigen Publikationen Scholems.

86 Die materielle Welt geht aus der geistigen, archetypischen Welt hervor. Dies zeigt sich insbesondere anhand lichtmetaphysischer Emanationsmodelle, die in der kabbalistischen Lehre wie im neuplatonischen Denken Modelle einer vom höchsten, göttlichen Prinzip bis in die niedrigste Sphäre der Materie reichenden, kontinuierlichen Entfaltung der Einheit formulieren. Von Bedeutung für die Materievorstellung ist hierbei insbesondere die Lehre des Avencebrol in den *Fons vitae*, die auch Bruno mehrfach erwähnt.

87 Im Hinblick auf Giordano Brunos Monadenlehre sei auf die lurianische Vorstellung der Kosmogenese hingewiesen, wonach ein Weltprozeß bzw. eine innergöttliche Entfaltung erst dadurch möglich ist, daß sich die Gottheit aus ihrer unendlichen Fülle in sich selbst zurückzieht (Zimzum) und dadurch einen Urraum schafft (Tehiru), innerhalb dessen sich die Weltstruktur der Sefiroth bzw. des Adam Kadmon konstituiert. Diese Konzeption einer in sich kontrahierten Einheit, die sich in 10 Stufen entfaltet und sich selbst damit in vielfältiger Weise setzt, ist vermutlich auch für Brunos Monadenlehre ein Deutungshintergrund. M. Sladek setzt den kabbalistischen Prozeß des Zimzum in Beziehung zur cusanischen Vorstellung einer Kontraktion Gottes (De docta ignorantia II 2). Vgl. Sladek, M.; *Fragmente der hermetischen Philosophie in der Naturphilosophie der Neuzeit*, Frankfurt/Bern/New York/Nancy 1984, S. 72 f. und 84; vgl. hierzu auch Scholem, G.; *Die jüdische Mystik in ihren Hauptströmungen*, Frankfurt a. M. 1993, S. 285: »*Zimzum* heißt eigentlich ›Konzentration‹ oder ›Kontraktion‹ ...« Ob Bruno das kabbalistische System z. B. eines Isaak Luria (1534–1572) tatsächlich kennen konnte oder kannte ist allerdings nicht belegt, denn Bruno benennt die Quellen (sei es direkter oder indirekter) Kabbala-Rezeption nicht. Zudem hat Isaak Luria keine abgeschlossene Schrift hinterlassen, sondern seine kabbalistische Spekulation bzw. seinen systematischen Ansatz offenbar lediglich in mündlicher Form weitergegeben. (Vgl. G. Scholem 1993, a. a. O., S. 278 ff.) Denkbar wäre natürlich eine Kenntnisnahme Brunos über mündliche Vermittlung in Gelehrtenkreisen bzw. eine indirekte Rezeption über andere Autoren. Es lassen sich diesbezüglich also lediglich Vermutungen anstellen. Desungeachtet ist aber eine gewisse Nähe zu jüdischem Denken vorhanden.

weiblichen Prinzip fruchtbar wird. Männliches wie weibliches Prinzip[88] werden dem Unendlichen immanent vorgestellt. In ihrem Auseinandertreten erzeugen sie die Struktur der innergöttlichen Welt, deren Ausbildung in Form von 10 Sefiroth (*safar* = zählen) eine archetypische Geistwelt konstituiert, als deren letztes Glied wiederum die Scheschina, also das weiblich-seelische Prinzip, gesetzt wird.

Die Entfaltung aus dem unendlichen Einen wird somit als eine Zahlstruktur gedacht und ist gleichzeitig ein Sich-Selbst-Abständigwerden der Gottheit, insofern männliches und weibliches Prinzip, obere und untere Welt in Gott auseinandertreten. In Korrespondenz zur Geschichte des jüdischen Volkes wird dieses Aufspalten der Prinzipien des Göttlichen, insbesondere seit dem 16. Jh., als Exil gedeutet. (Vgl. Scholem 1992, a. a. O., S. 145 ff.) In Gott selbst vollzieht sich eine Trennung, d. h. mit dem Schöpfungsprozeß entsteht ein innergöttlicher Dualismus. Die Aufhebung dieser Abständigkeit, d. h. die *coniunctio* des männlichen und weiblichen Prinzips ist damit Wiederherstellung göttlicher Einheit.

Insbesondere in der lurianischen Kabbala ist der geistige Aufstieg des Menschen, geleitet von göttlicher Gnade, ein sich über verschiedene Stufen vollziehender Akt der Konjunktion des Männlichen und Weiblichen mit dem Ziel einer Restitution (Tikkun) der göttlichen Einheit.[89]

Ähnlich der Vorstellung der chymischen Hochzeit in der hermetischen Tradition sind die Stufen des Aufstiegs vorgestellt als letztendliche Wiederherstellung einer androgynen Einheit. Auch diese Metaphorik einer coincidentia oppositorum in Form einer Konjunktion von männlichem und weiblichen Prinzip zieht sich durch das brunosche Werk.[90]

In der lurianischen Kabbala ist die Exilierung eines Teiles des Göttlichen Folge des sogenannten ›Bruchs der Gefäße‹. (Vgl. Lampas trig. stat., OL III, 59 f.) Das göttliche Eine, welches sich in lichtemanativer Mitteilung in Gestalt des Adam Kadmon konstituiert, verströmt sich durch die Augen dieses demiurgischen Adam der makrokosmischen, innergöttlichen Welt in die niedere Welt. Diese, vorgestellt als ein System von Lichtgefäßen geringerer Lauterkeit, hält dem reinsten Licht nicht stand, was zu einem Zersprengen der Gefäße und damit zu einer Zersplitterung des göttlichen Lichtes führt. »Ein Sein aber, das nicht an seinem Ort ist, ist im Exil. Und so ist denn alles Sein von jenem Urakt an ein Sein im Exil und bedarf der Rückführung und Erlösung.« (G. Scholem 1992, a. a. O., S. 151) Die Rekomposition und Restauration des versprengten Lichtes zu einem Licht ist Aufgabe des handelnden Menschen. Hiermit wird in lichtmetaphysischer Weise die Entfaltung der Einheit in

---

88 Scheschina – im Buch *Sohar* wird die Scheschina, das weibliche Prinzip in Gott, mit der Seele gleichgesetzt.
89 Interessanterweise ist hier die Rolle des Menschen – ähnlich dem hermetischen Verständnis – gekennzeichnet durch eine gegenüber dem Göttlichen notwendige Aktivität.
90 Vgl. die bekannteste Darstellung im Aktaion-Mythos.

die Vielheit erklärt und gleichzeitig die Notwendigkeit einer Rückführung angelegt, mittels derer die Einheit in der Vielheit wiederherzustellen ist, um »den Menschen als Mikrokosmos mit der großen Welt und dem ›großen Menschen‹, dem Adam Kadmon, zu verbinden.« (Ebda., S. 172)

Auch diese lichtmetaphysischen Spekulationen lassen nicht nur neuplatonische Emanationslehren durchscheinen, sondern ebenso Parallelen zur brunoschen Lichtmetaphysik zu, insofern es auch bei Bruno um die Wiederherstellung einer von sich abständig gewordenen Einheit geht, denn: »Die Seelen der Einzeldinge sind vergleichbar unzähligen Lichtern, die sich zur Einheit des allumfassenden Lichtes zusammensetzen.« (De magia, OL III, S. 409 f.)

Wie sieht nun die Struktur der entfalteten innergöttlichen Einheit aus? Für die kabbalistische Tradition läßt sich diese Frage nicht auf einer Deutungsebene beantworten, sondern erweist sich als eine doppelte, parallel gedachte Explikation des Göttlichen: die Lichtemanation in Form des Sefiroth-Systems (kabbalistischer Weltenbaum) und die Selbstmitteilung Gottes im System der 22 Buchstaben, aus denen sich die Tora zusammensetzt, d. h. die göttliche Emanation in der sprachlichen Offenbarung der Bibel.

Scholem spricht von einer Analogie dieser beiden Ebenen göttlicher Entfaltung: »Der Schöpfungsprozeß, der von Stufe zu Stufe fortschreitend sich in den außergöttlichen Welten und selbstverständlich auch in der Natur widerspiegelt, ist mithin nicht notwendigerweise verschieden von dem Prozeß, der seinen Ausdruck in göttlichen Worten findet und in den Dokumenten der Offenbarung ...« (Vgl. G. Scholem 1992, S. 55)

Wie vom System der Sefiroth, der innergöttlichen Struktur, die Vorstellung gilt, diese ursprüngliche göttliche Ordnung sei in Unordnung geraten (Exil), so geht auch die Deutung der wörtlichen Offenbarung Gottes in der Tora von einer Zerstörung der authentischen Offenbarung aus, die es wieder aufzufinden gilt. So birgt die Tora in ihrer ursprünglichen Gestalt den göttlichen Namen bzw. ist vielfältige Entfalung des göttlichen Tetragrammatons (JHWH) auf der Basis einer kombinatorischen Metamorphose des Gottesnamens, der zugleich Inbegriff der Weisheit ist. Die Wiederauffindung dieser Wahrheitsoffenbarung als Rekonstruktion der ursprünglichen Anordnung der Buchstaben der Tora begründet die kabbalistische Kombinatorik und Buchstabenspekulation sowie die Gematrie. »Die Eingeweihten, die diese Prinzipien der Permutation und Kombination kennen und verstanden haben, können umgekehrt vom Text aus rückwärts gehen und das ursprüngliche Gewebe der Namen rekonstruieren.« (Ebda., S. 63)

Hier liegt sicherlich eine der Wurzeln der brunoschen Kombinatorik, die nicht nur vor dem Hintergrund mnemotechnischer Interessen zu sehen ist, sondern ähnlich dem kabbalistischen Ansatz die Suche einer ›mathesis universalis‹ darstellt, einer universalen Strukturalität sprachlichen Ausdrucks, die zugleich Weltstruktur ist.

In der Schrift *Spaccio* beruft Bruno sich auf die kabbalistische Kombinatorik bzw. die Möglichkeit, über die Auslegung der Namen schließlich die Gottheit selbst zu erfahren. »Diese Kabbala erteilt zuerst dem obersten Prinzip einen unsagbaren Namen, von ihm lässt sie als Emanation zweiten Grades vier Prinzipien ausgehen, deren jedes sich wieder in zwölf verzweigt, die sich wiederum per rectum in 72, und per rectum et obliquum in 144, und so fort durch je sechs und zwölf multipliziert in so unzählige weiter vervielfältigen, wie es unzählige Arten und Unterarten giebt. Und so benennen sie je mit einem besonderen Namen, wie er ihrem Idiom passend dünkt, einen Gott, einen Engel, eine Intelligenz, eine Macht, die in jeder einzelnen Spezies waltet; so dass sich schließlich ergiebt, dass die ganze Gottheit auf *einen* Urquell und, wie alles Licht erstens in sich selbst leuchtet und sodann in den Abbildern, die in zahllosen verschiedenen Spiegeln sind, in ebenso vielen besonderen Subjekten, auf *ein* gestaltendes und ideales Prinzip, das die Quelle jener ist, zurückkehrt.«[91] Auch hier ist die Metaphorik der Zersprengung des Lichtes der Einheit, die jedem der ›suggetti particulari‹ gleich einem Spiegel ganz gegenwärtig ist, ausgesprochen sowie die Rückführung der unendlichen Spiegelungen auf die Einheit.

Im Unterschied zu dieser sprachlichen Entfaltung der göttlichen Weisheit, die auf das System des hebräischen Alphabets zurückführt, basiert die kabbalistische Theogonie, die zugleich Kosmogonie ist, auf der Entfaltung der Zehnzahl, also einer numerischen Explikationsstruktur von der Einheit bis zur Zehnheit, die – auch dies zeigt einen Bezug zur brunoschen Monadenlehre – sich als eine qualitative geistige wie innerweltliche Struktur ausbildet.[92]

Verkörpert das *En sof* (das unendliche Eine) die absolute Transzendenz Gottes, so stellen die 10 Sefiroth die Beziehung der göttlichen Einheit zur Welt in Form einer logischen Entfaltungsstruktur dar. Die drei oberen Sefiroth stehen für die geistige, triadisch explizierte Explikation aus der Einheit, die unteren 7 Sefiroth für das Weltgebäude. Die hiermit aufgestellt Dekas gilt als archetypische, innergöttliche Entfaltung, die sich auf allen kreatürlichen Ebenen des Seienden spiegelt.[93]

---

91 Reformation, S. 291; Spaccio, Dial. it. II., S. 782 f.: »... onde al fine si trova che tutta la deità si riduce ad un fonte, come tutta la luce al primo e per sé lucido, e le imagini che sono in diversi e numerosi specchi, come in tanti suggetti particulari, ad un principio formale ed ideale fonte di quelle.«

92 Pico benennt die 10 Sefiroth in Verbindung mit den 22 Buchstaben der ›lingua prima‹ als Strukturfaktoren der Welt.

93 Auch bei Bruno wird die arithmetisch-figurale Entfaltung aus der Einheit mit einer logischen Begriffsexplikation verknüpft.

Abb.: aus Cesare Evola, *De divinis attributis, quae Sephirot ab hebraeis nuncupantur*, Venedig 1589, S. 102.

Kether/Krone, göttlicher Urwille, *Binah*/Vernunft, sichtbare Ordnung, *Chochma*/Weisheit, *Geburah*/Stärke (auch *Din*, Gericht), *Chased*/Gnade (auch *Gedula*/Größe); *Tipheret*/Schönheit, ethische Ordnung, *Hod*/Klarheit, *Nezah*/Festigkeit, *Jesod*/Fundament, *Malkuth*/Königreich.

Diese 10 Schalen göttlichen Lichtes bezeichnen den göttlichen Namen, das Wesen der Einheit unter 10 Aspekten emanativer Entfaltung des ersten Lichtes. Malkuth, hier mit dem Mondsymbol kombiniert, gilt auch als die Wurzel des Weltenbaumes, die in die kreatürliche Welt spiegelbildlich ausgefaltet wird. Auslegungen und Spekulationen über diesen Weltenbaum sind sehr verschiedenartig. Auf die Bedeutung der Sexual- bzw. Zeugungssymbolik wurde bereits hingewiesen. So gibt es auch hier die Deutung von Chochma/Vater und Binah/Mutter, aus deren Vereinigung Tiferet/Sohn (Sonnensymbol) und Malchut/Tochter (Mondsymbol) hervorgegangen seien (Buch *Bahir*). Die Wiedervereinigung der Sefiroth im Sinne einer Wiederherstellung göttlicher Einheit, die als sexuelle Konjunktion vorgestellt wird, ist damit ein mehrstufiger Proezß bis zur Aufhebung in der absoluten Einheit.

Die Verschmelzung kabbalistischer Symbolik mit magisch-hermetischer Lehre zeigt sich in dieser Darstellung: neben den Attributen jüdischen Glaubens (Bundeslade, Leuchter) ist die Ikonographie von Sonne und Mond, vermittelt durch das Zeichen des Mercurius (Konjunktion) ebenso eine Anspielung auf einen hermetischen Hintergrund wie die Einzeichnung der Planetenzeichen.

Wenn in der wiedergegebenen Abbildung Tepheret das Symbol der Sonne erhält, Malchut der Mond zugeordnet ist, liegt hiermit vermutlich ein Indiz für den Hintergrund hermetischer Tradition vor, in der die Ikonographie von Sonne (männliches Prinzip) in Konjunktion mit dem Mond (weibliches Prinzip) zu den Topoi des äußeren wie inneren Aufstieges zur höchsten Weisheit zählt.

Neben dieser Deutung der 10 Sefiroth als Weltenbaum, dessen archetypische Struktur alles Seiende spiegelbildlich durchformt, wird die Analogie von Mikro- und Makrokosmos auch auf der Ebene einer Organismusvorstellung vollzogen. Die 10 Sefiroth sind Glieder des Adam Kadmon, des makrokosmischen Menschen, dessen Sefirothstruktur jedem individuellen Menschen immanent ist. »Aus der unteren Welt heraus verstehen wir das Geheimnis des Gesetzes, nach dem die obere Welt geleitet wird, sowie auch die Dinge, die man die zehn Sefiroth genannt hat, deren ›Ende in ihrem Anfang steckt, wie die Flamme an die Kohle gebunden ist‹ ... und als diese zehn Sefiroth manifest wurden, wurde auch an aller übrigen Kreatur etwas sichtbar, was jener höchsten Form entspricht, wie es heißt (Hiob 8,9): ›Ein Schatten sind unsere Tage auf der Erde‹ – im Sinne von: unsere Tage sind nur ein Schatten der Transzendenz der ›Urtage‹ – und alles was kreatürliches Sein hat, wie der irdische Mensch und alle anderen Kreaturen in der Welt, existiert nach dem Urbild (*dugma*) der zehn Sefiroth.«[94]

Mikro- und Makrokosmos werden hier in struktureller Analogie gedacht, und das heißt, die Erkenntnis der kleinen Welt mündet in das Erkennen der großen Welt, denn »was unten ist, ist oben, und was innen ist, ist außen«[95]. Ähnlichlautend ist der Kernsatz der *Tabula Smaragdina* formuliert.

Dies ist eine Strukturgleichheit von Mensch, Gesamtwelt und göttlicher Geistordnung, die – in entsprechender Weise als Organismusvorstellung formuliert – ebenso für den Aufbau der Tora gilt: »Denn es gibt kein Glied im menschlichen Körper, das nicht sein Gegenstück in der Welt im Ganzen hätte. Denn so wie der Körper des Menschen aus Gliedern und Gelenken verschiedenen Ranges besteht, die alle aufeinander wirken und rückwirken und einen Organismus bilden, so ist auch die Welt: alle Kreaturen in ihr sind wie Glieder angeordnet, die in einem hierarchischen Verhältnis zueinander stehen, und wenn sie richtig angeordnet [oder: harmonisch in Einklang stehen], so bilden sie im präzisen Verstande einen Organismus. Und alles ist nach dem Urbild der Tora geordnet, denn die Tora besteht vollständig aus Gliedern und Gelenken, die in hierarchischem Verhältnis zueinander stehen, und wenn richtig angeordnet, bilden sie einen einzigen Organismus.«[96]

---

94 Recanati, *Ta'ame ha-Mizwoth*, Basel 1561, Bl. 3a, zit. n. G. Scholem 1992, a.a.O., S. 167.
95 Buch *Sohar*, zit. n. G. Scholem 1992, a.a.O., S. 165.
96 *Sohar* I 134b, zit. n. G. Scholem 1992, a.a.O., S. 66 f.

Geistige und körperliche Welt, individueller Organismus und sichtbarer Kosmos, Sprachstruktur und Weltordnung werden als nach einem System analog aufgebaute Verkörperung göttlicher Mitteilung (Kontinuität) und Explikation (Struktur) gedacht. Alles ist mit allem verbunden, ist in allem durch das Eine. Das heißt für die Erkenntnis bzw. den Aufstiegsprozeß, daß im Einzelnen das Ganze enthalten ist, die innere Prozessualität der Einheitserkenntnis gleichsam die äußere Seinshierarchie durchläuft.

Anhand der hiermit skizzierten Grundzüge kabbalistischer Lehre zeigen sich nicht nur die – bei aller religiös begründeten Unterschiedenheit – Parallelen zur hermetischen Tradition, sondern deutet sich ebenso die beide Traditionen durchdringende neuplatonische Seinslehre an. Wesentliche Aspekte im Hinblick auf Bruno sind der Analogiegedanke von Mikro- und Makrokosmos auf der Basis einer Organismusvorstellung, der sich nach der Struktur einer Urdekas konstituiert; die kombinatorische Anlage zur Wiedergewinnung einer ursprünglichen Ordnung der Zeichen, die zu erreichen höchste Weisheit ermöglicht; sowie die erkenntnistheoretischen Implikate konjunkturaler Aufhebung des Prinzipiengegensatzes in Richtung auf die Einheitserkenntnis als eines inneren Stufenprozesses, innerhalb dessen die menschliche Existenz nicht rein passiven Charakter hat, sondern die aktive Pflicht, restitutiv in das Weltgeschehen einzugreifen.

5. Zur Systematik brunoscher Stufenmodelle

In der metaphysischen Frühschrift *De la causa* formuliert Bruno vor allem eine grundlegende Übereinstimmung von Seinsentfaltung aus der Einheit und Erkenntnisaufstieg über die verschiedenen Grade einer Vereinheitlichung im Zuge des auf die Einheit ausgerichteten Erkenntnisprozesses.

In den späteren Schriften wird diese Gegenläufigkeit der Ordnung des Scienden und der Erkenntnis anhand unterschiedlicher Stufenmodelle, d. h. in je spezifischer Differenzierung, ausgeführt. In der Monadenschrift schließlich, so die Interpretation, erhalten die Vorstellung einer Stufenordnung von Sein und Erkennen einen systematischen Untergrund. Die Explikation aus der Einheit erscheint anhand der Generierung der Zahlreihe von 1 bis 10 bzw. einer dieser stufenweisen Konkretion und Vervielfältigung zugeordneten geometrischen Figurierung von Kreis/Einheit bis zum komplexen Polygon als ein System zunehmender Entfaltung, wobei dem jeweiligen Entfaltungsstadium – hier wird die Mittlerposion der mathematischen Struktur evident – nicht nur eine ontologisch-physische Struktur zugeordnet ist, sondern gleichermaßen eine erkenntnislogische Struktur. Ausgehend von der Einheit läßt sich somit die zunehmende Komplexität metaphysischer, logischer und physischer Ordnung verfolgen bzw. umgekehrt, mit der Zehnzahl beginnend gelesen, zeigt sich die Struktur einer Einfaltung der Vielfalt in Richtung auf die Einheit.[97] Dies wird noch gesondert zu untersuchen sein – festgehalten sei jedoch bereits an dieser Stelle, was sich als ›Systematik von Stufenordnung‹ abzeichnet. Bruno verfolgt die Entfaltung aus der Einheit nicht zufällig bis auf die Zehnzahl, sondern beruft sich hierin auf die pythagoreische Zahlenlehre, auf den menschlichen Zählakt in Orientierung an den zehn Fingern der Hand (vgl. De monade, OL I 4, S. 464 f., Über die Monas ..., ed. Samsonow, S. 149) sowie auf die kabbalistische Vorstellung einer göttlichen ›Urdekas‹. »Hieraus werden dem ersten Prinzip jene zehn Hüllen (die die Mecubalen Sefirot nennen) zugewiesen. Sie werden mit dem Namen von Hüllen gepriesen, weil sie den in der absoluten Substanz unnennbaren und unbegreifbaren Gott nicht bezeichnen, sondern durch gewisse äußere Hinsichten charakterisieren, sozusagen durch Schleiher vor dem unzugänglichen Licht.« (De monade, OL I 4, S. 461 f., Über die Monas ..., ed. Samsonow, S. 146) In der Zehnzahl ist nicht nur die metaphysisch-ontologische Ordnung beschlossen, sondern dieser entsprechend ein logisches, kategoriales System gegeben.

Auf der Grundlage dieses dezimalen Zahlsystems mitsamt seinen logisch-qualitativen Implikaten ist jede weiterführende Differenzierung des Seienden zu verfolgen. Bruno führt die Generierung von Zahl und Figur zwar nicht weiter aus, verweist aber auf die Gültigkeit dieses strukturellen Systems.[98] Eine über die Zehn hinausgehende Untersuchung ist gar nicht nötig, insofern mit der Entfaltung aus der Einheit bis zur Zehn die Entfaltungsstruktur schlechthin gegeben ist, die in der Zehn in eine neue Einheit mündet. »Die Zehnheit beschließt die einfachen Zahlen und schließt sie wieder auf. Was immer aus diesen Quellen stammt, kommt zu einem zusammen, welches die ganze Gattung der Zahl enthält, und diese ganze Gattung bezieht sich wiederum auf sie [die Zehnheit] zurück. Jede logische Operation und Proportion im Gebrauch der Menschen berücksichtigt sie; sie ist das die Anfänge der Monas wiederholende Ziel.« (De monade, OL I 4, S. 459 f., Über die Monas ..., ed. Samsonow, S. 143 f.) Die Struktur des Zahlsystems von 1 bis zur 10 bzw. der geometrischen Generierung Punkt – Linie – Fläche – Körper (10–10^2–10^3) wiederholt sich auf jeder höheren Ebene einer Vervielfältigung bzw. Komplexität, bleibt in ihrer Grundsystematik aber unverändert. (Vgl. De monade, OL I 4, S. 465, Über die Monas ..., ed. Samsonow, S. 150)

---

97 In diesem Zusammenhang möchte ich nochmals auf die wichtige Studie von A. Bönker-Vallon 1995, a. a. O., hinweisen, die eine detaillierte Rekonstruktion der brunoschen Mathematik im Hinblick auf die Metaphysik leistet.

98 »Wie [außer der Eins] der Zehner gleichfalls eine Einheit, jedoch eine umfassende ist, so ist auch der Hunderter eine Einheit, aber eine umfassendere, und genauso wie die beiden anderen bildet der Tausender eine Einheit, doch eine noch viel umfassendere. Was ich euch hier anhand der Arithmetik erklärt habe, müßt ihr in einem höheren und allgemeineren Sinn auf alle Dinge übertragen.« (Über die Ursache V, S. 150)

In ganz ähnlicher Weise findet man diese Auffassung der Zahlgenese bis zur Zahl Zehn beim Cusaner.[99] Mit der Zehnzahl wird eine systematische Grundordnung eingeführt, die jedoch als Gradmesser einer Differenzierung von Seinsstruktur und entsprechender Erkenntnisordnung keine Grenze markiert, sondern ein strukturelles Prinzip verdeutlicht.

Auch bei Agrippa von Nettesheim treffen wir auf ein vergleichbares System einer Zuordnung von metaphysischer, mathematischer und physischer Ebene, das in der Zahl Zehn einen Abschluß findet, denn die Zehn ist ›Universalzahl‹, über die hinaus jedes Zählen Wiederholung ist, und: »Alles vollendet seinen Kreislauf mit der Zahl Zehn und durch dieselbe, indem es, wie *Proklus* sagt, von Gott anfängt und in Gott aufhört. Gott selbst, die erste Monas (Einheit), geht, bevor er Niedrigem sich mitteilt, in die erste Zahl, die Dreiheit ein,[100] und von da in die Zahl Zehn, gleichsam in die zehn Ideen und Maße aller Zahlen und alles Erzeugbaren, welche von den Hebräern die zehn Eigenschaften genannt und mit zehn göttlichen Namen bezeichnet werden, weshalb es auch eine weitere Zahl nicht geben kann.«[101] Obgleich Brunos Bezug zu Agrippa hier offensichtlich ist, geht der Nolaner doch über den Nettesheimer hinaus. Denn Agrippa bleibt nicht, obwohl die Zehnzahl als systematischer Grenzpunkt eingeführt wird, bei dieser stehen, sondern entwickelt sein System von Zuordnungen bis auf die Zwölf und erweist sich darin enger einer christlichen Tradition der Zahlallegorese verbunden, die mit magischen Lehren verknüpft wird. Der zentrale Gedanke Brunos aber, die Generierung als ein fortlaufender Prozeß einer am Beispiel der Geometrie entwickelten und demonstrierten Explikation aus der Einheit, unterscheidet die brunosche Konzeption von den Zuordnungstafeln Agrippas. Insbesondere anhand der geometrischen Genese aus dem Kreis zeigt sich, daß es Bruno darum geht, die Übergänge zwischen der Einheit und der Vielheit respektive dem Kreis und dem Polygon zu zeigen, wonach jede beliebige Figur zwischen Eins (Kreis) und Zehn (Zehneck) sich aus dem Kreis entwickelt, über die Multiplikation von Kreisen in eine Figurationsreihe übergeht, die aber letztendlich immer nur eine Annäherung an die Kreisfigur erreicht. Die grundlegenden Elemente dieser figuralen Genese (Kreis, Linie, Dreieck) sind hierbei die konstanten Voraussetzungen der Entfaltung. Diese geometrisch ausgearbeitete Generierung der Einheit veranschaulicht gleichsam eine logische Struktur von

---

99 Vgl. hierzu W. Schulze 1978, a. a. O., S. 88 f.

100 Die Bedeutung der Dreizahl auf dem Hintergrund der proklischen Metaphysik, die bei Bruno eine wesentliches Rolle spielt, so meine Vermutung, klingt auch bei Agrippa an.

101 Agrippa von Nettesheim; *De occulta Philosophia*, Nördlingen 1987, II. Buch, Kap. 23, S. 231. Vgl. auch M. Mulsow, Kommentar zu *Über die Monas ...*, ed. Samsonow, S. 194. Mulsow erwähnt die Formulierung Nettesheims, wonach die Einheit, als Kreis geometrisch darstellbar, über die Genese der Zahlen bis zur Zehn in sich zurückkehrt. (Auch hier also ein neuplatonisch fundiertes Modell.)

Prozessualität in Analogie zur metaphysischen Explikation der Einheit wie der physischen Ordnung der Mannigfaltigkeit.

Mit der Zehnzahl wird von Bruno eine Grundstruktur des Seienden wie der Erkenntnis gegeben, die auf die Einheit zurückführt, d. h. es geht nicht darum, den Aufbau der Natur auf eine Anzahl von Stufen zu determinieren, sondern darum, eine systematische Struktur zu formulieren, nach welcher sich die unendliche Vielfalt als Harmonie und Ordnung in prinzipieller Weise erfassen läßt, die auf allen Betrachtungsebenen wiederkehrt und so von der Vielheit auf die Einheit zu rekurrieren zuläßt. So betont Bruno in *De monade*, daß keine andere als die Zehnzahl geeigneter sei für die Einteilung der Dinge, gleichwohl aber gebe es zwischen zwei beliebigen Gattungen innerhalb des Stufenbaus stets eine mittlere. Der Stufenbau der Natur ist also zwar unter der Struktur der Zehnzahl zu untersuchen, besteht aber nicht in einer definiten Einteilung der Dinge im Sinne eines statischen Gerüstes, sondern bildet ein kontinuierliches, überall verbundenes, unendlich vielfältiges Ganzes[102], das nach Maßgabe der Zehnzahl bzw. den Gesetzmäßigkeiten der Generierung der Zahlen von der 1 bis zur 10 vor allem in qualitativer Hinsicht betrachtet werden kann. »Ordo cognoscentium est sicut ordo specierum in numeris ...« (Summa term. metaph., OL III, S. 115)

Wurde mit den ausgewählten, vorgestellten Modellen einer Stufenordnung die analog gedachte Beziehung von Seinsaufbau und Erkenntnisstruktur vor dem Hintergrund verschiedener philosophisch-frühwissenschaftlicher wie spekulativer Denktraditionen skizziert sowie die systematische Anlage über die Zahl- und Figurgenese, wie sie in der Monadenschrift erfolgt, vorgestellt, so seien im folgenden grundlegende, durchgängig zu findende Elemente der Natur- und Erkenntnisstufung aufgeführt.

---

102 Vgl. De monade, OL I 4, S. 464 f.; Über die Monas ..., ed. Samsonow, S. 149 sowie in den Heroische Leidenschaften (HL I. T./IV. D., S. 82 und I. T./V. D. S. 96).

6. Ordnung

Zunächst ist festzuhalten, daß Seins- und Erkenntnisstufung – unabhängig von der je verschiedenen Unterteilung in Grade von Sein und Erkennen – *ein- und dieselbe* Stufenleiter durchlaufen.[103] Dies ist durchaus keine geringfügige Setzung. Dadurch, daß im brunoschen Verständnis einer Stufenordnung Sein und Erkennen in einem inneren Bezugsverhältnis stehend (Partizipationslehre) begriffen werden, erhält das Erkennen eine Gewähr, d. h. das Denken findet als ein annäherndes Gewahrwerden des einen Seins im Seienden eine Begründung. Vielheit des Seienden kann als ein relationales Gefüge aus einer ersten und ursächlichen Einheit ›gedacht‹ werden, insofern eine ontologische Struktur zugrundegelegt wird, die dem Erkenntisprozeß den Weg vorzeichnet.

»Una materia, una forma, unum efficiens. In omni serie, scala, analogia ab uno profiscitur, in uno consistet et ad unum referetur multitudo.«
(De minimo, OL I 3, S. 187 f.)

»*Eine Materie, eine Form, ein Bewirkendes. In jeder Reihe/Kette, Skala stammt die Analogie von Einem her, besteht in dem Einen und wendet sich die Vielheit auf das Eine zurück.*«

Auf diese triadische Struktur der Seinsentfaltung im Ganzen wie als strukturales Moment jedes Einzelseienden (in Einem – von Einem her – auf das Eine zurück) gründet sich im weiteren die Untersuchung maßgeblich.

Nicht das Individuum entwirft die Welt aus sich, d. h. die Ordnung des Seienden ist keine individuelle (subjektive) Anschauungsform, sondern das göttliche Eine entfaltet sich in der Welt und wird über die Seele

---

103 Vgl. Huber, K.; Einheit und Vielheit in Denken und Sprache Giordano Brunos, Zürich/Winterthur 1965, sowie Hentschel, B.; *Die Philosophie Giordano Brunos – Chaos oder Kosmos. Eine Untersuchung zur strukturalen Logizität und Systematizität des nolanischen Werkes*, Europäische Hochschulschriften, Reihe XX, Philosophie Bd. 249, Frankfurt a. M./Bern/New York/Paris, Diss. 1987. In der neueren Bruno-Forschung zeigt sich vermehrt die Tendenz, über spezielle Untersuchungen zu Einzelschwerpunkten hinaus, ein das Gesamtwerk durchziehendes philosophisches System aufzuweisen. Bereits W. Beierwaltes formulierte die These einer ›Einheit der Gedankenbereiche‹, derzufolge »in Brunos Denken das kosmologische nicht von dem anthropologischen, ethischen und ästhetischen Interesse abtrennbar ist.« (W. Beierwaltes 1985, a. a. O., S. 426) Auf die Parallelität von mathematisch orientierter Reflexionsmethode, gnoseologischer Struktur und metaphysischer Entfaltung hat A. Bönker-Vallon hingewiesen. (Vgl. *Die Frankfurter Schriften*, a. a. O. 1991, S. 75 ff.; vgl. auch K. Heipcke, W. Neuser, E. Wicke, ebda., S. 145 f.) E. v. Samsonow geht ebenfalls in diese Richtung, wenn sie im Vorwort zur deutschen Ausgabe der Monadenschrift darauf hinweist, Brunos Versuch bestehe darin, »das relationale System der Zahlen, Zeichen und Figuren als Durchgang von der Einheit zur Vielheit aus der einen Monas herzuleiten.« (*Über die Monas ...*, ed. Samsonow 1991, Vorwort XLIII)

des Einzelnen auf sich zurückgewandt. »Indem wir also zur vollkommenen Erkenntnis aufsteigen, vereinfachen wir die Vielheit; wie andererseits die Einheit, indem sie zur Hervorbringung der Dinge herabsteigt, sich vervielfacht. Das Herabsteigen erfolgt von einem Sein zu unendlich vielen Individuen und unzähligen Arten, der Aufstieg dagegen von diesem zu jenem.« (Über die Ursache V, S. 142)

Bruno spricht in seinen Schriften in unterschiedlichen thematischen Zusammenhängen – dies wurde im vorangehenden auszugsweise gezeigt – von einer ›Stufenleiter‹ der Natur, von Graden einer Skala ontologischer Entfaltung aus der Einheit beziehungsweise einer gnoseologischen Rekursion auf das Eine, wobei die ›Ordnung‹ *maß*geblich für die Struktur des Seienden im Sinne einer harmonischen Gefügtheit des Ganzen der vielfältigen Erscheinungswelt wie für die Erkenntnisstruktur als einer von der äußeren Sinneswahrnehmung ausgehenden, mittels der Vernunft stufenweise abstrahierenden und schließlich innerlichen Annäherung (deificatio) an das Eine ist. »Analogia quaedam est a corpore ad spiritum, a spiritu ad sensum, a sensu externo ad internam, a sensu generaliter [sensus communis; d. V.] ad rationem, a ratione ad intellectum, ab intellectu ad mentem, ...« (Theses de magia, OL III 3, XLVI, S. 482) *Eine* Ordnung, die Sein und Erkennen strukturiert, die in gewisser Weise für beide Prozesse ein- und dieselbe ist, jedoch nicht im Sinne einer Identität, welche allein für das Eine selbst gilt, sondern in der Weise einer Strukturgleichheit oder Analogie.

In dieser Setzung des Ordnungsbegriffs klingt eine Bezugnahme auf die für das scholastische Denken charakteristischen Ordo-Konzepte an. In Rückgriff auf antike Kosmosvorstellungen – und zwar im Hinblick auf die Begründung einer unhintergehbaren Bewegungsursache vor allem die aristotelische Sphärenordnung aufgreifend, daneben aber, hinsichtlich der Zeittheorie sowie der harmonikalen Kosmosstruktur die platonische Lehre einbeziehend – erscheinen die mittelalterlichen Seinsmodelle durch eine prinzipielle Dreiteilung charakterisiert: An die Stelle der aristotelischen Bewegungsursache bzw. des Prinzipes eines ›unbewegt Bewegenden‹ tritt der allumfassende christliche Gott, der sich mit dem *Caelum Empyreum*, der geistigen Sphäre, über eine Hierarchie von Engelwesen/-Intelligenzen an die physische Welt mitteilt; hieran schließt sich das *Caelum Aetherum*, die supralunare Sphäre der planetaren Kugelschalen, in deren Zentrum das *Caelum Elementorum*, die sublunare Sphäre der hierarchisch geordneten Elementenkreise, ruht.[104] Entsprechend dieser, wenngleich in modifizierter Form zu findenden, prinzipiell aber durchgängigen Seinshierarchie, die als partizipative Vermittlungsstruktur Aus-

---

104 Vgl. hierzu Nobis, H. M.; »Zeitmaß und Kosmos im Mittelalter«, in: *Mensura, Mass, Zahl. Zahlensymbolik im Mittelalter*, 2. Halbbd., hrsg. v. A. Zimmermann, Berlin/New York 1984, S. 261–276.

druck einer Seinskausalität von ›Oben‹ nach ›Unten‹ ist, ist auch der Mensch als Geist-Körper-Wesen in eben dieser Weise strukturiert.[105]

Der christliche Gottesbegriff setzt mit diesen hierarchischen Seinsmodellen gottvermittelter Weltstruktur in Berufung auf den Genesisbericht die Bestimmung des Weltschöpfers als eines ›Ordners‹, der alles nach Maß und Zahl ins Leben ruft, selbst aber außerhalb der Seinsordnung absolut transzendente Ursache ist. So heißt es bei Augustinus: »›Deus itaque supra omnem creaturae modum est, supra omnem speciem, supra omnem ordinem. Nec spatium locorum supra est, sed ineffabile e singulare potentia, a quo omnis modus, omnis species, omnis ordo.‹ (Gott ist daher jenseits allen kreatürlichen Maßes, jenseis aller Schöheit, jenseits jeder Ordnung; nicht durch räumliche Entfernung jenseits, sondern durch eine unaussprechliche und einzige Machtfülle, von der alles Maß, alle Schönheit und jede Ordnung stammt.)«[106]

Diese Vorstellung eines ordnungstiftenden, göttlichen Prinzips bzw. des Ursprungs der Zahlhaltigkeit und Proportionalität aus dem selbst außerhalb jeder Ordnung zu denkenden göttlichen Wesens prägt auch die Lehre Brunos. In der *Summa terminorum metaphysicorum* heißt es unter XXIX. Ordo:

»Ipse et pater est omnis ordinis, sicut et productor omnis multitudinis. Ipse fecit gradus in rebus, ipse unumquodque ad suum terminum per certas methodos, media atque vias adducit, ordinem faciens extra se ipsum, sicut numerum et figuram et momentum pro rerum innumerabilium diversitate et ornamento constituit. Per hunc eundem ordinem ad illius contemplationem pervenimus; ut, quia in ordine potentiae est potentissimum, in gradibus sapientiae sapientissimum, in	*»Er selbst ist Vater jeglicher Ordnung wie auch Erzeuger aller Vielheit. Er hat die Einteilung der Dinge vorgenommen (und) führt ein jedes zu seinem Ende durch festgesetzte Methoden, Mittel und Wege, indem er die Ordnung außerhalb seiner setzt, gleichwie er Zahl, Figur und Beweggrund der unzählbaren Dinge durch Verschiedenheit und kunstvolle Ausstattung festsetzt. Durch diese selbe Ordnung gelangen wir zur Betrachtung seiner, wie auch weil er in der Ordnung des Vermögens das Vermögenste ist, in der Gradeinteilung der Weisheit das Weiseste, in*

---

105 Die Vorstellung einer solchen Dreiteilung von geistiger, himmlischer und elementarischer Seinsebene durchzieht nicht nur mittelalterliche Konzepte einer Analogie von Mikro- und Makrokosmos, sondern begegnet uns auch in frühneuzeitlichen Texten, etwa bei Agrippa von Nettesheim, in einem magischen Zusammenhang sowie in abgewandelter Form bei Bruno (De magia, OL III 3, S. 437) bis hin zu R. Fludd. (Vgl. Abb. aus R. Fludds *Uriusque cosmi ... historia*).

106 Augustinus, De nat. boni III, zit. n. H. Krings, *Ordo. Philosophisch-historische Grundlegung einer abendländischen Idee*, Hamburg 1982, S. 38. Auf diese grundlegende Studie zum Ordo-Begriff im Mittelalter beziehe ich mich im weiteren unter anderem.

serie pulchritudinis pulcherrimum, maiestatis maximum et optimum, non est dubium unicuique ordini praepositum esse unum, et super universorum omnem ordinem monadem istam ordinatricem, quae cum simplex et unissima sit, in se ipsa ordinem nullum admittit (qui enim fatuus ordinem illic intelliget, ubi nulla est distinctio nullusque numerus?), sed est ipsa unitas super omnem multitudinem, varietatem, distinctionem absoluta.«
(Summa term. metaph., OL III, S. 86 f.)

der Abfolge der Schönheit das Schönste, Höchstes und Bestes in derjenigen der Hoheit. Es besteht kein Zweifel, daß einer jeden Ordnung Eines vorangestellt ist, und über jeder Ordnung der Welten jene ordnungsstiftende Monade, die, weil sie einfach und einheitlichste ist, in sich selbst keine Ordnung zuläßt (welcher Narr erkennt wohl dort eine Ordnung, wo keine Unterscheidung und Zahl ist?), sondern sie ist selbst alsolute Einheit über aller Vielheit, Verschiedenheit und Unterscheidung.«

Natürlich erweist sich auch in christlichen Vorstellungen eines geordneten Seinsaufbaus die Rezeption platonischer bzw. neuplatonischer Seinslehre als theologisch-philosophischer Hintergrund. Neuplatonischer Monismus bzw. die emanative Selbstmitteilung der Einheit werden, soweit assimilierbar, auf den christlichen Gottesbegriff übertragen. Dies zeigt sich deutlich in der Lehre des Augustinus bzw. des Areopagiten,[107] aber auch bei den mittelalterlichen Autoritäten christlichen Denkens wie Albertus Magnus und Thomas von Aquin.

Auch in neuplatonischen Konzepten ist die Vorstellung einer Mitteilung der Einheit in Form einer Stufung des Seienden vom Höchsten bis zum Niedrigsten (Materie) evident; während aber durch Seinsteilhabe und eine entsprechende graduelle Abstufung an Einheitsnähe vor allem die Immanenz des – an sich transzendenten – Einen in Allem, die emanistisch gedachte Omnipräsenz des Ersten und damit die Kontinuität des Seins im Seienden betont wird, die zugleich Voraussetzung einer mittelbaren Einheitserkenntnis als stufenweiser Annäherung ist, treten in christlichen Vorstellungen augustinischer Prägung in Berufung auf die biblische Überlieferung der göttliche Willensakt als Ursache der Ordnung (voluntas), der Seinsgrad als göttliche Bestimmung (Prädestination) und, damit verknüpft, die Erlangung eines Erkenntnisgrades als eines göttlichen Gnadenaktes gegenüber einem passiv-rezeptiv gefaßten Individuum in den Vordergrund[108]: Die Stufung des Seienden wird systematisch strenger in Form einer gottbestimmten Seinshierarchie gefaßt. *Omne agens*

---

107 Vgl. Koch, J.; »Augustinischer und Dionysischer Neuplatonismus im Mittelalter«, in: W. Beierwaltes (Hrsg.) 1969, a. a. O., S. 317–342.
108 Vgl. etwa die Illuminationstheorie des Augustinus.

agit sibi simile, diese für die mittelalterliche Gotteslehre charakteristische Setzung des Äquinaten[109] verweist auf die Vorstellung eines Schöpfergottes als Ordner der Welt, die sich auf den biblischen Genesismythos bezieht.

So heißt es etwa bei Augustinus: »Denn Gott ist der weiseste Schöpfer und gerechte Ordner aller Naturen.«[110] Der Naturordnung kommt im Hinblick auf das göttliche Prinzip eine Abbildfunktion zu (similitudo) bzw. umgekehrt, im Vorhandensein einer gesetzmäßigen Strukturiertheit der Erscheinungswelt manifestiert sich das Wirken göttlicher Vernunft. Weltordnung ist zugleich ein Rechtszustand, vergleichbar einem Staatswesen (civitas dei) und verkörpert somit immer eine ethische Maxime, die hier jedoch nicht als immanentes Weltgesetz (etwa im Sinne Heraklits) zu verstehen ist, sondern als göttliche Setzung. »Ordnung aber ist die Verteilung gleicher und ungleicher Dinge, die jedem den gebührenden Platz anweist.«[111]

Zum einen wird hiermit nochmals deutlich, was das Geordnetsein des Seienden ausmacht: die Zusammenfügung des Verschiedenen zur harmonischen Einheit. Ordnung ist eben nicht die Gleichförmigkeit aller Elemente, sondern die Harmonie disparater Vielheit in der Natur. Insbesondere in den Schriften *De ordine* und *De musica* drückt sich eine starke Affinität Augustinus' zur pythagoreischen Lehre von Zahl und Proportionalität aus sowie zum platonischen *Timaios*, hinsichtlich der zahlhaften, musikalischen ›Gestimmtheit‹ der Seele.

Daneben sei auf die gerechte Zuteilung des Seinsstatus hingewiesen, einer Ausgewogenheit der Weltordnung, deren hierarchisches Gefüge sich nach dem Grad der Gottähnlichkeit bemißt. »Denn da Gott die höchste Wesenheit ist, das heißt zuhöchst ist und darum auch unwandelbar ist, hat er den Dingen, die er aus nichts erschuf, wohl ein Sein, aber nicht das höchste Sein gegeben, wie er es selbst besitzt. Und zwar verlieh er den einen einen höheren Grad des Seins als den anderen und stufte so die Naturen der Wesenheiten gegeneinander ab.«[112]

Gottähnlichkeit – keine äußerliche Abbildhaftigkeit, sondern partizipative Ähnlichkeit – verleiht dem Seienden einen Seinsrang gemäß der

---

109 Ein Gedanke, der allerdings bereits bei Proklos nachzuweisen ist.
110 Augustinus; *Vom Gottesstaat, De civitate dei*, XIX 13, München 1985, S. 554.
111 Augustinus, Vom Gottesstaat, De civitate dei, XIX 13, München 1985, S. 552; vgl. H. Krings 1982, a.a.O., S. 52: »Ordo est parium dispariumque verum sua cuique loco tribuens dispositio«.
112 Augustinus, Vom Gottesstaat, De civitate dei, Buch XII 2, München 1985, S. 61; vgl. auch H. Krings 1982, a.a.O., S. 45. Offensichtlich wird an dieser Stelle, inwiefern Augustinus zwar Grundgedanken der plotinschen Lehre aufgreift, den christlichen Gottesbegriff mitsamt den Vorstellungen vom göttlichen Willensakt bzw. der creatio ex nihilo von neuplatonischer Einheitsspekulation bzw. der Selbstmitteilung des Einen aus Notwendigkeit aber unberührt läßt. Stärker noch zeigt sich die Abgrenzung etwa in der augustinischen Trinitätslehre.

Seinsteilhabe bzw. bestimmt den Grad der Gottesnähe auf der Stufenleiter der Natur.[113]

Die Metapher der Stufenleiter, die zu einem Topos mittelalterlicher Ikonographie geworden ist, verweist auf eine metaphysische Skala der Abständigkeit vom Göttlichen und damit auf das Maß der Gottähnlichkeit. Zugleich versinnbildlicht die Leiter die ›Möglichkeit‹ von Aufstieg und Abstieg sowie die Verbindung von Oben und Unten, eine Erkenntnisleiter, die über die Mittlerfunktion der allbeseelten Natur verläuft. »*gradus* ist für das Verständnis von Ordnung ein sehr bedeutsamer Begriff, da in ihm zwei Grundelemente von Ordnung ihre Einheit finden: die auseinanderstrebende *distinctio*, ohne die zwei reale Dinge keine Ordnung haben können, und die verbindende *unitas*, welche nachzuahmen Wesen der Ordnung ist.«[114]

Die Natur als Leiter, als Hinführung zum Absoluten über Stufen wachsender Ähnlichwerdung (deificatio), die Aufhebung der je niedrigeren Erkenntnisstufe in der jeweils vorausgehenden und damit die Näherung an das göttliche Prinzip über eine Vereinheitlichung der bzw. Abstraktion von den Erkenntnisgegenständen bis hin zu einer geistigen Innewerdung der Einheit der Natur – hiermit sind Grundzüge mittelalterlichen Denkens skizziert, die bei Bruno, wenn auch in viel stärkerem Maße dem originären Neuplatonismus verbunden, durchscheinen.

Gleichwohl zeigen sich bei Bruno Anknüpfungen an den augustinischen und dionysischen Neuplatonismus bzw. an die von diesen beiden Vertretern wesentlich beinflußten Lehren mittelalterlicher Denker. Insbesondere sei etwa auf die sogenannte ›Analogia-entis‹-Lehre des Thomas von Aquin verwiesen.

Inwiefern läßt sich also nicht nur eine Verwandschaft assoziieren, sondern besteht tatsächlich eine Bezugnahme Brunos auf den mittelalterlichen Ordo-Gedanken? Grenzt sich doch der brunosche Seinsbegriff nicht nur von einer Seinshierarchie im mittelalterlichen Verständnis ab, die der aristotelischen Kosmologie appliziert ist, sondern ebenso vom christlichen Gottesbegriff mitsamt seinen theologischen Implikaten. Zudem integriert Bruno verschiedene Ausformungen von Stufenordnungslehren, die – neben Elementen christlicher Weltordnungslehre – teils einer magisch-hermetischen Denktradition entlehnt sind, teils kabbalistische Emanationsmodelle aufnehmen und vor allem auf neuplatonische Vorbilder einer Entfaltung aus der Einheit rekurrieren wie einem qualitativ fundierten Zahl- und Maßbegriff pythagoreischer Tradition verbunden sind.

Es ist zu vermuten, daß es Bruno in ganz grundlegender Weise um die Bestimmung des Verhältnisses von Seins- und Erkenntnisordnung geht, also nicht um eine Festschreibung *was*, d. h. wieviele Grade diese Struktur

---

113 »Quanto autem aliquid propinquius ad divinam similitudinem accedit, perfectius est.«, Th. v. Aquin, Summa contra gentiles, III; zit. n. H. Krings 1982, a.a.O., S. 47.
114 H. Krings 1982, a.a.O., S. 45.

ausbilde, sondern um die Begründung, *daß* es eine strukturelle Analogie sei, die Seinsvielfalt und Erkenntnisprozeß vermittle.

Im Hinblick auf den mittelalterlichen Ordo-Gedanken ist daher insbesondere auf die Überlieferung des Königs Salomon im Buch der Weisheit[115] zu verweisen, wonach Gott alles nach Maß, Zahl und Gewicht geschaffen habe. Dementsprechend heißt es im Vorwort der *Heroischen Leidenschaften* Brunos: »Ich will sagen, daß alle Dinge des Universums, um Festigkeit und Bestand haben zu können, ihr bestimmtes Gewicht, Zahl, Ordnung und Maß besitzen, damit sie mit aller Gerechtigkeit und Vernunft eingeteilt und gelenkt werden können.« (HL, Vorw., S. 6; Dial. it., S. 932)[116]

Bereits in den vorangehenden Kapiteln wurde deutlich, daß die Ordnung von Welt (Kosmos) kein starres Gebäude meint,[117] sondern in Zusammenhang von Harmonie und Schönheit ein relationales Gefüge, eine wohlproportionierte Komposition des Seienden, ein sich im Gleichmaß befindliches bzw. sich im Wandel ausgleichendes System von Verhältnissen, das im Rückgriff auf den antiken Kosmosbegriff gleichermaßen einen Rechtszustand bezeichnet und damit eine ethische Dimension impliziert.

Nichts existiert isoliert und unabhängig von einem anderen, sondern jedes Einzelne ist in einen Gesamtzusammenhang mit anderen verwoben. Eine derartige Ordnung als die Struktur von Welt (im Gegensatz zum Chaos) ist nicht nur Bedingung überhaupt von Seiendem zu sprechen, indem sie ein ›Zugleich‹ von Vielheit und Einheit verkörpert, innerhalb dessen die Vielfalt unterschiedener und unterscheidbarer Individuationen als verschiedene, aber nicht geschiedene eine einheitliche Ganzheit bilden, d. h. eine Verhältnisordnung konstituieren; sondern Ordnung ist stets auch Ausdruck des Göttlichen in der Welt (sei es als immanentes Prinzip oder als transzendente Ursache gedacht) und damit Ausdruck göttlicher Vernunft, die sich über die Konkretion des mannigfaltig Seienden in

---

115 König Salomo, Buch der Weisheit XI, 21:, »Omnia in mensura, numero et pondere diposuisti.« H. Krings hat hervorgehoben, daß dies das Fundament des Ordo-Denkens im abendländisch-christlichen Kontext sei (vgl. ders. 1982, a. a. O., Vorw. XIII); vgl. auch Meyer, H.; *Die Zahlenallegorese im Mittelalter. Methoden und Gebrauch*, Münstersche Mittelalter Schriften, hrsg. v. H. Belting u. a., München 1975, Einleitung. Vgl. auch Gaus, J.; »Circulus mensurat omnia«, in: *Mensura, Mass, Zahl. Zahlensymbolik im Mittelalter*, II. Halbbd. hrsg. v. A. Zimmermann, Berlin/New York 1984.

116 An anderer Stelle derselben Schrift heißt es in Berufung auf Pythagoras und seinen Versuch, über die Zahlen die Seinsgründe zu erklären.»Denn als Zahl der Menge, Zahl der Maße und Zahl der Bedeutung oder des Gewichtes findet sich die Wahrheit und das Sein in allen Dingen.« (HL II./II., S. 166; Dial. it., S. 1122).

117 So ist Ordnung bei Bruno auch nicht im Sinne eines festgefügten tektonischen Weltaufbaus zu verstehen, sondern als ein dynamisches Zusammenstimmen des Verschiedenen zur Ganzheit, dem ein Strukturgesetz von Gleichmaß und Ausgewogenheit zugrundeliegt, gleich einer Symphonie der Welt.

Harmonie und Schönheit mitteilt, und zwar im Sinne einer Repräsentation des Absoluten in größtmöglicher Einfachheit.

Schönheit und Harmonie sind nach diesem Verständnis nicht nur als Formen von Ordnung zu verstehen, sondern der Schönheitsbegriff steht in unmittelbarem Zusammenhang mit der vernunftmäßigen Verbindung des Vielen zur Einheit. »Schön ist etwas, wenn dessen ›Teile ähnlich und durch eine gewissen Verbindung zu einer Übereinstimmung gebracht worden sind.‹ (De vera rel. 32,59; quia similes sibi partes sunt, et aliqua copulatione ad unam convenientiam rediguntur; vgl. De civitate Dei XXII 19 ...)«[118] Göttliche Vernunftwirkung im Seienden erweist sich als Ordnung. Ordnung und Maß wiederum sowie eine Proportionalität der Teile begründen Schönheit. Das Maßvolle des Schönen aber, d. h. die vernunftgemäße Zusammenstimmung und harmonische Verbindung des Vielen ist Zahl. »Ubi aequalitas aut similitudo, ibi numerositas.«[119]

Die Zahlenlehre spielt daher im Zusammenhang mit der Vorstellung einer Ordnung des Seienden eine immense Rolle – dies läßt sich bei Augustinus sehr schön zeigen[120] –, insofern sie Ausbildung göttlicher Vernunft im Seienden ist. Während Gott selbst außerhalb jeder Ordnung, jeder Zahlbestimmung und Verhältnismäßigkeit »Former aller Formen und als der selbst Ungeformte die am schönsten geformte Form«[121] ist, zeichnet sich seine Ordnungstätigkeit in der Maßhaltigkeit und Zahlstruktur der Welt ab. Die Zahl vermittelt Sein und Erkennen als Struktur des Rationalen, einer Rationalität, die Seinsordnung wie Denkordnung durchzieht und verbindet. Zahl darf in diesem Zusammenhang daher nicht im Sinne einer Rechengröße verstanden werden, sondern birgt die Möglichkeit, Verhältnisse im Sinnfälligen logisch zu beschreiben, Relationsgleichheit/Proportionen unterschiedlicher Bereiche auf der Ebene der Arithmetik und Geometrie als einheitliches Maß zu begreifen. Was in der vorsokratischen, pythagoreischen Denktradition der abendländischen Philosophie seinen Anfang nimmt, die Feststellbarkeit einer Verhältnisordnung von Welt, die sich auf unterschiedenen Betrachtungsebenen als höhere Vernunftordnung mittels der individuellen Vernunft (messender Verstand) wahrnehmen läßt, bestimmt in der Folgezeit auch die christli-

---

118 Perpeet, W.; *Ästhetik im Mittelalter*, Freiburg/München 1977, S. 38.
119 Augustinus, *De musica*, VI 13, 38, zit. n. W. Perpeet 1977, a.a.O., S. 39.
120 Neben der augustinischen Interpretation und Aufnahme platonisch-pythagoreischer Philosopheme ist für die zahltheoretische, harmonikal-ästhetische Auffassung in mittelalterlichen Schriften insbesondere auf die Werke des A. S. Boethius *De institutione musicae* und *De institutione artihmeticae* hinzuweisen. Vgl. hierzu auch Eco, U.; *Kunst und Schönheit im Mittelalter*, München 1993, und Beierwaltes, W.; »Der Harmoniegedanke im frühen Mittelalter«, in: *Zeitschrift für philosophische Forschung* 45, Heft 1, (1991), S. 1–21.
121 Augustinus, *De vera religione*, zit. n. W. Perpeet 1977, a.a.O., S. 42.

che Gotteslehre.[122] »In der Musik, der Geometrie, in den Bewegungen der Gestirne und in den Zahlverbindungen herrscht vollends die Ordnung so, daß, wer an ihre Quelle zu kommen, wer ihr Innerstes zu sehen wünscht, in ihnen sie findet oder doch durch sie irrtumslos geleitet wird. Wer sich dieser Bildung maßvoll anvertraut ..., der gewinnt aus ihr so viel, daß er das höchste Maß erreicht, über das hinaus er weder kann, noch soll, noch will ...«[123]

Innerhalb der systematischen Konzeption einer Seinsmitteilung in Form von Stufenordnungen, die zugleich Ausdruck einer analogen Beziehung in Richtung auf ein Ursächliches und Erstes sind wie die relationale Verknüpfung des vielfältige Seienden untereinander bezeichnen, ist es vor allem der Zahlbegriff bzw. die Zahlhaftigkeit maßhaltiger Natur, über die eine Vermittlung von der Einheit zum erkennenden Individuum zu denken ist. Dieses Zahlverständnis im Sinne einer metaphysischen Struktur, einer Gesetzmäßigkeit gleich einem musikalischen Rhythmus der Natur, herrührend von der selbst unzählbaren, unmeßbaren und unwägbaren Quelle der Zahlen, prägt einen Ordnungsbegriff, der kein bloß ›von Oben‹ dominiertes, äußerliches Nebeneinander charakterisiert, sondern insofern die Dinge an der göttlichen Vernunft teilhaben, sind sie nach Zahl und Maß aufeinander bezogen. Die Teilhabe am Göttlichen aber gründet sich auf die Beseelung. Mittels der Seele ist es dem erkennenden Individuum gegeben, die göttliche Ordnung in den Dingen zu erkennen. »Du fragst dich, woher das kommt, gehst in dich selbst zurück und erkennst, daß du, was du mit den Körpersinnen anrührst, weder schätzen noch verwerfen könntest, wenn du nicht selbst bestimmte Schönheitsgesetze in dir trügest, mit denen du alles mißt, was du in der Außenwelt an Schönem empfindest.«[124]

Auch hier gilt der Grundsatz, *gleiches werde durch gleiches erkannt*, d. h. durch die Beseelung hat jedes Seiende an der Einheit teil, die Wurzel allen Maßes und jeder Zahl ist. Über diese Teilhabe am Göttlichen, Vernünftigen und Maßgebenden sind die Dinge vergleichbar bzw. ist die Vielheit der Naturdinge richtungweisendes Maß einer Erkenntnis des Absoluten, die über die Innewerdung der Naturordnung einen Prozeß

---

122 Neben den wissenschaftlichen Untersuchungen der Zahlstruktur des Seienden im Bereich von Astronomie, Arithmetik, Geometrie und Harmonik – den pythagoreischen Wissenschaften, aus denen sich das Quadrivium des Mittelalters zusammensetzt – treffen wir immer wieder auf spekulative Deutungen der zahlhaften Struktur des Seienden sowie auf zahlallegorische Versuche einer Bibelexegese, deren Ergebnisse in mittelalterlichen Etymologien nachzulesen sind (etwa bei Isidor v. Sevilla, Hrabanus Maurus, Cassidor, etc.). Bruno greift viele dieser Zahlallegorien auf. Wenngleich diese Zahlspekulationen oftmals assoziativen Charakter haben und einem strengen Zahlbegriff zuwiderzulaufen scheinen, sprechen sie doch für den Versuch, eine verschiedene Bereiche verbindende logische Struktur zu erweisen.
123 Augustinus, *Die Ordnung, De ordine*, erste dt. Übertr. v. C. J. Perl, Paderborn 1966, S. 50.
124 Augustinus, *De libr. arb.* II, 41; zit. n. W. Perpeet 1977, a. a. O., S. 41.

der Selbsterkenntnis einleitet. Diese auf einen göttlichen Vernunftgrund verweisende, geordnete Natur birgt eine erkenntnisleitende Funktion, die von Bruno an verschiedenen Stellen formuliert wird.

»1. Mens super omnia Deus est. Mens insita omnibus natura. Mens omnia pervadens ratio. Deus dictat et ordinat. Natura exsequitur atque facit. Ratio contemplatur et discurrit. Deus est monas omnium numerorum fons, simplicitas omnis magnitudinis et compositionis substantia, et excellentia super omne momentum, innumerabile, immensum. Natura est numerus numerabilis, magnitudo mensurabilis, momentum attingibile. Ratio est numerus numerans, magnitudo mensurans, momentum aestimans. 8. Influit Deus per naturam in rationem. Ratio attolitur per naturam in Deum. Deus est amor, efficiens, claritas, lux. Natura est amabile, obiectum, ignis et ardor. Ratio est amans, subiectum quoddam, quod a natura accenditur et a Deo illuminatur.« (De minimo, OL I 3, I; De minimi existentia liber, S. 136)

»1. *Der Geist über allem ist Gott. Der allen eingepflanzte Geist die Natur. Der alles durchdringende Geist die Vernunft. Gott spricht aus und ordnet. Die Natur führt aus und ruft ins Dasein. Die Vernunft betrachtet und durchdenkt/durchläuft. Gott ist als Monas Quelle aller Zahlen, Einfachheit aller Größe und Substanz aller Zusammensetzung sowie vermöge seiner Erhabenheit über jeder Bewegung, unzählbar, unermeßlich. Die Natur ist zählbare Zahl, meßbare Größe, erreichbare Bewegung. Die Vernunft ist zählende Zahl, messende Größe, schätzende Bewegung. 8. Gott fließt über die Natur in den Verstand. Der Verstand wird durch die Natur zu Gott erhoben. Gott ist Liebe, Bewirkendes, Klarheit, Licht. Die Natur ist liebenswert, Gegenstand, Feuer und Hitze. Die Vernunft ist liebend, ein Subjekt (Zugrundeliegendes), welches von der Natur entflammt und von Gott erleuchtet wird.«*

Auch hier wird die grundlegende Setzung Brunos, das Verhältnis Gott – Natur – Mensch betreffend, deutlich. Die Einheit (göttliche Monas) veräußert sich in der Natur in Form rational erfahrbarer Ordnungsstrukturen. Diese Ordnung der Dinge ist Ausdruck der vollständigen Immanenz der Einheit wie Mittler der Gotteserkenntnis, insofern sie auf eine transzendente Ursache der Vernunftordnung und maßvollen Schönheit der Dinge verweist. Die erkennende Seele des Individuums, welche am Göttlichen teilhat, vermag unter dieser Voraussetzung Harmonie und Proportionalität der Naturdinge rational zu erfassen und auf die Einheit zurückzuführen.

Dieses Vermögen der Ratio über die Anschauung der äußeren Natur die Immanenz des Einen in Allem denkend zu erfahren darf dabei – dies sei nochmals betont – nicht als Mathematisierung und Objektivierung der Welt verstanden werden. Die Abstraktion vom sinnlich Anschaubaren auf der Ebene mathematischer Gesetzmäßigkeiten ist lediglich Medium (Mittler und Vermittlung) der Einheitserkenntnis, d. h. es geht nicht um eine ›Ausmessung‹ der Welt, was vor dem Hintergrund der brunoschen Unendlichkeitsdoktrin ohnehin ad absurdum geführt wird, sondern um die Erfassung der intelligiblen Ordnung der natürlichen Phänomene. Naturerkenntnis erschöpft sich für den Nolaner nicht in einer ›positivempirischen‹ Bestimmung von Größen und Maßen. Allein die Setzung eines unendlichen Universums, innerhalb dessen jeder Standpunkt (lokal wie mental) lediglich relative Gewißheit über den jeweiligen Erfahrungshorizont zu liefern vermag, deutet die Unmöglichkeit einer endgültigen oder vollständigen Kenntnis der Natur an. Wohl aber – so die Vermutung – läßt sich über die Erkenntnis der (wenngleich relativen) Verhältnisse von Größen, über Zahlproportion und -generierung sowie über harmonikale Ordnungsstrukturen die Natur als Einheit begreifen.[125] Die Zahlordnung verweist auf eine intelligible Struktur der Natur, die dem rationalen Vermögen des Individuums korrespondiert und den Weg einer Rückwendung auf eine ursprüngliche Einheit eröffnet. Anders formuliert: 1. Der Erkenntnisprozeß funktioniert überhaupt erst, weil die Seele des erkennenden Individuums eben diese intelligible (Zahl-)Struktur in sich trägt, die es in der äußeren Welt auffindet. Gleichzeitig ist aber die Natur das notwendige ›Gegenüber‹, sich dieser bewußt zu werden. 2. Der Erkenntnisprozeß bleibt nicht bei dieser rationalen Vergegenwärtigung stehen, sondern findet sein eigentliches Ziel in der Innewerdung des einheitlichen Ursprungs.

Der Zugang zur Einheitserkenntnis ist kein ausschließlich intellektueller, vielmehr wird er gleichermaßen geleitet von einem Begehren, einer Liebe zur göttlichen Schönheit, deren Widerstrahlen in der Natur den Intellekt entzündet. Schönheit, Ordnung und harmonikale Zahlstruktur bedingen einander bzw. sind Ausdruck des Wirkens der Einheit im Vielfältigen.

»Denn die Tätigkeit des Intellektes geht der Tätigkeit des Willens voraus; aber dieser ist kräftiger als jener, denn dem menschlichen Verstand gelingt es eher, die göttliche Güte und Schönheit zu lieben, als zu begreifen. Außerdem ist es die Liebe, die den Intellekt dazu bewegt und antreibt, daß er ihr wie eine Laterne vorangehe.«[126]

---

125 »... ad universum respicienti nihil occurret turpe, malum, incongruum; neque etenim varietas atque contrarietas efficit quominus monia sint optima, prout videlicet a natura gubernantur, quae veluti phonascus contrarias voces extremas atqua medias ad unam omni (quam possimus imaginari) optimam symphoniam dirigit et perducit.« (De minimo, OL I 3, S. 272; Hervorh. n. i. O.)
126 HL I./IV., S. 64 f.; Dial. it., S. 1006: »Perché l' operazio de l' inteletto precede l' operazion della voluntade; ...«.

Abb.: Neun Stufen zur himmlischen Stadt, Raimundus Lullus, ›Liber de Ascensu‹, Valencia 1512, aus: Enders/Schimmel 1984, a. a. O., S. 185.
Die Grade dieser *scala intellectus* führen über die Stufen *lapis* (Stein), *flamma* (Feuer), *planta* (Pflanze), *brutum* (Tier), *homo* (Mensch), *coelum* (Himmel) und *angelus* (Engel) bis hin zu *deus* (Gott), der Schwelle des Hauses der Weisheit.

7. Einheitserkenntnis

In ähnlicher Bedeutung wie in der diesem Kapitel vorangestellten Passage aus *De la causa* heißt es in den *Heroischen Leidenschaften*: »So sicher, wie es verschiedene Stufen der Naturen und Wesenheiten gibt, gibt es entsprechende Stufen der intelligiblen Erscheinungen und der Bewunderungswürdigkeit von Liebesgefühlen und Leidenschaften.« (HL I/V., S. 110) Bruno formuliert als Absicht dieser Schrift im Vorwort, es gehe ihm darum, »die Gottesbetrachtung darzulegen«.[127] Wesentlich ist auch hier – und damit ist eine zweite grundlegende Voraussetzung genannt –, daß das göttliche Eine selbst in den Bereich absoluter Transzendenz hinausgerückt wird, d. h. außerhalb jeglicher Verschiedenheit, Einteilbarkeit und damit verstandesgeleiteten Begreifbarkeit liegt. Das höchste Ziel der Erkenntnis, das ursächliche Eine selbst, ist in seiner Unendlichkeit unermeßlich weit entfernt von jedwedem begrifflichen Fassungsvermögen (vgl. Über die Ursache, Einl., S. 7). »Weil wir ausgehend von der Erkenntnis aller abhängigen Dinge bestenfalls auf die Spur der Erkenntnis des ersten Prinzips und der ersten Ursache kommen können.« (Über die Ursache II, S. 52) Hier ist bei Bruno zu unterscheiden zwischen den Möglichkeiten einer Verstandeserkenntnis, die selbst auf höchstem Abstraktionsniveau dem Bereich gegenständiger Mannigfaltigkeit verbunden bleibt, die in sich eine dialektische Bewegung birgt, indem sie ihren Gegenstand nur in Konfrontation mit bzw. Kontrastierung von einem ›Anderen‹ hat und somit Vielheit impliziert und der Erkenntnis des Einen, welche, fernab jeder Andersheit, Einheit in und mit der Einheit erstrebt, d. h. nur als Auflösung von Gegenständigkeit vollzogen werden kann. »... das ist der verborgene Richtspruch Gottes, der dem Menschen diesen Eifer und dies forschende Grübeln in einer Weise geschenkt hat, daß er niemals höher als bis zur Erkenntnis der eigenen Blindheit und Unwissenheit gelangen kann...« (HL, Vorw., S. 16; Dial. it., S. 942) Ganz im Sinne des Cusaners mündet die höchste erreichbare wissenschaftliche Ergründung in die Einsicht der Unwissenheit.[128] Diese Unwissenheit ist somit nicht im Sinne eines Mangels an Verstandesvermögen aufzufassen, sondern vielmehr höchste Verständigkeit, Wissen um das unwißbare Wahre und Eine, das sich rationaler Erkenntnis entzieht, die immer relationales Wissen ist, ein Unterscheiden und Vergleichen wie ein Auf-

---

127 HL, Vorw., S. 10; Dial. it., S. 936: »... mi protesto che il mio primo e prinzipale, mezzano ed accessorio, ultimo e finale intento in questa tessitura fu ed è d' apportare contemplazion divina, ...«.

128 »Je besser also jemand weiß, daß dies nicht gewußt werden kann, desto gelehrter ist er.« (Nikolaus v. Kues; *Die Philosophisch-Theologischen Schriften*, Bd. I, hrsg. u. eingef. v. L. Gabriel, übers. v. W. u. D. Dupré, Wien 1989; siehe darin *De venatione sapientiae*, XII, S. 53) Die ›docta ignorantia‹ des Cusaners findet bei Bruno ihr Pendant in der ›Blindheit‹. Zum Verhältnis von Wissen – Sehen bzw. den lichtmetaphysischen Analogien Brunos siehe im weiteren.

stellen von Beziehungen. »Über eine noch nicht gesicherte Forschung urteilt jede Forschung dadurch, daß sie diese hinsichtlich ihres proportionalen Verhältnisses zu einer vorausgesetzten Gewißheit in vergleichenden Bezug bringt. Alles Forschen geschieht durch Vergleichen.«[129] Es bleibt aber die unendliche Einheit für die Formen endlichen, vergleichenden Wissens unerreichbar, insofern sie außerhalb jeder Vergleichbarkeit absolut eines ist. »Quoniam ex se manifestum est infiniti ad finitum proportionem non esse ...«[130]

Bei Bruno heißt es dementsprechend in bezug auf die absolute Einheit »... nullam recipit cum rebus, quae ab ipso proficiscuntur comparationem. Mitto quod inter finitum et infinitum nulla est proportio, ...« (»... er nimmt keinen Vergleich auf mit den Dingen, die von ihm herrühren. Ich setze als selbstverständlich voraus, daß zwischen Endlichem und Unendlichem keine Proportion besteht ...«; Summa term. metaph., S. 97), was zur Folge hat, daß eine univoke Aussage über das Absolute und das Endliche unmöglich ist (ebda.). Vielmehr – so Bruno weiter – liegt hier lediglich ein äquivoker Aussagecharakter vor. So kann es etwa zwischen der ›Güte‹ des Menschen und der ›Güte‹ Gottes keinen Vergleich geben, da sie nicht einer Gattung angehören, sondern das Göttliche über jeder Gattungszuordnung Ursache derselben ist. Wenn man also Aussagen über das Göttliche macht wie etwa ›optimus‹ oder ›maximus‹ ist dies metaphysisch zu verstehen, nicht aber grammatisch, d. h. weder eine komparativische noch superlativische Bezeichnung, sondern Bezeichnung für etwas, wofür es streng genommen keine Bezeichnung gibt, insofern es »supra et extra scalam« (ebda., 98) steht. Hier deutet sich eine Problematik an, die bereits bei Thomas von Aquin eingehend diskutiert wird und als Mittelweg zwischen der Unmöglichkeit univoker Aussagen bzw. der Bedeutungslosigkeit der Äquivokation in bezug auf Gott und Welt die analoge Aussageweise begründen.

Übertragen auf die brunosche Lehre gilt diese Disproportionalität nicht nur in bezug auf das absolut transzendente Eine[131], sondern gleichermaßen für das vollkommene Ebenbild des Einen, das Universum, das, sofern das Eine in intensiver Weise alles auf einmal ist, als Ganzheit betrachtet, in extensiver Weise die unermeßliche Einheit in Gleichzeitig-

---

129 Nicolai de Cusa; *De docta ignorantia*, übers. u. m. Vorwort u. Anm. hrsg. v. P. Wilpert, 2. verb. Aufl. von H. Senger, Hamburg 1970, Buch I, Cap. I 2, S. 6/7: »Omnes autem investigantes in comparatione in praesuppositi certi proportionabiliter incertum iudicant. Comperativa igitur est omnis inquisitio medio proportionis utens.«

130 Ebda., Cap. III 9, S. 12.

131 »Es ist [das Eine] über jeden Vergleich erhaben, weil es alles ist, was es sein kann.« (Über die Ursache III, S. 100) Es kann »weder erkannt werden, insofern sie [die absolute Wirklichkeit, die dasselbe ist wie das absolute Vermögen = die göttliche Einheit] alles sein kann, noch insofern sie alles ist. Denn will die Vernunft verstehen, so muß sie sich eine begriffliche Vorstellung bilden, sich dieser ähnlich, kommensurabel und gleich machen.« (Ebda. III, S. 101)

keit von absoluter Potentialität und Aktualität verkörpert,[132] so daß Bruno entsprechend der Setzung des Cusaners formulieren kann: »Es [das Universum] läßt sich nicht vergleichen, denn es ist nicht eins und ein anderes, sondern ein und dasselbe.« (Über die Ursache V, S. 131) Was für das menschliche Erkenntnisbestreben zur Konsequenz hat: »An ein Größenverhältnis des Unendlichen, an eine Ähnlichkeit, eine Vereinigung oder Identität mit ihm reichst du als Mensch nicht *mehr* denn als Ameise ...« (Über die Ursache V, S. 132) Gleichwohl birgt das Universum einen entscheidenden Erkenntniswert, besitzt gleichsam Verweischarakter, insofern die auf der Sinneswahrnehmung beruhenden bzw. vom sinnfälligen ausgehenden Weisen begrifflichen Wissens (Vor-)Stufen einer Annäherung und Angleichung an das Eine ausmachen. »An diesen Erscheinungen und Gleichnissen nun weidet sich der menschliche Intellekt in dieser niederen Welt, solange es ihm nicht erlaubt ist, die Schönheit des Göttlichen mit reinen Augen zu erblicken.« (HL I./III., S. 57; Dial. it., S. 996)

Das unendliche Universum in seiner Schönheit als harmonische Fügung der Vielheit des Seienden läßt als ein Spiegel des Göttlichen die unvergleichliche Schönheit (vgl. ebda.) der ersten Ursache widerstrahlen, und so wie im Spiegelbild das Urbild ganz in ›Erscheinung‹ tritt, ist das Eine in dem aus ihm Entfalteten ganz gegenwärtig und damit jedem Einzelnen kraft seiner Beseelung als potentielle Unendlichkeit immanent. Aufgrund dieses immanenten Teilhaftigseins der göttlichen Ursache wirkt im Einzelnen das Streben nach einer unterschiedslosen Aufhebung in der Einheit bzw. trägt der Einzelne das Ziel der Einswerdung in sich. In der Seele schließt sich ein Kreis, insofern sie Ausgangs- und Zielpunkt der Einheitserkenntnis ist. Das Individuum wird sich mittels seines erkennenden Vermögens der Unermeßlichkeit der ›Außenwelt‹ bewußt, d. h. an dem Punkt, an welchem der Mensch um die Unwißbarkeit weiß, wendet sich das Denken auf sich selbst zurück, auf sein innerstes geistiges Wesen, um in der Reflexion auf sich selbst, im Akt eines intensiven Erkennens, seiner selbst inne zu werden und im Denken des Denkens das Göttliche auf dem Grunde der Seele zu schauen. Diese ›Kontraktion‹ der Seele vollzieht sich in völliger Abwendung von äußerer Vielfältigkeit und damit in Rückbezüglichkeit auf das geistige Vermögen als ein Gewahrwerden der inneren Gottähnlichkeit.

Brunos wohl berühmteste Allegorie dieses Prozesses des ›Ganz-bei-sich-seins‹[133], der Aktaion-Mythos[134], dramatisiert die deifikatorische

---

132 In *De immenso* unterscheidet Bruno zwischen extensiver und intensiver Unendlichkeit. »Das unendliche Vermögen wird in intensiver und extensiver Hinsicht tiefer erfaßt, als dies von seiten der Durchschnittstheologen jemals geschehen ...« (Zwiegespräche, S. 10) Vgl. auch Beierwaltes, W.; »Actaeon. Zu einem mythologischen Symbol Giordano Brunos.« in: W. Beierwaltes 1985, a.a.O., S. 424.

133 Vgl. Beierwaltes, W.; *Selbsterkenntnis und Erfahrung der Einheit. Plotins Enneade V 3*, Text, Übersetzung, Interpretation, Erläuterungen, Frankfurt 1991, S. 92.

Selbstauflösung der erkenntnissuchenden Seele auf der Ebene einer philosophischen Jagd[135], in deren Verlauf der Jäger sich selbst zum Opfer fällt. In einem selbstreflexiven Prozeß wird der jagende Heros von seinen eigenen Gedanken eingeholt, d.h. er zieht sich ganz auf sein innerstes geistiges Vermögen zurück und erweitert sich darin zum unerfaßlichen, unendlichen Göttlichen. In seinem Denken aufgehoben, verschlingen sich Denken und Gedachtes, Jagender und Gejagtes und werden in paradoxer Weise eines. Die Selbstaufhebung als unterschiedsloses Sich-Verlieren in der unermeßlichen Tiefe des der Seele immanenten Einen ist ein Sterben des Selbst wie zugleich ein Leben im Anderen, ein differenzloses In-ein-ander, in dem der Erkennende momenthaft Ewigkeit erfährt.

Dieses unermüdliche Streben des erkennenden Individuums nach Gottähnlichkeit über einen selbstreflexiven Prozeß in Richtung auf eine Innewerdung des Göttlichen, das einfachste Umfassen dessen, was (zugleich unendlich fern wie unendlich nahe) sich permanent entzieht, indem es in der größten Nähe am fernsten ist, thematisiert Giordano Bruno in den *Heroischen Leidenschaften* auf verschiedenen, analogen Bildebenen metaphorisierender Ausgestaltung. Bereits Stadler hat darauf hingewiesen, daß diese metaphorische Sprechweise nicht etwa als spekulative, terminologische Unschärfe bzw. Ausdruck eines Unvermögens zu exakter Begrifflichkeit gedeutet werden dürfe, sondern im Gegenteil Form einer Sprachkritik bzw. ein Hinweis auf die Unzulänglichkeit begrifflicher Darstellungsmöglichkeiten sei.[136]

Brunos Art und Weise einer philosophischen Auseinandersetzung auf analogen Ebenen metaphorischer, gleichnishafter wie allegorischer Darstellungsmethodik geht aber über eine Sprachkritik oftmals noch hinaus – dies wird insbesondere in den *Heroischen Leidenschaften* evident –, indem er mit den Mitteln der Sprache, in der Unauflöslichkeit paradoxer Wendungen das Uneinholbare artikuliert, die widerwendige Zugewandtheit des Gegensätzlichen, die sich jeder begrifflichen Definition entzieht und sich doch in Paradoxien äußern läßt, so daß Bruno beispielsweise vom Heros sagen kann, er sei »als Toter lebendig und als Lebender tot.

---

134 Vgl. das Kapitel ›Speculum naturae‹.
135 Vgl. Classen, C. J.; *Untersuchungen zu Platons Jagdbildern*, Berlin 1960.
136 Vgl. Stadler, M.; »Unendliche Schöpfung als Genesis von Bewußtsein. Überlegungen zur Geistphilosophie Giordano Brunos«, S. 42, in: *Philosophisches Jahrbuch* 1986, 93. Jg., S. 39–60.

Deshalb sagt er: in lebendem Tode totes Leben lebe ich.« (HL I./II., S. 44; Dial. it., S. 980)[137]

In ähnlicher Intention sind auch die analogen Darstellungformen über Metaphern und Gleichnisse bei Bruno keine spekulative Ungenauigkeit, sondern einerseits Eingeständnis der Unmöglichkeit präziser Faßbarkeit im logisch eindeutigen Satz, daneben aber, im Reichtum der Facetten, der nicht willkürlich ist,[138] haben die verschiedenen metaphorischen Umkleidungen die Funktion einer Sinnerweiterung[139] bzw. zeigen in der sprachlichen Form gewissermaßen die Einheit in der Vielheit.

So thematisiert Bruno das Eingehen bzw. das Aufgehen des Individuums in der Einheit neben der Jagdallegorie beispielsweise als Lichtwerdung des Geistes im Sinne einer Koinzidenz der Lichter, denn indem das absolute Licht die Seele erfüllt, verdunkelt es alle Lichter (HL II. T./I. D., S. 154), oder anders ausgedrückt, in der Schau des Göttlichen, die ein Alles-auf-einmal-Sehen ist, sieht die geistgewordene Seele alles ohne Unterschiede und damit nichts im Besonderen. Hellstes Sehen hebt sich in Blindheit auf, ein Erblinden im Sinne eines Sehens, für das es ›nichts anderes‹ mehr gibt. (Vgl. HL II. T./IV. D., S. 185 und 192 f.)

»Wenn nämlich der Geist sich mit jenem Licht vereint, wird er selbst zu Licht und folglich zu Gott. Denn er umschließt das Göttliche in sich, indem er durch sein Bestreben, soweit wie möglich in das Göttliche einzudringen, in Gott ist und Gott in ihm ist ...«[140]

Fungiert die lichtmetaphysische Metaphorik insbesondere als Analogie einer Vergeistigung, der quasi erotischen Vereinigung von Sehendem und Gesehenem im ›Blick‹ sowie der allesdurchdringenden Präsenz des Einen in Allem, so entwirft Bruno an anderer Stelle in oralen Metaphern das Bild der ›Unersättlichkeit‹ der leidenschaftlichen Liebe zum Guten. Denn das Gute teilt sich als unendliches in unerschöpflicher, unendlicher

---

137 Bereits im Kapitel zur herakliteischen Denkweise, der Bruno in vielerlei Beziehung nahesteht, habe ich auf die sprachliche Artikulation des Unaussprechlichen unter Zuhilfenahme chiastischer Gefüge und paradoxaler Wendungen hingewiesen. Bruno nutzt diese Ausdrucksform in den Heroischen Leidenschaften immer wieder zur sprachlichen Formulierung des Wechselverhältnisses der Gegensätze und bringt damit nicht nur den Gedanken der sprachlichen Uneinholbarkeit der Koinzidenz in der Einheit zum Ausdruck, sondern sucht in verschiedenen Formulierungen eine spekulative Tiefe zu erreichen, ein Über-sich-Hinausgehen der Worte.

138 In der aristotelischen Poetik heißt es zur Metaphernbildung: »Denn gut zu übertragen bedeutet, das Verwandte erkennen zu können.« (Poetik, 1458 b 29 ff. zit. n. Aristoteles, *Vom Himmel, Von der Seele, Von der Dichtkunst*, eingel. u. übers. v. O. Gigon, Zürich/-München 1983, S. 425.

139 In der *Rhetorik* schreibt Aristoteles dem Metaphorischen diese sinnerweiternde Funktion zu. Zudem bringe das Metaphorische das Denken durch seine sinnhaft-sinnliche Anlage in Bewegung.

140 HL I./III., S. 57; Dial. it. S. 996: »... perché questa congionta a quel lume dovien lume essa ancora, e per consequenza si fa un Dio: perché contrae la divinità in sé ...« Vgl. HL II./I., S. 146 und 154.

Weise mit und ermöglicht dem intellektuellen Vermögen niemals eine ›Sättigung‹. »Da nämlich das Objekt des Geistes unendlich ist und der Intellekt kein endliches Objekt zum Gegenstand hat, kann der Wille nicht von einem endlichen Gut zufriedengestellt werden, sondern wenn sich darüber hinaus noch ein anderes findet, begehrt er dies und sucht es.« (HL II./III., S. 177 f.; Dial. it., S. 1135)[141] Insofern also das Eine, Gute in unendlicher Weise, in unermeßlicher Fülle sich unermeßlich verströmt, findet die begehrende Intellektualität der Seele kein Maß, sondern muß gleichermaßen in unendlicher Sehnsucht »immer mehr und mehr davon trinken« (ebda., S. 179). Auch hier zeigt sich wiederum die extreme Spannung des widerstrebend Widerwendigen in engster Zugewandtheit: der absolute Mangel an dem höchsten Objekt, die schmerzlichste Liebesqual aufgrund der Unerreichbarkeit des sich unendlich entziehenden Unendlichen, die in eins fällt mit höchster Freude, denn die unendlich suchende Seele erweitert sich selbst zum unendlichen Vermögen. »Und dabei gibt es keine Sättigung, weil man immer Appetit hat und es einem deshalb auch schmeckt ... Gewissermaßen in Analogie dazu verstehst du nun also, von welcher Art die Unendlichkeit des höchsten Gutes sein muß und daß auch der Antrieb für die Zuneigung zum höchsten Gut unendlich sein muß, damit es nie aufhört, ein Gut zu sein.« (HL II./III., S. 179; Dial. it., S. 1136)

Die Uneinholbarkeit des Guten ist gewissermaßen die undenkbare Denknotwendigkeit, die Bedingung, den metaphysischen Rang des Einen zu bestimmen, das in der gegenstrebigen, unbegreiflichen Gleichzeitigkeit unendlicher Ferne in die Transzendenz gerückt wird wie in der unendlichen Immanenz auf dem Grunde der Seele eine unhintergehbare Spannung erzeugt, in der sich das Eine als verborgenste Unverborgenheit birgt, und das heißt: »je mehr es [das intellektuelle Begehren] zu ihr [der absoluten Güte] aufsteigt, je mehr sie es verfolgt, desto weiter weg zeigt sie sich ihm.« (HL II./III., S. 179; Dial. it., S. 1137)

Damit werden Objekt der Suche und suchendes Individuum zugleich ins Unendliche erweitert, d.h. ensprechend der Transzendierung des Einen transzendiert sich die individuelle Seele, und eben hierin zeigt sich eine Deutungsmöglichkeit des brunoschen Unendlichkeitsbegriffs, die neben der kosmologischen nicht stark genug hervorgehoben werden kann.[142] Die Betonung liegt also möglicherweise nicht allein auf dem immer schon entzogenen, in unerreichbare Ferne gerückten Zielpunkt des Strebens, sondern charakterisiert ebenso das vom Individuum ausgehen-

---

141 Die Disproportionalität von Infinitem und Finitem, die oben für das Verhältnis Gott – endliches Sein formuliert wurde, greift ebenso für die Beziehung von endlichem Begreifen zum unendlichen Seelenvermögen.
142 Vgl. hierzu. M. Stadler 1986, a.a.O.; F. Fellmann 1989, a.a.O.; Bremer. D.; »Antikes Denken im neuzeitlichen Bewußtsein, dargestellt an der Entwicklung des Welt- und Menschenbildes bei Giordano Bruno«, *Zeitschrift für Philosophische Forschung*, 1980, 33. Bd., S. 505–533.

de Streben selbst als eine unendliche Bewegung, wobei das Gewicht auf der im Zuge des Erkenntnisprozesses sich eröffnenden Dimension unendlichen seelischen Vermögens liegt.

Wenn Bruno auf verschiedenen Bildebenen in immer neuen Einkleidungen das paradoxe Verhältnis der unnahbaren Einheit zur permanent sich annähernden Seele thematisiert, die von der Anziehungskraft des Entzogenen in unstillbarer Sehnsucht das Eine zu sehen sucht, so ist das zentrale Motiv die ›Liebe zur Weisheit‹, der heroische Balanceakt über dem Abgrund der Ein- und Andersheit.

In den Ausgestaltungen dieser heroischen Liebe[143] zeigt sich die brunosche Bildsprache in der ganzen Ambivalenz ihrer Kraßheit und Schärfe. Mittels der nuancenreichen Bildhaftigkeit bzw. sprachlicher Vielgestaltigkeit und Vieldeutigkeit inszeniert Bruno eine Vielschichtigkeit von Aspekten der heroischen Liebe, innerhalb derer die Paradoxie dieser geistigen Liebe, die jede Definition übersteigt, zum Ausdruck kommt, indem Bruno die Unzulänglichkeit der Worte in oxymorischen Wendungen überwindet.

»Mir, der ich das edle Banner der Liebe trage,
sind eisig die Hoffnungen und die Wünsche siedendheiß:
im selben Moment zittere ich, erstarre zu Eis, brenne und lodere Hell,
bin stumm, erfülle den Himmel mit glühenden Schreien,
aus dem Herzen lasse ich Funken stieben
und aus den Augen Wasser tropfen.
Ich lebe und sterbe, lache und klage:« (HL II./I., S. 39; Dial. it., S. 973)

Liebeswonne und Qual bedingen sich, sind der äußerste Ausdruck des Waltens des Gegensätzlichen im Seienden, denn es »bestehen alle Dinge aus Gegensätzen. An dieser Zusammensetzung in den Dingen liegt es, daß unsere Gefühle niemals zu einem Genuß ohne eine gewisse Bitterkeit führen. Ich behaupte sogar, daß es, wenn keine Bitterkeit in den Dingen wäre, keinen Genuß gäbe, denn erst durch die Anstrengung finden wir Genuß in der Entspannung; die Trennung ist der Grund warum wir an der Vereinigung Gefallen finden.« (HL I./II., S. 40; Dial. it., S. 974)

In der Erfahrung der Differenz, dem Bewußtwerden der Unwissenheit im Hinblick auf die Wahrheit des Einen bzw. der unüberwindbaren Abständigkeit des Zielpunktes der höchsten Liebe, weiß die erkenntnissuchende Seele aus dem Schmerz des Entzuges um die Tiefe der Liebe zu dem Gesuchten. »*Wer seine Weisheit vermehrt, vermehrt den Schmerz.*« (Ebda., S. 40; Dial. it., S. 975; vgl. HL I./V., S. 115)

---

[143] Bruno knüpft an das *Hohe Lied* des Salomon an, beruft sich darauf, in seiner Schrift sei »dasselbe Geheimnis und derselbe geistige Gehalt« verborgen. (Vgl. HL, Vorwort, S. 7).

Der heroisch Liebende befindet sich im äußersten Widerstreit dieser Gegensätze, lebt in einer Spannung, die permanente Zerreißprobe ist. »Deshalb also ist der Heros als Toter lebendig und als Lebender tot ... Er ist nicht tot, denn er lebt im Objekt; er ist nicht lebendig, denn er ist tot in seinem Innern.« (HL I./II., S. 44; Dial. it., S. 980)

Mit dieser Selbstaufgabe im Anderen, einem Liebestod, der die höchste Lebensform ist[144] – Bruno verweist hierbei an verschiedenen Stellen auf die kabbalistische Vorstellung des Todeskusses (*mors osculi*)[145] – charakterisiert der Nolaner den Weg der Einheitserkenntnis als unerfüllbare Sehnsucht, ein Streben, das nie das Ziel erreicht, sondern seine Wonne aus der angespannten Hinwendung erfährt. Und dieses Hingerissensein zum Göttlichen ist letztendlich, insofern die Seele das Eine in sich zu schauen und zu erfassen sucht, ein selbstreflexiver Prozeß.[146]

Bruno greift hierin die platonische Lehre vom Eros auf, die insbesondere in der Übersetzung und Kommentierung des *Symposion* durch Ficino die Renaissance-Konzepte der Liebe beeinflußt hat. So heißt es bei Ficino zur Auflösung vom Liebenden im Geliebten, »... der Liebende gewinnt durch den anderen sich selbst wieder. Jeder der beiden Liebenden tritt aus sich heraus und geht in den anderen über; in sich selbst abgestorben ersteht er im anderen wieder ... Denn es stirbt, wer da liebt, einmal in sich, indem er von sich selbst läßt. Er lebt dann sogleich in dem Geliebten wieder auf, wenn dieser ihn mit der Glut seines Denkens aufnimmt. Ein zweites Mal aber lebt er auf, indem er sich endgültig im Geliebten wiedererkennt, frei von allem Zweifel, mit ihm identisch zu sein [amatum se esse].« (*Über die Liebe*, Orat. II, VIII, 68/69 f./71)

Erkennt nun der Liebende dieses Andere, das Geliebte als das Andere seiner selbst, d. h. als das Göttliche, welches der Liebende in seiner Seele schaut, erweist sich diese Liebe des immanenten Göttlichen als die Bewußtwerdung innerer Differenz, die nach einer Auflösung in der Einswerdung (amatum se esse) begehrt.

Einerseits ist der Weg der Einheitserkenntnis somit ein Rückzug der Seele auf ihr innerstes Vermögen, denn wenn der Erkenntnissuchende »nach dem edlen Glanz strebt, muß er sich soweit er es vermag, zur Einheit zurückziehen, soweit als möglich in sich selbst zusammenziehen, so daß er nicht dem Vielen ähnlich ist ...«[147], sondern dem Einen (deificatio); andererseits verursacht das Gewahrwerden des immanenten Gött-

---

144 Vgl. Ficino, *Über die Liebe*, Orat. VI, X, S. 250/251: »Du möchtest dich nicht in der Gesellschaft deines Mörders befinden, und doch möchtest du nicht leben ohne seine beseligende Gegenwart. Du kannst nicht bei dem weilen, der dich mordet und kannst doch nicht leben ohne ihn, der mit so vielen Liebkosungen dich dir selber raubt und dich ganz für ihn in Besitz nimmt.«
145 Vgl. HL I.T./II.D., S. 40; II.T./I.D., S. 142; I.T./IV. D., S. 68.
146 Vgl. die Ausführungen zum Aktaion-Mythos.
147 HL II./I., S. 135; Dial. it., S. 1086: »... contraasi quanto è possibile in se stesso«.

lichen in seiner Unendlichkeit zugleich das Wissen um die Unwißbarkeit dieses Einen, das in seiner absoluten Transzendenz uneinholbar ist. »Er muß in das Innerste seiner selbst eindringen, in dem Bewußtsein, daß Gott nah ist, mit ihm und in ihm, mehr als er selbst es sein kann, da er die Seele der Seelen ist, das Leben der Leben, die Essenz der Essenzen.« (ebda., S. 135 f.; Dial. it., S. 1087)

Inwieweit Bruno die Erkenntisproblematik vor dem Hintergrund platonisch-neuplatonischer Tradition darlegt, sei schließlich auf einer weiteren allegorisch-metaphorischen Ebene, dem Bild der ›geflügelten Seele‹, vorgestellt, mittels dessen insbesondere die Zwiegespaltenheit der Seele vor Augen geführt wird.

Gleichwohl darf jedoch nicht der Eindruck entstehen, Bruno bewege sich allein in tradierten Vorstellungen. Vielmehr radikalisiert er den platonisch-neuplatonischen Liebes- und Erkenntnisbegriff vor dem Hintergrund seiner Unendlichkeitslehre, indem er die Unendlichkeit des Einen nicht nur im Universum ihren Widerschein finden läßt, sondern, in konsequenter Fortführung des Gedankens vollständiger Immanenz des Einen, ebenso auf das Individuum überträgt. Hierin liegt einerseits die Tragik und das Quälende des Erkenntnisbegehrens, gleichzeitig aber das Postulat, das Individuum selbst sei ein unendlich vermögendes. »Die Unendlichkeit des Kosmos wird somit in eine Strukturformel der menschlichen Existenz transformiert, die nicht mehr ontologisch Sein definiert, sondern anthropologisch Dasein reflektiert.« (F. Fellmann 1989, a. a. O., S. VIII)

In den *Heroischen Leidenschaften* ist dies das zentrale Thema[148]: die Selbstentdeckung und -entgrenzung des Individuums im Akt einer geistigen Metamorphose, die zwar im fortwährenden Bemühen der Verähnlichung ihr Ziel niemals erreicht, doch ist hier der Weg das Entscheidende. »Selbst wenn ich nicht erreiche das ersehnte Ziel und bei den großen Mühen die Seele sich zerfleischt, es genügt, daß sie so edelmütig brennt« (HL I./III., S. 58; Dial. it., S. 998), und niemals abläßt, das Ziel einer Aufhebung ihrer selbst in der Einheit, gleich dem Akt einer erotischen Vereinigung, zu verfolgen.[149]

Getrieben von der unerfüllten Liebe zum Guten, Schönen, Wahren, wie es aus der spiegelbildlichen Offenbarung des Göttlichen in der unendlichen Seinsvielfalt widerstrahlt bzw. von einem intellektuellen Begehren

---

148 Wenn Bruno an anderen Stellen seine Werkes auf das Problem der Einheitsschau weniger ausführlich eingeht, ist die Anlage der *Heroischen Leidenschaften* als Hintergrund zu sehen.

149 Hierbei besteht jedoch immerzu ein Ungenügen, wie es Bruno in der Beschreibung von Schmerz und Qual betont, d. h. der unablässige Versuch, über einen erreichten Zustand hinauszukommen, das Spiel der Gegensätze zu durchbrechen. Wenngleich oder gerade weil das Ziel der Erkenntnis sich permanent entzieht, ist es dennoch der erstrebte Ruhepunkt einer unaufhörlichen Bewegung, gleichsam der metaphysische Mittelpunkt eines ewigen Umkreisens.

nach einer Geistwerdung der Seele »erhebt sich der leidenschaftliche Heros, weil er die Erscheinung der göttlichen Schönheit und Güte empfangen hat, mit den Flügeln des Intellektes und den vom Intellekt gelenkten Willen zum Göttlichen und läßt die Formen der niedrigsten Subjekte hinter sich. Deshalb sagte er: *Vom feigen Subjekt werde ich zu einem Gott aus einem niedrigen Ding.*« (HL I./III., S. 63; Dial. it., S. 1004: »Da suggetto piú vil dovegno un Dio, Mi cangio in Dio da cosa inferiore.«)

Bruno spielt in der Flügelmetaphorik vermutlich auf den orphischen Seelenmythos an, den Platon im *Phaidros* aufnimmt, um anhand eines Gleichnisses das Wesen der unsterblichen Seele, den Kreislauf der Wiedergeburten bzw. die Triebkraft des erotischen Begehrens vor dem Hintergrund der Wiedererinnerungslehre darzulegen. Platon unterscheidet im *Phaidros* zwischen den Seelen der Himmelsgötter, die vorzustellen seien nach der »zusammengewachsenen Kraft eines befiederten Gespannes und seines Führers« (Phaidros 246 a), deren Seelenkräfte sich also im Einklang befinden, und dem Seelengespann der Sterblichen, deren widerstrebende Rosse – triebhafte Begehrlichkeit der Sinne und vernunftgeleitetes Streben nach dem Guten – unter der Führung der Vernunft nur teilweise in die göttliche Ideensphäre einzutauchen vermochten und daher, im Kreislauf der Wiedergeburten, ihr Gefieder verlieren, herabsinken und sich in der Verkörperung vom Göttlichen entfernen. Unter diesen ist es insbesondere den Weisheitsliebenden vorbehalten, sich wieder zur göttlichen Weisheit zu erheben, indem sie über die Vielzahl der Wahrnehmungen, in denen sie das Eine, Schöne, Weise und Gute wahrnehmen und sich dessen erinnern, sich ganz von dieser geistigen Nahrung zu speisen, so daß der Seele neue Flügel wachsen. »Und hier ist nun die Rede angekommen von jener vierten Art des Wahnsinns, an welchem derjenige, der bei dem Anblick der hiesigen Schönheit jener wahren sich erinnernd, neubefiedert wird ...« (Phaidros, 249 d)

Ähnlich dieser platonischen Seelenlehre trägt auch bei Bruno das Individuum den Zielpunkt seiner Suche in sich. »Der Aufstieg der Seele hat seinen Ausgangspunkt in der Fähigkeit und dem Antrieb, der in den Flügeln, d. h. Intellekt und intellektuellem Willen liegt. Sie sind der Grund für die natürliche Beziehung und Blickrichtung der Seele zu Gott als dem höchsten Gut und ersten Wahren, als absolute Güte und Schönheit ...« (HL II.T./I.D., S. 143) Bruno deutet das Bild der geflügelten Seele allerdings um. Die zwei Flügel der Seele, Wille und Intellekt, stehen in einem Wechselverhältnis, insofern sie sich gegenseitig leiten und anregen, führen und beleben und sind letztendlich nicht voneinander zu trennen bzw. werden lediglich begrifflich unterschieden, denn: »Alles, wonach man sich irgendwie sehnt, erkennt man auch in gewisser Weise, und umgekehrt. Deshalb ist es üblich das Begehren Erkenntnis zu nennen.« (HL, Vorw., S. 14 f.; Dial. it., S. 941)

Damit wird dem Verstand die zügelnde und leitende Position über die zwei Formen des Begehrens, wie sie im *Phaidros* formuliert wird, zwar genommen, und in gewisser Weise liegt hierin eine Infragestellung der

Vorrangstellung des erkennenden Vermögens (vgl. D. Bremer 1980, a. a. O., S. 515), jedoch wird dadurch die Vernunftmäßigkeit m. E. nicht der Sinnlichkeit schlechthin gleichgesetzt,[150] sondern Bruno differenziert sehr wohl zwischen einem körperlich-triebhaften und einem geistigen Begehren. Letzteres ist es, welches an die Seite des Intellektes tritt, so daß sich begehrender Intellekt und intellektuelles Begehren bedingen, indem sie als die zwei Flügel der Seele das Gleichgewicht halten und mit vereinten Kräften gegen das herabziehende Gewicht eines schweren Steines (vgl. HL II. T./I. D., S. 145), d. h. die Bindung der Seele an das Irdische, in die Höhe zu streben versuchen.[151]

Indem Bruno der Seele Begehren und Intellekt in umfassender Weise zugrundelegt[152], rekurriert er möglicherweise auf den stoischen Seelenbegriff. Die Seele ist danach im mikrokosmischen Menschen wie im Makrokosmos wirkende, kosmische Seelenpotenz, die als Lebens- und Ordnungsprinzip mit dem Ziel der ›Selbsterhaltung‹ (συντήρησις) über das Ganze wacht. Noch vor einer Aufspaltung in unterschiedliche Seelenpotenzen wird in stoischen Konzepten eine »seelische Grundkraft« bzw. die Vorstellung eines »Persönlichkeitsgrundes jenseits von Erkennen und Wollen«[153] angesetzt. Indem dieser Seelenbegriff mit dem platonischen Konzept des Erkenntnisstrebens nach dem Wahren, Guten und Schönen verbunden wird (Origenes), konstituiert sich die Vorstellung einer geistigen Erkenntnis des Göttlichen auf dem Grunde der Seele, die weder reine Intellektualität noch bloße Affektivität ist, sondern eine vor jeder Differenzierbarkeit der Seelenvermögen anzusetzende tiefste seelische Schau.

Anstelle einer Infragestellung des Intellektes ließe sich in bezug auf Bruno somit eher von einer Neudefinition der seelischen Vermögen sprechen.

Die heroische Leidenschaft, die Bruno strikt von der gewöhnlichen, körperlichen Erotik abgrenzt, ist Ausdruck eines philosophischen Daseins

---

150 »So treten die geistige und die leib-sinnliche Verfassung des Menschen in das Verhältnis einer Struktur, die einen einseitigen Primat ausschließt. Entsprechendes gilt für das Verhältnis von Theorie und Praxis sowie für die Relation von Affekt und Intellekt.« (D. Bremer 1980, a. a. O., S. 513)

151 Vgl. auch ebda., 142 f. Der Adler, der in die Höhe strebt, vom Gewicht eines Steines aber hinabgezogen wird – möglicherweise wird hiermit auch auf einen magischen Sinn angespielt. In der alchemistischen Emblematik gibt es Darstellungen eines in die Lüfte aufsteigenden Adlers, der an eine auf der Erde kriechenden Kröte gekettet ist, was als Sinnbild der Spannung von Geist und Materie gilt.

152 Vgl. auch Spaccio/Reformation, S. 23. Bruno spricht hier von einem gewissen inneren Licht, das auf der Warte, im Mastkorb oder am Steuer unserer Seele sitzt und auch *sinteresis* (Gewissen) genannt wird.

153 Ivánka, E. von; »Der ›Apex mentis‹«, S. 128 f., in: W. Beierwaltes (Hrsg.) 1969, a. a. O., S. 121–146.

im strengen Sinne des Begriffes philosophia, die bereits bei Platon in eine Eros-Lehre eingebettet ist.

Dieser philosophische Eros-Begriff ist es, den Bruno explizit formuliert, um mit der Theorie einer philosophischen Liebe – das von Ficino gelegte Fundament aufgreifend – die universale Verbundenheit des Seienden, dessen Relationalität vor allem im Hinblick auf den magischen Hintergrund bedeutsam ist, wie das Verhältnis Gott – Universum – Individuum als eine dynamische Beziehung und Bezogenheit auszudrücken, deren unauflösliche, notwendige Bindung und bedingungslose Zugewandtheit Bruno darlegt.

Kern dieser heroischen Liebe, und damit grenzt sich Bruno von christianisierten Übernahmen neuplatonischer Lehre ab, ist die Betonung der individuellen Aktivität (vgl. D. Bremer 1980, a. a. O., S. 511 f.), d. h. die Aufgabe des Individuums, den Weg der Ähnlichwerdung mit dem Ziel einer »göttlichen Entrücktheit« (»divina abstrazione« HL I./III., S. 49; Dial. it., S. 986) nicht in passiv-rezeptiver Haltung zu suchen, um so zum reinen ›Gefäß göttlichen Fühlens und Denkens‹ zu werden, sondern aus »innerem Antrieb und natürlicher Inbrunst« (ebda.) das Göttliche zu verfolgen.

Bruno verbindet damit den Gedanken der Selbstermächtigung und Selbst-verantwortung[154] des Unendliches vermögenden Individuums mit tradierten Konzepten eines Eingehens in das Göttliche, die allerdings vor dem Hintergrund einer universalen Naturgesetzlichkeit eine Umdeutung erfahren.[155] Bremer hat in seiner Analyse sehr treffend auf den Einfluß der herakliteischen Lehre, der sich in Brunos Begriff der ›vicissitudine‹ als »universales Strukturprinzip des rhythmischen Wechsels der Gegensätze« (D. Bremer 1980, a. a. O., S. 522) manifestiert, hingewiesen. Ein Prinzip des beständigen Wechsels bestimme Lebens- wie Denkbewegung gleichermaßen, es verweise auf die Harmonie von Vernunft und Sinnlichkeit und stelle somit eine Emanzipation von metaphysischer Teleologie dar, so daß das »Ethos der Unendlichkeit ... an die Stelle einer teleologisch gerichteten Daseinsauffassung« (ebda., S. 520) trete und zur »Aufhebung einer finalistischen Ausrichtung des Menschen nach einer quietistisch-kontemplativen Zielvorstellung« (ebda., S. 521) führe, der sich statt dessen in der harmonischen Spannung der Gegensätze genüge. Damit ist der Kern des brunoschen Naturbegriffes benannt, wonach sich die Einheit in der Mannigfaltigkeit des Seienden als Harmonie des immerwährenden Wechsels bzw. als maßvolle Ordnung im Umschlag der Gegensätze zeigt. Dieser Struktur des Bestehens im kontinuierlichen

---

154 »Das göttliche Vermögen ..., das alles in allem ist, bietet sich an und entzieht sich immer dadurch, daß das Gegenüber sich zu- oder abwendet.« (HL II.T./I.D., S. 140)

155 Allerdings sind m. E. die neuplatonischen Implikate eines geistigen Aufstieges mehr als bloße topoi, die Bruno einbezieht, um sie als überwunden zu erklären. (vgl. Fellmann 1989, a. a. O., S. XX)

Wandel unterliegt in gewissem Sinne auch die Seele, deren doppelte Natur sich darin erweist, einerseits Lebensprinzip des Körpers zu sein, das sich im Zyklus von Zeugung und Vergängnis verwirklicht, andererseits Geistprinzip, das zu einer Auflösung im göttlichen Einen strebt. Diese widerstrebenden Kräfte in der Waage zu halten scheint Bruno als Aufgabe des Heros zu sehen, wenn es heißt: »Es gibt keine Harmonie und Eintracht, wo innerhalb der Einheit ein Sein alles Sein aufsaugen will. Sondern dort, wo eine Ordnung und Zusammenstimmung [ordine ed analogia] von verschiedenen Dingen besteht, wo jedes Ding seiner Natur dient. ... Ihr seht also, meine Gedanken, daß einige von euch zum Bleiben verpflichtet sind, um für das Haus zu sorgen, und andere zur Jagd in die Ferne ziehen können. So will es das Gesetz der Natur, es ist folglich das Gesetz des Schöpfers und Prinzips der Natur.«[156] Und doch reduziert sich das Streben des Heros innerhalb dieser Naturgesetzlichkeit nicht darauf, in der Harmonie von Sinnlichkeit und Verstand sein Genügen zu finden (vgl. D. Bremer 1980, a. a. O., S. 520 ff.), so daß der Heros in der Lebensbewegung seinen Selbstzweck erfährt. Auch in der heraklitischen Philosophie ist nicht nur das Prinzip des Beharrens im Wechsel der Erscheinungen formuliert, sondern damit verbunden die Aufgabe einer Erkenntnis des Beständigen in der stets sich wandelnden Fügung.

Auch bei Giordano Bruno klingt dieses Erkenntnisziel vor dem Hintergrund einer permanent sich wandelnden Naturvielfalt an verschiedenen Stellen an. »Wer also die tiefsten Geheimnisse der Natur ergründen will, beobachte und betrachte die Minima und die Maxima des Entgegengesetzten und Wiederstreitenden. Es ist eine tiefe *Magie*, das Entgegengesetzte hervorrufen zu können, wenn man einmal den Punkt der Vereinigung gefunden hat« (Über die Ursache V, S. 149; Hervorh n. i. O.). Oder: »Wer die Übergänge zwischen den Gegensätzen kennt, der kann in der Natur und im Verstand alle Dinge aus allen ableiten.« (De umbris id., OL II 1, S. 26)

Hiermit wird deutlich, daß sich mit der Gegensatzlehre ein Erkenntnisziel verbindet, das zugleich Basis der Entfaltung der gottähnlichen, schöpferischen Potenz des Individuums ist. Wenn Bruno – wie in der oben zitierten Passage – von einer tiefen Magie spricht, zeigt dies wiederum den Bezug zur magischen Tradition. So wie der Magier gleichsam im Prozeß von Trennung und Verbindung zu der einfachsten Substanz zu gelangen sucht, um gemäß den Prinzipien der Natur, die er stufenweise

---

156 HL I./IV., S. 76 f.; Dial. it., S. 1020: »Non è armonia e concordia dove è unità, dove un essere vuol assorbir tutto l' essere; ma dove è ordine ed analogia di cose diverse; dove ogni cosa serva la sua natura.«

vom Zusammengesetzten zum Einfachen schreitend kennenlernt,[157] nun selbst schöpferisch tätig zu werden, ist es auch Ziel des Heros, des Einfachsten innezuwerden, um aus dieser Einsicht alles zu verstehen und zu vermögen. Die innere Metamorphose zur Gottähnlichkeit ist in diesem Sinne keine bloße Hingabe, sondern Entwicklung geistiger Entfaltungskraft. Und selbst wenn, wie in den *Heroischen Leidenschaften*, die erkenntnissuchende Seele ihr Ziel niemals vollends zu erreichen vermag, ist ihr ewiges Umkreisen auf einer unendlichen Spirale um die metaphysische Mitte keine Aufhebung der Bewegung in der Zirkularität, denn »wer sich der Erkenntnis des Einen nähert, kommt auch der Erkenntnis von allem näher.« (Über die Ursache V, S. 150)

So formuliert Bruno auf die Frage, wer denn für weise gehalten werden dürfe, dies sei ein solcher, der die Wandelbarkeit der Dinge begreife, sich in seinen Begierden mäßige und den endlichen, begrenzten Dingen keine Bedeutung beimesse. »So nimmt der Weise alle Dinge, die sich ändern können, als Dinge, die nicht sind und ist überzeugt, daß sie rundherum wertlos sind, ein Nichts also.« (HL I./II., S. 41; Dial. it., S. 976)

Die heroische Leidenschaft zeigt gerade darin die Ambivalenz philosophischer Existenz: einerseits dem Kreislauf der Selbsterhaltung der Natur als Gesamtheit unterworfen zu sein, wie gleichzeitig sich als Individuum über diese Naturnotwendigkeit erheben bzw. auf die Vereinigung mit dem geistigen Seinsgrund zurückziehen zu wollen. (HL I.T.-III.D., S. 62) In diesem Wechselspiel universaler Naturgesetzlichkeit und individuellen Strebens zum Göttlichen vollzieht sich der Kreislauf des Auf- und Abstiegs der Seele, »weil sie für sich und die Materie zu sorgen hat, je nachdem, ob sie vom *eigenen Streben nach dem Guten bewegt* oder von der *Bestimmung der Schicksale getrieben* wird.« (HL I./IV., S. 81; Dial. it., S. 1025/Hervorh. n. i. O.)

Die individuelle Seele pulsiert gleichsam zwischen der Kontraktion auf die Einheit und der Wiederausfaltung in die Seinsvielfalt und ist somit in die göttliche Prozessualität in der Natur einbezogen. Gerade der Gedanke der Selbsterhaltung – »Denn die Seele befindet sich tief in Feindesland und wohnt an einem Ort, der weit entfernt von ihrer *natürlichen Heimat* ist und wo alle Kräfte vermindert sind« (HL II./I., S. 145; Dial. it., S. 1097; Hervorh. n. i. O.) – bedingt innerhalb der universalen Gesetzlichkeit des Seienden einen Rückzug auf die ursprüngliche Einheit, wie umgekehrt die absolute Einheit sich naturnotwendig in schöpferischer Vielfalt

---

[157] Auch dies ist ein Prozeß, der unendlich verfolgt wird bzw. der sein Ziel nie erreicht, nichtsdestoweniger aber zu einer tieferen Einsicht in die Sympathien der natürlichen Dinge führt.

konkretisiert.[158] Dieses Streben nach der Einheit in der Vielfalt der Natur vollzieht sich als eine geistige Metamorphose, ein Bemühen um Verähnlichung im Hinblick auf das göttliche Eine unter dem Primat des Geistes: »Indem er im Körper zwar anwesend ist, mit dem besten Teil von sich aber abwesend; indem er sich durch einen unlöslichen, heiligen Schwur mit den göttlichen Dingen vereint und verbindet, so daß er weder Liebe noch Haß zu den sterblichen Dingen empfindet, weil er sich als zu erhaben betrachtet, um Sklave seines Körpers zu sein. Ihn darf er nur als ein Gefängnis ansehen, das seine Freiheit eingeschlossen hält, als Kleister, der seine Federn verklebt ... Aber deshalb muß er nun nicht Sklave, Gefangener, zugekleistert, angekettet, handlungsunfähig, unbeweglich und blind sein: der Körper kann ihn nämlich nicht mehr tyrannisieren, als er es selbst zuläßt, denn der Geist ist dem Körper in demselben Maße übergeordnet, wie die körperliche Welt und Materie der Gottheit und Natur unterworfen ist.«[159] Deutlicher kann kaum ausgedrückt werden, daß »der Wahrheitssuchende die Gesetzmäßigkeiten der natürlichen Dinge übersteigen muß« (HL II.T./II.D., S. 165), d. h. aus der Vielheit auf die Einheit der Natur sich richtend, die Einheit in der Vielheit zu erfahren sucht und zwar in einem Rückzug auf sein innerstes Vermögen, um in der Reflexion auf sich selbst die Fesseln des Endlichen zu lösen, oder anders formuliert: Aus dem Bewußtsein der geistigen Potenz der Seele verliert die Körperlichkeit den Charakter des Einschränkenden, ist nicht länger ›Kerker‹ der Seele, sondern gemäß dem Gesetz der Natur sind die vielfältigen Verkörperungen wandelbare, wechselnde Abbilder des Einen; ist es unerschöpflich mannigfaltige äußere Schönheit, die auf die geistige Schönheit verweist.

Auflösung des Individuums in der Selbstreflexion ist damit höchster Rang einer Einheitserkenntnis, Vollendung im Sinne einer Selbstentgrenzung als Bewußtwerdung immanenter Unendlichkeit, die jedoch als Bedingung der Möglichkeit einen transzendenten unendlichen Einheitsgrund voraussetzt. Selbst die höchste Stufe der Einheitserkenntnis erreicht keine völlige Einswerdung,[160] bewahrt vielmehr analogen Charakter,

---

158 »Daraus folgt, daß das Wesen der Seele kein Endziel kennt, als die Quelle ihrer Substanz und ihres Seins. Durch ihr natürliches Vermögen aber, mit dem sie der Förderung und Beherrschung der Materie zugewandt ist, fühlt sie sich dazu veranlaßt und angetrieben, den niederen Dingen zu dienen und ihnen von ihrer Vollkommenheit mitzuteilen.« (HL II./IV., S. 144; Dial. it., S. 1096)

159 HL II./I., S. 137; Dial. it., S. 1088 f.: »... atteso che cossí il spirito proporzionalmente gli è preposto, come il mondo corporeo e materia è suggetta alla divinitade ed al la natura ...«; vgl. zum natürlichen Begehren der Seele nach der Lösung aus dem Körper auch HL II.T./IV.D., S. 190.

160 Vgl. HL II./IV., S. 194; Dial. it., S. 1160: »Perché comme l' occhio nostro (quando veggiamo) non riceve la luce del foco ed oro in sustanza, ma in similitudine; cossí l' intelletto, in qualunque stato che si trove, non riceve sustanzialmente la divinità onde sieno sustanzialmente tanti dei quante sono intelligenze, ma in similitudine ...«.

ist zwar Ein-Sicht in die immanente Einheit des Seienden insgesamt, aber immer noch unendlich weit entfernt von der absoluten Transzendenz des Einen. »Leicht verständlich ist die göttliche Liebe nämlich nur, insofern sie sich *in* den Wirkungen und *in* der untergeordneten Natur zeigt, also nicht jene Liebe, die sich *von* Gott aus über die Dinge ausbreitet, sondern die *in den Dingen* ist und zu Gott strebt.«[161]

Die Erkenntnis des Wahren erfährt damit einerseits eine Determination, indem sie auf jeder ereichten Stufe immer nur in Analogie zur absoluten Einheit steht, gleichzeitig beinhaltet dieses Bewußtsein der Unzulänglichkeit jeder Bestimmung (d. h. der Ähnlichkeit, die immer Unterschiedenheit impliziert) auf der Basis der Teilhabe an der selbst unzugänglichen, unendlichen Ursache eine Erkenntnis des indefiniten Charakters der Seele, ihrer unendlichen Bewegung. Die Seele wird selbst zum intensiven Universum, zum Quell unerschöpflichen Einheitsstrebens und in diesem unendlichen Vermögen erweist sich ihre Partizipation am absoluten Seinsgrund. »Deshalb befindet sich die Seele immer in einer kreisförmigen Art der Annäherung und Bewegung. Denn immer sieht sie, daß jenes Ganze, das sie besitzt, ein meßbares Ding ist und deshalb für sich als solches nicht genügen kann, weder gut noch schön ist. Es ist nämlich nicht das All, nicht das absolute Sein, sondern ein kontrahiertes Sein, das als diese bestimmte Natur, Erscheinung und Form dem Intellekt und der Seele präsentiert wird. Immer also schreitet sie vom begriffenen und folglich meßbaren Schönen, das somit als Teil vom Ganzen schön ist, zu dem weiter, was wahrhaft schön ist, keinen Rand und keinerlei Umschreibung hat.« (HL I./IV., S. 69; Dial. it., S. 1012)

8. Naturbegriff und mittelbare Erkenntnis

Schließlich ist eine dritte Voraussetzung für das Verständnis der Gradeinteilung von Seinsentfaltung und Erkenntnisprozeß festzuhalten. Wenn von einer Stufenordnung der Natur und dementsprechend der Erkenntnis die Rede ist, bezieht sich dies zunächst einmal auf das *mittelbare* Erkennen des Einen über die sinnlich wahrnehmbare Erscheinungswelt als spiegelbildlicher Ausdruck des transintelligiblen Einen in seinen Wirkungen.

Gemäß dieser ontologischen Entfaltung der Einheit in mannigfaltige Seinsmodi, im Sinne einer mit wachsender ›Entfernung‹ vom absoluten Einen zunehmenden Differenzierung in Verschiedenheit und Vielfalt, erscheint der Weg der Erkenntnis als eine rückgewandte Bewegung:

---

[161] HL II./II., S. 181, Hervorh. n. i. O.; Dial. it., S. 1139: »... e facilmente s' intende de l' amor divino per quanto si trova ne gli effetti e nella subalternata natura; non dico quello che dalla divinità si diffonde alle cose, ma quello delle cose che aspira alla divinita.«

»Indem wir also zur vollkommenen Erkenntnis aufsteigen, vereinfachen wir die Vielheit; wie andererseits die Einheit, indem sie zur Hervorbringung der Dinge herabsteigt, sich vervielfältigt.« (Über die Ursache, S. 142) Es handelt sich um einen Prozeß, der das Verschiedene über das Durchlaufen der Stufen wiederum als Einheit zu begreifen sucht, indem »die Vernunft bei dem Versuch, das Wesen von etwas zu erkennen, so stark wie möglich vereinfacht, das heißt, sie zieht sich aus der Zusammensetzung und Vielheit zurück [hiermit also eine reversive, komplikative Bewegung der Vernunfttätigkeit im Verhältnis zur explikativen Individuation des einen Seins], indem sie die vergänglichen Akzidentien, die räumliche Ausdehnung, die Zeichen und Figuren auf das ihnen Zugrundeliegende zurückführt« (vgl. Über die Ursache, S. 141), mit dem Ziel, in der gegenstandslosen, rein geistigen Schau der Einheit des Seienden aufzugehen.

Die höchste Stufe der Erkenntnis birgt also, wie erläutert, ein selbstreflexives Moment.[162] Indem die erkennende Seele auf ihr geistiges Vermögen, ihren intelligiblen Grund reflektiert, berührt sie das Göttliche. Eine solche, lediglich momenthaft erfahrbare, geistige Schau geht über die Stufen rationaler Erkenntnis hinaus, denn der diskursive Verstand, wie Bruno ihn charakterisiert, stellt sich selbst etwas gegenüber, d. h. bewegt sich in der Konfrontation von Erkennendem und Erkanntem, agiert also immer aus der Differenz. Wenn die Einheit aber »ohne jeden Gattungsbegriff zugleich das Erkennende und das Erkannte« ist (Über die Ursache, S. 142), so ist auch die höchste Stufe des Erkennens erst im Überstieg jeglicher Unterschiedenheit erreicht, weil »wir im heftigen Bemühen um die Erkenntnis von Prinzip und Substanz des Seienden uns auf die Unteilbarkeit zubewegen und daß wir niemals glauben dürfen, das erste Seiende und die universale Substanz erreicht zu haben, solange wir nicht bei jenem einen Unteilbaren angelangt sind ...« (Über die Ursache V, S. 142) Diese Einheit sucht die Seele zu vollziehen, indem sie sich ganz auf ihr geistiges Vermögen konzentriert und damit auf den dem Men-

---

162 Zur triadischen Struktur der Selbsterkenntnis im weiteren. Ganz im Sinne platonisch-neuplatonischer Lehre ist die Selbsterkenntnis Anfang aller Philosophie bzw. bahnt sie den Weg zur Gotteserkenntnis. In der Selbstreflektion sucht die Seele ihr Objekt in sich selbst, reflektiert auf ihr geistiges, des Göttlichen teilhaftiges Vermögen, ihren göttlichen Grund; sie sieht sich selbst als ein Anderes (Andersheit), aber indem dieses Andere sie selbst ist, schaut sie sich selbst als Eines (Selbigkeit) und in dieser auf sich rückgewandten Einheit – Bruno spricht oftmals von Kontraktion – gleicht sie dem Göttlichen. Die Möglichkeit der Seele, sich selbst als ein Anderes zu setzen, um die Anderheit ihrer selbst in eins aufzuheben, verweist auf die Partizipation am absoluten Einheitsgrund, auf die Einheit als transzendente Bedingung. Die Selbstanschauung des Geistes auf dem Grunde der Seele verharrt damit nicht in einem Sich-seiner-selbst-Bewußtwerden, sondern wendet sich in der Erkenntnis seiner selbst als Eines zugleich auf den vorausliegenden Grund. In der Analyse dieser selbstreflexiven Strukturen stütze ich mich insbesondere auf die Schriften von W. Beierwaltes zur neuplatonischen Metaphysik.

schen immanenten göttlichen Grund, der im Augenblick der Negation jeglicher körperlicher Bedingtheit und äußerer Andersheit die Seele vollkommen erleuchtet, sie in ungeteilter Lichtheit mit dem göttlichen Lichte eint, so daß man von einer ›deificatio‹[163] sprechen kann. »Es ist also ein Bemühen um Vollkommenheit, indem man seine Gestalt verwandelt und jenem ähnlich wird.« (HL I./III., S. 50; Dial. it., S. 987) In diesem Prozeß einer Innewerdung des Göttlichen spielt die äußere Erscheinungswelt eine wesentliche Rolle, indem die Harmonie und Schönheit des einheitlichen Kosmos erst auf die intelligible Schönheit verweist, d. h. das Universum das Streben nach der Einheit weckt, in der Weise, daß sich die Liebe zum Einen am Widerschein entzündet. »Diese [die göttliche Schönheit] teilt sich zuerst den Seelen mit, leuchtet in ihnen wieder und teilt sich von ihnen aus oder richtiger durch sie den Körpern mit: deshalb liebt das reife Gefühl den Körper oder die körperliche Schönheit nur, insofern sie ein Verweis auf geistige Schönheit ist. Das, was uns überhaupt in einen Körper verliebt macht, ist gewissermaßen die geistige Idee, die wir in ihm erkennen. Diese nennt man Schönheit und sie besteht also nicht in größeren oder kleineren Maßen, nicht in bestimmen Farben oder Formen, sondern in der Harmonie und Zusammenstimmung der Glieder und Farben. Die äußere Schönheit steht in fühlbarer Übereinstimmung mit der geistigen Schönheit, jedenfalls für besonders scharfe und durchdringende Sinne.« (HL I./III., S. 53 f.; Dial. it. S. 992)[164]

Dies gilt nicht nur im Hinblick auf eine einzelne körperliche Erscheinung, sondern gleichermaßen in bezug auf das Universum als Gesamtorganismus. Erkenntnis der Einheit des unendlichen Kosmos ist damit Voraussetzung und Hinführung einer Hinwendung auf den immanenten Grund dieser Einheit. Es geht bei Bruno weder um eine im Sinne mystischer Gotteserfahrung weltverneinende Haltung noch erfährt der Abbildcharakter der sichtbaren Welt, der sich immer wieder in den Bezeichnungen als ›Spur‹, ›Schatten‹ und ›Gleichnis‹ etc. ausdrückt, eine negative Bewertung. Wenngleich Bruno sich an vielen Stellen auf die Begrifflichkeit Platons bzw. auf die im Höhlengleichnis versinnbildlichte Erkenntnissituation des in der Wahrnehmungswelt befangenen Menschen beruft,

---

163 Vgl. W. Beierwaltes 1985, a.a.O., S. 425: »... die Teilhabe am Sein des Göttlichen liegt in ihm selbst ursprünglich, ›deificatio‹ ist seine [des Menschen] Möglichkeit und Aufgabe.« Vgl. auch ebda., S. 431.
164 Vor diesem Hintergrund ist m. E. Brunos gesamte Naturphilosophie zu sehen. Wenn es etwa an verschiedenen Stellen heißt, die Natur sei gleichsam ein von göttlicher Hand geschriebenes Buch, bzw. es gelte die Signaturen der Dinge zu verstehen, ist dies weder Ausdruck eines empirischen Naturverständnisses im Sinne einer Tatsachenbetrachtung noch die Vorstellung einer direkten Abbildung geistiger Form in äußerer sinnfälliger Gestalt. Vielmehr handelt es sich um Korrespondenzen bzw., wie es der Signaturbegriff nahelegt, um eine mittelbare, zeichenhafte Mitteilung, die es nicht als solche, sondern in ihrem Verweischarakter zu ›lesen und entziffern‹ gilt.

so nicht in der Absicht die sichtbare Welt im Sinne bloßer Trugbildhaftigkeit täuschender Erscheinungen einer zu erreichenden intelligiblen Sphäre gegenüberzustellen.

Die sinnlich wahrnehmbare Vielfalt gilt ihm vielmehr als impulsgebende, erkenntnisauslösende und in dieser Funktion notwendige Voraussetzung des Erkenntnisaktes. »Es ist so, daß man zur Betrachtung der göttlichen Dinge die Augen durch Figuren, Gleichnisse und andere Dinge öffnen muß ... Anders gesagt, man muß durch *Vermittlung* des Seienden zur Wesensschau vordringen, auf dem Wege der Wirkungen zur Kenntnis der Ursachen«.[165] Die äußere Erscheinungswelt ist somit gleichsam Mittler der Einheitserkenntnis, Auslöser einer Liebe zur Schönheit in der gegenständigen Vielfalt und trotzdem ist diese mittelbare Erkenntnis eine trügerische und hinderliche, wenn sie nicht als bloßes Medium erkannt wird.

Bruno greift dieses Problem der Notwendigkeit einer Vermittlung, die zugleich Hinderung eines unvermittelten, unmittelbaren Erkennens ist anhand des Sehvorgangs auf. Auch hierin zeigt sich die Bezugnahme auf Platon, nicht nur im Hinblick auf die Höhlensituation, sondern insbesondere in der Formulierung des optischen Prozesses[166] in Analogie zum geistigen Sehen, wenn es heißt, »daß bei jedem Sehen ein Mittleres oder eine Vermittlung [mezzo over intermedio] zwischen Sehvermögen und Objekt nötig ist. Denn durch die Vermittlung des in der Luft verstreuten Lichtes [mezzo della luce diffusa] und das Abbild [similitudine] des Gegenstandes, das gewissermaßen von dem, was gesehen wird, zu dem, der sieht, hinübergeht, vollzieht sich der Akt des Sehens. Dasselbe geschieht im intellektuellen Bereich: dort leuchtet die Sonne des tätigen Intellektes und mittels der intelligiblen Erscheinung, die ihre Form von ihrem Ausgangspunkt, dem Objekt, erhält, wird etwas von der Gottheit für unseren und jeden unter ihr stehenden Intellekt faßbar.« (HL II./IV., S. 194; Dial. it., S. 1159 f.) Zwei Bedingungen des Erkennens werden hiermit benannt: zum einen, wie oben erwähnt, sind die Dinge Auslöser eines Erkenntnisvorganges bzw. über die intelligiblen Formen, die in den Dingen abbildhaft zum ›Vorschein‹ kommen, vermag der individuelle Intellekt etwas zu erkennen und wird zugleich darauf gestoßen, daß der Vielzahl der Einzelerkenntnisse ein Einziges und Verursachendes vorausgehen muß. Zum anderen ist es das Wirken des universalen, tätigen Intellektes, der als ›Leuchten‹ der Sonne bzw. ›Blick‹ Gottes die Voraussetzung schafft, daß überhaupt etwas erkennbar ist. Metaphorisch

---

165 HL II./IV., S. 193; Dial. it., S. 1158: »... essendo che, per contemplar le cose divine, bisogna aprir gli occhi per *mezzo* de figure, similitudine ed altre raggioni...o per *mezzo* de l' essere procedere alla speculazion de l' essenza, per via de gli effetti alla notizia della causa ...«.

166 Vgl. Platons Optikverständnis im *Timaios* bzw. die Rolle der ›Vermittlung‹ im Sonnengleichnis.

ausgedrückt: erst die Tageshelle (das Licht der Sonne), an der das Auge partizipiert, erzeugt die differenzierte Wahrnehmung der Dinge. Im Hinblick auf das höchste Objekt der Erkenntnis heißt das, es läßt sich als solches nicht erkennen, sondern allein über die Mitteilung in der Entfaltung, gleich der Ausbreitung von Strahlen aus einem selbst unzugänglichen Lichtquell, der weder Licht noch Dunkel ist, sondern die Voraussetzung jeder Unterschiedenheit. Erkenntnis bleibt damit zwangsläufig eine vermittelte, »denn die Gottheit und die göttliche Schönheit bleibt einzigartig und über alle Dinge erhaben« (ebda.; »una ed exaltata sopra le cose tutte«) und daraus folgt, »daß das unmittelbare Sehen, von dem ich gesprochen und wie ich es aufgefaßt habe, weder die Vermittlung der intelligiblen Erscheinungen noch die des Lichtes beseitigt, sondern jene, die sich nach der Dichte des Dazwischenliegenden, mehr oder weniger lichtdurchlässigen Körpers richtet.« (Ebda. S. 194 f.)

Die höchste erreichbare Form ›unvermittelten‹ Sehens ist immer noch mittelbar, indem der Intellekt nicht länger wie durch Nebel oder durch aufgewühlte Wasser (vgl. ebda., S. 195) nur vage und verschwommen auf den Grund der Dinge zu sehen vermag, sondern wie durch reinste Luft alles erkennt. Er durchstößt die Mauer,[167] d. h. sieht alles als eines, unendliches und unterschiedsloses Ganzes.

Bruno entwirft hier ein Bild des Strebens und zu erstrebenden Zieles der Seele nach einer Geistwerdung und Entgrenzung, worin sie gleichsam in vollständiger Transparenz das Ganze als Eines zu schauen sucht und damit die Grenzen des Körperlichen bzw. Schranken der Endlichkeit und Zeitlichkeit aufzulösen trachtet. Dieses Streben würde nur dann eine Unmittelbarkeit erreichen, wenn es kein ›Anderes‹ mehr kennt. Eine letzte Differenz zur uneinholbaren, absoluten Einheit aber kann es niemals übersteigen aufgrund der »Unverhältnismäßigkeit der Mittel unserer Erkenntnis dem Erkennbaren gegenüber«.[168] Die Gotteserkenntnis beschreitet den Weg größtmöglicher Verähnlichung,[169] bleibt darin jedoch eine analoge, mittelbar des Einen teilhaftig werdende, insofern das unendliche Eine in unendlicher Weise verfolgt wird, d. h. niemals zureichend erfaßt werden kann. »So können wir niemals über göttliche Dinge reden noch nicht einmal nachdenken, ohne von ihrem Ruhm etwas wegzunehmen, anstatt ihm etwas hinzuzufügen.«[170]

---

167 Vgl. ebda., sowie die einschlägige Stelle im Aktaion-Mythos.
168 HL II./IV., S. 193; Dial. it., S. 1158: »... improporzionalità delli mezzi de nostra cognizione al cognoscibile ...«.
169 Vgl. HL I./III., S. 50 f.; Dial. it., S. 987: »transformarsi ed assomiglinarsi a quello«.
170 HL II./I., S. 193; vgl. auch Plotin, Enn. II 9, 9. Affirmative Aussagen zur Bestimmung des Göttlichen besitzen somit stets analogen Charakter. Eine erschöpfende Bestimmung des transzendenten Grundes erweist sich als unmöglich, denn eine ›Definition‹ des Unendlichen ist ein Widerspruch in sich.

Bruno beruft sich vielerorts auf die Negative Theologie, und zwar in einer radikalen Weise, die letztendlich das Schweigen als einzig adaequate Form in bezug auf die Bestimmung des Absoluten setzt. »Deshalb sagen die besonders weisen und göttlichen Theologen, daß man Gott mehr durch Stille als durch Worte Ehre und Liebe erweist, und auch mehr sieht, wenn man die Augen vor den Erscheinungen verschließt, als wenn man sie öffnet. Deshalb ist die negative Gotteslehre von Pythagoras und Dionysios wesentlich rühmlicher als die beweisende von Aristoteles und den Scholastikern.« (HL II./IV., S. 197; vgl. auch Über die Ursache III, S. 101).

Das begriffliche Erfassen wie der Ausdruck in der Sprache charakterisieren ein Denken, dessen diskursiver Charakter der Differenzierung des Einen von einem Anderen bedarf, das stets abgrenzend, verendlichend begreift, und damit das, was über jeder Unterschiedenheit sich jeglicher Begrifflichkeit entzieht, niemals aussprechen kann, ohne es zu degradieren.

Einerseits wird also eine unmittelbare Erkenntnis vollständig verwehrt. »Wir gehen nämlich davon aus, daß die höchste und tiefste Erkenntnis göttlicher Dinge durch Verneinung und nicht durch Bestätigung gelingt, indem man also erkennt, daß die göttliche Schönheit und Güte nicht das ist, was in unsere Begrifflichkeit fällt oder fallen kann, sondern was immer unerfaßbar ist« (HL II./IV., S. 193; Dial. it., S. 1158 f.), und doch ist es die Widerspiegelung dieses unermeßlichen Einen in der unendlichen Vielfalt der Natur, seine vollständige Immanenz, die das Individuum über die extensive Unendlichkeit des Universums auf die intensive Unendlichkeit des Seelenvermögens verweist, das sich im unaufhörlichen Prozeß der Annäherung selbst als unausmeßbar erfährt.

Wenn Bruno somit immer wieder von der ›scala naturae‹ als Vermittlung der Einheit spricht, so markiert dies zwar ein höchstes, alles verursachendes Erstes und Eines, und doch muß dieser Anfang der Leiter vor dem Hintergrund des Unendlichkeitsbegriffes kosmologisch, ontologisch wie gnoseologisch prinzipiell unerreichbar gedacht werden. Insofern sich die »Erhabenheit Gottes körperlicherweise in unzähligen Stufen der Vollkommenheit entfalten muß« (Zwiegespräche, S. 36), folgt daraus die Bestimmung des individuellen Intellektes, »seine Ausgestaltung gemäß den unendlich vielen Stufen, die der Gesamtheit der natürlichen Formen entsprechen.« (HL I./V., S. 96; Dial. it., S. 1044)

Der brunosche Unendlichkeitsbegriff beinhaltet damit eine dreifache Dimensionierung: 1) die unendliche Einheit, absolute Aktualität und Potentialität in eins, 2) die Ausfaltung im unendlichen Universum sowie 3) die Unerschöpflichkeit der Seele des Individuums »die so zahlreiche

Stufen kennt wie die Stufenleiter der Natur, denn der Mensch weist in der Gesamtheit seiner Möglichkeit alle Erscheinungen des Seins auf.«[171]

Die sichtbare Natur ist gleichermaßen Abbild der Einheit wie Medium der Vergöttlichung des Individuums, die äußere ›Leiter‹ als Explikation des Absoluten steht in Analogie zur inneren ›Leiter‹, der Konzentration des individuellen Intellektes auf seine gottähnliche Möglichkeit. An keiner Stelle geht es Bruno somit um eine Einteilung der sinnfälligen Natur – das Unendliche entzieht sich jeder empirischen Analyse – und selbst wenn die Sinneswahrnehmung Ausgangspunkt des Erkenntnisprozesses ist (Zwiegespräche, S. 29), so kann der Erkenntnissuchende nicht bei der bloßen Sinneswahrnehmung stehenbleiben, »denn das Unendliche kann kein Gegenstand der Sinneswahrnehmung sein. Wer daher verlangt, dasselbe durch Vermittlung der Sinne zu erkennen, gleicht einem, der die Substanz und Wesenheit mit seinem Auge schauen will ... er würde folgerecht dazu kommen müssen, sein eigenes Sein, seine Wesenhaftigkeit zu verneinen.« (Zwiegespräche, S. 28)

Im Verhältnis von Individuum und Universum, unendlichem Makro- und Mikrokosmos erweist sich die Immanenz der transzendenten Ursache über die Möglichkeit einer ›Aufhebung der Natur in den menschlichen Geist‹, also gleichsam in der Bewußtwerdung der unendlichen ›inneren Natur‹ des Einzelnen. Diese Vermittlungsfunktion der Natur ist es, die Bruno in Form eines Übergangs vom äußeren Universum zum inneren, unermeßlichen Kosmos als einen mentalen Prozeß thematisiert.

Dieser Gang der Erkenntnis tritt mit der Sinneswahrnehmung in die extensive Vielheit ein, um sich schrittweise auf die intensive Einheit zurückzuziehen.[172] Insofern alles Seiende Wirkung einer ersten Ursache

---

171 HL I./IV., S. 82; Dial. it., S. 1027: »... ma ancora nella scala de gli affetti umani, la quale è cossí numerosa de gradi, come la scala della natura; atteso che l'uomo in tutte le sue potenze mostra tutte le specie de lo ente.«

172 Dieser Aufstieg und Überstieg aus der Vielheit zur Einheit vollzieht sich gleichsam als ein Perspektivenwechsel. Nicht von ungefähr heißt es in den *Heroischen Leidenschaften*, die Erkenntnis vollziehe sich in ›Kreisbewegungen‹ (vgl. HL I./III., S. 58) bzw. als ein Umkreisen des unendlichen Mittelpunktes (vgl. HL I./IV., S. 70), wobei diese Bewegung als metaphysische, nicht als physische zu verstehen ist. »... ed il quale non è da imperfetto al perfetto, ma va circuendo per gli gradi della perfezione, per giongere a quel centro infinito, il quale non è formato né forma.« (Dial. it., S. 1012) Das erkennende Individuum ist gleichsam Peripheriepunkt, der sich aus der Sphäre unendlicher Vielfältigkeit auf die Einheit bezieht. Indem sich die Erkenntnis dem Einen anzunähern sucht, zieht sie sich aus der Vielheit zurück, um sich dem Zentrum in engeren Kreisen über Vereinheitlichung und Vereinfachung zu verähnlichen. In der Einheitserkenntnis wird diese letzte Distanz momenthaft aufgehoben, der Erkennende wird eins mit dem Zentrum, schaut nicht mehr ›von außen‹ auf den inneren Grund, sondern wird selbst eins mit dem Mittelpunkt unendlichen Seins. Die umkreisende Annäherung geschieht in Form einer unendlichen Spiralbewegung. Prinzipiell bleibt über die immanente Einheit hinaus die transzendente Bedingung der universalen Einheit unerreichbar, d. h. in dieser Einkehr in sich erfährt die Seele, *daß* Eines ist, nicht aber *was* dieses transzendente Eine ist. Vgl. zur metaphysischen Kreisbewegung auch Lampas trig. stat., OL

ist, die sich jedem ganz mitteilt, wenn auch in unterschiedlichem Grade an Aktualität, verweist jedes Objekt der Erkenntnis auf seine Ursache, ist jedes Einzelne der Erstursache über Mittelursachen verbunden. Die Stufenleiter der Natur bzw. die Grade des Erkenntnisaufstieges dürfen somit nicht als starre hierarchische Ordnung verstanden werden, sondern als ein kontinuierliches Verbundensein des je höheren Gliedes mit dem je niederen: »... indissolubilis concordia fines primorum connectit principiis secundorum; & calcem eorum quae antecedunt capitibus eorum quae proximé sequuntur: *cathenam illam auream* quae é caelo fingitur ad terram usque tensa contractare valebis: sicut è coelo per te potest factus esse descensus, facilé ad caelum per ordinatum ascensum remeare valebis.«[173] Gemäß der Mitteilung des Einen in seinen Wirkungen zielt der Weg des erkennenden Vermögens von den Wirkungen über die Mittelglieder auf die einzige und eine Ursache. »Diese niedrigen Dinge stammen nämlich von jenen ab und sind von ihnen abhängig, so daß man von diesen zu jenen Stufe für Stufe emporsteigen kann. Wenn sie auch nicht Gott sind, sind sie doch göttliche Dinge, seine lebenden Abbilder ...« (HL II. T./I. D., S. 128).

Die Vielfalt des Seienden steht in einem wirkursächlichen Verhältnis, ist sozusagen eine ›goldene Kette‹ von Verursachtem und Verursachendem, die in einer Erstursache ihren absoluten Grund findet. Indem jedes an dem Sein des Ersten teilhat bzw. dieses sich unendlich mitteilt und je nach Materialitätsgrad in einem jeden aktualisiert, bildet das Ganze des Seienden über die Teilhabe eine Beziehungseinheit, eine Verhältnisordnung von Ähnlichkeiten und Abhängigkeiten, die es ermöglicht, die jeweilige Stufe in der voraufgehenden aufzuheben usf. »Somit gibt es eine Stufenleiter der Intelligenzen: Die niederen vermögen die Vielheit der Dinge nur mittels zahlreicher Gattungen, Analogien und Formen zu begreifen; die höheren verstehen [das Viele] besser mittels weniger; die höchsten verstehen es vollkommen mittels ganz weniger; die erste Intelligenz aber faßt in *einer* Idee das Ganze auf die vollkommenste Weise; der göttliche Geist und die absolute Einheit ist ohne jeden Gattungsbegriff zugleich das Erkennende und das Erkannte.« (Über die Ursache V, S. 142)

»Quindi è il grado delle intelligenze; perché le inferiori non possono intendere molte cose, se non con molte specie, similitudini e forme; le superiori intendeno megliormente con poche; le altissime con pochissime perfettamente. La prima intelligenza in una idea perfettissamente comprende il tutto; la divina mente e la unità assoluta, senza specie alcuna ...« (Dial. it., S. 333).

III, S. 98: »anima humana perpetuo in circulum circa lumen intellectus agentis versatur, laborat et nunquam quiescens delectatur.«

173 *De umbris id.*, OL II 1, S. 127 f. (Hervorh. n. i. O.)

Wie die Metapher der Stufenleiter der Natur (scala naturae) birgt auch die Vorstellung einer Kette des Seienden (catena aurea) logische Bestimmungen der Seinsordnung, deren konstitutive Elemente, die insbesondere auf den platonischen *Timaios* zurückführen, nach A. R. Lovejoy zusammenzufassen sind als: das Prinzip der Fülle, das Prinzip der Kontinuität sowie das Prinzip der linearen Abfolge.[174]

9. Fülle

Auf die Bedeutung des *Timaios* wurde bereits ausführlich hingewiesen. Platon entwirft einen Schöpfungsmythos, wonach die Entstehung des sichtbaren Kosmos mitsamt seiner Vielzahl von Wesen nicht auf einen göttlichen Willensakt zurückzuführen sei, sondern »... das Werden dieser Weltordnung entstand als aus einer Vereinigung von Notwendigkeit und Vernunft gemischt.« (Μεμειγμένη γὰρ οὖν ἡ τοῦδε τοῦ κόσμου γένεσις ἐξ ἀνάγκης τε καὶ νοῦ συστάσεως ἐγεννήθη; Tim. 47 e–48 a) Denn da Gott gut war (Ἀγαθὸς ἦν), in einem Guten aber niemals und in keiner Beziehung Neid entsteht, (ἀγαθῷ δὲ οὐδεὶς περὶ οὐδενὸς οὐδέποτε ἐγγίνεται φθόνος; Tim 29 e) wollte der Schöpfer, daß alles nach Möglichkeit ihm entsprechend gut sei (Βουληθεὶς γὰρ ὁ θεὸς ἀγαθὰ μὲν πάντα; Tim. 30 a), und so entsteht die Ordnung der Natur als Ausdruck göttlicher Vollkommenheit und Vernunftmäßigkeit über die Beseelung und Vernunftbegabung des Kosmos. Die größtmögliche Vollkommenheit des Kosmos besteht jedoch nicht allein in der Vernunftordnung und Schönheit, sondern in einer Verwirklichung aller Möglichkeit des göttlichen Guten. »Entsprechend nun welche und wie viel Formen die Vernunft als in dem wahrhaften Lebewesen vorhanden sieht (Ἥπερ οὖν νοῦς ἐνούσας ἰδέας τῷ ὅ ἔστιν ζῷον; Tim. 39 e), solche und so viele müßte, dachte er, auch diese Welt bekommen.«

Die Welt ist erst dann vollkommen bzw. wird zum ähnlichsten Abbild des Guten, wenn sie *alles* verwirklicht, was möglich ist (Notwendigkeit) und wenn sich diese Verwirklichung in Ordnung und Schönheit (Vernunft) zeigt.

Dieser Schöpfungsbegriff auf der Basis von Notwendigkeit und Vernunft bestimmt die gesamte neuplatonische Tradition und bildet ein Gegenmodell zur christlich-scholatischen Schöpfungstheologie, innerhalb derer das Verhältnis von absolut vermögendem Schöpfer und endlicher, unvollkommener Schöpfung eine Reihe von Problemen aufwirft. Zwar läßt sich der Frage der Kontingenz einer bloß endlichen Welt über die Setzung eines göttlichen Willensaktes als Voraussetzung der Schöpfung begegnen, doch ist damit noch nicht geklärt, warum ein omnipotenter

---

174 Vgl. hierzu die ideengeschichtliche Untersuchung von Lovejoy, A. R.; *Die große Kette der Wesen. Geschichte eines Gedankens*, übers. v. D. Turck, Frankfurt a. M. 1985.

Gott eine unvollkommene Welt geschaffen haben soll, warum er sich in seiner Schöpfung beschränkt und sich damit selbst in seinem Wesen und Vermögen begrenzt. Geht man zudem davon aus, daß die Welt Abbild oder ›repraesentatio‹ Gottes sei, muß damit zwangsläufig eine endliche Welt auf einen endlichen Schöpfer verweisen.

Andererseits droht aber die Annahme der unendlichen Seinsvielfalt bzw. des unendlichen Weltalls als Ausdruck göttlicher Potenz den transzendenten Gottesbegriff in einen ›deus sive natura‹ aufzulösen. Nikolaus von Kues begegnet diesem Problem einer doppelten Unendlichkeit durch die Differenzierung von absoluter oder negativer Unendlichkeit und der privativen Unendlichkeit des Universums. Das Universum ist das eingeschränkte Maximum (vgl. De docta ignorantia II). Bei Giordano Bruno wird das Verhältnis von Einheit und Vielfalt des Seienden in seiner ganzen Konsequenz vollzogen: Wenn alles, was möglich ist, in der Natur seine Verwirklichung findet, das Eine aber durch ein unendliches Vermögen charakterisiert ist, dann muß die Wirklichkeit eine unendlich vielfältige sein, denn »man darf doch nicht annehmen, der unendliche Schöpfer werde hinter seinem eigenen Vermögen zurückbleiben und jene Möglichkeit werde für ihn umsonst bestehen.« (Zwiegespräche, S. 37)

10. Kontinuität und lineare Abfolge

Kontinuität, lückenloser Zusammenhang nicht nur innerhalb des Seienden, sondern von der Einheit zur Vielheit über die stetige Fügung der Mittelglieder, diese Vorstellung findet im Modell einer Kette des Seienden ihre Widerspiegelung und korrespondiert dem platonischen ›Band‹ als einer durchgängigen Verbundenheit des Seienden, die keine äußerliche ist, sondern eine Partizipationsbeziehung kennzeichnet.

An die Setzung, daß das unendliche Vermögen der Einheit sich in einer unendlichen Vielfalt innerhalb der physischen Welt aktualisiert, schließt sich die Frage an, inwiefern die unermeßliche Fülle von Konkretionen oder Individuationen als Einheit zu denken ist. Über die ›Kette‹ artikuliert sich die Vorstellung eines gegliederten Zusammenhangs des Seienden oder, anders ausgedrückt, einer ›Kontinuität‹, verstanden als lückenlose Verbundenheit aller Glieder und als zusammenhaltende Ganzheit. Der Zusammenhang der Kette ist dadurch garantiert, daß ein Glied sich unmittelbar an das nächste schließt bzw. die auseinander liegenden durch Mittelglieder nahtlos verbunden sind, so daß nirgends eine ›Lücke‹ (Leere) entsteht. Ja die Nachbarschaft der Teile ist kein bloßes Nebeneinander, sondern ein Ineinandergreifen der Glieder. Somit birgt die Kette gleichzeitig die Vorstellung von Abfolge und Unterschiedenheit wie der Ununterbrochenheit. Die Metapher der ›Kette‹ steht in der Renaissance vor allem für eine innere Verknüpfung[175] der Dinge untereinander bzw. Bindung an die Einheit und ist gleichsam anschauliches Modell einer kontinuierlichen Prozessualität der Ausfaltung der Vielheit. Eine Kette, die sich vom höchsten Einen bis zum niedrigsten Seienden ohne jeden Sprung spannt und damit alles an das Eine knüpft bzw. zeigt, daß sich das Eine mittelbar durch die Gesamtheit zieht. In dieser Deutung korrespondiert die Kette dem platonischen ›Band‹, d. h. kennzeichnet eine durchgängige Verbundenheit des Seienden auf der Basis einer Partizipationsbeziehung. »Weil denn nun Gott selbst die Gemüthsart erschaffen, von dieser aber die Seelenart; und über diese alle Dinge, so auf sie folgen mit Leben begabet, darunter denn die Erdgewächse mit den Thieren, in dem Wachsen; die Thiere mit dem Menschen in dem Empfinden: und diese mit den Höhern in dem Verstande übereinkommt: So sehen wir, daß von der ersten Ursach gleichsam ein großes Seil gezogen ist herunter biß in die Tieffe, durch welches alles zusammengeknuepffet, und gleichsam zu einem Stücke wird, also daß, wann die hoechste Krafft ihre Stralen scheinen läßt, dieselben auch biß herunter reichen: Gleich wie, wann ein ausgespannter Strich an einem Orte geruehret wird, derselbe gantz durch erzittert, und auch das übrige beweget. Und dieses Band nun kan man wol mit aneinander hangenden Ringen einer Kette vergleichen ...«.[176]

Lovejoy hat darauf hingewiesen, daß sich bereits in der aristotelischen Lehre im Hinblick auf Entwicklung und Rangordnung der Lebewesen die Vorstellung einer Stetigkeit der Übergänge von der unbelebten, elementaren Welt über die Pflanzen- und Tierwelt andeute, insofern Aristoteles Zwischengattungen benennt.[177] Einflußreicher ist aber in der philosophischen Tradition die aristotelische Gattungseinteilung und Klassifizierung der Arten bzw. die strenge Hierarchisierung des Seienden nach belebter und unbelebter Natur sowie die Rangfolge der Lebewesen nach dem jeweiligen Seelenvermögen. (vgl. *De anima*) Hiermit ist eine Stufenlehre eingeführt, die bis ins 16. Jh. maßgeblich ist, welche eine Rangordnung des Seienden begründet, innerhalb derer jedes niedrigere Glied vom nächst höheren umfaßt wird.

In neuplatonischen Modellen einer Stufung – dies haben wir gesehen – findet einerseits die klar definierte Stufenfolge des Seienden ihren Ausdruck, gleichzeitig aber nimmt die Frage nach der Vermittlung bzw. dem Übergang zwischen je zwei Stufen großen Raum ein sowie die Erklärung der Immanenz des Einen in Allem. Eine ununterbrochene, ›kontinuier-

---

175 »Est vinculum cathena, ordo, daemon magnus, quo omnia vinciuntur.« *De vinculis*, OL III, S. 639.
176 G. della Porta; *Des vortrefflichen Herren Johan Baptista Portae, von Neapolis, Magia Naturalis, oder Haus-, Kunst- und Wunderbuch*, 2 Bde., Nürnberg 1680, Bd. 1, S. 47; zit. n. M. Foucault 1993, a. a. O., S. 48.
177 Vgl. A. R. Lovejoy 1985, a. a. O., S. 75; Aristoteles, *De animalibus historia* VIII, I, 588 b f.

liche‹ Ubiquität, »welche aus einer ungeheuer großen oder – folgte man streng der freilich selten ganz ernst genommenen Logik des Kontinuitätsprinzips – aus einer unendlichen Anzahl von Gliedern bestand, die von den niedersten, gerade noch dem Nichtsein entgangenen Dingen in hierarchischer Abfolge durch alle denkbaren Strukturen hindurch zum *ens perfectissimum* reichten ...« (A. R. Lovejoy 1985, a. a. O., S. 78).

Bruno bewegt sich in der Aufstellung von Stufenleitern zwar einerseits auf auf dem Boden traditioneller Topoi, geht aber über diese zugleich hinaus. So sprengt er zunächst die Vorstellung einer definiten Zahl von Stufen, denn infolge der unendlichen Möglichkeit der Einheit ist auch die Entfaltung, die Kette des Seienden, unendlich vielgliedrig. So nimmt er zwar die auf Aristoteles zurückführende Einteilung elemento – misto – vegetale – sensitivo – intelletivo (vgl. Causa, Dial. it. I., S. 249) auf, akzeptiert eine solche Ordnung aber lediglich im Hinblick auf die in Erscheinung tretenden Wirksamkeiten, nicht im Sinne eines eingeschränkten Vermögens, denn grundsätzlich besitzt jedes Seiende die ungeteilte Potenz der Seele (vgl. Über die Ursache, S. 71) und auf eben dieser Beseelung beruht der universale, kontinuierliche ›nexus‹ aller Dinge. »Res in universo ita sunt ordinatae, ut in una quadam coordinatione consistant, ita ut continuo quodam quasi fluxu ab omnibus progressio fieri possit ad omnia.«

Ebenso verhält es sich auch bezogen auf die stoffliche Zusammensetzung der Dinge bzw. Brunos Bewertung der traditionellen, aristotelischen Hierarchie von Elementen- und Himmelssphären. Nach Bruno ist eine solche Schichtung hinfällig (und mit der Lehre des unendlichen Raumes ohnehin nicht vereinbar), insofern er a) keine Mitte des Alls annimmt und b) in jedem noch so kleinen Teilchen einen Anteil aller Elemente ansetzt. »Sonach wird die Mitte aus meheren verschiedenen Gründen verschiedenen Elementen gehören; in der Natur und Wirklichkeit findet sich nirgends ein Element ohne das andere, und es gibt kein Glied des Erdkörpers, ich meine diesen großen Organismus (grande animale), in dem nicht alle vier oder wenigstens drei von ihnen vorhanden wären ... was ich schließen will, ist dieses: daß die famose gemeine Reihenfolge der Elemente und Weltkörper ein nichtiger Traum und eine leere Phantasie ist ...« (Zwiegespräche, S. 110; De l'infinito, Dial. it. I., S. 462) Bruno kennzeichnet damit die Vorstellung eines homogenen unendlichen Raumes, eines Kontinuums, innerhalb dessen alles in einer Wechselbeziehung (vicissitudine) steht, einer permanenten Veränderung und Wandlung gleich einer universalen Metamorphose des Einen. (»cangiando il volto di uno ente in innumerabili suggetti«; Dial. it. I., S. 463)

Auch hierin wird deutlich, daß mit der Formulierung der völligen Verwirklichung des absolut Guten und des Kontinuitätsprinzips der Gedanke unendlicher Vielfalt bereits impliziert ist, eine unendliche Vielfältigkeit, die wiederum, so Bruno (Zwiegespräche, S. 36), einen unendlichen Raum erfordert.[178]

Während Kontinuität, Notwendigkeit einer völligen Verwirklichung der Möglichkeit des Einen in der Welt und Stufung im Sinne einer lückenlosen Vermittlung vom Höchsten bis zum Niedrigsten vor allem in der neuplatonischen Metaphysik zum tragenden System werden, wird die logische Konsequenz unendlicher Mannigfaltigkeit des Seienden bzw. des unendlichen Universums erst von Giordano Bruno vollzogen.

Einerseits beruft er sich somit auf die neuplatonische Stufenlehre, greift den systematischen Ansatz von Mittlerstruktur, Allverbundenheit und Partizipationslehre auf bzw. verwendet traditionelle Metaphern zur Begründung der Ordnung. Verwiesen sei etwa auf eine Stelle des Macrobius-Kommentars zu Ciceros *Somnium Scipionis*: »Da nun also aus dem höchsten Gott der Geist, und aus dem Geist die Seele entsteht und diese ihrerseits alle weiteren Dinge schafft und mit Leben erfüllt, da dieser eine Strahl alles erleuchtet und in allem widerscheint, wie ein einzelnes Gesicht in vielen nebeneinander aufgestellten Spiegeln erscheint; da weiterhin alle Dinge in ununterbrochener Folge nacheinander zum untersten Ende der Reihe absteigen: wird der aufmerksame Betrachter eine einzige Verbindung von ineinander verflochtenen und nirgendwo unterbrochenen Gliedern entdecken, die vom höchsten Gott bis zum verächtlichsten aller Dinge hinabreicht. Und dies ist Homers goldene Kette, die, wie er sagt, Gott vom Himmel auf die Erde hinabhängen zu lassen befahl.«[179]

Bruno setzt diese Modelle von vollständiger Mitteilung der Einheit in Allem (Spiegelmetaphorik) bzw. der kontinuierlichen Verbundenheit des Höchsten mit dem Niedrigsten (Kette) ein, um die darin bereits angelegte logischen Implikate auszuschöpfen bzw. aus den traditionellen Ansätzen das Bestehen unendlich vieler Welten, des unendlichen Raumes und grenzenloser Erstreckung im kosmologischen Sinne abzuleiten. Wo die überlieferte Auslegung des Kontinuitäts- bzw. Immanenzprinzipes bei der Formulierung einer menschliches Fassungsvermögen überschreitenden Anzahl von Stufen in vagen Aussagen verharrt[180], knüpft Bruno an, um aus der unendlichen Fülle der Einheit bzw. dem unendlichen, überfließenden Guten die Unendlichkeit des Weltraums zu folgen. »Daher muß

---

178 Zur Raumproblematik bzw. zur Frage des Kontinuums siehe Heipcke, K., Neuser, W. u. Wicke, E.; »Über die Dialektik der Natur und der Naturerkenntnis«, in: *Die Frankfurter Schriften ...* 1991, a.a.O., S. 149 ff.

179 Übersetzung nach A. R. Lovejoy 1985, a.a.O., S. 82; vgl. Vogt, E. (Hrsg.); Procli hymni. *Accedunt hymnorum fragmenta, epigrammata scholia, fontium et locorum similium apparatus, indices.* Reihe: Klassisch-Philologische Studien, hrsg. v. H. Herder u. W. Schmid, Wiesbaden 1957, S. 53. Das Motiv der Kette, in Abwandlung der Deutung Homers, findet sich mehrfach bei Proklos (Inst. Theol. 145, u. In Parm. V 118 C; vgl. ebda. 52f.).

180 Vgl. A. R. Lovejoy 1985, a.a.O., S. 142 ff. Lovejoy betont zu Recht, daß nicht allein die Auseinandersetzung mit der kopernikanischen Kosmologie Grundlage der brunoschen Unendlichkeitslehre ist.

notwendig dem unzugänglichen göttlichen Angesicht auch ein unendliches Spiegelbild entsprechen, in welchem sich unzählige Welten als unzählige Glieder befinden. Wenn sich also die Erhabenheit Gottes körperlicherweise in unzähligen Stufen der Vollkommenheit entfalten muß, so muß es unzählige Individuen geben ...«[181], denn der Schöpfer muß ein unendliches Gutes, entsprechend seiner selbst hervorbringen, »da seine Tätigkeit *notwendig* ist, da sie von einem Willen ausgeht, der ganz unabänderlich, ja die Notwendigkeit selber ist.« (Zwiegespräche, S. 42; Hervorh. n. i. O.)

Aus dieser kosmologischen Unendlichkeitslehre entwickeln sich zwei Konsequenzen: Zum einen wird jederart Mittelpunktposition (sei sie geozentrisch oder heliozentrisch fundiert) negiert und damit der Sphärenkosmos abgelöst durch ein Planetensystem, in dem jede Zentralstellung eine relative ist. D. h. auch die Erde ist nicht Mittelpunkt eines konzentrischen Aufbaus elementarer und stellarer Sphären, umgeben von der Sphäre des Göttlichen, das sich gemäß dieses Stufenkosmos in einer linear-vertikalen Ausrichtung von ›oben‹ nach ›unten‹ mitteilt. »Folglich ist jene ganze schöne Stufenleiter und Rangordnung in der Natur ein alberner Traum und ein Ammenmärchen.« (Zwiegespräche, S. 14)

Mit der Postulierung unzähliger Welten bzw. unzähliger, je relativer Mittelpunkte verbindet sich zudem die Vorstellung prinzipieller Ähnlichkeit aller Weltkörper, denn: »Warum also sollen wir behaupten, daß ein wesentlicher Unterschied zwischen diesem und jenen Körpern bestehe, wenn wir überall nur Analogie wahrnehmen. Warum wollen wir leugnen, daß diese Analogie besteht, wenn gar kein Grund und gar keine Wahrnehmung uns veranlaßt, daran zu zweifeln.« (Zwiegespräche, S. 99) Wenn aber alle Himmelskörper aus eben den gleichen Elementen bestehen, und zwar nicht in geschichteter Ordnung, sondern in organismischer Durchdringung, wo »... bleibt dann unsere schöne Ordnung, diese schöne Stufenleiter der Natur, auf der man emporsteigt ...?« (Zwiegespräche, S. 100)

Die traditionelle Stufungshierarchie bzw. Kette des Seienden wird hiermit völlig revidiert. Wenn Bruno diese Modelle dennoch vielerorts einführt, dann nicht im Sinne einer Festschreibung, dies wurde bereits gezeigt, sondern um die prinzipiell anzunehmende Struktur des Seienden von Kontinuität und Ordnung zu betonen, innerhalb derer allen Dingen potentiell die Einheit vollständig immanent ist, wenngleich in unterschiedenem Maße verwirklicht. Auf eben diese größtmögliche Verwirklichung richtet sich das erkennende Individuum in seinem ›Aufstieg‹ vermittelst der Stufenleiter der Natur, einer Einfaltung der Vielfalt zur Einheit, die ihr Zentrum in der Seele des Individuums hat.

---

181 Zwiegespräche, S. 36 (Hervorh. n. i. O.); vgl. auch ebda., S. 40 »... die Herrlichkeit des göttlichen Abbildes, welches nur in einem schrankenlosen und seiner eigenen Seinsart entsprechenden unermeßlichen, unendlichen Spiegel völlig widerstrahlen kann.«

Die Neufassung der Vorstellung von einer Hierarchie des Seienden, von Kontinuität und Fülle in der Entgrenzung zum Unendlichen bringt entsprechend der kosmologischen Reform eine neue Auffassung hinsichtlich des Individuums mit sich, das sich im Spannungsfeld unendlichen Strebens, das zugleich unendliches Vermögen impliziert, und des unbegrenzten Prozesses einer Verwirklichung der geistigen Kraft der Seele artikuliert. Innerhalb einer solchen Relativität der Zentren wird das Individuum sich selbst zum Mittelpunkt.

Diese unablässige Verfolgung der Einheit in dem Versuch einer Vergöttlichung birgt wiederum zwei Aspekte, die sich zunächst zu widersprechen scheinen. Die Geistwerdung der Seele in Abgrenzung von sinnlich-körperhaftem Werden erscheint als eine Konzentration auf die immanente Einheit unter Reduktion jeglicher Vielheit. Dies hat sich deutlich in den skizzierten Erkenntnisstufungen Brunos gezeigt, die über sensus, imaginatio und ratio hinaus nach einer ›interna lectio‹ und schließlich einer umfassenden Schau im Geiste (mens) streben. Gleichzeitig bestimmt sich die Gottähnlichkeit aber aus dem schöpferischen Prinzip.

Die entsprechende Zweidimensionalität des göttlichen Wesens – in sich verharrende absolute Einheit und zugleich emanistische Selbstmitteilung in der Vielheit – wird im mittelalterlichen Denken insbesondere dann zu einem Problem, wenn es um die Rechtfertigung einer gottgefälligen, verinnerlichten Lebensweise bzw. die Methode einer Annäherung an das Göttliche geht, die etwa in der mystischen Weltabgewandtheit die Seinsvielfalt verneint, die doch andererseits als Ausfaltung des Guten selbst nicht ›niedrig‹ sein kann.

»Der Flug des Geistes vom Vielen zum Einen, die Suche nach einer Vollkommenheit, die gänzlich aus ihrem Gegensatz zur erschaffenen Welt verstanden wurde, konnte auf keine Weise mit der Nachfolge eines absolut guten Wesens in Übereinstimmung gebracht werden, das Gefallen an der Mannigfaltigkeit findet und sich in der Emanation des Vielen aus dem Einen offenbart. Die erste Auffassung verlangte eine Absage an alle ›Liebe zum Geschaffenen‹ und gipfelt im ekstatischen Erschauen des unteilbaren göttlichen Wesens; die andere, hätte man ihr Ausdruck verliehen, hätte die Menschen im Rahmen ihrer Endlichkeit zur Teilnahme an der schöpferischen Leidenschaft Gottes, zur bewußten Mitarbeit an dem Prozeß aufgefordert, durch den die Mannigfaltigkeit der Dinge und der Reichtum des Universums zustande kommen. Sie hätte ihre *visio beatifica*, ihre Seligkeit, in der selbstlosen Freude am Glanz der Schöpfung oder im wißbegierigen Aufspüren ihrer unendlichen Vielfalt gefunden; sie hätte das aktive über das kontemplative Leben gestellt und vielleicht sogar die Tätigkeit des schöpferischen Künstlers als die gottähnlichste menschliche Lebensform empfunden, weil er diese ›geordnete Vielfalt‹ in der Sinnenwelt liebt, nachahmt und vermehrt.« (A. R. Lovejoy 1985, a. a. O., S. 106; vgl. 107 ff.)

Was sich für das mittelalterliche Denken als unauflöslicher Widerspruch darstellt, wird bei Bruno zusammengeführt. Das Individuum erreicht genau dann die höchste Geistigkeit, wenn es gemäß dem äußeren Universum sein ›inneres Universum‹ erfaßt bzw. die Aktivität des Geistes in schöpferischer Weise zur Entfaltung kommen läßt, um in der Fülle der Vorstellungen, Gleichnisse und Bilder das Eine in Allem zu erfahren bzw. um in der produktiven Kraft des Geistes selbst der Einheit innezuwerden.[182] Nicht dem einzelnen Erzeugnis des Geistes wird damit ein höherer Stellenwert beigemessen, sondern der generativen Fähigkeit des Erzeugens wie der allen Erzeugnissen immanenten Einheit wohnt die gottähnliche Potenz inne.[183] Ist die Mitteilung des Guten in der sinnhaften Welt nur in Spiegelungen erfahrbar, »kann es das Objekt für uns nur in einem Gleichnis geben. Und zwar wird es nicht mit Hilfe der Sinneswahrnehmung aus körperlicher Schönheit und Vortrefflichkeit abgeleitet und gewonnen, sondern mit Hilfe des Geistes im Intellekt geformt.« (HL I. T./II. D., S. 57; ebda. II. T./IV. D., S. 193) Indem der Intellekt in innerer Anschauung eine geistige Vielfalt entfaltet, verinnerlicht sich ein Ordnungssystem das sich analog der Struktur des Seienden organisiert bzw. immer auf die Einheit ausgerichtet ist.

---

[182] Das menschliche Schöpfertum richtet sich jedoch vorrangig auf ein geistiges Schaffen. Im Bezug hierauf sei das Menschenbild des Corpus Hermeticum in Erinnerung gerufen bzw. die restitutive, aktive Rolle des Menschen in der Kabbala und beispielsweise bei Ficino.

[183] Mit dieser schöpferischen Qualität des individuellen geistigen Vermögens, die letzten Endes in die Einheitserkenntnis überführt wird, zeigt sich eine Verbindung von Kosmologie und Unendlichkeitslehre im Hinblick auf die Methoden der Kombinatorik und Mnemotechnik. Vgl. Fellmann, F.; »Bild und Bewußtsein bei Giordano Bruno«, S. 17–36, in: K. Heipcke et al. 1991, a. a. O.; Otto, S.; »Figur, Imagination und Intention. Zu Brunos Begründung einer *konkreten* Geometrie«, S. 37–50, in: Heipcke et al. 1991, a. a. O.

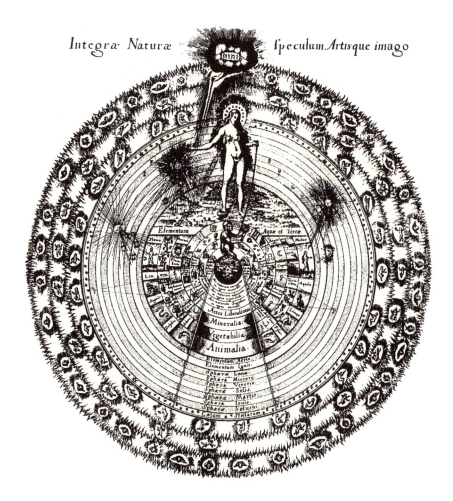

Abb.: Robert Fludd, Utriusque cosmi ... historia, I.
»Integrae Naturae speculum Artisque imago«.

Mit dem Bild der goldenen Kette[184] greift Bruno nicht nur einen sprachlichen Topos der Kontinuitätsvorstellung auf der Basis der Sympathie-Lehre bzw. einer Verbundenheit aller Glieder des Seienden mit dem Ersten über die Mittelglieder und damit eines Nexus der Natur auf, sondern spielt ebenso auf die Interpretation der Kette in der *magia-naturalis*-Lehre an.[185] Hierzu sei nochmals der Blick auf die ikonographische Tradition gerichtet. In R. Fludds *Utriusque cosmi ... historia* zeigt sich vielfach eine Verwandschaft zur theoretischen Konzeption Brunos. So wird auf der nebenstehenden Abbildung der *Inte-*

---

184 Vgl. die Deutung des Homerischen Bildes (Illias IVVV 18 ff.), die bei Platon (Theait. 153c) aufgegriffen wird und insbesondere im Neuplatonismus zu einem Topos kontinuierlicher Verbundenheit umgedeutet wird.

185 Vgl. etwa die Symbolik der Seinskette in späteren Schriften: Kirchweger von Forchenbron, *Aurea catena Homeri: Oder: eine Beschreibung von dem Ursprunge der Natur*. Eine Schrift die, so wird vermutet, auf die Lehre des O. Crollius zurückgeht.

grae Naturae speculum Artisque imago[186] die Kette des Seienden, ausgehend von einem überweltlichen Gott[187] über die Vermittlung der Weltseele bis hin zur Erde, deutlich als das Band, das empyreische, himmlische und elementare Sphäre durchzieht. Hierin wird nicht nur die kontinuierliche Verkettung und wechselseitige Bedingtheit anschaulich, sondern insbesondere der prinzipielle Dreischritt von Gott – Weltseele[188] – Erdenwesen, innerhalb dessen die Weltseele eine Vermittlungs- und Mittelposition einnimmt, insofern sie mit dem Haupt in die Sphäre der himmlischen Intelligenzen (Ideensphäre) reicht, mit den Beinen in der irdischen Welt steht. Diese Vermittlerrolle bzw. das In-sich-Umfassen des Naturganzen wird in einem alchemistischen Sinne zudem durch die Coniunctio von Wasser und Erde (je ein Fuß der allegorischen Weltseele ruht auf diesen Elementen) symbolisiert sowie durch die Vereinigung von Sonne und Mond.[189] Dazu heißt es bei Fludd: »On her breast is the true sun, on her belly the Moon. Her heart gives light to the stars and planets, whose influence infused in her womb by the mercurial spirit (called by the philosophers the spirit of the Moon), is sent down to the very centre of the Earth. Her right feet stands on earth, her left in water, signifying the conjunction of sulphur and mercury without witch nothing can be created. (p. 7–8)«[190]

Hingewiesen sei zudem auf die Darstellung von drei Sonnen in der planetaren Sphäre, was möglicherweise eine Anspielung auf die orphische Lehre ist.

Neben einer Vielzahl weiterer naturmagischer Implikate sei das Ende der Kette hervorgehoben: ein Affe, der eine kleine Welt mit dem Zirkel vermißt. Dieser Affe ist sicherlich nicht als Allegorie der Dummheit oder Eitelkeit aufzufassen, sondern vielmehr im Sinne eines bildefähigen Tieres (Mensch), eines die göttliche Schöpfertätigkeit nachahmenden Wesens. Dies drückt nicht zuletzt der Zirkel aus, der uns bereits als Attribut göttlicher Einrichtung und maßvoller Gestaltung der Weltordnung begegnet ist, hier nun in den Händen des mimetischen Wesens auf menschenmögliche Erfindungsgabe (ingenium) und Schaffenskraft verweist, die nach drei Graden die menschliche Sphäre umgibt: in die Ars naturam corrigens im mineralischen Bereich (Alchemie); die Ars naturam adjuvans im pflanzlichen Bereich (Baumschnitt, Ackerbau) und die Ars naturam supplens im animalischen Bereich (Bienenzucht, Zucht von Seidenraupen, Ausbrüten von Eiern, Medizin), die wiederum umschlossen sind von den Artes liberales.

Die Gottähnlichkeit des Menschen zeigt sich damit in Form eines unterstützenden und Vervollkommnung herbeiführenden Eingreifens in die Natur, ein Vermögen, das diesem nachschaffenden Wesen aufgrund seiner seelischen Verbindung mit dem Göttlichen zukommt. Daß hiermit keine pure Beherrschung und Unterwerfung der Natur gemeint ist, sondern eher ein Ordnen und zur Vollendung führen im Sinne des Naturgemäßen und Guten weist wieder zurück auf den Zirkel, das Instrument des Maßhaften, Proportionalen aber auch der harmonischen Mäßigung im ethischen Sinne. Der Affe der Natur kehrt bei Fludd an anderer Stelle wieder: Das Frontispiz seiner Schrift *De Natura Simia* zeigt einen Affen umgeben von den Disziplinen Geometrie, Perspektive, Malerei (Proportionslehre), Kriegskunst, Bautechnik, Zeitmessung, Kosmographie, Astrologie, Geomantie, Musik und

---

186 (Spiegel der gesamten Natur und Bild der Kunst) Für wichtige Hinweise zur ikonographischen Tradition danke ich Prof. H. Böhme und verweise auf die entsprechenden Publikationen.

187 Hier wiederum in hebräischen Lettern (Tetragrammaton) als trinitar zu denkender, transzendenter Gott symbolisiert.

188 Dargestellt als Frau (metaphysische Luna), die die göttliche Kraft weiterreicht bzw. als ›natura lactans‹ Lebensprinzip der irdischen Welt ist.

189 Hiermit wird zugleich auf eine Androgynvorstellung angespielt, was insbesondere durch die Trennung von Mann (auf die Sonne ausgerichtet) und Frau (auf die Mond gerichtet) im irdischen Bereich angedeutet wird.

190 Übersetzung zit. n. Godwin, J.; *Robert Fludd. Hermetic Philosopher and Surveyor of Two Worlds*, Boulder 1979, S. 22.

Arithmetik. Auf letztere weist der Affe mittels eine Zeigestockes und deutet damit auf die Zahlordnung, Proportionalität und Orientierung am Meßbaren. In allen genannten Disziplinen wesentlicher Aspekt der wissenschaftlichen und technischen Erfahrungen ist sicherlich nicht das Ausüben, sondern der Erwerb von Wissen und der Strukturiertheit und Zahlordnung: eine Erkenntnis göttlicher Vernunft in der Natur bzw. entsprechend in der menschlichen Seele selbst.

>»Denn jetzt schauen wir im Spiegel ein unklares Bild,
dann aber von Angesicht zu Angesicht. Jetzt erkenne ich
stückweise; dann aber werde ich erkennen, so wie auch
ich erkannt bin.« (I Korinth. 13,12[1])

XIII.
Speculum naturae

Die Spiegelmetapher in ihrer Bedeutung für den Naturbegriff Giordano Brunos

1. Vorbemerkung

Innerhalb der Naturphilosophie Giordano Brunos artikuliert sich das Verhältnis von Naturordnung und Erkenntnisstruktur als eine Analogie von ontologischer Entfaltung aus der Einheit und der gnoseologischen Rückführung der Vielheit des Seienden als einer Mannigfaltigkeit von Erkenntnisgegenständen auf die Einheit im Akt des Erkenntnisvollzuges.

In Anlehnung an das complicatio-explicatio-Modell des Cusaners bzw. dessen Grundlegung in der neuplatonischen Philosophie geht es um die Begründung einer Beziehung der in der ursachenlosen Ursache und ersten Einheit komplikativ, d. h. unterschiedslos geeinten Fülle göttlicher Potenz, die sich in der physischen Welt als Seinsmannigfaltigkeit entfaltet (explicatio), d. h. sich in einer unendlichen Vielheit von Konkretionen aktualisiert. Die Vielfalt des Seienden und sichtbare Entfaltung des in der Einheit allumfassend Geeinten ist somit Veräußerung und Konkretion des absoluten und jeder Erkennbarkeit entzogenen Prinzips (Transzendenz), Spiegel der unendlichen Potenz in unermeßlicher Vielfältigkeit. Die Verkörperung der Einheit in der Naturvielfalt zeigt sich jedoch nicht als unüberschaubare Fülle von einzelnen Seienden, sondern ist gleichsam Einheit aus dem Ersten und gemäß dem absoluten Einen, die sich als harmonische Gefügtheit des Vielen, als relational verbundene Ganzheit, in Schönheit und Proportion erweist: ein ›Organismus‹ aufeinander bezogener bzw. wechselseitig sich bedingender ›Glieder‹, dessen makrokosmische Einheit sich Kraft der Weltseele als das ›Eine in Allem‹

---

1 Vgl. HL I./IV., S. 193; Über die Ursache II, S. 53; Nicolai de Cusa, De docta ignorantia I, cap. XI, sowie die berühmten Verse des Alanus ab Insulis: »Omnis mundi creatura,/ Quasi liber et pictura/Nobis est et speculum;/Nostrae vitae, nostrae mortis,/Nostri status, nostrae sortis,/Fidele signaculum.« (Migne PL 210, Sp. 579)

(Immanenz) in der Gestalt ganzheitlicher Ordnung präsentiert. Die *anima mundi* ist gewissermaßen das ›Band‹ (im Sinne des platonischen ›δεσμός‹), das alles mit allem verknüpft bzw. durch das sich die transzendente Einheit als allem immanentes, partizipativ allgegenwärtiges Prinzip in Form von Strukturiertheit, Relationalität, Ordnung und Schönheit im Universum manifestiert.

Insbesondere anhand der Organismusvorstellung – dies sei nochmals ins Gedächtnis gerufen – macht Bruno deutlich, in welcher Weise die Einheit in der Vielfältigkeit der Natur zu denken ist. Das Universum unermeßlich zahlreicher Welten gleicht einem beseelten Lebewesen; jede dieser Welten ist lebendiger Organismus. Die elementare Zusammensetzung der Welten faßt Bruno – in Abgrenzung vom aristotelischen Schichtenmodell – gleich einem beseelten Körper. »Auf diesen Sternen also oder Weltkugeln, wie wir sie lieber nennen wollen, sind verschiedenartige Teile von mannigfacher Zusammensetzung nach Lage und Gestalt, Felsen, Seen, Flüsse, Quellen, Meere, Sandwüsten, Metalle, Höhlen, Berge, Ebenen usw. untereinander geordnet, wie bei den Tieren die heterogenen Teile mit den verschiedenen und mannigfaltigen Komplexionen von Knochen, Eingeweide, Venen, Arterien, Fleisch, Nerven, Lungen zu Organen und Gliedmaßen ...« (Zwiegespräche, S. 101). Zusammenhalt und Einheit erfährt der Weltkörper wie ein Lebewesen durch die Kraft der Seele. Was das Wasser in der makrokosmischen Welt, ist der Blutkreislauf auf der Ebene der mikrokosmischen Organismen, die Ordnung der Gliedmaßen der Welten ist somit »ganz analog den Teilen und Gliedmaßen der organisierten Geschöpfe ... [und] daß die Ozeane und Flüsse nicht weniger zu seinen Eingeweiden gehören, als zu den unsrigen das Herz, das vielfach für eine Quelle des Bluts gehalten wird, und die Arterien und Venen, die sich von ihm aus verzweigen.« (Zwiegespräche, S. 105)[2]

Insofern aber die Weltseele alles durchdringt und verknüpft, ist auch in jedem Einzelnen das Eine potentiell ganz enthalten. Jede Individuation der unendlichen Vielzahl von Konkretionen der Natur trägt über die Beseelung das Ganze der Natur in sich und damit zugleich deren Einheitsgrund. Die partikuläre Seele der mikrokosmischen Individuen (*individuum*, im Sinne von unteilbar) ist fakultativ Verkörperung der Einheit, in der körperlichen, einzigartigen Ausformung jedoch gleichzeitig nur eine, je spezifische Ausbildung des unendlichen Vermögens.

Die transzendente Einheit ist alles auf einmal und ohne Unterschied Eines, fernab jedweder Definierbarkeit durch den erkennenden Verstand

---

[2] Die Analogie von Weltmodell und Organismusvorstellung, die Bruno immer wieder formuliert – dies ist bereits an anderer Stelle thematisiert –, weist nicht nur auf eine Allbeseeltheitslehre bzw. die Auffasung der Organisationsform der Natur gleich einer organismischen, sich selbst erhaltenden Einheit, die für das kleinste Seinsatom (Samen) wie für das Universum gleichermaßen gilt, sondern zeigt parallel dazu Brunos Rezeption des medizinischen Schrifttums hippokratisch-klimatologischer wie paracelsischer Schule.

des Individuums. Dieses Eine teilt sich im Universum über den universalen Intellekt mit, der ein Vermögen der Weltseele ist. Die unendliche Fülle des göttlichen, absoluten Ersten manifestiert sich im Makrokosmos des Universums als ein *alles auf einmal*, jedoch in der Weise eines Nacheinander und Nebeneinander. (vgl. Über die Ursache, S. 99)[3] Die Natur als Ganzheit ist damit ein In-Erscheinung-Treten der Einheit, Veräußerung des absolut Innersten, Unerfahrbaren. Über die Partizipation an der Weltseele – und damit am universalen Intellekt – steht jedes Einzelseiende (Mikrokosmos) in Entsprechung zum Makrokosmos (Universum), jedoch als defiziente Konkretion des unendlichen Vermögens, als Teil der Naturganzheit, der immer nur ein spezifischer sein kann.

Zwischen der absoluten Einheit, die sich dem menschlichen Erkennen entzieht und dem Einzeldasein des Individuums steht die Weltseele bzw. ihre Verkörperung in den Naturdingen als Mittlerinstanz. Wo eine unmittelbare Erkenntnis der Einheit verwehrt ist, ist es diese Mittlerfunktion der allbeseelten Natur, die Voraussetzung einer Erkenntnis der alles begründenden Einheit selbst ist.

Die Naturordnung zeigt sich hierbei als prägend für den Erkenntnisprozeß, einerseits insofern sie Gleichnis, analoge Einheit im Verhältnis zur unerfaßbaren Ursache ist, andererseits insofern die Strukturiertheit, Harmonie und Schönheit einen Zusammenhang und eine Verbindung repräsentiert, die gleichermaßen den Erkenntnisvorgang strukturiert. Bruno betont dies nicht nur in der Formulierung einer gewissen Ebenbildlichkeit von Mikro- und Makrokosmos, sondern insbesondere in der Konstatierung einer Analogie der Stufenordnung der Natur und der Erkenntnis.

Die sichtbare Natur, d. h. das Universum als Vielfalt des Seienden, ist somit gleichsam Spiegel der Einheit, Abbild eines Urbildes, Widerschein eines Ersten und Einen, das sich mittelbar offenbart. Die Erkenntnis der harmonischen Gefügtheit und einheitlichen Ganzheit der äußeren Natur (extensiven Unendlichkeit) ist dabei, insofern der Mikrokosmos in Entsprechung zum Makrokosmos steht, zugleich Erkenntnis der Einheit des Individuums, geht von der Erfahrung der Außenwelt über in eine Erfahrung der inneren Unendlichkeit auf dem Grunde der Seele des Einzelnen. Denn insofern das Individuum über die Beseelung an der unendlichen Potenz des universalen Intellektes teilhat, ist der Weg der Gotteserkenntis mittels der Naturerkenntnis letztendlich ein Weg der Selbsterkenntnis, d. h. das Individuum erfährt sich selbst als Spiegel des absoluten Einen,

---

[3] Das Universum ist einerseits, wie die absolute Einheit, »alles was es sein kann«, allerdings anders als die Einheit im Hinblick auf das Einzelne nicht in unterschiedsloser Gleichzeitigkeit. Im Universum bleiben nämlich »Unterschiede, Bestimmungen, Eigenheiten und Individuen erhalten«, d. h. in ihm ist nicht ›alles auf einmal‹ und zugleich, sondern die ganze Möglichkeit zeigt sich in der Wirklichkeit des Einzelnen als Abfolge und Veränderung, denn es ist »alles, was es sein kann, und zwar auf eine entfaltete, zerstreute und unterschiedene Weise.« (Über die Ursache, S. 99)

es erkennt die Einheit nicht länger in der Erkundung des Außer-sich-Seienden, sondern in der Reflexion auf den Einheitsgrund seiner selbst, auf sein intellektuales, am Göttlichen partizipierendes Vermögen. In dieser Einkehr der Seele in sich selbst, einer geistigen Schau der innerseelischen Gottähnlichkeit, wird sich das erkennende Individuum seiner intensiven Unendlichkeit bewußt und löst sich als partikulare Seele gewissermaßen in der Weltseele auf. »Ihr könnt Euch von hier zwar nicht zum Begriff jenes höchsten und besten Prinzipes erheben, das sich unserer Betrachtung entzieht, wohl aber zum Begriff der Weltseele, [um zu erkennen,] wie sie die Verwirklichung von allem und ganz in allem ist, so daß zuletzt – vorausgesetzt es gäbe unzählige Individuen – alles eins ist. Diese Erkenntnis der Einheit ist Ziel und Zweck aller Philosophie und Naturbetrachtung. Dabei lassen wir die höchste Betrachtungsweise, die über die Natur hinausstrebt, jedoch für einen Ungläubigen unmöglich und nichtig ist, auf sich beruhen.« (Über die Ursache, S. 121)

Für die Begründung dieser Einheitserkenntnis über die Mittlerfunktion der spiegelbildlichen Natur in Richtung auf eine Selbstreflexion spielt die Spiegelmetapher in ihren verschiedenen Ausprägungen in der brunoschen Naturphilosophie eine große Rolle. Wenn hier von einer ›Metapher‹ die Rede ist, so nicht im Sinne eines literarischen Stilmittels zum Zwecke rhetorischer Ornamentik, sondern im ursprünglichen Sinne des Begriffes als einer (μεταφόρειν/lat. translatio = Übertragen) Übertragungsform, die ein analoges Verhältnis impliziert, eine Verhältnisgleichheit, die auf eine inhärente Verwandtschaft unterschiedlicher Bedeutungsebenen in der Absicht wechselseitiger Erklärung hindeutet. Im Falle der Spiegelmetapher heißt das, es geht um den versinnbildlichten Vergleich einer Reflexionsstruktur, einer logischen Beziehung, die anhand eines optischen Phänomens verdeutlicht wird.

Insbesondere die Lichtmetaphorik – dies braucht kaum betont zu werden – entfaltet in der philosophischen Tradition eine metaphysische Dimension, insofern Sehen und Erkennen seit jeher in unmittelbarem Bezug zueinander stehen, Phänomene des Erkennens und Wissens nicht nur mit optischen Prozessen erklärt werden, sondern die *Wahr*nehmung immer schon Voraussetzung des geistigen Erkennens ist[4] bzw. das ›Licht‹ aufgrund seiner seinsermöglichenden und -erhaltenden Funktion (Lebensprinzip) als Voraussetzung einer Erkennbarkeit überhaupt von etwas (im Gegensatz zum unterschiedslosen Dunkel) die ›Metapher‹ bzw. analoge Setzung der Mitteilung des Göttlichen an die Welt schlechthin ist.

---

4 Auf die Bedeutung des griechischen οἶδα (ich weiß = ich habe gesehen) habe ich an anderer Stelle hingewiesen. Zum Licht im Sinne eines Erkenntnis- bzw. Lebensprinzips vgl. die Ausführungen zu Platons Sonnengleichnis. In einer Vielzahl alter Kulturen wird der theogonische Prozeß lichtmetaphysisch erklärt.

Insofern Gott als Quell emanativer Lichtoffenbarung gedacht wird, als lichte Ordnung dunklen Chaos, als Prinzip absoluter Helle, Transparenz und Ununterschiedenheit im Sinne höchster Geistigkeit, erhält das Licht eine metaphysische Bedeutung, kann die Lichtmetaphorik als metaphysische Metapher im Sinne einer ›absoluten Metapher‹ (Blumenberg) gedeutet werden, die Ausdruck einer geistmetaphysischen Mitteilung des Göttlichen ist sowie die Teilhabe des Seienden am Licht (Geist) offenbart.

Der Begriff des Spiegels steht in direktem Zusammenhang mit den Lichtanalogien metaphysischer Prägung, die Wortbedeutung umfaßt sowohl das sinnliche, optische Erkennen wie die geistige Erkenntnis. Das griechische κάτοπτρον (Spiegel) bzw. κάτοπτρος (sichtbar) deutet anhand der Verbbedeutung καθόραω auf ein ›Von oben heruntersehen‹, ein Erblicken oder Einsehen. Das lat. *speculum*[5] verweist zum einen auf den Sehprozeß (*specere* = sehen, schauen), bezeichnet aber im erweiterten Sinne geistiges Erkennen (*speculari* = spähen, beobachten, geistiges Anschauen; *spectativus* = theoretisch-philosophisch), eine Doppeldeutigkeit, die sich wie im Griechischen (εἶδος, ἰδέα) auch im *species*-Begriff niederschlägt, der sowohl äußeres Aussehen, Gestalt und Bildnis meint wie die geistige Vorstellung, den Begriff, das Ideenhafte. Im Deutschen hat sich diese Bedeutungsparallele von geistigem und sinnlichem Erkennen deutlich in Begriffen wie der Spekulation, dem Spezifischen oder dem Spektakulären erhalten. Ähnlich verhält es sich mit der Reflexion (lat. *reflectere*), die einerseits ein Zurückbiegen im Sinne körperlicher Bewegung (Reflex), im Sinne optischer Rückstrahlung (Reflektieren) wie geistiger Hinwendung (Reflexion) bezeichnet. In allen Fällen (deutlicher, als dies beim *speculum*-Begriff hervortritt) ist eine Form der Rückbezüglichkeit (Reflexivität) grundlegende Struktur.

Was aber sind die Eigenheiten gerade der Spiegelmetapher bzw. des Spiegels als Instrument einer *reflectio,* einer Rückbiegung eines Lichtstrahls, eines Wider-Scheins der zugleich ein Wieder-Erscheinen ist?

In der philosophischen Metaphorik, insbesondere vor dem Hintergrund des platonischen Höhlengleichnisses, sind es immer wieder lichtmetaphorische Analogien, die metaphysische Verhältnisbeziehungen zu umschreiben ermöglichen. Ganz in der platonischen Tradition stehend, bezeichnet auch Giordano Bruno die sinnlich wahrnehmbare Erscheinungswelt als Spur/*vestigium*, Schatten/*umbra*, Abbild/*simulacrum* und Spiegel/*speculum* des Geistigen, räumt diesen lichtmetaphorischen Beschreibungen einer Erkenntnisstufung bzw. Annäherung an die Wahrheit

---

5 Vgl. zum lat. speculum das ahd. scucor = chor (Gefäß) und scûchar (schauen) und bezeichnet somit ein ›Behältnis des Schauens‹/das Auffangen eines Lichteinfalls; gleichzeitig ist damit ursprünglich auch das ›Behältnis des Schattens‹ gemeint, d. h. es bezeichnet Spiegel wie Schatten. Diese Identifizierung von Spiegelung und Schatten läßt sich bis ins Mittelalter verfolgen. Vgl. Wackernagel, W.; *Über den Spiegel im Mittelalter*, Kleinere Schriften I, Leipzig 1872; *Handwörterbuch des deutschen Aberglaubens*, hrsg. v. E. Hoffman-Krayer und H. Bächtold-Stäubli, Berlin 1938/41, Band IX, S. 547 ff.

jedoch einen Bedeutungshorizont ein, der über die platonische Anlage hinausgeht. Den Entfesselten der platonischen Höhle stellt sich die obere Welt in einer Abstufung an Deutlichkeit dar, die einer Hierarchie von Abbildqualität und damit Wahrheitsnähe gleichkommt: »zuerst würde er Schatten am leichtesten erkennen, hernach die Bilder der Menschen und der anderen Dinge im Wasser [Wasserspiegel] und dann erst sie selbst. Und hierauf würde er was am Himmel ist und den Himmel selbst leichter bei Nacht betrachten und in das Mond- und Sternenlicht sehen als bei Tage in die Sonne und ihr Licht. ... zuletzt aber, denke ich, wird er auch die Sonne selbst, nicht Bilder von ihr im Wasser oder anderwärts, sondern sie als sie selbst an ihrer eigenen Stelle anzusehen und zu betrachten im Stande sein.« (Platon, Politeia 516 a–b)[6] Die Skala der Deutlichkeit der Naturdinge steht analog der geistigen Erkenntnis. Bei Bruno jedoch weniger im Sinne einer Parallelität von Vergleichsebenen, die eine Entsprechung des Bereiches körperlichen Lichtes und geistiger Erleuchtung setzt, sondern – und hierin zeigt sich die Rezeption neuplatonischer Denktradition, die den platonischen Ansatz in eine Lichtmetaphysik überführt – vor dem Hintergrund eines Kontinuitätsmodells lichtemanativer Mitteilung des Einen in der Erscheinungswelt, das nach verschiedenen Graden der Intensität die gesamte Natur durchdringt und körperliche und geistige Welt als durch Teilhabe am Lichte des Einen verbundene Ganzheit begreift. »Die Stufen des Schauens [gemeint ist die Schau des Intelligiblen] entsprechen den Stufen des Lichtes; es fehlt ganz in der Finsternis; wenig ist es im Schatten; mehr ist es in den Farben, entsprechend ihrer Reihenfolge zwischen dem einen Gegensatz, nämlich schwarz, und dem anderen, nämlich weiß; noch mehr zeigt sich seine Wirkung in dem Glanz, der sich auf glatten und durchsichtigen Körpern ausbreitet, wie z. B. beim Spiegel oder beim Mond; und noch lebhafter ist es in den Strahlen, die von der Sonne ausgehen; die höchste Stufe erreicht es in der Sonne selbst, die sein eigentliches Prinzip ist.«[7]

Einerseits beinhaltet diese Stufung eine Gradeinteilung der Abbildlichkeit und damit der Schärfe und Deutlichkeit sinnlichen bzw. entsprechend geistigen Erkennens – der Schatten als silhouettenhafte Dun-

---

6 Auch im Liniengleichnis (a. a. O. d. Studie) wird diese Analogie von Sichtbarem : Denkbarem anhand lichtmetaphorischer Vorstellungen verdeutlicht und auch dort wird eine Klassifizierung der Bilder »vermöge des Verhältnisses von Deutlichkeit und Unbestimmtheit in dem sichtbaren« vorgenommen: »Ich nenne aber Bilder zuerst die Schatten, dann die Erscheinungen im Wasser und die sich auf allen dichten, glatten und glänzenden Flächen finden ...« (Politeia 509 d–510 a) Vgl. auch Phaidon 99 d.

7 HL I./V., S. 92f.; Eroici furori, Dial. it. II., S. 1039: »Li gradi della contemplazione son come li gradi della luce, la quale nullamente è nelle tenebre; alcunamente è ne l' ombra; megliormente è ne gli colori secondo li suoi ordini da l' un contrario, ch' è il nero, a l' altro, che è il bianco; piú efficacemente è nel splendor diffuso sugli corpi tersi e trasparenti, come nel specchio o nella luna; piú vivamente ne gli raggi sparsi dal sole; altissima- e principalissimamente nel sole istesso.«

kelfläche, der Spiegel als zwar farbiges, konturiertes, jedoch lediglich zweidimensionales Abbild – gleichzeitig werden Schatten wie Spiegel im Denken Brunos metaphysische Bilder einer Gleichzeitigkeit von Immanenzlehre und Transzendenzgedanken: Allgegenwart des Lichtes in allem und Unzugänglichkeit der Lichtquelle selbst.

2. Schatten

So ist der Schatten nicht die bloße Abwesenheit von Licht, weder lichtlose Dunkelheit noch bloßes Trugbild schemenhafter Abbildlichkeit, sondern in unmittelbarer Beziehung zum Lichte stehende, konturierte Gestaltwerdung des Lichtes selbst, das dieses ›Anderen‹ bedarf, um erfahrbar zu werden. Diese Deutung des Schattens ist stets zugleich im Hinblick auf die sinnliche Wahrnehmung wie auf das geistige Erkennen zu verstehen bzw. verweist auf die Notwendigkeit des Sichtbaren als Voraussetzung des Geistigen.

»Sobald du dies selbst betrachtet haben wirst, wodurch er sich dir annähert, möchte ich: daß du von der Finsternis vermöge der Vernunft trennst den Schatten. Der Schatten ist nicht Dunkelheit: sondern eher Spur der Dunkelheit im Licht. Oder Spur des Lichtes in der Dunkelheit. Oder Teilhaber des Lichtes und der Dunkelheit. Oder Komposition aus Licht und Dunkelheit. Oder Unbestimmtes von Licht und Dunkelheit und von beiden Getrenntes. Und dies daher, weil er nicht die Wahrheit des ganzen Lichtes ist, oder weil er falsches Licht ist. Oder weil er weder wahres noch falsches Licht sei, sondern dasjenige, was wahr und falsch, Spur etc. ist. Man besitzt ihn in der Vorstellung als Spur des Lichtes, Teilhabe und nicht volles Licht.« (De umbris idearum, Intentio Secunda. B., OL II 1, S. 21) Der Schatten steht für die Anwesenheit des Lichtes im Dunkel, eine Vermischung, die im metaphysischen Sinne als ›Teilhabe‹ zu verstehen ist. Die gesamte Natur ist gleichsam göttlicher Schattenwurf[8], verminderte Helligkeit seiner Lichtheit in der Vermischung mit der Materialität, aber niemals eine ohne Licht seiende, sondern am Lichte partizipierende. Überall teilt sich dieses Licht mit, strahlt mit ungebrochener Intensität, wird aber im Gemischten ein verdunkeltes Licht oder ein lichtes Dunkel. Einerseits wird mit dem Schatten damit eine Immanenzlehre formuliert: In allem ist das Licht anwesend, überall durchdringt das Geistige die Natur. Gleichzeitig steht gerade diese Form der Lichtmetaphorik für die Transzendenzlehre: Der Schatten, dem das Licht immaniert, bedarf des außerhalb seiner Wirkenden wie der Schattenwurf eines Schattenwerfenden.

---

8 »Daher ist das Universum nichts als ein Schatten der ersten Wirklichkeit und des ersten Vermögens ...« (Über die Ursache, S. 99).

Brunos Schatten-Metaphorik knüpft daher nicht nur an die platonische Vorstellung der Schatten- und der Ideenwelt an, sondern beruft sich in seiner Schrift *De umbris idearum*, wie vielerorts in seinem Gesamtwerk, auf das *Hohe Lied* des Salomon: »Ich habe mich in den Schatten desjenigen gesetzt, den ich begehrte«[9] und damit auf die Beziehung zu demjenigen, was sich nur im Schatten offenbart, sich in reiner Lichtheit aber entzieht, ohne das aber kein Schatten wäre. (Vgl. De umbris id., OL II 1, S. 20 f.)

»Umbra est principium contra lucem distinctum, illam in rerum compositam productionem contemperans.« (»Der Schatten ist ein im Verhältnis zum Lichte unterschiedenes Prinzip, jenes in der Erzeugung der zusammengesetzten Dinge mäßigend.«; De monade, OL I 2, S. 390). Das Licht hört dort, wo es sich der Wahrnehmung entzieht, nicht auf Licht zu sein, sondern ist vielmehr überall gegenwärtig. Der Schatten wird dabei von Bruno zweifach gefaßt: In der physischen Welt gilt er als der Materie innewohnendes Prinzip. Wenn man Licht – so Bruno in der Monadenschrift – mit dem aktiven Prinzip der Entstehung (Vater) gleichsetzt, so ist der Schatten das mit diesem zusammenwirkende, rezeptive Prinzip (Mutter), aus deren Vereinigung das Sichtbarwerden des Göttlichen in der Verkörperung hervorgeht.

Daneben benennt Bruno aber mit dem ›Schatten der Ideen‹ die Vermittlung des absoluten Lichtes an den erkennenden Verstand, gleichsam die ›abgeschattete‹ Intelligibilität des reinen göttlichen Lichtes. In den *Theses de Magia* formuliert er eine generelle Einteilung des Seienden, die dies belegt:

»... ideae sunt entia metaphysica, vestigia idearum sunt entia physica, umbrae idearum entia rationis; prima proportionantur sigillis imprimentibus, secunda formis impressis, tertia apprehensis oculo vel sensu: Idea universaliter secundum rationem universalem, in qua non est locus, motus et tempus (est enim forma extra subiectum); ut autem huius formae est exemplificatum et	»... die Ideen sind metaphysische Entitäten, die Spuren der Ideen sind physische, die Schatten der Ideen sind Entitäten des Verstandes; die ersten vergleicht man einprägenden Siegeln, die zweiten den eingedrückten Formen, die dritten den mit dem Auge oder dem Sinne wahrgenommenen Formen: Der Idee kommt allgemein nach allgemeinem Verständnis keine Orts-, Bewegungs- oder Zeitbestimmung zu (sie ist nämlich eine Form

---

9 Vgl. auch De Monade, Kap V. Bruno referiert an dieser Stelle auch die kultische Bedeutung des Schattens im Zusammenhang mit der Seele. Der Schatten ist grundsätzlich (wie das Spiegelbild) einem Wesen – hier dem göttlichen Prinzip – verbunden, versinnbildlicht eine ›Beziehung‹, d. h. ist von seinem Gegenstand nicht ablösbar, sondern immaterielles Abbild eines Urbildes. In diesem Sinne steht das ›sich in den Schatten des in reinem Lichte unerfahrbaren Gottes setzen‹ für ein ›Liebesbegehren‹, ein Eingehen in die mittelbare Anwesenheit des Lichtes.

coniunctum materiae, facit seu producit formam physicam; ut autem est species abstracta et separata materiae secundum actum cognitionis sensitivae vel rationalis, sic perficitur tertium ideae genus quod est causatum a rebus naturalibus, quae dependet ab illis sicut secundum genus a primo.« (Theses de magia, OL III, S. 462 f.)	*ohne materielles Substrat); sobald aber von dieser Form ein Beispiel erzeugt und der Materie verbunden ist, macht sie bzw. bringt sie die physische Form hervor; und sobald, gemäß dem Verlauf der sinnlichen und rationalen Erkenntnis, eine abstrahierte und von der Materie gesonderte geistige Vorstellung entsteht, so wird die dritte Gattung der Idee erfüllt, welche von den natürlichen Dingen verursacht ist und so wie die zweite Gattung von der ersten, so ist diese [die des Schattens der Ideen] von jenen [den natürlichen Dingen] abhängig.«*

Diese ›Schatten der Ideen‹ sind also die über die Wahrnehmung der den natürlichen Dingen eingeprägten Formen gewonnenen begrifflichen Vorstellungen der metaphysischen Ideen. »Porró quid dicimus de idealibus umbris? ipsas nec substantias esse intelligas, nec accidentia: sed quasdam substantiarum, & accidentium notiones«. (De umbris id., OL II 1, S. 33 f.) Die physische Welt ist nach diesem Verständnis Ort der mittelbaren Offenbarung der Ideen;[10] in den Dingen tritt die ›Prägung‹ durch die Ideen in Erscheinung. Diese ›prägen‹ über die Wahrnehmung wiederum die geistige Vorstellung und letztendlich die Begriffsbildung. Voraussetzung der rationalen Erkenntnis ist somit die Erkenntnis der Natur, denn in Entsprechung zu dieser bildet sich die Verstandestätigkeit aus.

»...sequitur ordo mundi rationalis, qui est ad similitudinem naturalis cuius est umbra, qui est imago divini cuius est vestigium.« (Compos. imag., OL II 3, S. 96)	*»... es folgt die Ordnung der rationalen Welt, welche in Ähnlichkeit zur natürlichen [Welt] besteht, deren Schatten sie ist, welche [die natürliche Welt] ein Bild des Göttlichen ist, dessen Spur sie ist.«*

Mit dem Hervorgehen aus der Einheit wird der Prinzipiengegensatz von ›Licht‹ und ›Schatten‹ aus der Einheit selbst erst entfaltet; im Bereich der geistigen Erkenntnis als Form der Intelligibilität des göttlichen Lichtes, in der materiellen Welt als Konkretion des Geistigen im Körperlichen. Der Schattenbegriff versinnbildlicht somit eine metaphysische Bestim-

---

10 »Neque enim natura patitur inmetiadum progressum ab uno extraemorum ad alterum: sed umbris mediantibus ...« (De umbris id., OL II 1, S. 30).

mung der mittelbaren Anwesenheit des Einen in Allem (Immanenz) wie die Transzendenz des Einen, das als unterschiedsloses Licht erst im Schatten erkennbar wird, in diesem, aber nicht in seiner reinsten Form.[11]

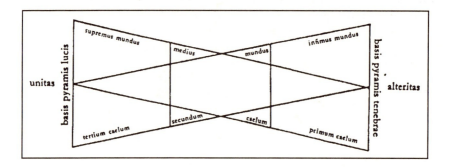

Abb.: Nikolaus. v. Kues, *De coniecturis*, Figura P.
Geometrisches Drei-Welten-Modell der göttlichen Mitteilung im Seienden, als Verschränkung von Licht und Dunkelheit dargestellt. Proportional zur Zunahme der Dunkelheit folgt die Abnahme der Lichtheit, d. h. im übertragenen Sinne: Mit wachsender Gottesferne in der Sphäre der sinnhaft-materiellen Welt wird die reine Geistigkeit verdunkelt. Gleichwohl gilt das Göttliche allen Sphären immanent, Gott, der über die Welt hinaus als transzendente Einheit zu denken ist, teilt sich dem gesamten Universum mit, jedoch in unterschiedlichem Grade an Deutlichkeit. »Gott aber ist unser Vater und Ursprung; das Gleichnis seiner wahren Sohnschaft [verae filiationis imaginem] haben wir nur im dritten Himmel, dessen Mitte und Einheit die Wahrheit selbst ist. Nur dort können wir als wahre Söhne das Reich der Wahrheit besitzen. Daher ist dies der Himmel des Verstandes [intellectuale caelum], wo die Wahrheit in ihrem Wesen hell leuchtet. Das Licht dieser Wahrheit wird dagegen im zweiten Himmel, dem der Vernunftseele [rationali caelo], durch Begriffe der Vernunft verdunkelt und durch die Mannigfaltigkeit der Meinungen verhüllt; im untersten Himmel wird es ganz undeutlich durch grobe dichte Schatten.« (De coniecturis, Cap. 12, S. 72/73)

---

11 Vgl. auch Fellmann, F.; »Bild und Bewußtseins bei Giordano Bruno«, III. Schatten der Ideen, S. 28–31, in K. Heipcke/W. Neuser/E. Wicke 1991, a. a. O.

Abb.: König. David schaut das Licht im Schatten – Gott als Weltauge.
R. Fludd, *Utriumque cosmi ... historia*, II.
»Im Schatten deiner Flügel singe ich«. König David schaut das Licht im Schatten, d. h. auch hier, nicht als solches, sondern mittelbar wird das Eine offenbar. Gemäß dem Johannesevangelium ist Gott das in der Finsternis leuchtende Licht (Joh. I, 5) bzw., wie es im Neuen Testament (Brief an Timotheus I 6, 16) heißt, wohnt er in einem unzugänglichen Licht, das kein Mensch je zu schauen vermag.
Dieser Gedanke wird etwa in der Negativen Theologie immer wieder aufgegriffen. Gott ist (geistige) Lichtheit in unerfahrbarer Absolutheit, vor jedweder Unterscheidung von Licht und Dunkel, die erst in der Ausstrahlung und d. h. in einem dualistischen Auseinandertreten erfahrbar wird.
Die Abbildung trägt wiederum die hebräischen Lettern des Gottesnamens.

3. Spiegel

Diese Verschränkung von Immanenz- und Transzendenzlehre prägt auch die metaphysische Metapher des Spiegels, die, gleich der Vorstellung des Schattens, einerseits die mittelbare Anwesenheit und Sichtbarwerdung eines als solches unerfahrbaren, unmittelbar nicht erkennbaren Lichtes versinnbildlicht, gleichzeitig aber, neben der Eigenschaft als Spiegel farbiger, klarer Abglanz eines Gespiegelten zu sein, eine aktive Qualität einbezieht.

– Der Spiegel vermag distributives Licht zu bündeln und auf einen Punkt zu reflektieren. (Vgl. archimedischer Brennspiegel, Weltenspiegel des Agrippa)

– Der Spiegel verändert das Abgebildete nicht nur in seiner seitenverkehrten Abbildhaftigkeit, sondern – hierbei ist die Entwicklung der Spiegelmachertechnik einzubeziehen, d.h. die Wirkung von Konvex-, Konkav- und Zylinderspiegeln – verdeutlicht die Metamorphose eines Gegenstandes in vielfältigen Abbildern. (vgl. die Physiognomie Giambattista della Portas)

– Der Spiegel reflektiert (biegt zurück) das einfallende Licht, d.h. wirft das Ausgesandte auf sich zurück und wird damit zur metaphysischen Metapher schlechthin zur Erklärung reflexiver Prozesse, d.h. der Selbsterkenntnis über ein Anderes, insofern das optische Phänomen der Reflexion auf eine Verbindung über den Lichtstrahl, gleich einer ›Berührung‹, verweist. Dies wird deutlich, wenn man die Vorstellungen antiker Optiktheorien einbezieht, die von einem Ausströmen von Lichtteilchen ausgehen, wobei entweder das Auge als Empfänger dieser von den Gegenständen ausgesandten Lichtteilchen (εἴδολα/atomistische Theorie) gilt oder umgekehrt das Auge selbst im Sehvorgang den Gegenstand abtastet (Empedokles) bzw. in einer Verbindung der Sende- und Empfangstheorie der Strahl des Augenlichtes sich mit den Ausstrahlungen des Gegenstandes verbindet, wie etwa in der von Platon skizzierten Sehtheorie,[12] die auch bei Bruno eine Rolle spielt. Die physikalische Vorstellung des Sehvorgangs betont damit eine direkte, berührende ›Auffassung‹ durch einen substantiell gedachten Lichtstrahl. In der neuplatonischen Lichtmetaphysik wird zwar das intelligible Licht als rein virtuelle Kraft gedeutet, so daß es als Mitteilung des Geistigen in der materiellen Welt interpretiert werden kann. Die neuplatonische Lichtmetaphysik orientiert sich aber an traditionellen Vorstellungen der Lichtausströmung zur Erklärung einer geistigen Berührung zwischen Lichtquelle und lichtaufnehmendem Organ. Insbesondere anhand des Spiegelbildes läßt sich die immaterielle Abbildung als Mitteilung geistiger Formen erklären. »Beim Übergang von der platonischen Zweiteilung des Seins in Ideen und deren Erscheinung

---

12 Vgl. die Ausführungen zum Sonnengleichnis und zur Wahrnehmungstheorie im *Timaios* sowie im *Theaitetos* a.a.O. in dieser Studie.

zu einer vielfach gestuften Seinshierarchie ersetzten die Neuplatoniker die Schattenmetapher Platons offensichtlich deshalb durch den Spiegel, weil es keinen Schatten eines Schattens, sehr wohl aber ein Spiegelbild eines Spiegelbildes geben kann.«[13]

– Der Spiegel fungiert in einer weiteren Bedeutungszuweisung als Metapher der Wahrheit. Das Spiegelbild wird nicht vorrangig als Schein- oder Trugbild aufgefaßt, das nur den Anschein getreuer Wiedergabe erweckt, sondern gilt als Instrument der Wahrheit, als moralisierende Widerspiegelung des wahren Antlitzes (z.B. als Narren- oder Vanitasspiegel), als Vorhaltung eines Beispiels (Vorbild) im negativen wie positiven Sinne (speculum virtutis). Im mittelalterlichen Schrifttum findet sich eine Fülle von Werken moralisierenden oder wissensvermittelnden Inhaltes, die als Spiegel tituliert sind. (Sachsenspiegel, speculum iudicale, speculum ecclesiae, speculum alchemicum uvm.)

– Nach ägyptischer Lehre ist die Sonne gleich einem Spiegel bzw. dieser Symbol der Sonne, dem Auge der Welt im Zentrum der Planeten.[14] Vor diesem Hintergrund sind die mittelalterlichen Planetenspiegel zu verstehen.

– Im Zusammenhang mit der Deutung des Auges als Seelenspiegel bzw. den Sehtheorien, die von der Aussendung bzw. dem Empfang von Strahlen ausgehen, steht die Spiegelung in unmittelbarer Verbindung zur Liebesliteratur.[15] Die Spiegelung im Auge des Anderen wird zum Sinn-

---

13 Grabes, H.; *Speculum, Mirror und Looking-Glass. Kontinuität und Originalität der Spiegelmetapher in den Buchtiteln des Mittelalters und der englischen Literatur des 13. bis 17. Jahrhunderts*, Tübingen 1973, S. 122.

14 Bereits dem Pythagoreer Philolaos wird nach dem Bericht des Aetios eine Lichttheorie zugeschrieben, die zwischen unsichtbarer und sichtbarer Lichtquelle unterscheidet. »Sie ist die Glasscheibe, die das Leuchten des kosmischen Feuers empfängt und die uns Licht sendet; so unterscheidet man im Himmel drei Teile: zunächst das himmlische Feuer, dann sein Leuchten und dessen Widerspiegelung wie in einem Spiegel; und schließlich die Sonnenstrahlen, die durch diesen Spiegel auf die Erde gelenkt werden: eben diese Reflexion bezeichnen wir als Sonne, sie ist nur Bild eines Bildes.« zit. n. Baltrušaitis, J.; *Der Spiegel. Entdeckungen, Täuschungen, Phantasien*, Gießen 1986, S. 80; sowie G. F. Hartlaub 1951, a.a.O., S. 195.

15 Vgl. Schleusener-Eichholz, G.; *Das Auge im Mittelalter*. Münstersche Mittelalter-Schriften, Bd. 35. München 1985. Vgl. darin die Fülle von Belegen für die Augenmetaphorik aus der mittelalterlichen Minnesang-Literatur zum Thema einer Liebesbeziehung über den ›Blick‹ in das Auge des Geliebten bzw. das Verhältnis von Auge und Seele: »ubi amor, ibi oculus« (Joh. v. Ford, zit. n. G. Schleusener-Eichholz 1985, a.a.O., S. 763). Einerseits gilt der Blick als Ausdruck einer Liebesbeziehung bzw. wird die Liebe durch das Strahlen des Auges geweckt. Diese Vorstellung wird auf die Gottesliebe übertragen. Daneben findet sich in der Minneliteratur die Spiegelung im Auge des Anderen im Sinne einer Liebesvereinigung und auch diese Vorstellung geht in die geistliche Literatur ein. Die Selbsterkenntnis im Spiegel der eigenen Seele, das Sehen des Sehens kennzeichnet die Gotteserkenntnis. »Damite so(e)llen wir alle gotzgaben in üiser herze druken, so wirt uiser herre min(n)envoll, so werdent uniser sin(n)e geoffenet und so wirt unser sele also clar, dc wir sehen in die go(e)tlichen bekantnisse, als ein mensche sin antlize besihet in einem claren spiegel« (Mechthild v. Magdeburg VII, 7, zit. n. ebda., S. 876, Anm. 148).

bild einer Vereinigung bzw. einer Aufhebung im Anderen im Sinne eines Liebestodes – so eine Deutung. Daneben gilt der ausgesandte Sehstrahl, der sich auf das Objekt des Liebesbegehrens richtet, gleich dem Pfeile Amors als ein die Liebe des anderen entzündender Blick.[16] Platon faßt im *Phaidros* die Gewinnung von Gegenliebe als einen solchen Spiegelungsprozeß. Der äußere Beweggrund der Schönheit oder des Liebreizes führt zur Erregung seelischer Liebesgefühle »und teils strömt sie [die Schönheit] in ihn ein, teils von ihm, dem Angefüllten, wieder heraus: und wie eine Wind oder Schall von glatten und starren Körpern abprallt, wieder dahin, woher er kam, zurückgetrieben wird, so geht auch die Ausströmung der Schönheit wiederum in den Schönen zurück durch die Augen, auf welchem Weg sie ihrer Natur nach in die Seele geht, und wenn sie dorthin gelangt, befeuchtet sie die am Gefieder bestimmten Ausgänge, treibt so dessen Wachstum voran und erfüllt auch des Geliebten Seele mit Liebe...[jedoch], daß er wie in einem Spiegel in dem Liebenden sich selbst beschaut, weiß er nicht.« (Phaidros, 255 c–d)

Die Liebe im Spiegel des Anderen führt auf die Selbstliebe, ist gewissermaßen Bewußtwerdung des Selbst im Anderen und im Moment dieser Abständigkeit von sich zugleich Entfachung eines Begehrens, einer Sehnsucht nach der Einheit seiner selbst. Der Narziß-Mythos steht hierfür als ein literarischer Topos, dessen Auslegungen aber sehr verschiedenartig sind, von einer Deutung im Sinne törichter Selbstverblendung zum Beleg eines Selbsterkenntnisprozesses bis hin zur Allegorie der Unerreichbarkeit des Liebeobjektes reichen.[17] So heißt es etwa bei Plotin: »So mache sich denn jener auf und folge ihr ins Innere wers vermag, und lasse das mit Augen Gesehene draußen und drehe sich nicht um nach der Pracht der Leiber wie einst. Denn wenn man Schönheit an Leibern erblickt, so darf man ja nicht sich ihr nähern, man muß erkennen daß sie nur Abbild, Abdruck, Schatten ist, und fliehen zu jenem von dem sie das Abbild ist. Denn wenn einer zu ihr eilen wollte und sie ergreifen als sei sie ein Wirkliches, so geht es ihm wie jenem – irgendeine Sage, dünkt mich, deutet es geheimnisvoll an: der wollte ein schönes Abbild, das auf dem Wasser schwebte, greifen, stürzte aber in die Tiefe der Flut und ward nicht mehr gesehen ...« (Enn. I 6 [1], 8). Die Deutung Plotins verweist auf die Erkenntnis der inneren Schönheit, die sich nicht in äußeren Trugbildern verlieren darf. In ähnlichem Sinne greift Ficino den Mythos auf[18] und auch bei Bruno heißt es im *Aschermittwochsmahl*: »Ihr gleicht dem

---

16 Vgl H. Grabes 1973, a. a. O., S. 89: »Die weltberühmte Schönheit einer vortrefflichen Frau ist für die Sterblichen schärfer als ein fliegender Pfeil. Das Auge aber ist der Weg; vom Auge abfliegend gleitet das Geschoß und macht den Weg zum Gemüt des Mannes.« (Musaeus, De Hero et Leandro, 92–95, ed. Dilthey)

17 Sicherlich darf man hierfür nicht allein die dichterische Umsetzung Ovids heranziehen. Vgl. Wesselski, A.; »Narzissus und das Spiegelbild«, In: *Archiv orientalni* 1935 6, I.

18 Vgl. Marsilio Ficino, *Über die Liebe oder Platons Gastmahl*, übers. v. K. P. Hasse, hrsg. u. eingl. v. P. R. Blum, Hamburg 1984, Oratio sexta, XVII, S. 287.

Jüngling, der sich selbst aufgab,/Vergebens sich nach dem Bilde sehnend,/Ihr gleicht dem Jagdhund, der im Fluß versank,/Als er nach seinem eigenen Bissen schnappte.« (Aschermittwochsmahl, S. 94) Für die Deutung des brunoschen Aktaion-Mythos ist dies ein wesentliches Motiv: Selbsterkentnis eröffnet den Weg zur Gotteserkenntnis und -liebe; die Suche nach dieser Schönheit darf sich aber nicht in der äußeren Jagd verlieren.[19]

Deutlich wird in jedem Falle die logische Struktur des Selbsterkenntnisprozesses in Form einer Distanzierung des Ich von sich selbst als Voraussetzung einer Selbsterkenntnis bzw. das hierdurch bewußte Erleben einer Selbstdifferenz, die das Begehren nach Einheit weckt, einer Einheit von Erkennendem und Erkanntem, gedacht gleich einer erotischen Vereinigung. In der philosophischen Tradition wird dieses Einheitsbegehren von Liebendem und Geliebtem, Erkennendem und Erkanntem auf die metaphysische Liebe zum Göttlichen übertragen. Exemplarisch hierfür die Formulierung des Cusaners in *De visione dei*[20]: »Dein Sehen, Herr, ist Lieben [videre tuum est amare], und wie Dein Blick mich so aufmerksam betrachtet, daß er sich nie von mir abwendet, so auch Deine Liebe« (De visione dei IV, S. 104/105), und: »Dein Lieben ist Sehen. [Amare tuum est videre tuum] Dein Vater-Sein ist Dein Blick, der uns alle väterlich umfaßt.« (De visione dei VIII, S. 122/123)[21]

---

19 Zwei Aspekte klingen bei Plotin bzw. in der Aufnahme des Narziß-Mythos bei Ficino wie Bruno an: die Möglichkeit der Seele, in der Wendung auf ihr innerstes göttliches Vermögen ganz der wahren Schönheit und geistigen Erkenntnis innezuwerden und andererseits die Gefahr, der Selbstschau in der flüchtigen körperlichen Erscheinung zu erliegen, die im Sinne eines Verlustes seiner selbst im Stofflichen gedeutet wird. Interessant ist vor diesem Hintergrund eine Variante des Mythos aus dem ersten Buch (»Pimander«) des *Corpus Hermeticum*. Dort begründet das Seiner-Selbst-Ansichtigwerden bzw. die Selbstverliebtheit in der Konfrontation mit der körperlichen Schönheit den ›Fall‹ des archetypischen, mit gottgleichem Vermögen begabten Menschen bzw. die Wandlung des rein geistigen Menschen zu einem ambivalenten Wesen körperlicher Gebundenheit wie Sterblichkeit und zugleich unsterblicher, geistiger Wesensbeschaffenheit. Denn, so die Darstellung im »Pimander«, indem der gottebenbildliche Mensch sich der Natur zuneigt, spiegelt diese sein Bild im Wasser und auf der Erde (Schatten) und entbrennt in Liebe für dieses göttliche Wesen. Der Mensch wiederum, sich selbst im Spiegelbild begegnend, verliebt sich in dieses, steigt aus der geistigen Sphäre in die materielle Welt hinab und vereinigt sich mit der Natur bzw. diese umfaßt ihn ganz und gar. Alle weiteren Generationen der Menschen tragen somit eine Doppelnatur körperlicher wie unkörperlicher Seinsweise in sich. Aufgabe des so ans Irdische gebundenen Menschen aber ist die innere Selbsterkenntnis, denn nur in dieser erfährt er seine göttliche Unsterblichkeit.

20 Nikolaus v. Kues; *Philosophisch-Theologische Schriften* (lat./dt.), hrsg. u. eingf. v. L. Gabriel, übers. v. D. u. W. Dupré, Band III, Wien 1989.

21 Vgl. hierzu besonders Beierwaltes, W.; »Visio facialis – Sehen ins Angesicht. Zur Coincidenz des endlichen und unendlichen Blicks bei Cusanus«, in: *Sitzungsberichte der Bayrischen Akademie der Wissenschaften*, Jg. 1988, Heft 1, S. 5–56 und ders.; »Visio Absoluta oder absolute Reflexion«, S. 144–175, in: ders.; *Identität und Differenz. Philosophische Abhandlungen*, Bd. 49, Frankfurt a. M. 1980.

Bedingung der Reflexionsfähigkeit des Spiegels sind glatte, reine Oberfläche (der Spiegel darf nicht ›blind‹ sein) und Unbefleckheit; das »Spiegelbild zeigt uns aufgrund der Reflexion nun nicht den Spiegel selbst, sondern etwas anderes, was mit dem Spiegel konfrontiert wird: Es ist Abbild eines Urbildes. Gerade weil der Spiegel kein eigenes Bild hat, kann er ›spiegeln‹, kann er ein anderes zeigen. Diese abbildende Kraft, diese Fähigkeit, im Unähnlichen das Urbild ähnlich erscheinen zu lassen, hat den Spiegel zur bevorzugten Metapher für die Begriffe Ähnlichkeit und Analogie gemacht.« (H. Grabes 1973, a. a. O., S. 120) Die Spiegelmetapher eignet sich also in besonderer Weise, um ein Urbild-Abbild-Verhältnis im Sinne einer Analogie zu formulieren; der Spiegel repräsentiert im ›farbigen Abglanz‹ ein ›Anderes‹, das unzugängliche Göttliche selbst, sei es als Spiegelung Gottes oder der Einheit in der Natur bzw. im Kosmos, als Spiegelung in der Weltseele oder der Einzelseele. Dieses Widerscheinen eines Urbildlichen im Abbildlichen bezeichnet dabei gleichermaßen die analoge Ebenbildlichkeit einer ontologischen Struktur wie die lichtmetaphysische, gnoseologische Teilhabe bzw. Aufnahme eines selbst unzugänglichen Lichtes (Geistes).

In dieser Deutung finden wir die Spiegelmetaphorik seit dem hohen Mittelalter bis ins 17. Jh. sehr häufig.

– Am Spiegelbild tritt ganz klar die Abhängigkeit des abbildenden Mediums vom Urbild hervor, eine Bedingtheit, die einseitiger Art ist und somit eine Ursache-Wirkungs-Relation im Sinne der neuplatonischen Lehre verdeutlicht. Einerseits wissen wir allein aus den Wirkungen um die Ursache, andererseits wird ohne die Annahme einer ersten Ursache die Kausalität der Wirkungen hinfällig.

– Das Spiegelbild wandelt sich unmittelbar mit dem Gegen-Stehenden und versinnbildlicht damit das Prinzip der Metamorphose bzw. in seiner Flüchtigkeit die Vanitasvorstellung.

– Ein Vorbild kann beliebig oft gleichzeitig in unterschiedlichen Spiegeln wiedergegeben werden, was, wie beim Cusaner bzw. bei Bruno, die Relativität des Betrachterstandpunktes zeigt: auch das Spiegelbild selbst kann in weiteren Spiegeln gespiegelt werden usf. und steht unter diesem Aspekt für die Kontinuität der Mitteilung eines Ersten.

Insgesamt betrachtet gilt die Spiegelmetapher im philosophischen Kontext jedoch nicht als rein rezeptives Medium. Die Fähigkeit, das Urbildliche in größtmöglicher Ähnlichkeit wiederzugeben, charakterisiert zugleich die aktive Potenz individuellen Erkenntnisvermögens.

Von Bedeutung für die Interpretation der Spiegelmetapher in der philosophischen Tradition bzw. in der Literatur ist auch die Beschaffenheit der Spiegel, auf die Bezug genommen wird. Bereits in der Antike ist der Spiegel (vornehmlich aus poliertem Metall bestehend) ein bekanntes Instrument, insbesondere als Utensil der weiblichen Toilette. Aber auch die Kenntnis von Glasspiegeln[22] läßt sich für die antike Zeit nachweisen.[23] Daneben ist es vor allem die Spiegelung im Wasser, die als Medium der Divination gilt wie überhaupt der prognostische Spiegel seit der Antike Gegenstand der Mantik ist.[24]

In der abendländischen Kultur bleiben Spiegel bis zum 11. Jh. ein eher seltenes Instrument.[25] Für das 13. Jh. lassen sich Spiegel anhand von Abbildungen in der Malerei nachweisen. Erst aus dem 15. Jh. gibt es erhaltene Spiegelfunde. In der Regel handelt es sich um metallene Konvexspiegel. Die Fähigkeit der Hinterlegung von Glasmaterial mit einer Metallegierung wird im 13. Jh. wiederentdeckt und gehört zu den gehüteten Geheimnissen (Arcana) der im 14. Jh. vor allem in Nürnberg und Venedig entstehenden Spieglerzünfte. Besonders problematisch blieb bis ins 16. Jh. die Herstellung von Planspiegeln. Im Zuge der Entwicklung der Fähigkeiten der Spieglerzünfte (vor allem in Venedig) entsteht eine Vielzahl von Spiegelformen und -typen, die als Sensation aufgefaßt wurden. Auf Abbildungen der Requisiten eines Gelehrten bzw. naturwissenschaftlichen Forschers sind daher oft optische Instrumente und Spiegel zu finden, und nicht zuletzt die Entwicklung der Abbildtechnik sowie der perspektivischen Verkürzung in der Malerei steht in engem Zusammenhang mit den Entwicklungen auf dem Gebiet der Spiegelherstellung. Vor dem Hintergrund dieser Faszination am spiegelnden Medium wird die große Verbreitung der Spiegelmetaphorik insbesondere gegen Ende des 16., Anfang des 17. Jh. verständlich.

---

22 Bei einer Reihe von mittelalterlichen Philosophen (W. v. Auvergne, Grosseteste, Bonaventura) wird Glas in seiner Klarheit geronnenem Licht gleichgesetzt. (Vgl. G. F. Hartlaub 1951, a.a.O., S. 195)

23 Zur allgemeinen Kenntnis von Spiegeln sei verwiesen auf die *Katoptrik* des Heron von Alexandrien (1. Jh. n. Chr.) bzw. auf den legendären Brennspiegeleinsatz des Archimedes (287 v. Chr.). Plinius (23–79 n. Chr.) berichtet von uhrglasgroßen Glasspiegeln in konvexer Form, die man unter Grabbeigaben gefunden habe.

24 Vgl. Ninck, M.; *Die Bedeutung des Wassers im Kult und Leben der Alten. Eine symbolgeschichtliche Untersuchung*, Darmstadt 1960.

25 Einem Pseudo-Heraklit (10. Jh.) wird ein frühes Tractat über die Herstellung von Glasspiegeln zugeschrieben. Bei dieser und weiteren Angaben beziehe ich mich auf Hartlaub, G. F.; *Zauber des Spiegels. Geschichte und Bedeutung des Spiegels in der Kunst*, München 1951; Asemissen, H. U.; *Bild und Spiegelbild*, Kasseler Universitätsreden, hrsg. v. Präsidenten der GhK, Kassel 1986; Konersmann, R.; *Lebendige Spiegel. Metapher des Subjektes*, Frankfurt a. M. 1991.

> »Est natura ab intelligentia finita, cuiusmodo nostra est, attingibilis veluti in speculo, quandoquidem tanquam consistentibus in Platonis antro rectum intuitum ad ipsum infingere non licet, sed ex adverso ad fundum antri respicientibus, non lucem sed lucis vestigium, non species et ideas sed specierum et idearum umbras licet intueri, ubi speculum constat ex diaphano corpore, in quo non liceret imaginem perspicere, nisi opacitate umbrae terminetur. Ideo eius vultum non possumus nisi in vestigiis et effectibus, qui sunt circa materiam, contemplari.«[26]

4. Natur als Spiegel

Wenden wir uns zunächst dem Aktaion-Mythos zu, einem Herzstück der brunoschen Naturphilosophie im Hinblick auf das Verhältnis von Natur und Erkenntnis.[27] Die metaphysisch gefaßte Spiegelmetapher verdeutlicht hier, in mythologischer Einkleidung, das reflexionslogische Verhältnis von erkennendem Individuum, Naturvielfalt und der alles begründenden Einheit.

In der poetischen Fassung des Aktaion-Mythos in den *Metamorphosen* des Ovid wird Aktaion, der jagende Jüngling, Opfer eines schicksalhaften Irrtums: »es wuchsen ihm widernatürliche Hörner,/Und ihr Hunde, ihr sättigt euch am Blute des Herren./Freilich, wer recht es betrachtet, wird finden, Fortuna war schuldig,/Nicht ein Frevel; wie könnte man Irrtum Frevel benennen?« (Metamorphosen III, 139 ff.) Aktaion, Nachkomme des Kadmos, nachdem er mit einer Jagdgesellschaft in den Wäldern reichlich Beute gemacht, ruft auf zur Beendigung des Beutefangs und streift durch die Wälder, ahnungslos zu einer Grotte gelangend, die, als Heiligtum der Diana, dieser zum Ort des Bades auserwählt war. Und während Diana im Kreise der Nymphen sich der Kleider entledigt und badet, tritt der Jäger, vom Schicksal hierher geführt, hinzu und erblickt die nackte Diana im Bade. Diesen Frevel des unverhüllten Anblickes straft die Göttin, indem sie den Jüngling in einen Hirsch verwandelt. Von Angst verfolgt, der Sprache aber entbehrend, irrt dieses menschliche Wild durch den Wald und wird schließlich von seinen eigenen Jagdgenossen als Beutetier verfolgt. Von der Meute der Hunde gehetzt, wird der Jäger zum Gejagten

---

26 Lampas trig. stat., OL III, S. 43.
27 Vgl. hierzu: Beierwaltes, W.; »Actaeon. Zu einem mythologischen Symbol Giordano Brunos«, in: ders.; *Denken des Einen. Studien zur neuplatonischen Philosophie und ihrer Wirkungsgeschichte*, Frankfurt a.M. 1985, S. 424–435; Böhme, H.; »Giordano Bruno (1548–1600)«, in: *Klassiker der Naturphilosophie. Von den Vorsokratikern bis zur Kopenhagener Schule*, hrsg. v. G. Böhme, München 1989, S. 117–135; Bremer, D.; »Antikes Denken im neuzeitlichen Bewußtsein«, in: *Zeitschrift für philosophische Forschung*, 34, (1980), S. 507–533.

Abb. aus Andreas Alciatus; *Emblematum libellus*, Darmstadt 1991, S. 208.

und stirbt schließlich an den Bissen der auf in angesetzten Hunde. (Vgl. Metamorphosen III, 249 ff.)

»Und sie zerreißen den Herren in der falschen Gestalt eines Hirsches./ Erst als durch zahllose Wunden sein Leben geendet, so heißt es,/ War der Zorn der Diana, der Köchergeschmückten, gesättigt.«

Der Aktaion-Mythos zählt zu den populärsten Sagenstoffen der Antike, wurde in verschiedenen Versionen überliefert und in dramatisierter Form auf der tragischen Bühne aufgeführt.[28] Hauptmotiv der Überlieferungen

---

28 Vgl. Pauly/Wissowa, Realencyclopädie der classischen Altertumswissenschaften, Band I, Stuttgart 1893, ›Aktaion‹. Ich beziehe mich im folgenden u. a. auf die dort zusammengetragenen Belege.

ist die Sage vom Jäger Aktaion, einem jungen Heros, welcher der Göttin Artemis an einer Quelle ansichtig wird und, von der Göttin in einen Hirsch verwandelt, zur Beute seiner eigenen Jagdhunde wird, die ihn zerreißen.[29] Abweichungen in den Überlieferungen des Stoffes zeigen sich vor allem in der Begründung der Verwandlung des Aktaion in einen Hirsch, d.h. in der Darstellung seines Frevels. Es heißt, er habe Semele unrechtmäßig begehrt,[30] nach Euripides frevelte Aktaion an Artemis, indem er sich rühmte, ein besserer Schütze als die Jagdgöttin zu sein. In der alexandrinischen Zeit wird die Version überliefert, die auch der Ovidschen Poetisierung zugrundeliegt: Aktaion habe die Göttin in der Mittagsglut im Bade überrascht und sei durch die Verwandlung an der Mitteilung dieses Ansichtigwerdens gehindert worden. Schließlich wird in der Tradierung des Stoffes hinzugefügt, Aktaion sei beim Anblick der Jagdgöttin in Leidenschaft verfallen. Bereits in der antiken Überlieferung deutet sich damit eine Interpretation an, die ein leidenschaftliches Gewahrwerden einbezieht und dem Verhältnis Jäger-Jagdgöttin eine erotische Dimension verleiht, die bei Ovid erst zu erahnen ist, für die Umdeutung des Mythos durch Bruno aber von entscheidender Bedeutung sein wird.

In der ursprünglichen Überlieferung der Aktaion-Sage ist es die Göttin Artemis, die der Jäger auffindet bzw. deren Zorn er zum Opfer fällt. Bereits bei Ovid aber wird Artemis mit der italienischen Göttin Diana identifiziert, die ursprünglich als Geburtsgöttin verehrt wurde, der aber in der Gleichsetzung mit der griechischen Artemis auch die Charakteristika der Jagdgöttin zugeordnet werden. Die italienische Diana (Darstellung in Begleitung einer Hirschkuh) wird vor allem auf dem waldreichen Berg Tifata verehrt, aber auch andere Waldgebiete werden zum Kultort der Göttin, der ausschließlich Männer Weihopfer bringen.[31] Das berühmteste Waldheiligtum in der Nähe des Ortes Aricia wird ›Nemus Dianae‹ genannt, ein Hain, in dem sich ein See erstreckt, den man auch ›Speculum dianae‹ nannte. »Nemus locus haud longe ab Aricia, in quo lacus

---

29 Die griechische Göttin Artemis, Zwillingsschwester des Apoll, gilt als jungfräuliche Jägerin wie als Natur- und Fruchtbarkeitsgöttin.

30 Semele, eine Tochter des Thebaners Kadmos, zeugte mit Zeus einen Sohn (Dionysos); indem sie Zeus in Gottesgestalt zu sehen verlangte, wird sie von seinem Blitzschlag getötet.

31 Der Priesterkult der Diana wird als ein mörderisches Ritual überliefert. Demnach soll der jeweilige Priester der Diana (›rex Nemorensis‹), wobei es sich um entflohene Sklaven handelte, jeweils so lange sein Amt innegehabt haben, bis er durch einen anderen Flüchtling zum Zweikampf herausgefordert wurde. Dieser Zweikampf endete mit der Tötung eines der beiden Kontrahenten, so daß das Priesteramt in die Hand des Siegers überging. Vgl. *Reallexikon für Antike und Christentum*, Bd. III, hrsg. v. Th. Klauser, Stuttgart 1957, Sp. 964.

est, qui speculum Dianae dicitur ....«[32]. (Dieser ›Wasserspiegel‹ wird ein für die brunosche Darlegung des Mythos nicht unwesentlicher Aspekt sein.)

Und schließlich sei eine weitere Bedeutung der Göttin Diana erwähnt, d. i. ihre Bestimmung als Göttin des Leuchtens (Diana Lucifera/lat. dius = göttlich schön, glänzend; Nebenform von ›divus‹), d. h. als das Licht widerstrahlende Göttin, die in dieser Charakterisierung, wie es Inschriften zu entnehmen ist, auch als Mondgöttin verehrt wird. Seit jeher wird dem Mond ein großer Einfluß auf Klimatologie und Erdenleben zugeschrieben (Wachstumsperioden, Krankheitsverlauf, Feuchtigkeitshaushalt und Kälte). Im Verhältnis zur ätherisch-feurigen Sonne ist der Mond Planet der Feuchtigkeit und der Kälte. Seine Humidität und Kühle machen ihn zum empfänglichen Mittler der Kraft der Sonne, in seiner Wasserhaltigkeit spiegelt er das Licht der Sonne, so die alte Vorstellung, und ist Mittler zwischen sub- und supralunarer Welt.

Die Vermittlerfunktion des Mondes (Diana/Luna) im Verhältnis zur Sonne (Sol/Apoll) im Sinne eines Widerstrahlens der intelligiblen Lichtheit, des Sichtbarwerdens des hellsten Lichts im Mondspiegel ist eine lichtmetaphysische Analogie der ›mittelbaren‹ Selbstmitteilung des Einen, die nicht nur in neuplatonischen Schriften (Plotin, Proklos u. v. m.) bestimmend wird, sondern auch, in Rekurs auf neuplatonische Grundlagen, Schriften der frühen Neuzeit durchzieht.[33]

Parallel zu diesen Deutungen einer lichtemanativen Einheitsmetaphysik bzw. gleichzeitig mit diesen impliziert ist das Verhältnis von Sol und Luna, dem trocken-heißen Sonnenlicht (männliches Geistprinzip) und dem feucht-kalten Mond (weiblich-materielles Prinzip), insbesondere vor dem Hintergrund der hermetisch-alchemistischen Tradition zu sehen. In Marsilio Ficinos Teilübersetzung des *Corpus Hermeticum*, dem sogenannten *Pimander* heißt es: »Divina docere nequit, qui non didicit, ac humano ingenio, quae supra naturam sunt, invenire non possumus. Divino itaque opus est lumine, ut solis luce solem ipsum intueamur. Lumen vero divinae mentis nunquam infunditur animae, nisi ipsa, ceu luna ad solem, ad dei mentem penitus convertatur.« (»Göttliches zu lehren vermag nicht, wer [es] nicht gelernt hat, und mit dem menschlichen Ingenium [können wir das], was über die Natur hinausgeht, nicht eingehen/es nicht erfahren. Man bedarf deshalb des göttlichen Lichtes, damit wir mittels des Lichtes der Sonne die Sonne selbst anschauen. Das Licht aber des göttlichen Geistes wird der Seele aber niemals zuteil, wenn nicht sie

---

32 Zit. n. Pauly/Wissowa, Realencyclopädie der classischen Altertumswissenschaften, Bd. 9, ›Diana‹, Stuttgart 1903, S. 328.
33 Vgl. auch Plotin, Enn. V 6, 4; Proclos, In Plat. rep. I; Ficinos *Liber de Sole et lumine* sowie Petrus Bungus, *Numerorum Mysteria*, ed. 1983, S. 127 belegen die weite Verbreitung dieser Lichtanalogie.

selbst, gleich wie der Mond zur Sonne, zum Geist Gottes ganz und gar im Innersten umgebogen würde.«)[34]

So wie der Mond zur Sonne, ist die Weltseele Spiegel des göttlichen Geistes, wird sie vom göttlichen Licht durchdrungen, dessen Quelle sich der Erfahrbarkeit entzieht und sich nur im Widerschein visualisiert, und in diesem Sinne heißt es auch an anderer Stelle, »est enim natura velut liberynus divinitate plenus, divinorumque speculum.« (Pimander, ebda., 115) In der beseelten Natur spiegelt sich das Göttliche wie die Sonne im Mond. Neben diesen lichtmetaphysischen Bedeutungen der Gegenüberstellung von Sonne und Mond sind vor allem die alchemistischen Implikationen hervorzuheben. Exemplarisch sei hierfür etwa der Wortlaut der sogenannten *Tabula smaragdina* angeführt, worin nicht nur die Entstehung der Welt aus einem Ersten und die Entsprechung von Mikro- und Makrokosmos angesprochen sind, sondern die Genesis der Welt auf eine Vereinigung von Sonne und Mond zurückgeführt wird. »Pater eius est Sol, mater eius est Luna. Portavit illud ventus in ventre suo; nutrix eius terra est. Pater omnis telesmi totius mundi est hic, virtus eius integra est, si versa fuerit in terram.«[35] Aus der Vermählung des männlichen und weiblichen Prinzips entsteht die Welt, ausgetragen in der Gebärmutter des Windes, genährt von der Erde. Dieses Motiv der ›coniunctio‹ wird nicht nur im philosophischen Sinne, sondern ebenso in der praktizierten Alchemie Grundgedanke der Erreichung gottgleicher Schöpfungs-

---

34 Marsilio Ficino; *Argumentum Marsilii Ficini Florentini in Librum Mercurii Trismegisti, ad Cosimum Medicem*; in: Iamblichos Chalcidensis; *De mysteriis Aegyptiorum, Chaldaeorum, Assyriorum*, Venetis 1516, S. 112. Der Band enthält eine Sammlung neuplatonisch-hermetischer Schriften in der Übersetzung Ficinos. Bruno hat diese Schrift offensichtlich rezipiert, zumindest weist er in den *Heroischen Leidenschaften* darauf hin. Vgl. dazu HL I./II., S. 43.

35 Vgl. Schmieder, K. C.; *Geschichte der Alchemie*, Halle 1832, S. 28 ff. Obwohl die legendäre *Tabula smaragdina* (der Originaltext ist nicht erhalten) angeblich in einem ägyptischen Grabe gefunden wurde und als Vermächtnis des Hermes Trismegistos geltender Kern der Hermetik (nämlich als vermeintlich smaragdene Tafel mit Inschrift), über Jahrhunderte als eines der wichtigsten Dokumente der hermetischen Lehre ist, scheint die Überlieferung des aenigmatischen Schriftstückes über mündliche Weitergabe verlaufen zu sein. Eine schriftliche Niederlegung und Kommentierung existiert erst seit der lateinischen Ausgabe durch den Philosophen Hortulanus (Joannes Garlandia); erste Drucklegungen dieser kommentierten Fassung der Tabula datieren auf das Jahr 1541: *Hermetis Trismegisti Tabula smaragdina, in ejus manibus in sepulchro reperta, cum commentatione Hortulani*, in: *Volumen tractatuum scriptorum rariorum de Alchymia*, Norimbergae 1541, und 1566: *Tabula smaragdina cum commento Hortulani*, in: *Ars chemica, quod sit licita recte exercentibus, probationes doctißimorum iuris consutorum*, Argentorati 1566. In dieser Ausgabe sind u. a. enthalten »Septem Tractatus seu capitula Hermetis Trismegisti, aurei«, »Eiusdem Tabula Smaragdina in ipsius sepulchra inventa, cum commento Hortulani Philosophi« und »Studium Consilii coniugii de massa Solis et Lunae.« Auch in Francisco Patrizis *Magia philosophica Zoroastris et Hermetis ...*, Hamburgi 1593 ist die Tabula smaragdina nachzulesen. Weitere Publikationen sind jüngeren Datums.

kraft.[36] Die Vereinigung des Prinzipiengegensatzes in der sogenannten chymischen Hochzeit gilt als Voraussetzung der Erlangung des Steins der Weisen. Dabei ist parallel zum alchemistischen Prozeß (coagere et solvere) einer stufenweise praktizierten Gewinnung höchster Lauterkeit und eines katalysierenden Eingreifens in die Reifung des metallischen Samens die innerseelische Wandlung des Adepten (philosoph. Gold) von wesentlicher Bedeutung. Die Hochzeit von Sonne und Mond (ἵερος γάμος) ist im übertragenen Sinne (gemäß der Entsprechung inneren und äußeren Wandels) die Erlangung eines höchsten Weisheitsgrades bzw. metaphysisch ausgedrückt, eine Koinzidenz der Gegensätze.

Über das Verhältnis von Sonne und Mond heißt es in dem erwähnten *Studium consilii coniugii de massa Solis et Lunae* im Anschluß an die *Tabula smaragdina*: »Sol dicitur quasi super omnia lucens, Luna quasi luce lucens aliena, qui ipsa non lucet de se, sed omnem splendorem suum a sole mutuat.« (in: Ars chemica 1566, S. 57) Auch hierin – ähnlichlautende Passagen ziehen sich durch die gesamte hermetische Literatur – drückt sich das komplementäre Verhältnis von Sonne und Mond im metaphysischen Sinne aus. Die Sonne, die auch als »mundi oculus« (ebda.) bezeichnet wird, die erst im Widerschein des Mondes (»Luna ... domina humiditatis«, ebda.) offenbar wird, sich vermittels des Mondes mitteilt.

Zurück zur brunoschen Bearbeitung des Aktaion-Mythos. Die einleitenden Ausführungen mögen verdeutlicht haben, daß es hier nicht genügt, allein die Ovid'sche Fassung des antiken Stoffes im Auge zu haben. Neben mythologiegeschichtlichen Implikaten sind vor allem die vielschichtigen Bedeutungen des Dualismus Sonne – Mond in metaphysischer, platonisch-neuplatonischer, hermetischer und alchemistischer Bedeutung mitzudenken, auf die Bruno vermutlich indirekt anspielt.

Geht es in der Ovidschen Poetisierung des Sagenstoffes um eine körperliche Metamorphose, d.h. die Verwandlung des Jägers in die Hirschgestalt als Bestrafung für seinen Frevel, der unverhüllten Göttin im Bade begegnet zu sein, thematisiert Bruno eine Metamorphose des Geistes. Die gesamte Jagdgeschichte wird zu einer Allegorie einer geistigen Suche,

---

36 Für die alchemistische Tradition birgt die *Tabula smaragdina* in rätselhafter Umschreibung eine Einweisung in die Herstellung des Steins der Weisen über die Vereinigung des männl. Prinzips Schwefel (der gleichzeitig für die Sonne, für das Gold bzw. für den Geist steht) und des weibl. Prinzips Quecksilber (welches für den Mond, das Silber und die Seele steht); gleichsam der Weg einer Wiederverschmelzung eines ursprünglich, in einem göttlichen, androgynhaften Wesen unterschiedslos vereinten Dualismus. Die gnostische Sexualsymbolik bildet hierbei einen wesentlichen Hintergrund.

einer ›Jagd nach Weisheit‹[37], der Jäger ein von Leidenschaft verzehrter, vom begehrenden Verlangen umgetriebener Weisheitssucher. Er ist ein Heros im Sinne eines vom Eros entzündeten Philosophen,[38] denn die »Leidenschaften, von denen wir hier reden und die wir hier in ihrem Verlauf beobachten, sind kein Vergessen, sondern ein Erinnern. Sie sind kein sich Gehenlassen, sondern Liebe und Sehnsucht nach dem Guten und Schönen. Es ist also ein Bemühen um Vollkommenheit, indem man seine Gestalt verwandelt und jenem ähnlich wird. Es ist kein Hingerissenwerden mit den Fallstricken tierischer Triebe unter dem Einfluß eines schändlichen Schicksals, sondern ein von der Vernunft gelenkter Impuls, der danach strebt, das ihm bekannte Gute und Schöne mit dem Verstand zu begreifen. Dem Guten und Schönen will er gefallen, indem er ihm ähnlich wird.«[39]

Die Weisheitssuche des philosophischen Jägers, unterstützt und begleitet von den Hunden des Verstandes und des Willens bzw. des erotischen Begehrens nach dem Guten, nimmt ihren Anfang in der Vielfalt der sinnlich wahrnehmbaren Naturvielfalt, in der sinnfälligen, unendlichen Mannigfaltigkeit und Schönheit des extensiven Universums, die gleichsam Widerschein einer geistigen Schönheit ist, insofern wir »in dieser Welt ... Gott nur in seinem Schatten und Spiegel sehen können (HL I. T./ III. D., S. 57) ... An diesen Erscheinungen und Gleichnissen nun weidet

---

37 Die philosophische Jagd ist eine Allegorie, die nicht nur bei Platon vielerorts aufgegriffen wird, sondern Bruno insbesondere durch Nikolaus von Kues *De venatione sapientiae* vertraut sein dürfte. Vgl. auch die erotische Jagd bzw. das ›Fallenstellen des Liebenden‹ bei M. Ficino: »Diese große Gabe stammt von dem Überflusse, dem Erzeuger des Eros; denn der Lichtstrahl der Schönheit, welcher Fülle und Vater der Liebe ist, besitzt das Vermögen, dahin zurückzustrahlen, woher er ausging, und hierbei reißt er den Liebenden mit sich. Dieser Lichtstrahl geht ursprünglich von Gott aus durch den Engel und die Seele, wie durch Glas, hindurch, um dann von der Seele aus in deren zu einem Empfang bereiten Körper einzudringen. Aus diesem schönen Körper leuchtet er dann hervor, und zwar besonders aus den Augen wie aus durchsichtigen Fenstern. Sogleich durcheilt er die Luft, dringt in die Augen des ihn Anschauenden, trifft die Seele und entzündet in ihr das Verlangen. Die verwundete Seele und das entzündete Verlangen führt er dann zur Heilung und Erquickung, indem er sie mit sich an den Ort zieht, woher er ausgegangen ist, und zwar in einer bestimmten Stufenfolge, nämlich zuerst zum Körper des Geliebten, dann zu der Seele, darauf zum Engel und schließlich zu Gott, dem Urquell des beschriebenen Lichtstrahles. Dies nenne ich eine ersprießliche Jagd!« (M. Ficino, Über die Liebe ..., Oratio sexta, X., S. 241)

38 Vgl. die Studie zum platonischen Begriff der ›Liebe zur Weisheit‹ von Heinemann, G.; »Philosophie und sokratische Weisheit«, in: Givsan, H./Schmied-Kowarzik, W.-D. (Hrsg.); *Reflexionen zur geschichtlichen Praxis. Helmut Fleischer zum 65. Geburtstag*, Würzburg 1993, S. 217–250.

39 HL I./III., S. 50; Dial. it., S. 987 f.: »Questi furori de quali noi raggioniamo, e che veggiamo messi in executione in queste sentenze, non son oblio, ma una memoria; non son negligenze di se stesso, ma amori e brame del bello e buono con cui si procure farsi perfetto con trasnsformarsi <sic> ed assomigliarsi a quello ... un impeto razionale che siegue l' apprension intellettuale del buono e bello che conosce, a cui vorebbe conformandosi parimente piacere ...«.

sich der menschlichen Intellekt in dieser niederen Welt, solange es ihm nicht erlaubt ist die Schönheit mit reineren Augen zu erblicken.« (Ebda.) Zwar gilt die sinnlich wahrnehmbare Natur als Gleichnis und Abglanz des Göttlichen, hiermit ist jedoch keine Degradierung der Erscheinungswelt oder gar eine weltverneinende Haltung ausgedrückt. Die Natur in ihrer wahrnehmbaren Mannigfaltigkeit und Schönheit ist würdiges Abbild des Göttlichen, in ihrer unendlichen Vielfalt aber für den messenden Verstand nicht auszuschöpfen, nicht im Ganzen bzw. als Ganzheit und Einheit zu begreifen, denn immer sieht die Seele.»Daß jenes Ganze, das sie besitzt, ein meßbares Ding ist und deshalb für sich als solches nicht genügen kann, weder gut noch schön ist. Es ist nämlich nicht das All, nicht das absolute Sein, sondern ein kontrahiertes Sein, das als eine bestimmte Natur, Erscheinung [ma contratto ad esser questa natura, ad esser questa specie] und Form dem Intellekt und der Seele präsentiert wird. Immer also schreitet sie vom begriffenen und folglich meßbaren Schönen, das somit als Teil vom Ganzen schön ist, zu dem weiter, was wahrhaft schön ist, keinen Rand und keinerlei Umschreibung hat.« (HL I./IV., S. 69; Dial. it., S. 1012)

Die äußere Natur im Sinne Brunos ist extensives Universum, aktualisierte Unendlichkeit, die sich für den definierenden (eingrenzenden) Verstand niemals erfassen läßt; entsprechend ist auch ihr geistiges Prinzip, das sich in den Erscheinungen gleichnishaft offenbart, Gegenstand einer unendlichen Suche. Der Naturbegriff ist also nicht auf eine äußere Erscheinungswelt begrenzt, sondern schließt in sich ein seelisch-geistiges Prinzip des je Einzelnen sowie eine Verbundenheit und innere Verwobenheit des Vielen zur Ganzheit als Spiegel der Einheit. Die äußere Erscheinungswelt, die das erkennende Individuum, insofern es nicht imstande ist, das Unendliche auf einmal zu umfassen, immer nur in Ausschnitten und perspektivischen Verengungen sieht, wie durch »Ritzen und Fenster« (HL II.T./II.D., S. 168), ist dem geistigen Universum nicht nur in ihrer unendlichen Vielfalt ebenbildlich,[40] sondern Offenbarung der inneren Vollkommenheit in nach außen tretender Schönheit und in diesem Spiegelcharakter eines Inneren Gegenstand der Liebe zur göttlichen Schönheit.»Diese [die göttliche Schönheit] teilt sich zuerst den Seelen mit, leuchtet in ihnen wieder und teilt sich von ihnen aus oder richtiger durch sie den Körpern mit: deshalb liebt das reife Gefühl den Körper

---

[40] Gleichsam wie eine Vielzahl von Facetten der Abbildung einer immanenten Einheit. Bruno spricht an anderer Stelle auch von Spiegelsplittern, die zwar nur umgrenzte Teilbilder sind, dennoch ist aber in jedem noch so kleinen Splitter das Ganze ungeteilt gegenwärtig, d.h. jeder körperlichen Individuation ist die Einheit potentiell uneingeschränkt immanent: »...in physico idearum vestigia materiae dorso imprimit, velut unicam imaginem secundum speciem numero adversorum speculorum multiplicans ...« (»In der physischen Welt prägt es die Spur der Ideen dem Rücken der Materie ein, gleichsam das eine Bild nach der Anzahl der gegenübergestellten Spiegel der Gestalt nach vervielfältigend ...«; Sigillus sig., OL II 2, S. 203).

oder die körperliche Schönheit nur, insofern sie ein Verweis auf geistige Schönheit ist. Das, was uns überhaupt in einen Körper verliebt macht, ist gewissermaßen die geistige Idee, die wir in ihm erkennen. Diese nennt man Schönheit und sie besteht also nicht in größeren oder kleineren Maßen, nicht in bestimmten Farben oder Formen, sondern in der Harmonie und Zusammenstimmung der Glieder und Farben. Die äußere Schönheit steht in fühlbarer Übereinstimmung mit der geistigen Schönheit, jedenfalls für besonders scharfe und durchdringende Sinne.« (HL I./III., S. 53; Dial. it., S. 995 f.)[41] Die Liebe zur äußeren Schönheit bereitet den Weg zur geistigen Schönheit und Wahrheit, sie ist keine Entdeckung eines gänzlich unbekannten Terrains, sondern ein Wiederfinden, eine Erinnerung an etwas, was jedem Seienden über die Beseelung bzw. der Natur als Ganzheit über die *anima mundi* innewohnt. Diese ›Teilhabe‹ ist einerseits Voraussetzung, überhaupt etwas als ›schön‹ (im metaphysischen Sinne) wahrzunehmen, insofern gilt, daß ›Gleiches nur durch Gleiches‹ erkannt werde; andererseits bedarf es aber der körperlichen Schönheit als eines spiegelbildlichen Gegenübers, um in diesem ›Anderen‹ seiner selbst gewahr zu werden (wie etwa im Narzißmythos).

Und so sieht der Jäger »zwischen den Wassern den schönsten/ Körper, das schönste Gesicht, das Mensch und Natur je/wohl zu sehen vermögen, in Purpur und Alabaster und feinem Gold ...« (HL IV./IV., S. 64; Dial. it., S. 1005) Im unwegsamen Dickicht seiner intellektuellen Suche erlebt der Jagende augenblickhaft das Göttliche »im Spiegel der Gleichnisse« (ebda., S. 65), d. h. im Wasser, dem Spiegel der Natur, sieht er die ›nackte Diana‹, d. h. die lautere, ungetrübte, göttliche Wahrheit und wandelt sich im Augenblick dieser Erkenntnis in das Gesuchte, wird Beute seines Jagdbegehrens. Der Prozeß der Wahrnehmung des Göttlichen im Wasserspiegel ist zugleich Metamorphose seiner selbst, Erkenntnis seiner eigenen Göttlichkeit, Rückzug aus der äußeren, sinnfälligen Vielfalt auf seine innere, geistige Gottähnlichkeit auf dem Grunde der Seele. Die Seele ist hier, ganz in neuplatonischer Tradition bzw. deren Weiterführung im Florentiner Neuplatonismus, Mitte und Vermittlung zwischen äußerer und innerer, körperlicher und geistiger Welt. Um so mehr sie sich von der Materialität bzw. körperbedingten Affektionen zurückzieht, desto mehr konzentriert sie sich auf ihre Gottähnlichkeit, ihre göttliche intellektuale Potenz.

Die geistige Verschmelzung mit dem Objekt der erotischen Begierde ist eine Auflösung der Differenz im Sinne einer Ähnlichwerdung mit dem Ziel einer Einswerdung. »Er sah sich verwandelt in das, was er suchte, und er merkte, daß er seinen Hunden, seinen Gedanken selbst zur ersehnten Beute wurde. Weil er nämlich die Gottheit in sich zusammengezogen hatte, war es nicht mehr notwendig, sie außerhalb seiner zu

---

41 Auf die Verbindung zum platonischen *Symposion* bzw. die Kommentierung dieser Schrift von Ficino habe ich bereits an anderer Stelle hingewiesen.

suchen.«[42] Die Suche des Intellektes nach der Wahrheit mündet in eine Selbsterkenntnis – im Bild ausgedrückt – der Jäger wird zum Hirschen, d. h. zur Beute und damit zum Jagdopfer seiner eigenen Hunde, wird von diesen zerrissen (in seinem individuellen Dasein aufgelöst) und getötet (aus dem Leben raum-zeitlicher Abhängigkeiten augenblickhaft befreit). Die ungeheure Mächtigkeit des Eros bzw. die bedingungslose Selbstaufgabe des Weisheitssuchenden erscheint in der brunoschen Aufnahme des Mythos anhand des sich selbst zerfleischenden, grausam verschlungenen Jägers in einer Drastik[43], die in extremer Weise die paradoxe Situation des von Leidenschaft ›verzehrten‹ Philosophen vor Augen führt. Die Liebe bewirkt hier nicht nur die permanente Anspannung in Gleichzeitigkeit von Entzücken und Qual (»Hunc et Orpheus γλυκύπικρον, id est, dulce amarum nominat«, wie es bei Ficino heißt; Über die Liebe, Orat. II, VIII, S. 66), sondern ist in letzter Konsequenz der Tod des Selbst, eine Auflösung des Ich, die zugleich Aufgehen und Leben in einem Anderen ist: »In lebendem Tod totes Leben lebe ich!«[44] Die Zerrissenheit des Liebenden in selbstquälerischem Schmerz und leidenschaftlichen Begehren, wie sie bei Bruno als schicksalhafte Wirkung eines unbedingten Eros (»immer so grausam und so schön; / dies mein edles Licht / martert mich immer und gefällt immer mir«; HL I./V., S. 100) dargestellt wird, ist eine Sehnsucht, die niemals Sättigung erfährt (vgl. HL II./III., S. 179), ein unstillbares Begehren, das nach einer Vereinigung im ›Todeskuß‹ begehrt. (Vgl. HL I./IV., S. 68)[45] Insbesondere anhand der Schrift Ficinos läßt sich der Grundgedanke des brunoschen Aktaion bzw. die Tragweite der erotischen Hingabe verstehen. Die Auflösung bzw. der Tod um den Preis eines Fortlebens im Geliebten ist zunächst Aufgabe des Selbst, eine Selbstvergessenheit, der jedoch ein zweifaches Leben folgt, d. h. von einem Eingehen in den Anderen (Differenz) zu einer höheren Form von Selbsterkenntnis führt (Einswerdung), die zugleich Gotteserkenntnis ist. »Denn es stirbt, wer da liebt, einmal in sich, indem er von sich selber läßt. Er lebt dann in dem Geliebten wieder auf,

---

42 HL I./IV., S. 66; Dial. it., S. 1008: »perché già avendola contratta in sé, non era necessario di cercare fuor di sé la divinità.«

43 H. Böhme 1989, a. a. O., S. 126 verweist in diesem Zusammenhang auf schamanistische Opferrituale. Preis der Erkenntnis ist der grausame Tod. – Auf den überlieferten Priesterkult der Diana habe ich im Vorigen hingewiesen.

44 HL I./II., S. 43; vgl. hierzu die chiastischen Paradoxa Heraklits im ersten Teil dieser Studie.

45 In der Paradoxie der Situation liegt zugleich die Intensität der Anspannung. In dieser Weise formuliert Ficino das unheilvolle Glück des Liebenden: »Darum haßt und liebt man die schönen Personen zugleich. Man haßt sie als Räuber und Mörder [fures et homicidas]; man liebt und verehrt sie als Spiegel, aus welchem das himmlische Licht widerstrahlt ... Du möchtest dich nicht in der Gesellschaft deines Mörders befinden, und doch möchtest du nicht leben ohne seine beseligende Gegenwart.« (Über die Liebe, Orat. sexta, X, S. 250/251)

wenn dieser ihn mit der Glut seines Denkens aufnimmt. Ein zweites Mal aber lebt er auf, indem er sich endgültig im Geliebten wiedererkennt, frei von allem Zweifel, mit ihm identisch zu sein [et amatum se esse non dubitat].« (Über die Liebe, Orat. sec., VIII, S. 70/71) Diese Sehnsucht nach der Auflösung im Geliebten als der Innewerdung des Göttlichen ist es, die den brunoschen Jäger umtreibt.

In dem im Aktaion-Mythos angelegten selbstreflexiven Erkenntnisvorgang, der Rückkehr des Denkens auf sich selbst – »ich schickte meine Gekanken aus/ nach erlesener Beute, und sie, zu mir zurückgekehrt, geben mir den Tod mit grausamen wilden Bissen« (HL I.T./IV.D., S. 64) – wird die Erkenntnis in sich aufgehoben, von ihren eigenen Gedanken verschlungen, wird sie sich des Innersten, der unendlichen Natur im Augen-Blick (vicit instans) bewußt, »indem das Subjekt nicht mehr von seiner verhärteten Oberfläche das eindringende Licht zurückwirft, sondern durch Hitze und Licht erweicht und bezwungen in seiner ganzen Substanz lichtvoll und selbst ganz zu Licht wird...«[46] Bruno charakterisiert damit den ›Versuch‹ oder den ›angestrebten Prozeß‹, des Göttlichen gewahr zu werden. Eine Bewußtwerdung, die aber zugleich eine Bewußtlosigkeit ist, insofern diese intensive Unendlichkeit sich dem Fassungsvermögen des Intellektes entzieht, denn das absolut transzendente Eine wird nicht ›gedacht‹, sondern im Übersteigen des Denkens als höchste Stufe der Verähnlichung erfahren, die die Gegenständigkeit im unterschiedslosen Umfangen-Sein vom göttlichen Licht aufhebt. Im Innersten seiner Seele geht der individuelle Intellekt ganz auf in der unermeßlichen Lichtheit der immanenten Einheit, verliert sich selbst im Augenblick ganz im Einen und erfährt im Eingehen, das zugleich ein Aufgehen seiner selbst im Anderen ist, in der immanenten Lichtheit den transzendenten Grund. Und so ist zwar der menschliche Intellekt in jener augenblickhaften Schau, einem Sehen von Angesicht zu Angesicht, ganz vom göttlichen Lichte erfüllt, selbst Lichtheit und darin göttlich, doch in gewisser Weise immer noch unendlich weit von der Quelle der blendenden Helle selbst entfernt. »Niemand hält es nämlich für möglich, die Sonne zu schauen, den universellen Apoll, das absolute Licht in seiner höchsten und vorzüglichen Erscheinung: Wohl aber seinen Schatten, seine Diana, die Welt, das Universum, die Natur in den Dingen, das Licht in der undurchsichtigen Materie, also das in der Finsternis leuchtende Licht.« (HL II./II., S. 167)

Aufgabe des Menschen ist aktive Konzentration auf die Geistwerdung in der intellektuellen Liebe, »die nur Augen für eine bestimmtes einziges Objekt hat, dem sie sich zuwendet, von dem ihr Erfassen erleuchtet wird

---

46 HL II./I., S.146; Dial. it., S. 1099: »percioché l'adamantino suggetto non ripercuota dalla sua superficie il lume impresso, ma, rammollato e domato dal calore e lume, vegna a farsi tutto in sustanza luminoso, tutto luce, con ciò che vegna penetrato entro l' affetto e concetto.«

und ihr Gefühl in Brand gesteckt wird.« (ebda., S. 96 f.) Von der Intensität der individuellen Zuwendung hängt es ab, in welchem Maße sich das intellektuelle Vermögen im Menschen verwirklicht – das Licht selbst teilt sich stets in gleicher Weise mit. »Solange der Intellekt im Menschen nur dem Vermögen nach da ist, geht diese Intelligenz bald unter, nämlich dann wenn sie nicht tätig wird, und bald steigt sie sozusagen aus dem Tal, d. h. erhebt sich aus der verborgenen Hemisphäre und zeigt sich sichelförmig oder voll ...« (Ebda., S. 101) Die menschliche Seele vermag gleichsam selbst zum ›Mond‹ zu werden, wenn sie, sich aus aller Vielheit zurückziehend, ganz auf die Wahrheit des Einen sich ausrichtet. »Alle Intelligenzen werden durch den Mond symbolisiert, insofern sie teilhaben an Akt und Potenz, also materiell am Licht teilhaben, indem sie es von einem anderen empfangen. Ich meine, sie sind aus sich selbst und ihrer Natur nach keine Lichter, sondern nur im Hinblick auf die Sonne, welche die erste Intelligenz ist, das reine und absolute Licht wie auch der reine und absolute Akt ... Außerdem steht der Mond auch als Symbol für die Substanz unserer Seele, die auf der Hälfte ihrer höheren Potenzen glänzt, weil sie dem Licht der intelligiblen Welt zugewandt ist und auf der Seite der niederen Potenzen dunkel bleibt, weil sie dort mit der Leitung über die Materie beschäftigt ist.« (HL I. T./V. D., S. 102)

Ganz in der Lichtheit des Ersten geborgen, bleibt die Quelle des Lichtes oder der transzendente Grund der unendlichen Natur selbst dem Suchenden in gewisser Weise verborgen, denn indem er in sein Innerstes eindringt, erfährt er »daß Gott nah ist, mit ihm und in ihm, mehr als er es selbst sein kann, da er die Seele der Seelen, das Leben der Leben, die Essenz der Essenzen«[47] ist. Die Reflexion auf das göttliche Sein selbst, das Erleben der intensiven Unendlichkeit und damit die Schau der unendlichen Einheit der Natur, gleichsam das Aufgehen der partikularen Seele in der Weltseele, läßt den Suchenden ganz in der Kraft des universalen Intellektes aufleuchten, sofern er Vermögen der Weltseele ist. In diesem unendlichen Vermögen, der intensiven Unendlichkeit, bleibt aber das absolute Eine zugleich unermeßlich weit entfernt, denn indem das erkennende Individuum ganz in der Lichtheit aufgeht, wird es von einem Lichte umfaßt, welches sich selbst aber niemals verstehend erfassen läßt.

»So verschlingen die Hunde, die Gedanken an göttliche Dinge, diesen Aktaion, so daß er nun für das Volk, die Menge tot ist, gelöst aus den Verstrickungen der verwirrten Sinne, frei vom fleischlichen Gefängnis der

---

47 HL I./I., S. 135 f.; Dial. it., S. 1087: »... ma venir al più intimo di sé, considerando che Dio è vicino, con sé e dentro di sé più ch'egli medesimo esser non si possa ...«. Die Formulierung, Gott sei den Dingen innerlicher als diese sich selbst, greift Bruno an verschiedenen Stellen wieder auf. Vgl. auch Lampas trig. stat., OL III, S. 41: »Magis intrinsecum est rerum substantiae, et intimius in omnibus ac singulis, quam omnia ac singula esse possunt in se ipsis« sowie Summa term., OL I 4, S. 73.

Materie. Deshalb braucht er seine Diana[48] nun nicht mehr gleichsam durch Ritzen und Fenster zu betrachten, sondern ist nach dem Niederreißen der Mauern ganz Auge mit dem gesamten Horizont im Blick [tutto occhio a l' aspetto de tutto l' orizonte]. Er schaut alles wie eines, sieht nicht mehr in Unterschieden und Zahlen, was durch die Verschiedenheit der Sinne, die gleichsam verschiedene Ritzen sind, zu einer Verirrung beim Sehen und Begreifen führt. Er sieht Am-phitrites, den Quell aller Zahlen, aller Erscheinungen, aller Seinsgründe. Sie ist die Monade, die wahre Wesenheit im Sein aller Dinge. Und wenn er sie auch nicht in ihrer Wesenheit sieht, so sieht er sie in dem, was sie hervorbringt. Das ist ihr ähnlich und ihr Abbild, denn aus der Monade, die die Gottheit ist, entsteht diese Monade, die die Natur, das Universum, die Welt ist. Dort schaut und spiegelt sie sich wie die Sonne im Mond [dove si contempla e specchia, come il sole nella luna, mediante la quale ne illumina], durch den sie uns erleuchtet, während sie selbst sich in der Hemisphäre der geistigen Substanzen befindet. Diese zweite Monade ist Diana, das eine Seiende selbst, das Seiende Wahre selbst, die wahre begreifbare Natur, in die Sonne und Glanz der höheren Natur einströmen, denn die Einheit ist geschieden in erzeugte und erzeugende oder hervorbringende und hervorgebrachte [che la unità è destinta nella generata et generante] ...«[49]

Die Natur, und zwar in einem umfassenden Begriff extensiver wie intensiver Unendlichkeit ist ›Spiegel‹ der ersten Monade, Widerstrahlen eines ersten Ausstrahlens, das durch die Natur auf sich zurückgewandt wird. Die gesamte Natur ist somit gewissermaßen Selbstreflexion Gottes oder der absoluten Einheit. Der individuelle Intellekt bzw. das intellektuelle Vermögen der partikularen Seele wird im Prozeß der geistigen Metamorphose, im Akt der Selbsterkenntnis, die ein inneres Entgrenzen seiner selbst und damit ein Aufgehen in der Weltseele ist,[50] gewissermaßen selbst Spiegel[51], d. h. wird dem Göttlichen ganz und gar ähn-

---

48 »Göttin der einsamen Wahrheitsschau ... die für die Ordnung der zweiten Intelligenzen steht, die den Glanz wiedergeben, den sie von den ersten erhalten haben, um ihn den anderen, die ohne klares Licht sind, mitzuteilen.« (HL II. T./I. D., S. 146)

49 HL II./II., S. 168 f.; Dial. it., S. 1125. Vgl. auch in Reformation, S. 128 / Spaccio, Dial. it., S. 649 die Unterscheidung von zwei Formen der Wahrheit, wo die Beziehung Sonne – Mond aufgegriffen wird als das Verhältnis eines Sehens von Angesicht zu Angesicht (bzw. Auge in Auge), innerhalb dessen die Sonne ›Auge‹ und Licht durch sich selbst, der Mond aber ›Auge‹ durch den Lichtempfang der Sonne ist.

50 Bruno spricht auch von einer ›Vermählung‹ im Sinne einer Aufhebung des Einen im Anderen. In *De magia* vergleicht er diesen Vorgang einer Auflösung der Einzelseelen in der Weltseele einem Zusammentreten unzähliger Lichter zu einem Licht, dem unterschiedslos alles in sich vereinenden Glanz der Weltseele. (Vgl. De magia, OL III 3, S. 409) Gleichwohl bleibt innerhalb der Ähnlichwerdung ein Moment der Unähnlichkeit erhalten. Vgl. auch Nikolaus von Kues; De visione dei IV, S. 104/105.

51 Vgl. Ficino, Über die Liebe ..., Orat. sec. VIII, S. 73: »Die Seele des Liebenden wird also zum Spiegel, welcher das Bild des Geliebten zurückstrahlt.«

lich,[52] so wie ein Spiegel seine eigene Materialität vergessen läßt, umso reiner und glatter seine Oberfläche ist.[53]

Wichtig ist es mir, anhand der lichtmetaphysischen Analogie des Spiegelns die Gleichzeitigkeit einer Immanenz des Göttlichen in der Natur sowie einer Transzendenz Gottes deutlich werden zu lassen. Sehr schön läßt sich dieses Wechselverhältnis etwa anhand der Predigt LVI Meister Eckharts nachvollziehen, in der folgendes Experiment geschildert wird: »Diu sunne wirfet ûz iren liehten schîn ûf alle crêatûren, unde dâ diu sunne iren schîn ûf wirfet, das ziuhet si in sich unde verliuret doch niht ihr schînlichkeit ...«[54] Gott oder die absolute Einheit in ihrer transzendenten Unerfahrbarkeit ist hier in lichtmetaphysischer Metaphorik der Sonne analog gesetzt, die sich als Licht überall verströmt, in alles unkörperlich emaniert ohne als Quelle irgendeiner Veränderung zu unterliegen. Alles ist vom Licht durchdrungen und damit im Lichte, gleichwohl ist die Sonne selbst kein Gegenstand der Erfahrung. Wir haben hier zunächst die Vorstellung einer virtuellen, unkörperlichen Emanation aus der Einheit, die die Kontinuität alles Seienden auf der Basis einer unerschöpflichen Ausstrahlung aus dem Ersten verdeutlicht, wie es vor dem Hintergrund des platonischen Sonnengleichnisses insbesondere die neuplatonische Lehre charakterisiert bzw. in dieser Tradition stehend bis hin zu Bruno ein Topos göttlicher Selbstmitteilung im

---

52 Ähnlichwerdung im Sinne neuplatonischer ὁμοίωσις, die eine Nichterreichbarkeit des transzendenten Grundes impliziert. In dieser Weise wird die Verähnlichung auch bei Ps.-Dionysios Areopagita gefaßt, auf den Bruno sich an verschiedenen Stellen bezieht. Der Areopagit, der die neuplatonische Lichtmetaphysik in sein christliches Seinskonzept aufnimmt, bestimmt den ›Aufstieg‹ zum Göttlichen nach drei Hauptgraden: der κάθαρσις, d.h. eine Läuterung oder Reinigung der Seele, oder, um beim Bild des Spiegels zu bleiben, eine ›Klärung‹ der spiegelfähigen Seele; dem φωτισμός, d.h. die Lichtwerdung im Sinne eines Aufgehens in der Intelligibilität des Geistigen; und schließlich der Henosis, der unterschiedslosen Einswerdung und Aufhebung jedweder Unterschiedenheit. Diese Einswerdung vollzieht sich aber auch beim Areopagiten als eine ὁμοίωσις, eine größtmögliche Ähnlichwerdung, d.h. es bleibt eine letzte Abständigkeit als Zielpunkt des Begehrens der geistgewordenen Seele und wird zum Richtpunkt eines ewigen Umkreisens (vgl. Kl. Hedwig 1980, a.a.O., S. 32 f.) Auch bei Giordano Bruno wird eine letzte Distanz nicht überschreitbar; die Seele kreist ewig um einen unendlich fernen Mittelpunkt bzw. das Objekt der Begierde entzieht sich proportional zur Annäherung und Verähnlichung. Die metaphysische Bewegung unendlicher Suche steht hierin in Korrespondenz zur physischen Unendlichkeit der Natur. Zur Verähnlichung mit Gott vgl. Platons *Theaitetos*, 176b.

53 Leonardo sagt in seinen *Tagebüchern und Aufzeichnungen* über die gelungene Abbildung der Natur in der Malerei: »Ein gelungnes Gemälde wird stets den Eindruck machen, als sei es ein Stück Natur, das in einem großen Spiegel gesehen wird.« (Zit. n. G. F. Hartlaub 1951, a.a.O., S. 14)

54 Meister Eckhart; *Predigten, Traktate*, Neudruck der Ausgabe Leipzig 1857; Aalen 1962, S. 180, Reihe: *Deutsche Mystiker des vierzehnten Jahrhunderts*, Bd. 2, hrsg. v. Fr. Pfeifer; vgl. auch Meister Eckehart, *Deutsche Predigten und Traktate*, hrsg. v. J. Quint, München 1978; vgl. Leisegang, H.; »Die Erkenntnis Gottes im Spiegel der Seele und der Natur«, S. 161; in: *Zeitschrift für philosophische Forschung*, Bd. IV, 1949, S. 161–183.

Sinne einer Selbstmultiplikation des Einen zu verstehen ist. Einerseits bleibt die Quelle des Lichtes, die selbst kein Licht ist, sondern fernab jeder Bestimmbarkeit, absolut transzendent. (Das absolute Licht fällt zusammen mit dem Dunkel so wie der Blick in die Sonne in Blindheit umschlägt, denn die absolute Fülle ist absolute Koinzidenz, ohne Bestimmungen unbestimmbar.)[55] Gleichzeitig ist das Licht allem immanent, alles ist von der göttlichen Lichtnatur durchdrungen bzw. jedes Seiende ist dem Licht immanent und steht im Lichte. Die Lichtquelle selbst als Ursache des Lichtes wird erst in ihrer Ausstrahlung, ihrer radialen Ausbreitung erkennbar, erst in der Differenzierung von sich, in der Kontrastierung der Einzeldinge bzw. den Schattierungen von Hell und Dunkel kommt das Licht zum Vorschein und verweist als Wirkung auf die Ursache.

Zurück zum Experiment Eckharts: »Ich nime ein bekkin mit wazzer unde lege dar în einen spiegel unde setze ez under daz rat der sunnen, sô wirfet diu sunne ûz irn liehten schîn ûzer dem rade und ûzer dem bodem der sunnen unde vergêt doch niht. Daz widerspilen des spiegels in der sunnen daz ist in der sunnen. Sunne und er ist doch daz er ist. Alsô ist ez umbe got. Got ist in der sêle mit sîner nâtûre, mit sîme wesenne unde mit sîner gotheit Daz widerspilen der sele daz ist in gote. Got unde si ist doch daz si ist. Got der wirt da alle crêatûren.«[56]

Die Sonne selbst oder das göttliche Licht teilt sich über die Spiegelung in der Natur, das heißt der Weltseele, mit. Es ist ihr vollkommen immanent, insofern sich die ganze Sonne im Spiegel abbildet und bleibt doch absolut transzendent, ja das Verharren in sich ist geradezu Bedingung der Spiegelung im anderen. Deutlicher noch als in der Analogsetzung des Göttlichen mit einer emanativen Kraft, die in allem ist sowie alles in ihr, wird durch die metaphysische Spiegelmetapher ein sich über verschiedene Ebenen vollziehender Reflexionsprozeß, der vor allem auf einer neuplatonischen Struktur von μονή – πρόοδος – ἐπιστροφή basiert, erklärt. Gott selbst ist gewissermaßen absoluter Spiegel, unterschiedslose Erkenntnis seiner selbst. Als *mens plenitudo* sind in ihm Spiegel und Gespiegeltes absolut identisch. Er ist unendliche Fülle der Ideen ohne jegliche

---

55 Vgl. auch Nikolaus von Kues, De visione dei VI, S. 116/117.
56 Meister Eckhart, ed. Pfeiffer 1962, a. a. O., S. 180 f.; vgl. H. Leisegang 1949, a. a. O., S. 161; Übersetzung n. I. Quint 1978, S. 272 f.: »Ich nehme ein Becken mit Wasser und lege einen Spiegel hinein und setze es unter den Sonnenball; dann wirft die Sonne ihren lichten Glanz aus der Scheibe und aus dem Grunde der Sonne aus und vergeht doch darum nicht. Das Rückstrahlen des Spiegels in der Sonne ist in der Sonne (selbst) Sonne, und doch ist er (= der Spiegel) das, was er ist. So ist es auch mit Gott. Gott ist in der Seele mit seiner Natur, mit seinem Sein und mit seiner Gottheit, und doch ist er nicht die Seele. Das Rückstrahlen der Seele, das ist in Gott Gott, und doch ist sie (= Seele) das, was *sie* ist.«

Abb.: aus R. Fludd, Urtiusque cosmi ... historia, 1617

Differenz bzw. Relationalität.⁵⁷ Indem der göttliche Geist sich selbst betrachtet, tritt er aus sich heraus im *intellectus universalis*, den Strahlen aus der göttlichen Lichtquelle, und durchdringt alles mit den göttlichen Ideen. Indem er aber, sich aus sich entfaltend, seiner selbst ansichtig wird, wirkt die universale Liebe der Weltseele *(amor)* als verbindendes, rekursives Prinzip. Als Spiegel des Göttlichen in der Natur wirft sie den göttlichen Glanz auf sich zurück, d. h. die göttliche Liebe bindet das Aus-sich-Heraustreten des Geistes im universalen Intellekt, führt es als Verhältnis der Selbstreflexion auf sich zurück (unitas – aequalitas – conne-

---

57 Dieser Einheitsbegriff einer relations- und unterschiedslosen Selbstanschauung, die nicht als ein Denken in der Gegenständigkeit von Denkendem und Gedachten zu verstehen ist, zeigt nochmals Brunos Nähe zur neuplatonischen Bestimmung des absolut Einen. Ganz ausdrücklich formuliert Bruno dies in der Schrift *Spaccio*: »Wie auch die Gottheit, welche das einfachste ist, sofern sie nichts anderes sein will als dieses einfachste, ihrer selbst nicht bewusst ist; denn derjenige, welcher sich selbst empfindet und sich selbst betrachtet verdoppelt, ja vervielfältigt sich in gewisser Weise und macht sich, um es richtiger zu sagen, zu einem und einem anderen; denn er macht sich zum Objekt und Subjekt, zum Erkennenden und Erkannten, da ja im Akte der Erkenntnis viele unterschiedene Dinge in Einem zusammentreffen. Daher kann man jener einfachsten Intelligenz kein Selbstbewußtsein beilegen in dem Sinne, dass sie mittels einer reflektierenden Thätigkeit in sich selbst ein Erkennendes und Erkanntes unterschiede, sondern weil sie das absolute und einfachste Licht ist, darf ihr solches Bewußtsein nur im verneinenden Sinne zugeschrieben werden, insofern sie sich selber nicht verborgen sein kann.« (Reformation, S. 207)

xio). Die Natur ist somit Selbstanschauung Gottes im universalen Intellekt, von der Liebe/der Weltseele auf sich rückgebundene Selbstentfaltung.[58]

»Sicut a centro plenitudinis prodit lux, a luce fulgor, ita a mente processit intellectus, ab intellectu procedit affectus quidam seu amor; mens super omnia sedet, intellectus omnia videt et distribuit, amor omnia fabricat et disponit ...«
(Lampas trig. stat., OL III, S. 53)

»Wie aus dem Zentrum der Fülle Licht hervorgeht, aus dem Licht Glanz, so geht aus dem göttlichen Geist der Intellekt hervor, aus dem Intellekt tritt der Affekt hervor oder die Liebe; der Geist thront über allem, der Intellekt überschaut und ordnet alles, die Liebe bewirkt alles kunstvoll und bringt es in eine Ordnung ...«

An anderer Stelle heißt es:[59]

»Antiqui theologi centrum illud paternam mentem intelligunt, quae, dum se ipsam contemplatur, circulum quendam producit et primum generat intellectum, quem filium appellant, qua conceptione perfecta in imagine essentiae suae sibi complacens fulgorem emittit, quem amorem apellant, qui a patre se ipsum contemplante in filio proficiscitur. Hic licet contemplari in patre essentiarum essentiam, in filium omnem pulcritudinem et generandi appetitum, in fulgore ipsum spiritum pervadentem omnia et vivificantem.« (Lampas trig. stat., OL III 1, S. 44)

»Die alten Gottesgelehrten nennen jenes Zentrum den väterlichen Geist, der, indem er sich selbst anschaut, einen Kreis hervorbringt und den ersten Intellekt erzeugt, den sie Sohn nennen, wenn dessen Empfängnis vollendet ist, im Bild seines Wesens sich gefallend, schickt er den Glanz aus, welchen sie Liebe nennen, der von dem sich selbst anschauenden Vater in den Sohn übergeht. Daher ist es möglich, im Vater das Wesen der Wesen, im Sohn alle Schönheit und das zeugende Verlangen, im Glanz die alles durchdringende und belebende Weltseele selbst zu schauen.«

---

58 »Sie [die Seele] tut überhaupt das gleiche wie das Sonnenlicht: Dies steigt nämlich von der Sonne herab in das Feuer und erfüllt es, ohne dabei die Sonne zu verlassen: Es bleibt immer mit der Sonne verbunden und erfüllt dabei auch den Feuerschein ... Während sie am Göttlichen hängt, weil sie mit diesem auf eine geistige Weise geeint ist, erkennt sie das Göttliche, denn die geistige Vereinigung mit dem Göttlichen, erzeugt dessen Kenntnis ... Sie ist also Spiegel des Göttlichen, das Leben der Sterblichen und die Verknüpfung von beidem.« (Ficino, Theol. Plat. II, 2; Übersetzung nach Otto 1986, S. 265)

59 Zu dieser Emanation in Lichtkreisen vgl. Plotin, Enn. IV 3, 17.

Die Weltseele ist zugleich das Band der Liebe, die Rückbezüglichkeit Gottes in der Erkenntnis seiner selbst, wie als spiegelbildliche Offenbarung des Göttlichen in der Natur, Mitteilung der Seele an jedes Einzelseiende. Jedes Seiende hat über die partikulare Seele an der Weltseele teil, gleichsam wie kleine Spiegel, in denen sich das der Weltseele immanente Göttliche wiederum spiegelt.[60] Die Spiegelmetapher erlaubt, immer im metaphysischen Sinne gedacht, die unendliche Fortsetzung einer Weiterspiegelung, d.h. impliziert zum einen eine spiegelbildlich generative Seinsentfaltung sowie das ineinander Verschränktsein von Abbildendem und Abgebildeten.[61]

Auch im Aktaion-Mythos haben wir eine solche Verschränkung von Ebenen der Spiegelbildlichkeit. Apoll,[62] der für die erste Monade oder *mens plenitudo* steht, tritt als universaler Intellekt (Strahlen der Sonne) aus sich heraus und spiegelt sich in der Welt wie die Sonne im Mond. Diana, die Verkörperung der Wahrheit in der Natur, ist dem Göttlichen in zweifacher Weise ebenbildlich. Im Sinne der mythologischen Diana, d.h. als Göttin der Fruchtbarkeit ist sie Explikation der unendlichen Seinsvielfalt im extensiven Universum, Schönheit der Natur und diese überall durchdringende Liebe. Wenn sie sich im Wasser badet, kann man dies als Symbol ihrer Lauterkeit[63] auffassen sowie als Spiegel, in dem das Gött-

---

60 »... homo enim effectus est divini operis contemplator, quod profecto dum admiraretur, authorem eius agnovit.« (M. Ficino, »Mercurii Trismegistii Pimander«, in: Imablichus, *De mysteriis Aegyptiorum ...*, a.a.O. 1516, S. 115.

61 Vgl. Macrobius, *In Somnium Scipionis*, I 14/15, in: Klassisch-Philologische Studien, hrsg. v. H. Herter/W. Schmid, Heft 18, *Procli Hymni, Accedunt hymnorum fragmenta, epigrammata, scholia, fontium et locorum similium apparatus, indices*, ed. E. Vogt, Wiesbaden 1957, S. 53.

62 J. Sarauw hat in ihrer Untersuchung zum Verhältnis Plotin – Bruno auf die dem Götternamen Apollon beigelegte Bedeutung des ›jenseits aller Vielheit absoluten Einen‹ hingewiesen, die sich durch ein Wortspiel ergibt (Apollo = apollōn = a-polus), daß von Plotin aufgegriffen werde (Enn. V 5, 6). Vgl. J. Sarauw 1916, a.a.O., S. 47. Möglicherweise greift Bruno hier aber auch auf eine neupythagoreische Tradition zurück. Die Gleichsetzung des transzendenten Einen mit Apollon bzw. der universalen Natur mit Diana ist keine bloße Götter-Allegorie, sondern weist auf die philosophische Deutung der Zahlen hin, wie sie Nikomachos von Geresa in der *Theologia arithmetica* aufführt. Die Einheit als der Inbegriff aller Zahlen steht für die göttliche Einsheit, für den Quell aller Formen, die höchste Vernunft, die dem Sonnengott Apoll zugeordnet wird. Der Zweiheit ordnet Nikomachos das Gegensätzliche, Wechsel, Vielheit und Teilung, die materielle Natur, das Aussichherausgehen und Fortbestehen, verkörpert durch die Göttinnen Demeter, Aphrodite bzw. Artemis (=Diana) zu. Mythologisch ist Artemis/Diana Zwillingsschwester des Apoll. Metaphysisch als zweite Monade Ebenbild der ersten Monade, Konkretion dessen, was im Absoluten reines Vermögen ist. (Vgl. Zeller/Nestle III, a.a.O., S. 139 f.)

63 »Sie stellt durch ihre bloße Gegenwart und ihren zweifachen Glanz des Guten und Wahren, der Güte und Schönheit Wille und Intellekt ganz zufrieden, indem sie sie mit dem heilbringenden Wasser der Läuterung benetzt.« (HL, Vorw., S. 20)

liche widerstrahlt. Somit ist sie zugleich Monade, der die erste Monade ganz und gar immaniert, Spiegel des intensiven Universums.

Hier sei nochmals auf das von Eckehart geschilderte Experiment verwiesen. Die Sonne erscheint in dem im Wasser befindlichen Spiegel als ganze, wird mittelbar erfahrbar und erscheint zugleich als unendlich entfernte, d. h. verkörpert die Dimension unendlicher innerer Intensität. Der Jäger, d. h. die individuelle erkennende Seele, erfährt das Göttliche zunächst mittelbar in der Spiegelung im äußeren Universum der Natur, d. h. außerhalb seiner selbst als unermeßliche Fülle von Erscheinungen, und in dieser Suche ist das Objekt nicht einholbar. Im Anblick der ›nackten Diana‹, dem Blick in den reinen Spiegel der Weltseele selbst, wandelt er sich in diesen, wird sich seiner eigenen, das Göttliche spiegelnden Potenz bewußt. Im Blick in den Spiegel sieht er sich gleichsam selbst und wird, von aller Verschiedenheit gereinigt, eins mit dem Spiegel, d. h. konzentriert sich auf die intensive Anschauung des Göttlichen, die seiner Seele selbst immaniert.[64] »Deshalb braucht er seine Diana nun nicht mehr gleichsam durch Ritzen und Fenster zu betrachten, sondern ist nach dem Niederreißen der Mauern[65] *ganz Auge* mit dem gesamten Horizont im Blick. Er schaut alles wie eins ...« (HL II. T./II. D., S. 168).

Der Erkennende wird also ›ganz Auge‹, sieht ohne Unterscheidung, die dem diskursiven Denken zueigen ist, alles auf einmal und ohne ein Nacheinander zugleich. Auch die Metapher des Auges weist auf die Analogie des Erkenntnisprozesses mit einem Spiegelungsvorgang hin, wobei die Fähigkeit der *reflectio*, dies gilt für alle vorangestellten Überlegungen, nicht als rein mechanischer Vorgang zu verstehen ist, kein äußerliches Zurückwerfen eines auftreffenden Lichtstrahles meint, sondern ein Eindringen in den Spiegel der Seele und ein erkennendes Reflektieren als aktives Handeln der Seele. »Je nachdem, in welchem Grad einer die Strahlen aufnimmt, wird er zum leidenschaftlich Liebenden, indem das Subjekt nicht mehr von seiner verhärteten Oberfläche das eindringende Licht zurückwirft, sondern durch Hitze und Licht erweicht und bezwungen in seiner ganzen Substanz lichtvoll« wird. (HL II. T./I. D., S. 146)

Von Hitze/Amor und Licht/Geist durchdrungen ist das Geschaute im schauenden Auge der lebendigen Seele. »Denn die Gottheit sehen heißt,

---

64 Hier greife ich die brunosche Spiegelmetaphorik auf. – Bruno formuliert an dieser Stelle nicht explizit die spiegelartige Potenz der individuellen Seele, gleichwohl wird diese Interpretation durch das ›ganz-Auge-Sein‹ angelegt sowie durch weitere Textstellen zum Mondcharakter des geistigen Vermögens gestützt. Vgl. auch Ficino, Über die Liebe, Orat. sex. VIII, S. 73 und Orat. quint. IV, S. 145, sowie Theol. Plat XI 2, ed. Otto 1986, S. 278.

65 Beim Cusaner symbolisieren die Mauern (die Einfriedung des Paradieses) die Koinzidenz der Gegensätze. Jenseits dieser Mauern bzw. im Innersten wohnt das Göttliche selbst. (Vgl. De visione dei XI, S. 140/141) Gleichzeitig ist das Durchbrechen der Mauern auch im kosmologischen Sinne zu verstehen: Aufhebung der endlichen Welt im unendlichen Kosmos.

von ihr gesehen zu werden, wie das Sehen der Sonne damit zusammenfällt von ihr gesehen zu werden ...«.[66] Die Seele jedes Einzelnen ist gleichsam ein lebendiger Spiegel, in der das Göttliche sich erkennt wie umgekehrt sich die Seele im Göttlichen erkennt.[67] »Auch darin erweist sich der Mensch als eine ›viva imago dei‹, daß er die göttliche Identität von Sehen und Gesehen-werden als Struktur des absoluten Sehens in der bestmöglichen Durchdringung der beiden Sehweisen in sich selbst nachvollzieht.«[68]

Die Erkenntnis als ein Sehen bzw. das Auge im Sinne eines Spiegels der Seele, das sich im anderen reflektiert bzw. das Andere in sich, diese Metapher greift Giordano Bruno immer wieder auf.

In der *Summa terminorum metaphysicorum* heißt es über die ›cognitio‹, d. h. die Fähigkeit die erkennbaren Gegenstände aufzunehmen (»potentia apprehensiva obiectorum cognoscibilium«), dieser Erkenntnisprozeß umfasse verschiedene Arten. Bruno unterscheidet zunächst eine zweifache sinnliche Erkenntnis (»cognitio sensitiva«): eine äußere, von den sinnlich wahrnehmbaren Gegenständen ausgehende und gemäß der Zahl der Sinnesorgane fünffache Sinneswahrnehmung und eine innere, dem sinnlichen Gegenstand verbundene vierfache Erkenntnis, nämlich *sensus communis, phantasia, cognitio cogitativa* und *memoria*. Dem *sensus communis* obliegt es, die Sinneserkenntnisse der einzelen Sinnesorgane aufzunehmen, zu vergleichen und zu vereinen (»sensus communis, cuius est recipere et unire et comparare sensum unum externum cum altero«).

---

66 HL II./I., S. 140; Dial. it., S. 1092: »... atteso che veder la divinità è l' esser visto da quello, come vedere il sole concorre con l'esser visto dal sole.« Auch beim Cusaner ist das Sehen Gottes ein Gesehenwerden von Gott, wobei dieses Sehen stets ein Umfangen in Liebe meint. (De visione dei V, S. 108/109)

67 Diese metaphysische Analogie prägt etwa auch die leibnizsche Monadenlehre. Die Monaden sind danach gewissermaßen lebendige Seelenspiegel (mirroirs vivants), insofern jede Seelenmonade Spiegel der göttlichen Ordnung des Universums ist, diese jedoch nicht bloß in sich abbildet, sondern in sich eben diese göttliche Ordnung einer prästabilisierten Harmonie tragend, je aus spezifischer Perspektive ein Bild/eine Vorstellung und damit eine Erkenntnisweise des Göttlichen hervorbringt. Man muß sich dies vorstellen wie ein Objekt, das von unzählig vielen Spiegeln umstellt, in jedem wieder hervorgebracht wird, durch den Blickwinkel jedoch in unterschiedlicher Weise. Diese Analogie des Spiegelphänomens mit der Erkenntnis der Seele ist vor Leibniz bereits bei Bruno formuliert, sowie beim Cusaner in De visione dei angelegt. Bruno hebt zum einen diese Relativität aller Erkenntnisperspektiven hervor, zielt aber wie Cusanus letztendlich auf eine universale Schau, in der sich die Abständigkeit von Sehendem und Gesehenen in der Innigkeit des Blickes aufheben.

68 Beierwaltes 1988, a. a. O., S. 19. Dieses absolute Sehen der göttlichen Einheit drückt Bruno an anderer Stelle deutlich aus. Die Einheit ist sich selbst schauendes Auge, für das es kein ›anderes‹ gibt, weil es alles in sich sieht. Dieser absoluten Selbstanschauung gilt es nachzustreben, ihr ähnlich zu werden: »At quis est ille oculus, qui ita videt alia ut et se videat? Ille qui in si videt omnia, quique est omnia idem. Illi sublimi ratione similes essemus, si nostrae speciei substantiam cernere possemus; ut noster oculus se ipsum cerneret, mens nostra se complecteretur ipsam.« (Compos. imag., OL II 3, S. 90)

Aufgabe der *phantasia* ist es, die sinnlichen Vorstellungen zusammenzusetzen bzw. zu differenzieren (»componere et dividere species sensibilis«). Die *cogitative Fähigkeit* als dritte Stufe geht bereits über die bloß sinnliche Vorstellung hinaus, indem sie mit dieser oder über diese etwas verbindet, was unsichtbar ist, gleichsam eine Qualität oder Eigenschaft mit dem Vorstellungsbild verbindet und diesem damit einen vorbegrifflichen Inhalt verknüpft (»qua de specie sensibili apprehendit aliquid insensibile«).[69] Es folgt viertens das Gedächtnis (*memoria*), nämlich die Fähigkeit die Vorstellungen (*species*) der inneren und äußeren Sinne aufzunehmen und zu bewahren, gleichsam ein bildhaftes Erinnerungsvermögen.

Auch hier geht also die Erkenntnis von der Wahrnehmung der Vielfalt der Erscheinungsformen aus, die jedoch nicht bloß reproduziert wird, sondern durch das erkennende Vermögen in eine bedeutungstragende Vorstellungsordnung transformiert wird. Auf der Grundlage dieser Wandlung der äußeren Erkenntnisgegenstände in einen inneren Kosmos von Gegenständen der Einbildungskraft folgt die intellektuelle Verarbeitung. »Es folgt der diskursive Verstand (*ratio*), der allein dem Menschen zueigen ist, nämlich die Fähigkeit, vermittelst welcher er ausgehend von den über die Sinneserkenntnis aufgenommenen und (per Gedächtnis) aufbewahrten Gegenständen etwas in noch höherem Maße Abstrahiertes und über die Sinneserkenntnis Hinausgehendes erzielt und erschlossen wird, gleich wie aus den partikularen Erkenntnissen das Allgemeine [»ex particularibus infertur universale«] und aus einer gewissen Reihe von voraufgehenden [Argumenten] eine Schlußfolgerung. Diese Erkenntnis[form] nennt man den Diskurs, gleichsam ein Verlauf, insofern der Intellekt von einem Erkannten zu einem anderen zu Erkennenden hinüberläuft. Ebenso verhält es sich mit der Argumentation, welche gleichsam eine die Vernunft unter Beweis stellende Handlung ist. Hierauf folgt der Intellekt, der dasjenige, was die Ratio im Vollzuge des Diskurses und der Argumentation und, wie ich eigentlich sage, im Ziehen von Schlußfolgerungen wie im Durchlaufen begrifflich faßt, selbst durch eine gewissen einfache Intuition aufnimmt und besitzt ... man nennt dies intellektuale Erkenntnis, gewissermaßen ein ›*inneres Lesen*‹, und zwar so als gebe es einen gewissen ›*lebendigen Spiegel*‹, bald sehend, bald in sich selbst die sichtbaren Dinge besitzend, welchen er entgegengestellt wird bzw. welche jenem entgegengestellt werden; und hierin besteht das Ende des argumentativen Denkens, ebenso wie ja auch der Besitz von etwas Beendigung des Fragens und Eindringens ist.« (Summa term. metaph., OL I 4, S. 32)[70]

---

69 Vgl. Summa term. metaph., OL I 4, S. 31; vgl. auch Lampas trig. stat., OL III, S. 146.

70 »... et dicitur intellectio, quasi interna lectio, atque si *speculum vivum* quoddam sit, tum videns, tum in se ipso habens visibilia, quibus obiicitur vel quae illi obiiciuntur; et hic est finis ratiocinii, sicut possessio est finis inquisitionis et inventionis.«

Das intellektuale Vermögen der Seele löst sich von jeglicher Sinnfälligkeit (die aber gleichwohl Voraussetzung ist; vgl. Compos. imag., OL II 3, S. 91) und ist als ›interna lectio‹ bzw. als ›speculum vivum‹ zugleich Sehendes wie Gesehenes, sucht den Gegenstand nicht außerhalb seiner, sondern (wie anhand des Aktaion gezeigt) trägt in sich selbst den Gegenstand der inneren Anschauung, d. h. wird in individueller Weise des immanenten Göttlichen seiner selbst gewahr. Über diese intellektuale Erkenntnis hinaus aber geht die geistige Erkenntnis, die Auflösung jedweder Gegenständigkeit von Erkennendem und Erkanntem.

»Sequitur mens superior intellectu et omni cognitione, quae simplici intuitu absque ullu discursu praecedente vel concomitante vel numero vel distractione omnia comprehendit et proportionatur *speculo tum vivo tum pleno*, quod idem est lux, speculum et omnes figurae, quas sine distractione videat et sine temporali seu vicissitudinali successione, sicut si *caput totus esset oculus*, et undique visus uno actu videret superiora, inferiora, anteriora et posteriora, et, cum sit individuum, interiora et exteriora. Sicut et mens divina uno actu simplicissimo in se contemplatur omnia simul sine successione, id est absque differentia praeteriti, praesentis et futuri; omnia quippe illi sunt praesentia, et nihil cognoscit per peregrinam, sed per propriam speciem omnia; non enim cognoscit animal rationale a figura externa, neque bonum ab effectu, neque lucem ab irradiatione et splendore, neque ingnem a caliditate et calore, sed omnia in sua substantia.«
(Summa term. metaph., OL I 4, S. 32; Hervorh. n. i. O.)

»Es folgt der über den Intellekt und alle (Verstandes-)Erkenntnis erhabene Geist (mens), *der in einem einfachen Akt der Einsicht ohne irgendeinen vorausgehenden oder begleitenden Diskurs oder Zahl oder Unterscheidung alles erfaßt und in Entsprechung gesetzt wird zu einem bald lebendigen, bald vollen Spiegel, welcher selbst Licht ist, Spiegel und alle Gestalten besitzt, welche er ohne Unterscheidung sieht und ohne zeitliche und wechselhafte Abfolge, wie wenn das* Haupt ganz Auge wäre *und in jeder Hinsicht der Blick in einem einfachen Akt das Obere und Untere, Frühere und Spätere sieht, und weil er unteilbar ist, das innere und äußere. So wie auch der göttliche Geist in einem allereinfachsten Akt sich selbst anschaut, das heißt ohne Differenzierung der Vergangenheit, der Gegenwart und der Zukunft, alles ist nämlich jenem gegenwärtig und nichts kennt er durch Fremdes, sondern durch die eigene Gestalt alles; nicht nämlich erkennt er [der Geist] das vernunftbegabte Lebewesen durch die äußere Gestalt, weder das Gute durch die Wirkung, noch das Licht durch Ausstrahlung und Glanz, noch den Funken durch Hitze und Farbe, sondern alles in seiner Substanz.«*

Auf der Stufe der Geisterkenntis erreicht die individuelle Seele die größtmögliche Gottähnlichkeit, ist gleichsam umfassender Spiegel,[71] der in sich alles erkennt, für den jede Andersheit von Innen und Außen, Zeit und Unterschiedenheit aufgehoben ist, als sei das ›Haupt ganz Auge‹.[72] Das Denken ist in sich aufgehoben, schaut alles in sich und darin das Göttliche. In dieser Aufhebung der Unterschiedenheit von Innen- und Außenwelt entgrenzt sich die Seele des Einzelnen. Indem sie sich ihres indefiniten Charakters bewußt wird, verliert sie ihre Singularität und geht in einer Selbstauflösung, die zugleich höchste Stufe der Selbstanschauung ist, auf in der Weltseele, insofern sie als vollkommener Spiegel (*speculo tum vivo tum pleno*) der immanenten göttlichen Fülle die Gegen-ständigkeit des Einzelnen in eine Einheit des Ganzen transformiert. Auch hier wird betont, der Spiegel sei nicht nur die interne Fülle, sondern ein lebendiger Spiegel. D. h. die innerseelische Gottähnlichkeit und Lichtwerdung ist keine bloße Rezeptivität, sondern aktiver Erkenntnisvorgang einer Selbstanschauung, in der immer das Göttliche angeschaut wird. »Rursum alia est intuitiva, id est quae rem praesentem in se ipsa respicit, ut est sensus circa praesens obiectum, mens circa se ipsum, intellectus circa proprium obiectum, sicut oculus circa solem ...« (Summa term. metaph., OL I 4, S. 33)

Selbsterkenntnis ist hiermit zugleich Weg der Gotteserkenntnis. In Analogie zum sinnlichen Wahrnehmungsvermögen, das eine Erkenntnis des eigenen Selbst allein über die Spiegelung im ›Anderen‹ ermöglicht, einer Objektivierung des Selbst bedarf, um das Entgegengestellte als dasselbe zu erkennen, bedarf die innere, geistige Erkenntnis eines Von-Sich-Abständigwerdens, einer Dualität, die erst zur Wiedererlangung der Einheit führt.[73]

Wenn Bruno immer wieder von einem Spiegelungsphänomen spricht, von einem inneren Sehvorgang der Seele, die gleichsam selbst Auge ist bzw. sich zur reinen Schau, zum unbegrenzten Auge wandelt, ist hierin zum einen sicherlich eine Bezugnahme auf den platonischen Alkibiades-Dialog zu sehen.[74] Ausgehend von der delphischen Spruchweisheit Γνῶθι σεαυτὸν erörtert Sokrates mit Alkibiades, in welcher Weise die Seelenschönheit des Menschen zu erkennen sei, bzw. wie ein Mensch

---

71 Vgl. auch *De visione dei* VIII, S. 126/127: »Sed visus tuus, cum sit oculus seu speculum vivum, in se omnia videt.«

72 »Man muß nämlich das Sehende dem Gesehenen verwandt und ähnlich machen wenn man sich auf die Schau richtet; kein Auge könnte je die Sonne sehen, wäre es nicht sonnenhaft, so sieht auch keine Seele das Schöne, welche nicht schön geworden ist.« (Plotin, Enn. I 6 [1], 9)

73 Vgl. den ›Liebestod‹ im Narziß-Mythos.

74 Alkibiades I. Die Echtheitsfrage dieses Dialoges sei hier außer Acht gelassen. Vgl. auch die Aufnahme in Plotins Enn. I 6, 9, Ficinos Symposionkommentar oder etwa Goethes *Xenien*.

seiner selbst, d. h. seiner Seele gewahr werden könne. Ausgangspunkt ist hierfür die äußere Selbstwahrnehmung vermittels des Auges, das, um die Anschauung seiner selbst zu vollziehen, dies nur im Spiegel vermag. Der ureigenste Spiegel ist aber das Auge selbst, d. h. im Auge des Gegenübers wird der Anschauende seiner selbst ansichtig, indem sein Ebenbild sich als sogenanntes ›Augenmännchen‹ zeigt.[75] »Denn du hast doch bemerkt, daß, wenn jemand in ein Auge hineinsieht, sein Gesicht (πρόσωπον = hier eher ›seine Gestalt‹) in der gegenüberstehenden ›Sehe‹ (ἡ ὄψις = Auge, Sehkraft) erscheint wie in einem Spiegel, was wir deshalb auch das ›Püppchen‹ (κόρη) nennen, da es ein Abbild ist des Hineinschauenden.« (Platon, Alkib. 132 e–133 a)

Das Auge sieht sich selbst erst im Spiegel, im Auge des Anderen, und zwar in dem Teil des Auges, der selbst Zentrum des Sehvermögens ist. Will die Seele sich selbst erkennen, so bedarf auch sie einer Spiegelung ihrer selbst, und zwar – in Analogie zum äußeren Auge – spiegelt sie sich im vornehmsten Teil, der Tugend (ἀρετή), dem Sitz der Weisheit (σοφία), dem innewohnenden göttlichen Wissen (τὸ εἰδέναι) und der Einsicht (φρονεῖν). Insofern sie das Göttliche in sich erkennt, erkennt sie zugleich sich selbst. Die intensive Anschauung ihrer selbst ist also ein inneres Sich-Gegenüberstehen, das in der Reflektion auf sich zurückgewandt wird. Einerseits erfährt sie in diesem selbstreflexiven Vorgang das Göttliche in sich, gleichzeitig verweist die immanente Gottähnlichkeit auf eine transzendente Ursache. »So wie nun die Spiegel deutlicher sind als das Abspiegelnde im Auge und reiner und heller, ist nicht so auch Gott etwas Reineres und Helleres als jenes Edelste in unserer Seele?« (Alkib. 133 c)

So wie das ›Augenmännchen‹ in der Spiegelung im Auge des Anderen nur ein verkleinertes, entferntes Abbild ist, so ist auch das Göttliche zwar der Seele immanent, aber nicht in seiner reinsten Form anschaubar.[76]

Wesentlich für das Verständnis der brunoschen Analogien von Erkenntnis und Spiegelung, Seele und Auge ist zum einen die Betonung der Selbsterkenntnis als Voraussetzung einer Gotteserkenntnis bzw. einer Erkenntnis des Göttlichen in der inneren und äußeren Natur sowie einer ›Ähnlichwerdung‹ der Seele im Hinblick auf das Göttliche, die als ein Aufgehen in der Weltseele verstanden werden kann, ein Einswerden mit dem immanent Göttlichen, gleichzeitig aber eine Uneinholbarkeit des

---

75 Lateinisch pupula = Pupille, Auge, kleines Mädchen bzw. entsprechend pupulus = Bübchen/gr. κόρη. Bereits in der orphischen Tradition gilt der Augenspiegel als Symbol der Seele. Ausführlich findet sich diese Vorstellung bei Philon v. Alexandrien, aber auch bei Ovid, Bonaventura, Dante, Petrarca, Shakespeare u. v. m. (Vgl. H. Grabes 1973, a. a. O., S. 91), und zwar insbesondere im Zusammenhang mit dem Verhältnis zweier Liebender, die sich im Blick ineinander spiegeln.

76 In ähnlichem Sinne war auch die Sonne im Experiment Eckeharts nur in unendlich entfernt scheinender Ebenbildlichkeit sichtbar.

Göttlichen wahrt, und gerade darin ein ewiges Sehnen und Suchen der Seele begründet.

Wenn Bruno die Seele als Auge, ihr intellektuales Vermögen als lebendigen Spiegel bzw. die selbstreflexive Auflösung der partikularen Seele in der Weltseele mit der Metamorphose in den Zustand eines ›Ganz-Auge-Seins‹ analog setzt, so ist dies vor allem vor dem Hintergrund einer Bezugnahme auf die ›orphische Seelenlehre‹ zu interpretieren.[77] In *De la causa* heißt es vom universalen Intellekt, insofern er ein Vermögen der Weltseele sei: »Orpheus nennt ihn ›Auge der Welt‹, weil er alles Natürliche von innen und von außen sieht, auf daß sich alles nicht nur innerlich, sondern auch äußerlich gemäß der eigenen Symmetrie entwickle und erhalte.«[78]

In der Schrift *Lampas triginta statuarum* lesen wir in ähnlicher Weise, es werde die Sphäre (des universalen Intellektes) als von Augen erfüllte Ganzheit vorgestellt, weil, wie Orpheus sage, das Auge überall sei, überall sehe und in dieser Weise überall wirke, weil alles Seiende Werk der Intelligenz sei und alles, was sei, gerade deshalb sei, weil es erkannt werde. (Vgl. Lampas trig. stat., OL I 4, S. 46)

Im Universum manifestiert sich gewissermaßen die Selbstanschauung des Einen vermittelst des universalen Intellektes, denn dieser faßt als göttlicher ›Blick‹ alle Ideen in sich. Sofern er alles in seinem ›Blick‹ aufhebt, durchdringt und formt er das Seiende, bringt es in der Anschauung erst hervor, denn dieses ›Sehen‹ oder ›Denken‹ der Ideen ist zugleich das ›Sein‹ der Ideen. Dieser selbstreflexive Prozeß umfaßt somit zwei Momente: die Ausstrahlung oder Mitteilung des Lichtes als das ›Leuchten‹ des universalen Intellektes, in dessen ›Blick‹ das Eine sich gleichsam selbst vergegenwärtigt und – untrennbar damit verbunden – die Rückwendung des Lichtes auf sich selbst, auf die dem ›Leuchten‹ voraufgehende wie innewohnende Quelle jeglicher Lichtheit.

»Est lux complicans omnem lucem; quicquid enim intelligit illo intelligit, sicut quicquid lucet luce lucet, et omne quod lucet in luce est; ita quicquid intelligit in	»*Er [der univers. Intellekt] ist das alles Licht zusammenfassende Licht; alles was also erkennt, erkennt durch jenen, so wie alles, was leuchtet, durch das Licht leuchtet und alles,*

---

77 Die neuplatonische Tradition beruft sich immer wieder auf ›orphische‹ Vorstellungen der Seele und der Weltharmonie.

78 Über die Ursache, S. 57. Wichtig ist es hier, in der Deutung der metaphorischen Analogien eines ›Weltauges‹, der Sonne bzw. des allsehenden Apoll zwischen der Bedeutung der Sonne als Quelle des Lichtes (Gott/Auge) und dem Sonnenlicht (universaler Intellekt/Blick) zu unterscheiden. Bei Bruno erscheint dies metaphorologisch bisweilen nicht eindeutig. »So wird auch Sonne genannt sowohl jenes, welches die Wärme ausstrahlt und das Licht verbreitet, als auch der Glanz und Widerschein desselben, welcher vom Spiegel und anderen Objekten zurückstrahlt.« (Vertreibung, S. 126) Vgl. zur Deutung des ›oculus infinitus‹ in der *Theologia Platonica* Ficinos: W. Beierwaltes 1978, a.a.O., S. 7.

ipso intelligit, et propterea ipse
vera est lux universi.«
(Lampas trig. stat., OL III, S. 46)

was leuchtet, im Licht ist; demnach alles, was erkennt, in ihm erkennt und aus diesem Grunde ist er selbst das wahre Licht des Universums.«

Beierwaltes hat in bezug auf Ficino darauf hingewiesen, daß eine »Komponente des Gottesbegriffes ... – im Ausgang vom plotinischen Nus seit Augustinus eine konsequenzenreiche Entwicklung philosophischer Theologie – die Reflexion oder Selbstreflexion [ist]: Gott ist die Identität von Denken und Sein: als absolut Seiender denkt er sich selbst; im Akt des Sich-selbst-Denkens aber denkt er die Ideen in ihm selbst. Sich denken heißt zugleich: sich sehen oder sich durchschauen; er ist Licht, das sich selber sieht, Sehen, das durch sich selbst leuchtet...«. (W. Beierwaltes 1978, a. a. O.) Und er hat zugleich auf die Schwierigkeit aufmerksam gemacht, daß Ficino, wie bereits Plotin, das Eine als absolut Transzendentes setze, dem ein ›Denken‹ seiner selbst, wenn überhaupt, nur in einem Sinne zugesprochen werden dürfe, der jegliche Abständigkeit von sich selbst ausschließe und damit das Denken in gewisser Weise negiere. (Vgl. ebda., S. 7)

Eben dieser Schwierigkeit begegnen wir auch bei Bruno: Einerseits fungiert das Eine als Ausgangs- und Zielpunkt der Selbstreflexion, zugleich ist diese Einheit in sich ruhende, sich absolut lichte ›veritas ipsa‹, nämlich »unus Deus se ipso se ipsum cognoscens et amans« (Summa term. metaph., OL I 4, S. 80).

Diese bisweilen undeutliche Trennung zwischen einem ›unum simpliciter‹ und einer selbstreflexiven Einheit markiert jedoch m. E. keine begriffliche Unschärfe, sondern zeigt vielmehr, wie sich die neuplatonische Differenzierung von Hen und Nous nahezu überlagert und hierin die engste Verknüpfung und dialektische Spannung transzendenter und immanenter Einheit ausdrückt.

Dennoch hebt Bruno an vielen Stellen eine Unterscheidung hervor: Der universale Intellekt ist gleichsam das erste Heraustreten der Einheit (des Mittelpunktes) in den Kreis oder die erste Gestaltwerdung – »prima species, in qua paternus oculus sibi complacet« (Lampas trig. stat., OL III, S. 45) – ein Kreis, der ohne den Mittelpunkt gar nicht zu denken ist, denn: »So wie in der Einheit des ersten Intellektes alle Intellekte und intelligiblen Dinge bestehen, so besteht in der Einheit des Zentrums die Wahrheit des gesamten Kreises und der Sphäre; wenn nämlich jenes unteilbare und einfache Zentrum bzw. jene Mitte nicht ist, werden auch Sphäre und Kreis nicht sein.« (Ebda., S. 47)

In dieser ›Sphäre‹ kommt die Einheit sich selbst zur Anschauung und ebenso ist es der universale oder erste Intellekt, durch den jedes Erkennen der individuellen Intellekte erst (qua Teilhabe) seine Begründung erfährt: »ut ad omnia explicantiam intelligamus, et non veluti mentem absolutam sicut patrem plenitudinem intelligimus, sed ad adiuvandam nostri sensus imbecilitatem ...« (Ebda.) Er ist also gewissermaßen der

›Lichtkreis‹, in dem sich die Einheit entfaltet, ein universaler Blick, der alles erkennt.

In der Schrift *Spaccio de la bestia trionfante* unterscheidet Bruno anhand des Verhältnisses von Sonne – Mond ein zweifaches ›Auge-Sein‹ nach absoluter und vermittelter Wahrheit, deren erstere Bedingung der Möglichkeit von Licht, Leben und Erkennen der zweiten ist und gleichzeitig ist es die zweite Wahrheit, die den ›Blick‹ auf die absolute Wahrheit vermittelnd eröffnet. »Sofia oder die Weisheit hat wie die Wahrheit und Vorsehung zwei Formen. Die eine ist die höhere, überhimmlische und wenn ich so sagen darf, überweltliche, und sie ist die Vorsehung selbst, *zugleich Licht und Auge, ein Auge, welches sich selber Licht ist, ein Licht, welches sich selber Auge ist.*[79] Die andere ist die erschaffene, weltliche und niedere, ist nicht die Wahrheit selbst, sondern wahrhaft und hat teil an der Wahrheit; ist nicht Sonne, sondern Mond, Erde und Gestirn, welche von der Sonne ihr Licht empfangen. So ist sie denn nicht Weisheit nach ihrem Anundfürsichsein, sondern vermöge ihrer Teilnahme an jener, und sie ist ein Auge, welches das Licht aufnimmt und das erleuchtet wird von einem äusseren und fremden Licht und ist nicht Auge durch sich selber, sondern kraft der anderen und hat ihren Sinn nicht in sich, sondern in der anderen; denn sie ist nicht das Eine, Seiende und Wahre, sondern sie ist von dem Einen, von dem Seienden von dem Wahren, für das Eine, für das Seiende, für das Wahre, in dem Einen, in dem Seienden, in dem Wahren, zu dem Einen, zu dem Seienden, zu dem Wahren. Die erstere, höhere Weisheit ist unsichtbar, undarstellbar, unbegreiflich über Allem, in Allem und unter Allem.«[80]

In Berufung auf die orphische Tradition wird die Sonne als Gottesauge vorgestellt. So heißt es etwa in einer lateinischen Fassung der orphischen Dichtungen aus dem Jahre 1555 über die Sonne, sie erfasse alles in einem Blick und sei »Oculus infinitus, vitae lux«[81]. In der griechischen Fassung der orphischen Hymnen ist die Rede von einem ὄμμα δικαιοσύνης, ζωῆς φῶς (Auge der Gerechtigkeit, Lebenslicht), und Proklos wird im Kommentar dieser Ausgabe zitiert mit der Rede von einem »Oculum iudicii, quod omnia videt« (Auge der Gerechtigkeit, das alles sieht; ebda. S. 116).[82]

---

79 Hervorh. n. i. O.; vgl. Ficino, Theologia Platonica, lib. I, cap. VI, ed. Marcel, tom. I, S. 70: »Est enim Deus perspicacissima veritas et verissima perspicacia sive perspectio, lux seipsa videns, visus seipso lucens ...«.

80 Reformation, S. 128; vgl. Spaccio, Dial. it. II., S. 649 f.

81 *Orphei poeta vetustissimi Opera, iam primum ad verbum translata, & diligentius quam antea multis in locis emendata*, per Renatum Perdrierium Parisiensem, Basileae, apud Ioannem Oporinum 1555; in einer Ausgabe mit: Musaeus Grammaticus, *De Herone et Leandro, Orphei argonautica, Euisdem Hymni. Orpheus de lapidibus*, Venedig (Aldus) 1517, S. 70 f.

82 Vgl. auch *Procli Hymni*, ed. Vogt 1957, ΕΙΣ ΗΛΙΟΝ, V. 38, S. 28: »... ὄμμα Δίκης, ἣ πάντα δέδορκεν« (Orph. h. 62,1), und In Tim. II 198, 21 und III 290, 3: »καὶ τὴν Δίκην ἐν μέσης τῆς ἡλίου σφαίρας ἐπὶ τὸ πᾶν προϊοῦσαν τὰ πάντα κατευθύνειν λέγουσιν« (ebda., S. 59).

In ähnlicher Weise beruft sich Ficino auf diese orphische Gottesvorstellung in Form eines allessehenden Sonnenauges: »Orpheus Apollinem vivificem coeli oculum appellavit ... Sol oculus eternus omnia videns.« (»Orpheus hat Apoll ein lebendiges Auge des Himmel genannt ... Sol ist ein ewiges, alles sehendes Auge.«)[83] Auch in der erwähnten Kommentierung der *Tabula smaragdina* heißt es: »Sol, ut dicit Algahel, est mundi oculus ...« (Ars chemica, a. a. O., S. 57) Patrizi, der auf die orphischen Hymnen zurückgreift,[84] erwähnt ebenfalls die orphische Auffassung des αἰώνιον ὄμμα (ewiges Auge; *Nova de universis philosophia*, a. a. O., S. 108). Die Vorstellung der Sonne als ewiges, unendliches bzw. gerechtes Weltauge ist also eine in Gelehrtenkreisen geläufige.[85] Auf diese orphische Sonne, die sich im universalen Intellekt anschaut, beruft sich auch Bruno, wenn er das Verhältnis des göttlichen Weltblickes zum intellektualen Vermögen des Menschen in Beziehung setzt:

»Ita intelligatur analogia intellectus universalis ad intellectus nostros et aliorum participium, sicut visio quae est in oculo ad visionem quae est in sole; in oculo enim est principium videndi, quod proportionatur intellectui quem vocant passivum, in sole vero intellectui agenti quem appellant. Sicut autem infinitis oculis, ut actu videant, sufficit unus sol, ita infinitis intelligentiis unus intellectus agens. Typo igitur oculi erecti ad solem actio agentis intellectus figuratur.« (Lampas trig. stat., OL III 1, 48 f.)	»*In dieser Weise soll man die Analogie des universalen Intellektes zu unserem Intellekt und anderen teilhabenden begreifen, so wie der Blick, welcher im Auge ist, zum Blick, welcher in der Sonne ist; im Auge nämlich ist das Prinzip des Sehens, welches in Entsprechung gesetzt wird der intellektualen Einsicht, welche sie passiv nennen, in der Sonne aber dem sogenannten handelnden Intellekt. So wie den unzähligen Augen eine Sonne genügt, damit sie wirklich sehen, so genügt den unzähligen Intelligenzen ein handelnder Intellekt. Durch dieses Bild also des zur Sonne aufgerichteten Auges wird die Handlung des tätigen Intellektes anschaulich.*«

---

83 Ficino, *Liber de Sole et lumine*, a. a. O., S. 103; vgl. auch W. Beierwaltes 1980, a. a. O., S. 171, Anm. 105; bzw. Ficino, Theologia Platonica, lib. II, cap. X, ed. Marcel, tom. I; S. 104: »Quapropter divina mens, cum sit infinita, merito nominatur ab Orphicis ἄπειρον ὄμμα id est: ›oculus infinitus‹«.

84 »κλῦθι μάκαρ πανδερκές, ἔχων αἰώνιον ὄμμα / Τιτὰν χρυσαυγής, Ὑπερίων, οὐρανίον φῶς«; zit. n. Walker, D. P.; *Spiritual and Demonic Magic. From Ficino to Campanella*, London 1975, S. 30.

85 »Quo factum est, ut Orpheus hunc ipsum aeternum Mundi oculum apellaverit, quandoquidem eius lumine omnia illustrantur, sicut Deus lux vera illuminat omnem mentem.« Petrus Bungus, *Numerorum Mysteria*, hrsg. v. U. Ernst, Hildesheim/Zürich/New York 1983, S. 121 (Reprint der Ausgabe Bergamo 1599).

Das Universum ist somit im göttlichen Blick aufgehoben beziehungsweise ist eine Spiegelung/Reflexion des göttlichen ›Sehens‹. An anderer Stelle lädt Bruno uns zu einem Gedankenexperiment ein, nämlich der Vorstellung eines Spiegels, der nicht so sehr rezeptiv oder auf äußere Einflüsse reagierend gedacht wird, sondern vielmehr aktiv selbst erst die Formen von sich an die Dinge abgibt/spiegelt, selbst aber gewissermaßen das Zentrum ist, in dem alle Formen eins sind bzw. in dem sie konzentriert sind.[86]

»Finge tibi sphaeram seu globum undique specularem, qui ita sit in rerum medio, ut ita in eo coniungantur circumcirca omnes rerum formae et figurae, ut eaedem verius ab ipso proficiscantur, ut ... sit undique speculum, quod non tam vere et proprie species et formas ab externis accipiat, quam vere ipsum formas ad externa transmittat; postea intelligatur non tam vere accipere et transmittere species et figuras, quam vere ipse in se ipso omnes habeat et contineat, quae subinde omnes in suo centro sint unum, quia omnis idearum multitudo tandem in unitatem reducitur et in unitate consistit, sicut et omnis numeri substantia unitas est, qua ablata numerus nulla est.«
(Lampas trig. stat., OL III, S. 46)

»Stelle dir eine Sphäre oder einen Globus vor, welcher in jeder Hinsicht spiegelartig sei, welcher so in der Mitte der Dinge sei, daß in ihm die Formen und Gestalten aller Dinge ringsum so verbunden werden, daß dieselben wirklichkeitsgetreuer von ihm ausgehen, so daß ... er in jeder Hinsicht Spiegel sei, der die Eigengestalten und Formen von den äußeren Dingen nicht so wahr und charakteristisch empfinge, als vielmehr selbst die Formen an die äußeren Dinge wahrhaft übermittelte; ferner sei er [so] verstanden, daß er Eigengestalten und Figuren nicht so wirklichkeitsgetreu empfinge und vermittelte, wie wahr er selbst in sich selbst alle besäße und enthielte, welche unmittelbar darauf allesamt in seinem Zentrum Eines seien, weil jede Vielheit der Ideen zuletzt auf die Einheit zurückgeführt wird und in der Ein-

---

[86] Auch dieses Bild lehnt sich an die Vorstellung eines ›Weltenauges‹ an bzw. läßt an Cusanus' *speculum vivum* denken: »Wohl trittst Du, mein Gott, mir entgegen als wärest Du erst formbare Materie, weil Du die Form eines jeden Dich Betrachtenden annimmst; dann bringst Du mich jedoch dahin, zu sehen, daß nicht der Dich Betrachtende Dir die Form gibt, sondern in Dir sich selbst schaut, weil er von Dir das erhalten hat, was er ist. Und so verschenkst Du, was Du vom Betrachter zu erhalten scheinst; so als seist Du ein lebender Spiegel der Ewigkeit, d. h. die Gestalt der Gestalten. Blickt jemand in diesen Spiegel, so sieht er seine Gestalt in der Gestalt der Gestalten, die der Spiegel ist. Und er glaubt, die Gestalt, die er im Spiegel sieht, sei die Darstellung seiner eigenen Gestalt. So nämlich verhält es sich bei einem Spiegel aus poliertem Metall. Doch das Gegenteil davon ist wahr. Was er in jenem Spiegel der Ewigkeit sieht, ist nicht Darstellung, sondern die Wahrheit, deren Darstellung er, der Sehende, selbst ist. Also ist die Darstellung in Dir, mein Gott, die Wahrheit, und das Urbild von allem und allem einzelnen, das ist oder sein kann.« (De visione dei, a. a. O., S. 160/161)

> *heit besteht, so wie die Einheit Substanz einer jeden Zahl ist bzw. durch die Wegnahme von dieser [der Substanz] keine Zahl besteht.«*

Der Spiegel steht hier nicht nur in Analogie zur Selbstanschauung des Göttlichen, sofern der universale Intellekt die Vielfalt geistig-körperlicher *species*, der inneren und äußeren Formen ursächlich in sich vereint, sondern versinnbildlicht gleichzeitig das Wirken des universalen Intellektes als Form- und Wirkprinzip, insofern er als potentielles Vermögen der Weltseele die Vielfalt der Naturdinge hervorbringt (vgl. Über die Ursache II, S. 57), das Leben der unendlichen Natur lenkt und in immerwährenden Metamorphosen erhält. Das Denken des Absoluten veräußert sich gleichsam im Sein und Leben der Welt und diese Vielheit ist gemäß der Analogie des umfassenden Spiegels ein kontinuierliches Ganzes bzw. eine homogene Unendlichkeit.

In der Monadenschrift heißt es, die Natur habe alle Dinge einzigartig nach einem konstanten Gesetz unterschiedlich gekennzeichnet (*sigillatim*), alle Dinge seien aus den Quellen der Prinzipien abgeleitet, so daß die Erscheinungsformen (*species*) als Nachahmungen der ersten Monade und des Lichtes in der äußeren Gestalt der Dinge gerühmt werden, und sich gleichzeitig im Innersten regen. Äußeres Erscheinungsbild der Naturerscheinungen und inneres Bild stehen in direkter Korrespondenz,[87] und gleichzeitig faßt die Weltseele alles in sich, gehen alle Erscheinungsweisen auf die Einheit des universalen Intellektes zurück.

»Nam varie in variis eadem est impressa figura/Ut speculi varia est sors, vis, positura tomorum,/Materies, magis atque minus per imaginis actum/ Unius illustris...At species eadem, pro appulso materiei,/Hanc unam oblongat formam, sinuatque recurvo/A speculo, heic vultum canis et bovis atque elephantis/Efficit, in longos artus trahit inde lacertas,/Spargitur in ramos eadem hic substantia plantae,/Omneis telluris spectas in corpore partes.« (De monade, I 2, S. 328 f.)	*In der Tat ist im Verschiedenen verschiedenartig die gleiche Gestalt eingeprägt, wie in einem Spiegel der Zustand, das Vermögen, die Anordnung der Teile und die Materie unterschiedlich erscheinen, d. h. mehr oder weniger deutlich in der Hervorbringung des einen Bildes ... Und zwar verlängert und biegt sich ein bestimmtes Erscheinungsbild je nach dem Anstoß der Materie, die eine Gestalt wie mittels eines gekrümmten Spiegels; hier erzeugt sie das Erscheinungsbild eines Hundes und des Rindes sowie des Elephanten, darauf zieht sie in lange Glieder die Eidech-*

---

87 Bruno steht hier durchaus in der Tradition der Signaturenlehre bzw. der Vorstellung vom ›Buch der Natur‹.

se; im Baum wird ein- und dieselbe Substanz der Pflanze verzweigt, alle Teile der Erde siehst du im Körperlichen.«

Die Vielfalt der Naturerscheinungen ist gleichsam eine Manngifaltigkeit von Spiegelungen. Wie mittels eines Zerrspiegels läßt sich die Einheit der Natur in unterschiedlichen Erscheinungsweisen betrachten. Die Spiegelung wird damit zugleich zur Metapher der ›Metamorphose‹ der materiellen Welt, der Vielheit der Erscheinungsformen aus der Einheit, deren Verwandlung in einem fließenden Übergang anschaulich nachvollziehbar wird durch die Effekte der Spiegelung.
Im 16. Jh. waren vor allem Hohlspiegel, d. h. Konvex- und Konkavspiegel bekannt, deren Verzerrungseffekte den ›Fluß der Materie‹ versinnbildlichen.[88]

Für Bruno ist die Annahme einer Auflösung der Raumgrenzen, die Proklamation des unendlichen Weltalls unzähliger Welten nicht nur aus der Rezeption der kopernikanischen Reform zu sehen, sondern vor allem konsequente Folgerung und Denknotwendigkeit auf der Basis seines Gottesbegriffs. »Daher muß notwendig dem unzugänglichen göttlichen Angesicht auch ein unendliches Spiegelbild entsprechen...« (Zwiegespräche, S. 379) Auch hier zeigt die Analogie zum Spiegel die Gleichzeitigkeit unendlicher Formenvielfalt in kontinuierlicher Verbundenheit zum einheitlich Ganzen.

Der Spiegel vermag aber nicht nur die Vielheit aus der Einheit zu erzeugen bzw. eine Auflösung der Raumorientierungen zu suggerieren, sondern ist zugleich Sinnbild der Einheit des Mannigfaltigen. Bekanntestes Beispiel der Malerei ist wohl Jan van Eycks Hochzeitsbild der Arnolfini (1434): In einem Konvexspiegel, der gleich einem allesumfassenden Auge den Raum in sich spiegelt, wird die gesamte Verlobungsszene mikrokosmisch zusammengefaßt, und zwar in einer Weise, die über die Bildmitteilung des Gemäldes hinausgeht.

In diesem vielschichtigen Sinne ist die Analogie von Natur bzw. Seele und Spiegel/Auge auch bei Giordano Bruno zu verstehen: als Metapher der komplikativen Einheit wie der explizierten Vielheit, der Immanenz des Göttlichen in der Natur als Ganzheit wie in jedem Einzelnen, der Auflösung des begrenzten *mundus* in ein unendliches Universum und als Modell der Selbstreferentialität und Selbstreflexivität der Einheit. »So hat

---

88 Im Konvexspiegel wird ein Bildraum verkleinert zusammengezogen (vgl. das berühmte Verlobungsbild van Eycks), im Konkavspiegel erscheint das Objekt vergrößert. Zerr- und Vexierspiegel veranschaulichen die Metamorphose des Gegenstandes. Das Verhältnis von Einheit und Vielheit wird besonders anschaulich im Zylinderspiegel, dem Instrument der Anamorphosen. In der Malerei zeugen die Anfänge einer karikativen Überzeichnung von Gesichtern bzw. die Typologien physiognomischer Studien (della Porta) von einer Verwendung solcher Spiegeleffekte.

er [der Nolaner] für jeden, der Sinn und Verstand besitzt, mit dem Schlüssel unermüdlicher Nachforschung diejenigen Hallen der Wahrheit geöffnet, die sich überhaupt von uns öffnen lassen. Er hat die bedeckte, verschleierte Natur entblößt, den Maulwürfen Augen verliehen und die Blinden erleuchtet, die nicht imstande waren, mit ihren Augen das Bild der Natur in den vielen Spiegeln zu schauen, die sich ihnen von allen Seiten entgegenstellen.« (Aschermittwochsmahl I, S. 92)

Die Erkenntnis der Natur ist für den Nolaner keine Naturforschung, in der sich das erkennende Individuum gegenüber der natürlichen Erscheinungswelt exponiert, sondern gerade die Auflösung einer Objektivierung im Sinne einer Erkenntnis der inneren Einheit bzw. der intensiven Unendlichkeit der Natur. Insofern diese interne wie externe Unendlichkeit keinen alleinigen Mittelpunkt besitzt, wird die Wahrhaftigkeit der singulären Perspektive relativiert und es besitzt jedes Individuum erst dann einen Zugang zur Natureinheit, wenn es sich dieser als seines innersten mikrokosmischen Vermögens bewußt wird und in der Weltseele aufgeht, der Unterschiedslosigkeit des ›Alles-auf-einmal-Sehens‹.

In den *Lampas triginta statuarum* faßt Bruno dies wiederum mit der Spiegelmetapher:

»... si unus sit sol et unum continuum speculum, in toto illo unum solem licebit contemplari; quod si accidat speculum illud perfringi et (in) innumerabilis portiones multiplicari, in omnibus portionibus totam repraesentari videbimus et integram solis effigiem, in quibusdam vero fragmentis vel propter exiguitatem vel propter infigurationis indispositionem aliquid confusum vel prope nihil de illa forma universali apparebit, cum tamen nihilominus insit, inexplicata tamen. Itaque si quemadmodum uno perfracto speculo propter partium muliplicationem animalium animarum muliplicata sunt supposita, si accidat iterum partes omnes in unam massam coalescere, unum erit speculum, una forma, una anima, sicut si omnes fontes, flumina, lacus et maria in

»... *wenn es eine Sonne gibt und einen zusammenhängenden Spiegel, ist es möglich in jenem Ganzen die eine Sonne zu betrachten; wenn es sich aber ereignet, daß jener Spiegel zerbrochen wird und in unzählige Teile vervielfältigt wird, werden wir in allen Teilen das Ganze repräsentiert sehen und das ungeteilte Abbild der Sonne, in gewissen Bruchstücken aber wird, sei es wegen ihrer Kleinheit oder wegen der Gestaltlosigkeit und Ungefügtheit, nur etwas Vermengtes oder nahezu nichts von jener universalen Form erscheinen, obwohl sie nichtsdestoweniger innewohnt, nicht ausgebildet allerdings. So wie wenn gewissermaßen durch einen zerbrochenen Spiegel infolge der Vervielfältigung der Teile die vielfältigten Seelen der Lebewesen [den Teilen] zugeordnet sind, wenn es sich wiederum ereignet, daß alle Teile zu einem Stoffe verschmelzen, wird ein Spiegel sein, eine Form, eine Seele, so wie wenn alle Quellen, Flüsse, Seen und*

unum concurrant oceanum, unus erit Amphitrites.« (Lampas trig. stat., OL III, De Lumine seu spiritus universorum XXII, S. 59 f.)	*Meere in einem Ozean zusammenlaufen, eine Amphitrite wird sein.«*

Auch an dieser Stelle wird nochmals deutlich, daß eine jede Einzelseele als ein Spiegelsplitter aufgefaßt wird, dem zwar das Göttliche immaniert, dessen ganze Kraft sich aber erst in der Selbstentgrenzung entfaltet. Erst wenn die Individualseele in der Reflexion auf ihr innerstes Vermögen im ›Ozean‹ der Weltseele aufgeht, schaut sie das Göttliche im Spiegel der Natur in reinster Form. Gott selbst, dies wurde im vorangehenden erläutert, ist unendliches Auge. Wenn nun die Seele, sich von jeder endlichen Bestimmung lösend, zum reinen Spiegel wird, gelangt sie zu einem Sehen Gottes von Angesicht zu Angesicht, einem Spiegeln im Auge Gottes, wobei dieses Sehen und Gesehenwerden zugleich ein Umfangen in Liebe meint.

Mit dem Bild des zersplitterten Spiegels, des Zersprengtseins des Göttlichen in Vielfalt, die das ungeteilte Überall-Sein des Göttlichen in jedem Teil versinnbildlicht, nimmt Bruno eine Analogie auf, die Luther in der Schrift vom Abendmahl in christlichem Kontext schildert. Dies sei die Vorstellung, nach der das Papsttum die Mittlerrolle Christi fasse. »Wenn ein Spiegel in tausend Stücke gebrochen würde, dennoch bliebe in einem jeglichen Stücke dasselbe ganze Bild, das zuvor im ganzen Spiegel allein erschien. Hier ist ein einziges Antlitz, das davor stehet und ist doch in allen Stücken gleich dasselbige Antlitz ganz und völlig in einem Augenblicke: Wie wenn Christus auch also wäre in Brot und allenthalben ...«.[89]

---

[89] M. Luther; *Vom Abendmahl Christi.* Bekenntnis 1528, Weimarer Ausg. XXVI 338, 18 ff.; zit n. H. Leisegang 1949, a.a.O., S. 181. Leisegang weist darauf hin, daß diese Vorstellung auch bei Thomas v. Aquin, *Summa theologica* II, Qu. LXXVI, art. III zu finden sei, der diese lichtmetaphorische Vorstellung allerdings kritisiere. Ursprung der Spiegelmetaphorik bzw. der Vorstellung vom zerbrechenden Spiegel sei Augustinus, so der Äquinat. Allerdings sei diese Spiegelvorstellung bei Augustinus (nach Leisegang) an keiner Stelle nachzuweisen, und damit müsse die Herkunft ungeklärt bleiben. Allerdings wird die Metaphorik des Zerbrechens des Spiegels bezeichnenderweise im Minnesang, z. B. des Heinrich v. Morungen, 12. Jh. thematisiert. »Swer zerbricht einen Spiegel, der gesiht/In den stückelînen Ganzes bilde schîmen.« (Minnesangs Frühling 2, 322 b; zit. n. W. Wackernagel, »Über die Spiegel im Mittelalter«, in: *Abhandlungen zur Deutschen Altertumskunde und Kunstgeschichte*, Leipzig 1872 (Kleine Schriften Bd. 1, S. 132) und »Mirst geschên als einem kindelîne,/daz sîn schônez bilde in einem glase ersach/Unde greif dar nâch sîn selbes schîne/sô vil, biz daz ez den Spiegel gar zerbrach«. Ähnlich dem Narzißmythos ist das geliebte Gegenüber ein Unerreichbares, ein sich im ›Zugriff‹ entziehendes. (Vgl. *Deutsche Literaturgeschichte. Von den Anfängen bis zur Gegenwart*, Stuttgart 1979, S. 42.

Brunos Anwendung des ›zerbrochenen Spiegels‹ geht jedoch über diese christliche Vorstellung hinaus. Es ist nicht der christliche Gottessohn, sondern die Weltseele, die als ein umfassender Spiegel das Göttliche in sich schaut bzw. umgekehrt in der das Göttliche sich reflektiert. Die Zersplitterung in unzählige Scherben kennzeichnet die Individuationen der unendlichen Natur, in deren Teilen (Spiegelsplitter = Einzelseelen) das Ganze enthalten ist, jedoch sind die Teile in Unordnung geraten, die Vielheit der Splitter behindert die Anschauung des Ganzen und so ist es das Ziel von der Vielheit in die Einheit der Weltseele zurückzukehren. Diese Rückwendung auf das immanent Göttliche und Rekonstitution einer Einheit in der Vielheit ist ein für Brunos Naturphilosophie wesentlicher Gedanke.

Möglicherweise läßt sich das Gleichnis vom Zerbrechen des Spiegels, der Versprengung der Einheit in mikrokosmische Splitter in Zusammenhang mit der kabbalistischen Vorstellung vom ›Bruch der Gefäße‹ sehen. Nach der Lehre der lurianischen Kabbala bildet sich aus der Lichtemanation des *En sof* (unendl. göttl. Wesen) die Welt der 10 Sephiroth, verkörpert durch Adam Kadmon (Makrokosmos), der aus seinen Augen das Göttliche Licht verströmen läßt. Die niederen Wesen aber, indem sie dem Licht nicht standzuhalten vermögen, zerbrechen (›Bruch der Gefäße‹). Dadurch versprengt das göttliche Licht, ist in Verbindung mit der Materie von Mangel gekennzeichnetes, im Exil befindliches, kreatürliches Sein. Aufgabe des Menschen ist, den Zustand ursprünglicher Harmonie wieder herzustellen bzw. den ›großen Menschen‹, in dem »die gesamte seelische Substanz des Menschen überhaupt, das heißt der Menschheit, konzentriert war« zu restituieren.[90]

Vermuten läßt sich hinsichtlich Brunos Verwendung des Spiegelgleichnisses jedoch auch ein Bezug zur orphischen Tradition bzw. der orphischen Lehre vom Gott Dionysos.[91] »Von alters wurde auch von den Theologen (unter denen die Orphiker zu verstehen sind) der Spiegel für das geeignete Symbol gehalten zur Darstellung der Erfüllung des Alls mit dem Geistigen. Deshalb sagen sie auch, daß Hephaistos dem Dionysos einen Spiegel gemacht habe und als der Gott in ihn blickte und ein

---

90 Scholem, G.; *Zur Kabbala und ihrer Symbolik*, Frankfurt 1992, S. 155. G. F. Hartlaub berichtet von einem Gemälde in der Kirche San Domenico zu Siena, worauf eine androgyne Gestalt, in der freien Natur, von Tieren umgeben auf einem Felsen sitzend, voller Verzückung in einen Spiegel schaut: der kabbalistische Adam Kadmon im kosmischen Paradies, der seine Göttlichkeit durch die Entzweiung im Spiegel verliert bzw. die Vervielfältigung des Göttlichen in der Natur symbolisiert. (Vgl. G. F. Hartlaub 1951, a. a. O., S. 132)

91 Mythologisch ist der Spiegel stets den Göttinnen zugeordnet, einzig Dionysos wird mit dem Attribut des Spiegels verbunden und bildet eine Ausnahme.

Abbild seiner selbst sah, machte er sich an die ganze, in einzelne Teile zerfallende Schöpfung.«[92]

Die Überlieferungen zum Gott Dionysos sind äußerst vielschichtig und berufen sich auf verschiedene Verkörperungen des Gottes. Im Zusammenhang mit der orphischen Seelenlehre ist es aber insbesondere die Vorstellung der Wiederherstellung der Einheit aus den versprengten Teilen der Gottheit, die dem Menschen innewohnen, die Reinigung der Seele von körperlicher Abhängigkeit und Mangelbehaftetheit.[93] Möglicherweise sind aber beide Vorstellungshintergründe, der orphische wie der kabbalistische in die brunosche Auffassung eingegangen, so wie auch an vielen anderen Stellen seines Werkes verschiedene Gleichnis- und Bildebenen in analoger Weise gesetzt werden. Eine letzte Stelle sei hiermit angeführt, in der nicht nur die Parallelsetzung von Orphik, Kabbala, biblischer Überlieferung etc. in charakteristischer Weise zum Ausdruck kommt, sondern nochmals die Spiegelmetapher im Sinne einer metaphysischen Versinnbildlichung der Weltseelenlehre aufscheint.

In der *Wittenberger Abschiedsrede* heißt es, die göttliche Weisheit habe drei Häuser, »ein unerbautes, ewiges, ja den Sitz der Ewigkeit selbst; ein zweites erstgeborenes, nämlich dieses sichtbare Weltall; ein drittes nachgeborenens in der Seele des Menschen.« (Orat. valedict./Abschiedsrede, S. 84) Dieses zweite Haus der Weisheit, die Offenbarung des Göttlichen in der sichtbaren Natur, wird der Göttin Minerva gleichgesetzt, der Tocher des Zeus, die nach orphischer Lehre dem Haupte des Zeus entsprang.[94] »Ich bin hervorgegangen aus dem Munde des Höchsten. Ich bin die Erstgeborene vor aller Kreatur. Aus des Herren Haupte (sage ich) bin ich geboren. Denn sie ist ein Hauch der göttlichen Kraft und ein Strahl der Herrlichkeit des Allmächtigen; darum kann nichts Unreines zu ihr kommen; denn sie ist Glanz des ewigen Lichtes und ein unbefleckter Spiegel der göttlichen Kraft und ein Bild seiner Gütigkeit.« (Orat. valedit./Abschiedsrede, 81) Auch hier ist also von der durch Minerva ver-

---

92 Proklos, Timaioskommentar, übers. n. O. Kern, *Orphicorum fragmenta*, 192, S. 227, Fr. 209; zit. n. H. Leisegang 1949, a. a. O., S. 174 f.

93 Eine andere Variante um die Figur des orphischen Dionysos Zagreus (der große Jäger) besagt, der Gott sei beim Spiele, in einen Spiegel blickend, von den Titanen überfallen und verschlungen worden – einzig das Herz des Dionysos habe Athena gerettet. Zeus habe daraufhin die Titanen zur Strafe mit seinem Blitzstrahl vernichtet, aus der Asche aber der verglühten Titanen sei das Menschengeschlecht hervorgegangen, so daß einem jeden ein Anteil des Dionysischen innewohne, aber auch die Erblast des titanischen Frevels auferlegt sei. Aus dem von Athena geretteten Herzen aber sei ein neuer Dionysos entstanden, der Gott der Jenseitsverheißung.

94 In Ficinos Schrift *De sole e lumine* (a. a. O., S. 103) findet die orphische Minerva mit folgenden Worten Erwähnung: »Minaervae templis aureum hoc legebatur inscriptum. Ego sum, quae sunt, quae erunt, quae fuerunt.« (»Dem Tempel der Minerva sagte man diese vergoldete Inschrift nach. Ich bin diejenige, die alles das, was ist, sein wird, gewesen ist, in eins ist.«) Minerva verkörpert das ewige Sein im Wandel der Dinge. Vgl. auch P. Bungus 1599, a. a. O., S. 283.

körperten universalen Natur als einem unbefleckten Spiegel die Rede, d. h. einem Spiegel, der ohne Trübung unmittelbarstes und reinstes Widerstrahlen des Göttlichen ist. Bruno greift hier zum einen die Worte des Salomonischen Buches der Weisheit auf: »Candor est enim lucis aeternae, et speculum sine macula Dei majestatis, et imago bonitas illius« (Liber de sapientia VII 26).[95] Minerva (die Natur) ist hier wiederum in einem zweifachen Sinne innerer Unendlichkeit (universaler Intellektualität) und äußerer Unendlichkeit zu fassen, d. h. als die alles in sich einende Weltseele, die zugleich in ihrer Gottebenbildlichkeit die Wahrheit und Geistigkeit der Natur verkörpert wie das Prinzip von Sein und Leben. Als Abbild des unerfaßlichen göttlichen Lichtes, der absoluten Weisheit, kommt ihr eine Mittlerfunktion zu, insofern sie im Spiegel der Natur das Göttliche mitteilbar macht. »So bleibt die Sonne (göttliche Weisheit) selbst unzugänglich und unbegreiflich und verborgen in der Fülle ihres unendlichen Lichtes, aber ihre Klarheit steigt mit den Strahlen zu uns herab, teilt sich uns allen mit und breitet sich aus. Wie nämlich erstens das Wesen der sichtbaren Sonne am Firmament kaum von unseren Gedanken erfaßt wird, so nennen wir zweitens Sonne doch auch ihre unmittelbare Wirkung, welche den ganzen Weltkreis beherrscht und lebt, wo immer Leben ist; drittens aber reden wir noch von derjenigen mittelbaren Anwesenheit und Wirkung der Sonne, die alles ergreift und von allen begriffen wird. Ebenso kann man auch die Sonne des Geistes dreifach betrachten. Erstens in ihrer göttlichen Wesenheit, zweitens in der Einheit der Welt, die ihr Abbild ist, drittens im Lichte der Sinne derer, die am Leben und Erkennen teilnehmen. Auf der ersten Stufe heißt sie bei den Kabbalisten Sephirot Achamot, in der zweiten wird sie von den Orphischen Gottesgelehrten Pallas oder Minerva genannt, in der dritten gemeinhin Weisheit genannt.« (Orat. valedict./Abschiedsrede, S. 83)[96]

---

95 Lateinische Textfassung der Vulgata; zit. n. H. Leisegang 1949, a.a.O., S. 166 f.
96 In der Überlieferung der orphischen Lehre wird oftmals Apoll der Sonne gleichgesetzt – so auch bei Bruno immer wieder. Diese Deutung ist aber vermutlich Auslegung der Tradierung orphischer Lehre durch Proklos. Originärer ist die Vorstellung, der orphische Gott Dionysos sei die zentrale Sonne, der metaphysische Mittelpunkt lichtemanativer Gottesmitteilung. Wesentlich für die brunosche Formulierung einer dreifachen Sonne (vgl. auch De monade, OL I 2, Kap. IV, S. 366) ist aber in jedem Falle die orphische Lehre, insofern Dionysos (resp. Apoll) als eine Sonne in dreifacher Gestalt vorgestellt wird. (vgl. Kern, O.; *Die griechischen Mysterien der klassischen Zeit*, Berlin 1927, S. 48) Hiermit ist eine mögliche mythologische Grundlage der neuplatonischen, triadischen Metaphysik gegeben, als einer Struktur von in sich verharrender Einheit, aus sich Heraustreten und in sich Zurückkehren, d. h. einer selbstreflexiven Mitteilungsstruktur des Göttlichen. Auch Ficino erwähnt diese trinitare Struktur der Sonne u.a. in der erwähnten Schrift *De Sole et lumine* (a.a.O., S. 105 f.) als Einheit göttlicher Lichtquelle, der Ausstrahlung des Lichtes und der Rückwendung des Lichtes (mens/unitas – intellectus/aequalitas – amor/connexio). Vgl. hierzu auch Nicolaus Cusanus, De docta ignorantia I, cap. VIII, 21.

Die über alles Dasein erhabene unbegreifliche göttliche Einheit teilt sich auf der Ebene der Naturvielfalt mit, gleich einem Buch der Natur die göttliche Weisheit repräsentierend, und führt das erkennende Individuum damit mittelbar zur Gotteserkenntnis. Gleich einer doppelten Spiegelung reflektiert sich die göttliche Sonne (unerbautes ewiges Haus) im Universum, d.h. der Einheit der kreatürlichen Welt (zweites erstgeborenes Haus) sowie mittelbar in der Seele des Einzelnen (drittes nachgeborenes Haus), und dort »wohnt sie in unserem Geiste, sitzt auf dem Verdeck unseres Seelenschiffchens, lenkt das Steuer dieses Schiffes auf dem stürmischen Meere dieser wogenden Welt, wo sie auch als Leuchtturm jedem strahlt, der ihre Finsternis durchkreuzen muß.« (Orat. valedict./Abschiedsrede, S. 84)

Abb.: aus dem *Musaeum Hermeticum*, Stich von M. Merian, 1618.
Verwiesen sei, im Hinblick auf die hermetischen Anspielungen des brunoschen Aktaion-Mythos, auf diesen berühmten Stich M. Merians aus dem Anhang des *Musaeum Hermeticum*, der auf das Jahr 1618 datiert wird.
In dieser außerordentlich symbol- und andeutungsreichen Bildkomposition fällt zunächst – wie bereits an anderen zeitgenössischen Druckgrafiken gezeigt – die Verschmelzung unterschiedlicher Traditionen ins Auge. Der Bildraum weist zunächst eine horizontale Gliederung von empyreischer, himmlischer und elementarer Sphäre auf.
Im empyreischen Bereich steht an oberste Stelle das Symbol des christlich-jüdischen Gottes des AT, gekennzeichnet durch die hebräischen Lettern JHWH, die auf die Trinität hinweisen. Gleichzeitig wird die göttliche Dreieinigkeit explizit dargestellt durch die Symbole der Gottessohnschaft/Lamm Gottes und den Heiligen Geist/Taube, d. h. in Einbeziehung neutestamentarischer Gotteslehre. Diese trinitarische Gottheit vermittelt sich durch eine für scholastische Stufenkonzepte charakteristische Hierarchie von Engelschören.
In der himmlischen Sphäre gehen die konzentrischen Halbkreise der Engelshierarchien/körperlose Intelligenzen über in die Kreise der Fixsternsphäre, der Tiergestalten Rabe, Schwan, Drache, Adler, Phoenix, die für Transmutationsstufen im alchemistischen Proceß stehen und, in entsprechender Anordnung, in den Kreis der Planeten-/Metallzeichen, der sich im empyreischen Bereich im Kreis der Sternzeichen fortsetzt. Die inneren Kreise machen den alchemistischen Hintergrund deutlich: Über die drei Prinzipien Mercurius/Quecksilber, Sulphur/Schwefel und Sal/Salz und die 4 Elemente zeigt sich im Zentrum, symbolisch dargestellt durch das Hexagramm, die Vereinigung der Elemente (Luft/Feuer und Erde/Wasser). Im Mittelpunkt des alchemistischen Kosmos erscheint diese, wiederum dreiheitlich gedachte Einheit, als ein Dreieck, das ein an J. Dees Monas-Hieroglyphe erinnerndes Zeichen umschließt: die Vereinigung von Sonne, Mond, und Mercurius.
Was sich hierin als Ziel des alchemistischen Prozesses zeigt, die Coniunction von Männlichem und Weiblichem bzw. der diesen zugeordneten Elemente, weist auf eine umfassende, unterschiedslose Einheit hin – ein Prozeß, der, wie erwähnt, stets im praktisch-

physikalischen Sinne wie im theoretisch-geistigen Sinne einer Auflösung der Gegensätze zu verstehen ist. Diese angestrebe Auflösung in Einem erscheint in der dritten Sphäre, dem elementaren, irdischen Bereich in Form eines Dualismus, für den vor allem die Allegorien von Sonne und Mond stehen. Wie bereits im himmlischen Bereich angedeutet, kennzeichnet die unterste Region der irdischen Welt insbesondere die Polarität von Tag/Sonnenlicht und Nacht/Mondschatten. Links, im Bereich des Lichtes, verkörpert die männliche Allegorie die Sonne (Sol/Gold in Verbindung mit dem Löwen als Symbol eines Grades im Transmutationsprozeß, ›roter Leu‹). Die männliche Sonnenallegorie wie der Löwe, stehen jeweils mit einem Bein auf einem 7-zackigen Stern (Metalle), mit dem anderen auf je einem Flügel des Phoenix, der die Elemente von Feuer und Luft umfaßt. Auf der rechten Bildseite erscheinen in entsprechender Anordnung die Mondallegorie (Silber), im Wasser stehend bzw. auf das von einem Adler umgriffene Element des Wassers verweisend und auf der anderen Seite (einander zugewandt) die in einen Hirsch verwandelte Gestalt (›Aktaion‹), dem das Element der Erde (Waldsymbol) zugeordnet ist. Die Figur der Mondgöttin ist gekennzeichnet durch Symbole der Fruchtbarkeit (Weinrebe) wie des Einflusses auf die irdische Welt (›Venus lactans‹). Die Tier-Mensch-Gestalt kann gleichermaßen als Allegorie metallischer Transmutation wie innerer Metamorphose gedeutet werden. Das gestirnte Geweih verweist auf eine stufenweise Wandlung, das dreiblättrige Kleeblatt vermutlich auf die Vereinigung der drei Prinzipien. Einerseits zeigt sich somit in der irdischen Region ein Dualismus, gleichzeitig verweist der Schiedsmann in der Mitte, der auf einem einköpfigen doppelleibigen Löwen steht, auf die Trennung und Vereinigung (links: Feuer – rechts: Wasser) im Prozeß der metallischen Transmutation (coagere et solvere). Der Adept ist umgeben von einem Baumhain, an dessen Spitze der Baum des Sonnen-/Goldzeichens steht und zugleich über die irdische Sphäre hinausragt. Die Bäume sind mit Metall- bzw. Halbmetallzeichen gekennzeichnet. Einerseits wird damit auf die sympathetische Zuordnung der Planeten zu den irdischen Metallen hingewiesen, und zugleich verweisen die Bäume auf die im Innern der Erde (Berg) ruhenden metallischen Samen. Die Vorstellung der Metallwandlung ist wie bereits an anderer Stelle erwähnt, eine organische, ein Wachsen und Reifen in der Erde, in welches der Alchemist beschleunigend einzugreifen versucht.

Die gesamte Abbildung zeugt von der Vorstellung eines sympathetischen Zusammenklangs der irdischen und himmlischen Welt bzw. der Möglichkeit einer stufenweisen Verwandlung in Richtung auf die Einheit, die im irdischen Bereich im Gold angestrebt wird, darüber hinaus aber vor allem den höchsten Grad von Erkenntnis (philosophisches Gold) zu erreichen sucht. Der Dualismus von Sonne/Licht und Dunkel, mit all seinen Implikationen, deren allegorische Personifikationen in Verbindung mit der höheren, himmlischen Sphäre stehen, wird in der empyreischen Welt gewissermaßen aufgehoben. Würde man die beiden, durch die Ketten (durchgängige Verbundenheit des Seienden) angelegten Geraden durchzeichnen, ergäbe sich ein Zusammenlaufen im Symbol der Gottheit. Die Rückführung in die Einheit erfolgt gewissermaßen auf drei Ebenen: Physisch – auf der Grenze zwischen irdischer und himmlischer Welt im Symbol des Goldes (Metallbaum); rational – auf der Grenze zwischen himmlischer und empyreischer Sphäre als Zeichen der Einheit der Elemente und Prinzipien; metaphysisch – in der empyreischen Sphäre im Symbol des dreieinigen Gottes.

»Ens in tria capita distributum intelligitur, metaphysicum,
physicum & logicum universaliter dictum ut tria sunt
omnium principia, Deus, natura atque ars; et tres sunt
effectus, divinus, naturalis, artificialis.«
(Compos. imag., OL II 3, S. 94)

XIV.
Über die Monas, Zahl und Figur, nämlich die Elemente einer äußerst verborgenen Physik, Mathematik und Metaphysik

1. Analogie von Metaphysik – Mathematik – Physik

Bereits der Titel der Monadenschrift weist darauf hin, daß es dem Nolaner nicht um eine mathematisch-geometrische Figurationstheorie allein geht, sondern die Lehre von der Einheit, Zahlgenese und geometrischen Entwicklung der Figuren steht in unmittelbarer Beziehung zur Metaphysik und Physik, ist als Mathematik (im Sinne der vermeintlichen ›ungeschriebenen Lehre‹ Platons) Mittlerdisziplin, auf deren Basis die Beziehung von metaphysischer Einheit und physischer Vielfalt und Vielgestaltigkeit in analoger Weise formulierbar wird.

Diese Mittlerfunktion der Mathematik, dies betont Bruno in verschiedenen Schriften nachdrücklich,[1] erlaubt es, auf rational-abstrakter Ebene die metaphysische Entfaltung der Einheit in die Vielheit auf die physisch-wahrnehmbare Wirklichkeit zu beziehen. So heißt es, um nur einen Beleg hierfür anzuführen, in der Schrift *Figuratio Aristotelici physici auditus* (OL I 4) über die »Divisio universae Philosophia«:

»In tres partes contemplativa dividitur philosophia, physicam, mathematicam, metaphysicam. Prima est de rebus naturalibus, secunda de mediis, tertia de divinis. Prima est de iis quae apud nos fiunt atque sunt, secunda de eorum numero et	»*In drei Teile untergliedert man die betrachtende [theoretische] Philosophie: die Physik, die Mathematik und die Metaphysik. Die erste ist über die natürlichen Dinge, die zweite über die mittleren Dinge, die dritte über die göttlichen. Die erste ist über diejenigen Dinge, die bei uns gesche-*

---

[1] Vgl. hierzu den Passus *Metaphysice – Physice – Logice* im Kapitel zur Stufenordnung Giordano Brunos sowie die erwähnte Einleitung zu De immenso, OL I 1, S. 196 ff.

mensura atque momento, tertia de eorumdem causis. Prima est de iis, quae cum materia sunt atque considerantur, secunda de iis quae cum ipsa sunt sed non cum ipsa considerantur, tertia de iis quae sine illa tum sunt tum considerantur. Prima de subsistentibus, secunda de inexistentibus, tertia de persistentibus. Prima de natura concretis maxime, secunda de ratione abstractis, tertia de per se separatis. Prima de iis praesertim quae multa sunt, secunda de iis quae in multis, tertia de iis quae ante multa. Prima ad moralem praesertim vitam confert, secunda ad rationalem, tertia ad heroicam ... In prima facilius exercetur demonstratio causae, in secunda fere semper demonstratio simpliciter, puta quae causae pariter est atque signi, in tertio demonstratio signi.«
(Figuratio, OL I 4, S. 140)

hen und sind; die zweite über deren Zahl, das Maß und die Bewegung; die dritte über deren Gründe. Die erste ist über die Dinge, die mit der Materie bestehen und betrachtet werden; die zweite über diejenigen, welche mit dieser sind, aber nicht mit dieser betrachtet werden, die dritte über diejenigen, die weder mit jener bestehen noch betrachtet werden. Die erste über die subsistierenden Dinge; die zweite über inexistente Dinge, die dritte über die persistenten (bleibenden). Die erste über die am meisten konkrete Natur; die zweite über die vom Verstand abstrahierten Dinge; die dritte über die an sich Geschiedenen. Die erste besonders von denjenigen Dingen, welche viele sind; die zweite von denjenigen, die in vielen sind; die dritte von denjenigen, die vor der Vielheit sind. Die erste trägt besonders zu einem moralischen Leben bei; die zweite zu einem rationalen; die dritte zu einem heroischen... In der ersten wird die Demonstration der Ursache leichter vollzogen; in der zweiten geschieht fast immer ein Beweis auf einfache Weise, zum Beispiel ein solcher, der zugleich auf die Ursache wie auf das Zeichen bezogen ist; in der dritten eine Demonstration des Zeichens.«

Mathematik, also Geometrie und Zahlenlehre, vermittelt zwischen Metaphysik und Physik, d.h. demonstriert auf logischer Ebene die Explikation des transzendenten Einen, in dem alles eines ist und das zugleich als eines in allem ist. Anhand einer durchgängigen Komplexitätsgenese von der Einheit bis zur Zehnheit entwirft Bruno eine Strukturlehre, die es erlauben soll, unterschiedliche Ebenen des Seienden und dessen Erkenntnisweisen als analog aufzufassen und im Verhältnis zueinander zu verstehen. Auf diese Weise wird die geometrische Figurationstheorie des Nolaners zur logischen Grundlage einer Zuordnung qualitativer Aspekte von Zahl und Figur. Bruno führt, ausgehend von der Figur der Einheit (Kreis) bis zur Zehnheit (Polygon), d.h. in der Verknüpfung von arithmetischer Reihe und geometrischer Progression, ein quantitativ-qualitatives

System der Strukturiertheit des Seienden vor, innerhalb dessen jeder Zahl/Figur auf verschiedenen Explikationsstufen Eigenschaften und Bestimmungen, isomorphe Verhältnisse auf der mikrokosmischen wie makrokosmischen Ebene sowie strukturidentische Phänomene aus dem kulturellen, religiösen und philosophiegeschichtlichen Bereich zugeordnet werden.

Solche qualitativen Bestimmungen der Zahlenlehre lassen sich, in Rekurs auf die phythagoreisch-neupythagoreische Zahlenlehre, von der spätantiken, neuplatonistischen Tradition über die Zahlallegorese (und zwar vor allem in der symbolische Auslegung der biblischen Zahlen) in der Patristik (Augustinus, Boethius) und im Mittelalter (Hrabanus Maurus, Isidor von Sevilla, Cassidor) verfolgen, finden ihren Niederschlag in dem ›symbolisch‹ angelegten, mathematisch-metaphysischen Konzept des Cusaners bzw. erweisen sich als eine Grundstruktur eines Zuordnungssystems innerhalb der magischen Tradition (Agrippa, Sponheim) wie der kabbalistisch inspirierten Kosmogenese (Reuchlin) und sind nicht zuletzt Fundament neuplatonisch orientierter, harmonikaler Weltentwürfe, die bereits in mittelalterlichen Texten formuliert werden und schließlich etwa in der hermetischen Philosophie eines Robert Fludd bzw. Athanasius Kircher konstituierend werden.

Bruno steht in einem solch weit gefächerten Spektrum von Traditionen und verfolgt auf der Basis eines neuplatonischen Einheitskonzeptes diese Ansätze von Zahlallegorese und numerologischer Spekulation. Er knüpft christliche, jüdische wie platonisch-neuplatonische und pythagoreische Elemente zu einem synkretistischen, universal angelegten Netz einer strukturellen Untersuchung der Vielheit des Bestehenden in Ableitung aus einer ersten und ursächlichen Einheit.

Und wenn dem Werk Brunos auch lange Zeit vorgeworfen wurde, es handle sich um spekulativen Mystizismus, um pseudowissenschaftlichen Eklektizismus, so zeigt sich doch bei näherer Untersuchung, daß er zum einen ein logisch-mathematisches Konzept vorstellt, das sich sehr kenntnisreich der Geometrie mit konstanter Zirkelöffnung bedient,[2] um eine strukturelle Ableitung der Vielheit aus der Einheit vorzuführen, daß er am Anfang infinitesimaler Zahlenlehre steht und durch die qualitativen Zuordnungen eine logische Grundstruktur der Welt nachzuvollziehen sucht, die nicht nur assoziative Zuordnungen vornimmt, sondern – und darin geht er über Agrippa von Nettesheim hinaus – auch auf der qualitativen Ebene den Aspekt des Generativen hervorzuheben sucht.

---

2 Dies ist vor dem historischen Hintergrund der Entwicklung des Proportionalzirkels zu sehen. Vgl. hierzu: Schneider, A.; *Der Proportionalzirkel. Ein universelles Analogrecheninstrument der Vergangenheit*, Deutsches Museum. Abhandlungen und Berichte, 38. Jg. (1970), Heft 2, München 1970. Hingewiesen sei auf die Dissertation von A. Bönker-Vallon, Berlin 1995, a. a. O.

Anhand der mathematischen Entwicklung der Zahlenreihe von der Eins bis zur Zehn versucht Bruno in der Monadenschrift eine Struktur zu zeigen, die, indem sie als Selbstentfaltung und Generierung der ersten ›Eins‹ vorgeführt wird, den Prozeß der Explikation der metaphysischen Einheit auf rationaler Ebene nachvollziehbar macht. Zugleich zeigt der Nolaner, daß es diese intelligible Struktur einer dynamischen Selbstentfaltung des Ersten ist – die sich anhand der Zahlgenese verfolgen läßt –, welche die Vielfalt des Seienden durchgängig strukturiert bzw. die es erlaubt, verschiedene Bereiche der Erscheinungswelt über die Erkenntnis der intelligiblen Struktur auf die Einheit zurückzubeziehen. Auf der Ebene der Zahl, der Zahlverhältnisse und der Zahlordnung wird somit einerseits – in analoger Setzung – die metaphysische Entfaltung der Einheit in logisch-systematischer Weise erklärt, zum anderen läßt sich die Genese der physischen Vielheit nach eben dieser Entwicklung eines Einfachsten zum Komplexen hierzu in Bezug setzen.[3]

Die mathematische Struktur ermöglicht damit, verschiedene strukturgleiche Phänomne des Seienden (gleichsam die verschiedenen Gestaltwerdungen einer intelligiblen Ordnung) in Analogie zu setzen und d.h. über die Zugrundelegung einer Zahlstruktur auf die metaphysischen Voraussetzungen zu beziehen.

Durch die Vermittlung dieser Art von Mathematik, welche in der Zahlordnung bzw. in Zahlverhältnissen Eigenschaften und spezifische Qualitäten faßt, werden Metaphysik und Physik in einen inneren Zusammenhang gesetzt.[4] Wir haben also die zugrundeliegende metaphysische Einheit, ihr Wirken als interne Qualität der Dinge (Zahl) und das signaturhafte Erscheinen dieser Qualität in der äußeren Gestalt (Figur). In der Monadenschrift zeigt der Nolaner diese ›Gestaltwerdung‹ intelligibler ›Zahl‹-Struktur anhand einer geometrischen Figurationsreihe. Die unterschiedlichen Vorgehensweisen geometrischer Konstruktion sind hierbei offenbar Modelle verschiedener Strukturierungsformen, die der physischen Welt zugrundeliegen.

»Denn wir stellen nichts auf, was nicht verstehen könnte, wer [nicht] nur im Gesetz der Grammatik weise ist, sondern auch das Gesetz der Steine, der Kräuter und der Gattung der Lebewesen kennt, der weiß was Zustand und Verhältnisbeziehung sind [Qui status et quae sit complexio], was die jeweils vorherrschende Kraft, das Leben und die Gepflogenheiten im Ganzen und in seinen Teilen. Das hier beschriebene kommt sozusagen aus der zuverlässigen Feder der Natur [Naturae ut calamo veniunt des-

---

3 Vgl. K. Heipcke, W. Neuser, E. Wicke 1991, a.a.O., S. 159, »Der Ursprung der Figuration«.

4 »... monas est substantia rei, numerus est qualitas interna, seu differentia specifica; figura est accidens exterius et signum ... Monas est enim individua rei substantia, numerus est substantiae quaedam explicatio, figura vero ab explicatorum principiorum situ et ordine dimanatio.« (De immenso, OL I 2, S. 197)

cripta fideli].« (De monade, OL I 2, S. 326; Über die Monas ..., ed. Samsonow, S. 7)

2. Das ›Buch der Natur‹

Die physische Natur ist gleichsam ein von Gottes Hand geschriebene Buch, d.h. an den ›Spuren‹ (vestigia), den ›Schatten‹ (umbrae) und ›Abbildern‹ (simulacra) der sichtbaren Wirklichkeit läßt sich das Wirken des ersten Ursächlichen ablesen. Die Vielzahl der sinnlich wahrnehmbaren Dinge ist gewissermaßen göttliche Schrift, die in unendlich vielen, unterschiedlichen Erscheinungsweisen und Kombinationen auf das eine ›Alphabet‹ hinweist, mit welchem der Schöpfer die unermeßliche Vielzahl und unendliche Unterschiedenheit der Dinge ins Leben gerufen hat, denn »er läßt nicht zu, daß Verschiedenes von ähnlichem Aussehen begegne, er bemalt alles weise mit Licht und Schatten. Daher gingen alle Farben in alle Dinge, und du wirst fruchtbare Stimmen und Schriften [voces et scripta] der Dinge überall finden, wohin auch immer sich deine Augen und Ohren wenden.« (De monade, OL I 2, S. 327; Über die Monas..., ed. Samsonow, S. 8)[5]

Die gesamte Natur ist gleichsam unaufhörliche Gestaltwerdung und Metamorphose der Einheit, die sich in unterschiedlichen Konfigurationen und in zahlbestimmter Ordnung zum Ausdruck bringt, in jedem Einzelnen das Ganze spiegelt und im Ganzen anhand von Verhältnisähnlichkeit und Harmonie ein Zusammenspiel der Mannigfaltigkeit zur Einheit zeigt.

Menschliche Methode aber, das Wirken der göttlichen Ursache in der Vielfalt der Konkretionen zu erkennen, ist das Auffinden von Zahl und Gestalt auf der Basis des Dezimalsystems, das einerseits die Generierung von der Einheit bis zur Zehnheit logisch nachvollziehbar macht und andererseits auf der Grundlage dieses definiten Systems eine Progression ins Unendliche eröffnet.

Bruno betont in der Monadenschrift wie an anderen Stellen, daß das ›Buch der Natur‹ für den Menschen, d.h. im Maßstab des menschlichen Verstandes, unter der Perspektive der dezimalen Ordnung gelesen werde, denn es ›zählen‹ alle Lebewesen gewissermaßen nach einem unterschiedlichen System, das sich an der Anzahl der Finger und Glieder bemißt. Der Mensch jedoch – so Bruno – besitzt eine überragende Klugheit (»prudentia maior«; De monade, OL I 2, S. 331), sofern er durch ein glücklicheres Schicksal mit der Hand ausgestattet ist (»melior fortuna, manus pro munere, cessit ...«; ebda.), wodurch er einen spezifischen ›Zugriff‹ auf die Welt besitzt.

---

5 Und zwar im Sinne einer unendlichen Unterschiedenheit der Dinge, denn, so Bruno, es existieren keine zwei gleichgestalteten Individuen, sondern – in voller Konsequenz des indefiniten göttlichen Vermögens – es gibt eine unermeßliche Verschiedenheit.

Abb.: Michael Maier, *Atalanta Fugiens*, Frankfurt 1616, Emblem 42.

»Es ist also nicht einfach die Methode der Natur, wenn er [der Mensch] im Durchlaufen einer unendlichen Zahl prädefinite Naturen und Figuren ergreift, durch die alles konstituiert und figuriert wird. Damit nämlich preist er die Zehnheit, deren verschiedenartige Anfänge, von denen alles eine Gestalt annimmt, in seinen Gliedern liegen. Wo nun die zehn Figuren in einer Kunst begründet werden, wird dies durch das Ingenium bewirkt und durch den Beistand der Natur, welcher unserer Art beigegeben ist, und der alle Ursachen, Elemente und Modi der menschlichen Bestimmung umgreift.« (De monade, OL I 2, S. 331 f./Über die Monas ..., ed. Samsonow, S. 12)

Brunos Annahme geht somit nicht in die Richtung, daß die Natur als solche sich auf der Basis des Dezimalsystems entfalte, sondern vielmehr, daß dem Menschen eine natürliche Gabe verliehen ist bzw. er Anteil am Plan der Natur hat, indem er in der Lage ist, Ordnung und Entfaltungsstruktur der natürlichen Dinge über die Systematik seines ›Zählens‹ nachzuvollziehen.

Bruno verweist damit sozusagen auf eine ›mensura hominis‹, d.h. der Mensch faßt die Natur nach ›Maßgabe‹ seines begreifenden Vermögens auf. Wichtig ist es, daß Bruno einen Relativismus der Erkenntnisperspektive formuliert, der die Sonderstellung des Menschen einerseits in Frage stellt, indem der Mensch prinzipiell nicht von höherem Range als die anderen Lebewesen ist, denn in jedem Seienden ist das ganze Vermögen der Einheit potentiell gegenwärtig und nur deshalb kann alles aus allem erkannt werden. »Die Seele des Menschen ist in spezifischer und generischer Wesenheit dieselbe wie die der Fliegen, der Austern, der Pflanzen, überhaupt jeglichen beseelten Wesens. Denn es gibt keinen Körper, der nicht mehr oder weniger lebendig und vollkommen in sich selbst Anteil hätte an der Weltseele [di spirito]. Je nachdem diese Seele kraft Anordnung des Schicksals oder der Vorsehung sich mit dieser oder jener Körpergestalt verbindet, erlangt sie nach Maßgabe [la raggione] der verschiedenen Gliedmaßen und Gewebe verschiedene Stufen und Vollkommenheiten des Verstandes [ingegno ed operazioni] und der Wirkungsfähigkeit. So erwirbt denn jener Geist [spirito; zur Unterscheidung von *mens* empfiehlt es sich m. E., den lateinischen Terminus ›spiritus‹ zu verwenden] oder vielmehr jene Seele, die in einer Spinne war und als solche ihre eigentümlichen Gliedmaßen und Kunstfertigkeiten besaß, nach Zahl, Größe und Form, sobald sie eine menschliche Samenkraft [prolificazione umana] erlangt, eine andere Intelligenz, andere Werkzeuge und andere Wirksamkeit.« (Kabbala, S. 40; Dial. it., S. 885)[6]

Der Grundsatz, wonach ›Gleiches durch Gleiches‹ erkannt wird, wird von Bruno auf das instrumentell-organische wie geistige Vermögen des Menschen übertragen, d.h. die sichtbare Welt organisiert sich für den menschlichen Verstand gemäß seiner eigenen Zahlhaftigkeit in Form seiner körpereigenen Strukturiertheit, die sich vornehmlich an den zehn Fingern der Hand orientiert.[7] »Die Zehnheit ist die vollständige und vollkommene Zahl aus dem Zählakt des Menschen heraus; aufgrund einer Vorgabe, die nämlich von seinen Fingern kommt.« (Über die Monas

---

6 Wird die menschliche Perspektive durch die Zehnzahl bestimmt, so gilt entsprechend für jede Art eine spezifische Sichtweise der Dinge, denn »die Schlange würde sagen, alles sei Schlange, der Rabe Rabe, sie würden die eigene Art also als Maß aller Dinge betrachten und in den Mittelpunkt stellen, wie wir die unsere betrachten [... propriam speciemque/-Mensuram rerum faciant, mediamque reponant,/Ut facimus nostram ...].« (De monade I 2, S. 329; Über die Monas ..., ed. Samsonow, S. 10)

7 Die besondere Hervorhebund der menschlichen Natur aufgrund ihrer beiden hervorragenden Werkzeuge, der Hand und des Verstandes, ist kennzeichend für eine Reihe von anthropologischen Konzepten der Renaissance (J. L. Vives, G. Manetti, etc.).

..., ed. Samsonow, S. 149)[8] Der Mensch selbst ist gleichsam figurierte Zahl der Natur und erkennt die natürliche Mannigfaltigkeit durch sein innerstes Vermögen, das Ingenium, eine Findungs- und Erfindungsgabe, die sich in Korrespondenz zu seinen äußeren Zugriffsmöglichkeiten strukturiert. (Vgl. ebda.)

Die gesamte Naturvielfalt ist für Bruno Komposition nach Zahl und Figur – gestaltgewordene Zahl und meßbare Figur – aus der unerschöpflichen Quelle der Einheit, so daß es gilt, den Zahlen der Natur (»naturae numeros«) zu folgen. Deshalb

»... ad naturales figuras quibus optima mater, universa configurando, distinguit, virtutes, proprietates, ipsaque omnium in eorum superficie nomina depingit, insculpit, et intexit, animum advertimus. Cunctorum in ipsis membrorum et fibrarum numeris, momenta designat illa. In ipsis imaginibus gratias, praerogativas, naturae privilegia, vel horum contraria illa aperit. In characteribus leges, modos, et in agendo atque patiendo vicissitudines insinuat haec eadem. In ea tandem sigillorum impressione, praesidentis supra subiectam speciem numinis authoritatem atque fidem perspectam reddit optima illa parens ...« (De monade, OL I 2, S. 332 f.)

»... richten wir unsere Aufmerksamkeit auf die natürlichen Figuren, mittels welcher die beste Mutter, indem sie alle Dinge gestaltet, Tugenden und spezifische Eigenschaften unterscheidet. Sie malt, schnitzt und webt die Namen in die Oberfläche der Dinge. In diesen Zahlen selbst bestimmt jene die Bewegkräfte der Glieder und Fasern. In den Erscheinungsbildern selbst enthüllt jene die Anmut, günstige Vorbedeutungen, Vorrechte von Natur aus und deren Gegenteil. In die Schriftzeichen/Charaktere legt diese selbe Natur Gesetze, Verhaltensweisen und den Wechsel im Handeln und Erleiden hinein. In diesem Einprägen der Siegel schließlich bringt jene beste Mutter und Lehrerin die Authorität und deutliche Gewißheit des über die untergeordnete Art die Herrschaft führenden göttlichen Waltens zum Ausdruck.«

Die gesamte Formenvielfalt ist also auf ein begründendes Prinzip zurückzuführen, das Substanz der mannigfaltigen Formbildungen in der Natur ist. Daß aber die eine Monade gründender Grund für alles ist, wird nicht von ungefähr behauptet, sondern ist als Gesetzmäßigkeit mittels der

---

8 E. Samsonow (Über die Monas ..., ed. Samsonow, Anm. 257, S. 177) verweist auch auf De rerum princ. OL III, S. 566 f. Ähnlich eine Formulierung bei J. Reuchlin in *De arte cabbalistica*: »In decem vero universa redegerunt, que cunctae nationes ... singulas res numerant non sistentes citra, nec progredientes ultra, tanquam naturalibus calculis decem digitorum.« J. Reuchlin, *De arte cabbalistica libri 3*, Hagenau: Anselmus 1517, XXXVIII T.

Kennzeichnung des ›Lichtes der Natur‹ erwiesen: »... sed lege probandum,/Indice naturae luce ...« (De monade, OL I 2, S. 335).

Einerseits nimmt Bruno damit die Vorstellung der Natur als eines Buches auf, wie sie insbesondere in der Signaturenlehre von O. Croll und Paracelsus ihren Ausdruck findet: »aus dem Licht der Natur muß die Illumination, das ist Erleuchtung, kommen, damit der textus libri naturae verstanden werde, – ohne welche Elucidierung kein philosophus noch naturalis sein kann.«[9]

Wenn Bruno jedoch betont, das ›Buch der Natur‹ sei in Zahlen und Figuren geschrieben, so erinnert dies unmittelbar an die vielzitierte Äußerung seines jüngeren Zeitgenossen Galilei in der Schrift *Il saggiatore*, worin von einer Chiffrenschrift in mathematischen Figuren die Rede ist, bzw. an eine ähnlichlautende Passage in einem Brief an Fortunio Liceti,[10] wonach das Buch der Natur mit geometrischen Zeichen, in Dreiecken, Quadraten, in Kreisen und Kugeln, Kegeln und Pyramiden verfaßt sei. Diese Passagen, die vielerorts als Beleg des Einsetzens empirischer Naturerforschung bzw. der rationalistischen Naturauffassung gewertet werden[11], sind allerdings – und so auch die ähnlichlautenden Formulierungen Brunos – mit Vorsicht zu behandeln.

Die Metapher der ›Lesbarkeit der Welt‹[12] weist zwar auf die Möglichkeit einer Entzifferung der Chiffren der Natur, bedingt aber nicht zwangsläufig ein erschöpfendes Ausmessen- und Ermessen-Können der Seinsvielfalt. (Auch das andere ›Buch‹ der Wahrheit, die Heilige Schrift, bedarf einer Exegese.)

Sicherlich ist nicht zu bestreiten, daß mit der Aufwertung der Natur als Erkenntnisraum bzw. der Betonung der in den Naturphänomenen selbst ablesbaren Wahrheit über die mathematische Methode einer logischen Analysierbarkeit bzw. die Ableitung von Gesetzen auf empirischer Forschung die Weichen einer tatsachenorientierten, areligiösen, exakten Naturwissenschaft gestellt sind. Dennoch stehen bei Galilei wie bei Kepler Mathematik und Gotteslehre noch in engem Bezug. So ist der Forschungsansatz Keplers im *Mysterium Cosmographicum* nicht rein mathematisch bzw. empirisch, sondern getragen von der tradierten Vorstellung pythagoreisch-platonischer Sphärenharmonie bzw. einer göttlichen Geometrie, die in allen Dingen widerscheine. Die Idealvorstellung kosmischer Vollkommenheit, die konzentrischen Kreisbahnen der Plane-

---

9 Paracelsus, *Labyrinthus medicorum errantium*, Kap. 8; in: *Werke*, hrsg. v. W. E. Peuckert, Bd. II, Darmstadt 1965, S. 476.

10 Galilei an Fortunio Liceti; zit. n. Noack, H.; *Symbol und Existenz der Wissenschaft*, Halle/Saale 1936, S. 69.

11 »Es ist zugleich der Weg der Methodik Descartes', der Spinozaschen Weisung, die Natur more geometrico zu enträtseln, bis zu Leibnizens Universalmathematik.« Rothacker, E.; *Das »Buch der Natur«. Materialien und Grundsätzliches zur Metapherngeschichte*, aus dem Nachlaß hrsg. u. bearb. v. W. Perpeet, Bonn 1979, S. 15.

12 Vgl. Blumenberg, H.; *Die Lesbarkeit der Welt*, Frankfurt 1981.

ten in Berufung auf die Kosmogonie des *Timaios*, bleiben Leitmodell, trotz der Reform des physikalischen Weltbildes. Geometrie ist also noch nicht rein quantitativ-wissenschaftlich aufgefaßte Maßtheorie, sondern steht in Zusammenhang mit der Metaphysik, insofern sie Ausdruck geistiger Strukturen, d.h. der göttlichen Ideen ist, gemäß derer der Weltschöpfer die Dinge eingerichtet hat. Diese ›göttliche Geometrie‹ aber trägt der Mensch abbildhaft in sich. »Scilicet omnis animalis facultas est imago Dei γεωμετροῦντος in creatione, excitaturque ad opus suum hac coelesti aspectuum geometria seu harmonia.«[13] Vor diesem Hintergrund weist die Geometrie auf die Frage nach dem metaphysischen Seinsgrund und birgt in gewissem Sinne eine Philosophie der Natur, ausgehend von ihren das göttliche Wirken widerspiegelnden Erscheinungsformen (denn es sei, so Galilei, die Philosophie, die sich im Buch der Natur niederschlage): Einerseits gilt es die Signaturen der Dinge zu erkennen, gewissermaßen das göttliche Zeichensystem zu finden. Damit ist aber die Natur selbst nicht erkannt, sondern bleibt als komplexe Schriftgestalt geometrischer Zeichen ein Rätsel, ein hermeneutisches Problem mit Verweisfunktion auf die transintelligible Einheit, das einer Deutung bedarf.

»... figura quippe numerus sensibilis est.« (De monade, OL I 2, S. 334) Die Zahlhaltigkeit und Vielgestaltigkeit der Natur zeigt sich in der Mathematik auf analoger Ebene als eine Ordnungsstruktur, eine harmonische Fügung des Ganzen, und diese Struktur ermöglicht es erst, unterschiedliche Ebenen der Natur in umfassender Weise auf die Einheit zurückzuführen, d.h. die Vielzahl qualitativer Eigenschaften in Analogie zur Zahl zu erfahren. »Die Natur hat alle Dinge einzigartig mit eigenen Figuren unterschieden und hat sie mit einem beständigen Gesetz alle aus den wenigen Quellen ihrer Ursprünge abgeleitet, so daß die Arten, Abbilder der Monade und des ersten Lichtes (monadis lucisque imitamina primae) sich in der äußeren Gestalt der Dinge kundtun und aus der Tiefe sich in Blüte zeigen wollen.« (De monade, OL I 2, S. 328)

Mathematik als Medium zwischen Metaphysik und Physik, so der Ausgangspunkt, vermag auf logisch abstrakte Weise einerseits den generativen Aspekt, ausgehend von einer ersten Einheit, auszudrücken und gleichzeitig universal gültige Relationen im Ganzen des Seienden in ein Verhältnis zu setzen bzw. als Verhältnisordnung in Analogie (unähnlicher Ähnlichkeit) zur Einheit zu formulieren.

In der unaufhörlichen Metamorphose der wechselnden Erscheinungen und des Gestaltwandels der Natur sind Zahl und Figur gewissermaßen

---

13 Joannis Kepleri, *Opera omnia*, ed. Ch. Frisch, Band 1: *De fundamentis astrologiae certioribus*, (1602), Thesis 40, Frankfurt/Erlangen 1855, S. 428; zit. n. F. Ohly, »Deus geometra. Skizzen zur Geschichte einer Vorstellung von Gott«, S. 15, in: *Tradition als historische Kraft. Interdisziplinäre Forschungen zur Geschichte des früheren Mittelalters*, unter Mitwirkung von M. Balzer, K. H. Krüger und L. v. Padberg, hrsg. v. J. Kampf und J. Wollasch, Berlin/New York 1982, S. 1–42.

die konstitutiven Prinzipien, sind Ordnung und Gesetzmäßigkeit als Maßstruktur im Hinblick auf die Einheit zu formulieren. Dies, so betont Bruno, hat nichts gemein mit der Methode herkömmlicher Arithmetik und Geometrie, sondern stellt Mathematik ausdrücklich in unmittelbaren Zusammenhang mit der qualitativ-strukturellen Ergründung natürlicher Formenvielfalt, und so werde es jedem oberflächlichen Betrachter zwar so erscheinen, »daß wir aufgrund der scheinbaren Vermischung der Methoden etwas Absurdes tun, indem wird die Betrachtung (meditatio) der elementaren[14] Zahlen mit der der elementaren und ersten Figuren vereinen und so die geometrische Vorgehensweise mit der der Arithmetik vermischen. Aber für denjenigen, der tiefere Einsicht hat und nicht in Unkenntnis ist über die Ordnung der Dinge und jene untereinander bestehende Analogie und weiß wie die Natur die höheren Dinge mit den der Art nach verschiedenen niedrigeren Dingen verbindet, die Materie begrenzt, gestaltet, belebt, erhält und zur Fortpflanzung der wunderbaren Arten bewegt, [für denjenigen also, der dies erkennt,] werden wir uns als im höchsten Maße Wünschenswertes Verfolgende erweisen ... Wir aber tun nichts, was bereits getan ist, wenn wir (zum Gefallen der gesegneteren natürlichen Begabungen [ad ingeniorum fortunatiorum gratiam]) die sichtbaren Elemente der Zahlen, in besseren Figuren als gemeinhin bekannt, darstellen; und wir stellen die Behauptung auf, daß die Elemente dieser Gattung sichtbarer Figuren in den Zahlen ebendieser Gattung zu schauen sind.« (De monade, OL I 2, S. 332)

3. ›prisca theologia‹ und ›prisca magia‹

Bruno zeigt in seiner Monadenschrift somit anhand der Entfaltung der Monas (erster Kreis) bis zur Zehnheit (Polygon) eine metaphysische Genese auf der Ebene einer Figurationstheorie und setzt diese zugleich in Analogie zu Strukturen des Mikro- und Makrokosmos und demonstriert damit eine archetypische Struktur der Welt in ihrer qualitativen Vielschichtigkeit und Vielgestaltigkeit. »Aber wir, zu unserem Vorhaben zurückkommend, sagen, daß die Zahlen dieser Art für Pythagoras, Aglaophemus, Zoroaster und Hermes den Babylonier *Prinzipien* gewesen sind, wodurch die Menschen Kooperatoren der tätigen Natur sein können. Es steht fest, daß Platon die Figuren solcher Art über die Erscheinungswelt hinaus angesetzt hat ...« (De monade, OL I 2, S. 334).

Dieser Verweis auf die Autoritäten der ›prisca theologia‹ bzw. der ›prisca magia‹ deutet bereits das Spektrum an, innerhalb dessen der Nolaner die seinsphilosophische Bedeutung bzw. den spekulativen Horizont der Zahl- und Figurgenese logisch zu fundieren sucht. Auch in anderen Schriften nimmt Bruno immer wieder Bezug auf diese ältesten

---

14 elementariorum = eigentlich: zu den Elementarkenntnissen gehörend.

Gelehrten, die zugleich als älteste Magier gelten, und zeigt darin einerseits seinen synkretistischen Ansatz sowie andererseits die Überzeugung, daß nicht eine wissenschaftliche Methode den alleinigen Wahrheitsanspruch für sich erheben dürfe, sondern sich vielmehr in unterschiedlichen Denktraditionen die Begründung der absoluten Einheit in vielfältiger Art manifestiere.[15]

Ficino stellt, wie vor ihm bereits Gemistos Plethon,[16] in der *Theologia Platonica* die Genealogie Zoroaster, Mercurius Trismegistos, Orpheus, Aglaophemus, Pythagoras, Platon auf. Pico sieht in Moses, parallel zum ägyptischen Hermes, den ältesten jüdischen Gelehrten, auf den die kabbalistische Tradition zurückzuführen sei. (vgl. F. A. Yates 1964, a. a. O., S. 85)

Die Skala der angeführten Weisheitslehrer fungiert gewissermaßen als eine ›Genealogie der Weisheit‹, denn der ältesten überlieferten Lehre, d. h. der ursprünglichsten Überlieferung wird die größte Authentizität und Wahrheitsnähe beigemessen, und es ist diese Reihe der aufgeführten Weisen bzw. Wissenden, der ›prisci theologi‹ bzw. ›prisci magi‹, über die sich dieses Wissen der Folgezeit vermittelt. Vor diesem Hintergrund schließen sich vermeintlich ägyptische, persisch-chaldäische, christliche und griechische Überlieferungen nicht etwa aus, sondern sind gleichsam die Glieder einer synkretistisch gefaßten Weisheits-Tradierung, die nicht von ›einer‹ Religion im Sinne eines ausschließlichen Anspruchs auf den Besitz der Offenbahrungswahrheit getragen ist, sondern, wenn hier von den ältesten Theologen und Magiern die Rede ist, so als die Berufung auf die Autoritäten im Hinblick auf das Wissen um das metaphysische Sein wie die ›philosophia naturalis‹.

In der Berufung auf die ›prisca theologia‹ knüpft Bruno an den sogenannten Florentiner (Neo-)Platonismus an, d.h. die Wiederbelebung der platonistischen Tradition und Rezeption seit der Gründung der Akademie in Florenz, die insbesondere durch die Übersetzungstätigkeit Ficinos, seine Kommentierung und Herausgabe platonischer, neuplatonischer und hermetischer Schriften sowie durch die Bemühungen Pico della Mirandolas um die Tradierung jüdischer Lehre befördert wurde. Eine Vielzahl der platonischen Dialoge, neuplatonischer Schriften (Plotin, Iamblichos) wurde mit der Veröffentlichung durch Ficino erstmals einer breiteren Gelehrtenschicht zugänglich gemacht.[17] Besonders zu erwäh-

---

15 Vgl. entsprechend Über die Ursache II, S. 53 und 57, Oratio valedict./Abschiedsrede, S. 86 f.

16 Gemistos Plethon (um 1350–1450) gilt als einflußreichster Vertreter einer Wiederbelebung platonisch-neuplatonischer Studien und intendierte, wie später Ficino und Pico, eine Verbindung verschiedener Traditionen (Christentum, Islam, griechische Antike etc.). Vermutlich geht es maßgeblich auf seine Initiative zurück, daß C. v. Medici im Jahre 1459 die Gründung der Florentiner Akademie veranlaßte. (Vgl. F. A. Yates 1964, a. a. O., S. 14)

17 Wie viele seiner Zeitgenossen besaß auch G. Bruno offenbar nur sehr sporadische Kenntnisse der griechischen und hebräischen Sprache.

nen im Hinblick auf die ›magia naturalis‹-Konzepte der frühen Neuzeit ist Ficinos Teilübersetzung des *Corpus Hermeticum (Pimander)*, d.h. der vermeintlich auf den vorchristlichen, ägyptischen Weisen Hermes Trismegistos zurückgehenden Sammlung von Schriften, deren Einfluß sich nicht nur im Werk G. Brunos an einigen Stellen erweisen wird, sondern in der Folgezeit zu einer Fülle hermetischer, alchemistischer und naturmagischer Schriften, teils als Übersetzung bzw. Wiederentdeckung älterer Quellen, wie etwa die *Turba Philosophorum*[18], teils in Form neuer Schriften, die vermeintlich älteste Weisheiten aufgreifen, wie etwa in der Schrift *Artis auriferae* (Basel 1572), dem Werk *Rosarium Philosophorum*,[19] der von Ficino edierten, Iamblichos zugeschriebenen Schrift *De Mysteriis Aegyptiorum* (Venedi 1516) oder der *Ars chemica* (Argentorati 1567) des Hortulanus, in der u.a. die legendäre ›Tabula smaragdina‹ in lateinischer Fassung nachzulesen ist.[20] Insbesondere mit der Verbreitung des *Pimander* sowie des *Asklepius*, dem mutmaßlich von Apuleius übersetzten Textteil des *Corpus Hermeticum*, entwickelt sich im 16. Jh. ein verstärktes Interesse an Magie und Alchemie, den pseudohermetischen Quellen anonymer Autoren unter der Autorität des Hermes, an neuplatonischen Aufbereitungen der orphischen Lehre, der chaldäischen Orakel (Proklos), an neupythagoreischer Zahlenlehre (*Introductio in arithmeticam*, Nikomachos; *Theologumena Arithmetica*, Iamblichos/Porphyrios) sowie an christlich-mystischen Texten, wie etwa des Pseudo-Dionysios Areopagita, der, insofern er noch vor Plotin datiert wird, vermeintlich als Begleiter des Apostels Paulus gilt.

Daneben ist es vor allem Pico della Mirandola, der die Rezeption jüdisch-kabbalistischer Denktradition (in Verschmelzung mit Naturmagie und Hermetik) befördert, d.h. ein integratives Konzept christlicher, kabbalistischer, iranisch-chaldäischer sowie ägyptisch-magischer Lehre entwirft *(Conclusiones Nongenta)*, das in den Arbeiten J. Reuchlins, Trithemius v. Sponheims und Agrippa v. Nettesheims aufgegriffen und fortgeführt

---

18 H. M. E. De Jong sieht hierin eine Übersetzung aus dem Arabischen ins Lateinische, die um 900 zu datieren sei. (Vgl. De Jong, H. M. E. [Hrsg.]; *Michael Maier's Atalanta Fugiens. Sources of an alchemical Book of Emblems*, Reihe: Revue Internationale de l'Histoire des Sciences, de la Médicine, De la Pharmacie et de la Technique, ed. E. M. Buns, R. J. Forbes et al., Leiden 1969, S. 335. K. Ch. Schmieder dagegen nimmt das 12. Jh. als Entstehungsdatum dieser Schrift an; abgedruckt ist sie in dem Sammelwerk *Artis auriferae* (Basel 1572) zu finden. (Vgl. K. Ch. Schmieder 1832, a. a. O., S. 124). Vgl. auch Ruska, J.; *Turba philosophorum*, Heidelberg 1931.

19 Arnaldus Villanovus, *Rosarium Philosophorum*; in: *Artis auriferae*, Basel 1572. Vgl. *Rosarium Philosophorum. Ein alchemisches Florilegium des Spätmittelalters*, Faksimile der Erstausgabe Frankfurt 1550, hrsg. u. eingel. v. J. Telle, Heidelberg 1992.

20 Die wahrscheinlich älteste gedruckte bzw. in Buchform edierte Fassung der ›Tabula Smaragdina‹: »Hermetis Trismegisti Tabula smaragdina, in ejus manibus in sepulcro reperte, cum commentatione Hortulani« befindet sich in dem *Volumen tractatuum scriptorum rariorum de Alchymia*, Norimbergae 1541; Vgl. hierzu Schmieder, K. C.; *Geschichte der Alchemie*, Halle 1832 (Faksimile Darmstadt 1987), S. 35.

wird. In Brunos Schriften zeigt sich an vielen Stellen, wie nahe er dieser Tradition steht und sie in sein System einzubeziehen sucht.

Ähnlich systematisch-synkretistische Konzepte finden wir im Anschluß an eben diese Traditionslinie etwa bei Della Porta, R. Fludd und Athanasius Kircher, um nur einige Vertreter zu nennen, die wie Bruno einerseits Aspekte der ›magia naturalis‹ bzw. spekulativer Lehren vertreten und zugleich auf je eigene Weise sehr fundierte naturwissenschaftliche Kenntnisse entwickeln.

Abb.: Wandgemälde in der Kathedrale von Siena.

W. Scott hat im I. Band der *Hermetica* (1924) auf ein Wandgemälde in der Kathedrale zu Siena (vermutlich auf das Jahr 1488 zu datieren) aufmerksam gemacht, das die Inschrift »Hermis Mercurius Trismegistos Contemporaneus Moise« trägt. Die Hauptfigur (im ägyptischen Gewand) befindet sich offensichtlich im Gespräch mit zwei hinzutretenden Weisen, die ein aufgeschlagenes Buch halten, in dem zu lesen ist: »Suscipe o litteras et leges Egiptii«. Auf der anderen Seite stützt sich die Hauptfigur auf eine von einer doppelten Sphinx getragene Tafel, die einen Passus aus dem Asclepius (vgl. Asclepius I, 8) in freier Übertragung wiedergibt: »Deus omnium creator [secundum] Deum fecit visibilem et hunc fecit primum et suum Quo Oblectatus est valde amavit Proprium Filium qui appelatur Sanctum Verbum.«[21]

Die geschaffene Welt ist also der ›sichtbare Gott‹, das Abbild des vollkommenen Schöpfers. Die Inschrift des Wandgemäldes zeigt, daß dieser Text bereits eine christianisierte Auslegung erfahren hat, indem der zweite Gott mit dem christlichen Gottessohn assoziiert wird. Außerordentlich interessant ist aber prinzipiell die sich anhand

---

21 *Hermetica*, ed. Scott 1924, a. a. O., Vol. I, S. 298f, Anm. c. 8. Entsprechend lautet die Stelle aus dem Asclepius I, 8: »Dominus et omnium conformator, quem recte dicimus deum, quo<niam> a se secundum fec[er]it <deum> qui videri et sentiri possit; e*u*m de<u>m secundum sensibilem [ita] dixerim non ideo, quod ipse sentiat, (de hoc enim, an ipse sentiat an non, alio dicemus tempore,) sed eo, quoniam videntium sensus incurrit; – quoniam ergo hunc fecit ex se primum et a se secundum, visusque ei pulcher, utpote qui sit omnium bonitate plenissimus, amavit eum ut divinitatis part*u*m suae.« (*Hermetica*, ed. Scott 1924, ebda., S. 299 f.)

dieses Wandbildes (wie durch anderes zeitgenössisches Bildmaterial[22]) dokumentierende Bemühung, das Christentum aus den Wurzeln ältester Weisheit der Ägypter abzuleiten bzw. als gleichursprünglich anzunehmen. Nun ist zwar umstritten, ob die Hauptfigur Moses darstellt, der nach Meinung einiger Zeitgenossen seine Lehre an die »Egiptii« weitergegeben hat, also an Hermes und Asclepius, wovon sie auf Platon gekommen sei, oder ob Hermes Trismegistos der älteste Weisheitslehrer sei, dessen Lehre über Moses, die pythagoreische und die platonische Schule tradiert worden sei, wie es aus Ciceros *De natura deorum* 3. 56 mit den Worten »dicitur Aegyptiis leges et litteras tradidisse« hervorgeht. (vgl. *Hermetica*, ed. Scott 1924, a. a. O., Vol. I, S. 32 f.) Ficino, in dessen Übersetzung das *Corpus Hermeticum* im 15. und 16. Jh. rezipiert wurde, schließt an Ciceros Worte an (vgl. F. A. Yates 1964, a. a. O., S. 14) und setzt den ägyptischen Hermes als ältesten Weisheitslehrer und Zeitgenossen des Moses: »Trismegistum vero ter maximum nuncuparunt quoniam & philosophus maximus & sacerdos maximus, & rex maximus extitit. Mos enim erat Aegyptiis (ut Plato scribit) ex philosophorum numero sacerdotes, ex sacerdotum coetu regem eligere... Primus igitur theologiae appellatus est author, eum secutus Orpheus ... Orphei sacris initiatus est Aglaophemus, Aglaophemo successit in theologia Pythagoras, quem Philolaus sectatus est divi Platonis nostri praeceptor. Itaque una priscae theologiae undique sibi consona secta, ex theologis sex miro quodam ordine conflata est, exordia sumens a Mercurio, a divo Platone penitus absoluta.«[23]

Auch Giordano Bruno vertritt in der Schrift *Spaccio* die Ansicht, Moses sei bei den Ägyptern in die Lehre gegangen und aus dieser Tradition entstamme die Kabbala. (vgl. Reformation, S. 291/Spaccio, S. 783)

Insbesondere anhand des vorgestellten Gemäldes in Zusammenhang mit zeitgenössischen Quellen zeigt sich die Integration ältester, naturmagischer Wissenskonzepte in den christlichen Kontext.

---

22 F. A. Yates 1964, a. a. O., S. 114 f. verweist neben der genannten Abbildung auf weitere Bildtafeln in der Villa Borgia. Verwiesen sei auch auf ein Wandgemälde: »Der Triumph des Thomas von Aquin« (vermutl. 14. Jh.) in der spanischen Kapelle in Santa Maria Novella (Florenz), auf das K. Seligmann hingewiesen hat, das in ähnlicher Weise eine synkretistische Zusammenfassung von Traditionen unternimmt, indem neben den Autoritäten des christlichen Glaubens (Hiob, David, Paulus, die Evangelisten, Moses, Jesaja, König Salomon usf.) die Leitfiguren aus dem Bereich der Wissenschaften gezeigt werden (u. a. Pythagoras, Euklid, Zoroaster, Thubalkain).

23 *Argumentum Marsilii Ficini Florentini in Libru Mercurii Trismegisti ad Cosmum Medicem;* in: Iamblichos, *De Mysteriis Aegyptiorum* ... 1516, a. a. O., S. 112.

Nun darf allerdings, wenn hier von ›magia naturalis‹ und hermetischem Synkretismus die Rede ist, keinesfalls der Eindruck entstehen, es handle sich bei Bruno vorrangig um eine kaschierte Lehre alchemistischer Praxis. Wenngleich er an vielen Stellen auf magische Termini anspielt, so verwahrt er sich entschieden gegen einen Typus von Magie, sofern es sich bei den praktizierten Methoden medialer Geisterbeschwörung und den magischen Ritualen der Stoffumwandlung um Gaukelspiel und vorgetäuschten Zauber handelt. Es ist die Sparte der Magie, die

»... quae vel per credulitatem et fidei vim, vel per alias non laudabiles contractionis species sensum mortificat, quo propria ratio per aliquod extrinsecum penitus absorbeatur, ut natura melior in alicuius deterioris imaginem transformetur (et haec apud reprobos magos usuvenit, qui hominem vel aliud de animantium genere ad quoddam spirituum influentialium symbolum promovent, quorum virtuti vel etiam substantiae cum fuerint patratae uniones, mirabilia in corporibus, in affectibus, in artibus et in mundi partibus atque regionibus alterando, commovendo, transformando, occultando, manifestando, ligando, solvendo, educendo, inducendo vero vel apparenter operantur) ...« (Sigillus sig., OL II 2, S. 198)	»... *durch Leichtgläubigkeit und kraft der Vertrauensseligkeit und mittels anderer nicht lobenswerter Arten der Kontraktion das Bewußtsein abtötet, so daß der einer Person eigene Verstand durch etwas Äußeres gänzlich absorbiert wird, die bessere Natur in das Scheinbild irgendwelcher niedrigeren Kräfte verwandelt wird (und dies ist gebräuchlich bei den unrühmlichen Magiern, welche den Menschen und andere Lebewesen zu einem gewissen Symbol spiritueller Influenzen werden lassen [als ›Medium‹ nutzen], mit deren Substanz und Kraft – als sei ihnen eine Vereinigung gelungen – sie wundersame Dinge in den Körpern, in den Affekten, in den Künsten und den Teilen wie Regionen der Welt bewirken, und zwar durch Umwandlung, in Bewegung versetzen, Transformation, Verbergen, zum Vorschein bringen, Verbinden, Lösen, Weg- und Herbeiführen, sei es in Wirklichkeit oder nur scheinbar*) ...«

Hieraus darf jedoch nicht geschlossen werden, Bruno lehne die Vorgehensweisen medialer Magie prinzipiell ab. Aufschlußreich ist es, sich hierzu eine Passage aus der Schrift *Spaccio* ins Gedächtnis zu rufen (vgl. Reformation, S. 283 ff./Spaccio, Dial. it., S. 775 ff.).[24] Bruno inszeniert hier ein Gespräch über die magischen Praktiken der Ägypter, die von Momus zunächst vehement abgelehnt werden, insofern die Götteranbe-

---

24 Hierauf hat auch Kuhlenbeck aufmerksam gemacht: Kuhlenbeck, L.; »Giordano Bruno über die natürliche Magie«, in: *Sphinx* (1888), S. 160–168, vgl. S. 163 f.

tung über Pflanzen und Tiere die Götter selbst zum Gespött mache, d. h. letztendlich Blasphemie sei. Zeus aber verteidigt diese Formen, die Götter über natürliche Medien anzurufen, mit einer Argumentation, die bereits die von Bruno vertretene Allbeseeltheitslehre durchscheinen läßt. Indem er seinem Gesprächspartner erwidert: »... denn du weisst doch, dass Tiere und Pflanzen lebendige Wirkungen der Natur sind, der Natur, die, wie du wissen musst, nichts anderes ist, als Gott in den Dingen. ... ›Natura est Deus in rebus!‹« (Vertreibung, S. 284/Spaccio, Dial. it., S. 776)[25] D.h. in allen Dingen wirkt das göttliche Eine über die teilhabende Seele, jedoch in je unterschiedlicher Weise. Alle ›göttlichen‹ Naturdinge stehen über die Art und Weise ihrer Partizipation in Korrespondenzen und Sympathien, und eben diese natürlichen Beziehungen nutzt der Mensch, wenn er mit gewissen Dingen eine verwandte Wirkung zu erzielen unternimmt, »... denn wie die Gottheit in bestimmter Weise herabsteigt, sofern sie sich der Natur mitteilt, ebenso steigt sie durch das in den natürlichen Dingen widerstrahlende Leben wieder aufwärts zu dem einen Leben, daß über jenen waltet.« (ebda., S. 284/Dial. it., S. 777: »... perché sicome la divinità descende in certo modo per quanto che si communica alla natura, cossí alla divinità s'ascende per la natura ...«) Wir treffen also wieder auf die Vorstellung einer *scala naturae*, d. h. die Vorstellung eines kontinuierlichen, inneren Zusammenhangs des Seienden kraft der über die Beseelung jedes Einzelseienden bestehenden, innerhalb der Gesamtheit der existierenden Dinge wirkenden Partizipations- und Relationsbeziehungen, wie sie bereits in Beziehung auf den neuplatonischen Hintergrund des Nolaners erläutert wurden. Hier nun gründet sich auf diese Allverbundenheit die Möglichkeit der Magier, die »mit magischen und göttlichen Gebräuchen auf derselben Leiter der Natur [scala di natura] emporsteigen konnten, auf welcher die Gottheit in der Mitteilung ihres Wesens niedersteigt zu den niedrigsten Dingen.« (Reformation, S.

---

25 Diese Stelle stützt zunächst eine pantheistische Deutung der brunoschen Lehre, verweist sie doch darauf, daß Gott über die Beseelung der Dinge allem immanent zu denken ist. Zugleich weist diese Immanenz aber über sich hinaus auf einen transzendenten Grund, denn die göttliche Natur ist hier ›Mittel‹, die übernatürliche Gottheit zu erfahren, bzw. in Kontakt zu ihr zu treten. Noch deutlicher belegt eine andere Stelle eine pantheistische Lesweise, wenn es heißt: »So hat also Gott, als der absolute, nichts mit uns zu schaffen, sondern nur sofern er sich in den Wirkungen der Natur mitteilt und diesen innerlich ist, als die Natur selbst, dergestalt, dass Er, wenn Er nicht die Natur selbst ist, doch gewiss die Natur der Natur und die Seele der Weltseele ist, wenn Er nicht diese Weltseele selber ist ...« (ebda., S. 292/Dial. it., S. 783). Im vorangehenden wurde diese Stelle in dieser Studie bereits diskutiert. M.E. darf dieser Passus weder aus dem Zusammenhang gerissen noch unter Verkennung dessen, was hier eigentlich ›Natur‹ ist, interpretiert werden. Als das Prinzip von Sein, Leben und Denken ›ist‹ Gott in allen Dingen (Immanenz) und zugleich, dies wird nicht in Frage gestellt, ist er als das Erste, absolut Erhabene fernab jeder Erfahrbarkeit (Transzendenz). D.h. die Formulierung, Gott sei die Natur selbst, betrifft die erkenntnistheoretische Bedingtheit: das Eine offenbart sich in der Ausfaltung, d.h. den Wirkungen, die in den natürlichen Dingen erfahrbar werden.

285/Dial. it., S. 777) Und selbst wenn eine Reihe fadenscheiniger Magier dies in trügerischer Weise vollführe, so gelte, wie Isis (!) einlenkend hinzufügt: »Jene Weisen erkannten, dass Gott in den Dingen ist und dass die Gottheit in der Natur verborgen ist, indem sie in den verschiedenen Subiecten verschieden wirkt und wiederstrahlt, und durch verschiedene physische Formen und nach bestimmten Ordnungen sich selbst, ich meine, ihr Wesen, ihr Leben und damit ihre Vernunft mitteilt ...« (ebda., S. 286/Dial. it., S. 778). Damit akzeptiert der Nolaner gewissermaßen die Verehrung Gottes über die Naturdinge, denn in all diesen teilt sich die Gottheit in je verschiedener Weise mit. Zugleich wird aber keineswegs ein Naturobjekt zum Götzen, sondern ist immer nur ein ›natürliches Medium‹ göttlicher Offenbarung, signaturhafte Mitteilung des einen Gottes, der »erhaben und in sich selber vollkommen unnahbar hoch über allen geschaffenen Dingen waltet.« (Ebda., S. 289/Dial. it., S. 780) Die Verehrung des Einen in der göttlichen Natur stellt somit zugleich eine mittelbare Erkenntnis des Absoluten dar, ein Wissen um das Eine im Auffinden seiner korrespondierenden Zeichen, Siegel, Formen und Wirkungen in der Natur. Und diese Erkenntnis vollzieht sich weniger äußerlich, als vielmehr ausgehend von einer »natürlichen Erleuchtung [di lume intellettuale]« und der Besitz dieser »sapienza e giudizio« wird Magie genannt. (Ebda., S. 290/Dial. it., S. 781 f.) Die hierauf folgende Darstellung der Dreiteilung magischer Disziplinen steht nicht nur in Einklang mit Brunos Ausführungen zur Magie an anderen Stellen, sondern ebenso mit der prinzipiellen Dreigliederung der Erkenntnisebenen in der brunoschen Philosophie, auf die bereits hingewiesen wurde. »Diese Kunst nennt sich *Magie*, und dieselbe heisst, soweit sie auf übernatürlichen Prinzipien beruht, *göttliche*, soweit sie sich auf die Betrachtung der Natur und ihre Geheimnisse bezieht, *natürliche* Magie; *mittlere oder mathematische* Magie aber heisst sie, sofern sie auf den Kräften und Thätigkeiten der Seele beruht, die sich im Bereich der körperlichen und geistigen, der geistigen und intellektuellen Welt befindet.« (Ebda., S. 290/Dial. it., S. 782)

Auch der Alchemie erteilt der Nolaner keine generelle Absage (»Ebenso befürworte ich jene andere Methode, die sich alchemistischer Mittel bedient ...«· Über die Ursache III, S. 94), ja er duldet durchaus eine medizinische Heilmethode, die »auf magische Weise verfährt – durch das Auflegen von Wurzeln, Anhängen von Steinen oder Murmeln von Zaubersprüchen«[26], sofern diese nicht auf Vortäuschung basiert, sondern von einer Kenntnis der Natur zeugt und das heißt zugleich, eine profunde philosophische Geschultheit voraussetzt, nämlich ein Wissen um die Ordnung der Natur, um die Wirkung der Seelenkräfte in allen Dingen. Und aus eben diesen Gründen ist ein solcher ›Magier‹ abzulehnen, »der

---

26 Über die Ursache III, S. 93; vgl. auch De immenso, Kap. XII; vgl. L. Kuhlenbeck 1888, a. a. O., S. 166.

den gesamten Leib in Quecksilber, Salz und Schwefel zergliedert; was wohl kaum von dem göttlichen Genie eines Arztes zeugt, vielmehr von dem Streben eines Dummkopfes, sich einen Philosophen zu nennen. Die Aufgabe eines Philosophen besteht freilich nicht nur in der Unterscheidung jener Prinzipien, die durch einen physischen Vorgang mittels der Kraft des Feuers voneinander getrennt werden, sondern auch in der Unterscheidung solcher Prinzipien, zu der kein materiell Wirkendes gelangt; denn die Seele – untrennbar vom Schwefel, vom Quecksilber und vom Salz – ist das Formprinzip, das keinen materiellen Eigenschaften unterworfen ist, sondern ganz und gar die Materie beherrscht und nicht von der Tätigkeit der Chemiker berührt wird, deren Scheidekunst bei den drei Elementen stehenbleibt und die eine andere Art Seele kennen, als jene Weltseele, die zu definieren uns obliegt.« (Über die Ursache III, S. 83) Brunos Verständnis einer natürlichen Magie weist damit über jede bloße Praxis der Stofftrennung hinaus und gilt vielmehr der Erkenntnis der alles bewirkenden und in ihrem Wirken durchdringenden Seele, die jedem materiellen Bestandteil ganz immanent zu denken ist, aber durch keinen chemische Verfahrensweise erreicht wird.

Unter diesen Vorgaben übernimmt Bruno Grundgedanken der ›magia naturalis‹, wie etwa die Lehre einer Analogie von Mikro- und Makrokosmos auf der Basis eines metaphysischen Sympathie-Konzeptes bzw. einer alles verbindenden Liebe auf der Grundlage einer Allbeseeltheitslehre, lichtmetaphysische, emanistische Vorstellungen und den Harmoniebegriff auf der Basis antiker Zahlenlehre, die Hervorhebung der Astrologie und vor allem die Betonung des menschlichen Individuums als gottähnliche Potenz verkörperndes »magnum miraculum«, wie sie besonders im *Corpus Hermeticum* zum Ausdruck kommt (»... magnum miraculum est homo, animal adorandum atque honorandum. hoc enim in naturam dei transit, quasi ipse sit deus ...«)[27] bzw. durch Picos Schrift *De hominis dignitate* vertreten wird, und dieses Postulat des individuellen Selbstbewußtseins sowie der Freiheit des schöpferischen, gottähnlichen menschlichen Wesens findet Niederschlag im brunoschen Begriff des menschlichen Ingeniums.[28]

In der lateinischen Schrift *De magia* zählt Bruno die bekannten bzw. gebräuchlichen Methoden magischer Praktik auf und zeigt in der Unterscheidung etwa von Geomantie, Nekromantie[29] und Theurgie seine Kenntnis der magischen Tradition. Aufschlußreich im Hinblick auf die Monadenschrift bzw. die geometrische Explikationsreihe der Einheit

---

27 Asclepius I, 6, *Corpus Hermeticum*, Tome II, ed. Festugière 1945, S. 301.
28 Vgl. zu diesem Thema den Aufsatz von Beierwaltes, W.; »Subjektivität, Schöpfertum, Freiheit. Die Philosophie der Renaissance zwischen Tradition und neuzeitlichem Bewußtsein«, in: *Der Übergang zur Neuzeit und die Wirkung von Tradition. Veröffentlichung der Joachim-Jungius-Gesellschaft der Wissenschaften* 32, S. 15–31, München 1978.
29 Vgl. hierzu De minimo, OL I 3, lib. II., Kap. 6.

sowie in bezug auf Brunos Beeinflussung durch den Florentiner Neuplatonismus sind hierbei die Ausführungen zur Rolle der Mathematik in der Magie sowie zur ›magia naturalis‹. Letztere definiert er als diejenige,

»... ex antipathiae et sympathiae rerum virtute, ut per ea quae pellunt, transmutant et attrahunt, ut sunt species magnetis et similium, quorum opera non ad qualitates activas et passivas reducuntur, sed omnia ad spiritum seu animam in rebus existentem referuntur; et haec proprie vocatur *magia naturalis*.« (De magia, OL III, S. 397 f.)	»... *aus der Kraft der Antipathie und Sympathie der Dinge, wie vermittelst derjenigen Dinge welche abstoßen, umwandeln und anziehen, wie es die magnetische Art und Ähnliches sind, deren Wirkungen nicht auf aktive und passive Qualitäten zurückgeführt werden, sondern allesamt auf den in allen Dingen bestehenden ›spiritus‹ oder die Seele bezogen werden; und diese wird im eigentlichen Sinne ›magia naturalis‹ genannt.«*

Die natürliche Magie[30] orientiert sich an den Antipathien und Sympathien der Dinge, also den vermittels des *spiritus* bzw. der Seele den Dingen von Natur aus innewohnenden Kräften, die das Verhältnis der Dinge zueinander bestimmen, denn, so betont Bruno vielerorts, es ist ein innerer Zusammenhang, durch dessen Wirken alle Wesen in einem universalen *nexus* stehen und zwar – hier folgt der Nolaner vor allem dem Seelenbegriff Ficinos – vermittels des *magnus daemon*, der Liebe.

Auch dies führt Bruno in der Schrift *Sigillus sigillorum* aus, wenn es von dieser Art der Magie heißt:

»... altera vero est, quae per regulatam fidem et alias laudandas contractionis species tantum abest	»... *welche durch rechtmäßigen Glauben und andere lobenswerte Kontraktionsarten weit entfernt davon ist,*

---

30 Vgl. auch Sigillus sig., OL II 2, S. 197 ff.; Bruno setzt sich hier einerseits von den Praktiken dämonischer Magie ab und betont andererseits die Rolle der Mathematik für die Magie im Sinne einer Mittlerdisziplin zwischen natürlicher und göttlicher Erkenntnis. Hier wird die Mittlerfunktion der Mathematik, die auf den pythagoreischen Zahlbegriff wie auf die Rolle der Zahlen in der platonischen Lehre gestützt wird, in einen naturmagischen Erkenntnisansatz eingeflochten. Auch Agrippa von Nettesheim betont in *De occulta philosophia*, daß die höchste Philosophie (die Magie) sich auf drei Wissenschaften stützen müsse: Physik, Mathematik und Theologie, »denn die Magie vollbringt nichts, und es gibt kein wahrhaft magisches Werk, das mit den drei genannten Wissenschaften nicht in Verbindung stände.« (Agrippa, ed. 1987, S. 20) Der Mathematik aber kommt eine besondere Rolle zu, denn: »Die mathematischen Wissenschaften stehen in einem so innigen Zusammenhang mit der Magie und sind für diese so notwendig, daß, wer ohne dieselben sich mit der Magie befassen will, einen völlig falschen Weg einschlägt ... Denn alle natürlichen Kräfte in unserer Welt bestehen nur durch Zahl, Gewicht, Maß, Harmonie, Bewegung und Licht, und sind von diesen abhängig, und alle Dinge, die wir hienieden sehen, haben darin ihre Wurzel und ihr Fundament« (ebda., S. 188).

ut sensus perturbatione quandoque utatur, ut eumdem claudicantem fulciat, errantem corrigat, imbecillem et obtusum roboret et acuat. Haec cum nôrit daemonis magni (qui amor est) virtute, animam per spiritum corpori copulari, magisque separatamque divinamque vim spiritui per animam, et universalia omnia omnibus per media plura vel pauciora adnecti et concatenari, cumque non lateat geminam esse animam, superiorem videlicet magisque intellectualem quae in se ipsa pulchrum effingit, et inferiorem quae in alio, primam ad superiorem, secundum ad inferiorem et vulgarem Venerem referri, illamque gemini Cupidinis matrem esse, in quorum utroque naturae sensus consistit, qui per se vita dicitur, hunc in naturalibus omnibus contemplatur; ab isto etenim sensu et appetitus in partibus corporum et praecipuis mundi membris, puta magnis animalibus atque Diis, ut ad locum suum illa se conferant, et haec vitalis circuitus peragent.« (Sigillus sig., OL II 2, S. 198 f.)

den gesunden Menschenverstand in Verwirrung zu stürzen als vielmehr Anwendung findet, so daß sie denselben stützt, wenn er auf wackligen Füßen steht, Irrtum korrigiert und den dummen und stumpfen Verstand schärft und spitzt. Und dies aus dem Wissen, daß vermittelst der Kraft des großen Dämon (welcher die Liebe ist), die Seele vermittels des Spiritus dem Körper verbunden ist und daß sie eher die abgetrennte, göttliche Kraft des Spiritus vermittelst der Seele besitze und daß alle Dinge mit allen durch mehr oder weniger Mittelglieder in Beziehung stehen und verkettet sind, und weil es ihr nicht verborgen ist, daß die Seele eine doppelte Natur besitzt, die höhere und mehr intellektuale, welche das Schöne in sich selbst nachbildet, und eine niedere, welche in anderem [das Schöne nachbildet]. Die erste beziehen wir auf die höhere, die zweite auf die niedrigere und gewöhnliche Venus, und jene ist Mutter einer doppelten Cupido, in denen beiden ein Sinn / Sensus der Natur besteht, welcher als solcher Leben genannt wird und welcher in allen Naturdingen betrachtet wird. Und daher rührt es von diesem Sensus/Empfindungsvermögen und Begehren in allen Teilen der Körper und in den vornehmen Gliedern der Welt, zum Beispiel in den großen Lebewesen und Göttern [Planeten], daß jene sich zu ihrem Ort [Ausgangspunkt] zurückbegeben und dadurch diese lebendigen Umläufe durchführen.«

Was der Nolaner unter dem Terminus einer ›natürlichen Magie‹ zusammenfaßt, ist, geleitet von der Vorstellung der Allbeseeltheit, eine Untersuchung und ein Begründungsversuch der Beziehungen der natürlichen Dinge, der Bewegungskräfte und wechselseitigen Beeinflussungen. Es ist dies keine Zauberpraktik, sondern ein Erkenntnisbestreben, das sich auf das Wirken der natürlichen Kräfte, die Lebensprinzipien richtet sowie auf die zweifache Ausrichtung der Seele: das lebenserhaltende, materiegebundene Begehren und das innere Streben nach geistiger Vervollkommnung. Nimmt man dieses metaphysisch fundierte naturphilosophische Interesse einer Naturerkenntnis ernst, wird auch die Rolle der Mathematik im Verhältnis zur ›magia naturalis‹, die zugleich ›scientia naturalis‹ ist, deutlich.

In *De magia* definiert Bruno eine fünfte Art der Magie, die mit der Mathematik in engem Verhältnis steht. Bei dieser handelt es sich um einen Typus von Magie, bei der

»Quinto cum his adduntur verba, cantus, rationes numerorum et temperorum, imagines, figurae, sigilla, characteres seu litterae; et haec enim est magia media inter naturalem et extranaturalem vel supra, quae proprie *magia mathematica* inscriberetur, et nomine *occultae philosophiae* magis congrue inscriberetur.« (De magia, OL III, S. 398)	»... Worte, Gesänge, die Verhältnisse der Zahlen und Zeiten, Bilder, Figuren, Siegel, Signaturen und Buchstabenzeichen hinzugenommen werden; und diese also ist die mittlere Magie zwischen natürlicher und über- oder außernatürlicher, welche eigens ›mathematische Magie‹ genannt wird, und welcher man durch den Namen der ›okkulten Philosophie‹ am ehesten zutreffend nachkommt.«

Die Nähe zu Agrippa von Nettesheim ist hier offenkundig. Die mathematische Magie, die sich den Zeichen der Dinge zuwendet, nimmt also eine Mittlerfunktion ein zwischen physischer Erscheinung bzw. den natürlichen Kräften und dem Erkennen des übernatürlichen, metaphysischen Seinsgrundes. »Haec praehabita distinctione generaliter magiam triplicem accipimus: divinam, physicam et mathematicam« (ebda., S. 400). Und auch wenn Bruno diese ›Mathematik‹ im folgenden von dem, was man gewöhnlich unter dieser Disziplin subsumiert, unterscheidet – »Hic mathematicum genus non denominatur a speciebus mathematices communiter dictae ...« (ebda., S. 401) – so ist die mathematische Magie doch in unmittelbarem Verhältnis, »ab horum similitudine et cognatione«, zu den klassischen Disziplinen zu sehen, »habet enim similitudinem cum Geometria propter figuras et characterismum, cum Musica propter incantationem, cum Arithmetica propter numeros, vices, cum Astronomia propter tempora et motus, cum Optica propter fascinia, et universaliter cum universo Mathematices genere, propter hoc quod vel mediat inter operationem divinam vel naturalem, vel participat de utraque, vel deficit ab utraque, sicut quadam media sunt propter utriusque extremi participationem ...« (ebda., S. 401).[31] Was diese mathematische Magie mit der Gattung der Mathematik im allgemeinen Sinne verbindet oder in ein

---

31 Vgl. auch Sigillus sig., OL II 2, S. 194 f.

Ähnlichkeitsverhältnis setzt, ist offenbar ihre Rolle als Mittlerin zwischen übernatürlichen und natürlichen Wirkungen. Sie wird eingeführt als ein ›Medium‹, das an beiden Extremen in gewissem Sinne teilhat und insofern eine Verbindung herzustellen erlaubt.

Dies sei hervorgehoben, um den qualitativen Aspekt der brunoschen Mathematik zu unterstreichen, wie er in der Monadenschrift systematisch dargestellt wird, wenngleich nicht unter der Fragestellung etwaiger naturmagischer Praktikabilität, sondern vorrangig als vermittelnde Disziplin im Hinblick auf den Erkenntnisvorgang. Trotz all der naturmagischen, synkretistisch-hermetischen Implikate dominiert in der nolanischen Philosophie, dies sei nochmals betont, ein platonisch geprägter, neuplatonisch inspirierter Einheits- und Erkenntnisbegriff.

In der Schrift *Sigillus sigillorum* wird die Mittlerfunktion der Mathematik in Berufung auf Platon folgendermaßen gefaßt:

»Mathesis docens abstrahere a materia, a motu et tempore, reddit nos intellectivos et specierum intelligibilium contemplativos. Ideoque Pythagoras, Plato et omnes, qui res profundas atque difficiles nobis sunt insinuare conati, aliis quam mathematicis mediis non unquam usi sunt ... Nobis sane a corporum imaginibus et umbris, quae sunt obscura sensibili, per mathemata, quae Platoni sunt obscura intelligibilia, ad ideas, quae eidem sunt clara intelligibilia, datur accessus, sicut et illarum claritas nostrae rationi per media mathemata sese intrudit.« (Sigillus sig., OL II 2, S. 197)	»*Indem die Mathesis lehrt, von der Materie, der Bewegung und der Zeit zu abstrahieren, führt sie uns zurück zur intellektuellen Erkenntnis und inneren Anschauung der intelligiblen Begriffe. Und deshalb sind es Pythagoras, Plato und all jene, die uns das Bemühen zeigen, in die zugrundeliegenden und diffizilen Dinge einzudringen; und es sind nicht einmal andere als die mathematischen Mittel notwendig ... Für uns ist also der Aufstieg gegeben von den Abbildern und Schatten der körperlichen Dinge, welche verdunkelte Wahrnehmungsgegenstände sind, über die mathematischen Dinge, welche für Platon verdunkelte Erkenntnisgegenstände sind, zu den Ideen, welche für denselben deutliche Erkenntnisgegenstände sind und auf diese Weise findet die Klarheit von jenen, nämlich vermittelst der mathematischen Dinge in unseren Verstand Eingang.*«

Einerseits ist die Mathematik für Bruno erkenntnisvermittelnder Denkansatz, der die innere Verbindung von physischer Erscheinungswelt und metaphysischem Seinsgrund auf geistiger, abstrakter Ebene nachzuvollziehen ermöglicht. Das ›Magische‹ der Natur, ihr komplexes Zusammenspiel von Wirkkräften und Beziehungen über die Allbeseeltheit läßt sich auf der Ebene der Mathematik rational als eine relationale Ganzheit,

Ordnung und Zahlstruktur vor Augen führen bzw. sich anhand der Zahlenlehre als ein generatives System in Analogie zur Prozessualität der Natur formulieren.

Andererseits nimmt Bruno wissenschaftshistorisch eine Schwellenposition ein, insofern er weder als Vertreter einer rein mathematischen Zahl- und Meßtheorie zu sehen ist, noch als bloß spekulativer Denker charakterisiert werden kann, dessen ›mathematische Mystik‹[32] auf der Basis laienhafter Kenntnisse keine fundierte Methodik beizumessen sei.

Die Natur gilt dem Nolaner zwar in ihrem ›magischen‹ Zusammenhalt als auf mathematischem Wege erkennbar, jedoch ohne daß dieser, ohnehin mittelbaren Erkenntnis, die qualitativen Implikate abgesprochen werden. Qualität und Quantität schließen sich in der brunoschen Anlage nicht aus, sondern bedingen einander vielmehr.

An dieser Stelle ist es notwendig, nochmals genauer nach dem Begriff der ›magia naturalis‹ bzw. spezieller, der brunoschen Auffassung desselben zu fragen.

K. Goldammer[33] hat in seiner aufschlußreichen Studie darauf hingewiesen, wie wichtig es ist, sich über den Begriff der ›Natur‹ im klaren zu sein, um überhaupt zu einem Verständnis der magia naturalis im 15. und 16. Jh. bzw. zu einem Nachvollzug des Naturbegriff zu gelangen. Natur ist bis ins 16. Jh. – und vermutliche weit darüber hinaus – kein ›Objekt‹ der Erkenntnis, gilt nicht als Gesamtheit existierender Lebewesen bzw. deren Lebensraum, sei es lokal, global oder kosmisch gefaßt, wie dies das modernen Verständnis einer ›Umwelt‹ anklingen läßt, sondern der Naturbegriff benennt ein Wirkprinzip innerhalb des Seienden, eine Beweg- und Bildungskraft bzw. ein schöpferisches Prinzip, d.h. ›Natur‹ ist nicht der Bestand des Seienden insgesamt, sondern vielmehr dessen dynamische Wirkmacht, sei es im Sinne einer Eigenschaft, also der ›besonderen‹ Natur, eines Wesenszuges des Einzelnen oder im Sinne eines umfassenden Prinzips des Werdens und Vergehens, der erzeugen-

---

32 Mahnke vertritt die Ansicht, daß die brunosche Mathematik zwar als symbolischer Zugang gewürdigt werden könne; Bruno vollende die vom Cusaner begonnene »Säkularisation oder Verweltlichung der religiösen Mystik« und stelle »insbesondere den stetigen Übergang von ihrem mathematischen Symbolismus zur modernen mathematischen Naturwissenschaft her« (D. Mahnke 1937, a.a.O., S. 53). Dennoch erwecken Formulierungen wie, es handle sich bei der brunoschen Mathematik um »mathematischen Dilettantismus« (ebda., S. 57) bzw. die Rede von einer mystischen Methode den Eindruck, als werde dem brunoschen Mathematikverständnis zugleich die wissenschaftshistorische Bedeutung abgesprochen.

33 Siehe besonders die Vorbemerkungen, S. 7–23, in: Goldammer, K.; *Der göttliche Magier und die Magierin Natur. Religion, Naturmagie und die Anfänge der Naturwissenschaft vom Spätmittelalter bis zur Renaissance. Mit Beiträgen zum Magie-Verständnis des Paracelsus*, Reihe: Kosmosophie. Forschungen und Texte zur Geschichte des Weltbildes, der Naturphilosophie, der Mystik und des Spiritualismus vom Spätmittelalter bis zur Romantik, Band V, im Auftrage der Paracelsus-Kommission und in Verbindung mit der Paraselsus-Ausgabe hrsg. v. K. Goldammer, Stuttgart 1991.

den, mütterlichen Natur, die oftmals in Form der ägyptischen Fruchtbarkeitsgöttin Isis[34] allegorisch dargestellt wird.

»Nicht Gegenstände und Erscheinungen sind Natur, sondern die hinter ihnen stehende, in ihnen sich kundtuende Kraft, in der die Urbedeutung von griech. physis wahrzunehmen ist (das Schaffende, Entstehende, Wachsende). Sie sind nicht, – sie haben Natur.« (Vgl. K. Goldammer 1991, a. a. O., S. 9)

Abb.: Illustration aus A. Kirchers *Oedipus Aegyptiacus*, Rom 1652, zur Göttin Isis, die sich auf die *Metamorphosen* Lib. 11, cap. 5, des Apuleius stützt.
Vgl. Seligmann 1958, a. a. O., Abb. 20.

---

34 In der vorangehenden Passage aus Brunos *Spaccio* wurde die Göttin Isis gleichsam zur ›Stimme‹ der sich mitteilenden Natur.

In Abgrenzung zur metaphysisch orientierten, übernatürlichen oder göttlichen Magie handelt es sich bei der magia naturalis allgemein gefaßt um die Lehre bzw. das Wissen um die in der physischen Wirklichkeit wirkenden Kräfte, Bewegungsprinzipien, wechselseitige Sympathie und Antipathie, Attraktions- und Repulsionskräfte sowie um die Erkenntnis der Einflüsse und Wirkbeziehungen zwischen himmlischer oder planetarer, irdischer und elementarer Sphäre und damit um den Einblick in die Gesetzmäßigkeiten natürlichen Geschehens. Erst der Erwerb dieser Kenntnisse ermöglicht ein natur*gemäßes* Eingreifen in den universalen Wirkzusammenhang d.h. macht den Kundigen zum ›Kooperator‹ der physischen Prozessualität der Natur.

Im Vordergrund dieser ›scientia naturalis‹ – die noch nicht moderne empirisch-positivistische Naturwissenschaftsmethode ist, wenngleich sie deren Anfänge bestimmt – steht eine Kundigkeit und Kenntnis, eine ›philosophia naturalis‹ im ursprünglichen Sinne eines *aus* der Natur und nicht *über* die Natur zu Erkenntnissen zu gelangen. Die magia naturalis ist somit der philosophia naturalis eng verwandt und kann nach Agrippa von Nettesheim als ›angewandte Naturphilosophie‹ verstanden werden. (Vgl. K. Goldammer 1991, a.a.O., S. 15) Einerseits ist sie also abzugrenzen von allen Formen dämonischer Magie bzw. von zeremoniellen Zauberpraktiken und zugleich bleibt ihr Gebiet sehr weit gefaßt, beinhaltet Alchemie und Naturexperimente wie die eher theoretischen, durchaus religiös, oder besser, philosophisch motivierten, systematischen Versuche einer universalen Naturerkenntnis. »Es ist die auf ›natürlichen Kräften‹, auf natürlichem Erkennen und auf Naturgegebenheiten beruhende, sich ihrer bedienende, aber nicht die Welt des ›Übernatürlichen‹, des Göttlichen, der Offenbarung unmittelbar berührende und nicht theologisch-religiös zu erklärende oder zu begründende, sondern eher ›philosophische‹ Magie. Sie ist ein ›natürliches Wissen‹ oder Wissen von Naturzusammenhängen (scientia naturalis) ... Die Wortbedeutung im Sprachgebrauch der Zeit wäre etwa ›Magie aus dem natürlichen, rationalen, nicht offenbarten (d.h. nicht religiösen oder okkulten) Erkenntnisvermögen‹, aus dem ›lumen naturale‹, entsprechend der philosophia naturalis (im Unterschied zur auf geoffenbarten Wahrheiten gegründeten Theologie).« (K. Goldammer 1991, a.a.O., S. 16)

Im Hinblick auf Giordano Bruno ist es die theoretische Naturmagie, die Erkenntnis im Licht der Natur, die eine große Rolle spielt – nicht aber etwaige Formen praktischer Nutzbarmachung oder experimenteller Untersuchung natürlicher Phänomene.[35] Der brunosche Ansatz einer

---

35 Brunos Verhältnis zu den Formen der Magie bedarf einer eigenen Studie, die sich vor allem auf die Arbeiten von Yates stützen kann, um hiervon ausgehend nochmals eine grundlegende Analyse anzustellen, in deren Kern der Naturbegriff stehen sollte. Sowohl die verdienstvolle Arbeit D. P. Walkers als auch die umfassende Forschung von L. Thorndike behandeln die magischen Schriften des Nolaners sowie deren Stellung innerhalb der zeitgenössischen Diskussion gar nicht oder nur flüchtig.

Erkenntnis aus der Natur ist vom religiösen Hintergrund abgelöst, insofern er sich weder auf Offenbarungswahrheiten noch auf Glaubenssätze stützt. Doch zugleich besitzt das Verstehenwollen der Wirkzusammenhänge der Natur, die universalistische Betrachtungsweise verschiedener Bereiche der physischen Wirklichkeit, eine ›religiöse‹ Komponente, denn sie geschieht nicht um ihrer selbst willen, sondern ist stets zugleich mittelbare Gotteserkenntnis, ein Wissen um das Eine im Spiegel der ganzheitlichen Vielheit, ein Versuch über den ordo naturae das Eine zu begründen gemäß der prägnanten Setzung ›natura est Deus in rebus‹,

»... visibilia namque invisibilium sunt imagines. Velut enim in speculo ea, quae sunt in mundo intelligibili, praesentia fiunt in mundo sensibili. Hic sunt in motu, in varietate; ibi in perpetua stabilique quadam ratione consistunt.« (Sigillus sig., OL II 2, S. 196 f.)	»... *denn die sichtbaren Dinge sind Abbilder der unsichtbaren. So wie in einem Spiegel gleichsam diejenigen Dinge, die in der intelligiblen Welt bestehen, in der sensiblen Welt vergegenwärtigt werden. Hier sind sie in Bewegung und Verschiedenheit, dort bestehen sie in einem immerwährenden und unbewegten Zustand.*«

Vor dem Hintergrund der Unmöglichkeit einer unmittelbaren Erkenntnis des Einen bahnen Naturphilosophie und Naturmagie den Weg vermittelnder Annäherung an die metaphysische Ursache über die ›Signaturen der Dinge‹, die natürlichen Wirkkräfte, die letztlich auf einer Immanenz- und Partizipationslehre beruhen bzw. einer Seelenlehre, die eine Erfahrung des Einen im Vielfältigen begründet. Diese Weise von Naturerkenntnis mündet in eine Selbsterkenntnis, deren tragender Grund die Gottes- oder Einheitserkenntnis ist.

»Naturmagie ist letztlich – trotz der auf praktische Nutzanwendung gerichteten Zielsetzung aller Magie – *Naturtheorie*, eine nicht von den geoffenbarten Wahrheiten der Theologie, sondern von den natürlichen menschlichen Erkenntnismöglichkeiten ausgehende Erklärung der Zusammenhänge der Dingwelt, der gegenständlichen Beziehungen mit besonderem Blick auf den Menschen ...«. (K. Goldammer 1991, a. a. O., S. 20)

Einerseits bereitet sie der späteren ›Naturwissenschaft‹ den Weg, indem sie sich intensiv mit physischen Strukturen und Prozessen auseinandersetzt, zugleich ist dieses Auffinden von Gesetzmäßigkeiten, Maß- und Zahlordnung aber nicht frei von spekulativen Implikaten oder qualitativen Bestimmungen. Bei Bruno zeigt sich dies nicht nur deutlich in der Zuordnung von Zahl/Figur und Eigenschaften, sondern ebenso in seinen Erklärungen zu Phänomenen des Magnetismus, der Stoffwechselprozesse und Elementenlehre oder etwa in Ausführungen zur Musik- und Harmonielehre, Optik und Proportionstheorie usw., die stets richtungsweisende Kenntnisse im Hinblick auf eine rein naturwissenschaftliche Tradition beinhalten, aber noch eng einer metaphysischen Theorie verbunden sind.

Fundament der synkretistischen Implikate des brunoschen naturphilosophischen Systems ist die neuplatonische Metaphysik, auf deren Hintergrund die vielfältigen Bezugnahmen Brunos den Versuch zeigen, eine durchgängige logische Strukturalität des Seienden in Abhängigkeit von der Einheit zu begründen.

Im folgenden möchte ich anhand ausgewählter Passagen zeigen, wie sich bei Bruno ein universalistisch angelegtes Spektrum von Traditionen in Applikation auf die – bereits vorgestellte – geometrische Figurationstheorie zu einem logischen System entwickelt.

Dies sei anhand einer kleinen Auswahl von zeitgenössischem Bildmaterial auf der Ebene der ikonographischen Tradition unterstützend dargestellt. Wenn ich in dieser auszugsweisen Untersuchung der brunoschen Monadologie auf Graphiken der frühen Neuzeit zurückgreife, so in der Absicht, die für den heutigen Leser bisweilen kryptisch anmutenden Zuordnungen Brunos, für den zeitgenössischen Gelehrtenkreis aber durchaus vertrauten Bezugnahmen im Spiegel der künstlerischen Auseinandersetzung, den Emblemata und Illustrationen wissenschaftlicher Texte, vorzustellen.

4. Monas und Kreissymbol

Die Monas, die transzendente metaphysische Ursache, ist der einheitliche Grund vor allem und von allem, indem sie die Identität von absolutem Vermögen und absoluter Aktualität als unterschiedslose Einheit in sich umfaßt wie das einheitsstiftende, immanente Prinzip in allem ist. Sie ist Quelle jedweder Figuration, Anfang, Mitte und Ziel jedweder Konkretion in der Prozessualität der Entfaltung. Alles in sich umfassend bzw. sich einem jeden ganz mitteilend ist sie zugleich als unendlich Kleinstes und Größtes zu denken.[36]

Modell dieser absoluten Einheit aber ist der Kreis.

»Cyclus ad has prima est radix, formator, et index/Qui cunctas unus superat, complectitur, ambit,/Intusque attingit, replet, metitur, adaequat.«
(De monade, OL I 2, S. 335)

»*Der Kreis ist in bezug auf die Figuren erste Wurzel, Formgeber und Kennzeichen; der eine Kreis überragt die übrigen [Formen], er schließt sie in sich ein, umfaßt sie, und berührt sie von innen, erfüllt sie, mißt sie aus und gleicht sie an.*«

---

36 In anschaulicher Weise verdeutlicht Bruno die Anwesenheit des Kleinsten (minimaler Kreis) im Größten (maximaler Kreis) am Beispiel eines ins Wasser geworfenen Steines, der sich in emanativer Selbstentfaltung in wachsenden Ringen entfaltet. (Lampas trig. stat., OL III, S. 51)

Im Kreis fallen Bewegung und Ruhe zusammen, der Kreis ist Modell der selbstidentischen Einheit, Gleichheit und Vollkommenheit.

»Proinde haec cum monadis specie celebranda videtur,/Quando parit reliquas, partas fundatque figuras,/Undique insinuata cluit substantia earum.« (De monade, OL I 2, S. 335)	»Daher sieht man, daß diese Figur mit der Art der Monas gerühmt werden muß, indem sie die übrigen Figuren erzeugt und die erzeugten Figuren begründet, und als in jeder Hinsicht in alle Figuren eingedrungene rühmt man sie als Substanz von diesen.«

Die Dialektik von Transzendenz und Immanenz des Ersten macht der Kreis anschaulich, insofern jede Figur in den Kreis einbeschrieben wie von einem Kreis umschrieben werden kann. Das heißt im übertragenen Sinne, der Kreis enthält komplikativ in sich alle Figuren, er ist explikativ jeder Figuration immanent sowie in umfassendem Sinne Grenze oder Maß jeder Gestalt und bleibt in gewisser Weise jeder Gestaltwerdung transzendent, denn kein Polygon erreicht jemals die vollkommene Kreisfigur, sondern gleicht sich dieser lediglich approximativ an. »Circulo inscripta vel circumscripta poligonia, quanto plurium angulorum fuerit, tanto ad eius similitudinem propius accedet, nunquam tamen eidem poterit esse similis« (Articuli adv. math., OL I 3, S. 59 f.).[37]

Die Kreisfigur wird zum Analogmodell der Einheit als des Maßes alles Seienden, des Einheitsprinzips schlechthin, und zwar in Begründung der metaphysischen Einheit, der Einheit der Natur im Ganzen (Universum) wie, kraft der Beseelung, der Einheit in allen Teilen sowie der Struktur der Erkenntnislogik. Anhand der geometrischen Analogie des Kreises formuliert Bruno ein Identitätsprinzip, die absolute Unterschiedslosigkeit unendlicher Fülle, dessen Entfaltung sich in einer selbstreflexiven Struk-

---

37 Bereits hierin vermittelt sich mehr als eine bloß mathematische Bestimmung des Kreises. In Analogie zum Kreis zeigt sich das Verhältnis der Monas, der metaphysischen Einheit zur Vielfalt des Seienden und zu dessen Erkenntnis. In sehr schöner Weise hat der Cusaner die Uneinholbarkeit des absoluten Einen anhand des Verhältnisses Kreis – Polygon verdeutlicht: »Mit Hilfe der Ähnlichkeitsbeziehung kann folglich ein endlicher Geist die Wahrheit der Dinge nicht genau erreichen. Die Wahrheit ist nämlich kein Mehr und kein Weniger. Sie besteht in einem Unteilbaren. Alles, was nicht das Wahre selbst ist, vermag sie nicht mit Genauigkeit zu messen, so wie den Kreis, der in einer gewissen Unteilbarkeit besteht, keine nichtkreisförmige Figur zu messen vermag. Der Geist also, der nicht die Wahrheit ist, erfaßt die Wahrheit niemals so genau, daß sie nicht ins Unendliche immer genauer erfaßt werden könnte. Er verhält sich zur Wahrheit wie das Vieleck zum Kreis. Je mehr man die Zahl der Ecken in einem eingeschriebenen Vieleck vermehrt, desto mehr gleicht es sich dem Kreise an, ohne ihm je gleich zu werden, wollte man auch die Vermehrung der Eckenzahl ins Unendliche fortführen. Das Vieleck müßte sich dazu schon umbilden zur Identität mit dem Kreis.« (De docta ign. I, Cap. III, S. 14/15)

tur vollzieht, was insbesondere auf den neuplatonischen Hintergrund des brunoschen Ansatzes verweist.

Die Monas oder das Eine ist gleichsam Kreis, in dem Mittelpunkt, Radius und Peripherie koinzidieren, denn insofern das Absolute ohne Differenz zu denken ist, sind unendlicher Radius und unendliche Peripherie ein und dasselbe. Selbst wenn man von Teilen dieses Einen und zugleich Unendlichen sprechen wollte, so müssen diese selbst als unendlich gedacht werden, sind indefinit, undefinierbar und fallen somit mit dem Einen zusammen. »Consequenter est sphaera infinita, in qua idem est centrum, diameter, circumferentia et dimensionum plenitudo.« (Lampas trig. stat., OL III, S. 39)

Gleichwohl legt Bruno, indem er der Monas den Kreis zuordnet, eine Struktur an, wie sie insbesondere neuplatonischen Konzepten zueigen ist, nämlich die Vorstellung von Kreismittelpunkt = in sich verharrender Einheit, Radius = Aus-sich-Hervortreten und Peripherie = auf sich zurückgewandte Einheit. In der absoluten Einheit sind diese relationslos eines, in der Explikation der Einheit manifestiert sich diese Dreieinheit als *pater/mens*, *filius/intellectus universalis* und, zwischen diesen vermittelnd, *spiritus/anima mundi*.

»Actio illius, ut consequitur essentiam atque potentiam, est infinita et subiectum requirit infinitum, quam quidem esse necesse est, ut omnes tum theologi, tum principes philosopantes intelligunt; sed illius actum quidam collocant in ipsa divinitate, ut infinitum patrem infinitum generare filium asserant, nempe infinitam mentem infinitum intellectum, et ex hac relatione patris et filii cognoscentis et cogniti, vicissitudinalique quadam seu vicissim commeante relatione, complicentia illa cognoscentis et cogniti propter compertam infinitam pulchritudinem, quam pater in filio, filius in patre unicam contemplatur, sequatur infinitus ille amor utriusque nexus, ita ut non sint tria numina substantialiter distincta, sed unus Deus se ipso se ipsum cognoscens et amans.«

»Die Handlung jenes Einen, insofern sie logisch folgt aus der Essenz und Potenz, ist unendlich und erfordert ein unendliches Subjekt, soweit nämlich das Sein notwendig ist, wie es bald alle Theologen, bald die Häupter der Philosophie anerkennen; aber gewisse [Philosophen] legen die Handlung von jenem in das Göttliche selbst, so daß sie annehmen, daß der unendliche Vater einen unendlichen Sohn erzeugt, nämlich der unendliche Geist den unendlichen Intellekt, und aus diese Relation des Vaters und des Sohnes als zwischen Erkennendem und Erkanntem und durch wechselseitige, gewissermaßen hin- und hergehende gegenseitige Verbindung, jener Zusammenfaltung des Erkennenden und Erkannten infolge der vernommenen unbegrenzten Schönheit, welche der Vater im Sohn, der Sohn im Vater als einheitliche schaut, folgt jene unbeschränkte Liebe und der Nexus von beiden, jedoch so, daß nicht drei verschiedene göttliche

(Summa term. metaph., OL I 4, S. 79 f.) *Wesen bestehen, sondern ein sich selbst durch sich selbst erkennender und liebender Gott.«*

Wenngleich Bruno die christliche Trinitätslehre ablehnt, sofern sie von einer Gestalt in drei Personen ausgeht, so vertritt er doch, vor dem Hintergrund neuplatonischen Denkens, eine innige, drei Momente in sich umfassende Einheit, die sowohl implikativ wie explikativ im Sinne einer modalen Unterschiedenheit der Einheit zu denken ist, d.h. gemäß der Struktur von unitas – aequalitas – connexio (vgl. De monade, OL I 2, Kap. IV), wie der Nolaner sie anhand der Monas bzw. des Kreises zugleich als innigste Einheit wie als sich ausfaltende, aber dennoch ungetrennte Drei-Einheit faßt. Damit schließt er nicht nur an die neuplatonische Einheitsspekulation unter Zugrundelegung des Kreissymbols an, sondern zeigt seine unmittelbare Bezugnahme auf den Cusaner, der von der dreifachen Ursprünglichkeit und Ewigkeit der Prinzipien unitas – aequalitas – connexio ausgehend[38] bzw. in Berufung auf die Pythagoras beigelegte Lehre der dreifachen Einheit, die Einheit als Identität von Einheit, Gleichheit und der Verbindung zur Einheit ineins faßt. Auch der Cusaner bewegt sich mit diesem Erklärungsmodell auf neuplatonischem Fundament, wenn er formuliert: »Wie die Zeugung der Einheit aus der Einheit eine einzige Wiederholung der Einheit ist, so ist das Hervorgehen aus beiden die Einheit der Wiederholung jener Einheit... Unter Hervorgehen versteht man gewissermaßen eine Art Erstreckung von einem zum anderen. Da nun beide gleich sind, so erstreckt sich von einem zum anderen gleichsam eine Art Gleichheit, die sie irgendwie verbindet und verknüpft. Man spricht deshalb mit Recht vom Hervorgang der Verknüpfung aus der Einheit und aus der Gleichheit der Einheit [Merito ergo dicitur ab unitate et ab aequalitate unitatis connexio procedere].«[39] Und diese Verbindung ist, wie bei Bruno, ein wechselseitiges Auseinander-Hervorgehen und im Hervorgang Vereinen, ohne daß eine Unterschiedenheit von Hervorgehendem, Einendem und dem Einen zu denken ist, sondern sich lediglich der Versuch abzeichnet, die Dynamik der Einheit in ihren modalen Aspekten sprachlich zu benennen. – Die sprachlichen Differenzierungsmöglichkeiten stoßen hierbei zwangsläufig an ihre Grenzen.

Die göttliche Monas ist also in sich absolute Einheit, innerster Kreis und in ihrem sich in die Welt Verströmen zugleich aus sich heraustretender Kreis, d.h. entfaltet sich in einer triadischen Struktur.

---

38 Vgl. De docta ign. I, Cap. VII, De trina et una aeternitate, S. 26/27.
39 De docta ign. I, Cap. IX, S. 32/33; Cusanus versucht diese dreiheitliche und doch ungeteilte Einheit im weiteren über die Trias unitas – iditas – identitas zu fassen. (vgl. ebda., S. 34/35)

»Sicut inani opponitur plenitudo, et sicut inane sequitur carentia, ita plenitudinem consequitur activissima efficacia, primus videlicet intellectus, prima idea, idearum omnium fons; post enim unitatem absolutissimam sequitur universitatis principium, veluti dualitas, ut mox universitatis emanatio, veluti trinitas, dualitatem consequens. Eius nulla est figura, quia nihil est particulare, quod omnia referat, veluti sensibiliter expliciter; tamen si aliquem eius typus afferre possumus, intelligatur circulus qui mox circa individuum centrum reflectatur; individuum enim ipsum erat plenitudo ubique tota et ab omnibus absoluta, circulus etiam sit unitas ubique tota, sed omnibus se communicans.«
(Lampas trig. stat., OL III, S. 44)

»So wie dem Leeren die Fülle gegenübergesetzt ist und wie aus der Leere Entbehrung folgt, so folgt auf die Fülle tatkräftigste Wirksamkeit, nämlich der erste Intellekt, die erste Idee und Quelle aller Ideen; denn auf die absolute Einheit folgt das Prinzip der Gesamtheit, gleichsam als die Dualität, wie gleich darauf aus der Dualität durch Emanation der Allgesamtheit, gleichsam die Dreiheit folgt. Zu ihr gehört keine Figur, weil es nichts Partikuläres gibt, das alles auszudrücken vermöchte, und zwar gewissermaßen sinnlich wahrnehmbar und ausdrücklich. Wenn wir ihr dennoch irgendein Sinnbild zuordnen können, so sei der Kreis, welcher sogleich um das unteilbare Zentrum herumgebogen [reflectatur] wird, so verstanden; das Unteilbare selbst nämlich war die überall ganze und von allem absolute Fülle, der Kreis also sei die überall ganze Einheit, aber sich überall mitteilend.«

Die Monas ist also in einem zweifachen Sinne in Analogie zum Kreis zu sehen: zum einen als sich in sich umfassende Einheit, die sich im Kreis des universalen Intellektes anschaut/reflektiert bzw. sich vermittels der Liebe selbst umfängt, d. h. auf sich zurückgewandt wird; zum anderen als explikative Einheit, die sich in kreisförmiger Emanation allem ganz mitteilt.

»Concipiatur circulus idem secundum duos progressus, alterum quo in se ipso reflectitur, alterum quo ad alia veluti radios eiaculando respiciat; ad denotandum eum primo plenissime intelligere se ipsum, moxque caetera omnia.«
(Lampas trig. stat., OL III, S. 45)

»Man fasse ein und denselben Kreis nach zwei Weisen der fortschreitenden Bewegung, der einen, durch welche er in sich selbst reflektiert wird, der anderen, durch welche er gleichsam Strahlen aussendend [eiaculando = Sexualmetapher der befruchtenden Wirkung der Einheit] um sich blickt; damit soll gezeigt werden, daß er zuerst sich selbst auf vollkommenste Weise erkennt und darauf alles übrige.«

Abb.: Robert Fludd, Utriusque cosmi ... historia, Bd. I, S. 49.
Fludd zeigt eine Reihe von Illustrationen (gestochen von M. Merian) zur Genesis. Speziell auf diesem Stich wird eine drei-einheitliche zirkuläre Struktur sichtbar. Gott tritt im Wort/Licht aus sich heraus, d. h. setzt die erste Unterschiedenheit und umfängt sich selbst im Geist/Spiritus zur Dreieinheit.

Diese Strukturalität des Kreises, die im Sinne absoluter Allumfassendheit der Einheit wie als Ausfaltungsstruktur zu verstehen ist, wird von Bruno in verschiedenen Modellen zur inneren Logik metaphysischer Prozessualität analog dargestellt.

Punkt	Radius	Peripherie
lux inaccessibilis	lumen	calor (rückstrahlende Glut)
principium	medium	finis
fons	fluvius	oceanus

Die Einheit wird mittels einer dreieinigen Strukturalität umschrieben, die im Absoluten in der Identität aufgeht: »Est principium idem, medium et finis individualiter, sicut idem fons, fluvius, ocenanus.« (Lampas trig. stat., OL III, S. 40). In der Entfaltung aber setzt sie Einheit, Andersheit und deren Verbindung als Prinzipien des Seienden.[40]

Auch in der Monadenschrift deutet sich diese Struktur der Monas an; bereits im Vorwort heißt es nämlich, in der Monas sei die ganze Potenz des Geraden, des Gekrümmten und ein einfacher Akt, in dem diese ein und dasselbe sind. (Vgl. De monade, OL I 2, S. 328)

Aus diesem ›triadischen‹ Kreis wird die gesamte figurale Genesis begründet und in diesen kehrt sie approximativ zurück. Jedes Polygon wird dem Kreis einbeschrieben, d.h. ist in der Einheit potentiell gegenwärtig und wird aus ihm in eine umschreibende Figur entfaltet. Die geometrische Konstruktion wird über eine Entwicklung weiterer Kreise aus dem Ausgangskreis vollzogen und verfährt unter Beibehaltung konstanten Zirkelabstandes[41] somit als eine Generatio des Ausgangskreises/der Monade. Bruno macht anhand dieser geometrischen Analogie deutlich, wie der Kreis als Maß in allem wirkt und in der Selbstmultiplikation alles zeugt.

5. Deus geometra

Hiermit verbindet er in spezifischer Weise die Vorstellung eines ›deus geometra‹ mit der Methodik zeitgenössischer Geometrie (Entdeckung des Proportionalzirkels) vor dem Hintergrund einer pythagoreisch orientierten Theorie figuraler Zahlenlehre.

---

40 Vgl. die Ausführungen zur metaphysischen Bedeutung des Kreises bei Plotin und Proklos.
41 Zumindest versucht Bruno dieses Konstruktionsprinzip durchzuhalten. Eine Methode, die allein mit Kreis und Gerade operiert bzw. mit Zirkel und Lineal konstruiert, wobei sich jeder weitere Schritt innerhalb der Figurentwicklung aus den vorausgesetzten ableiten lassen soll, denn nur so ist der Gedanke einer Generierung aus einem Ersten gewahrt.

Die Welt als Kunstwerk, das die göttliche Schöpferkraft widerspiegelt, als ein Kugelkosmos, entworfen und verwirklicht vermittels der demiurgischen Potenz des sich in größtmöglicher Vollkommenheit aktualisierenden Einen – diese Anschauungsweise führt wiederum zurück auf den platonischen Weltentstehungsmythos im *Timaios*, wonach das sichtbare Weltall in Aufnahme der pythagoreischen Lehre von der Sphärenharmonie als ein nach musikalischen Intervallen konstituierter Kosmos konzentrischer Planetenkreise zu denken ist, innerhalb dessen sich kraft der Weltseele alles mit dem Band der Proportion und Harmonie zu einer ›symphonen Einheit‹ des Verschiedenen nach Maß und Zahl verbindet.

In mittelalterlicher Rezeption begegnet uns die Vorstellung Gottes als eines Architekten bzw. zirkelführenden Weltbaumeisters, der gemäß dem Buch der Weisheit »Omnia in mensura, et numero et pondere disposuisti« (Sap. 11, 21) sowie in Berufung auf Platon, der nach der Überlieferung Plutarchs formuliert habe, daß »τὸν θεὸν αἰεὶ γεωμετρεῖν«.[42] Diese Vorstellung findet sich nicht nur in der schriftlichen Tradition, sondern läßt sich ebenso ikonographiehistorisch verfolgen.[43]

Friedrich Ohly führt als frühesten Beleg des ›geometrisierenden Gottes‹ die *Institutiones* (II 5, 11) Cassidors an (7. Jh.), deren Wortlaut in *De institutione clericorum* (II, 23; De geometria) von Hrabanus Maurus, ergänzt durch Angaben zur geometrischen Anlage der Stiftshütte und des salomonischen Tempels, übernommen wurde. Deutlich artikuliert sich die Rolle der Geometrie in der göttlichen Weltschöpfung insbesondere in Dantes *Divina comedia*, Paradiso XIX, 40 »Der, welcher mit dem Zirkel/ Die Welt umgrenzte ...«. (Vgl. F. Ohly 1982, a. a. O., S. 8)

Im ausgehenden 12. bzw. im 13. Jh. verweisen Nicolaus von Amiens, Robert Grosseteste und Roger Bacon auf die Geometrie als Schlüssel einer Ergründung der gottbestimmten Maßhaltigkeit des Universums. Nikolaus von Kues schließlich formuliert in *De docta ignorantia I* unter Berufung auf Boethius und Augustinus, »daß bei der Schöpfung Gott die gleichen Künste angewandt habe, die auch der Mensch bei seiner Erforschung der Natur gebrauche: Est autem Deus arithmetica, geometrica atque musica simul et astronomia usus in mundi creatione.« (F. Ohly 1982, a. a. O., S. 12)

---

42 Plutarchi Moralia, vol. 4, Leipzig 1971, hrsg. v. C. Hubert: Quaestionum convivalium VIII, 2, 718 B – 720 A, (S. 261–265); zit. n. Ohly, F.; »Deus Geometra«, in: *Tradition als historische Kraft. Interdisziplinäre Forschungen zur Geschichte des früheren Mittelalters*, unter Mitwirkung v. M. Balzer et al. hrsg. v. N. Kamp u. J. Wollasch, Berlin/New York 1982, S. 1–42, zit. S. 4; vgl. hierzu auch Groh, R. und D.; *Weltbild und Naturaneignung. Zur Kulturgeschichte der Natur*, Frankfurt a. M. 1991, S. 20 ff.: »Exkurs: Die logische Struktur des anthropomorphen Analogieschlusses von der poietischen Struktur der Naturdinge auf einen Weltbaumeister.«

43 Vgl. die bekannten Darstellungen: »Die Göttliche Providenzia«, Holkham Bible, Ms. Add. 47680 fol. 2 r, London, British Museum; sowie das Titelbild der »Bible moraliseé«, cod..Vindob. 2554, 1220er Jahre.

Allerdings beschreitet die Naturphilosophie, indem sie sich der Geometrie und Mathematik bedient, um das göttliche Strukturprinzip bzw. die Harmonie des Ganzen zu begründen, lediglich den Weg eines ›symbolice investigare‹, d.h. mittels der Erkenntnis von Zahl, Figur und Proportion läßt sich die göttliche Ordnung in analoger Weise erkennen.

»Symbolice etenim de rationalibus numeris nostrae mentis ad reales ineffabiles divinae mentis coniecturantes, dicimus ›in animo conditoris primum rerum exemplar‹ ipsum numerum, uti similitudinarii mundi numerus a nostra ratione exsurgens.« (»Sinnbildlich kommen wir so bei unserer Mutmaßung von den rationalen Zahlen unseres Geistes zu den realen unaussagbaren des göttlichen Geistes; denn wir nennen ja die Zahl ›das erste Urbild der Dinge im Geiste des Schöpfers‹, wie die aus unserer Vernunft hervorgehende Zahl Urbild seiner abbildlichen Welt ist.«)[44]

Der geometrische Kreis bzw. die geometrische Kugel sind also als analoge Erkenntnisweisen zu verstehen – dies ist auch im Hinblick auf Brunos Verständnis der geometrischen Figuration zu betonen –, d.h. es ist eine Unterscheidung zu treffen zwischen einer rein quantitativen Meßbarkeit der Welt und der qualitativ-quantitativen Weltstruktur, die sich anhand geometrischer Modelle formulieren läßt: »... bedenkt, daß die Vernunft bei dem Versuch, sich von der mit ihr verbundenen Einbildungskraft zu befreien und zu lösen, indem sie mathematische und vorstellbare Figuren zu Hilfe nimmt, um durch sie oder in Analogie zu ihnen das Sein und die Substanz der Dinge zu verstehen, dadurch auch die Vielheit und Verschiedenheit der Arten auf ein und dieselbe Wurzel zurückführt ...« (Über die Ursache V, S. 140).

Die Geometrie, oder genauer, die geometrischen Figuren, die ja nichts anderes sind als die Gestaltwerdung von Zahlbestimmungen, fungieren als Mittlerebene zwischen metaphysischer und physischer Einheitserkenntnis. Wie bei Cusanus wird die Kreisfigur im Hinblick auf die Beschreibung der metaphysischen Einheit transzendiert, insofern in paradoxer Weise von einem unendlichen Kreis die Rede ist, der aber zugleich ohne jede räumliche Ausdehnung zu denken ist bzw. von einer Koinzidenz des unendlich kleinen und großen Kreises (Minimum und Maximum) in der Einheit.

»Maximum tamen atque minimum ita in unam possunt coire rationem, ut inde etiam maximum ubique esse

»Es können doch das Maximum und das Minimum so in einem Begriff zusammengehen, daß wir auch das Maximum als überall seiendes erken-

---

44 Nicolai de Cusa, *De coniecturis/Mutmaßungen*. Schriften des Nikolaus von Kues in deutscher Übersetzung. Im Auftrag der Heidelberger Akademie der Wissenschaften, hrsg. v. E. Hoffmann, P. Wilpert u. K. Bormann, Heft 17, lat./dt., S. 12/13. Es ist also eine Unterscheidung zu treffen zwischen den ›göttlichen Zahlen‹, gleichsam der ideellen, der Erscheinungswelt zugrundeliegen Zahlstruktur und dem Zahlbegriff der menschlichen Ratio. (Deus : numerus ineffabilis >=< homo : numerus rationalis).

cognoscamus, quandoquidem per ea quae dicta sunt maximum in minimo et minimum in maximo consistere constat, quemadmodum in multitudine monas, in monade multitudo.« (De minimo, OL I 3, S. 153 f.)	*nen, da es ja nun einmal feststeht nach dem Gesagten, daß das Maximum im Minimum und das Minimum im Maximum besteht, so wie die Monas in der Vielheit und die Vielheit in der Monas.«*

Andererseits gibt es in der physischen Natur, wenngleich sich alles an der Kreisbewegung bzw. an der Kreisform orientiert – »Omnia quodammodo circuire et circulum imitari« (De minimo, OL I 3, S. 144)[45] – keinen exakten geometrischen Kreis.[46]

»Circulus sunt omnia naturae opera et omnis motus cuiuscunque sit generis, sicut etiam elementorum, si naturalis est, circulus est; recta vero est naturalis motus non naturaliter habentium... Ambulare, natare, volare, vegetare, sentire, intelligere, vivificari, vivere, mori circulus est.« (Articuli adv. math., OL I 3, S. 60)	*»Alle Werke der Natur und jede Bewegung, welcherart sie auch sei, sind ein Kreis, so wie, wenn es sich um einen natürlichen Prozeß handelt, ein Kreislauf der Elemente besteht; die geradlinige Bewegung ist nicht natürliche Eigenschaft der natürlichen Bewegung ... Das Umhergehen, Schwimmen, Fliegen, das pflanzliche Leben, Fühlen, Erkennen, Beleben und Leben ist dem Gesetz nach ein Kreis.«*

Auch Bruno läßt die Vorstellung eines geometrisch-arithmetischen göttlichen Weltentwurfes an verschiedenen Stellen anklingen, wenn es etwa vom universalen Intellekt heißt, er sei »formator et figurator et actor omnis formationis« (Lampas trig. stat., OL III, S. 49 f.) bzw. »Mundi faber intelligitur intrinsicus agens et fabrefaciens, et architectum ordinans et consumans« (ebda, S. 52).[47] In der Konfigurationstheorie der Monadenschrift, jedoch wie besonders in der neuplatonischen Tradition angelegt, als Vorstellung eines in der Monas eingefalteten, impliziten drei-einen Ursprungs, denn: »Der Kreis selbst ist gleichsam das Ganze, Teil, Punkt und Grenze überhaupt, er umschließt Anfang, Mitte und Ende in sich

---

45 »... motus aut est circularis, aut circularem motum imitatur; alius est rerum naturalium non naturaliter constituarum, et hic motus est rectus« (De magia, OL III, S. 418).
46 Vgl. Articuli adv. math., OL I 3, S. 59, De minimo, OL I 3, S. 195 u. 199, Summa term. metaph., OL I 4, S. 88 f.
47 Vgl. etwa Über die Ursache II, S. 57: »Von den Platonikern wird er ›Baumeister der Welt‹ genannt.« Vgl. weiter Summa term. metaph., OL I 4, S. 76: »Elementorum ordinator, dispositor, compositor et distinctor, unde primarum partium universi series et totius mundi constitutio et architecturae fabricatio derivatur.« Bzw. ebda., S. 87: »... super universorum omnem ordinem monadem istam ordinatricem ...«.

und zeigt sie, und keine Grenze schließt ihn selbst ein; er ist Anfang und Ende zugleich, weil sie überall verbunden sind. Richtig ist also vermittels des Verstandes Anfang, Mitte und Ende als unendlich anzunehmen ...« (De monade, OL I 2, S. 336.).

Ausgehend von der Geometrie des Kreises entwirft Bruno die Vorstellung der metaphysischen Einheit, wobei wichtig ist, daß dieser kleinste, absolute Mittelpunkt oder die Einheit selbst in Analogie zum Kreis gedacht wird, d.h. als unendlich kleiner Kreis, in dem das Universum eingefaltet ist, so daß absolutes Minimum und Maximum ein und dasselbe sind, wie dies bereits von Cusanus als *coincidentia oppositorum* formuliert wird bzw. letztendlich auf neuplatonisches Denken der Einheit, insbesondere bei Proklos, zurückzuführen ist. Indem die Einheit selbst als unterschiedsloses Zugleich von Mittelpunkt, Peripherie und Radius gedacht wird, legt Bruno in der Einheit ein ›trikausales Prinzip‹ an,[48] das in der Entfaltung der Einheit zum Universum in umfassender Weise wiederkehrt bzw. jedem Einzelseienden als analoges Strukturprinzip in bezug auf die Einheit immaniert.

Eine solche Gottesvorstellung einer in sich dreiheitlichen Einheit – eine Umschreibung die wie das Verhältnis von Minimum und Maximum in Koinzidenz zu denken ist – auf der Basis des Kreismodells verfolgt auch der Cusaner, wenn es im *Complementum theologicum* 6 heißt: »Der Mittelpunkt in der Ewigkeit erzeugt und entfaltet ewig aus seiner zusammenfaltenden Kraft die erzeugte, an seinem Wesen teilhabende Linie. Und der Mittelpunkt mit der Linie entfaltet ewig die Verknüpfung [nexum] oder den Umfang ... Der Mittelpunkt ist der väterliche Ursprung [principium] ... die Wesenheit [unitas]. Und die Linie ist wie der Ursprung aus dem Ursprung, also die Gleichheit [aequalitas] und der Umfang ist wie die Einigung und Verknüpfung [connexio].« (Vgl. auch De docta ign. II, 9) Wo aber bei Cusanus in der Struktur von *unitas – aequalitas – connexio* eine christlich-trinitarische Deutung evoziert wird, ist Bruno einer neuplatonischen, abstrakteren Denkweise verbunden, die sich im Verhältnis von Monas/Mens, Dyas/Intellectus und Trias/Spiritus als eine Kreisstruktur von *unitas – alteritas – reflexio* manifestiert. Verwiesen sei an dieser Stelle auf einen Passus aus dem pseudohermetischen *Buch der vierundzwanzig Philosophen*, in dem sich diese Denkweise in ähnlicher Weise verfolgen läßt[49]:

---

48 »Ipse est omnium tricausale principium; est enim forma omnium, efficiens omnium, finis omnium; forma formarum, efficiens efficientum, finis infinitus.« (Lampas trig. stat., OL III, S. 43) Vgl. Summa term. metaph., OL I 4, S. 79. Aus dem Geist/Mens entsteht der Intellekt wie aus dem Vater der Sohn und durch die Liebe/amor sind beide verbunden, »ita ut non sint tria numina substantialiter distincta, sed unus Deus se ipso se ipsum cognoscens et amans.«

49 Satz I. des *Liber XXIV philosophorum*, zit. n.: »Das pseudo-hermetische ›Buch der vierundzwanzig Meister‹ (Liber XXIV philosophorum)«, hrsg. v. C. Baeumker 1913, a.a.O., S. 17–40.

»Deus est monas, monadem gignens, in se suum reflectens ardorem. Haec definitio data est secundum imaginationem primae causae, prout se numerose multiplicat in se, ut sit *multiplicans* acceptus sub unitate, *multiplicatus* sub binarius, *reflexus* sub ternario, siquidem est in numeris unaquaeque unitas proprium habens numerum, quia super diversum ab aliis reflectitur.«

»Gott ist die Monas, die Monade zeugend und sich in seinem Glanze widerspiegelnd. Diese Definition gilt gemäß der Vorstellung der ersten Ursache, je nachdem wie zahlreich sie sich in sich vervielfältigt, so daß er als sich ›vervielfältigende‹ unter der Monas gefaßt sei, als ›vervielfältigte‹ unter der Zweiheit, als ›reflektierte‹ unter der Dreiheit, weil ja unter den Zahlen eine jede Einheit eine eigene Zahl besitzt, da sie über das Verschiedene hinaus von anderen widergestrahlt wird.«

Der Kreis ist das metaphysische Strukturprinzip schlechthin, das Maß, gemäß dessen jedwedes Seiende in einem Verhältnis der Ähnlichkeit zur Einheit steht, d.h. demzufolge es Eines ist und zugleich Andersheit. Anhand der geometrischen Figurationsfolge verdeutlicht der Nolaner, wie jedes Entstandene aus dem Kreis entwickelt zu denken ist, den Kreis als Struktur in sich umschließt, von dem Kreis als Prinzip umschlossen wird, welcher auch mit einem Gerichtsplatz oder Tribunal verglichen wird (»forum ipsius iustumque tribunal«; vgl. De monade, OL I 2, S. 335). »... das Kreiszentrum [der kleinste Kreis] ist die ganze Essenz des Kreises (centrum tota est essentia cycli) und die Fläche ist gewissermaßen Explikation des sich ausgebreitet habenden Zentrums; ja, das Zentrum ist die Substanz der gesamten Natur, jedes Werk ist ein Kreis und der durch alle Teile ausgebreitete Kreis ist die Kugel, und das Ganze selbst ist ohne eine Grenze: aber verschiedenartig findet er sich in verschiedenen Teilen ...« (De monade, OL I 2, S. 339), denn obgleich er allen natürlichen Dingen immanent ist, wirkt er sich in einem jeden in spezifischer Weise aus.

Das Prinzip von allem ist also dieser metaphysische Kreis, der in sich ruht, aus sich heraustritt und auf sich zurückkehrt. Diese Einheitsvorstellung eines sich in seinem Hervorgang in die Andersheit entfaltenden, in der Selbstumkreisung auf sich rückversammelnden, begrenzenden Kreises bestimmt die Monas, die zu denken ist wie ein Punkt, der aus sich emaniert und in fließender Bewegung um sich herum eine Spur hinterläßt (vgl. ebda., S. 340), eine Monas, die gleichsam als ein metaphysischer Zirkel alles bemißt, nach ihrem Maß entfaltet, jede Gestalt potentiell enthält, die sich in der Konkretisierung veräußert. Bruno verweist immer wieder auf die Kraft des Zirkels, den er auch in einem vermutlich astrologischen Bild als die ›Speerspitze des Arktur‹ (Vgl. De monade, OL I 2, S. 402: »Arcturi ... cuspide«) bezeichnet, bzw. diskutiert in anderen Schriften ausführlich den von seinem Zeitgenossen Mordente entwickelten Zirkel.

Es sei daher eine Parallele gezogen zu einer Zirkeldarstellung Robert Fludds, anhand derer die metaphysische Dimension dieses einen und einheitlichen Maßes für alles deutlich wird wie die diesem Instrument immanente rekursive Struktur.

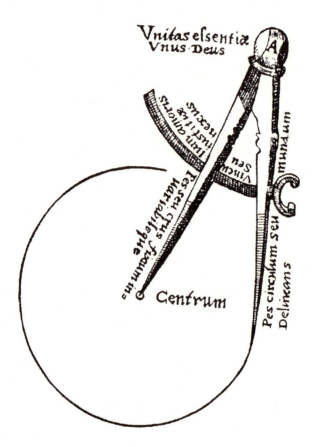

Abb.: aus R. Fludd, Utriusque cosmi ... historia.

Anhand dieses Bildes[50] läßt sich auch die brunosche, neuplatonisch geprägte Vorstellung von Einheit – Abständigwerden – Rückbezüglichkeit bzw. das Verhältnis von Transzendenz und Immanenz sehr anschaulich nachvollziehen. Die Einheit ist zugleich Zentrum, Umkreis und beide verbindende Liebe, alles auf einmal und keines im Besonderen.

Gott bzw. die Einheit ruht mit dem einen Zirkelbein unbeweglich im Zentrum und tritt im Umkreisen aus sich heraus, ohne daß die Einheit hierbei in eine Dualität auseinanderbrechen würde, sondern vielmehr ist es das ›Band der Liebe‹ oder die gerechte Bindung, die In-sich-Ruhen und Heraustreten umschließt. Das Instrument des Zirkels selbst verkörpert modellhaft den Explikationsvorgang der Einheit. Jedes Auseinandertreten der Zirkelbeine ist immer und zugleich ein Verbunden-sein, gehalten von einer bestimmten Relation und – so ließe sich die Grafik deuten – nur durch diesen ›nexus‹ zwischen dem ruhenden Mittelpunkt und dem abgespreizten Bein der umkreisenden Bewegung ist diese Einheit in der Andersheit gewährleistet. Diese Dreiheit von unitas – alteritas – connexio zeigt sich hier im Verhältnis von centrum – circulum delineans – vinculum und läßt sich als reflexive Entfaltungsstruktur deuten, wobei die absolute Einheit und Ursache (Punkt A / Dreh- und Angelpunkt des Zirkels) zugleich äußerlich ist (›dem Kreis transzendent‹) wie als Zentrum ganz immanent, d. h. von Innen heraus formender Grund.

6. Quadratur des Kreises und approximative Geometrie

In einer früheren Schrift nimmt Bruno Bezug auf das Problem der Quadratur des Kreises, also die ungelöste Aufgabe, zu einem gegebenen Kreis ein flächengleiches Quadrat zu konstruieren[51] und schlägt in Berufung

---

50 Vgl. Utriusque cosmi ... historia II, section II, PP. 54 ff.
   »Fludd's mystical interpretation of the compass (PL 16a) might also be examined in connection with Bruno's mysterious controversy with Fabricio Mordente.« F. A. Yates 1964, a. a. O., S. 407.

51 Die Quadratur des Kreises gilt als eine der Aufgaben der klassischen griechischen Geometrie: zu einem beliebigen Kreis unter Zuhilfenahme von Zirkel und Lineal, also rein geometrisch, ein flächengleiches Quadrat zu konstruieren. Bryson von Herakleia versuchte dieses Problem über ein Exhaustationsverfahren zu lösen, indem er jeweils über ein eingeschriebenes und umschreibendes Polygon einen Mittelwert bestimmte. Bruno geht innerhalb seines Gesamtwerkes verschiedentlich auf diese Aufgabe ein, die er jedoch geometrisch exakt für unlösbar hält. Vgl. Figuratio, OL I 4, S. 145: »... (simili enim causa geometrae non est solutio argumentum Antiphontis, sed Brissonis, de quadratura circuli) ...«; vgl. auch De minimo, OL I 2, S. 267; Articuli adv. math., OL I 3, S. 61. Auch der Mathematiker Orance Finé setzt sich in seiner Schrift über die Quadratur des Kreises mit der Approximation über das Vieleck auseinander. Ebenso hat der von Finé beeinflußte Bovillus, auf den sich wiederum Bruno bezieht, eine Schrift zur Quadratur des Kreises verfaßt: *De quadratura circuli* (1503) bzw. behandelt diese Frage in verschiedenen Schriften. Vgl. M. Mulsow 1991, a. a. O., S. 248.

auf den Cusaner, der bereits in seiner Schrift *De circuli quadratura* die Unmöglichkeit einer präzisen Quadrierung des Kreises betont hat, eine approximative Methode vor, die in der Generierung der Polygone in der Monadenschrift programmatisch ausformuliert wird.[52]

In *Spaccio* heißt es: »Aber ich will mich [so läßt Minerva verlauten] den Musen nicht weniger freundlich erweisen und den Geometern ein unvergleichlich besseres Geschenk als dieses und jedes andere ihnen bisher zu Teil gewordene verehren, eine Entdeckung, wegen derer der Nolaner, dem sie zuerst sich offenbarte und durch dessen Lehre sie der Menge mitgeteilt ist, mir nicht eine, sondern hundert Hekatomben schuldet; denn diesem habe ich durch die Betrachtung der Gleichheit, die zwischen dem größten und kleinsten, dem äussersten und innersten, dem Anfang und dem Ende waltet, einen weit fruchtbareren, reichhaltigeren, offeneren und sichereren Weg gewiesen, nicht nur zu zeigen, wie man das Quadrat in einen Kreis gleichen Inhalts, sondern auch wie man ohne weiteres jedes Dreieck, jedes Fünfeck, jedes Sechseck und überhaupt jedes beliebige Vieleck in ein beliebiges anderes verwandeln kann, wie man die Linie zur Linie, die Fläche zur Fläche und in der Stereometrie jeden Körper zu jedem Körper in ein kommensurables Verhältnis bringen kann.« (Reformation, S. 262 f.; Spaccio, Dial. it., S. 756 f.)

Wie sieht nun dieses Verfahren aus, mittels dessen sich die Kommensurabilität der Vielheit im Hinblick auf die Einheit begründen läßt? Natürlich ist diese geometrische Verfahrensweise vor allem in Hinsicht auf die metaphysische Einheit in Allem (Immanenz) und dadurch die universale Verhältnismäßigkeit der Dinge interessant. Bruno schlägt eine approximative Methode vor, d.h. um einen gegebenen Kreis und in diesen wird eine Figur eingezeichnet, die Seite der umschreibenden Figur und der eingeschriebenen sind in ein Verhältnis zu setzen und der hieraus abzuleitende arithmetische Mittelwert ergibt die Seite des mit dem Kreis flächengleichen Dreiecks, Vierecks, etc. Auf diese Weise, die sicherlich nicht mit arithmetischer Exaktheit das flächengleiche Polygon zum Ausgangskreis ergibt, sondern lediglich einen annähernden Wert ermittelt, dennoch aber – und dies ist vor allem in Übertragung auf die metaphysische Fragestellung von Interesse – jede Figurationsreihe aus dem Kreis ableitet, ihn angleicht und mit anderen Figuren vergleichbar macht sowie jede Figur für sich als Minimum einer Progression arithmetischer und geometrischer Mittelwerte macht, ergibt sich Brunos Begründung des Kreises als Modell des metaphysischen Einheitsgrundes.

»Auf diese Weise, o Sofia, kann man mit Hilfe des Kreises, den ihr so zum Mass der Masse macht, alle Figuren in andere beliebige von gleichem Inhalt verwandeln. ... So erlangt man denn auf diesem Wege nicht nur die Gleichung aller Figuren mit dem Kreise, sondern auch diejenige

---

52 Bruno verbindet hier im Sinne der (neu-)pythagoreischen Gnomonik arithmetische und geometrische Reihenbildung.

jeder einzelnen Figur mit allen anderen durch Vermittlung des Kreises, indem man stets die Gleichheit nach Umfang und Inhalt wahrt.« (Reformation, S. 265; Spaccio, Dial. it., S. 759)

Was hier noch sehr vage angelegt ist und geometrisch nicht durchgeführt wird – die Generation der gesamten Figurationsreihe aus einem zugrundeliegenden Kreis – wird in der Monadenschrift erst entwickelt. Deutlich wird aber bereits die metaphysische Dimension der geometrischen Progressionsreihe: ein Versuch, die Entfaltung der Einheit aus der Vielheit geometrisch zu erklären und in ein analoges Verhältnis zur physischen Formenvielfalt zu setzen.

7. Schönheit – Innere und äußere Figuration

Wenn die Gesamtheit der natürlichen Dinge als eine harmonisch strukturierte Ganzheit verstanden wird, dann muß es ein immanentes Prinzip geben, gemäß dessen sich die Ordnung der Mannigfaltigkeit konstituiert, sich vergleichen läßt und in ihrer äußeren Schönheit auf eine innere Proportionalität und Maßhaltigkeit zurückführen läßt. Die äußere Erscheinung verweist mit ihren in geometrischen Formen lesbaren Signaturen auf das zahlhafte Wesen, d.h. eine substantielle Dimension der Zahl, und insofern diese Maßhaltigkeit der Natur also durch das Wirken höchster Vernunft eingerichtet ist, teilt sie sich als Schönheit mit, eine Vollkommenheit der inneren wie äußeren Natur. Ganz im Sinne der platonischen Schönheitstheorie, wie sie ausgehend von der neuplatonischen Aufnahme etwa in Plotins Schrift Περὶ τοῦ καλοῦ, über Augustinus *De ordine* zu verfolgen ist bzw. in Ficinos *De amore* und der *Theologia platonica* fortgeführt wird, gilt die äußere Schönheit als Abbild einer geistigen Gefügtheit und Zahlhaltigkeit der Dinge.

So formuliert etwa der Architekt und Künstler L. B. Alberti, ein Freund Ficinos, die Schönheit bestehe in Einklang und Übereinstimmung der Teile zum Ganzen (concinnitas), und zwar nach einer bestimmten Zahl, Bestimmung und Anordnung, vergleichbar einem Kunstwerk bzw. einer kunstfertigen Zusammenfügung.[53]

Meßbarkeit, Vergleichbarkeit und Zählbarkeit beruhen auf der Proportionalität und harmonikalen Zahlstruktur des Verschiedenen und sind damit Ausdruck einer Relationalität des Seienden im Ganzen. Das heißt

---

53 Alberti, L. B.; *De re aedificatoria* lib. 9, cap. 5 (Florenz 1485, Nachdruck Alberti Index 4, München 1975, hrsg. v. H.-K. Lücke) fol. 165 r., Zeile 21–24; zit. n.: J. Gauss, »Circulus mensurat omnia«, in: *Mensura, Mass, Zahl. Zahlensymbolik im Mittelalter*, Reihe: Miscellanea Mediaevalia, Veröffentlichungen des Thomas-Institutes der Universität Köln, Bd. 16/2, hrsg. v. A. Zimmermann, 2. Halbbd., Berlin/New York 1984, S. 436: »... pulchritudo esse quendam consensum et conspirationem partium in eo, cuius sunt, ad certum numerum, finitionem collocationemque habitam, ita uti concinnitas, hoc est absoluta primariaque ratio naturae postularit.«

aber auch, das Maß des Seienden ist nicht in quantitativem Messen allein zu erfahren, sondern die Zahlverhältnisse der Dinge, über die sich die Ordnung vermittelt, sind Qualitäten der Natur. Erkenntnis der figurierten Zahl nimmt in der äußeren Gestaltetheit zwar ihren Anfang, findet ihren Grund aber erst in der inneren Erkenntnis der Einheit in allem, an der jeder Einzelne kraft der Beseelung teilhat. »Aber wie kann eine Ähnlichkeit [ὁμοιότης] der hiesigen schönen Dinge mit den jenseitigen bestehen? Und mögen sie auch, da es eine Ähnlichkeit gibt, irgendwie ähnlich sein – wieso kann aber das Irdische ebenso schön sein wie das Jenseitige? [so die Frage Plotins] Das geschieht, so lehren wir, durch Teilhabe an der Gestalt (Idee)«. (Enn. I 6, 2, 10–11)

Diese Partizipation alles Seienden an der Einheit bzw. die Erkennbarkeit der Welt aufgrund der Anteilhabe an der Einheit betont auch Bruno, wenn es heißt:

»Deus est monas omnium numerorum fons, simplicitas omnis magnitudinis et compositionis substantia, et excellentia super omne momentum, innumerabile, immensum. Natura est numerus numerabilis, magnitudo mensurabilis, momentum attingibile. Ratio est numerus numerans, magnitudo mensurans, momentum aestimans.« (De minimo, OL I 3, S. 136)	»*Gott ist als Monade die Quelle aller Zahlen, die Einfachheit jeder Größe und die Substanz des Zusammengesetzten, und vermöge der Erhabenheit über jeder Bewegung, das Unzählige, Unermeßliche. Die Natur ist zählbare Zahl, meßbare Größe, faßbare Bewegung. Der Verstand ist zählende Zahl, messende Größe, schätzende Bewegung.*«

Innerhalb der unermeßlichen Vielfalt der stets sich wandelnden Erscheinungswelt ist es die maßvolle Ordnung, die Zahlstruktur der Gesetzmäßigkeit des Seienden, die auf die Erkenntnis der Einheit des Seienden hinführt. Indem der Mensch mißt, vergleicht und in Verhältnisse setzt, wird er der Wirkung der Einheit inne.

Gleichzeitig aber zeigt sich in der Partizipation an der Einheit in der Vielheit die Gottähnlichkeit des Menschen, denn einerseits vermag er durch sein Vermögen zu zählen, die göttlichen Ordnung zu erkennen, andererseits gelangt er durch diese Fähigkeit selbst dazu, als Künstler schaffend tätig zu werden, Schönheit nach ›göttlichem‹ Maße zu entwickeln.[54] So erfährt der Kreis als Kompositions- und Konstruktionsprinzip in der bildenden Kunst große Wertschätzung, da er als Abbild und Inbegriff gottähnlicher Vollkommenheit gilt. Und wieder ist es Alberti, für den offenkundig ist, daß bereits in der sichtbaren Natur die Prinzipien der Schönheit zu finden seien, die es in der bildenden Kunst

---

54 Vgl. Analogie Gott : menschlicher Künstler in Über die Ursache II, S. 52, III, S. 84 f.

maßgebend seien. »Daß sich die Natur vor allem am Runden erfreut, geht schon aus dem Gebilden hervor, die sie selbst zeugt, hervorbringt und schafft. Der Erdball, die Gestirne, die Bäume ... alles das wollte sie rund haben ...«[55]

Wir werden sehen, wie auch Bruno das Kreisprinzip in der Natur und im Menschen überall bestätigt findet.

Die berühmte Vitruv'sche Proportionslehre etwa, wonach die Menschenmaße in idealer Ausbildung Kreis und Quadrat beschreiben,[56] d.h. der Mensch in sich, in seinem Körpermaß die idealen Proportionen trägt, die in Übertragung auf Architektur und Kunst Schönheit und Proportion begründen, ist von ungeheurem Einfluß auf die Kunsttheorie der Renaissance[57] und erlau‚bt Quadrat und Kreis nicht nur als Kompositions- und Gestaltungsprinzipien von der Malerei bis zur Baukunst aufzuweisen, sondern in der Aufnahme des Proportionsgedankens bzw. des Menschenmaßes in die philosophische Diskussion (wie etwa bei Agrippa und Bruno, die Varianten dieser Proportionsfigur abbilden), die Entsprechung von Mikro- und Makrokosmos auf eine mathematische Konzeption, die im Universum wie im Menschen zutage tritt, zurückzuführen. Der Kreis fungiert als Grundfigur und Maß des Einzelen wie des Seienden insgesamt, als Kreismaß, das die Idee der metaphysischen Einheit in vielfältiger Weise abbildet und figuriert. »Noch Andrea Palladio hebt im vierten Buch seiner Quattro libri di architettura von 1570 den Kreis hervor, der ihm deshalb so bedeutsam ist, weil sich in ihm nicht nur die *figura del mondo* veranschaulichen läßt, sondern weil die Kreisform im höchsten Grade die Einheit (unità), die unendliche Essenz (infinita essenza), die Gleichmäßigkeit (uniformità) und die Gerechtigkeit Gottes (giustizia) offenbare.« (J. Gauss 1982, a. a. O., S. 449) – Die Parallelen dieses Konzeptes zu Brunos Begriff der Kreis-Einheit sind evident.

Immer wieder finden sich daher in Korrespondenz zur erwähnten ›Deus geometra‹-Vorstellung bzw. zur metaphysischen Deutung des Zirkels, Darstellungen des Menschen, der mit dem Zirkel die Welt zu ergründen sucht, und zwar nicht nur in quantitativem Sinne, sondern im Hinblick auf die metaphysische Maßhaltigkeit der Dinge aufgrund der allem immanenten Einheit.

---

55 Vgl. Alberti, *De rei aedificatoria*, lib 7, cap. 4; zit. n. J. Gauss 1982, a. a. O., S. 446.
56 Der Mensch selbst ist somit gewissermaßen die Koinzidenz von Kreis und Quadrat.
57 Vgl. die Proportionsfigur bei Dürer, Alberti, Leonardo, Fra Giocondo, Cesare Cesarino, Francesco Giorgio, Luca Pacioli u.v.m. Dazu J. Gauss 1982, a. a. O., S. 447. Vgl. auch Reudenbach, B.; »In Mensuram humani corporis. Zur Herkunft der Auslegung und Illustration von Vitruv III 1 im 15. und 16. Jahrhundert«, S. 651–688; in: Meier, Chr. / Ruberg, V.; *Text und Bild. Aspekte des Zusammenwirkens zweier Künste in Mittelalter und früher Neuzeit*, Wiesbaden 1980.

Abb.: J. Gauss weist auf dieses Selbstbildnis A. Hirschvogels aus dem 16. Jh. hin. Im Bild ist die Inschrift »Circulus mensurat omnia« zu lesen. (Vgl. J. Gauss, a.a.O., Tafel XII.)

Abb.: Ausschnitt aus R. Fludds »Integra Natura Speculum Artisque Imago« (*Utriusque cosmi ... historia*, I, S. 3). Der ›Affe Gottes‹, der die göttliche Schöpferkraft nachahmende Mensch, erschließt die Welt bzw. verleiht ihr Maß und Gestalt. Auch hier ist stellvertretend für das kooperierende Eingreifen in die physische Erscheinungswelt der Zirkel als Universalinstrument zu sehen.

Insofern die göttliche Einheit selbst das Maß in die Dinge gelegt hat, sind Geometrie und Arithmetik Formen der Gotteserkenntnis, ein Auffinden der ›vestigia dei‹ bzw. der geometrischen Signaturen der Dinge.

So heißt es bereits bei dem Pythagoreer Philolaos: »Kenntnisspendend ist die Natur der Zahl und führend und lehrend für jeglichen in jeglichem, das ihm problematisch und unverständlich ist. Denn gar nichts von den Gebilden wäre irgendeinem klar, weder ihr zu sich noch des einen zum anderen, wenn nicht die Zahl und deren Wesen wäre. Nun aber wirkt diese durch die Seele hin in die Empfindung gestaltend alles erkennbar aus und gesellig, nach des Gnomons Natur, gibt ihnen Leib und scheidet voneinander alle die Glieder der Gebilde als unendlicher wie als begrenzender ... Sehen kann man nicht nur in den dämonischen und göttlichen Gebilden die Natur der Zahl und ihre haltende Macht, sondern auch in allen menschlichen Worten und Werken allenthalben und hin durch alle Schöpfungen des Bildens und durch die Musik.«[58] Und auch Platon formuliert im *Timaios*, »unser Geist, der die Welt des Mathematischen schafft, hat das, was er schaffen kann, wahrer und wirklicher in sich, als es außer ihm ist. So hat der Mensch die bildende Kunst und die Gestaltungen dieser Kunst wahrer in seinem Begriffsvermögen als sie außerhalb Gestalt bekommen können.« (Tim., 53 e)

Eine wichtige Differenzierung liegt jedoch im Hinblick auf das Naturverhältnis der Frühen Neuzeit gerade im Verständnis und der Bewertung der Rolle der Mathematik vor. So ließe sich unterscheiden zwischen einer sich herausbildenden Analyse der Ordnung und Einteilung der natürlichen Phänomene auf der Grundlage quantitativer Bestimmung, die sich der Methoden mathematischer Exaktheit, einer Berechenbarkeit der Dinge bedient und eine vollständige Erklärbarkeit der physischen Wirklichkeit zu erreichen sucht, die sich in ›Naturgesetzen‹ genau beschreiben läßt. Eine Auffassung, wonach sie die Gesamtheit der natürlichen Dinge als Gegenstand mathematischer Naturwissenschaft gänzlich erschließt bzw. erschließen läßt.

Die andere Herangehensweise, die m.E. auch Bruno verfolgt, unternimmt es zwar ebenso die den Dingen zugrundeliegende göttliche Ordnung zu begreifen, doch die Rolle der Mathematik ist eher die eines vermittelnden Modelles oder einer logischen Struktur, die stets über sich hinausweist. Die geometrischen Figurationslehre verweist als gleichsam ›signaturhafte‹ Typologie von Gestaltwerdung analog auf eine innere Genese des Einfachen zum Komplexen. Bruno begreift die Gestalt und Figur von etwas stets als Veräußerung einer inneren, durch Zahlverhältnisse ausdrückbaren Qualität. Eine solche qualitative Deutung von innerer Zahlstruktur, von Zahlverhältnissen, ist durch ein ›Messen‹ nicht

---

58 Zit. n. F. Dornseiff 1925, a.a.O., S. 13. Um den brunoschen Zahlbegriff in metaphysischer, physischer und gnoseologischer Dimension zu verstehen, ist immer wieder der Rückverweis auf die pythagoreisch-platonische Tradition nötig.

erschöpfend zu bestimmen, sondern ist eher ein ›Ermessen‹ qualitativ gleicher oder strukturgleicher Phänomene (ausgehend von der nach außen tretenden Gestalt), die sich in ein Verhältnis zueinander setzen lassen.

Über mathematische Modelle versucht Bruno einerseits, in systematischer Weise den metaphysischen Prozeß der Entfaltung der Einheit zur Vielheit zu erklären. Es geht also um den Übergang von der ›Einfaltung‹ aller Wirklichkeit und Möglichkeit in der Einheit zur ›Ausfaltung‹ als Mannigfaltigkeit unter Beibehaltung eines identischen Prinzips. Die Gesamtheit des Seienden ist somit Gestaltwerdung eines Prozesses der Selbstmultiplikation der Einheit. Die intelligible Generierungsstruktur aber ist gleichsam ›wie‹ die Entwicklung der Zahlen aus der Eins oder der Polygone aus dem Kreis zu denken. Indem die mathematischen Modelle also zugleich Erklärungsansatz für die metaphysische Generierung aus der Einheit (die ontologische Prozessualität) wie Spiegel der logischen Strukturierung des Denkens sind, fungieren sie als vermittelnde Modelle, anhand derer sich das Verhältnis von Seiendem und Erkennen als analoges fassen läßt.

Diesen Verweischarakter der Mathematik betont Cusanus, indem er folgende Frage stellt: »Quod mathematica nos iuvet plurimum in diversorum divinorum apprehensione ...« und sie folgendermaßen beantwortet: »... cum ad divina non nisi per symbola accedendi nobis via pateat, quod tunc mathematicalibus signis propter ipsorum incorruptibilem certitudinem convenientibus uti poterimus«.[59] In dieser Weise ist auch die brunosche Mittlerfunktion der Mathematik zu deuten.

Kehren wir nun wieder zurück zur brunoschen Monadenschrift, in deren Kapitel zur Monas oder dem Kreis, der der Einheit zugeordnet ist, im Anschluß an die geometrische Definition des Kreises, die stets innerhalb des umgreifenden Konzeptes einer Vermittlung von Metaphysik und Physik zu verstehen ist, nun Aspekte dieser strukturellen Gleichheit in unterschiedlichen Bereichen des Seienden vorgestellt seien.

---

59 De docta ign. I 11, S. 44/45: »Da uns zu den göttlichen Dingen nur der Zugang durch Symbole offensteht, so ist es recht passend, wenn wir uns wegen ihrer unverrückbaren Sicherheit mathematischer Symbole bedienen.« Cusanus beruft sich, ausgehend von der Analogielehre des Pseudo-Areopagiten im Hinblick auf die Rolle der Zahl auf Pythagoras, die Platoniker, Boethius, Augustinus und Aristoteles, die ihm in diesem Punkte Übereinstimmung zeigen.

8. »Simplicitas. De circuli analogia ad Monadem«

Die Monas als Kreis-Einheit gefaßt, d.h. als Koinzidenz von Minimum und Maximum, absoluter Aktualität und Potenz zugleich und ohne Unterschied (vgl. De minimo, OL I 3, S. 147), ist gleichsam ein die Unendlichkeit des Vermögens in sich umfassender Kreis, der sich im Universum, d. h. in der Entfaltung in den unermeßlichen Raum, gleichsam ›wie‹ eine Kugel[60] dreidimensional ausdehnt und die unendliche, in der Einheit komplikativ enthaltene Fülle in unzähligen Individuationen konkretisiert. In diesem emanativen Aus-Sich-Hervorbringen der Vielheit bis zur Verwirklichung im unendlichen Raum erfährt die Einheit gewissermaßen einen Moduswandel, denn – wie es in *De la causa* dargelegt wird – »jegliches Vermögen und jegliche Wirklichkeit, die in dem ersten Prinzip gleichsam zusammengefaltet, vereinigt und eines ist, ist in den anderen Dingen auseinandergefaltet, zerstreut und vielfach. Das Universum, welches das großartige Ebenbild und Abbild, die eingeborene Natur darstellt, ist ebenfalls alles, was es sein kann, weil die Arten und die hauptsächlichen Glieder in ihm sich gleichbleiben und es alle Materie enthält, zu der nichts hinzukommt, und von der nichts an jeglicher Form verlorengeht. Doch es ist nicht alles, was es sein kann, da seine Unterschiede, Bestimmungen, Eigenheiten und Individuen erhalten bleiben. Daher ist das Universum nichts als ein Schatten der ersten Wirklichkeit und des ersten Vermögens, und insofern sind in ihm Vermögen und Wirklichkeit nicht absolut dasselbe, denn keiner seiner Teile ist alles, was er sein kann.« (Über die Ursache III, S. 99)

Die erste Monas oder Gott ist also keinesfalls dem Universum in der Konkretion gleichzusetzen, sofern dieses zwar einerseits alles ist, was auch die Einheit ist, und das Universum als einheitliche und unbegrenzbare Ganzheit, in der nirgendwo ein absolutes Zentrum anzunehmen ist, durch die Einheit besteht. Andererseits aber sind die unendlichen Individuationen innerhalb des Universums je spezifische Konkretionen des Einen, d. h. bedingt durch die Verwirklichung im körperlichen Raum/der Materie je einzelne Erscheinungsweisen des unendlichen Vermögens, das, obwohl es jedem Einzelnen ganz immanent ist, nicht in einem raum- und zeitunabhängigen ›auf einmal‹ aktualisiert ist, sondern in einem raumzeitlichen ›Nacheinander‹ unaufhörlich konkretisiert wird.

Die absolute Einheit birgt in sich das Universum, insofern sie alles ist, was sein kann. Aber sie ist im Verhältnis zum Universum in concreto

---

60 Vgl. De monade, OL I 2, Kap. V, III. Ordnung, S. 392. Das Universum wird »einer gewissen Ähnlichkeit wegen als Kugel bezeichnet, ohne jedoch eine Kugel zu sein.« (Über die Ursache V, S. 131).

zugleich überall wie nirgends, in allem und in keinem, absolut transzendent und vollständig immanent.⁶¹

»Ostenditur hoc primo in Deo, qui idem dicitur esse ubique et nusquam, infra omnia fundans, super omnia gubernans, intra omnia non inclusus, extra omnia non exclusus, omnia per excellentiam et comprehensionem, nihil per definitionem, principium omnia promens, finis omnia terminans, medium nectens et discriminans omnia, centrum ubique, intimum internorum, extremum nusquam, quia metitur et concludit omnia immensus et inexaequabilis ipse, in quo sunt omnia, et qui in nullo, neque in se ipso, quia individuus et simplicitas ipsa, sed est ipse.« (De minimo, OL I 3, S. 147)	»*Dieses zeigt sich zuerst in Gott, welcher, wie man sagt, als derselbe überall und nirgends ist, alles als zugrundeliegender begründend, über allem lenkend, der innerhalb von allem ist, ohne eingeschlossen zu sein, außerhalb von allem, ohne ausgeschlossen zu sein, er ist alles durch Erhabenheit und Umfassendheit, nichts durch Begrenzung, alles ans Licht bringender Anfang, alles beendendes Ziel, alles verknüpfende und unterscheidende Mitte, als Zentrum ist er überall, Innerstes der inneren Dinge, keiner Sache äußerlich, weil er selbst unermeßlich und unvergleichlich alles ausmißt und zusammenfaßt, in ihm sind alle Dinge, er aber ist in keinem, auch nicht in sich selbst, weil er unteilbar und die Einfachheit selbst ist, sondern er ist [schlechterdings] er selbst.*«

In dieser Einheit gibt es keinerlei Bezugsverhältnis, keine Relation des Einen auf sich selbst, denn es ist immer schon und überall ganz es selbst ohne Unterschied, denn in der Einheit und Einfachheit der Monade sind alle Gegensätze dasselbe, fallen alle Unterscheidungen zusammen, so daß letztendlich unendlich Großes und unendlich Kleines dasselbe sind. (Vgl. ebda.)

Die erste Monas ist Anfang/Grund, Mitte und Mittler, Ziel/Vollendung von allem und ist doch nichts von alledem, weder räumlich noch zeitlich mit dem Seienden in ein Verhältnis zu setzen und doch in allem ganz gegenwärtig. »Intentio una omnia disponens. Finis unus ad quem omnia conspirant ultimum. Medium unum per quod omnia consequuntur.«⁶² Bruno macht hiermit in paradoxen Formulierungen deutlich, wie

---

61 Vgl. M. Ficino; *Theologia Platonica*, Florenz 1482, Op. I, 393 b: »... cuique rei interior quam ipsamet sibi ... ita supereminent universa, ut cuiusque rei summum apicem dignitate excellat immenso ... minimus quantitate ... virtus maximus ... in omnibus non inclusus,... extra omnia quoque non exclusus ...«; zit. n. D. Mahnke 1937, a.a.O., S. 72.

62 De monade, OL I 2, S. 346: »Eines ist die alles ordnende Absicht; eines das Ziel/die Vollendung, auf das hin letztendlich alle Dinge übereinstimmen, eines die vermittelnde Mitte, welcher alle Dinge folgen.«

die Einheit zugleich in vollständiger Immanenz und absoluter Transzendenz zu denken ist und sich gerade in dieser dialektischen Spannung jeder Bestimmbarkeit entzieht. Einerseits zeigt sich hierin wiederum die Bezugnahme auf die neuplatonische Vorstellung, das Eine und Erste sei ὀδαμοῦ καὶ πανταχοῦ; überall, insofern in allem gründender Grund, einheitsstiftende Mitte und Vollendung;, nirgends, insofern es als absolute Einfachheit und alles umfassende Fülle, nichts im Besonderen ist. Dieser Gedanke eines ›ubique et nusquam‹ in Transzendierung des der Einheit analog gesetzten Kreismodells verweist aber zudem auf die Rezeption des berühmten Buches der vierundzwanzig Philosophen, einer pseudohermetischen Schrift, deren lateinische Fassung auf die Mitte des 13. Jh. datiert wird und die unter dem Einfluß neuplatonisch-neupythagoreischer Tradition steht. Anklänge dieser Schrift lassen sich bei Bruno vielerorts nachweisen.

»II. Deus est sphaera infinita, cuius centrum est ubique, circumferentia nusquam. ... XVIII. Deus es sphaera, cuius tot sunt circumferentiae, quot sunt puncta.«[63]

Bruno betont diese Dialektik von Immanenz und Transzendenz an verschiedenen Stellen, und auch wenn mancherorts der Eindruck entstehen mag, es handle sich bei der nolanischen Einheitsmetaphysik um ein pantheistisches oder panentheistisches Konzept, so ist sowohl vor dem neuplatonischen Deutungshintergrund wie anhand der Rezeption neuplatonisch geprägter hermetischer bzw. pseudohermetischer Quellen das Postulat der transzendenten Einheit zu untermauern, wenngleich der Nolaner sicherlich in noch stärkerem Maße, als es etwa in der neuplatonischen Tradition begründet liegt, den Übergang von der Einheit in die Vielheit im Sinne eines Fließens, Ausströmens und damit als einen dynamischen Prozeß zu begreifen sucht. Der Übergang von der Einheit zur Andersheit wird damit in gewisser Weise selbst ein fließender. Dennoch gibt Bruno damit die Differenzierung zwischen transzendenter Einheit ›vor‹ allem und immanenter Einheit ›in‹ allem nicht auf. Indem die Ursache im Verursachten ganz gegenwärtig ist, d.h. sich die Struktur des Einen (in Analogie zum Kreis) sich in jedem Einzelnen wie im Ganzen widerspiegelt, ist doch kein Seiendes dem Einen identisch, das Universum keine Tautologie der Einheit, sondern in gewisser Hinsicht ›Anderes‹ und darin Unähnliches. So gilt zwar auch für das Universum »indifferentia sunt longum, latum et profundum, et quod ubique habet medium« (De minimo, OL I 3, S. 147), jedoch, wie erläutert, in einem auf die konkretisierte Ganzheit bezogenen Sinne. (Vgl. auch Über die Ursache V, S. 132 f.) Das Universum ist die unendliche Einheit in der Entfaltung, absolute Verwirklichung absoluter Möglichkeit, d.h. es ist alles, was es sein kann und es kann gar nichts anderes sein, als es immer schon ist. In

---

63 Vgl. »Das pseudohermetische ›Buch der 24 Meister‹«, hrsg. v. C. Baeumker 1913, a.a.O., S. 31 u. 37.

seiner Totalität ist es eines ohne Veränderung, Bewegung, Zuwachs, Entstehen, Dimension, Zahl und Maß, denn jede dieser ›Bestimmungen‹ des Unendlichen kann wiederum nur durch ein ›Unendlich-Sein‹ gekennzeichnet sein: damit fallen aber alle in Eines zusammen.

Sofern der Blick sich aber auf das Einzelne, d.h. die unendliche Zahl endlicher Individuen ›im‹ Universum richtet, ist es nicht alles, was es sein kann, denn die Individuationen sind jeweils nicht alles, was sie sein können. »... darin liegt der Unterschied zwischen dem Universum und den Dingen im Universum, daß jenes das Ganze Sein und alle Seinsweisen umfaßt, während von diesen jedes das ganze Sein hat, aber nicht alle Seinsweisen. Jenes [Universum] umfaßt alles Sein ganz, denn außerhalb oder jenseits des unendlichen Seins ist überhaupt nichts, da es kein Außerhalb und Jenseits hat, während von diesem [dem Einzelnen] ein jegliches zwar das ganze Sein umfaßt, aber nicht vollständig ...« (Über die Ursache, S. 134).

Die unendliche Mannigfaltigkeit des Seienden im Universum ist nichts als ein In-Erscheinung-Treten des Einen in unendlichen Seinsmodi und Modifikationen der einen, unveränderlichen Substanz. Erst wenn wir, so Bruno, diese unveränderliche, ewige Substanz, dieses »unsterbliche göttliche Wesen« (vgl. ebda., S. 135) erkannt haben, haben wir damit die Einheit, Wahrheit und das Sein als dasselbe erkannt. (ebda.) Erst also, wenn wir das Universum als unendliches und unwandelbar Eines begreifen, erkennen wir es als Einheit bzw. die Einheit als Universum, denn wo jenes auf entwickelte Weise alles ist, ist diese »auf unentwickelte Weise das Eine, Unermeßliche und Unendliche, das alles Sein umfaßt ...« (Über die Ursache, S. 139).

Wenn die Einheit selbst als eine absolute Sphäre bezeichnet wird, so als Ausdruck einer metaphysischen Alleinheit, die immer schon alles zugleich und nichts im Besonderen ist.

»Consequenter est sphaera infinita, in qua idem est centrum, diameter, circumferentia et dimensionum plenitudo. Cum enim centrum possit esse linea, iam est linea; cum linea possit esse superficies, per transitum est superficies; cum superficies possit esse corpus, est corpus. Itaque idem est centrum et corpus et linea.« (Lampas trig. stat., OL III, S. 39)	*»Folglich ist [die Einheit] eine unbegrenzte Sphäre, in welcher das Zentrum, der Durchmesser, der Umfang und die Fülle der Dimensionen ein und dasselbe sind. Weil nämlich das Zentrum Linie sein kann, ist es schon Linie, weil die Linie Oberfläche sein kann, ist sie per Übergang Oberfläche, weil die Oberfläche Körper sein kann, ist sie Körper. Deshalb sind das Zentrum, der Körper und die Linie dasselbe.«*

Auch darf die Kugel- bzw. Kreisvorstellung nicht fehlgedeutet werden im Sinne einer zwar unermeßlichen, aber doch begrenzten Ganzheit[64], sondern indem man die mathematische Definition übersteigt, so daß zwar einerseits die Eigenschaften des Kreises, wie Selbstidentität, Vollkommenheit und Äquidistanz der Peripheriepunkte (im Sinne eines in jeder Hinsicht ganz in der Einheit Beständigen) gedacht werden, jedoch in Übertragung auf das Unendliche zugleich ihre endlichen Charakteristika verlieren. Bruno knüpft – hierauf wurde bereits hingewiesen – in der Verwendung mathematischer Modelle an die von Cusanus ausformulierte Möglichkeit einer Erkenntnis des Einen an, die zwar von geometrischen Figuren ausgeht, um zu einem Begreifen des Einen zu gelangen, aber nicht etwa Gott mit einer Kugel im geometrischen Verständnis identifizieren will. Das Einfachste und Eine »steht vielmehr über all diesen, so daß man all dieses, was man durch die Sinne, die Vorstellungskraft oder den Verstand mit materiellem Beiwerk behaftet erfaßt, ausspeien muß, um so zur einfachsten und abstraktesten Vernunfteinsicht zu gelangen, in der alles eines ist; in der die Gerade, Dreieck, Kreis und Kugel ist ...«. Es gilt vielmehr die geometrischen Figuren zu überspringen (»mathematicas figuras transilire«).[65]

»Est sphaera infinita undique aequalis, ubi non ideo dicitur sphaera quia habeat extrema a medio aequidistantia, unde sequeretur esse finitam, ut docuit Aristoteles, sed intelligitur secundum similitudinem ...« (Lampas trig. stat., OL III, S. 38)	»[Die Einheit] ist in jeder Hinsicht gleiche unendliche Sphäre, wobei aber nicht deswegen von einer Sphäre gesprochen wird, weil sie abstandsgleiche Extrempunkte im Hinblick auf die Mitte besäße, weshalb gefolgert werden könnte, sie sei begrenzt, wie Aristoteles es gelehrt hat, sondern sie wird gemäß der Ähnlichkeit so verstanden ...«

Die absolute Einheit entzieht sich also jedweder Definition. Jedes Vergleichen, das Andersheit und Meßbarkeit impliziert, muß scheitern im Hinblick auf die Unproportionalität und Inkommensurabilität des absolut Einfachen. Die geometrischen Modelle dienen zunächst dazu, das Verhältnis von Mittelpunkt, Radius und Peripherie logisch zu analysieren, um darauf, in Anwendung auf das Unendliche, eine paradoxe Überhöhung zu erfahren. Damit wird gleichermaßen deutlich, daß das Eine und Unendliche nicht als solches zu denken ist, wie, daß es gar keine andere Möglichkeit gibt, als sich in schrittweiser Vereinfachung im menschlichen Verstand über adäquate Modelle einem Denken des Einen anzunähern.

---

64 Bruno kritisiert diesen Zug des kopernikanischen Weltbildes.
65 De docta ign. I, Cap. X, S. 36/37.

Die Einheit läßt sich somit lediglich ausgehend von Analogien erfassen, von Modellen, die per negationem spezifischer Eigenschaften eine Transformation erfahren und sich darin auf der Schwelle zwischen logischer Bestimmung und völliger Auflösung derselben bewegen. Dieser Versuch einer Annäherung an die Einheitserkenntnis (symbolice investigare) über mathematische Modelle ist zudem dadurch fundiert, daß alle Dinge in einer gewissen Proportion zueinander stehen und in dieser Verhältnisordnung die Einheit des Universums bilden (»omnia ad se invicem quandam nobis tamen occultam et incomprehensibilem habent proportionem«; De docta ign., Cap. XI, S. 40/41), die sich am besten über die Mathematik auf die Einheit beziehen läßt. Für den Cusaner ist dieses Überschreiten der mathematischen Modelle in drei Schritten zu verfolgen: zunächst heißt es, die mathematischen, endlichen Figuren hinsichtlich ihrer Eigenschaften und Verhältnisse zu untersuchen, sodann diese Qualitäten von den endlichen auf unendliche Figuren zu übertragen und schließlich, in Übertragung auf das schlechthin Eine, die Figürlichkeit abzulösen (vgl. De docta ign., Cap. XIII, S. 44–47).

Bruno schließt sich hierin m. E. dem Cusaner bzw. einer langen Tradition mittelbarer Bestimmung des unmittelbar definitionslos Einen an.

»... ex omni termino enim aequaliter distat, quia infinite distat. Et propterea dicitur sphaera propter aequidistantiam a medio; dicitur infinita sphaera, quia eius non est unum medium simplex extra quod punctus acceptus non sit medius, sed est sphaera in qua quicunque punctus capiatur est medium. sicut in infinito spatio nullum vel possumus dicere medium vel totum medium; et ideo dicitur sphaera cuius centrum ubique ... et ideo dicitur etiam undique aequalis ad differentiam sphaerae finitae, quae in uno individuo tantum, non in tota undique aequalitatem habet.«
(Lampas trig. stat., OL III, S. 38 f.)

»... *von jedem Grenzpunkt wahrt sie gleichen Abstand, weil sie unbegrenzt abständig ist. Und deswegen wird sie Sphäre genannt, weil sie eine Abstandsgleichheit zur Mitte hält; sie wird unendliche Sphäre genannt, weil es in ihr nicht eine einfache Mitte gibt, außerhalb welcher ein angenommener Punkt nicht mittlerer wäre, sondern sie ist Sphäre, in welcher jeder beliebige Punkt als Mittelpunkt zu begreifen ist, so wie man in einem unbegrenzten Raum entweder keine Mitte bezeichnen kann oder das Ganze Mitte nennen kann; und deshalb sagt man, es ist eine Sphäre, deren Zentrum überall ist... und deshalb nennt man sie eine überall gleiche Sphäre im Unterschied zur begrenzten Sphäre, welche nur in Hinsicht auf einen unteilbaren Punkt so große Gleichheit besitzt, nicht aber im Ganzen überall.*«

Die Bestimmungen des geometrischen Kreises koinzidieren in der unendlichen Einheit und begründen zugleich die dreistufige Ausfaltungstruktur des im Absoluten Identischen.

»Rerum causae efficientes et moventes sunt intellectus et anima, supra quibus est principium unum absolutum, mens seu veritas, quorum essentia et potentia est infinita intensive et extensive: extensive, quia sunt in toto infinito seu ubique; intensive, quia sunt tota in toto et tota ubique. Sed mens eminentius; tota enim in toto est ita ut etiam sit tota extra totum et supra totum, quandoquidem est ens absolutum et per se et sibi sufficiens. Intellectus vero et anima non sunt extra totum neque supra totum, nisi mentis et intellectus significationem confundas, capiendo utrumque sub uno significato; atqui intellectus est in intelligibilibus et cum intelligibilibus, anima est cum et in viventibus, tota in cunctis, tota in singulis, et intellectus totus in cunctis et totus in singulis, mens est vero in se ipsa seu ea ipsa, seu se ipsa.«
(De rerum princ., OL III, S. 509)

»Die bewirkenden und bewegenden Ursachen der Dinge sind Intellekt und Seele, über denen ein absolutes Prinzip besteht, der Geist oder die Wahrheit, deren Essenz und Potenz in intensiver wie extensiver Hinsicht unendlich ist: extensiv, weil sie im unbegrenzten Ganzen und überall sind; intensiv, weil sie ganz im Ganzen und ganz überall sind. Der Geist aber ist dies in hervorragender Weise; er ist nämlich ganz im Ganzen solcherart, daß er auch ganz außerhalb und über das Ganze hinaus ist, weshalb er das absolut Seiende ist, durch sich und sich selbst genügend. Intellekt und Seele sind wahrhaft aber nicht außerhalb und über das Ganze hinaus, es sei denn, du verschmilzt die Bezeichnung von Intellekt und Geist, indem du beide unter einer Bezeichnung faßt; nun ist aber der Intellekt in den intelligiblen und mit den intelligiblen Dingen, die Seele in und mit den lebendigen Dingen, ganz in der Gesamtheit, ganz in dem Einzelnen und der Intellekt ganz im Gesamten und ganz im Einzelnen, der Geist aber ist in Wirklichkeit in sich selbst oder vermöge seiner selbst oder er selbst [an und für sich].«

Für den absoluten Geist gelten also die Bestimmungen von überall und nirgends bzw. absoluter Transzendenz der in sich verharrenden Einheit in hervorragender Weise. Er ist sich selbst genügende Fülle, die keines anderen bedarf, sofern sie in sich alles umfaßt, sich in einem jedem Seienden innewird und doch ungeteilt über alles Seiende erhaben ist. Die absolute Einheit oder Monas also ›ist‹ in alles übersteigender Weise, insofern sie alles in sich birgt und in dieser Geborgenheit ihrer selbst in sich selbst nichts missen muß. In Intellekt und Seele tritt diese Einheit – ohne von sich selbst abständig zu werden – aus sich heraus, wird im Intellekt Anschauung ihrer selbst in den intelligiblen Dingen, die sich in der Ordnung der Vielheit zur Einheit manifestiert, gebunden durch die belebende Seele, über die sich die Einheit des Intellektes den Dingen vermittelt.

| »Una Mens ubique tota, omnia mensurans, unus ubique omnia ordinans Intellectus, Amorque unus omnia omnibus concilians.« (De monade, OL I 2, S. 346) | »*Eines ist der überall ganze Geist, alles messend, eines der alles ordnende Intellekt und eine die alle Dinge mit allen verbindende Liebe.*« |

Diese Drei-Einheit, die in der Einheit selbst ineins aufgehoben zu denken ist, im Hinblick auf die Entstehung des Universums aber eine generative, in sich zurückgewandte Struktur ausmacht, ist es nun, die, insofern sie ganz im Ganzen und in jedem Einzelnen ist, sich in Makro- wie Mikrokosmos allerorten auffinden läßt.

Faßt Bruno in der Monadenschrift die metaphysische Einheit oder Monas als das ›Ein und Alles‹, so demonstriert er in der II. Ordnung die Einheit des Makrokosmos vermöge der Weltseele bzw. in der III. Ordnung vermittels der individuellen Seele in jedem Einzelnen. Das Entscheidende ist auch hier die Kreisstruktur im Sinne einer alles belebenden Mitte, eines sich kreisförmig Ausbreitens bis zur Peripherie und einer von dort in sich zurückkehrenden Bewegung.

| »Unum veluti centrum est individuum, ex quo et de quo orignaliter omnes species veluti diversarum innumerabiliumque linearum effluxus esse cognoscimus: ad quod item et in quod sese recipiendo reducuntur. Unus in Megacosmo sol omnia illuminans, et vivifico calore irradians, velutque in medio residens Nympharum Apollo.« (De monade, OL I 2, S. 347) | »*Eines ist, wie wir wissen, gleichsam das unteilbare Zentrum, aus welchem und von welchem ursprünglich alle Arten gleichsam wie unzählige verschiedene Linien ausgeflossen sind: zu welchem und in welches sie, indem sie sich zurückziehen, zurückgeführt werden. Eine ist die alles erleuchtende und ihre belebende Glut verströmende Sonne des Megakosmos, gleichsam wie der in der Mitte der Nymphen residierende Apoll.*« |

Die der Einheit eigene Kreisstruktur von Mittelpunkt, radialer Ausbreitung und Zusammenziehen der Peripherie auf den Ausgangspunkt wird im makro- wie mikrokosmischen Bereich zum Modell einer organismischen Prozessualität von Werden und Vergehen, die im Ganzen des Universums wie im Einzelnen wirkt. Aus dem Einen, dem Zentrum, breitet sich die Vielheit gleich einem verströmenden Lichte in alle Teile aus und kehrt wieder in sich zurück. Über die Weltseele hat die Gesamtheit des Seienden wie jedes Einzelne an der Einheit teil und offenbart diese Teilhabe in der zyklischen Struktur, die gleich einer pulsierenden Bewegung aus einem unteilbaren Ursprung, der alles in sich enthält, zur

Entfaltung kommt, um sich als entfaltete Vielheit wieder in die Einheit zurückzuziehen. »Immo et naturae tota est substantia centrum,/Totum opus est cyclus ... Sed varie in variis reperitur partibus idem.« (De monade, OL I 2, S. 339)

Sei es die Bewegung der Meereswogen, der Flossenschlag des Fisches oder die Fortbewegung einer Schlange – überall zeigt sich für Bruno die Analogie zur Einheit bzw. die monadische Struktur eines jeden Individuums in der Kreisbewegung, die alles formiert und organisiert.[66]

»Adde ut Naturai opus omne est circulus, omnis/Appulsus, motus, vis, actio, passio, sensus,/Cognitio ac vita: ut centrum est anima, ipsaque fundit/Undique per gyrum, in sphaeram seque omnia tendunt;/Ut velut a sphaera in centrum se deinde receptent./Nempe anima a medio cordis membrum explicat omne,/Principio, arcano de semine stamina mittens,/Inde iterum relegenda suis verso ordine fatis,/Ac certa rerum serie. Sic maxima et omnis/Vis posita in centro est rerum, est anima ipsaque centrum,/Cuius (si quiddam est) totum explicatio quaedam est.« (De monade, OL I 2, S. 338 f.)	*»Nimm hinzu, wie jedes Werk der Natur ein Kreis ist, jede Einwirkung, Bewegung, Kraft, Handlung, jedes Erleiden, jegliche Sinneswahrnehmung, jedes Erkennen und jedes Leben: wie das Zentrum die Seele ist und diese breitet sich durch den Kreis in jede Richtung aus, so spannen sich alle Dinge in die Sphäre aus, um sich gleichsam aus der Sphäre in das Zentrum zurückzuziehen. Die Seele nämlich entfaltet aus der Mitte des Herzens alle Glieder, indem sie von einem Ursprung, d.h. einem geheimnisvollen Samen die Fäden ausschickt, um sie wiederum in umgekehrter Ordnung gemäß ihres Schicksalsverlaufs und in einer bestimmten Reihenfolge in sich zusammenzuführen ...«*

Die Weltseele, das ›Herz‹ des Makrokosmos,[67] die den Lauf des Lebendigen bestimmt und entsprechend die Seele des Mikrokosmos, die den Lauf des individuellen Schicksals in sich birgt, werden vorgestellt gleich einer alles enthaltenden Samenkraft, die sich gemäß dem Kreismodell in ihrer ganzen Potenz entfaltet und in der Absicht der Selbsterhaltung alle Kraft wiederum auf ihr Zentrum hin versammelt.

---

66 Auch die Erkenntnis der Natur vollzieht sich konsequenterweise gemäß der Kreisstruktur.

67 Ähnlich formuliert Bovillus, der in noch größerem Maße als Bruno die Grundaussagen seiner Schriften mit Analogien, d.h. anhand mathematischer Modell und graphischer Darstellung darlegt: »Nam sol cor est maioris mundi: homo vero maioris mundi anima. Sicut ergo minoris mundi anima/naturalem sortita est in minores mundi corde sedem: ita & rationabile est maioris mundi animam/naturalem in maiores mundi corde obtinere sedem.« Carolus Bovillus; *Liber des sensibus*, Faksimile der Ausgabe Paris 1510, Stuttgart/Bad Cannstatt 1970, S. 26.

Um diese Prozessualität des Lebens in struktureller Analogie zum Kreis bzw. zur Monas zu verdeutlichen, setzt Bruno die Seele einem Herzen, einem Samen, einer Pflanze gleich und zeigt damit in verschiedenen Varianten die Kreisstruktur in allem: einen Lebenszyklus, der sich an einem Modell des rhythmischen Wechsels von Kontraktion und konzentrischer Expansion orientiert.

»Nicht zufällig also werden wir mit den Pythagoräern schließen, daß dies das erste Arkanum dieser Philosophie ist, daß die Natur der Einheit vom Zentrum auf die Zirkumferenz und von der Zirkumferenz zum Zentrum hin wandert, daß sie die rechte Mischung den zusammengesetzten Dingen gibt, Gesundheit den Körpern, Tugend den Seelen, Freude den Wohnungen, Friede den Staaten,/Stärke den Regierungen, Dauerhaftigkeit dem Zeitlichen, der Welt das Leben und allem Vollkommenheit.« (Über die Monas ..., ed. Samsonow, S. 29)

Im folgenden sei eine Reihe von Beispielen angeführt, die nicht nur die strukturelle Analogie belegen, sondern ebenso von wissenschaftshistorischer Bedeutung sind.

So wie sich im Makrokosmos alles auf ein Zentrum hin ausrichtet, gleichsam auf den Konzentrationspunkt der Kraft, um den die Planeten, so die bildhafte Darlegung des Nolaners, einen Kreisreigen vollführen und damit die Harmonie der Sphären als einen konzentrischen ›Tanz‹[68] vollführen, und so wie auch das belebende Prinzip der Erde im Mittelpunkt verborgen liegt, so gilt auch für den Mikrokosmos:

| »Uno in medio vehementior est omnis efficacia, tum quia recti undique stant ad centrum radii: tum quia in angustum et individuum omnes colliguntur: hoc est unum in quacumque figura, atque figuratio medium. Monadem vero istam in omni perfecte composito invenimus, et agnoscimus.« (De monade, OL I 2, S. 348) | »*In dem einen Mittelpunkt ist alle Wirkkraft stärker, bald weil die geradlinigen Strahlen von allen Seiten auf das Zentrum ausgerichtet sind, bald, weil alle in einem engen und unteilbaren Punkte sich sammeln: dies ist die eine Mitte in jeder beliebigen Figur und Mittelpunkt der Figuration. Diese Monade finden und erkennen wir in der Tat in jedem vollkommen Zusammengesetzten.*« |

So zeigt sich die monadische Struktur im Körper, dem ›leiblich Firmament‹, wie Paracelsus es ausdrückte, anhand des ›Blutkreislaufes‹, den Bruno gemäß der Kreisentfaltung und Rückversammlung aus und zu dem Zentrum folgermaßen beschreibt:

| »Unum in Microcosmo centrum est cor, a quo per totum animal | »*Das eine Zentrum im Mikrokosmos ist das Herz, von welchem die lebens-* |

---

68 Noch Kepler spricht im *Mysterium Cosmographicum* von einem Planetenreigen.

spiritus vitales egrediuntur, in quo arbor universa vitae figitur et radicatur, et ad cuius primitivam custodiam et conservationem referuntur.« (De monade, OL I 2, S. 347)	*spendenden spiritus ausströmen, das ganze Lebewesen durchdringend, in welchem der universale Baum des Lebens fest errichtet und verwurzelt ist, und auf die urzuständliche Obhut und Bewahrungskraft von diesem werden sie rückbezogen.«*

Der Blutkreislauf ist also im Mikrokosmos zu denken als ein Ausströmen des *spiritus vitalis*[69] in alle Glieder und eine Rückkehr in sich selbst.

»So formt sich in allen Wesen, welche man Beseelte nennt, der Wesenskern, sei es vom Centrum des Herzens oder einem dem analogen Mittelpunkt aus, indem er die Glieder entwickelt und gestaltet und sie, wenn sie enwickelt und gestaltet sind, erhält;[70] – ebenso, genötigt von einer Ursache der Auflösung, verlässt er sein Bauwerk und veranlasst dadurch dessen Verfall; jetzt lösen sich die engegengesetzten Elemente, zerreissen die Bande, und heben die bildliche Darstellung des Wesens auf, da sie nicht ewig mit denselben Mischungen, unter Beibehaltung derselben Fäden und Wahrung derselben Ordnung sich in einem und demselben Zusammenhang von selber Zusammenschließen können. So bewirkt die Seele, dass sie es allein war, welche den Zusammenhang der äusseren Glieder mit dem Herzen bewirkte und das an sich fühllose Getriebe und die Maschinerie zusammenhielt, *am deutlichsten gerade dann, wenn sie den Körper durch dieselbe Pflorte verlässt, durch welche es ihr einst eingefallen, in denselben zu treten.«* (Reformation, S. 16)

Bereits in einem Aufsatz aus dem Jahre 1951 hat Walter Pagel auf die Parallele der brunoschen ›Philosophy of Circles‹ zur medizinhistorischen Entdeckung des Blutkreislaufes hingewiesen.[71] Nach Pagel benutzt der Mediziner Cesalpino im Jahre 1571 erstmals die Bezeichnung ›circulatio‹ zur Erklärung des Blutsystems. Auch wenn zu diesem Zeitpunkt noch keine tatsächlich überprüfte Theorie des Blutkreislaufes vorliegt, so bahnen doch die anatomischen Forschungen des 16. Jahrhunderts der Abkehr von der bis dato vertretenen Galen'schen Lehre hinsichtlich der Blutbildung, der verschiedenen Blutsubstanzen sowie der Annahme einer porösen Herzwand, den Weg. Schließlich ist es der Engländer W. Harvey, der in seiner Schrift *Exercitatio anatomica de motu cordis et sanguinis in animalibus* (Frankfurt 1628) anhand der per Vivisektion gewonnenen

---

69 Der *spiritus*-Begriff des Nolaners zeigt seine Nähe zu Ficinos Seelenlehre.

70 »Cossí si forma la stanza in tutte le cose dette animate, dal centro del core, o cosa proporzionale a quello, esplicando e figurando le membra, e quelle esplicate e figurate conservando.« (Spaccio, Dial. it. II., S. 557)

71 Vgl. Pagel. W.; »Giordano Bruno: The Philosophy of Circles and the Circular Movement of the Blood«; in: *Journal of the History of Medicine an Allied Sciences* 6, Minneapolis (1951), S. 116–124.

Beobachtungen des Blutkreislaufes und anderer Stoffwechselprozesse des Organismus eine Zyklizität nachweist, die – entsprechend der von Bruno formulierten monadischen Struktur – als ein rhythmisches Hervorgehen aus dem Zentrum (Herz) und Rückfließen zu verstehen sei und diese Dynamik sei ebenso im Makrokosmos bestimmend.[72]

Sicherlich ist Pagels Interpretationsansatz zuzustimmen, wenn er Brunos Konzeption der Zyklizität »no detailed anatomical basis« (W. Pagel 1951, a. a. O., S. 123) unterstellt, sondern vielmehr die Berufung auf die aristotelischen biologischen Schriften, worin das Herz als Zentrum der Bewegkraft bereits diskutiert wird, zugrundelegt sowie die neuplatonisch fundierte, vom Cusaner aufgegriffene philosophische Interpretation des Kreises. Doch selbst wenn Bruno von der geometrischen Struktur des Kreises ausgeht, um in Analogie dazu die Dynamik der Lebensprozesse zu erklären, so ist doch hervorzuheben, daß er sich zwar einerseits einem traditionellen Topos anschließt (wonach die kreisförmige Bewegung des Herzens in Korrespondenz zur achten Himmelssphäre vorgestellt wird[73]), sich aber gleichzeitig hiervon abgrenzt, insofern die Bewegung des Herzens nicht auf kosmische ›Influentien‹ zurückgeführt wird, sondern auf eine Spiritus-Theorie gegründet ist, dergemäß jedes beseelte Wesen seine Bewegkraft in sich birgt.[74] Ausführlicher als in der Passage aus *De monade* behandelt Bruno diese Frage in *De rerum principiis*.

---

72 »It should be noted that, true to Aristotelian principle, this motion of water was compared to that of the blood by Cesalpino as well as Harvey. As the latter says, in the famous eighth chapter of his treatise, it was this macrocosmic analogy which led him to the idea that there was ›circulation‹ in the animal body.« (W. Pagel 1951, a. a. O., S. 123)
Auch bei Bruno ist die Analogie des Wasserkreislaufes im Makrokosmos zum Blutsystem im Mikrokosmos aufgezeigt. Interessant ist, daß offensichtlich auch Cesalpino bzw. Harvey von einer Arbeitshypothese ausgehen, die auf einem Analogieschluß beruht.
Vgl. hierzu Regenbogen, O.; in: *Kleine Schriften*, hrsg. v. Franz Dirlmeier, München 1961, S. 141–194: »Eine Forschungsmethode antiker Naturwissenschaft«; Diller, H.; in: *Kleine Schriften zur antiken Literatur*, hrsg. v. H.-J. Newiger und H. Seyffert, München 1971, S. 119–143: »Ὄψις ἀδήλων τὰ φαινόμενα«.

73 Vgl. etwa Leo Hebraeus, *De amore dialogi tres*, Venice 1546, Dial. II, pp. 84 ff.; siehe dazu W. Pagel 1951, a. a. O., S. 123. Bruno sind diese Schriften vermutlich bekannt, was sich etwa in den *Heroischen Leidenschaften* niederschlägt.

74 Bruno verwahrt sich vehement gegen die einer Sinnerserkenntnis wie einer Verstandeseinsicht entbehrende Vorstellung, der Einfluß der Himmelsbewegung steuere jedwede irdische Bewegung, wie etwa, der Mond sei Ursache der Wasserbewegung. Damit tritt zwar einerseits die Lehre der kosmischen Kräfte als Ursache irdischer bzw. organismischer Kreisläufe in den Hintergrund, andererseits betont der Nolaner aber die Korrespondenz zwischen irdischen und kosmischen Phänomenen, wenngleich auf veränderter Argumentationsbasis. Die Sympathien und Korrespondenzen beruhen damit nicht auf einer wirkursächlichen Beziehung, sondern auf einer strukturellen Analogie kraft der in allem wirksamen Seele, bzw. des Spiritus als individueller Motor der körperlichen wie geistigen Bewegung.

»Quod enim in nobis sanguis et alii humores in circulum continue et rapidissime moveatur, fluat et refluat, et a medio ad extremas partes diffundatur et ab extremis ad medium se recipiat, neque unquam hic motus ab omnes locales corporis differentias intermittitur, sed continuus cum vitae continuitate perseverat ...«
(De rerum princ., OL III, S. 521 f.)

»*Weshalb also das Blut in uns wie die anderen Säfte in einem Kreis kontinuierlich und in schnellster Weise bewegt wird, fließt und zurückfließt, und von der Mitte zu den äußersten Teilen verströmt wird und von den Extremen zum Mittelpunkt sich zurückwendet, und diese Bewegung wird nicht einmal aufgrund einer Ortsveränderung des Körpers unterbrochen, sondern sie besteht kontinuierlich mit dem Fortbestand des Lebens ...*«

Durch die »substantia per se mobilis«, den Spiritus (vgl. ebda., S. 521), welche Platon Seele nenne, werde also jede natürliche Bewegung verursacht, sei es im »mundus maior«, wo es diese Bewegkraft ist, die

»quis mare facit fluere et refluere, fontes scaturire, emanare e visceribus terrae et in viscera eiusdem recondi ...«
(De rerum princ., OL III, S. 522)

»*... das Fließen und das Zurückfließen des Meeres bewirkt, das Hervorsprudeln der Quellen, das Ausströmen aus den Eingeweiden der Erde und und das sich in eben diese Eingeweide Verbergen ...*«

oder deren Wirkung die Bewegung der Winde bestimmt bzw. die physikalischen Prozesse des Wärme- und Feuchtigkeitsaustausches gleich dem menschlichen Stoffwechsel[75] organisiert; sei es im Mikrokosmos, wo sie die Zirkulation des Blutes bewirkt: All dies ist zurückzuführen auf eine Kraft.

»... illum motorem primum et impulsorem, quem spiritum alii dicunt, qui se ipsum movendo alia movet, Plato vero animam dicit, quam definivit numerum se ipsum moventem in circulum ...«
(De rerum princ., OL III, S. 523)

»*... jenen ersten Motor und Impulsgeber, welchen die einen Spiritus nennen, welcher sich selbst bewegend andere bewegt, Plato nennt ihn wahrhaft die Seele, welche er definiert hat als sich selbst im Kreis bewegende Zahl ...*«

Zwei Aspekte sind hier hervorzuheben:
1. Jeder physische oder physikalische Prozeß vollzieht seine Bewegung gemäß der Kreisstruktur von konzentrischer Expansion oder Repulsion

---

[75] Die Analogie von Blutkreislauf und dem Umlauf der Wassers in den ›Eingeweiden‹ der Erde formuliert Bruno insbesondere in *De l'infinito*/Zwiegespräche mehrfach.

und rückgewandter Kontraktion oder Attraktion auf das Zentrum kraft der Seele (bzw. des Spiritus), die – und hierin liegt die Analogie zur Monas – gemäß der platonischen Definition im *Timaios* sich selbst bewegende Zahl ist, d.h. durch die Beseelung und Bewegung hat jedes Individuum teil an der Einheit, die in kreisförmiger Selbstentfaltung eine innere Zahlordnung, gleichsam eine innere Sphärenharmonie, begründet.

2. Der Spiritus[76] oder die Seele ist ein und dasselbe Prinzip für alle, aber in jedem Einzelnen als eigene Bewegungs- und Steuerinstanz wirksam.

»Nos vero de spiritu, qui est et facit in singulis singula, loquimur et inquirimus, et tandem definimus ipsum esse substantiam per se mobilem, et motu suo vitam, vegetationem et consistentiam rebus animatis communicare. Ispe est per se vivens et alia per ipsum, ipse est vehiculum omnium virtutum; et si caelum movetur vel tellus vel quodcunque aliud corpus, tanquam a principio extrinseco quodammodo et intrinseco per spiritum omnia moventur seu exagitantur; et hic tum est unus universi, tum est pro individuorum innumerabilium multitudine multiplex, sicut in singulis proprius est motus atque singularis, non ad unum, sed ad omnes partes, sicut a corde virtus, quam spiritalem appellant, ad totum corpus vitalis effunditur, et a toto corpore ad cor, tanquam a centro ad circumferentiam et a

»*Wir sprechen und forschen wahrhaft über den Spiritus, der in den Einzeldingen einzeln ist und bewirkt, und schließlich setzen wir an, daß er selbst eine durch sich bewegliche Substanz ist und durch seine Bewegung den beseelten Dingen Leben, Wachstum und den Zusammenhalt mitteilt. Er selbst ist durch sich lebend und belebt die anderen Dinge durch sich; er ist selbst das Vehikel aller Kräfte und wenn der Himmel bewegt wird oder die Erde oder ein beliebiger anderer Körper, so werden letztendlich alle Dinge von einem äußeren und gewissermaßen inneren Prinzip durch den Spiritus bewegt oder in Bewegung versetzt; und dieser ist bald einer für das Universum, bald ein vielfacher im Verhältnis zu den unzähligen Individuen, so wie im Einzelnen die Bewegung einzeln und charakteristisch ist, nicht zu einem, sondern zu allen Teilen, so wie vom Herzen die Kraft, welche sie spirituale nennen, in den ganzen*

---

76 Bruno grenzt sich mit dieser Spiritus-Theorie von den ihm geläufigen Konzepten zeitgenössischer Magier, Chemiker, Ärzte und Philosophen ab, die das Bewegungs- und Lebensprinzip auf stofflich gebundene Kräfte, wie etwa den ›spiritus igneus‹ zurückzuführen suchen. Diese Bestimmungen, so der Nolaner, können jedoch lediglich sekundäre, abgeleitete Spiritus bestimmen, denn keine noch so feine und flüchtige Substanz ist durch sich selbst beweglich, sondern infolge der ihr immanenten Kraft des primären Spiritus. So gerinne das Blut sofort, sobald es aus dem Kreislauf des beseelten Körpers heraustrete, sei also offensichtlich nicht (als bloßer Stoff) selbstbewegt, sondern Medium eines bewegenden Spiritus. (Vgl. ebda.)

circumferentia ad centrum spharae progressione facta. Et haec est prima et praecipua spiritus significatio, qui ab anima differe non videtur.« (De rerum princ., OL III, S. 523 f.)	*lebendigen Körper ausströmt, und vom ganzen Körper zum Herzen, solcherart, wie vom Zentrum zur Umkreislinie und vom Umkreis zum Zentrum der Sphäre es durch fortlaufende Bewegung vollzogen wird. Und dies ist die erste und vornehmliche Bezeichnung des Spiritus, der von der Seele nicht als verschieden erachtet wird.«*

Immer wieder betont Bruno damit die pulsierende Bewegung von Mittelpunkt und Peripherie als das Modell einer Zyklizität in Analogie zur mathematischen Bestimmung der Struktur der Monas.

Der gesamte Verlauf des menschlichen Lebens wird nach diesem Modell vorgestellt, ein Stoffwechselprozeß der Zu- und Abnahme körperlicher Substanz, deren Zentrum, die Seele, unveränderlich und unvergänglich besteht. So ist das Wachsen des Körpers gleichsam eine kontinuierliche, durch den steten »effluxus et influxus« bedingte Anreicherung von physischer Substanz, die, gesteuert durch die Seele »circum veluti centrum quoddam ubique totum atomarum exglomeratio fit ex agglomeratio.« (De minimo, OL I 3, S. 143; »... die gleichsam rings um das Zentrum gewissermaßen überall ganz die Auflösung und Zusammenballung der Atome geschehen macht.«)

Leben und Tod sind somit lediglich physikalische Veränderung körperlicher Gestaltwerdung, ein Zyklus von Ausdehnung aus dem Zentrum und Rückzug auf das Zentrum.[77]

»Unde per nativitatem et adolentiam spiritus architector expanditur in hanc qua consistimus molem, et a corde diffunditur, in quod tandem veluti telae iustius stamina	*»Daher wird durch die Geburt und das Heranwachsen der als Baumeister tätige Spiritus ausgedehnt in diejenige Masse, aus welcher wir bestehen, und vom Herzen aus ausgebreitet, in welches er letztendlich gleichsam die*

---

77 Ähnlich heißt es im Versteil: »Ut centri in magnum exglomerat se expaniso gyrum,/ Conlectis atomis circum undique spiritus archi-/tectus se infuso totum moderatur, adusque/Tempus quo exactis numeris, vel stamine rupto/Corporis, in centrum redimat se, et inde per amplum/Recens se insinuet mundum, et hoc dicere mortem/Suevimus ...« (De minimo, OL I 3, S. 142; »So wie die Ausdehnung des Zentrums sich in einen großen Kreis auseinander bewegt, mäßigt der baumeisterliche Spiritus, indem er sich in den versammelten Atomen ringsum in jeder Richtung ausbreitet, das Ganze; solange bis zu der Zeit, gemäß welcher nach exakten Zahlen oder durch den gerissenen Schicksalsfaden des Körpers, er sich in das Zentrum zurückbegibt, und von da aus durch die weite Welt zurückkehrend, dringt er in sie ein und dies pflegen wir Tod zu nennen ...«) Vgl. auch De immenso, OL I 2, lib. VI, Kap. 8, S. 185 f.

complicans sese recipiat, ut ex eadem per quam processerat viam intraveratque portam, recedat demum et egrediatur. Nativitas ergo est expansio centri, vita consistentia sphaerae, mors contractio in centrum.«
(De minimo, OL I 3, S. 143)

(Web-)Fäden, sich selbst die Schicksalsfäden aufrollend, in gerechter Weise zurückführt. Wie aus einer gewissen Tür, durch welche der Weg hervorgegangen ist und auch wieder hineingelangte, weicht er zuletzt ganz zurück und verläßt [den Körper]. Geburt ist also Ausdehnung des Zentrums, Leben Beständigkeit der Kreissphäre, Tod die Kontraktion ins Zentrum.«

In jedem Lebendigen wirkt diese Dynamik von Ausdehnung und Rückzug sowie die kreisförmige Bewegung um das innere Zentrum vermittels der Kraft des Spiritus bzw. der Seele als der Steuerinstanz.

In Analogie zum Kreismodell formuliert Bruno somit physisch-physikalische Gesetzmäßigkeiten; und was wir bereits für den kosmischen und tierischen bzw. menschlichen Organismus nachvollzogen haben, wird in entsprechender Weise auf den Bereich pflanzlichen Lebens übertragen. So heißt es in *De la causa* über die der Seele innewohnende, formgebende Kraft: »Bei uns heißt er der ›innere Künstler‹, weil er die Materie von innen heraus formt und gestaltet, so wie er aus dem Innern des Samens oder der Wurzel heraus den Stamm hervor- und emportreibt, aus dem Innern des Stammes die Äste entwickelt, aus dem Innern der Äste die Zweige formt, aus diesen die Knospen sprießen läßt, hieraus – wie aus Nervenfasern[78] – die Blätter webt, die Blüten bildet und Früchte schafft; wie er auch zu bestimmten Zeiten seine Säfte aus den Blättern und Früchten in die Zweige zurückruft, aus den Zweigen in die Äste, aus den Ästen in den Samen und aus dem Stamm in die Wurzel.« (Über die Ursache II, S. 57 f.)

Auch hier also findet wiederum eine Entfaltung aus einem Zentrum statt, das bereits die gesamte Formvielfalt in sich birgt, aus der Einheit in die Vielheit gemäß einer bestimmten Ordnungsstruktur, (d.h. auch hier ist die Zahlstruktur im Sinne einer Abfolge der Figuration und Komplexion mitzudenken), deren Vollendung zugleich den Wendepunkt einer Wiedereinfaltung in das Zentrum markiert. Die gesamte Natur wird somit von der Rhythmizität zyklischer Entwicklung und Aufwicklung bestimmt, die auf das Wirken der seelischen Potenz verweist, d.h. die Immanenz des Einen in jedem Einzelnen zeigt. »Auf ähnlich Weise entfaltet er [der innere Künstler] seine Wirkung im Körper der Tiere,

---

78 Analog dem Körperaufbau des Tieres.

zuerst von dem Samen[79] und der Mitte des Herzens aus bis in die äußeren Glieder, und indem er von diesem her zum Herzen zurück die entwickelnden Kräfte wieder sammelt, tut er so, als wolle er die bereits ausgespannten Fäden wieder aufwickeln.« (Über die Ursache II, S. 58)

9. Der Begriff der ›Monade‹

»Monas una omnis numeri substantia, Una prima Dias omnia distinguens, oppositio. Unum primum omnium oppositorum commune subiectum.«
(De monade, OL I 2, S. 346)

»*Die Monas ist die eine Substanz einer jeden Zahl, eine erste Dyas ist der Gegensatz, der alles unterscheidet, eines ist das erste allem Entgegengesetzten gemeinsame Zugrundeliegende.*«

Der Nolaner faßt die Monas im Sinne einer jeder Zahl bzw. Zählbarkeit und Meßbarkeit voranzusetzenden Einheit. Insofern die Zahl in der Figur oder Gestalt erst in Erscheinung tritt – denn, so heißt es, die Figur ist die wahrnehmbare Zahl –, gilt die Monas zugleich als die Substanz der Figur (vgl. ebda., S. 345). Entsprechend der aus der Selbstentfaltung der Einheit begründeten Zahl, ist der Kreis das geometrische Minimum einer Figuration. »Circulus inde monas genera explicat omnia primo« (De monade, OL I 2, S. 345). Die aus der Einheit generierte Zahlenreihe (arithmetische Reihe) ist somit zugleich Dimensionsfolge bzw. figurale Komplexion (geometrische Progression).

Der Nolaner setzt den Begriff der ›Monade‹, um hiermit die metaphysische All-Einheit in zweifachem Sinne einer alleinigen und all-einigen ersten, unhintergehbaren Ursache vor jedem Entstehen, in jedem Entstandenen und als alles Entstehen in sich versammelnd ein-fassende auszudrücken. Bruno rekurriert hiermit auf eine philosophiegeschichtliche Tradition der Einheitsspekulation, die sich in der Bestimmung der ontologischen Allursache im Verhältnis zur mathematischen Eins bzw. Einheit auf die phythagoreische Zahlenlehre beruft.

Nun ist natürlich bereits in der Bezugnahme auf die ›pythagoreische Lehre‹ zu beachten, daß es sich bei Brunos ›Pythagoreismus‹ vermutlich

---

[79] In der physischen Welt ist der ›Samen‹ gleichsam Minimum und Maximum einer organismischen Dynamik von Explikation aus der alles umfassenden Einheit und Komplikation der Mannigfaltigkeit in die Einheit in Analogie zur metaphysischen Monas bzw. zum mathematischen Modell des Kreises, denn: »Was in der Mathematik Punkt, Linie, Fläche und räumliche Tiefe ist, das ist für den Naturphilosophen Samen, Verwandlung, Formung, Zusammensetzung oder Verknüpfung.« (De monade, OL I 2, S. 392; Über die Monas..., ed. Samsonow, S. 72) Diese ›samenhafte‹ Immanenz des Einen in Allem wird von Bruno in verschiedenen Kontexten formuliert; vgl. Über die Ursache III, S. 85 f.; De monade, OL I 2, Cap. V, S. 392 und 389 f.; ebda., Cap. VI, S. 411 f.; ebda., Cap. VII, S. 430.

nicht um eine Rezeption genuin pythagoreischer Quellen handelt, sondern um die Aufnahme eines ›pythagoreisierenden Platonismus‹, wie er im zeitgnössischen Umfeld zu finden ist, der sich aus Philosophemen der platonischen ›Zahlenlehre‹, aus der Überlieferung bzw. der Kommentarliteratur zur aristotelischen *Metaphysik*, aus neuplatonischen und vor allem neupythagoreischen Schriften und nicht zuletzt einer Fülle von Kommentaren und weiterführenden Interpretationen sowohl aus dem patristischen und christlich-scholastische Spektrum wie der hermetisch-synkretistischen Literatur zusammensetzt.

Folgt man der Darstellung der ›pythagoreischen Zahlenlehre‹ in der aristotelischen *Metaphysik*, so heißt es einerseits, daß den Pythagoreern die Natur der Dinge den Zahlen zu gleichen schien (»ἐπεὶ δὴ τὰ μὲν ἄλλα τοῖς ἀριϑμοῖς ἐφαίνετο τὴν φύσιν ἀφωμοιῶσϑαι πᾶσαν«; Metaph. 985 b 33) bzw. daß den Pythagoreern die Dinge Nachahmung der Zahlen seien (»μὲν γὰρ Πυϑαγόρειοι μιμήσει τὰ ὄντα φασὶν εἶναι τῶν ἀριϑμῶν«; Metaph. 987 b 11), andererseits aber referiert Aristoteles die Auffassung der Pythagoreer, daß die Zahlen nicht ein Mittleres zwischen den Ideen und den Erscheinungen, sondern die Dinge selbst seien (»οἱ δ' ἀριϑμοὺς εἶναί φασιν αὐτὰ τὰ πράγματα«; Metaph. 987 b 27). Gleichwohl – auch in Bezugnahme auf die zuletzt erwähnte Zahldefinition, die insbesondere die Differenz zur platonischen Zahlbestimmung intendiert – darf das ›Zahl-Sein‹ der Dingen nicht in rein quantitativer Hinsicht aufgefaßt werden,[80] sondern die Zahl ist Konstituens einer Verhältnisordnung des Seienden, einer Zusammenstimmung des Verschiedenen bzw. einer relationalen Ganzheit, was sich zwar auf der Basis der Arithmetik nachvollziehen läßt, aber in der quantitativen Beziehung stets eine Qualität birgt.[81]

Insofern sich die Verhältnisse des Seienden anhand von Zahlen bestimmen und vergleichen lassen, sind qualitatives und quantitatives Ermessen unmittelbar miteinander verknüpft, und dennoch ist die ontologische Einheit nicht der arithmetischen Einzahl gleichzusetzen; vielmehr bestimmt sich letztere erst über und mit der ersten, die selbst nicht Zahl, sondern Grund oder Ursprung der Dinge respektive der zahlmäßigen Unterscheidbarkeit ist: »... monas est essentia numeri ...« (De minimo, OL I 3, S. 140).

Was aber nun dieses Erste und Eine sei, wie die Enstehung der ›Eins‹ zu denken sei, ist bereits für Aristoteles ein von den Pythagoreern unzureichend behandeltes Problem. So gehe die pythagoreische Schule von einem Prinzipiengegensatz aus, der die Dinge wie die Zahlen begründe, nämlich dem Geraden/Unbegrenzten (ἄπειρον) und dem Ungeraden/

---

80 Vgl. hierzu die Ausführungen zum pythagoreischen Harmonie- und Zahlbegriff im ersten Teil dieser Studie.
81 Deutlich wird dies etwa an den Zahlverhältnissen der Intervalle, die eine Klangqualität bestimmen.

Begrenzten (πεπερασμένον), das Eine aber bestehe aus beiden und aus dem Einen die Zahl. (Vgl. Metaph., 986 a 17 ff.) Ob nun aber die erste Eins und die Zahlen erst begründende Einheit harmonische Einigung des Dualismus sei, wie es bei Philolaos anklingt, oder aber das Unbegrenzte das begrenzende Prinzip bereits in sich umfaßt, so daß die Eins sich in der Selbstsetzung, das heißt der Fügung des Unbegrenzten in das Begrenzte als Eins manifestiert, die aber schon in immanenter Vorgängigkeit gedacht werden muß, entzieht sich einer eindeutigen Festlegung.[82]

Gleichwohl ist das Problem dieses Prinzipiengegensatzes, der sich in der platonischen Lehre, insbesondere der sogenannten ›ungeschriebenen‹, als Dualismus von Einheit und unbegrenzter Zweiheit niederschlägt, im Hinblick auf die brunosche Bestimmung des Verhältnisses Monas – Dyas von wesentlicher Bedeutung.

Nach Aristoteles formuliert auch Platon einen Prinzipiengegensatz (in Abwandlung der pythagoreischen Setzung), der jedes Seiende bestimme, nämlich als der Stoff der Dinge sei das ›Große und Kleine‹ Ursache, als Wesen das ›Eine‹ (»ὡς μὲν οὖν ὕλην τὸ μέγα καὶ τὸ μικρὸν εἶναι ἀρχάς, ὡς δ' οὐσίαν τὸ ἕν«; Metaph. 987 b 20 f.). Wenn sich jedes Seiende aus der Teilhabe am Einen als Wesen und zugleich im Stofflichen als ein Größer oder Kleiner bestimmt, so sind die Zahlen Mittler. Jedes Seiende ist Eines qua Teilhabe und Andersheit aufgrund seines ›mehr oder weniger‹. Das Eine ist unwandelbar, ewig und eingestaltig im Sinne eines ›vor‹ aller Besonderung ursprünglichen Wesens. Die Zahlen und mathematischen Dinge sind einerseits auf unveränderliche Setzungen gegründet, die sich aber in vielfältiger Gestalt niederschlägt; die Dinge schließlich sind raum- und zeitgebunden veränderlich und unendlich vielgestaltig. (Vgl. ebda.)

Festzuhalten ist aber zunächst, daß die pythagoreische Eins weder Seiendes noch Zahl ist, sondern in der Reproduktion ihrer selbst erst Unterschiedenheit und damit sich selbst als Anderes, Differenzierbares und d. h. Zählbares setzt. Auch wenn hier an keiner Stelle von einer ›Monas‹ die Rede ist, so ist die phythagoreische Eins in ihrer die Zahlen und Dinge erst prinzipierenden Ursprünglichkeit eine wichtige Grundlage der brunoschen Einheitsbegründung.[83]

---

82 Soviel läßt die aristotelische Wiedergabe jedoch als unbezweifelbar verlauten: Unbegrenztes, Begrenztes und Eines sind nicht Prädikate (vgl. Metaph. 987 a 15 f.), sondern selbst Wesen des zu Bestimmenden, sind ›Substanz‹ jedweden Entstehens in unkörperlicher Bedeutung des Substanz-Begriffes.

83 In späteren pythagoreischen oder pythagoreisierenden Quellen fällt der Begriff der ›Monas‹ mehrfach und wird oftmals in Gleichsetzung der metaphysisch-mathematischen Einheit mit Gott verwandt. So sind es die Platonschüler und -nachfolger Speusippus und Xenokrates, die nach den Berichten des Aetius, Gott und Monade gleichsetzen. Aetius, Diels *Doxogr.* p. 304: »Ξενοκράτης ... τὴν μονάδα καὶ τὴν δυάδα Θεούς, τὴν μὲν ὡς ἄρρενα, πατρὸς ἔχουσαν τάξιν ...«; nach ›Pythagoras‹ sei (*Doxogr.*, S. 281): »τὴν μονάδα καὶ τὴν ἀόριστον δυάδα [τίθησιν] ἐν ταῖς ἀρχαῖς ...«; vgl. auch *Doxogr.*, S. 302:

Auch Platon, der nach Aristoteles in direkter Nachfolge der pythagoreischen Tradition zu sehen ist, geht nicht von einer Gleichsetzung der Zahl mit den seienden Dingen aus, sondern, so Aristoteles, vielmehr von einem Verhältnis der Teilhabe, welches zwischen den wandelbaren Dingen und den immerwährenden Ideen bestehe (»κατὰ μέθεξιν γὰρ εἶναι τὰ πολλὰ τῶν συνωνύμων τοῖς εἴδεσιν«; Metaph. 987 b 9 f.) diese Teilhabe (μεθέξις) sei aber lediglich ein neuer Ausdruck für die pythagoreische Meinung, die seienden Dinge existierten durch Nachahmung (μίμησις) der Zahlen. Könnte hiermit der Eindruck entstehen, die Ideen seien die Zahlen, so heißt es aber im weiteren, daß die mathematischen Dinge zwischen dem Seienden und den Ideen anzusetzen seien. (»ἔτι δὲ παρὰ τὰ αἰσθητὰ καὶ τὰ εἴδη τὰ μαθηματικὰ τῶν πραγμάτων εἶναί φησι μεταξύ«; Metaph., 987 b 14 f.)

Dies wird untermauert etwa durch Platons Aussagen im *Philebos* – hier fällt auch der Begriff der Monade – worin die Unterscheidung zwischen den immerseienden Ideen (»μονάδας ... ἀληθῶς οὔσας«; Phil. 15 b) und den stets sich wandelnden Dingen getroffen wird, wobei die Ideen nicht etwa den Zahlen gleichzusetzen sind, sondern die Zahlen sind mittelbare Instanzen, die sich aus dem Sein der Dinge ableiten und zugleich über Zählbarkeit und Zahlstruktur die Teilhabe an einem Einheitlichen und Einen vermitteln. Die ›μονάδες‹ sind nicht Zahlen, nicht Quantum im Sinne der aristotelischen Definition der Monas als unteilbare Quantität (vgl. Metaph. 1089 b 35), sondern Grund einer unmittelbaren, zahlhaften Bestimmbarkeit des Seienden. »Für jede dieser immateriellen Seinsgestalten aber ist das schlechthin Eines-Sein, aller Vielheit und Vielfalt der Seinsdinge gegenüber und entgegen, Grundcharakter; dieses nur geistig zu Fassende ist, für sich seiend ein Jedes, μονοειδὲς καὶ ἀδιάλυτος«.[84]

Auch die neuplatonische Tradition differenziert zwischen der mathematischen Einheitsbestimmung und einer metaphysischen Alleinheit. Das ἕν im Sinne Plotins ist unendliche, jeden Seinsbegriff übersteigende

---

»Πυθαγόρας τῶν ἀρχῶν τὴν μονάδα θεὸν καὶ τἀγαθόν, ἥτις ἐστὶν ἡ τοῦ ἑνὸς φύσις, αὐτὸς ὁ νοῦς, καὶ τὴν ἀόριστον δυάδα καὶ τὸ κακόν, περὶ ἥν ἐστι τὸ ὑλικὸν πλῆθος«; (*Doxogr.*, S. 555): Pythagoras »μονάδα μὲν εἶναι ἀπεφήνατο τὸν θεόν«; (Hippol., ebda. 4.43): »ἔφασαν τὸν θεὸν εἶναι μονάδα ἀδιαίρετον καὶ αὐτὴν ἑαυτὴν γεννῶσαν, καὶ ἐξ αὐτῆς τὰ πάντα κατεσκευάσθαι. αὐτὴ γάρ, φησίν, ἀγέννητος οὖσα, τοὺς ἐξῆς ἀριθμοὺς γεννᾷ· οἷον ἐφ' ἑαυτὴν ἡ μονὰς ἐπιπροστεθεῖσα γεννᾷ τὴν δυάδα, καὶ ὁμοίως ἐπιπροστιθεμένη γεννᾷ τὴν τριάδα καὶ τετράδα μέχρι τῆς δεκάδος.« Und schließlich bei Synesius, *Hymn*. 3. 171 (Migne 66. 1589 A): »παγὰ παγῶν, [ἀρχῶν ἀρχά,] ῥιζῶν ῥίζα, μονὰς εἶ μονάδων, ἀριθμῶν ἀριθμός«; (ebda., 4.60): »μονὰς ὦ μονάδων, πάτερ ὦ πατέρων, ἀρχῶν ἀρχά, παγῶν παγά, κ. τ. λ.« Zit. n. F. Scott 1925, a.a.O., Vol. II. Notes on the Corpus Hermeticum, S. 152 f.

84 Heimsoeth weist auch auf die Formulierung im *Symposion* (211 b) hin: »... αὐτὸ καθ' αὑτὸ μεθ' αὑτοῦ μονοειδὲς ἀεὶ ὄν.« Siehe Heimsoeth, H.; »Atom, Seele, Monade. Historische Ursprünge und Hintergründe von Kants Antinomie der Teilung«, in: *Akademie der Wissenschaften und der Literatur. Abhandlungen der Geistes- und Sozialwissenschaftlichen Klasse*, Jg. 1960, Nr. 3, S. 301.

Einheit;[85] die μονάς dagegen (das arithmetische Minimum) und der Punkt (σημεῖον; das geometrische Minimum) sind insofern nicht mit diesem absolut gesetzten Einheitsbegriff in Beziehung zu bringen, als das plotinsche Eine fernab jeder Ausdehnung in geometrischer wie arithmetischer Hinsicht unendliches metaphysisches Minimum wie Maximum zugleich ist. Einerseits ist also der Begriff der Monas hier noch auf die Zahlenreihe beschränkt, andererseits ist aber dieser Zahlbegriff noch nicht in seiner transzendierten Form gefaßt. Dennoch ist bereits bei Plotin die metaphysische Übersteigung des geometrisch-arithmetischen Einheitsbegriffes angelegt, denn die Kreissymbolik wie die Relativität des Mittelpunkts innerhalb der unendlichen, größenlosen Ausdehnung des allumfassenden Zentrums führt bereits auf die Begründung der metaphysischen Einheit unter Zugrundelegung des mathematisch Infiniten, wie sie deutlich in der ›Schrift der vierundzwanzig Philosophen‹ formuliert wird.

Bei Proklos begegnen wir allerdings innerhalb der neuplatonischen Tradition einer Bestimmung der ›Monas‹ als der obersten Stufe des Intelligiblen, in der metaphysische Allumfassendheit und mathematischer Einheitsbegriff in unmittelbaren Zusammenhang gestellt werden, insofern der metaphysischen Prozessualität in Form einer triadischen Explikationsstruktur eine mathematische Logik zugrundegelegt ist. Die proklische ›Monadologie‹ bzw. seine triadische Entfaltungsdynamik erweist sich nicht nur als ein metaphysischer Systementwurf, der über Pseudo-Areopagita und etwa Eriugena die mittelalterliche Ontologie stark beeinflußt hat, sondern ist neben den hermetischen Quellen m. E. für die Deutung der brunoschen Monadenlehre ein wichtiger Hintergrund.

Um dies anhand der Analyse des brunoschen Monadenbegriffs bzw. in einer vergleichenden Interpretation darzulegen, sei aber zunächst auf eine Quelle der Monadenvorstellung hingewiesen, die in diesem Zusammenhang kaum Erwähnung findet.

Auch im *Corpus Hermeticum* nämlich wird die göttliche Einheit als eine Monas eingeführt, die die Dinge aus ihrer unendlichen Fülle ins Leben ruft.[86]

---

85 Vgl. hierzu auch Mahnke, D.; *Unendliche Sphäre und Allmittelpunkt*, Halle 1937, S. 221 ff.
86 *Corpus Hermeticum*. Texte établi par A. D. Nock et traduit par E.-J. Festugière, Paris 1945, Tome I, Logos Δ, Traite IV, 10: »Or donc, la monade, étant principe et racine de toutes choses, existe en toutes choses, en tant que racine et principe. Or rien n'existe sans principe. Quant au principe lui-même, il n'est sorti de rien, si ce n'est de lui-même, puisqu'il est en effet principe de tout le reste. Etant donc principe, la monade comprend tout nombre, sans être comprise en aucun d'eux. Et elle engendre tout nombre, sans être engendrée par aucun autre nombre.«

»ἡ γὰρ μονάς, οὖσα πάντων ἀρχὴ καὶ ῥίζα, ἐν πᾶσίν ἐστιν ὡς ἂν ῥίζα καὶ ἀρχή. ἄνευ δὲ ἀρχῆς οὐδέν, ἀρχὴ δὲ ἐξ οὐδενὸς ἀλλ᾽ ἐξ αὑτῆς, εἴ γὲ ἀρχή ἐστι τῶν ἑτέρων. μονὰς οὖσα οὖν ἀρχὴ πάντα ἀριθμὸν ἐμπεριέχει, ὑπὸ μηδενὸς ἐμπεριεχομένη, καὶ πάντα ἀριθμὸν γεννᾷ ὑπὸ μηδενὸς γεννωμένη ἑτέρου ἀριθμοῦ.«

»Die Monade also, die Prinzip und Wurzel aller Dinge ist, ist in allem als Wurzel und Prinzip. Ohne das Prinzip aber ist nichts. Das Prinzip aber ist aus nichts Anderem als aus sich selbst, wenn es tatsächlich Prinzip der anderen Dinge ist. Indem die Monas also Prinzip ist, begreift sie alle Zahlen und wird von keiner begriffen, sie erzeugt auch jede Zahl und wird von keiner anderen Zahl erzeugt.«

Diese Formulierung nun, die Monas sei Ursprung und Quelle aller Dinge und Zahlen, sowie die Ableitung der Zahlenfolge aus der sich generierenden Monas erweist sich gewissermaßen als ein Topos arithmologisch-metaphysischer Konzepte[87] in Berufung auf die älteste Weisheitslehre des vermeintlichen Hermes wie des Pythagoras und läßt sich in je spezifischer Weise nicht nur in neupythagoreischen Schriften auffinden,[88] sondern ist über Proklos' Charakterisierung der Monade,[89] den Monas-Begriff des Areopagiten,[90] die Explikation der Monas im Buch der vier-

---

87 Die Bekanntheit dieser auf Hermes Trismegistos zurückgeführten metaphysischen Einheitslehre zeigt sich z.B. an der Darstellung in der gewissermaßen lexikalischen Kulturgeschichte der Zahl des Petrus Bongo, wo es heißt: »Hermes Trismegistus, per Unitatis et numerorum analogiam, ad veram Unitatem cogitandam, verosque natura numeros nos elevans, haec scribit in Pimandro: Unitas omnium principium, radix atque origo; absque vero principio nihil: initium autem est non prinicpii, sed alterius. Unitas ergo est rerum omnium principium, onmemque continet numerum, a nullo comprehensa, omnemque gignit numerum, ex nullo genita numero ...« (Petri Bongi Bergomatis; *Numerorum mysteria. Opus maximarum rerum doctrina, et copia refertum, In quo mirus in primis idemque perpetuus Arithmeticae Pythagoricae cum Divinae Paginae NUMERIS consensus, mulitplici ratione probatur*, Bergomi 1599, S. 20 f.)

88 *Theologumena Artihmetica* (ed. Ast) P. 4; zit. n. M. L. d'Oodge 1926, a. a. O., S. 95 f.: »Καὶ ὅτι τὸν θεόν φησιν ὁ Νικόμαχος τῇ μονάδι ἐφαρμόζειν, σπερματικῶς ὑπάρχοντα πάντα τὰ ἐν τῇ φύσει ὄντα, ὡς αὐτὴ ἐν ἀριθμῷ ἐμπεριέχεται δυνάμει τὰ δοκοῦντα ἐναντιώτατα κατ᾽ ἐνέργειαν εἶναι πᾶσιν ἁπλῶς ἐναντιότητος τρόποις... τὸ δὲ πᾶν ἑαυτήν γε μὴν γεννᾷ καὶ ἀφ᾽ ἑαυτῆς γεννᾶται, καὶ αὐτοτελὴς καὶ ἄναρχος καὶ ἀτελεύτητος καὶ διαμονῆς αἰτία φαίνεται, καθὼς ὁ θεὸς ...«.

89 Vgl. (Theolog. Plat. IV 28; 222 sq; II 2; 81, 7 sqq.) »ἡ μονὰς ἡ πηγὴ τῶν ἀριθμῶν« und (In Tim. II 222, 12) »ῥίζωμα καὶ ἑστία τοῦ ἀριθμοῦ«; zit. n. W. Beierwaltes 1979, a. a. O., S. 25.

90 Dionysios Areopagita; *Mystische Theologie und andere Schriften mit einer Probe aus der Theologie des Proklus*, aus dem Griech. übers. v. W. Tritsch, München-Planegg 1956; darin: *Die Namen Gottes/De divinis nominibus*, (Übersetzung gemäß Migne PG) Kap. III, 977 c f., S. 153.

undzwanzig Philosophen bis hin zu Agrippa[91], John Dee[92] und Bruno zu verfolgen.

Auch bei Bruno heißt es, wie bereits erwähnt, die Monas sei Substanz der Zahlen, d.h. sie ist nicht arithmetische Zahl, nicht die Zahl ›Eins‹, sondern metaphysisches Minimum, das erst einheitsstiftender Grund der Zahl ist.

Wenn der Nolaner hier von einer einzigen und ursprünglichen Substanz spricht, so ist der Begriff der ›substantia‹ zunächst in seiner allgemeinsten Bestimmung zu verstehen, nämlich als dasjenige (wie es die lat. Wortbildung sub-stare bzw. das gr. ὑποκείμενον vorgeben), was als ein Einfaches und Zugrundeliegendes allein durch sich und in sich besteht. »Substantia sumitur primo proprie pro eo quod est per se et non in alio ...« (Summa term. metaph., OL I 4, S. 14). Wenngleich in verschiedener Hinsicht unterschiedlich faßbar, bestimmt der Nolaner die Substanz in Anknüpfung an die aristotelische Setzung, wonach das Zugrundeliegende eine Hauptaussageweise des Wesens sei, so daß Substanz dasjenige genannt wird »... von dem das übrige ausgesagt, wird, das selbst aber nicht wieder von einem anderen ausgesagt wird.« (Metaph. Z, 3; 1028 b 36 f.: »τὸ δ' ὑποκείμενόν ἐστι καθ' οὗ τὰ ἄλλα λέγεται, ἐκεῖνο δ' αὐτὸ μηκέτι κατ' ἄλλου«) Bei Bruno heißt es in der *Summa terminorum metaphysicorum* (OL I 4, S. 14): »Est et alia substantiae significatio pro essentia rei ...«. Diese Gleichsetzung von Substanz und Essenz verweist darauf, daß Bruno nicht von einem stofflichen Zugrundeliegenden ausgeht. Vielmehr ist der Substanzbegriff des Nolaners zunächst einmal eine metaphysische Bestimmung eines Teillos-Einfachen, wie sie im Seelenbegriff des Neuplatonikers Plotin angelegt ist. »Seele ist, anders als der Mensch das Leib-und-Seele-Wesen, als wahrhaft Unkörperliches ein ἁπλοῦν ὄν. Indem sie aber zugleich als οὐσία bezeichnet wird, und zwar ausdrücklich nicht im aristotelischen Sinne der auf Materie angewiesenen Form, sondern als vor allem Körperhaften seiend und von ihm unabhängig, ist der Ausgang gegeben für die spätere (οὐσία als ›Substanz‹ übersetzende) Definition: substantia simplex.« (H. Heimsoeth 1960, a.a.O., S. 303) In diesem Sinne ist die brunosche Monade absolut einfache Substanz und Essenz der Dinge.

Bereits in *De la causa* hatte Bruno formuliert, die Einheit und die Zahl, welche die Pythagoreer dem substantiellen Prinzip gleichzusetzen pflegten, seien geeigneter zur Untersuchung der ersten Substanz, denn anders als die geometrischen Grundfiguren, also die geometrische Dimensions-

---

91 »Die Einheit durchdringt vollständig jede Zahl; sie ist aller Zahlen gemeinschaftliches Maß, Quelle und Ursprung. Sie enthält jede Zahl in sich vereint, schließt jede Vielheit aus, ist immer dieselbe und unveränderlich ...«. Agrippa von Nettesheim; *De occulta philosophia*, ed. 1987, a.a.O., S. 194 f.

92 John Dee; *Die Monas-Hieroglyphe*, mit Einf. und Anm. v. A. Klein, Interlaken 1982; vgl. dort Theorem I und II.

folge, die Platon ausgehend vom Punkt der substantiellen Einheit gleichgesetzt habe, liege bei den Zahlen keine Beschränkung auf die körperliche Substanz vor, sondern sie eigneten sich ebenso zur Erklärung der Dinge des Verstandes, der Einbildungskraft etc. »Daher ist die arithmetische Analogie und Proportion besser geeignet als die geometrische, um uns über das Mittelglied der Vielheit zur Betrachtung und Erkenntnis jenes unteilbaren Prinzips zu führen, das als die einzige und ursprüngliche Substanz aller Dinge unmöglich einen eindeutig bestimmten Namen und einen solchen Ausdruck führen kann, der ihre Bedeutung eher positiv als negativ fassen würde.« (Über die Ursache, S. 141)[93]

Die Zahl ist also lediglich Aussageweise der Vielheit in ihren mannigfaltigen Erscheinungsformen und -weisen; sie ermöglicht es, das Viele als Unterschiedenes und Vielzahl von Einzelnem zu erkennen und vermag dies, insofern jedem die eine Substanz als einheitsstiftender Grund innewohnt, wodurch erst etwas als ›Eines‹ zu begreifen ist. Anders ausgedrückt: Aus der sich generierenden Einheit entsteht in je spezifischer Ausgestaltung ›Anderes‹ und damit sind Zählbarkeit und Vergleich, also das Erkennen und Ermessen von Einheit und Differenz gegeben.

Die eine Substanz ist somit Quelle der Zahl, da sie sich in der unterscheidbaren Vielgestaltigkeit ihrer Hervorbringungen selbst als vielzahlig ›Anderes‹ setzt und in dieser Weise für den endlichen Verstand faßbar wird. Zugleich aber hebt die Einheit jede Zählbarkeit, d.h. jedweden definitorischen Zugriff in sich wieder auf, indem sie in ihrer unendlichen Mannigfaltigkeit und Vielzahl, den Erscheinungsweisen des Einen, ein unendliches Zählen evoziert: Sie ist unzählig zahlreiche ›Zahl‹ bzw. unermeßlich vielgestaltige ›Gestalt‹ und darin über jede Zählbarkeit oder Meßbarkeit erhaben.[94]

Die Monade ist also metaphysisches, substantielles Minimum, das sich in dreifacher Weise bestimmen läßt:
– in der Zahl, dem Minimum der Quantität;
– dem Punkt, dem Minimum der Gestaltwerdung und

---

93 »... so finden wir, daß alles, was Unterschied und Zahl ausmacht, bloß Akzidenz, bloße Gestalt und bloße Beschaffenheit ist. Jede Hervorbringung, von welcher Art sie auch sei, ist eine Veränderung, während die Substanz immer dieselbe bleibt, weil sie nur Eine ist: das unsterblich göttliche Wesen.« (Über die Ursache, S. 135); vgl. auch De minimo, OL I 2, S. 140: »Numerus est accidens monadis, et monas est essentia numeri ...«

94 »... denn alle Zahlen – gerade wie ungerade, endliche wie unendliche – gehen auf die Einheit zurück, welche in endlicher Reihe wiederholt, die Zahl ergibt, in unendlicher dagegen, die Zahl negiert.« (Über die Ursache, S. 144) Arithmetische Infinitesimalvorstellung und Unendlichkeit des Gottesbegriffs gehen hier zusammen. Vgl. auch De docta ign. I, Cap. V: ›Maximum est unum‹, S. 20 ff.

– dem Atom, dem Minimum des körperlich Seienden,[95]
wobei die körperliche Erscheinungsform in ihrer äußeren Gestalt in ein Verhältnis zum geometrischen Minimum zu setzen ist, die geometrischen Abmessungen auf die Zahl verweisen und die Zahl ›rationaliter‹ auf das essentielle Minimum hinführt: »monas rationaliter in numeris, essentialiter in omnibus.« (De minimo, OL I 3, S. 140) Die Mathematik fungiert damit als Mittler zwischen Physik und Metaphysik, ist analoge Anschauungsform des Einen.

»Aufer undique monadem, nusquam erit numerus, nihil erit numerabile, nullus numerator. Hinc optimus, maximus, substantiarum substantia, et entitas, qua entia sunt, monadis nomine celebratur.« (De minimo, OL I 3, S. 140)	*»Entferne die Monade ganz und gar, so wird nirgends eine Zahl sein, nichts zählbar und niemand der Zählende sein. Daher wird der Beste, der Größte, die Substanz der Substanzen und die Entität, durch welche die Seienden sind, mit dem Namen der Monade verehrt.«*

Die besondere Qualität der Zahl aber liegt darin, daß sie die Entfaltung der Einheit in die Vielheit, die auf unterschiedlichen Ebenen unter Bezugnahme auf ein je spezifisches Minimum formuliert wird, vergleichbar macht und damit auf die Einheit bezieht. »Diversum quoque analogia quadam atque ordine minimum aliis est atque aliis.« (De minimo, OL I 2, S. 173) Doch auch wenn die Konzepte einer Begründung des ersten Prinzips in verschiedenen Wissensbereichen je verschiedene Erklärungsformen finden, gilt: »In analogia igitur quadam in contemplationis universitate minimum atque principium est consistens.« (Ebda.)

Kehren wir nochmals zur Monas, der ›Quelle und Wurzel‹ der Zahlen, zurück: Aus dieser Einheit entstehen per Explikation die Dinge bzw. (in arithmetischer Analogie) die Zahlen. Die Monas formiert sich in ihrem Heraustreten, das gewissermaßen ein sich selbst Begegnen ist, zur ersten Andersheit, der Dyade. Im eigentlichen Sinne Zahl ist aber erst die Dreiheit, insofern die Einheit, die sich in der Zweiheit selbst als Differentes setzt, in der Triade, zwischen Einheit und Differenz vermittelnd, als Geeintes und seiende Einheit entsteht. Um aber die Koinzidenz aller Entfaltungen in der Einheit zu begreifen, gilt es, so Bruno, sich den Prozeß der Explikation und Vervielfältigung zu vergegenwärtigen.

»... quemadmodum ad multitudinis productionem natura incedat	*»... welcherart die Natur zur Hervorbringung der Vielheit übergeht durch*

---

[95] Vgl. hierzu die einschlägige Arbeit von Atanasijevic, K.; *The metaphysical and Geometrical Doctrine of Bruno as given in his Work ›De Triplici Minimo‹*, transl. by G. V. Tomashevich, St. Louis, Missouri 1927.

explicatione monadis in diadem, moxque diadis atque monadis combinatione in triadem, rursum monade cum triade et triade cum diade composita, atque his aliisque cum reliquis, perpetuo ad innumerabilium productionem varia multiplicique coitus specie promovens, quam nunc quidem in numeris atque mensuris mathematice, alias in rerum elementis physice, iterum in ideali supraque mundana quadam prolifica luce metaphysice speculamur.«
(De minimo, OL I 3, S. 272 f.)

die Entfaltung der Monas in die Dyas, und bald darauf durch die Verbindung von Monas und Dyas in die Trias, wiederum durch die mit der Monade zusammengefügte Trias bzw. durch die mit der Trias zusammengefügte Dyas und durch diese und andere mit den übrigen, bewegt sie [die Natur] sich in beständiger Weise fort zu einer Hervorbringung der unzählbaren Dinge über die unterschiedliche Art und vielfältige Begattungen, welche wir jetzt also in Zahlen und Maßen auf mathematische Weise, andere in den Elementen der Dinge auf physische Weise, wiederum anders auf metaphysische Weise in einem idealen und gewissermaßen geneigten überweltlichen Licht anschauen.«

»Primum fluente puncto est linea recta, quae si uno extremo fixo altero moveatur usque ad reflexionem in idem, producit planum; quod si constante centro invertatur semicirculo in semicirculum e vestigio confluente, producit sphaeram. Vel ubi fluxus puncti dedit longum, fluxus longi latum, fluxus lati profundum, ad quartum magnitudinis genus non est aditus ...«
(De minimo, OL I 3, S. 273)

»*Zuerst entsteht durch den fließenden Punkt die gerade Linie, welche, wenn sie unter Beibehaltung eines festen Extrempunktes mit dem anderen bewegt wird bis zur Rückbiegung (Reflexion) in denselben, die Fläche hervorbringt; [Modell: Zirkelradius] wenn nun bei konstantem Zentrum der Halbkreis in den Halbkreis herumgewendet wird, geht durch den Zusammenfluß aus der Spur die Sphäre hervor [Modell: Achsendrehung]. Wo aber der Fluß des Punktes die Länge gibt, der Fluß der Länge die Fläche, der Fluß der Fläche die räumliche Tiefe, ist zu einer vierten Dimension (Größenerzeugungsart) kein Zugang ...«*

Es tritt also, so die vorgestellte Genese, zuerst der Punkt aus sich heraus (Linie), wird mit einem Endpunkt um den anderen geführt und erzeugt die Kreisfläche; wird diese nun wiederum um das Zentrum herumbewegt ergibt sich die dreidimensionale Kugel.

Wie in der Monadenschrift, wo es heißt die erste Monade entstehe, indem sie sich fließend in eine Linie entfalte und sich damit von sich

›differenziere‹ (vgl. De monade, OL I 2, S. 353) und im Umfließen ihrer selbst den Kreis hervorbringe (vgl. De monade, OL I 2, S. 340 f.), entfaltet Bruno auch hier die Dimensionsfolge aus der dynamischen Kraft der Einheit und impliziert anhand der geometrischen Struktur einen metaphysischen Prozeß bzw. eine Generierungsfolge, innerhalb derer die Entfaltung von der Monas (Einheit/Punkt) in die Dyas (Zweiheit/gerade Linie) und die Trias (Dreiheit/Dreieck) von entscheidender Bedeutung ist. Ist die Monas gleichsam Identität von kleinstem und größtem Kreis, Koinzidenz von Zentrum, Radius und Peripherie, so verdeutlicht in der Entfaltung die Linie das erste Von-Sich-Abständigwerden der Einheit, die erste Ausdehnung und Zweiheit, den Gegensatz bzw. die Andersheit im Verhältnis zur Einheit, die von Bruno in Analogie zu dualistischen Strukturen von Sein, Leben und Denken dargelegt wird. Doch erst die Dreiheit, die als ›Verhältnis‹ des Entgegengesetzten mit der Zweiheit schon impliziert wird, formiert sich als Ebenbild der Monas. Denn so wie die erste Einheit die Möglichkeit jedweder Zahl, Unterschiedenheit und Strukturiertheit aktualiter unterschiedslos in sich birgt,[96] zeigt die Dreiheit sich als erste Einheit in der Konkretion.

»Nam veluti species numeri ternarius omneis/Comprendit primum, quia par hic primus, et impar,/Atque monas per se existens, genus efficiensque,/Distinguens variisque modis speciesque propagans ...« (De monade, OL I 2, S. 358)	»*Die Dreizahl umfaßt nämlich zuerst gleichsam alle Arten der Zahl, weil hierin zuerst das Gerade und das Ungerade und die durch sich existierende Monas [zusammengefaßt] ist, und die Gattung [der Zahlen] bewirkt, durch verschiedene Weisen unterscheidet und die Arten fortpflanzt.*«

Im strengen Sinne ist die Dreiheit erste Zahl und Figur, indem sie, Einheit und Andersheit verbindend, ein bestimmtes Seiendes konstituiert.[97]

In *De minimo* formuliert Bruno diese erste gestaltgewordene Einheit vermittels der Dreiheit wiederum auf der Basis der Mathematik und impliziert damit, wie auch in der Monadenschrift, metaphysische ›Dimensionen‹. Die Einheit, vorgestellt als geometrischer Punkt, erzeuge zunächst die Linie, das Ebenbild der Zweiheit.[98] Doch dieses Hervor-

---

96 »In minimo, simplici, monade opposita omnia sunt idem, par et impar, multa et pauca, finita et infinita; ideo quod minimum est, idem est maximum, et quidquid inter haec.« (De minimo, OL I 2, S. 147).

97 »Die Dreiheit als erste Zahl und als erstlich Ganzes Anfang, Ende und Mitte umfassend, gleicht der Einheit, die einig die gesamte Mannigfaltigkeit umfaßt.« (Proclos, In Tim. II 223, 10–13; Übers. zit. n. W. Beierwaltes 1979, a. a. O., S. 26)

98 »Hic autem ad alterum constitutum finem seu terminum defluens gignit diadis simulachrum, lineam.« (De minimo, OL I 3, Lib. IV, De Principiis Mensurae et Figurae, S. 273)

treten aus der Einheit allein sei nicht hinreichende Voraussetzung der Konkretisierung eines Seienden.

»Quae duobus finita terminis aut vage discurrens nihil concluderet, firmaret, figuraret; vel in tertium terminum communem applicabit, et tunc prima figura triangula consequitur in uno ordine princeps; vel uterque terminus in seipsum circa alterum conversus reflectitur, et tunc est prima alius ordinis figura. Haecque est a monadis imagine, puncto, prima producta trias, recta, triangulus, circulus, quae omnium characterum, figurarum et imaginum sunt principia.« (De minimo, OL I 3, S. 273)	»Welche [die Linie] durch zwei Termini begrenzt aber in unbestimmter Weise hin- und herlaufend nichts umschließen, befestigen, figurieren würde; entweder wird sie zu einem dritten, gemeinsamen Terminus herangeführt, und dann folgt die erste dreiwinklige Figur in der einen Ordnung als das grundlegende; oder beide Endpunkte werden um den anderen gewandt und [somit] in sich selbst zurückgebogen (reflectitur) und dann entsteht die erste Figur der anderen Ordnung [der Kreis]. Dies aber ist nach dem Bild der Monade, als dem Punkt, die erste hervorgebrachte Dreiheit, die Gerade, das Dreieck und der Kreis, welche von allen Charakteren, Figuren und Bildern die Prinzipien sind.«

Aus dieser ersten Dreiheit, sei es als Dreieck oder als Kreis, der einheitlichen Gestalt in Entsprechung zur Monas, erfolgt jede weitere Erzeugung bzw. Erkenntnis des Erzeugten, und deshalb zieht Bruno den Schluß: »Sic e mathematicis ad profundiarum naturalium speculationem et divinorum contemplationem adspiramus.« (Ebda., S. 273; »Und so erstreben wir, ausgehend von den mathematischen Dingen, die Anschauung der Geheimnisse des Natürlichen und die Schau der göttlichen Dinge.«)

Bruno formuliert also eine Einheitsmetaphysik, der er jedoch immer wieder eine auf sich selbst rekursierende Kreisstruktur zugrundelegt,[99] die aus der unterschiedslosen Einheit entwickelt werden kann, ohne einen Prinzipiengegensatz anzunehmen, sondern insofern die Einheit in Analogie zum Kreis die Möglichkeit einer dreifältigen Strukturiertheit der Andersheit unterschiedslos in sich wahrt.[100]

Was aber die Erkenntnis der Einheit angeht, so gilt:

---

99 In diesem strukturellen Aspekt scheint mir eine Nähe zur proklischen Einheitsmetaphysik gegeben.
100 Vgl. hierzu die Drei-Einheits-Spekulation des Cusaners in *De docta ignorantia* I.

»Ad indifferentiam illam oppositorum omnium exactius apprehendam, quae per contemplationem maximi in minimo et minimi in maximo delitescit, minime potest humana ratio devenire. Nos per viam coincidentiae dimensionum ad eorum quae sunt in natura et circa naturam speculationem in hoc genere contendimus ...«
(De minimo, OL I 3, S. 272)

»*Zu einem genaueren Begreifen jener Ununterschiedenheit (In-Differenz) aller Gegensätze, die sich über die Betrachtung des Maximums im Minimum und des Minimums im Maximum verbirgt, vermag die menschliche Verstandeskraft keineswegs zu gelangen. Wir streben aber an, über den Weg der Koinzidenz der Dimensionen zur Schau derjenigen Dinge, die in der Natur und in bezug auf die Natur sind, zu dieser Gattung zu gelangen.*«

D. h. in der Natur läßt sich die Entstehung der Vielheit aus der Einheit vor dem Hintergrund von Zahl und Maß in mathematischer Weise als Selbstgenerierung der Monas über die Dyade in die Triade und so fort begreifen, anhand der Elemente der physischen Dinge in physischer Weise und wiederum anders (in einem gewissen übernatürlichen Lichte) in metaphysischer Weise (vgl. ebda.). Die mathematische Betrachtungsweise ist aber als abstrakte, zwischen körperlichem und metaphysischem Seinsbegriff vermittelnde Anschauungsform, in besonderer Weise geeignet, da die mathematische Zahl- und Figurationstheorie einerseits die Eigenschaft von Einheit, Zahlenfolge bzw. Dimensionsfolge im Hinblick auf das Endliche exakt zu formulieren erlaubt, und von da aus, im Sinne des Cusaners, den Weg eröffnet, über das Transzendieren mathematischer Eigenschaften (»rerum differentias et diversitates ac omnes mathematicas figuras transilire ...«)[101] eine annähernde Erkenntnis des unendlichen Einen zu erlangen (*symbolice investigare*). Über das Verständnis bzw. die Annahme mathematischer Prinzipien vermittels eines »transumptive intelligendo«[102], eines Verstehens in überhöhter Bedeutung, ergeben sich mathematische Paradoxien, die aber zwischen Endlich-Definitem und Unendliche-Absolutem zu vermitteln vermögen, d.h. in extremer Weise analoger Setzung eine denkende Annäherung erlauben. »Alles Mathematische ist endlich und läßt sich gar nicht anders vorstellen. Wenn wir deshalb für den Aufstieg zum schlechthin Größten das Endliche als Beispiel verwenden wollen, so müssen wir zunächst die endlichen mathematischen Figuren mit ihren Eigenschaften und Verhältnissen betrachten und entsprechend die Verhältnisse auf gleichartige unendliche Figuren übertragen. Dann aber müssen wir drittens die Verhältnisse der

---

101 De docta ign. I, Kap. 10, 29, S. 38/39 f.
102 Ebda. Kap 10, 29, S. 40/41.

unendlichen Figuren im weiteren Aufstieg auf das unendliche Einfache in seiner Ablösung von aller Figürlichkeit übertragen.«[103]

Die Transzendierung der mathematischen Begriffe setzt also zunächst eine genaue logische Durchdringung der Begriffe und Verhältnisse voraus, um diese Termini daraufhin ins Unendliche zu übersteigen und in sie einem letzten Schritt ihrer räumlich gedachten Eigenschaften zu entledigen, so daß etwa ›Dimension‹ oder ›Ausdehnung‹ zu infiniten, unräumlichen Bestimmungen werden, die zwar einerseits der Aussagekraft beraubt erscheinen, andererseits aber, indem sie sozusagen via negationis an die definiten mathematischen Gundlagen geknüpft sind, einen erweiterten Denkraum eröffnen sollen.

Wenngleich eine solche Überhöhung mathematischer Definitionen bereits bei den Neuplatonikern Anwendung findet, um metaphysische Prinzipien auf analogem Wege zu fassen,[104] so ist es die Leistung des Cusaners, den Unendlichkeitsbegriff auf der Basis mathematischer Logik einzubeziehen und damit die Unendlichkeitsspekulation, die bereits in der Monas-Definition der vierundzwanzig Philosophen angelegt ist und im mittelalterlichen Denken vielfach Niederschlag findet (Alanus, Bonaventura, Eckhart), systematisch auszuarbeiten. Bruno führt den cusanischen Ansatz weiter, indem er in konsequenter Fortführung der Einheit als Koinzidenz unendlichen Minimums wie Maximums bzw. in Entsprechung zum dreifachen Minimum in metaphysischer, physischer und logischer Hinsicht ebenso einen dreifachen Unendlichkeitsbegriff setzt: die unendliche Monas im Sinne metaphysischer Alleinheit, das unendliche Universum, das alles ist, was es sein kann, bzw. in jedem Einzelnen die ganze unendliche Möglichkeit anlegt, und die sozusagen logische Unendlichkeit, d.h. die unendliche Potenz des schöpferischen, menschlichen intellektualen Vermögens: des Ingeniums.

So formuliert Bruno seinen methodischen Ansatz unter Einbeziehung der Mathematik als erkenntnisvermittelnder Disziplin in *De minimo*, davon ausgehend, daß der Intellekt, solange er der Vielheit verhaftet bleibt, von der ersten Monade oder der höchsten Mens abweicht.[105]

Die körperliche Natur aber zeigt sich sowohl durch eine Verwirklichung der Ideen in unzähligen Arten wie durch die Beschaffenheit der Materie, in vielfältiger Weise Gestalt anzunehmen (vgl. ebda.). Diese Verwirklichung der natürlichen Vielfalt in unermeßlichem Variationsreichtum basiert aber auf der Entfaltung der Monas in die Zahlenfolge.

---

103 Ebda., Kap. 12, 33, S. 44/45–46/47.
104 Mahnke 1937 (a.a.O.) hat die mathematische ›Mystik‹ der Kugel bzw. des Kreises in ihrer philosophischen Bedeutung durch die Philosophiegeschichte verfolgt und der plotinschen Position eine Schlüsselrolle zugesprochen.
105 »Intellectus quanto inferior, tanto in maiori multitudine consistit, quippe qui eo a prima monade, mente suprema, versus materiae regionem degenerat ...« (De minimo, OL I 3, S. 274)

»Sic ordine certo/Se numerus (monadis pendens a fonte) propagat;/Sic arti natura dedit fundamina prima./Queis similes fingat species. Moxque iisce elementis/Innumerum incurrat numerum vario ordine postis ...« (De minimo, OL I 3, S. 270 f.)

»*So pflanzt sich die Zahl (abhängend von der Quelle der Monade) gemäß einer bestimmten Ordnung fort; solcherart gibt die Natur der Kunst die ersten Fundamente, durch welche sie ähnliche Arten erzeugt. Und bald darauf läuft sie, ausgehend von diesen Elementen in abwechselnder Ordnung in die unzählbare Zahl ...*«

Die Natur entwickelt die Vielfalt der natürlichen Erscheinungen gleichsam analog einer Zahlenreihe, die, ausgehend von fest bestimmten Grundelementen, nach einer bestimmten Ordnung sich ins Unermeßliche generiert. Nun ist zwar die menschliche Ratio, bei aller Anstrengung, nicht in der Lage, das absolut Einfache und Erste zu erkennen (vgl. De minimo, OL I 3, S. 271) –, doch sie vermag, analog der Entwicklung der mathematischen Zahlen und Figuren, das Entstehen der unendlichen Vielheit aus der Einheit zu begreifen, so daß

»... ut ex principiis certis atque definitis ad indefinita consequentia provehatur. In similitudine ergo naturae a definitis paucis iisdemque foecundissimis omnipromisque receptis elementis ad operum numerosorum rationes accingitur.« (De minimo, OL I 3, S. 274)

»*... von sicheren und definierten Prinzipien auf die undefinite Folge geschlossen wird. In Ähnlichkeit mit der Natur also wird er [der Verstand] von wenigen bestimmten und durch ein und dieselben fruchtbarsten und unvermischt und allgemein angenommenen Elemente zu den Begründungen mannigfaltiger Werke ausgestattet.*«

»*Est ordo atque series eorum quae intelligunt, sicut in numeris.
Prima enim et suprema intelligentia est ipsa monas*, qua gradatim succedunt secundae intelligentiae; quarum quae proximiores primae sunt, tanto simplicioribus et paucioribus speciebus omnia apprehendunt, quanto vero elongatiora, tanto pluribus. Itaque *ordo cognoscentium est sicut ordo specierum in numeris*. Est et ordo cognoscendi, qui in prima mente et aliis, quae illi proxime sunt, nudis atque puris nullus est, quandoquidem non discurrendo cognoscunt neque per vicissitudines addiscunt. In inferioribus vero quae ratiocinantur seu discurrunt, ordinem necessario debemus intelligere inventivum iudicativum, compositivum resolutivum, sensituvum intellectivum, ab universali ad particulare vel e contra, a confuso ad distinctum, ab elementis ad elementata vel e contra, qui quodammodo incidit, qui est a partibus ad totum. Rursum est definitivus sicut apud Platonem, divisivus sicut apud Pythagoram, demonstrativus sicut apud Aristotelem; sed isti tres ultimi non proprie dicuntur ordines, sicut proprius dicuntur modi cognoscendi. Horum ordinum alii dicuntur secundum nos, nempe qui ex notioribus ex proximioribus seu promptioribus nobis; alii *secundum naturam, quibus eadem serie res cognoscuntur qua et constituuntur et configurantur, sicut in mathematicis et praesertim in geometricis est videre.*«
(Summa term. metaph., OL I 4, S. 114 f.; Hervorh. n. i. O.)

XV.
Monas – Dyas – Trias

Ein Abschlußbild und Ausblick

Ziel dieser Studie war es, zu untersuchen, welche Rolle die Analogie als – so die These – ontologisches Prinzip wie als erkenntnistheoretische Methode für die Begründung des Verhältnisses von Einheit und Vielheit bzw. die Dialektik von Transzendenz und Immanenz in der Einheitsmetaphysik Giordano Brunos spielt.

›Analogie‹ ist hierfür zunächst in zweifacher Hinsicht zu verstehen:
1) Einerseits kennzeichnet Analogie ontologisch, als das alles mit allem vermittelnde ›Band‹, ein strukturales Moment, vermöge dessen das vielfältig Seiende als Einzelnes wie die Vielheit des Seienden insgesamt im Verhältnis zur Einheit bestimmt werden kann.

In der Begründung dieses Bezugsverhältnisses der Vielheit auf die Einheit hat sich der ›Kreis‹ als ein zentrales Strukturprinzip erwiesen bzw. die der metaphysischen Auslegung des Kreises inhärente triadische Struktur, die sich insbesondere vor dem Hintergrund neuplatonischer Tradition erschließt.[1]

Bei Giordano Bruno wird der geometrische Kreis zum Modell metaphysischer Einheitsentfaltung, zum Anfangs- und Endpunkt jedweder Generierung von Vielheit und Vielgestaltigkeit.

Jedes individuell Seiende ist gleichsam in spezifischer Weise Ausfaltung aus der Einheit, ist dieser zugleich ähnlich wie unähnlich, sofern es potentiell ganz an der Einheit teilhat (Immanenz des Einen), diese jedoch zugleich ganz über jede Vereinzelung erhabene, einzige, eingestaltige und unendliche Einheit/Monas ist (Transzendenz des Einen), in der alle Bestimmungen koinzidieren. Ein ›Kreis‹, in dem Minimum und Maximum, Mittelpunkt, Radius und Peripherie unterschiedslos Eines sind.

In jeder Entfaltung aus der Einheit ist der einheitliche Ursprung ganz gegenwärtig – jede Figuration rekurriert auf den Kreis als konstitutiven Anfangsgrund –, allerdings in ›kontrahierter‹, und das heißt modifizierter bzw. modal differenzierter Seinsweise. Bruno zeigt dies in der Monadenschrift in systematischer Weise anhand der Figurationsfolge aus der Einheit. In jedem Polygon ist der Kreis zugrundeliegendes Strukturprinzip und Ausgangspunkt einer Selbstentfaltung – er ist also jedem ganz immanent – wie Ziel einer Aufhebung des Vielfältigen in der Einheit (Approximation an den Kreis). Diese geometrische Strukturbildung und Generierungsfolge aber zeigt modellhaft eine metaphysische Prozessualität von Einheitsentfaltung, die in jedem Entfalteten auf den Bezug zum Ursprung verweist, der sich mittelbar in jeder Gestaltwerdung zeigt. In den je verschiedenen Weisen von Strukturbildung zeigt sich eine Art ›Typologie‹ der Anwesenheit und Ausbildung der ›Einheit in Andersheit‹ bzw. über diese Gestaltungsmodelle ist es möglich, die qualitative Unterschiedenheit der Dinge strukturell zu begründen.

Jedes dieser ›archetypischen‹ Strukturmodelle, die Bruno in der Monadenschrift auseinander und letztlich aus dem Kreis wie auf den Kreis hin entwirft, geht aus der Einheit hervor, trägt diesen Ursprung in sich und bezieht sich auf diesen als ›Einheitsmaß‹ zurück. Jedes Seiende ist damit in seiner spezifischen Gestaltwerdung von dem Einen verschieden und zugleich ähnlich: ist dem Einen qua Teilhabe analog. Bruno fundiert diese ›Seinsverwandtschaft‹, d.h. die ontologische Beziehung von ›Aus-der-Einheit-entfaltet-sein‹, ›An-der-Einheit-teilhaben‹ und der ›Rückbezogenheit auf die Einheit‹ über eine solche geometrische, metaphysisch fundierte Strukturlehre.

---

[1] Besonders hingewiesen sei in diesem Zusammenhang auf die Bedeutung von ›Trias‹ bzw. ›triadischer Strukturierung‹ bei Giordano Bruno zur Erklärung des Verhältnisses von Metaphysik – Physik – Logik/Mathematik, die sich als »Mensura triplex« insbesondere in De minimo (vgl. De minimo, OL I 3, S. 300) ausdrückt.

Über diese struktural verschiedenen Seinsmodi des Seienden erklärt er jedoch nicht nur unterschiedliche Beziehungsverhältnisse des je Einzelnen auf die Einheit, sondern zeigt auf verschiedenen Ebenen des Seienden strukturelle Analogien, zeigt das Ähnliche im Unähnlich-Vielfältigen und damit das Einheitsprinzip in der Vielheit.

2) Die Analogie als Erkenntnismethode – und damit die zweite Hinsicht der Analogie – basiert auf dieser ontologischen Fügung des Vielen zur relationalen Ganzheit über durchgängige, strukturell gleiche Bezugsverhältnisse, denn in diesen Verhältnissen vermag das erkennende Individuum die Einheit mittelbar zu denken, die Mannigfaltigkeit nicht als kontingente, sondern als einheitliche zu erfassen und damit auf eine erste Einheit rückzubeziehen, ohne diese selbst erfassen zu können. Denn dasjenige, was in jedem Verhältnis als das Einheitsstiftende mittelbar immer schon anwesend ist, ist als solches über jedes Denken in Relationen erhaben. Ein Denken und Erkennen der Einheit in Analogien ist somit stets nur eine Näherungsmethode (gleich der geometrischen Approximation der Vielecke an den Kreis), mittels derer das Eine über Ähnlichkeitsverhältnisse und deren Vereinheitlichung als das verborgene, im Verhältnis sich als Verborgenes manifestierendes Einheitsprinzip jedweder Verhältnismäßigkeit erfahrbar wird.

Um das Eine selbst als das ganz und gar ›Nicht-Andere‹ und absolut ›Unähnliche‹ zu erkennen, muß die Analogie letztendlich (wie wir gesehen haben) in die Negation, in ein jegliche Differenzierbarkeit von einem ›anderen‹, jegliche Bezogenheit auf ein ›anderes‹ negierendes Denken umschlagen und diese Negation selbst negieren.

Nun sind diese zwei genannten Hinsichten des Analogen jedoch keine voneinander getrennten Bereiche, sondern gewissermaßen gegenläufige Bewegungen einer ontologischen Entfaltung aus dem Einen (descensus) bzw. einer gnoseologischen Wiedereinfaltung des Vielen (ascensus). Bedingung der Möglichkeit, die Einheit in der vielfältigen Andersheit zu denken, ist die Seele als Schnittstelle zwischen intelligibler und sensibler Welt. Sofern die Seele an der Einheit teilhat, diese Einheit jedem Seienden immaniert, trägt das erkennende Individuum die intelligiblen Strukturen in sich und vermag somit erst die Vielfalt als Einheitliche zu begreifen. ›Gleiches wird durch Gleiches erkannt‹ – die Seele ist Ort der mathematischen Ideen und damit ›Mitte‹ und Vermittlung zwischen metaphysischer und physischer Einheitsentfaltung bzw. einer mittelbaren, im rationalen Denken sich formierenden Wiedereinfaltung des vielfältig Seienden auf die Einheit.

Die Mathematik in dem von Bruno konzipierten Verständnis einer Vermittlung von Metaphysik und Physik leistet es daher, über die Modelle von Generierung und Gestaltwerdung aus der Einheit eine quantitativ-qualitative Figurationstheorie zu formulieren, die es als eine Mitte und Vermittlung erlaubt, als analoges Modell metaphysischer Entfaltung zu fungieren, diese Genese intelligibler Strukturbildung auf die natürlichen

Phänomene und ihr beständiges Werden zu beziehen und schließlich, die Struktur des Denkens über eine solche Figurationslogik wiederum auf die archetypische, intelligible Struktur im Seienden, auf die mittelbar in allem wirkende Einheit zurückzuführen.

Mathematik im brunoschen Sinne ist somit ein Medium, die Vielheit des Seienden als Einheit zu begreifen bzw. die Einheit des Vielen und führt – im Überstieg ihrer Bestimmungen – auf die metaphysischen Voraussetzungen der Relationalität der Dinge. Zugleich verknüpft sich für Bruno mit der mathematischen Figurationslogik eine Theorie der Strukturalität des menschlichen Erkennens bzw. des generativen wie transformativen, erkenntniserweiternden Vermögens, ein Theorie des schöpferischen Ingeniums.

Abschließen möchte ich diese Studie mit einem bildhaften Interpretationsansatz und einem Ausblick. Wie wir im vorangehenden gesehen haben, rekurriert Bruno in unterschiedlichen Stufenmodellen einer Verschränkung von ontologischer Einheitsentfaltung und gnoseologischer Rückführung in die Einheit auf die metaphysisch begründete Metapher der ›Kette des Seienden‹ im Sinne einer durch Kontinuität und Affinität gekennzeichneten Seinsverwandschaft.

Michel Foucault nimmt diese Metapher in *Die Ordnung der Dinge* auf, um daran ontologische wie erkenntnisbestimmende Modi von Ähnlichkeitsverhältnissen bzw. des Denkens in Ähnlichkeiten aufzuzeigen. Foucault hat versucht, vier strukturell verschiedene Formen einer solchen Modalität von Seiendem und Erkennen als wesentliche zu bennen: Convenientia, Aemulatio, Sympathie und Analogie.[2]

Bei aller Kritik an Foucaults unbegründeter Einschränkung auf diese vier Modi von ›Ähnlichkeit‹, sei seine Darstellung hier als Ausgangspunkt genommen, um daran die vermutete Rolle der geometrischen Strukturlogik bei Giordano Bruno bildhaft zu verdeutlichen. Das Interessante an Foucaults Versuch ist es, daß er die Modi von ›Ähnlichkeit‹ aus dem Bild der ›Kette‹ bzw. der Relationsstruktur ihrer ›Glieder‹ zu beschreiben sucht.

So ist etwa *Convenientia*, als die Ähnlichkeit des aufgrund von Verwandtschaft aneinander Grenzenden, vorzustellen wie das Berühren von benachbarten Kettengliedern in einem Punkt. »In jedem Berührungspunkt beginnt und endet ein Ring, der dem vorangehenden und dem folgenden ähnelt. Von Kreis zu Kreis setzen sich die Ähnlichkeiten fort, halten sie die Extreme in Distanz (Gott und die Materie) und rücken sie so aneinander, daß der Wille des Allmächtigen bis in die verschlafensten Ecken dringt.« (M. Foucault 1993, a. a. O., S. 48)

---

[2] Die Schwachstellen der Foucaultschen Analyse der Diskursformationen der Renaissance hat S. Otto ausführlich dargestellt. (Vgl. Otto 1992, a. a. O.)

Aemultatio dagegen sei eine Verwandtschaft des nicht direkt in Berührung befindlichen, so daß »die Ringe der Kette, voneinander losgelöst, ihre Kreise weit voneinander entfernt gemäß einer berührungslosen Ähnlichkeit reproduzierten. In der *aemulatio* gibt es etwas wie den Reflex oder den Spiegel ... (ebda., S. 49) Die Ringe der *aemulatio* bilden keine Kette wie die Elemente der *convenientia*, sondern eher konzentrische, reflexive und rivalisierende Kreise.« (Ebda., S. 50)

Sympathie aber kennzeichne die Anziehung des Gleichen, die Kraft der Assimilation, die die Dinge zusammenzieht. »Sie verändert, aber in Richtung des Identischen, so daß, wenn ihre Kraft nicht ausgeglichen würde, die Welt sich auf einen Punkt reduzierte, auf eine homogene Masse ... All ihre Teile würden einander erhalten und miteinander bruch- und distanzlos kommunizieren wie jene ›Metallketten durch die Anziehung eines einzigen Magnetsteins.‹« (Ebda., S. 54).

Analogie schließlich stellt die verschiedenen Modi von Ähnlichkeiten in ein Verhältnis und durchkreuzt und verbindet damit die Verhältnismäßigkeiten der Dinge. Sie beruht auf der verschiedenartigen ontologischen Verwandschaft der Dinge und ist eine Weise des Erkennens des Ähnlichen im Verschiedenen. »Der Raum der Analogien ist im Grunde genommen ein Raum der Strahlungen. Von allen Seiten wird der Mensch davon betroffen, aber dieser gleiche Mensch vermittelt umgekehrt die Ähnlichkeiten, die er von der Welt erhält. Er ist der große Herd der Proportionen, das Zentrum, auf das die Beziehungen sich stützen und von dem sie erneut reflektiert werden.« (Ebda., S. 53)

Soweit Foucault. – Im Hinblick auf Bruno ist dieser Ansatz Foucaults (bei aller Unzulänglichkeit im Besonderen) weiterführend, insofern wir in ihm generelle Züge des Ähnlichkeitsdenkens der Renaissance wiederfinden.

Auf die streitbaren und unklaren Positionen Foucaults sei hier jedoch nicht eingegangen – verwiesen sei vielmehr auf die bildhafte Ebene.

Bleiben wir noch einen Moment bei der Metapher der Kette bzw. den verschiedenartigen Verhältnissen der ›Ringe‹ zueinander. Wenn wir uns diese unterschiedlichen Typen einer Berührung, Durchdringung, Verkettung und Korrespondenz von Kettengliedern einen Augenblick lang geometrisch vorstellen, die Modi von Ähnlichkeit also als Modi geometrischer Strukturbildung und Figurierung, ausgehend vom geometrischen Kreis und den Möglichkeiten, über konzentrische, tangierende, ein- und umschreibende Kreise Figurierungen aus dem Kreis und mittels des Kreises hervorzurufen, wobei die aus der (Kreis-)Einheit generierten Figuren Modelle bzw. Typen von Beziehungsmodalitäten darstellen, so kommen wir hiermit vielleicht der an der Geometrie orientierten Methodenlehre der Renaissance, die auch bei Bruno zugrundeliegt, auf die Spur, denn »Gerade die Geometrie findet im 15. und 16. Jahrhundert großes Interesse, und zwar als Methodenlehre. Deshalb kann es nicht verwundern, daß die Suche nach Ähnlichkeiten in der Welt sich auch der ›geometrischen Methode‹ bedient ...« (S. Otto 1992, a. a. O., S. 98).

Abb.: In De monade versinnbildlicht Bruno die relationale Dreiheit von Essenz – Leben – Intellekt über das Phänomen der Parahelien, d. h. einen natürlichen Spiegelungseffekt, der eine metaphysische Deutung birgt. In diesem Spiegelungsvorgang zeigt sich die neuplatonische Vorstellung von Innesein – Heraustreten – Rückwendung, auf die sich die Interpretation der brunoschen Einheitsmetaphysik stützt, wie es in dieser Studie zu zeigen versucht wurde. »Essentia enim convertendo se ad omnia, respiciendo omnia, et communicans se omnibus ...« (De monade, OL I 2, S. 366) »Dreifach erscheint die Sonne bei den Parahelien, ausgehend von einer einzigen. Durchlaufe mit einer Analogie dieser Art die Stufen der Natur, weil dort die Sonne vielfältig ist, wie auch der handelnde Intellekt, der handelnde Sinn, die handelnde Vernunft und die Seele. Das Leben gleicht dem Licht in der Sonne, der Intellekt dem Licht, das von der Sonne ausgesandt wird bzw. aus ihr hervorgeht. Die Essenz in der Substanz der Sonne wird mit dem Lebensgeist (spiritus) gleichgesetzt, das Leben in dem Licht, das in der Sonne ist, mit dem Atem, der Intellekt in dem Leuchten aus der Sonne mit dem Wort.« (De monade, OL 366 f.; Über die Monas ..., ed. Samsonow, S. 47)

In Drucken des ausgehenden 16. Jh. wird diese natürliche Erscheinung der drei Sonnen vielfach dargestellt. Einerseits zeigt sich darin eine gewisse Begeisterung für dieses Phänomen sowie ein naturwissenschaftliches Interesse, andererseits wird das Auftreten dieser sehr selten zu beobachtenden Parahelien aber als ›prodigium‹, als göttliches Zeichen gedeutet. Ich gebe zwei Holzschnitte wieder, entnommen der Drucksammlung: *The German Single-Leaf Woodcut 1550–1600, A pictorial catalogue by W. L. Strauss*, New York 1975, Abb. Master M. S. aus Volume III, S. 1285; Abb. Hans Moser aus Volume II, S. 753. Eine weitere Abbildung stammt aus der Sammlung von Einblattdrucken der HAB Wolfenbüttel (95.10 Quodl. 2, fol. 27)

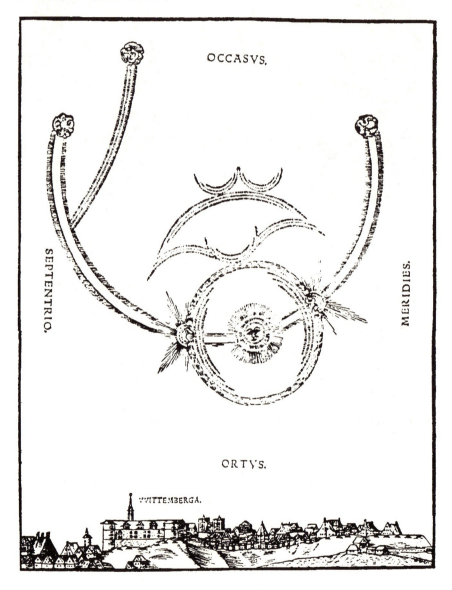

Abb.: Himmelserscheinung zu Wittenberg am 21. März 1551.

Abb.: Himmelserscheinung in Köln am 26. Januar 1571.

Jnn disem M.D.LXXI. Jar am XXVI. tag

Januarij. sindt zu Cöln am Rein drej Sonnen gesehen worden/ mit sampt dreien underschidlichen Regenbogen/ engeferlich uff diese form/ wie hie abgemalet sicht. Die haben gewert von achte biß umb zwölff uhren/ vier gantze stunden lang. Nun ist wol war/ das der Exempell vil verhanden/ da drej Sonnen gesehen worden/ wie auß allerlej alten vnd newen Histo:ien bekant ist/ zu dem pflegen die Gelerten auch Naturliche ursachen ahn zu zeigen/ daher solch gesicht komen soll/ Derhalben jemand dencken möchte/ es were nichts seltzams noch wunders/ vnnd nit wert/ daß mans weit außbreitten/ vnd für ein sonderlich Zeichen halten solte/ Sonderlich zu diesen zeitten/ da man nit allein Gottes gnediger verheissungen/ vnd darauß erfolgter gutthat/ sondern auch seiner trewungen vnd straffen also gewonet/ das man sie gemeinglich pflegt zu verachten. Aber Christenleüt sollten sich in solchen sachen/ wissen bescheidenlich= er zuhalten/ Als die nit allein auß den alten Propheten/ sondern von ihren heyland Christo selbs ge= lernet/ das ihn den Letzte zeitte an Sonn vnd Monde zeichen gesehen werde/ welche vns erinnern sollen/ des gewissen/ vnd minuncki fast nahe komen tages deß Herrn/ an welchem wir/ vnd auch woll die Creature wie der Apostell zu den Röm. am 8. schreibt/ unsere erntliche vnd volkommene Erlösung zugetra:tten habe. Wissen auch/ daß mit keinem bestendigen grundt kam beweiset werden/ daß diese/ vnd andere dergleichen gesicht am Himmell/ nicht zu zelen seien/ vnder gedachte Zeichen dauon Christus vnser Herr gesagt hat.

Uber das gibt die lange vnd vielfaltige erfahrung/ das mit allein gemeine vnd Naturliche/ sondern auch vbernaturliche vnd wunderliche Werck vnnd gesichten hernach pflegen zufolgen/ dann man ersahren hat/ als offt zwo drej/ oder mehr Sonnen gesehen werden/ das nit allein Regen/ vnnd viel Gewässers hernach gefolget/ sonder auch enderung der Regiment oder der Religion/ oder zum wenigsten ein anderer engang vnd anfang zu solchen verenderung. Welche zuuor von grossen Herren/ oder anderen gewaltigen leüt= heimlich Practiciert vnd beschlossen/ Gott will nicht den seinen so gahr verhalen lasse/ Es muß eh die Son am himmell/ das gemein licht der Welt/ so ehn das/ wie man sagt/ alles an Tag bringt/ solche anschlag vnnd bündnüssen offenbaren. Derhalben last vns/ die wir wollen Christen sein solche ahnzagung nicht verachten/ Sonder desto flessiger auff Gottes wort sehe/ damit wir die verstehende Trübsall verwahr= en / vnnd gefast machen/ auch nach des Apostels vermanung/ jn die zu schicken. Dann es ist böse zeit/ vnd wirt noch böser werden.

Gedruckt zu Franckfurt am Mayn bey Anthony Corteis.

Literatur

Zugrundegelegte Werkausgaben Giordano Brunos

Zitierte Ausgaben der Werke Brunos:
Jordani Bruni Nolani Opera latine conscripta, Faksimile-Neudruck der Ausgaben von Fiorentino, Tocco u. a., Neapel/Florenz 1879–1891; drei Bände (röm. Ziffern) in acht Teilen (arab. Ziffern), Reprint Stuttgart/Bad-Cannstatt 1961–62
Dialoghi Italiani I (Dialoghi metafisici) & Dialoghi Italiani II (Dialoghi morali), Nuovamente ristampati con note da Giovanni Gentile, terza edizione a cura di Giovanni Aquilecchia, Firenze 1985
Opere latine di Giordano Bruno, a cura di Carlo Monti, Torino 1980
Gesammelte Werke, hrsg. v. L. Kuhlenbeck, Leipzig/Jena 1904–1909

Siglen

Acrotismus	Camoeracensis Acrotismus, Opera lat. I 1
Ars deformationum	Praelectiones geometricae e Ars deformationum, ed. Aquilecchia
Ars mem.	Ars memoriae, Opera lat. II 1
Articuli adv. math.	Articuli centum et sexaginta adversus huius tempestatis mathematicos atque philosophos, Opera lat. I 3
Artificium perorandi	Artificium perorandi, Opera lat. II 3
Aschermittwochsmahl	Das Aschermittwochsmahl. Übersetzt von F. Fellmann, Mit einer Einleitung von H. Blumenberg, Frankfurt a. M. 1981
Ash Wednesday Supper	The Ash Wednesday Supper, ed. Gosselin/Lerner, Hamden, Conn. 1977
Cabala	Cabala del cavallo pegaseo Con l'aggiunta dell'Asino Cillenico, Dialoghi Italiani II, ed. G. Gentile/G. Aquilecchia, Firenze 1985
Candelaio	Il Candelaio, hrsg. v. G. Bárberi-Squarotti, Turin 1975
Cantus circaeus	Cantus circaeus, Opera lat. II 1
Causa	De la Causa, Principio e Uno, Dialoghi Italiani I, ed. G. Gentile/G. Aquilecchia, Firenze 1985
Cena	La cena de le ceneri, Dialoghi Italiani I, ed. G. Gentile/G. Aquilecchia, Firenze 1985
Comp. arch.	De compendiosa architectura, et complemento artis Lullii, Opera lat. II 2
Compos. imag.	De imaginum, signorum et idearum compositione, Opera lat. II 3
De immenso	De immenso et innumerabilibus seu de universo et mundis, Opera lat. I 1 (Lib. I–III) und Opera lat. I 2 (Lib. IV–VIII)
De magia	De magia, Opera lat. III
De magia math.	De magia mathematica, Opera lat. III
De minimo	De triplici minimo et mensura, Opera lat. I 3
De monade	De monade, numero et figura, Opera lat. I 2
De rerum princ.	De rerum principiis et elementis et causis, Opera lat. III
De umbris id.	De umbris idearum, Opera lat. II 1

De vinculis	De vinculis in genere, Opera lat. III
Dial.	Due dialoghi sconosciuti e due dialoghi noti, a cura di G. Aquilecchia,
(ed. Aquilecchia 1957)	Roma 1957
Dial. it.	Dialoghi Italiani I (Dialoghi metafisici) & Dialoghi Italiani II (Dialoghi morali), Nuovamente ristampati con note da Giovanni Gentile, terza edizione a cura di Giovanni Aquilecchia, Firenze 1985
Eroici furori	De gli eroici furori, Dialoghi Italiani II, ed. G. Gentile/ G. Aquilecchia, Firenze 1985
Explicatio trig. sig.	Triginta sigillorum explicatio, Opera lat. II 2
Figuratio	Figuratio Aristotelici physici auditus, Opera lat. I 4
HL	Von den heroischen Leidenschaften, übers. und hrsg. von C. Bacmeister, mit einer Einleitung von F. Fellmann, Hamburg 1989
Infinito	De l'infinito, universo e mondi, Dialoghi Italiani I, ed. G. Gentile/G. Aquilecchia, Firenze 1985
Kabbala	Kabbala, Kyllenischer Esel, Reden, Inquisitionsakten, ins Dt. übers. v. L. Kuhlenbeck, Gesammelte Werke Bd. 6, Jena 1909
Lamp. comb.	De lampade combinatoria Lulliana, Opera lat. II 2
Lamp. ven.	De progressu et lampade venatoria logicorum, Opera lat. II 3
Lampas trig. stat.	Lampas triginta statuarum, Opera lat. III
Lib. phys. expl.	Libri physicorum Aristotelis explanati, Opera lat. lat. III
Oratio valedict.	Oratio valedictoria, Opera lat. I 1
Praelectiones	Praelectiones geometricae e Ars deformationum, ed. Aquilecchia, Roma 1964
Reformation	Reformation des Himmels (Lo spaccio della bestia trionfante), verdeutscht und erläutert L. Kuhlenbeck, Leipzig 1890
Sigillus sig.	Sigillus sigillorum, Opera lat. II 2
Sommario	Il Sommario del processo di Giordano Bruno, ed. Mercati, Città del Vaticano, 1942
Spaccio	Spaccio de la bestia trionfante, Dialoghi Italiani II, ed. G. Gentile/G. Aquilecchia, Firenze 1985
Summa term. metaph.	Summa terminorum metaphysicorum, Opera lat. I 4
Über die Monas	Giordano Bruno; Über die Monas, die Zahl und die Figur als Elemente einer sehr geheimen Physik, Mathematik und Metaphysik, Mit einer Einleitung hrsg. v. E. v. Samsonow, komm. v. M. Mulsow, Hamburg 1991
Über das Unendliche	Über das Unendliche, das Universum und die Welten, aus dem Italienischen übers. u. hrsg. v. Chr. Schultz, Stuttgart 1994
Über die Ursache	Über die Ursache, das Prinzip und das Eine, Übers. u. Anm. v. Ph. Rippel, Stuttgart 1986
Von der Ursache	Von der Ursache, dem Prinzip und dem Einen, ed. Blum, Hamburg 1977
Abschiedsrede	Wittenberger Abschiedsrede. Die Abschiedsrede Brunos zu Wittenberg am 8. März 1588, in: G. Bruno, Gesammelte Werke, Bd. 6, hrsg. v. L. Kuhlenbeck, Jena 1909
Zwiegespäche	Zwiegespräche vom unendlichen All und den Welten, hrsg. v. L. Kuhlenbeck, (Nachdruck der Ausgabe Jena 1904) Darmstadt 1983

Auswahlbibliographie

Agrippa von Nettesheim; *Die Eitelkeit und Unsicherheit der Wissenschaften (De incertitudine et vanitate scientiarum)*, hrsg. v. F. Mauthner, München 1913
Heinrich Cornelius Agrippa's von Nettesheims *Magische Werke* sammt der geheimnißvollen Schriften des Petrus von Abano, Pictorius von Villingen, Gerhard von Cremona, Abt Tritheim von Sponheim, dem Buche Arbatel, der sogenannten Heil. Geist-Kunst und verschiedenen anderen. Zum ersten Male vollständig in's Deutsche übersetzt. Vollständig in fünf Theilen, mit einer Menge Abbildungen, o. O. 1947
Agrippa von Nettesheim; *De occulta philosophia/Drei Bücher über die Magie*, übers. v. F. Barth, Nördlingen 1987
Agrippa von Nettesheim; *Über die Fragwürdigkeit der Wissenschaften*, hrsg. v. S. Wollgast, Berlin 1993
Ahlvers, A.; *Zahl und Klang bei Platon* (Diss.), Bern 1952
Albertini, T. (Hrsg.); *Verum et Factum. Beiträge zur Geistesgeschichte und Philosophie der Renaissance zum 60. Geburtstag von Stephan Otto*, Frankfurt a. M./Berlin/Bern/New York/Paris/Wien 1993
Allen, M. J. B.; *The Platonism of Marsilio Ficino*, Los Angeles 1984
Allers, R.; »Microcosmos. From Anaximandros to Paracelsus«; in: *Traditio* 2 (1944), S. 319–407
Ambros, A. W.; *Geschichte der Musik*, Bd. 1, Die Musik des griechischen Altertums und des Orients, Hildesheim 1968
Andrea Alciato; *Emblematum libellus*, Nachdr. der Ausg. Paris 1542, Darmstadt 1975
Aquilecchia, G.; »Ancora su Giordano Bruno a Oxford«, in: *Studi Secenteschi*, Bd. 4, (1963), S. 3–13
Aquilecchia, G.; *Giordano Bruno*, Rom 1971
Aquilecchia, G.; »Mathematische Aspekte in Brunos Denken von *De minimo*«, in: Heipcke, K./Neuser, W./Wicke, E. (Hrsg.); *Die Frankfurter Schriften Giordano Brunos und ihre Voraussetzungen*, Weinheim 1991, S. 135–143
Aretin, J. C.; »Übersicht des Systems des Jordanus Brunus«, in: Mailáth, J.; *Mnemonik oder Kunst das Gedächtnis nach Regeln zu stärken und dessen Kraft außerordentlich zu erhöhen*, Wien 1842
Argumentum Marsilii Ficini Florentini in Libru Mercurii Trismegisti ad Cosmum Medicem. in: Iamblichos, *De Mysteriis Aegyptiorum*, a.a.O., 1516
Aristides Quintilianus; *Von der Musik*, hrsg. v. R. Schäfke, Berlin 1937
Aristoteles; *Physik*, Bücher I–IV, hrsg. v. H. G. Zekl, Hamburg 1987
Aristoteles; *Metaphysik. Schriften zur Ersten Philosophie*, übers. u. hrsg. v. F. Schwarz, Stuttgart 1987
Aristoteles; *Vom Himmel, Von der Seele, Von der Dichtkunst*, eingel. u. übertr. v. O. Gigon, Zürich 1950
Aristoteles' *Metaphysik*, neubearb. u. übers. v. H. Bonitz, mit Einl. u. Komm. hrsg. v. H. Seidl, Erster Halbbd., Bücher I (A) – VI (E), Hamburg 1989, Zweiter Halbbd., Bücher VII (Z) – XIV (N), Hamburg 1991
Aristotle's *Metaphysics*, a revised text with introduction and commentary by W. D. Ross, 2 Bde., Oxford 1958
Ars chemica, quod sit licita recte exercentibus, probationes doctissimorum iurisconsultorum ..., Argentorati 1566
Artis Auriferae, quam chemiam vocant Antiquissimi Authores, hrsg. v. Petrus Perna, Basel 1572
Asemissen, H. U.; *Bild und Spiegelbild*, Kasseler Universitätsreden, hrsg. v. Präsidenten der GhK, Kassel 1986
Atanasijevic, K.; *The Metaphysical and Geometrical Doctrine of Bruno as given in his Work 'De triplici Minimo'*, übers. v. G. V. Tomashevich, Paris 1923/St. Louis 1972
Aurelius Augustinus; *Vom Gottesstaat, De civitate dei*, München 1985
Aurelius Augustinus; *De Ordine/Die Ordnung*, erste dt. Übertr. v. C. J. Perl, Paderborn 1966
Badaloni, N.; *Giordano Bruno, Tra cosmologia e etica*, Bari-Roma 1988

Baeumker, C.; *Der Platonismus im Mittelalter*, München 1916

Baeumker, C. (Hrsg.); »Das pseudohermetische ›Buch der vierundzwanzig Meister‹ (Liber XXIV philosophorum)«, in: *Abhandlungen aus dem Gebiete der Philosophie und ihrer Geschichte. Eine Festgabe zum 70. Geburtstag Georg Freiherrn von Hertling*, gewidmet von seinen Schülern und Verehrern, Freiburg i. Br. 1913, S. 17–40

Baeumker, C.; *Witelo. Ein Philosoph und Naturforscher des XIII. Jahrhunderts*. Beiträge zur Geschichte der Philosophie und Theologie des Mittelalters, Band 3, Heft 2, unveränderter Nachdruck der Ausgabe von 1908, Münster 1991

Baldry, H. C.; »Embryological Analogies in Presocratic Cosmogony«, in: *Classical Quarterly* (1932), S. 27–34

Baltrušaitis, J.; *Der Spiegel. Entdeckungen, Täuschungen, Phantasien*, Gießen 1986

Bàrberi-Squarotti, G.; »Per una descrizione e interpretazione della poetica di Giordano Bruno«, in: *Studi Secenteschi*, Bd. 1, (1960), S. 39–59

Bardenhewer, O. (Hrsg.); *Die pseudo-aristotelische Schrift ›Über das reine Gute‹ bekannt unter dem Namen ›Liber de causis‹*, im Auftrage der Görres-Gesellschaft bearb. v. O. Bardenhewer, Freiburg 1882/Nachdruck Frankfurt a. M. (o. J.)

Barion, J.; »Über die Bedeutung der Analogie für die Metaphysik«, in: *Philosophisches Jahrbuch der Görres-Gesellschaft*, Jg. 49, Freiburg i. Br. 1936, S. 30–48

Barth, T.; »Zur Geschichte der Analogie«, in: *Franziskanische Studien*, Bd. 37, Werl 1955, S. 81–97

Bärthlein, K.; *Der Analogiebegriff bei den griechischen Mathematikern und bei Platon*, (Diss.) Würzburg 1957

Bartholmèss, C.; *Jordano Bruno*, Paris 1846–47

Bartling, M.; *Der Logosbegriff bei Heraklit und seine Beziehung zur Kosmologie*, Göppingen 1985

Beierwaltes, W.; *Lux intelligibilis. Untersuchungen zur Lichtmetaphorik der Griechen*, (Diss.), München 1957

Beierwaltes, W. (Hrsg.); *Platonismus in der Philosophie des Mittelalters*, Darmstadt 1969

Beierwaltes, W.; »Aequalitas numerosa. Zu Augustins Begriff des Schönen.«, in: *Wissenschaft und Weisheit* 38, 1975, S. 140–158

Beierwaltes, W.; »Negatio Affirmatio: Welt als Metapher. Zur Grundlegung einer mittelalterlichen Ästhetik durch Johannes Scotus Eriugena«, in: *Philosophisches Jahrbuch* 1976, Nr. 83, S. 237–265

Beierwaltes, W.; »Neuplatonisches Denken als Substanz der Renaissance«, in: *Magia Naturalis und die Entstehung der modernen Naturwissenschaften*, Symposon der Leibniz-Gesellschaft, Hannover, 14. und 15. November 1975, Studia Leibnitiana, im Auftrag der Gottfried-Wilhelm-Leibniz-Gesellschaft, Sonderheft 7, hrsg. v. K. Müller u.a., Wiesbaden 1978, S. 1–16

Beierwaltes, W.; »Subjektivität, Schöpfertum, Freiheit. Die Philosophie der Renaissance zwischen Tradition und neuzeitlichem Bewußtsein«, in: *Der Übergang zur Neuzeit und die Wirkung von Traditionen*, (Veröffentlichung der Joachim-Jungius-Gesellschaft der Wissenschaften 32), Göttingen 1978, S. 15–31

Beierwaltes, W.; *Proklos. Grundzüge seiner Metaphysik*, Philosophische Abhandlungen Bd. 24, Frankfurt a. M. 1979

Beierwaltes, W.; *Identität und Differenz*, Philosophische Abhandlungen Bd. 49, Frankfurt a. M. 1980

Beierwaltes, W.; »Visio Absoluta oder absolute Relexion« (Cusanus), in: ders.; *Identität und Differenz. Philosophische Abhandlungen*, Bd. 49, Frankfurt a. M. 1980, S. 144–175

Beierwaltes, W.; Einleitung zu: Giordano Bruno, *Von der Ursache, dem Prinzip und dem Einen*, hrsg. v. P. R. Blum, Hamburg 1983, S. IX–XL

Beierwaltes, W.; *Denken des Einen. Studien zur neuplatonischen Philosophie und ihrer Wirkungsgeschichte*, Frankfurt a. M. 1985

Beierwaltes, W.; »›Actaeon‹ – Zu einem mythologischen Symbol Giordano Brunos«, in: *Denken des Einen. Studien zur neuplatonischen Philosophie und ihrer Wirkungsgeschichte*, Frankfurt a. M. 1985, S. 424–435

Beierwaltes, W.; »Visio facialis – Sehen ins Angesicht. Zur Coincidenz des endlichen und unendlichen Blicks bei Cusanus«, in: *Sitzungsberichte der Bayrischen Akademie der Wissenschaften*, Jg. 1988, Hft. 1., S. 5–56
Beierwaltes, W.; »Der Harmonie-Gedanke im frühen Mittelalter«, in: *Zeitschrift für philosophische Forschung* 45 (1991), S. 1–19
Beierwaltes, W.; *Selbsterkenntnis und Erfahrung der Einheit. Plotins Enneade V 3*, Text, Übersetzung, Interpretation, Erläuterungen, Frankfurt a.M. 1991
Benesch, D.; *Marsilio Ficinos ›De triplici vita‹ in deutschen Bearbeitungen und Übersetzungen*, (Europäische Hochschulschriften, Bd. 207), Frankfurt a.M. 1977
Bernart, L. de; *Immaginazione e scienza in Giordano Bruno, L'infinito nelle forme dell'esperienza*, Pisa 1986
Bernart, L. de; ›Geometrie der Erinnerung‹, in: *Imaginazione e scienza in Giordano Bruno. L'infinito delle forme dell'esperienza*, Pisa 1986
Berti, D.; *Vita di Giordano Bruno da Nola*, Mailand 1886
Biedermann, H.; *Handlexikon der magischen Künste*, Graz 1986
Bischoff, E.; *Die Elemente der Kabbalah*, (Geheime Wissenschaften II 2), Berlin 1924
Blum, P. R.; *Aristoteles bei Giordano Bruno. Studien zur philosophischen Rezeption*, München 1980
Blum, P. R.; »D'ogni legge nemico e d'ogni fede, Giordano Brunos Verhältnis zu den Konfessionen«, in: *Renaissance – Reformation. Gegensätze und Gemeinsamkeiten*, (Wolfenbütteler Abhandlungen zur Renaissanceforschung 5), hrsg. v. A. Buck, Wiesbaden 1984, S. 65–75
Blumenberg, H.; »Licht als Metapher der Wahrheit«, in: *Studium Generale* 10, (1957)
Blumenberg, H.; »Nachahmung der Natur«, in: *Studium Generale* 10, (1957), S. 266–283
Blumenberg, H.; »Paradigmen zu einer Metaphorologie«, in: *Archiv für Begriffsgeschichte Bd. 6. Bausteine zu einem historischen Wörterbuch der Philosophie*, hrsg. v. E. Rothacker, Bonn 1960, S. 7–142
Blumenberg, H.; *Die Legitimität der Neuzeit*, Frankfurt a.M. 1966
Blumenberg, H.; *Der Prozeß der theoretischen Neugierde*, Frankfurt a.M. 1973
Blumenberg, H.; *Die Genesis der kopernikanischen Welt*, Frankfurt a.M. 1975
Blumenberg, H.; *Die Lesbarkeit der Welt*, Frankfurt a.M. 1981
Blumenberg, H.; *Aspekte der Epochenschwelle: Cusaner und Nolaner*, Frankfurt a.M. 1982
Boas, M.; *The Scientific Renaissance 1450–1630*, London 1962
Boas, M.; *Die Renaissance der Naturwissenschaften 1450–1630. Das Zeitalter des Kopernikus*, (Geschichte und Kosmos 2), Gütersloh 1965
Boeckh, A.; *Gesammelte Kleine Schriften*, Bd. 3, Reden und Abhandlungen, Leipzig 1866
Bönker-Vallon, A.; »Die mathematische Konzeption der Metaphysik nach *De triplici minimo et mensura*«, in: Heipcke, K./Neuser, W./Wicke, E. (Hrsg.); *Die Frankfurter Schriften Giordano Brunos und ihre Voraussetzungen*, Weinheim 1991, S. 75–94
Bönker-Vallon, A.; *Metaphysik und Mathematik bei Giordano Bruno*, Berlin 1995
Boethius Anicius Manilius Severinus; *De institutione musica, De institutione arithmetica*, hrsg. v. G. Friedlein, Leipzig 1867, Nachdr. Frankfurt a.M. 1966
Boethius Anicius Manilius Severinus; *Fünf Bücher über die Musik*, Nachdr. Leipzig 1872, Hildesheim 1985
Böhme, H.; »Giordano Bruno (1548–1600)«, in: *Klassiker der Naturphilosophie. Von den Vorsokratikern bis zur Kopenhagener Schule*, hrsg. v. G. Böhme, München 1989, S. 117–135
Bonaventura; *Pilgerbuch des Geistes zu Gott oder Itinerarium mentis in Deum*, Kap. 1, übers. v. J. Kaub u. Ph. Böhner, Werl 1932
Charles de Bouelles; *Liber de intellectu, Liber de sensibus, Libellus de nihilo, Ars oppositorum, Liber de generatione, Liber de sapiente, Liber de duodecim numeris, Philosophicae epistolae, Liber de perfectis numeris, Libellus de Mathematicis rosis, Liber de Mathematicis coporibus, Libellus de Mathematicis supplementis*, Faksimile-Neudruck der Ausgabe Paris 1510, Stuttgart/Bad Cannstatt 1970
Charles de Bouelles; *Géometrie practique, composée par Charles de Bouelles*, nouvellement par lui rev. augm. & grandement enrichie, Paris: Gourbin 1555
Boyancé, P.; *Lucrèce et l'épicuréisme*, Paris 1963

Breidbach, O.; *Der Analogieschluß in den Naturwissenschaften oder die Fiktion des Realen. Bemerkungen zur Mystik des Induktiven*, Frankfurt a. M. 1987

Bremer, D.; »Antikes Denken im neuzeitlichen Bewußtsein, dargestellt an der Entwicklung des Welt und Menschenbildes bei Giordano Bruno«, in: *Zeitschrift für philosophische Forschung* 34 (1980), Meisenheim am Glan, S. 505–533

Brockmeier, J.; *Die Naturtheorie Giordano Brunos: Erkenntnistheoretische und naturphilosophische Voraussetzungen des frühbürgerlichen Materialismus*, Frankfurt a. M. 1980

Brunnhofer, H.; *Giordano Brunos Lehre vom Kleinsten als die Quelle der prästabilierten Harmonie von Leibniz*, Leipzig 1890

Buck, A.; *Der Orpheus-Mythos in der italienischen Renaissance*, Krefeld 1961

Buhle, J. G.; *Geschichte der Philosophie*, Göttingen 1800

Bultmann, R.; »Zur Geschichte der Lichtsymbolik im Altertum«, in: *Philologus* 97 (1948), Berlin, S. 1–36

Burckhardt, J.; *Die Cultur der Renaissance in Italien*, Basel 1860

Burke, J. G.; »Hermetism as a Renaissance World View«, in: *The Darker Vision of the Renaissance*, hrsg. v. R. S. Kinsman, Berkeley/Los Angeles 1974

Burkert, W.; *Weisheit und Wissenschaft. Studien zu Pythagoras, Philolaos und Platon*, Nürnberg 1962

Bradwardine (Bradwardinus), Thomas; *Geometria speculativa*; Latin text and engl. transl., hrsg. v. G. Molland, 1989

Cantor, M.; *Vorlesungen über Geschichte der Mathematik*, Bd. I, Reprint der Ausgabe von 1907, Stuttgart/New York 1965

Canziani, G.; »Causalité et analogie dans la théorie physiognomique (XVIe - debut XVIIes), Remarques liminaieres«, in: *Revue des sciences philosophiques et theologiques* 72 (1988), S. 209–226

Caspar, M./Dyck, W. v.; *J. Kepler in seinen Briefen*, München 1930

Cassirer, E.; »Mathematische Mystik und mathematische Naturwissenschaft«, in: *Lynchos, Annual of the Swedisch History of Science Society* (1940), S. 248–265

Cassirer, E.; *Individuum und Kosmos in der Philosophie der Renaissance*, Darmstadt 1963

Cassirer, E.; *Das Erkenntnisproblem in der Philosophie und Wissenschaft der neueren Zeit*, Hildesheim 1971

Cassirer, E.; *Philosophie der symbolischen Formen*, Darmstadt 1985^2

Ciliberto, M.; *Lessico di Giordano Bruno*, Lessico intellettuale europeo, 16/17, Roma 1979

Ciliberto, M.; *Giordano Bruno*, Bari 1990

Ciliberto, M.; *La ruota del tempo. Interpretazione di Giordano Bruno*, Roma 1986

Classen, C. J.; *Untersuchungen zu Platons Jagdbildern*, Berlin 1960

Clemens, F. J.; *Giordano Bruno und Nicolaus von Cusa. Eine philosophische Abhandlung*, Bonn 1847

Clulee, N. H.; »At the Crossroads of Magic and Science. John Dee's Archemastrie«, in: *Occult and Scientific Mentalities in the Renaissance*, hrsg. v. B. Vickers, Cambridge 1987, S. 57–71

Clulee, N. H.; *John Dee's Natural Philosophy. Between Science and Religion*, London/New York 1988

Collins, A. B.; »Love and Natural Desire in Ficino's Platonic Theology«, in: *Journal of the History of Philosophy* 9 (1971), S. 435–449

Conger, G. P.; *Theories of Macrocosm and Microcosm in the History of Philosophy*, New York 1922

Coreth, E.; »Identität und Differenz«, in: *Gott und Welt. Festgabe für Karl Rahner*, Bd. I Philosophische Grundfragen, Theologische Grundfragen, Biblische Themen, hrsg. v. J. B. Metz u.a., Freiburg/Basel/Wien 1964, S. 158–187

Corpus Hermeticum, Texte établi par A. D. Nock et traduit par A.-J. Festugière (Collection des universités de France publiée sous le patronage de l'Association Guillaume Budé), Paris 1945–1949

Corsano, A.; *Il pensiero di Giordano Bruno nel suo svolgimento storico*, Firenze 1940

De Jong, H. M. E. (Hrsg.); *Michael Maier's Atalanta Fugiens. Sources of an alchemical Book of Emblems*, (Revue Internationale de l'Histoire des Sciences, de la Médicine, De la Pharmacie e de la Technique), ed. E. M. Buns, R. J. Forbes et al, Leiden 1969
Debus, A. G.; *Man and Nature in the Renaissance*, Cambridge 1978
John Dee; *Die Monas-Hieroglyphe*, hrsg. v. A. Klein, Interlaken 1982
Deregibus, A.; *Bruno e Spinoza*, Torino 1981
Diels, H.; »Die Anfänge der Philosophie bei den Griechen«, *Neues Jahrbuch* 1910
Diels, H.; *Antike Technik*, Leipzig 1920
Diels, H./Kranz, W.; *Die Fragmente der Vorsokratiker*, hrsg. v. W. Kranz, Dublin/Zürich 1972
Diller, H.; »ΟΨΙΣ ΑΔΗΛΩΝ ΤΑ ΦΑΙΝΟΜΕΝΑ«, in: *Kleine Schriften zur Antiken Literatur*, hrsg. v. H.-J. Newiger u. H. Seyffert, München 1971, S. 119–143
Diller, H.; »Der griechische Naturbegriff«, in: *Kleine Schriften zur Antiken Literatur*, hrsg. v. H.-J. Newiger u. H. Seyffert, München 1971, S. 144–161
Diller, H.; *Kleine Schriften zur antiken Medizin*, Berlin 1973
Diogenes Laertius; *Leben und Meinungen berühmter Philosophen*, Buch I–X, a. d. Griech. v. O. Apelt, unter Mitarb. v. G. Zekl hrsg. v. K. Reich, Hamburg 1967
Dionysios Areopagita; *Mystische Theologie und andere Schriften mit einer Probe aus der Theologie des Proclos*, übers. u. eingel. v. W. Tritsch, München-Planegg 1956
Des Heiligen Dionysius Areopagita maßgebliche Schriften über ›Göttliche Namen‹, aus d. Griech. übers. v. J. Stiglmayr, München 1933, Reprint Nendeln/Lichtenstein 1968, (Bibliothek der Kirchenväter Zweite Reihe, Bd. II)
Ditfurth, H. v.; »Giordano Bruno«; in: *Exempla Historica. Die Konstitution der neuzeitlichen Welt. Philosophen*, hrsg. v. K. Fassmann, Band 28, Frankfurt 1984, S. 9–36
Dornseiff, F.; *Das Alphabet in Mystik und Magie, STOICHEIA. Studien zur Geschichte des antiken Weltbildes und der griechischen Wissenschaft*, hrsg. v. J. Boll, Heft VII, Berlin 1925
Dubois, E.; *De exemplarismo divino, seu de doctrina de trino ordine exemplari et de trino rerum omnium ordine exemplato, in quo fundatur speculativa et practica encyclopaedia scientiarum, artium et virtutem*, Tom. 1, Rom 1899
Duveen, D. J.; *Bibiotheca Alchemica et Chemica*, London 1948, (Nachdruck 1965)
Ebert, T.; *Meinung und Wissen in der Philosophie Platons. Untersuchungen zum ›Charmenides‹, ›Menon‹ und ›Staat‹*, Berlin/New York 1974
Eco, U.; *Kunst und Schönheit im Mittelalter*, München 1993
Eisler, R.; *Weltenmantel und Himmelszelt. Religionsgeschichtliche Untersuchung zur Urgeschichte des antiken Weltbildes*, München 1910
Eisler, R.; »Orphisch-dionysische Mysteriengedanken in der christlichen Antike«, in: *Vorträge der Bibliothek Warburg*, ed. Fr. Saxe, II, Berlin u. Leipzig 1922/23
Eliade, M.; *Schmiede und Alchemisten*, Stuttgart 1960
Eucken, R.; *Über Bilder und Gleichnisse in der Philosophie*, Leipzig 1880
Eudoxos von Knidos; *Die Fragmente des Eudoxos von Knidos*, hrsg., übers. u. komment. v. F. Lasserre, Berlin 1966 (Texte und Kommentare. Eine altertumswissenschaftliche Reihe, herausgegeben v. O. Gigon, F. Heinimann, O. Luschnat, Bd. 4)
Euklid; *Die Elemente*, übers. u. hrsg. v. Cl. Thaer, Darmstadt 1991
Fellmann, F.; *Das Vico-Axiom: Der Mensch macht die Geschichte*, München/Freiburg 1976
Fellmann, F.; »Giordano Bruno und die Anfänge des modernen Denkens«, in: *Die Pluralität der Welten. Aspekte der Renaissance in der Romania*, München 1987, S. 449–486
Fellmann, F.; »Bild und Bewußtsein bei Giordano Bruno«, in: Heipcke, K./Neuser, W./Wicke E. (Hrsg.); *Die Frankfurter Schriften Giordano Brunos und ihre Voraussetzungen*, Weinheim 1991, S. 17–36
Marsilio Ficino; *Opera omnia*, 2 Bde., Basel 1561, (Repro. Nachdr. Turin 1959–61)
Marsilio Ficino; *Theologia Platonica/Théólogie Platonicienne de l'immortalité des Ames*. Texte critique établi et traduit par Raymond Marcel, 3 Bde., Paris 1964–1970
Marsilius Ficinus; *Theologia Platonica, (1599)*, Nachdruck, Hildesheim/New York 1975
Marsilius Ficinus; *The Philebus Commentary (Commentaria in Philebum)*, crit. ed. and transl. by M. J. B. Allen, Berkeley, University of California 1975

Marsilio Ficino; *Über die Liebe oder Platons Gastmahl*, übers. v. K. P. Hasse, hrsg. u. eingel. v. P. R. Blum, Hamburg 1984

Marsilio Ficino; *Die Sentenzen. Sententiae ad intelligibilia ducentes*, (Studien zur klassischen Philologie 33), Frankfurt a. M. 1987

Marsilio Ficino; *Three Books on Life. A critical Edition and Translation with Introduction and Notes by Carol. V. Kaske and John R. Clark* (Medieval and Renaissance Texts and Studies 57), Binghampton/New York 1989

Fiedler, W.; *Analogiemodelle bei Aristoteles*, Amsterdam 1978

Fink, E.; »Die Exposition des Weltproblems bei Giordano Bruno«, in: *Der Idealismus und seine Gegenwart*, Festschrift f. W. Marx, hrsg. v. U. Guzzoni, Hamburg 1976, S. 127–132

Foucault, M.; *Die Ordnung der Dinge. Eine Archäologie der Humanwissenschaften*, Frankfurt a. M. 1993

Fludd, Robert; *Utriusque cosmi maioris scilicet et minoris metaphysica, physica atque technica historia*, 2 vol., Oppenheim: de Bry 1617

Frank, E.; *Plato und die sogenannten Pythagoreer. Ein Kapitel aus der Geschichte des griechischen Geistes*, Halle (Saale) 1923

Fränkel, H.; *Wege und Formen frühgriechischen Denkens. Literarische und philosophiegeschichtliche Studien*, hrsg. v. Fr. Tietze, München 1955

Fränkel, H.; *Dichtung und Philosophie des frühen Griechentums. Eine Geschichte der griechischen Epik, Lyrik und Prosa bis zur Mitte des fünften Jahrhunderts*, München 1962

Francesco Giorgio Veneto; *De harmonia mundi*, Venedig 1525/Paris 1545

Fritz, K. v.; »Pythagoras«, in: Pauly-Wissowa; *Realencyclopädie der classischen Altertumswissenschaft*. Neue Bearbeitung, begonnen von G. Wissowa, fortgef. v. W. Kroll und K. Mittelhaus u.a., hrsg. v. K. Ziegler, 47. Halbbd., Stuttgart, 1963, S. 198 ff.

Gaiser, K.; *Platons ungeschriebene Lehre. Studien zur systematischen und geschichtlichen Begründung der Wissenschaften in der Platonischen Schule*, Stuttgart 1963

Garin, E.; »Aristotelismo e platonismo del Rinascimento«; in: *La rinascita* 2 (1939), S. 641–671

Garin, E.; *Der italienische Humanismus*, Bern 1947

Garin, E.; »Problemi di religione e filosofia nella cultura fiorentina del Quattrocento«; in: *Bibliothèque d'Humanisme et Renaissance* 14 (1952), S. 70–82

Garin, E.; *La cultura filosofica del Rinascimento italiano*, Florenz 1961

Garin, E.; *Storia della filosofia italiana*, III Bde., Turin 1978[3]

Garin, E.; *Ermetismo del Rinascimento*, Roma 1988

Gauss, J.; »Circulus mensurat omnia«, in: *Mensura, Mass, Zahl. Zahlensymbolik im Mittelalter*, (Miscellanea Mediaevalia, Veröffentlichungen des Thomas-Institutes der Universität Köln, Bd. 16/2), hrsg. v. A. Zimmermann, 2. Halbbd., Berlin/New York 1984

Gentile, G.; *Giordano Bruno e il pensiero del Rinascimento*, Florenz 1920

Gerl, H.-B.; *Einführung in die Philosophie der Renaissance*, Darmstadt 1989

Giambatista della Porta; *Des vortrefflichen Herren Johan Baptista Portae, von Neapolis, Magia Naturalis, oder Haus-, Kunst und Wunderbuch*, 2. Bde., Nürnberg 1680

Gloy, K.; *Studien zur platonischen Naturphilosophie im Timaios*, Würzburg 1986

Godwin, J.; *Robert Fludd. Hermetic Philosopher and Surveyor of Two Worlds*, Boulder 1979

Goldammer, K.; *Der öttliche Magier und die Magierin Natur. Religion, Naturmagie und die Anfänge der Naturwissenschaft vom Spätmittelalter bis zur Renaissance. Mit Beiträgen zum Magie-Verständis des Paracelsus*, (Kosmosophie. Forschungen und Texte zur Geschichte des Weltbildes, der Naturphilosophie, der Mystik und des Spiritualismus vom Spätmittelalter bis zur Romantik), hrsg. v. K. Goldammer, Bd. V, Stuttgart 1991

Gombrich, E.; »›Icones symbolicae‹. The Visual Image in Neo-Platonic Thought«, in: *Journal of the Warburg and Courtauld Institutes*, Bd. 11 (1948), S. 163–192

Gómez de Liaño, I.; *Giordano Bruno. Mundo, magia, memoria. Seleccion de textos*, Madrid 1973

Grabes, H.; *Speculum, Mirror und Looking-Glass. Kontinuität und Originalität der Spiegelmetapher in den Buchtiteln des Mittelalters und der englischen Literatur des 13. bis 17. Jahrhunderts*, Tübingen 1973

Grabmann, M./Mausbach, J. (Hrsg.); *Augustinus-Festschrift der Görres-Gesellschaft*, Köln 1930

Grassi, E.; *Macht des Bildes: Ohnmacht der rationalen Sprache, Zur Rettung des Rhetorischen*, III. Teil, »Ingenium. Die humanistische Tradition«, München 1979

Groh, R. u. D.; *Weltbild und Naturaneignung. Zur Kulturgeschichte der Natur*, Frankfurt a. M. 1991

Gundel, W./Gundel, H. G.; *Astrologumena. Die astrologische Literatur in der Antike und ihre Geschichte*, Wiesbaden 1966

Guthrie, W. K. C.; *Die griechischen Philosophen von Thales bis Aristoteles*, Göttingen 1950

Haase, R.; *Geschichte des harmonikalen Pythagoreismus*, Wien 1969

Haase, R.; *Aufsätze zur harmonikalen Naturphilosophie*, Graz 1974

Habbel, J.; *Die Analogie zwischen Gott und Welt nach Thomas von Aquin*, Regensburg 1928

Handwörterbuch des deutschen Aberglaubens, hrsg. v. E. Hoffman-Krayer und H. Bächtold-Stäubli, Berlin 1938/41

Hartlaub, G. F.; *Das Unerklärliche. Studien zum magischen Weltbild*, Stuttgart 1951

Hartlaub, G. F.; *Zauber des Spiegels. Geschichte und Bedeutung des Spiegels in der Kunst*, München 1951

Hartung, E. B.; *Grundlinie einer Ethik des Giordano Bruno*, Leipzig 1878

Hedwig, K.; *Sphaera Lucis. Studie zur Intelligibilität des Seienden im Kontext der mittelalterlichen Lichtspekulation*, (Beiträge zur Geschichte der Philosophie und Theologie des Mittelalters, Band 18), Münster 1980

Hegel, G. W. F.; *Vorlesungen über die Geschichte der Philosophie*, III, Werke in zwanzig Bänden, Theorie Werkausgabe, red. v. E. Moldenhauer u. K. M. Michel, Frankfurt a. M. 1971

Heidegger, M.; *Heraklit. Logik. Heraklits Lehre vom Logos*, Gesamtausgabe Bd. 55, II. Abteilung: Vorlesungen 1923–1944, Frankfurt a. M. 1979

Heidegger, M.; *Seminare. Seminar in Le Thor 1966*, Gesamtausgabe, I. Abteilung: Veröffentlichte Schriften 1910–1976, Bd. 15, Frankfurt a. M. 1986

Heidegger, M./Fink, E.; *Heraklit, Seminar im Wintersemester 1966/1967*, Gesamtausgabe Bd. 15, Frankfurt a. M. 1986

Heimsoeth, H.; *Atom, Monade, Seele. Historische Ursprünge und Hintergründe von Kants Antinomie der Teilung*, (Abhandlungen der Geistes- und Sozialwissenschaftlichen Klasse, Jg. 1960, Nr. 3), Wiesbaden 1960

Heimsoeth, H.; *Die sechs großen Themen der abendländischen Metaphysik und der Ausgang des Mittelalters*, Darmstadt 1974

Heinemann, G.; *Natura desiderata. Das Abstrakte am ›Gebrauchswert‹ und die Antinomien der Mathematik*, Freiburg 1988

Heinemann, G.; *Zum Naturbegriff im archaischen und klassischen griechischen Denken*, Zwischenbericht, 1. Teil (Kasseler Philosophische Schriften, Preprint 1/91), Kassel 1991

Heinemann, G.; »Philosophie und sokratische Weisheit«, in: Givsan, H./Schmied-Kowarzik, W.-D. (Hrsg.); *Reflexionen zur geschichtlichen Praxis. Helmut Fleischer zum 65. Geburtstag*, Würzburg 1993, S. 217–250

Heinze, M.; *Die Lehre vom Logos in der griechischen Philosophie*, Oldenburg 1872

Heipcke, K./Neuser, W./Wicke, E.; »Über die Dialektik der Natur und der Naturerkenntnis. Anmerkungen zu Griodano Brunos De Monade, Numero et Figura«, in: dies. (Hrsg.); *Die Frankfurter Schriften Giordano Brunos und ihre Voraussetzungen*, Weinheim 1991, S.

Heipcke, K./Neuser, W./Wicke, E. (Hrsg.); *Die Frankfurter Schriften Giordano Brunos und ihre Voraussetzungen*, Weinheim 1991

Held, K.; *Heraklit, Parmenides und der Anfang von Philosophie und Wissenschaft. Eine phänomenologische Besinnung*, Berlin/New York 1980

Hellgardt, E.; *Zum Problem symbolbestimmter und formalästhetischer Zahlenkomposition in mittelalterlicher Literatur. Mit Studien zum Quadrivium und zur Vorgeschichte des mittelalterlichen Zahldenkens*, München 1973

Heninger, S. K.; *Touches of Sweet Harmony. Pythagorean Cosmology and Renaissance Poetics*, San Marino/California 1974

Hentschel, B.; *Die Philosophie Giordano Brunos – Chaos oder Kosmos? Eine Untersuchung zur strukturalen Logizität und Systematizität des nolanischen Werks*, Frankfurt/Bern/New York/Paris 1988

Hermes Trismegistos; *Tractatus Aureus. De lapidis philosophici secreto, in capitula septem divisus: nunc verò a Anonymo Scholiis illustratus*, in: *Theatrum Chemicum, praecipuos selctorum auctorum tractatus de chemiae et lapidis philosophici antiquitate, veritate, jure, praestantia, & operationibus, continens*, Bd. I–VI, T. IV, Nr. 123, Straßburg 1659–1661 (frühere Ausgabe Leipzig 1600)

Hermetis Trismegisti Tabula smaragdina, in ejus manibus in sepulchro reperta, cum commentatione Hortulani, in: *Volumen tractatuum scriptorum rariorum de Alchymia*, Norimbergae 1541

Hermetica. The Ancient Greek and Latin Writings which contain Religious or Philosophic Teachings ascribed to Hermes Trismegistus, ed. with english translation and notes by W. Scott, Oxford 1925–1936

Hermetica. The greek Corpus Hermeticum and the latin Asclepius in a new englisch translation with notes and introduction, ed. by Br. p. Copenhaver, Cambridge 1992

Hirschberger, J.; »Ähnlichkeit und Seinsanlogie vom platonischen Parmenides bis Proklos«, in: *Philomathes. Studies and essays in the humanities in memory of P. Merlan*, hrsg. v. R. B. Palmer und R. Hamerton-Kelly, The Hague 1971, S. 57–74

Hocke, G. R.; *Die Welt als Labyrinth*, Hamburg 1957

Höffding, H.; *Der Relationsbegriff. Eine erkenntnistheoretische Untersuchung*, Leipzig 1922

Höffding, H.; *Der Begriff der Analogie*, Leipzig 1924

Hölscher, U.; »Der Logos bei Heraklit«, in: *Varia Variorum. Festgabe für Karl Reinhardt*, Münster/Köln 1952, S. 69–81

Hopper, V. F.; *Medieval Number Symbolism. Its Sources, Meaning and Influence on Thougth an Expression*, (Columbia University Studies), New York 1938

Horbert, W.; *Metaphysik des Marsilius Ficinus*, (Diss.), Koblenz 1930

Horovitz, Th.; *Vom Logos zur Analogie. Zur Geschichte eines mathematischen Terminus*, Zürich 1978

Huber, K.; *Einheit und Vielheit in Denken und Sprache Giordano Brunos*, (Diss.), Zürich-Winterthur 1965

Hüschen, H.; »Harmonie«, in: *Die Musik in Geschichte und Gegenwart. Allgemeine Enzyklopädie der Musik*, (= MGG), hrsg. v. F. Blume, Bd. 5, Basel/Kassel 1951

Husik, I.; *A History of Medieval Jewish Philosophy*, 1916

Iamblichos Chalcidensis; *De mysteriis Aegyptiorum, Chaldaeorum, Assyriorum*, Venetis 1516

Ingegno, A.; »Il primo Bruno e l'influenza di Marsilio Ficino«, in: *Rivista critica di storia della filosofia* 23, Bd. 14/11, (1968), S. 149–170

Ingegno, A.; *Cosmologia e filosofia nel pensiero di Giordano Bruno*, Firenze 1978

Jamblichos, *Vita Pythagorae/Vom pythagoreischen Leben*, hrsg. v. M. v. Albrecht unter d. Titel: *Pythagoras, Legende, Lehre, Lebensbeschreibung*, Zürich 1963

Jan, C. v.; *Musici scriptores Graeci*, Leipzig 1895

Jendorff, B.; *Der Logosbegriff. Seine philosophische Grundlegung bei Heraklit von Ephesos und seine theologische Indienstnahme durch Johannes den Evangelisten*, Frankfurt a. M./Bern 1976

Jüngel, E.; *Zum Ursprung der Analogie bei Parmenides und Heraklit*, Berlin 1964

Kepler, Johannes; *Kosmische Harmonie*, übers. v. W. Harburger, Leipzig 1925

Kepler, Johannes; *Gesammelte Werke*, hrsg. v. M. Caspar, München 1945 ff.

Kern, O.; *Die griechischen Mysterien in der klassischen Zeit*, Berlin 1927

Kern, O.; *Orphicorum Fragmenta*, Berlin 1922

Klein, R.; »L'imagination comme vêtement de l'âme chez Marsile Ficin et Giordano Bruno«, in: *Revue de Métaphysique et de Morale* 61 (1956), S. 18–39

Kleinknecht, H.; »Der Logos im Griechentum und Hellenismus«, in: Knittel, G. (Hrsg.); *Theologisches Wörterbuch zum Neuen Testament*, Stuttgart o. J., S. 76–89

Klibansky, R.; *The Continuity of the Platonic Tradition during the Middle Ages*, London 1939

Klibansky, R.; »Plato's Parmenides in the Middle Ages and the Renaissance«, in: *Mediaeval and Renaissance Studies* I 2 (1943), S. 281–330

Klibansky, R./Panofsky, E./Saxl, F.; *Saturn und Melancholie. Studien zur Geschichte der Naturphilosophie und Medizin, der Religion und der Kunst*, Frankfurt a. M. 1992

Koch, J.; »Zur Analogielehre Meister Eckharts«, in: *Altdeutsche und niederländische Mystik*, hrsg. v. K. Ruth, Darmstadt 1964

Konersmann, R.; *Lebendige Spiegel. Die Metapher des Subjekts*, Frankfurt a. M. 1991
Koyré, A.; *Du monde clos à l'univers infini*, Paris 1962
Koyré, A.; *Von der geschlossenen Welt zum unendlichen Universum*, Frankfurt a. M. 1969
Kranz, W.; *Kosmos*, Archiv für Begriffsgeschichte, Bd. 2, Teil 1, 1955
Kremer, K.; *Die neuplatonische Seinsphilosophie und ihre Wirkung auf Thomas von Aquin. Studien zur Problemgeschichte der antiken und mittelalterlichen Philosophie*, hrsg. v. J. Hirschberger, Leiden 1971
Krewitt, U.; *Metapher und tropische Rede in der Auffassung des Mittelalters*, Ratingen 1971
Krings, H.; »Wie ist Analogie möglich?«, in: *Gott und Welt I, Festgabe für Karl Rahner*, Freiburg/Basel/Wien 1964, S. 97–110
Krings, H.; *Ordo. Philosophisch-historische Grundlegung einer abendländischen Idee*, Hamburg 1982
Kristeller, P. O. (Hrsg.); *Supplementum Ficinianum*, 2 Bde., Florenz 1937
Kristeller, P. O.; *The Classics and Renaissance Thought*, Cambridge Mass. 1955
Kristeller, P. O.; *Studies in Renaissance Thought and Letters*, Rom 1956
Kristeller, P. O.; »Die Platonische Akademie in Florenz«, in: *Agorà* 5 (1959), S. 35–47
Kristeller, P. O.; *Eight Philosophers of the Italian Renaissance*, Standford 1964
Kristeller, P. O.; *Die Philosophie des Marsilio Ficino*, Frankfurt a. M. 1972
Kroll, W.; *De oraculis Chaldaicis*, Breslau 1894
Kuhlenbeck, L.; »Giordano Bruno über die natürliche Magie«, in: *Sphinx* (1888), S. 160–168
Kurtz, E.; *Interpretation zu den Logos-Fragmenten Heraklits*, Hildesheim 1971
Kutta, W. M.; *Zur Geschichte der Geometrie mit constanter Zirkelöffnung*, Nova Acta, Abhandl. der Kaiserl. Leop.-Carol. Deutschen Akademie der Naturforscher, Bd. LXXI, Nr. 3, Halle 1897
Kytzler, B.; »Die Weltseele und der musikalische Raum«, in: *Hermes, Zeitschrift für klassische Philologie*, herg. v. K. Büchner, H. Diller, H. Nesselhauf, Bd. 87, 1959, S. 393–413
Lämmli, F.; *Vom Chaos zum Kosmos. Zur Geschichte einer Idee*, (Schweizerische Beiträge zur Altertumswissenschaft in Verbindung mit Denis van Berchem, Olof Gigon, Willy Theiler, Fritz Wehrli hrsg. v. Bernhard Wyss, Heft 10), Basel 1962
Langer, G.; *Liebesmystik der Kabbala*, (Dokumente religiöser Erfahrung, hrsg. v. A. Rosenberg), München-Planegg 1956
Lassalle, F.; *Die Philosophie Heraklits des Dunklen von Ephesos*, Hildesheim/New York 1973
Lasswitz, K.; »Giordano Bruno und die Atomistik«, in: *Vierteljahresschrift für wissenschaftliche Philosophie* VIII, (Leipzig 1884), S. 18–55
Lasswitz, K.; *Geschichte der Atomistik vom Mittelalter bis Newton I*, Hamburg/Leipzig 1890, Nachdruck: Darmstadt 1963
Latz, G.; *Alchemie*, Nachdruck der Ausgabe Boll 1869, Darmstadt o. J.
Leinkauf, T.; *Mundus combinatus. Studien zur Struktur barocken Universalwissenschaft am Beispiel Athanasius Kirchers SJ (1602–1680)*, Berlin 1993
Leisegang, H.; »Die Erkenntnis Gottes im Spiegel der Seele und der Natur«, in: *Zeitschrift für philosophische Forschung* IV (1949), Meisenheim-Glan, S. 161–183
Liebrucks, B.; *Irrationaler Logos und rationaler Mythos*, Würzburg 1982
Lindberg, D. C.; *Auge und Licht im Mittelalter. Die Entwicklung der Optik von Alkindi bis Kepler*, übers. v. M. Althoff, Frankfurt a. M. 1987
Lotz, J. B.; »Hörer des Logos«, in: *Scholastik* 28 (1953), S. 543–570
Lovejoy, A.; *The Great Chain of Being*, Harvard University Press. 1936
Lovejoy, A. R.; *Die große Kette der Wesen. Geschichte eines Gedankens*, übers. v. D. Turck, Frankfurt a. M. 1985
Titus Lucretius Carus; *De rerum natura. Die Welt aus Atomen*, lat. u. dt., übers. u. mit einem Nachwort hrsg. v. K. Büchner, Stuttgart 1986
Raimundus Lullus; »Das Buch vom Liebenden und Geliebten«, übers. v. L. Klaiber; in: *Wissenschaft und Weisheit* 7 (1940), Olten 1948, S. 110–148
Raimundus Lullus; *Die neue Logik*, hrsg. v. Ch. Lohr, Übers. v. W. Büchel und V. Hösle, mit einer Einleitung von V. Hösle, Hamburg 1987

Lyttkens, H.; *The Analogy between God and the World. An Investigation of its Background and Interpretation of its Use by Thomas of Aquino*, Uppsala 1952

Mahnke, D.; *Unendliche Sphäre und Allmittelpunkt*, Halle 1937

Mansfeld, J.; *Die Vorsokratiker I. Milesier, Pythagoreer, Xenophanes, Heraklit, Parmenides*, Auswahl der Fragmente, übers. u. erl. v. J. Mansfeld, Stuttgart 1986

Marianus Capella; *De Nuptiis philologiae et mercurii et de septem artibus. (The marriage of philology and mercury)*, Transl. by W. H. Stahl, New York 1977

Martin, G.; *Klassische Ontologie der Zahl*, Köln 1956

Mausbach, J.; »Wesen und Stufung des Lebens nach dem heiligen Augustinus«, in: *Augustinus-Festschrift der Görres-Gesellschaft*, hrsg. v. M. Grabmann u. J. Mausbach, Köln 1930, S. 169–196

Medicus, F.; »Giordano Bruno als Ästhetiker«, in: *Logos. Internationale Zeitschrift für Philosophie der Kultur*, Band V (1914/15), Heft 3, S. 239–251

Meier, Chr./Ruberg, V.; *Text und Bild. Aspekte des Zusammenwirkens zweier Künste in Mittelalter und früher Neuzeit*, Wiesbaden 1980

Meier-Oeser, S.; *Die Präsenz des Vergessenen. Die Rezeption des Nicolaus v. Cusanus vom 15.–18. Jahrhundert*, Münster 1989

Meister Eckehart; *Deutsche Predigten und Traktate*, hrsg. v. J. Quint, München 1978

Meister Eckhart; *Predigten, Traktate, (Deutsche Mystiker des vierzehnten Jahrhunderts*, Bd. 2), hrsg. v. Fr. Pfeifer, Neudruck der Ausgabe Leipzig 1857, Aalen 1962

Mensura, Mass, Zahl. Zahlensymbolik im Mittelalter, II. Halbbd. hrsg. v. A. Zimmermann, Berlin/New York 1984

Meyer, H./Suntrup, R.; *Lexikon der mittelalterlichen Zahlenbedeutungen*, (Münstersche Mittelalter-Schriften), hrsg. v. H. Belting u.a., Bd. 56, München 1987

Meyer, H.; *Die Zahlenallegorese im Mittelalter. Methoden und Gebrauch*, (Münstersche Mittelalter-Schriften), hrsg. v. H. Belting u.a., München 1975

Meyer-Abich, K.-M.; »Der Holismus im 20. Jahrhundert«, in: *Klassiker der Naturphilosophie. Von den Vorsokratikern bis zur Kopenhagener Schule*, hrsg. v. G. Böhme, München 1989, S. 313–329

Meyer-Abich, K.-M.; *Wege zum Frieden mit der Natur – Praktische Naturphilosophie für die Umweltpolitik*, München 1984

Michael Maier; *Symbola Aureae Mensae*, Frankfurt 1617

Michael Maier; *De circulo physico quadrato*, Frankfurt 1616

Michel, P.-H.; *La cosmologie de Giordano Bruno*, Paris 1962

Michel, P.-H.; »Renaissance Cosmologies. I. Natura artifex. Marsilio Ficino and Giordano Bruno«, in: *Diogenes* 18 (1957), Firenze u. a., S. 93–107

Monti, C.; »Lukrezianismus und Neuplatonismus. Versuch einer theoretischen Synthese in den lateinischen Gedichten Giordano Brunos«, in: Heipcke, K./Neuser, W./Wicke, E. (Hrsg.); *Die Frankfurter Schriften Giordano Brunos und ihre Voraussetzungen*, Weinheim 1991, S. 163–179

Moog, W.; *Ähnlichkeits- und Analogielehre*, Düsseldorf 1985

Moorsel, G. van; *The Mysteries of Hermes Trismegistus*, Utrecht 1955

Mössel, E.; *Die Proportion in Antike und Mittelalter*, (Diss.), München 1926

Mugler, C.; »Platon und die geometrische Ähnlichkeitslehre«, in: *Hermes* 76 (1941), S. 321–338

Müller, E.; *Der Sohar und seine Lehre*, Wien 1920, 2. Aufl. 1929

Müller-Jahncke, W.-D.; »Von Ficino zu Agrippa. Der Magia-Begriff des Renaissance-Humanismus im Überblick«, in: *Epochen der Naturmystik. Hermetische Tradition im wissenschaftlichen Fortschritt*, hrsg. v. A. Faivre und R. Chr. Zimmermann, Berlin 1979, S. 24–51

Namer, E.; *Giordano Bruno ou l'univers infini comme fondement de la philosophie moderne*, Paris 1966

Namer, E.; *L'univers a la Renaissance: Microcosme et macrocosme*, Colloque international 1968, Université libre de Bruxelles, Bruxelles 1970

Nelson, J. Ch.; *Renaissance Theory of Love. The Context of Giordano Bruno's Eroici Furori*, Columbia 1958

Nestle, W.; *Vom Mythos zum Logos. Die Selbstentfaltung des griechischen Denkens*, Stuttgart 1975
Neuser, W.; »Infinitas infinitatis et finitas finitatis. Zur Logik der Argumentation im Werk Giordano Brunos (1548–1600)«, in: *Nicolaus Copernicus – Revolutionär wider Willen*, hrsg. v. G. Wolfschmidt, Stuttgart 1994
Neuser, W.; »Mathematics and syllogism in natural sciences during the Renaissance«, in: *European Cultural Systems during the Pre-Cartesian Period*, hrsg. v. I. Zinguer/H. Schott, Leiden (in Druck)
Neuser, W.; »Giordano Brunos Monadenlehre«, in: *Spektrum der Wissenschaft*, Heidelberg 1990, S. 34–38
Nicolai de Cusa; *De docta ignorantia I*, Opera omnia, Vol. 1, hrsg. v. E. Hoffmann et R. Klibansky, Leipzig 1932
Nicolai de Cusa; *De docta ignorantia, Buch I*, übers. u. m. Vorwort und Anmerkungen hrsg. v. P. Wilpert, zweite, verb. Aufl. v. H. G. Senger, Hamburg 1970
Nicolai de Cusa; *De docta ignorantia, Buch II und III*, hrsg. v. H. G. Senger, Hamburg 1977
Nicolai de Cusa; *De coniecturis/Mutmaßungen*. Schriften des Nikolaus von Kues in deutscher Übersetzung. Im Auftrag der Heidelberger Akademie der Wissenschaften, hrsg. v. E. Hoffmann, P. Wilpert u. K. Bormann, Heft 17, Hamburg 1988
Nikolaus v. Kues; *Die Philosophisch-Theologischen Schriften* (lat./dt.), hrsg. u. eingf. v. L. Gabriel, übers. v. D. u. W. Dupré, 3 Bde., Wien 1964–67/Nachdruck 1989
Nikolaus von Kues; *Idiota de mente*, in: *Die Philosophisch-theologischen Schriften*, hrsg. u. eingel. v. L. Gabriel, übers. v. W. u. D. Dupré, Bd. 3, Wien 1964/Nachdruck 1989
Nicomachus of Geresa; *Introduction to Arithmetic*, transl. by M. Luther D'Oodge, New York/London 1926
Ninck, M.; *Die Bedeutung des Wassers im Kult und Leben der Alten. Eine symbolgeschichtliche Untersuchung*, Darmstadt 1960
Nink, C.; *Philosophische Gotteslehre*, München/Kempten 1948
Noack, H.; *Symbol und Existenz der Wissenschaft*, Halle/Saale 1936
Nobis, H. M.; »Zeitmaß und Kosmos im Mittelalter«, in: *Mensura, Mass, Zahl. Zahlensymbolik im Mittelalter*, 2. Halbbd., hrsg. v. A. Zimmermann, Berlin/New York 1984, S. 261–276
Ohly, F.; »Deus geometra. Skizzen zur Geschichte einer Vorstellung von Gott«, in: *Tradition als historische Kraft. Interdisziplinäre Forschungen zur Geschichte des früheren Mittelalters*, unter Mitwirkung von M. Balzer, K. H. Krüger und L. v. Padberg, hrsg. v. J. Kampf und J. Wollasch, Berlin/New York 1982, S. 1–42
Olschki, L.; »Giordano Bruno«, in: *Deutsche Vierteljahresschrift für Literaturwissenschaft und Geistesgeschichte* 2, (1924), S. 1–79
Olschki, L.; *Giordano Bruno*, Bari 1927
Orphei poeta vetustissimi Opera, iam primum ad verbum translata, & diligentius quam antea multis in locis emendata, per Renatum Perdrierium Parisiensem, Basileae, apud Ioannem Oporinum 1555; in der Ausgabe: Musaeus Grammaticus, *De Herone et Leandro, Orphei argonautica, Euisdem Hymni. Orpheus de lapidibus*, Venedig (:Aldus) 1517
Otto, S.; *Renaissance und frühe Neuzeit. Geschichte der Philosophie in Text und Darstellung*, Stuttgart 1986
Otto, S.; »Figur, Imagination und Intention. Zu Brunos Begründung einer *konkreten* Geometrie«, in: Heipcke, K./Neuser, W./Wicke, E. (Hrsg.); *Die Frankfurter Schriften Giordano Brunos und ihre Voraussetzungen*, Weinheim 1991, S. 37–50
Otto, S.; *Das Wissen des Ähnlichen. Michel Foucault und die Renaissance*, Frankfurt a. M./Bern/New York/Paris 1992
Pagel, W.; »Giordano Bruno: The Philosophy of Circles and the Circular Movement of the Blood«, in: *Journal of the History of Medicine an Allied Sciences* 6, Minneapolis (1951), S. 116–124
Pagel, W.; *Religion and Neoplatonism in Renaissance Medicine*, London 1985
Paracelsus; *Labyrinthus medicorum errantium*, in: *Werke*, hrsg. v. W. E. Peuckert, Bd. II, Darmstadt 1965
Paracelsus; *Pansophische, magische und kabbalistische Schriften*, hrsg. v. W. E. Peuckert, Basel 1968

Parmenides; *Vom Wesen des Seienden*, Die Fragmente, griech. und dt., hrsg., übers. u. erl. v. U. Hölscher, Frankfurt 1969

Francisco Patrizi; *Magia philosophica Zoroastris et Hermetis*, Hamburgi 1593

Perpeet, W.; *Ästhetik im Mittelalter*, Freiburg/München 1977

Peuckert, W. E.; *Pansophie. Ein Versuch zur Geschichte der weißen und schwarzen Magie*, Berlin 1956

Philo von Alexandrien; *Werke* I, übers. v. L. Cohn, Breslau 1909

Joannes Picus Mirandulus; *Opera Omnia*, con una Premessa di E. Garin, (Tom. 1 = *Conclusiones nongenta*), Torino 1971

Pico della Mirandola; *Über die Würde des Menschen/Oratio de hominis dignitate*, (lat./dt.) übers. v. N. Baumgarten, hrsg. v. A. Buck, Hamburg 1990

Pietro Bongo (Petrus Bungus); *Numerorum mysteria, (De mystica numerorum significatione)*, hrsg. v. U. Ernst, Nachdruck der Ausgabe Bergamo 1599, Hildesheim 1983

Platon; *Werke* in acht Bänden, gr. u. dt., gr. Text v. A. Rivaud u. A. Diès, dt. Übers. v. H. Müller u. F. Schleiermacher, hrsg. v. G. Eigler, Darmstadt 1972

Platon; *Sämtliche Werke*, In der Übersetzung von Friedrich Schleiermacher mit der Stephanus-Numerierung hrsg. v. W. F. Otto, E. Grassi u. G. Plamböck, (Rowohlts Klassiker der Literatur und der Wissenschaft, hrsg. v. E. Grassi unter Mitarbeit v. W. Hess, Griechische Philosophie), Hamburg 1958

Platzeck, E.-W.; *Von der Analogie zum Syllogismus*, Paderborn 1954

Platzeck, E.-W.; *Raimund Lull*, 2 Bde., Düsseldorf 1962/64

Platzeck, P. E. W.; »La combinatoria lulliana«, in: *Revista de Filosofia* (1953), S. 575–609; ders. (1954), ebda., S. 125–165

Plotin; *Über Ewigkeit und Zeit, Enneade III 7*, übers., eingel. u. kommentiert. v. W. Beierwaltes, Frankfurt a. M. 1967

Plotins *Schriften*, übers. v. R. Harder, Neubearbeitung mit griech. Lesetext u. Anmerkungen fortgeführt von R. Beutler u. W. Theiler, Hamburg 1956–1967

Prantl, C.; *Geschichte der Logik im Abendland*, Band 3, Leipzig 1867

Proclos Diadochus; *The Elements of Theology*, a revised text with Translation, Introduction and Commentary by E. R. Dodds, Oxford 1933/2. Aufl. 1963

Proclus Diadochus; *Elements de Theologie*, Traduction, Introduction et Notes par J. Trouillard, Paris 1965

Proclus Diadochus; *Commentaire sur le Timée*, Traduction et Notes par A. J. Festugière, 5 Bde., Paris 1966–68

Proklus Diadochus; *Kommentar zum ersten Buch von Euklids 'Elementen'*, aus dem Griechischen ins Deutsche übertragen und mit textkritischen Anmerkungen versehen von P. L. Schönberger, eingel. u. komment. v. M. Steck, Halle 1945

Przywara, E.; »Bild, Mythos, Logos«, in: *Analogia entis. Metaphysik, Ur-struktur und All-rhythmus*, Einsiedeln 1962

Pryzwara, E.; *Analogia Entis. Metaphysik. Ur-Struktur und All-Rhythmus*, Einsiedeln 1962

Claudios Ptolemaios; *Harmonielehre*, übers. v. I. Düring, Göteborg 1934

Reallexikon für Antike und Christentum, Bd. III, hrsg. v. Th. Klauser, Stuttgart 1957

Regenbogen, O.; »Eine Forschungsmethode antiker Naturwissenschaften«, in: *Kleine Schriften*, hrsg. v. F. Dirlmeier, München 1961, S. 119–194

Reitzenstein, R.; *Poimandres*, Leipzig 1904

Johannes Reuchlin; *De arte cabbalistica libri 3*, Hagenau: Anselmus 1517

Rietzler, K.; »Das Nichts und das Andere, das Sein und das Seiende«, in: *Varia Variorum*, 1952, a.a.O., S. 82–103

Ritter, J.; *Historisches Wörterbuch der Philosophie*, Basel/Stuttgart 1976

Rosarium Philosophorum. Ein alchemisches Florilegium des Spätmittelalters, Faksimile der Erstausgabe Frankfurt 1550, 2 Bde., hrsg. u. eingel. v. J. Telle, Heidelberg 1992

Roscher, W.; *Die hippokratische Schrift von der Siebenzahl in vierfacher Überlieferung*, (Studien zur Geschichte des Altertums VI), 1913

Ross, W. D.; *Aristotle*, New York 1966

Rossi, P.; *Clavis universalis. Arti della memoria e logica combinatoria da Lullo a Leibniz*, Bologna 1983

Rothacker, E.; *Das »Buch der Natur«. Materialien und Grundsätzliches zur Metapherngeschichte*, aus dem Nachlaß hrsg. u. bearb. v. W. Perpeet, Bonn 1979

Ruska, J.; *Turba philosophorum*, Heidelberg 1931

Saenger, W.; *Goethe und Giordano Bruno. Ein Beitrag zur Geschichte der Goethischen Weltanschauung*, (Germanische Studien 91, 1930), Nachdruck Nendeln-Liechtenstein 1967

Samsonow, E. v.; »Weltförmigkeit des Bewußtseins. Die Idee der Verschiedenheit und ihre geometrische Konstruktion und Darstellung in der Schrift De monade«, in: Heipcke, K./Neuser, W./Wicke, E. (Hrsg.); *Die Frankfurter Schriften Giordano Brunos und ihre Voraussetzungen*, Weinheim 1991, S. 95–106

Sarauw, J.; *Der Einfluß Plotins auf Giordano Brunos Degli Eroici Furori*, (Diss.), Jena/Borna/Leipzig 1916

Schadewaldt, W.; *Die Anfänge der Philosophie bei den Griechen. Die Vorsokratiker und ihre Voraussetzungen*, Tübinger Vorlesungen Bd. 1, Frankfurt a. M. 1978

Schavernoch, H.; *Die Harmonie der Sphären. Die Geschichte der Idee des Welteneinklangs und der Seelenstimmung*, Freiburg i. Br. 1981

Schelling, F. W. J.; *Bruno oder über das göttliche und natürliche Prinzip der Dinge. Ein Gespräch*, Leipzig 1989

Schilling, M.; *Imagines Mundi. Metaphorische Darstellungen der Welt in der Emblematik*, Frankfurt a. M./Bern/Cirencester – UK 1979 (Mikrokosmos, Beiträge zur Literaturwissenschaft und Bedeutungsforschung, Bd. 4, hrsg. v. W. Harms)

Schleusener-Eichholz, G.; *Das Auge im Mittelalter*. Münstersche Mittelalter-Schriften, Bd. 35. München 1985

Schmidt, H.-U.; *Zum Problem des Heros bei Giordano Bruno*, (Abhandlungen zur Philosophie, Psychologie und Pädagogik 51), Bonn 1968

Schmidt-Biggemann, W.; *Topica Universalis. Eine Modellgeschichte humanistischer und barocker Wissenschaft*, Hamburg 1983

Schmieder, K. C.; *Geschichte der Alchemie*, Halle 1832 (Faksimile Darmstadt 1987)

Schmitt, A.; »Mathematik und Zahlenmystik«, in: *Augustinus-Festschrift der Görres-Gesellschaft*, hrsg. von M. Grabmann u. J. Mausbach, Köln 1930, S. 353–366

Schneider, I.; *Der Proportionalzirkel. Ein universelles Analogrecheninstrument der Vergangenheit*, Deutsches Museum, Abhandlungen und Berichte, 38. Jg. (1970), Heft 2, München/Düsseldorf 1970

Scholem, G.; *Die jüdische Mystik in ihren Hauptströmungen*, Frankfurt a. M. 1993

Scholem, G.; *Zur Kabbala und ihrer Symbolik*, Frankfurt a. M. 1992

Schulze, W.; *Zahl. Proportion. Analogie. Eine Untersuchung zur Metaphysik und Wissenschaftshaltung des Nikolaus von Kues*, Münster 1978

Seligmann, K.; *Das Weltreich der Magie. 5000 Jahre geheime Kunst*, mit einem Nachwort von G. F. Hartlaub, Stuttgart 1958

Sennert, A.; *Bibliothecae academiae Wittenbergensis publicae librorum*, Wittenbergae: Typis J. Wilchii 1678

Siewerth, G.; »Analogie des Seienden«, in: *Gott und Welt I, Festgabe für Karl Rahner*, Basel/Wien/Freiburg 1964, S. 111–135

Singer, D.; *Giordano Bruno. His Life and Thought*, New York 1968

Sladek, M.; *Fragmente der hermetischen Philosophie in der Naturphilosophie der Neuzeit*, Frankfurt a. M./Bern/New York/Nancy 1984

Snell, B.; »Die Sprache Heraklits«, in: *Hermes* 1926, Bd. 61, S. 353–381

Snell, B.; Die Entdeckung des Geistes. Studien zur Entstehung de europäischen Denkens bei den Griechen, Göttingen 1975

Snell, B.; »Der Weg zum Denken und zur Wahrheit. Studien zur frühgriechischen Sprache«, in: *Hypomnemata. Untersuchungen zur Antike und zu ihrem Nachleben*, Heft 57, Göttingen 1978

Spampanato, V.; *Vita di Giordano Bruno con documenti editi e inediti*, Messina 1921

Stadler, M.; »Unendliche Schöpfung als Genesis von Bewußtsein. Überlegungen zur Geistphilosophie Giordano Brunos«, in: *Philosophisches Jahrbuch* 93 (1986), Freiburg/München, S. 39–60

Stein, H. v.; *Sieben Bücher zur Geschichte des Platonismus*, Göttingen 1875

Stenzel, J.; *Zahl und Gestalt bei Platon und Aristoteles*, Leipzig/Berlin 1933

Sturlese, R.; *Bibliografia, censimento e storia delle antiche stampe di Giordano Bruno*, Firenze 1987

Sturlese, R.; Einleitung zu *Giordano Bruno, De umbris idearum*, edizione storico-critica, Firenze 1991

Sturlese, R.; »Giordano Brunos Schrift *De imaginum, signorum et idearum compositione* und die philosophische Lehre der Gedächtniskunst«, in: Heipcke, K./Neuser, W./Wicke, E. (Hrsg.); *Die Frankfurter Schriften Giordano Brunos und ihre Voraussetzungen*, Weinheim 1991, S. 51–73

Sturlese, R.; »Giordano Brunos Gedächtniskunst und das Geheimnis der Schatten der Ideen«, in: Hirdt, W. (Hrsg.); *Tragik eines Unzeitgemäßen*, Tübingen 1993

Supplementum Festivum; Studies in Honour of Paul Oskar Kristeller, (Mediaeval and Renaissance Texts an Studies 49), Binghampton/New York 1987

Szabó, A.; *Anfänge der griechischen Mathematik*, München/Wien 1969

Taylor, A. E.; *A Commentary on Platons Timaios*, Oxford 1928

Thimus, A. v.; *Die harmonikale Symbolik des Altertums*, Hildesheim/New York 1972

The Hermetic Museum; Restored and enlarged by A. E. Waite, London 1893, Nachdruck 1953

Theophrastus Paracelsus; *Vom Licht der Natur und des Geistes*, Eine Auswahl, hrsg. v. K. Goldammer, Stuttgart 1960

Des heiligen Thomas von Aquino Untersuchungen über die Wahrheit (*Quaestiones Disputatae de Veritate*), übers. v. Dr. E. Stein, Bd. I., Qu. 2, a 11, S. 76, Louvain/Freiburg 1952

Thorndike, L.; *A History of Magic and Experimental Science*, 8 Bde., New York 1923–1958

Thorndike, L.; *The Sphere of Sacrobosco and its Commentators*, Chicago 1949

Johannes Trithemius; *Steganographia*, Frankfurt 1606

Trouillard, J.; »La Monadologie de Proclus«, in: *Revue philosophique de Louvain*, 57 (1959), S. 309–320

Van Morsel, G.; »Die Symbolsprache in der hermetischen Gnosis«, in: *Symbolon*, Bd. 1, Frankfurt a. M./Bern u. a. 1960, S. 128–137

Vasoli, C.; *La metafora nel linguaggio magico rinascimentale*, Lingua Nostra, Bd. 38, Firenze 1977

Vasoli, C.; »Arte della memoria e predicazione«, in: *Lettere italiane*, Bd. 38, 4 (1986), S. 478–499

Védrine, H.; *La conception de la nature chez Giordano Bruno*, Paris 1967

Védrine, H.; »L'obstacle réaliste en mathématiques chez deux philosophes du XVI. siècle: Bruno et Patrizi«; in: *Platon et Aristote a la Renaissance*, Coll. intern. de Tours, Paris 1976

Védrine, H.; »Materie, Atom und Minim bei Giordano Bruno«, in: Heipcke, K./Neuser, W./Wicke, E. (Hrsg.); *Die Frankfurter Schriften Giordano Brunos und ihre Voraussetzungen*, Weinheim 1991, S. 127–138

Vickers, B.; »Introduction«, in: *Occult and Scientific Mentalities in the Renaissance*, hrsg. v. B. Vickers, Cambridge 1984, S. 1–55

Vogt, E. (Hrsg.); *Procli hymni*. Accedunt hymnorum fragmenta, epigrammata scholia, fontium et locorum similium apparatus, indices, (Klassisch-Philologische Studien, hrsg. v. H. Herder u. W. Schmid), Wiesbaden 1957

Vorländer, K.; *Philosophie der Renaissance, Beginn der Naturwissenschaft, Geschichte der Philosophie III*, Reinbek bei Hamburg 1965

Wackernagel, W.; *Über den Spiegel im Mittelalter*, Kleinere Schriften I, Leipzig 1872

Waerden, B. L. v. d.; *Erwachende Wissenschaft, Ägyptische, babylonische und griechische Mathematik*, aus d. Holländischen übers. v. H. Habicht, m. Zusätzen v. Verf., Wissenschaft und Kultur 8, Basel/Stuttgart 1956

Waerden, B. L. v. d.; *Die vier Wissenschaften der Pythagoreer*, Rheinisch-Westfälische Akademie der Wissenschaften, Vorträge, Düsseldorf 1977

Waerden, B. L. v. d.; *Die Pythagoreer. Religiöse Bruderschaft und Schule der Wissenschaft*, Zürich 1979

Walker, D. P.; »Ficino's ›Spiritus‹ and Music«, in: *Annales Musicologiques* 1 (1953), Paris, S. 131–150

Walker, D. P.; *Spiritual and Demonic Magic from Ficino to Campanella*, London 1975

Walter, J.; *Die Geschichte der Ästhetik im Altertum ihrer begrifflichen Entwicklung nach dargestellt*, Leipzig 1893/Nachdruck Hildesheim 1967

Webster, C.; *From Paracelsus to Newton. Magic and the Making of Modern Science*, Cambridge 1982

Wellmann, M.; *Der Physiologus. Eine religionsgeschichtlich-naturwissenschaftliche Untersuchung*, Leipzig 1930

Westman, R. S.; »Magical Reform and Astronomical Reform: the Yates Thesis Reconsidered«, in: *Hermeticism and the Scientific Revolution*, hrsg. v. J. E. Mc Guire u. R. S. Westman, Los Angeles 1977, S. 5–91

Wieland, W.; *Platon und die Formen des Wissens*, Göttingen 1982

Wind, E.; *Heidnische Mysterien in der Renaissance*, Frankfurt a. M. 1987

Wolf, A.; *A History of Science, Technology, and Philosophy in the 16th and 17th Centuries*, London 1935

Wollgast, S.; *Philosophie in Deutschland zwischen Reformation und Aufklärung 1550–1650*, Berlin 1988

Wollgast, S.; *Vergessene und Verkannte. Zur Philosophie und Geistesentwicklung in Deutschland zwischen Reformation und Aufklärung*, Berlin 1993

Yates, F. A.; »The Art of Ramon Lull. An Approach to it through Lull's Theory of the Elements«, in: *Journal af the Warburg and Courtauld Institutes*, Bd. 17 (1945), S. 115-173

Yates, F. A.; »Giordano Bruno. Some new documents«, in: *Revue internationale de philosophie* XVI (1951), S. 174–199

Yates, F. A.; *Giordano Bruno and the Hermetic Tradition*, Chicago/London/Toronto 1964

Yates, F. A.; *The Art of Memory*, London 1966

Yates, F. A.; *The Rosicrucian Enlightenment*, London 1972

Yates, F. A.; *Renaissance and Reform: The Italian Contribution. Collected Essays*, Vol. II, London 1983

Yates, F. A.; *Gedächtnis und Erinnern. Mnemonik von Aristoteles bis Shakespeare*, Weinheim 1990

Zahn, M.; »Gott und die große Künstlerin Natur. Von Giordano Bruno zu Immanuel Kant«, in: Schuber, V. (Hrsg.); *Was lehrt uns die Natur*, St. Ottilien 1989, S. 61–135

Zambelli, P.; »Platone, Ficino, e la magia«, in: *Studia Humanitatis, Ernesto Grassi zum 70. Geburtstag*, hrsg. v. K. Hora, München 1973

Zeller, E.; *Die Philosophie der Griechen in ihrer geschichtlichen Entwicklung dargestellt*, Leipzig 1923

Zeller, E./Nestle, W.; *Die Philosophie der Griechen in ihrer geschichtlichen Entwicklung*, Teil I, Darmstadt 1963

Zeuthen, G.; »Die Mathematik im Altertum und Mittelalter«, in: *Kultur der Gegenwart*, Teil III. Abt. I, Leipzig 1912

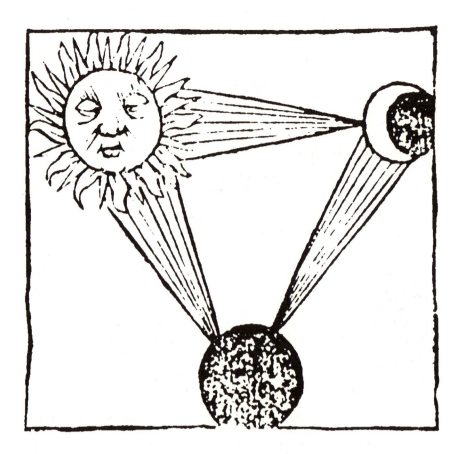

Abb.: »Sol, Luna, Terra«, aus: Charles de Bouelles; Liber de intellectu ..., Faksimile-Neudruck der Ausgabe Paris 1510, Stuttgart/Bad Cannstatt 1970, S. 133